汽车市场营销与后市场服务

（第3版）

主　编　降连葆　王欲进

重庆大学出版社

内 容 提 要

本书从汽车行业的发展规律和满足专业人才培养的需求出发，系统阐述了汽车市场营销的基本理论、汽车后市场服务的实务，以及汽车后市场的拓展与开发的方法和技能。全书共分 14 章，分别为：学习汽车市场营销的基础平台和方法——百年产业和百年理论的结合；汽车市场营销环境简析；汽车市场营销管理与战略规划；汽车市场与用户；汽车营销信息系统与市场研究基本方法；市场细分与目标市场；汽车产品及产品策略；汽车定价策略的运用；汽车分销渠道策略与分销体系建设；促销工具与汽车促销策略；整车·配件·二手车营销实务；汽车售后服务；汽车营销模式；国际汽车市场与全球营销等。全书由相对独立又融为一体的两部分组成，突出理论与实务相结合，营销与服务相结合，系统连贯，实践性强。

本书可作为高职高专汽车类专业的教学用书，也可供汽车与配件营销、汽车后市场服务领域经营、管理人员作为培训教材和业务参考。

图书在版编目(CIP)数据

汽车市场营销与后市场服务/降连葆，王欲进主编.
—2 版.—重庆：重庆大学出版社，2012.7(2017.1 重印)
高职高专汽车技术服务与营销专业规划教材
ISBN 978-7-5624-4167-0

Ⅰ.①汽… Ⅱ.①降…②王… Ⅲ.①汽车—市场营销学—高等职业教育—教材 Ⅳ.①F766

中国版本图书馆 CIP 数据核字(2012)第 158503 号

汽车市场营销与后市场服务
(第 3 版)
主 编 降连葆 王欲进
责任编辑：周 立 李 静 版式设计：周 立
责任校对：夏 宇 责任印制：赵 晟
*
重庆大学出版社出版发行
出版人：易树平
社址：重庆市沙坪坝区大学城西路 21 号
邮编：401331
电话：(023) 88617190 88617185(中小学)
传真：(023) 88617186 88617166
网址：http://www.cqup.com.cn
邮箱：fxk@cqup.com.cn (营销中心)
全国新华书店经销
重庆共创印务有限公司印刷
*
开本：787mm×1092mm 1/16 印张：24.5 字数：612 千
2017 年 1 月第 3 版 2017 年 1 月第 4 次印刷
印数：5 001—6 000
ISBN 978-7-5624-4167-0 定价：35.00 元

前　言

汽车产业是一个已愈百年发展史的产业，它由涉及产品贸易领域、投资贸易领域和服务贸易领域的汽车工业（汽车、零部件及汽车用品制造）、汽车流通行业（汽车与配件批零经营）、汽车后市场服务等产业链组成。

从 20 世纪 50 年代第一辆国产汽车下线算起，我国的汽车产业走过了 50 年的创建历程，特别是改革开放的近 30 年来，我国的汽车工业实现了跨越式的发展。入世以后，汽车年产销量一年上一个百万辆的台阶，现已成为位居全球前列的汽车生产大国。在汽车产销量迅速扩大的同时，我国已成为世界上最具活力，最具潜力的汽车市场。随着服务贸易领域的全面开放，汽车营销和汽车后市场服务的业务领域正在迅速扩大，相比之下，我国的现代汽车营销理念、营销体系、营销手段、售后服务、汽车后市场开发等都相对滞后，特别是汽车营销和后市场服务人员的素质远不适应日益激烈的全球一体化市场的竞争需求。在人才市场上，表现出了一方面是对汽车营销及售后业专业人才的大量需求，另一方面又呈现胜任现代汽车销售市场岗位的复合型人才的严重匮乏。2004 年，国家劳动和社会保障部等六部委已将其列为市场紧缺人才之一。为此，根据该专业的发展需要，组织了行业协会的资深专家学者和高职高专院校的一线教师，以及具有数十年丰富实践经验的汽车企业经营管理、技术人员共同编写了这本教材。

本书贯彻了教育部关于“高职高专”的教育思想和指导方针，从市场需求的实际出发，在内容上充分体现了系统理论与工程实践相结合的原则，具体体现在：以就业为导向，以“应用”为主旨，以全面的素质培养为基础，基础理论以“必须、够用”为度；以能力为本位，注重培养学生的实际操作能力。把提高学生的两个“能力”（动手操作能力，策划运筹能力）放在突出位置，力求满足系列职业岗位的实际需要。

本书体现以下几个特点：

——紧扣高职高专教育的目标定位，力求实现“三有”即：“有新意”（思路新、内容新、结构新）；“有特色”（论述方法、策划要点、背景资料）；“有亮点”（实训务实、售后服务、延伸服务）。

——以“双百”结合（即具有愈百年的汽车产业发展史和具有愈百年的市场营销理论的应用史）为基础平台，“给鱼和授渔”兼收并蓄为基本学习方法。通过框图引导，看图识“素”（市场营销理论要素），明晰概念，利于系统记忆和关联分析，突出关键环节，便于要素组合、灵活调节，能够举一反三。

——全书由“前”（营销基础理论）“后”（实务、服务）一体互动的两部分组成，采用若干独立自成篇章的链节结构，可分别针对不同相关专业、不同培养方向、不同学习对象（学校学生和岗位培训人员、企业管理人员）、不同学制进行模块化柔性组合。

——教材内容追踪、探索和吸收前沿的营销理论和实践方法,努力拓展学生专业领域的视野,不求纵深有度,但求横宽有幅,以满足市场营销和后市场服务领域对复合型人才的基本要求。

——注重课堂教学和现场实训的穿插进行,模拟汽车营销过程中主要业务的实际做法、业务流程和关键环节。结合学生初入学的“认识实训”,中期的“课程实训”,和毕业前夕“毕业实训”,与企业的业务实现零距离对接,同时为学生的继续深造和专业技术职务任职资格考核创造条件。

十年磨一剑,本书是多年理论教学和营销实践的结晶,是集体劳动的成果,由降连葆、王欲进担任主编,巩利平、石磊、范英、祁先来、王引龙担任副主编,参加全书编写工作的有敖克勇、包科杰、祁先来等,最后,由降连葆、王欲进对全书进行统稿。

本书的编写得到山西汽车行业协会、太原大学、太原科技大学、山西汽车工程学会、贵州遵义职业技术学院、湖北职业技术学院、襄樊市机电工程学校等单位的老师和专家支持和帮助,在此表示衷心感谢。

编　者

目　录

第1章　汽车市场营销的基础平台和方法

学习要点

➤ 汽车产业是一个已有百年发展史的产业,市场营销理论是一个已形成百年的并不断完善提升力的经济管理理论,本书所研究和探讨的正是"双百"结合并付诸工程实践的问题,本章开门见山,先交给读者一张要素框图,意在使大家有一个系统全面的初步印象,作为继后学习的基础平台。

➤ 掌握市场经济的特征和一般规律,明晰市场与市场营销的基本概念。

➤ 系统了解汽车产业的基本情况:世界及我国汽车工业的发展历程、产业现状、规律特征及发展趋势。

➤ 市场营销理论描述的是营销活动的普遍规律,而汽车产业具有其明显的行业特征,把两者有机结合是我们追求的学习方法和应用效果。

➤ 市场营销理论已经比较完整和成熟,但随着产业科技进一步的推动和我国社会主义市场经济的发展,许多前人未能预料的规律和新的事物不断萌生和涌现,所以学习汽车市场营销要把握两个方面:一是不断总结提炼工程实践的成果,二是不断进行营销理念和行为方法的创新。创新是市场营销理论不断适应市场发展变化和充实、提升竞争能力的根本动力。

1.1　学习汽车市场营销的方法探讨

工程学科是实践性很强的学科。汽车市场营销理论是属于管理学科范畴的技术工程和管理工程相结合的边缘学科。换句话说,汽车市场营销理论是市场营销理论全方位与汽车产业特征、汽车产业技术进步、汽车产业发展过程紧密结合的一门典型的产业市场营销学。

汽车市场营销理论的学习研究不同于技术工程课程和单纯市场营销学,必须以"双百"结合(即具有百年发展史的汽车产业和具有百年发展史的市场营销学)为基础,不仅要交给读者理论方面的"鱼",更要交给学习研究方法的"渔",出于这种考虑,本书开篇第一章先讲学习研究方法,并以此开启读者的思路,引导大家的思维,以"双百"结合为基础,通过对市场营销理论的"要素"的关联分析,明晰基本概念,突出关键环节,优化要素组合,达到脉络清楚、系统掌握、灵活调节、学以致用的目的。本书推荐的理论学习方法可以概括为三句话:一张框图、两类组合、三个定位。

1.1.1　汽车市场营销理论要素学习思考引导路线图

为便于一览汽车市场营销课学习内容的全貌,首先展示的是由诸多相关理论要素绘就的一张框图——汽车市场营销学习思考引导路线图,见图1.1。

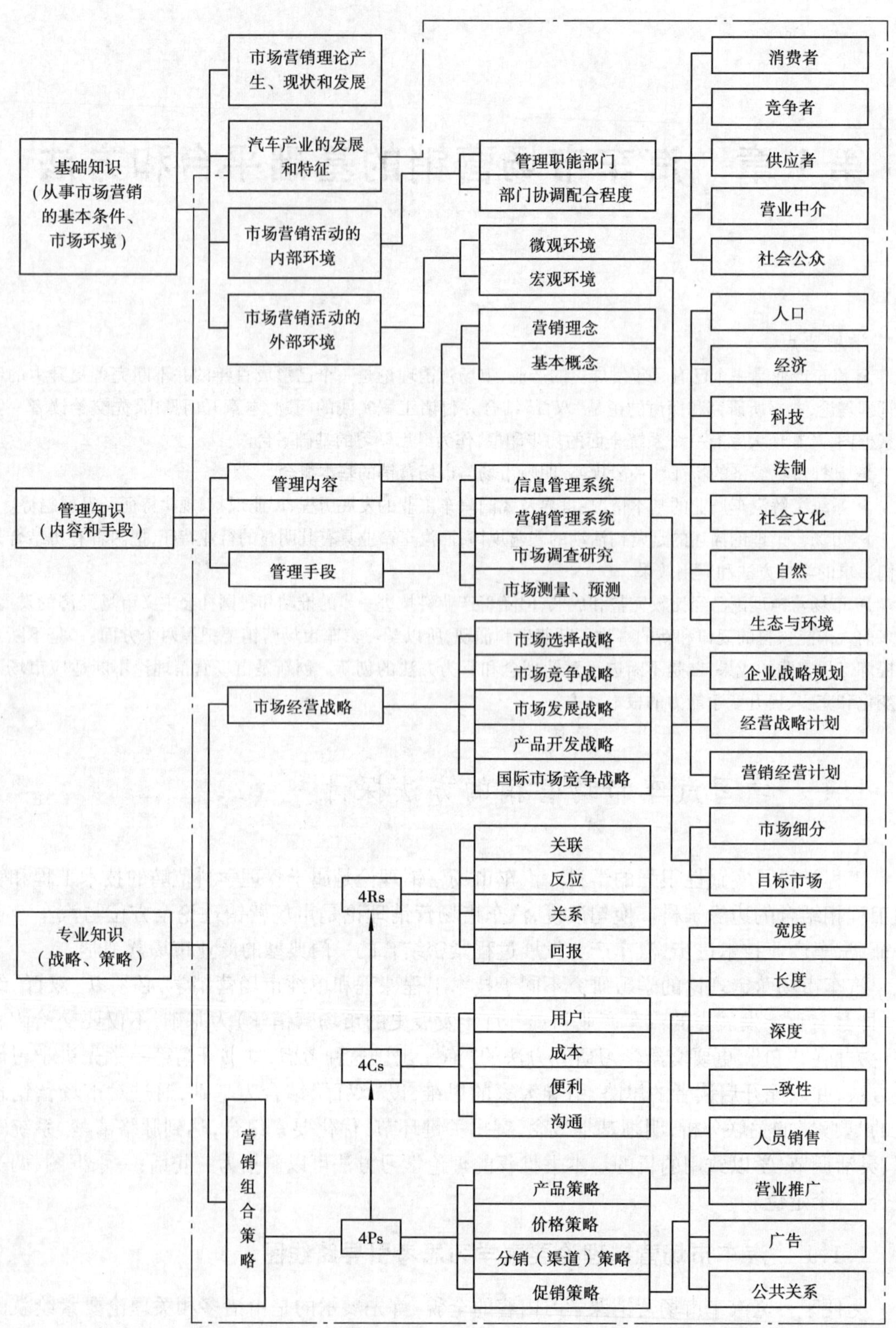

图 1.1　汽车市场营销学习研究要素引导路线图

图1.1由基础知识、管理知识和专业知识三部分组成，其中三个纵面共有50个市场营销操作要素（粗黑框所示），学习中要把握三点：

（1）开门见山，先识一张图，形成一个初步的印象。随着循序渐进的逐章学习领会，在学习结束时，重复本图就会对汽车市场营销有一个要素完整、脉络清楚的理论基础平台。

（2）图中所示的要素自身是动态变化的，要素与要素之间是相互关联的，不仅是前后程序式的关联，而且可以是跳跃式的关联。

（3）所谓营销策划，实际上就是要素的动态组合方案。市场瞬息万变，营销组合也要以变应变，一个营销经理或营销人员的市场营销能力很大程度上就是对营销要素的优化组合能力。

1.1.2　"三大两小"两个组合是学习市场营销理念、学会营销组合的两大核心内容

1.大类组合（营销组合）

市场营销组合所运用的手段或所包含的因素很多，但可以归结为四大要素，即：产品（Product）、价格（Price）、分销（Place）、促销（Promotion）。由于这四个要素名词的英文字头都是P，所以简称"4PS"要素组合理论。

要全面了解四要素的各自含义、评价模型和分析方法。并在此基础上随着外部环境要素的变化，特别是消费者、竞争对手和政策导向的变化，以变应变，进行灵活多样、行之有效的组合策划。随着市场竞争的日趋激烈，市场营销理论也在不断充实和提升，先后提出了"4CS"理论（用户、成本、便利、沟通），后又演化为"4RS"（关联、反应、关系、回报），不断创新出全新的营销理念和操作四大要素，以上是三个大四要素组合内容。

2.两个小组合（促销组合）

产品组合的四个要素是：宽度、长度、深度、一致性。

同样，促销组合的四个要素分别是：人员销售、营销推广、广告、公共关系。学会实施针对不同的目标市场，在不同的产品生命周期阶段采用与此相适应的针对性强的行之有效的促销组合。

学会对"三大两小"两个营销组合的优化和灵活运用，将会在营销实践中让我们处于参与市场竞争的主动地位，起到延长产品成熟期→维持企业生存发展→推动产业进步的连锁效应。

学会、用好、用活、创新营销组合应是从事市场营销的专业人员"在位谋政"的工作重点和始终不懈的目标追求。

1.1.3　明确三个定位，夯实开展市场营销活动的工作基础

1.汽车市场营销理论的自身定位

汽车市场营销理论是百年汽车产业和百年市场营销理论相结合，并在各自的发展中不断相互渗透和交融的一门跨自然科学与社会科学的工程学科和管理学科的边缘学科。要学好汽车市场营销理论必须把握以下三点：

（1）系统学好所有普遍指导作用的市场营销学全部章节理论，不能断章取义，随意取舍。

（2）全面学好汽车应用专业所必须掌握的汽车构造、汽车原理、工程技术理论，不断探索汽车产业特征的演变和汽车后市场服务的发展变化。

(3)汽车工程和市场营销两个理论体系要有机结合,合二而一。

作为一门专业的营销管理学科,用市场营销理论有针对性地指导汽车、汽车零部件、汽车后市场不断延伸和新开拓领域的各种形式的营销策划和营销运作活动,并用实践的成效性来检验自己的学习成果。

2. 汽车市场营销在汽车产业链中的定位

市场营销活动既包括企业在流通领域内进行的活动还包括生产过程的售前活动和流通过程结束后的售后活动,不仅以消费者为全过程的终点,更重要的是以消费者为全过程的起点。所以说,是市场营销这一纽带,密切了生产者和消费者之间的关系。企业的产品要到达消费者手中,离不开市场营销;消费者对产品的反应,也离不开市场营销。

市场营销的基本作用可用图 1.2 描述:

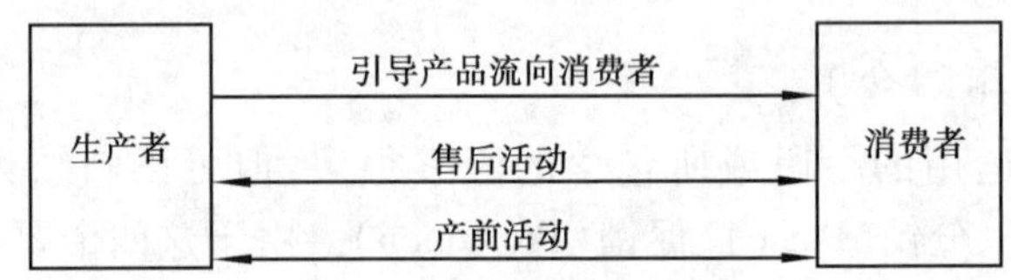

图 1.2　市场营销的基本作用

市场营销在社会经济生活中的基本作用,就是解决生产与消费的矛盾,满足生产消费的需要。市场营销通过其交换功能、物流功能、便利功能、导向功能创造出经济效果,来发挥其解决种种产销矛盾的作用。同时,市场营销的信息沟通功能把市场需求具体地反馈给生产企业,有助于生产出适销对路的产品,从而对产品形态效用的创造发挥着越来越重要的作用。这是任何一个产业都脱离不了的一个规律。

汽车产业包括汽车(包括零部件)制造业、汽车(包括配件)批发零售业、汽车服务业三大门类。汽车产业链由投资、生产、采购、销售及售后服务、研发等主要环节构成。汽车市场营销是汽车产业链上承上启下的环节。

从 1956 年第一辆解放卡车下线算起,我国的汽车销售行业走过了近 50 年的历程,围绕汽车展开的势力之争开始大浪淘沙。在 1978 年以前,我国的汽车流通实行的是严格的计划统配物资的指标分配,根本算不上是销售。1978 年至 1990 年,(计划指导下的市场经济)计划经济仍然在汽车流通领域发挥重要作用,但也出现了一些市场调节因素,汽车厂家开始自己建立全国性的销售体系,不过,那时候汽车仍然属于短缺商品,企业的主要精力还是放在生产上,销售居于次要位置。

从 20 世纪 90 年代起,销售部门在汽车厂家中的地位日益显得重要起来。但那时候整个市场规模不大,竞争主要体现在"桑、捷、富"(桑塔纳、捷达、富康)这"老三样"之中,整体营销水平较低。

2000 年,我国汽车销售总量突破 200 万辆,这成为汽车营销的一个分水岭。一方面,市场规模每年以 100 万辆的增长速度迅速扩大,私人购车逐渐成为主流;另一方面,各种资本纷纷进入汽车行业,新车型频频推出,在总体供大于求的竞争压力下,车市价格战连绵不断,大部分汽车厂家也开始尝试运用公关、广告、促销、降价等营销手段,打造了一批强势汽车品牌,这标志着中国汽车业真正进入了营销时代。

过去10年间,世界汽车工业年均增幅不到2%,而中国汽车工业却达到了15%的年均增幅。相对于快速增长的市场需求,由卖方市场向买方市场的转变,这种转变要求我们必须对汽车市场营销的地位和作用提高认识。汽车市场营销是汽车市场的前沿阵地,是汽车制造厂的信息终端,是制造厂确定产品和经营方针的支撑体系。传统的营销只是卖产品,厂家让怎么卖就怎么卖。新时期的营销是先营造市场环境再卖产品,他们正在改变着中国汽车营销的固有模式。中国要从汽车生产大国发展成汽车产业强国,必须建立起完善的营销服务体系。有竞争才有创新,有淘汰才有发展,而汽车市场营销在汽车产业链中无疑扮演了最为耀眼的角色。

3.汽车市场营销在企业管理环节中的定位

(1)在市场经济条件下市场营销是企业最核心的一种经营管理职能

市场营销既是企业的一项经营管理活动也是企业的一种经营管理职能。在众多的经营管理职能中,最敏感、最独特、最核心的职能是市场营销。

(2)市场营销部门是企业其他部门的先导

不少企业现行的组织结构是按照经营顺序设置相应的职能部门,以生产为起点,消费者为终点,中间依次设置采购、产品开发、营销等部门,如图1.3所示。

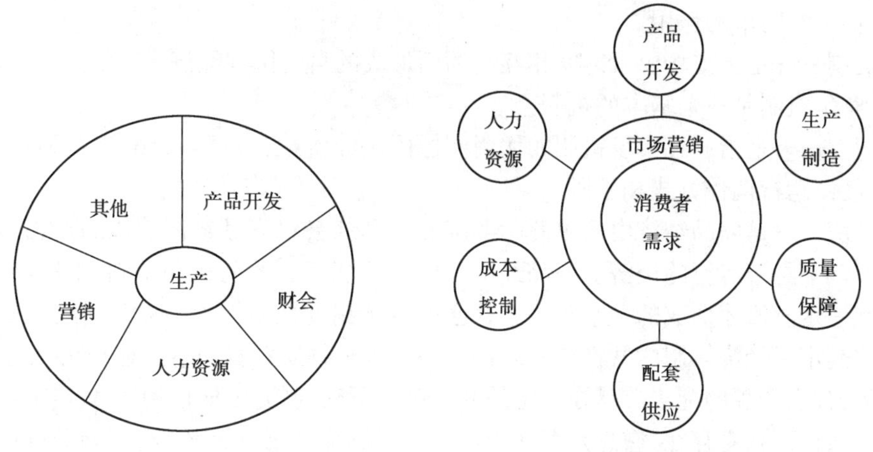

图1.3　传统的企业组织结构　　　　图1.4　现代的企业组织结构

这种模式从企业经营的角度来看是合理的,但缺点也是明显的,以这种导向构建的营销组织充其量只能视为企业的产品推销部门,而非营销部门。

现代市场营销自始至终贯彻着“营销围绕顾客走,企业绕着营销转”的指导思想。企业财务管理、人力资源管理、生产管理、技术管理、供应管理等都是以市场营销为先导,都是为营销活动提供后勤服务的,即企业真正建立起以消费者为导向的组织结构。如图1.4所示:

在市场经济条件下,企业的负责人应当是既懂经营管理,又熟悉专业技术的“技术营销复合型”人才。这样,在经营企业中负责营销的副厂长往往被任命为常务副厂长或叫市场经理,工作性质特殊、待遇优厚。搞好营销是搞活企业,提高企业经济效益的重要环节。

1.2　市场、市场营销的基础知识

市场→市场经济→市场营销，是紧密相关的环链，市场经济是市场营销的基础和运作市场营销的充分必要条件，所以，在进入汽车市场营销学习之初，必须对此有一个基本的、完整的了解。

1.2.1　市场经济的一般规律

1.市场经济的定义

要理解什么是市场经济，首先应清楚市场、市场机制以及市场调节等相关范畴。

狭义的市场是商品交换的场所、渠道和纽带(广义的概念本章本节第二部分讲述)。自从有了商品生产和商品交换，也就有了市场的存在，而市场的发展又反过来促进商品生产和商品交换。当商品生产和商品交换扩展到全社会范围时，市场就会在社会经济生活中起着调节生产与交换、供给与需求的作用。

市场机制——是指市场要素之间相互制约而形成的自动协调经济运行的方式，供求机制、价格机制、竞争机制是三个基本的机制。

市场调节——是指通过市场机制的作用调控国民经济运行过程，分配资源和协调供需关系，是一种经济运行调控方式和手段。

市场经济——是商品经济由简单商品经济发展到社会化商品经济阶段的产物，是以市场配置资源或调节经济运行的经济。商品经济是市场经济存在的前提和基础，市场经济是商品经济发展到一定阶段才形成的。它与一个社会的经济制度性质无关，不表明社会的经济性质和特征。这是市场经济体制的共性或一般性，但是，人类物质资料的生产总是在一定的生产关系下进行的，社会资源的配置总是在一定的社会制度下实现的，因而市场经济体制又不能背离一定的社会条件而独立存在，它总是存在于一定社会制度之下并同该社会基础制度结合在一起。实践证明，市场经济可以在不同的社会制度下存在，它可以为资本主义所利用，也可以为社会主义所利用。实行市场经济是我国对外开放，走向世界的需要；发展社会主义市场经济，是振兴中华的必由之路。

2.市场经济的基本特征

随着经济全球化的迅速推进，实行市场经济的国家已经占到绝大多数，但真正实现繁荣经济目标的，都是建立起规范和有效的市场经济体制的国家。许多国家虽然长期实行市场经济，但至今在不规范和低效的市场经济中苦苦挣扎。根据世界各国的经验，运行规范和有效的市场经济体制一般具有以下五个共同特征，即独立的企业制度、有效的市场竞争、规范的政府职能、良好的社会信用和健全的法治基础。

(1)独立的企业制度

独立的市场主体是市场经济的基石，而企业是最主要的市场主体。

市场经济不同于计划经济的一个重要特点就是通过分散决策和价格机制实现资源配置。分散决策的好处是每个企业都可以利用它们所得到的信息进行决策。要实现分散决策，企业必须要有充分的独立性，否则分散决策无从谈起。从规范的市场经济体制来看，独立的企业制度主要包括三层含义：一是企业拥有明确和独立的产权并受到法律的有效保护；二是企业有充分的决策权，能够根据市场信息的变化自主决策；三是企业对自己的决策和行为负民事责任。这三个方面相互联系，相辅相成，缺一不可。

明确和独立的产权不仅是市场效果得以顺利进行的基础，也是企业进行投资和贸易活动的动力源泉，是形成有效的企业治理结构的前提，否则独立的企业制度就不可能真正确立。同样，企业拥有自主权和对其决策的后果负责是一个问题的两个方面，如果企业的决策常常受到外来干预，它就不可能也不应当对其决策的后果负责。反过来，如果企业不能对自己的行为后果真正负责，拥有决策自主权就是危险的。实践证明，市场机制是一把双刃剑，不仅是一种资源配置手段，更是一种激励和约束手段。

(2)有效的市场竞争

竞争是市场经济有效性的最根本保证。市场机制正是通过优胜劣汰的竞争，促使企业不断降低成本、提高质量、改善管理、优化服务、积极创新，从而达到提高效率，优化资源配置的结果。有效的市场竞争主要包括三个方面的内容：一是竞争必须公平；二是竞争必须相对充分；三是竞争必须有序。

从目前我国的市场竞争情况来看，与比较规范的市场经济体制相比，可以说在上述三个方面都还存在较大的差距。各种违法违规的不正当竞争行为大量存在，严重影响市场竞争的有序性。各种或明或暗的行政干预或政策障碍所导致的行业垄断和地方保护主义，不仅严重影响市场的统一性和有效性，也是产生腐败的重要根源之一。

(3)规范的政府职能

现代市场经济的一个突出特点是政府行为与经济活动之间保持一定的距离。市场经济的正常运转离不开政府的作用，但政府的作用不能过大，其行为必须受到法律的约束，否则，如果政府任意对经济活动进行干预，同样会损害社会经济的活力和创造力。能够成功促进市场机制有效发挥作用的、规范的政府行为通常被称为“良政治理”。良政治理主要包括以下几个方面的内容：

——政府的职能通过法律得到明确和恰当的界定。

——民主和透明的政府决策程序。

——政府权力要受到法律的有效约束。

——有效制止政府官员腐败。腐败不仅会大大增加市场经济的效果成本，而且会构成市场准入的壁垒，损害有效竞争环境的形成，败坏政府的声誉，降低政府有效管理市场经济的能力。

(4)良好的社会信用

诚实守信任何时期对于任何国度、任何民族、任何机制都有普遍的价值。不诚实守信，不勤勉敬业，任何一种游戏规则都难以正常运转，即使运转起来，其寿命也是短暂的。对于现代市场经济而言，诚实守信尤为重要。

在规范的市场经济体制下，诚信对于企业来讲不仅意味着信誉，更意味着竞争优势。通过严格履行合同，企业不仅能够赢得客户，而且能够树立良好的品牌(汽车行业尤显重要)。对供应商的诚信能够使企业赢得供应商的信任，从而获得较好的供货条件。而对债权人和投资者的诚信意味着能够以较低的价格获得更多融资的能力，无数经营实践的例证已经证明了这一点。

各国的发展经验还表明，与市场主体的诚实守信相比，政府的诚信更为重要。政府政策的透明和可预见，政府严格履行其对社会的承诺，不仅直接影响社会信用的状况，而且能够增强其他市场主体的信心，为良好社会信用的形成起到示范作用。

(5)健全的法治基础

市场经济是竞争经济，而竞争离不开规则，离不开法治。没有好的法治环境，市场主体的独立性、市场竞争的有效性、政府行为的规范性和市场秩序的有序性都将缺乏根本的保证。换句话说，市场经济是法治经济。只有建立在法治基础上的现代市场经济才是实现资源有效配置和富民强国的有效途径。

作为现代市场经济基础的法治主要包含三层含义：一是法的内容符合基本的或公认的正义，特别是符合市场经济的内在要求；二是法是至高无上的，法律面前人人平等；三是法律得到公正执行。

我国建立完善的社会主义市场经济体制，不仅需要研究和借鉴规范的市场经济体制所具有的共性的东西，更需要根据我国的实际进行不懈的努力和探索创新。

3. 市场经济的一般规律

市场，其基本特征就是交换。商品是交换行为的最基本客体，市场是与它的客体同时产生的。市场从其最初意义上讲就是商品市场，商品所有者是市场的原生主体，它表现为不同的角色：生产者和消费者。因此，商品的规律反映到市场经济中，形成了市场经济的内在机制，这些机制包括价格机制、供求机制、竞争机制、决策机制等，就是市场经济发展的一般规律。这些规律主要有：

(1)价值规律

价值规律，这是其他规律的前提。价值规律不仅仅是商品经济的基本规律，在市场经济条件下，它依然发挥其作用。其基本内容仍然是商品的价值量决定于生产该产品的社会必要劳动时间，各种商品均以各自的价值量为基础进行等价交换。在社会主义市场经济中，价值规律的其作用主要表现在三个方面：

第一个方面，价值规律具有调节社会总劳动在生产和流通各部门之间按比例分配的作用。

第二个方面，价值规律具有刺激生产企业不断改进技术，提高劳动生产率，改善经营管理，从而促进社会生产力发展的作用。

第三个方面，价值规律还具有指导消费，更好地满足需要的作用。为了吸引消费者对某种商品的消费，生产企业可以制订一个较低的价格；相反，如果为了限制某种商品的消费，也可以通过高价格来实现。这种对消费的指导作用，不仅是为更好满足社会消费需要，而且有助于社会资源利用的优化和最大化。

(2)竞争规律

竞争从实质上说就是商品生产中劳动消耗的比较。竞争规律是指商品经济中各个不同的利益主体，为了获得最佳的经济效益，互相争取有利的投资场所和销售条件的客观必然性。在市场经济条件下，价格由市场决定。充分的市场竞争，可以促进资源化配置的实现；可以保证价格变化的灵敏性，使供求关系尽快得到调整，促进资源优化配置的实现。它起着以下作用：

——产品的价值与市场价格趋于一致。

——促使各种商品生产实现优胜劣汰。

——推进社会技术进步，推进企业创新。

(3)供求规律

供求变动引起价格变动，同样，反之亦然。这种商品供求变化与价格变动相互作用，供给与需求相互适应，形成均衡价格的规律性，就是市场的供求规律。供求规律有以下几个作用：

——促进价格围绕价值上下波动，为市场提供不断变动的价格信号。

——直接决定市场总量与结构状况，推动市场在均衡和非均衡的状态中得到发展。

1.2.2　市场与市场营销的基本概念

1. 市场的含义

市场是商品经济的产物，哪里有商品生产和商品交换，哪里就会有市场。市场就在我们周围，就在经济活动各行各业的各个领域，因此，"市场"是人们使用非常频繁的术语之一。市场是动态的，其概念也不是一成不变的，它是随着商品经济的发展而不断发展的，以下的归纳和总结代表了人们对市场概念的理解和运用。

市场的概念可以概括为一个"场所"三个"总和"一个"整体"。

(1)一个"场所"

市场是商品交换的场所。这是从外在形式上来界定市场。"市"是交易，"场"是场所。市场最初就是买卖双方聚集在一起进行商品交换的场所。市场有狭义市场和广义市场。狭义的市场是指有形的、直观的市场，如建材市场、农贸市场、汽车交易市场等。广义的市场包括有形市场和无形市场。所谓无形市场，是指没有固定场所，靠中间商以及其他交易形式，寻找货源或买主，沟通买卖双方，完成交易行为。比如旅游、运输、服务市场，以及通过媒体广告、互联网等方式完成的交易等。很明显，任何一个企业都要考虑本企业的产品销往什么地方、以何种方式销售。

(2)三个"总和"

①市场是各种商品交换关系的总和

这是从本质内容上来界定市场。市场上的各种交易，从形式上看是各种商品之间的交换，但是，商品是不会自己跑到市场上去，也不可能自己去交换的。市场是将无数商品所有者(包括消费者)联系起来的纽带，是他们之间发生交换关系的集结点。所以，从实质上看，市场是各种商品交换的总和。

"总和"的市场概念丰富并发展了前面"场所"的概念，现代交换的实现已经突破了时间和空间的限制，人们可以在任何时候和任何地方完成交易，实现商品交换。因此，现代的市场已不再是指具体的交换场所，更代表着各种商品交换关系的总和，这一"市场"概念更为深刻地揭示了现代经济生活的实质，不仅包括了"供给"和"需求"两个相互依存的方面，而且还包括了两者在数量上的含义，即供需是否相等。

②市场是人口数量、购买能力和购买欲望以及交换的总和

这一"市场"概念可以用下面的公式表示：

市场 = 人口 + 购买力 + 需求欲望 + 交换

这一概念认为，市场就是指需求，只有那些有购买欲望，而且有购买能力的消费者再加上最终的交换才构成某种商品的市场。这里市场专指买方及其需求，而不包括卖方，买方越多市场就越大。

上述公式所表述的概念存在着两个缺陷:一是人口属于自然人消费者,因而这一概念似乎只适合消费品市场;二是没有强调潜在购买力和购买欲望。而能否正确把握好购买力的变化,激发和引导购买欲望,开拓潜在市场是营销艺术,即市场营销的精髓所在。因而这种观点对"市场"的理解尚需更加充实和贴切。

③市场是现实的和潜在的具有购买能力的总需求

市场营销主要研究卖方的营销活动。对于卖方来说,自己就代表了供给,所以"市场"就只有需求了。因而,市场是某种商品的现实购买者和潜在购买者的总和。但这并不是说企业的营销活动和全部工作仅仅在研究和评估需求的大小,还必须认真研究本企业可以提供的满足量和能够占领的市场量,以及如何与竞争对手竞争,夺取市场份额和策划策略等问题,市场营销就是要研究如何去适应和刺激买方的需要,如何拓展销路,以达到自己的经营目标。"市场"与"营销"是一个问题的两个方面,不可割裂开来。

(3)一个"整体"

市场是卖方、中间交易机构(中间商)和买方组成的有机整体。在这里,市场是指商品多边、多向流通的网络体系,是流通渠道的总称。它的起点是生产者,终点是消费者或最终用户,中间商则包括所有取得商品所有权或协助所有权转移的各类商业性机构(或个人)。通常人们所说的"市场建设"和"市场覆盖面"多是在此意义上讲的。市场营销也经常在销售渠道意义上理解和运用"市场"这一概念。

在现代社会里,市场成为整个社会经济的主宰者,是社会经济的指挥棒和调节器,其作用被大大地加强了,因而人们对"市场"概念的理解和运用也丰富多彩了,其含义不可能是单一所指。

将市场的概念运用到汽车中,将原有市场概念中的商品圈定于汽车以及汽车相关的商品和服务领域,便形成了汽车市场。

2.市场的类型

(1)按商品形态的分类

①有形商品市场

指一切能看得见、摸得着的物资所组成的市场,包括生产资料、生活资料。

②无形商品市场

指能够满足社会生产和人民生活需要的各类无形商品所组成的市场,如服务、知识产权、运输、文化、娱乐市场等。

③生产要素市场

指社会生产所必需的各类生产要素所组成的市场,如资金、信息、人才、技术市场等。

(2)按物流过程的分类

①批发市场

指商品成批进行交易,买方享受一定利益优惠的环节组成的市场。批发市场的买方一般是各类中间商,最终要通过批发与零售的差价来获得利益。

②零售市场

指商品进入最终使用与消费环节组成的市场。零售市场的买方一般是商品的最终用户或消费者。

现在,更多的批零市场,既批发又零售。

3. 市场营销的概念

市场营销理论的发展,已经超过了 100 年。关于市场营销的定义,不同的时期有不同的表述。20 世纪初叶,市场营销仅指“推销”与“广告”。到了 20 世纪 50 年代,现代市场营销学的理论开始形成,并且许多理论开始用于市场营销的活动中。市场营销方面的专家学者们通过市场调研,分析、预测消费者的需求。随着营销方式的改变,人们对市场营销的表述也改变了。

在市场营销产生的一个较长时期内,很多人都认为市场营销主要指“推销”。其实,“市场营销”早已不再是“推销”的同义语了,推销只是市场营销的一个职能(并且常常不是最主要的)。市场营销的目的,在于了解消费者的需求,按照消费者的需求来设计和生产适销对路的产品,同时选择销售渠道,做好定价,有效促销等。

(1)明确市场营销活动的起点

市场营销活动应从消费者开始,而不是从生产过程开始,应由市场营销部门(而不是由生产部门)决定将要生产什么产品。诸如产品开发、设计,包装的策划,定价、赊销及收账政策,产品的销售地点以及广告策划等问题,都应由营销部门来决定。但这并不是说市场营销部门要替代传统的生产、设计、财务等部门,而是说市场营销要为这些部门的活动提供指导。

(2)市场营销的研究对象和主要内容

主要把握四个方面:

——识别未满足的需求和欲望;

——估量和确定需求量的大小;

——选择和决定本企业最好为其服务的目标市场;

——决定适合的产品、服务和策划。

(3)完整概念

——美国市场营销协会为市场营销学作了如下描述:市场营销是指对设计、产品和服务的定价、促销和分销进行计划并加以实施的过程,其目的是完成交换并实现个人及组织的目标。这一描述很好地定义了市场营销的全部含义。

——市场营销是一个全过程,是一个从市场需求出发的管理过程,是一个系统工程,其核心是交换,是一种买卖双方互利的交换。从某种意义上讲,它不仅是一门科学,更是一门艺术。

(4)特点

市场营销学是一个完整的应用性理论,具有综合性和边缘性的特征,归纳起来有以下五个特点:

——市场营销的起点不在产品而在用户;

——决定权在营销部门;

——在领会和应用市场营销理论的同时,要有自身特色,具体到一个行业,一个企业要积极探索并形成适合国情、行情、地情和厂情的市场营销观念和技术;

——不可任意扩大或缩小市场营销的研究内容;

——市场营销的基础和前提是市场经济,特别对我国而言,现阶段更要学会研究发育不全和现代企业制度尚未完成情况下的市场营销活动,并不断进行总结、分析、提炼。

1.3 汽车产业发展史

1.3.1 汽车的诞生和世界汽车工业的沿革

现代汽车的发源地是德国,德国人卡尔·奔驰和戈特利布·戴姆勒于1885年发明了各自的汽车。卡尔·奔驰发明的是一辆装有0.85马力汽油机的三轮汽车,戈特利布·戴姆勒发明的是一辆装有1.1马力汽油机的四轮汽车,他们被公认为世界第一辆汽车的发明者,1886年1月29日被公认为世界汽车诞生日,奔驰和戴姆勒也被公认为汽车之父。

汽车在德国的问世,促进了德国机械制造业的飞速发展;继后美国人解决了"大量生产汽车的问题";日本则在汽车的经济性方面率先占领了先机。

世界汽车工业的发展历程可以分为以下几个阶段:

1. 手工生产阶段

汽车问世后的近20年间,汽车工业的重心在欧洲(主要是德国和法国),采用手工方式生产,并使汽车产品具有了基本的使用功能。在这期间,汽车生产成本高、价格昂贵,只有上层人物才能买得起,此时的汽车对人们来说是一种奢侈品。

2. 大量生产阶段

1908年,福特汽车公司开始生产"T型车",直到1927年,共生产销售了1 600多万辆,创造了世界汽车工业史上的一个神话。福特的成功得益于他在1913年发明的流水装配线,使汽车的生产进入了大批量生产时代。

3. 精益生产阶段

这一阶段大约始于20世纪60年代,以日本本田生产方式的创立为标志。到80年代,日本汽车工业的成功,掀起了世界汽车工业的第三个高潮。日本汽车工业的成功除了正确的经营战略和策略外,与其独特的生产管理方式密不可分。这种后来被人们称作精益生产方式的管理模式,旨在"以最少的投入,产出尽可能多和最好的产品"。

1.3.2 世界汽车发展史上的六个里程碑

人类从20世纪进入了工业化社会,而制造业则是工业化的龙头,它影响着整个工业化的发展进程。其中汽车工业又是20世纪对人类生活影响最大的产业。汽车技术已有近120年的历史,一些独具一格的设计在汽车发展史上占有突出的地位,曾经影响甚至决定了汽车演变的方向。

★第一个里程碑:"梅塞德斯"开创了汽车时代(1901年)

★第二个里程碑:福特汽车公司开始大批量生产汽车(1908年)

★第三个里程碑:前轮驱动汽车的创造者雪铁龙(1934年)

★第四个里程碑:"甲壳虫"汽车的神话

★第五个里程碑:难以超越的"迷你"汽车(1959年)

★第六个里程碑:风靡90年代的多用途厢式车

一百多年来的汽车发展史表明:汽车诞生于德国,成长于法国,成熟于美国,挑战于日韩。汽车已经从一开始被有些人嘲笑的"没有马的马车",发展成为多用途、多品种、大功率、高速度、集各种高科技于一身的动力交通工具,而且已经在全球范围内形成了一种浓郁的社会影响和吸引力且经久不衰的汽车文化现象。

1.3.3　中国汽车工业的发展历程

20世纪初,中国第一辆进口汽车登陆上海。从此,中国开始有了汽车的概念。

严格地说,旧中国没有汽车业,几次尝试建立汽车业都以失败而告终。最先提出这一想法的是孙中山先生。1920年,他把这一想法写进了《建国方略》中,还邀请亨利·福特来华发展汽车工业,但都因战乱、国难和民不聊生,"未出娘胎,当即夭亡"。

中国的汽车工业发展历程,可以概括为两个时期六个阶段。

1. 第一个时期

解放前,我国处于半殖民地半封建社会期间,只有少量的供维修用的汽车零部件生产厂,曾经出现过20世纪30年代的"晋人造车"(董寿亭造出"山西牌"汽车)的辉煌瞬间和辽宁试制成功"民生牌"75型1.8 t载重汽车。但无论是张学良"化兵为工"造车,还是阎锡山"造产救国,开发实业",都没有把"造车"坚持下去,即使动用当时旧政府的力量也无济于事。如沈阳的"民生牌"、太原的"山西牌"、长沙的"衡岳牌",上海的"中国牌"、云南的"资源牌"、天津的"飞鹰牌"等,都仅仅是昙花一现,但在中国汽车的发展史上首开了造车的先河。

2. 第二个时期和六个阶段

解放以后,直至改革开放的今天,我国的汽车工业发展可以用六个阶段来概述:

(1)第一阶段(20世纪50年代至70年代):实现零的突破。

1957年建成第一汽车制造厂,先后开发生产出红旗轿车(一汽)、凤凰轿车(上海),圆了中国人的造车梦,实现了中国汽车工业零的突破。1958年我国汽车产量首次突破了万辆大关,到70年代,年产量突破了10万辆。

(2)第二阶段(20世纪80年代初期至80年代中期):空前扩展阶段,初步克服了汽车工业结构性缺陷。

进入20世纪80年代,我国汽车市场进入空前扩展阶段。产品结构由载货车——产品单一转向载货车与乘用车并举的格局。我国汽车工业长期存在的"缺重少轻,近乎没有轿车"的产品结构开始改变。

(3)第三阶段(20世纪80年代中后期至90年代初期):"散、乱、差"局面的治理阶段。

在此期,国家通过行政和非行政的手段,加大了调控力度,形成了中汽、一汽、二汽、重汽、上汽、北汽、天汽等一批主要汽车企业集团以及主要总成、零总成、零部件企业。建立起高水平、专业化、大批量和集团化的汽车生产体系,初步改变了"散、乱、差"的局面。于1994年出台了我国第一部产业政策《中国汽车工业产业政策》。

(4)第四阶段(20世纪90年代中期至2001年):提高竞争力阶段。

1992年,我国汽车产量首次突破百万辆大关,从我国第一辆汽车到第一百万辆汽车,用了34年的时间。而从1992年再到2000年,仅仅用了8年的时间,就完成了从100万到200万辆的增长。2001年年产量达到233.4万辆。国家将汽车工业列为支柱产业,开始迈向汽车工业大国。由于竞争力不足,特别是国际竞争力不足,因此我国汽车工业和汽车市场面临重大的国际挑战。

(5)第五阶段(2002—2006年):入世后的过渡阶段。

我国于2002年成为世界贸易组织的正式成员国。汽车年产量一年一个台阶:2002年年产量达到325万辆,2003年年产量达到444万辆。入世以后,为了适应更加激烈的国际竞争,我国汽车企业中的重组合并持续不断,大大加快了和国际大集团的合作步伐(国内主要汽车集团合资情况见后面表)。

根据入世协议,我国从2002—2006年为过渡期,过渡期关税逐渐降低,中国汽车工业面临着经济全球化和汽车市场国际化的挑战。入世后汽车工业出现了高速增长的形势,2002年,我国汽车总产量突破了200万辆,此后,每年上一个百万辆的大台阶,2006年将突破700万辆。2004年国家出台了新的汽车产业发展政策。

(6)第六阶段(2006年—至今):自主创新阶段。

根据我国汽车工业"十一五"发展纲要,我国汽车工业将重点培育以自主创新为主的核心竞争力,使我国由汽车生产大国迈向汽车强国。

总之,经历了五十多年的发展,目前我国汽车业的企业结构、产品品种、质量和技术水平通过技术引进、消化、吸收、合资合作和"六五"以来的历次技术改造,在很大程度上得到了改善和提高,初步形成了一个大中小企业相结合,整车与零部件相结合,生产与科研教育相结合的,产品门类比较齐全、品种基本完善的工业体系。产品基本覆盖了整个国内市场,有些甚至达到或接近国际先进水平,不仅满足了国内需求,而且还有少量出口。随着经济全球化的进一步加快,我国汽车业将得到快速、持续和健康的发展,汽车工业将真正成为国民经济的支柱产业。

1.3.4 我国汽车市场的形成与发展

以改革开放为分界线,改革开放前(计划经济时期),汽车整车由国家垄断经营,计划性指标调拨;汽车配件由国家和省级配件公司专营,大总成件计划分配;汽车修理由国家认可的少数修理厂和国营运输公司修理厂承担。改革开放以来,随着购买对象的不断变化,私人购买比重的不断扩大(据资料表明,2005年私人购车已占到总量的58%)。先后经历了三分天下、遍地开花、多种经济成分的企业参与经营,民营经济企业所占比重不断扩大的演变过程。现在整车销售中,民营企业占到80%以上,除轿车经营权仍由国家调控外,其余整车与配件的经营,随着入世后,服务贸易领域的全方位开放,国内外汽车企业只要符合工商登记条件的,均在我国照章纳税经营。

1. 孕育阶段

从1978年宏观经济体制开始转轨,到1984年城市经济体制改革着手实施,这7年是我国汽车市场的孕育阶段。在这一阶段,指令性计划对汽车的生产和流通处于主导地位,而企业自销与市场机制处于补充地位,计划体制没有根本改变,汽车市场尚未形成。

2. 诞生阶段

从1985年开始,市场机制在汽车产品流通中的作用日益扩大,并逐步代替了传统的计划流通体制,汽车流通的双轨制向以市场为主的单轨制靠拢,市场机制开始成为汽车产品流通的主要机制。这一阶段,市场机制对汽车生产、流通和使用的作用越来越大,并上升到主导地位,我国的汽车市场已经全面形成。

3. 多元化成长阶段

1994年我国开始全面培育社会主义市场经济，市场机制进一步被充分尊重，影响和制约汽车市场发育的不和谐因素逐渐减少，甚至得以消除；市场需求的规模迅速扩大，市场需求主体由过去比较单一的公费购买，向公务需求、商务需求和私人需求转变，并且呈现私人需求的份额逐步增加至主导地位的趋势；进口汽车和国产汽车的竞争逐步加剧，原先价格坚挺的进口汽车也不得不在降价之战中作出让步，无论从数量上还是到深层次的竞争都更为明显。

4. 开始融入国际市场阶段

2002年从我国入世开始，经历了从2002年到2006年6月30日前的过渡期后，我国汽车整车和零部件的关税与世界正式接轨，我国汽车服务贸易领域从2006年7月1日全方位开放，标志着我国汽车市场融入国际汽车市场。

综上所述，我国汽车市场的形成与发展，必将为我国的汽车企业提供更大的市场营销空间，同时又搭建更为激烈的竞争舞台。汽车企业必须对此有足够的清醒的认识，并充分重视研究新形势下的汽车市场营销。

1.3.5　世界汽车工业发展趋势

现代化的汽车产品，出自现代化的设计手段和生产手段。目前，在汽车工业上已广泛应用全球信息网络、计算机辅助造型（CAS）、计算机辅助设计（CAD）、计算机辅助制造（CAM）、计算机辅助测试（CAT）、计算机集成制造系统、虚拟现实（VR）系统等一大批先进技术，促成了并行工程（SE）的实施，真正做到技术数据和信息在网络中准确地传输与管理，实现无图样生产和制造柔性化，不但大大提高了运行效率，缩短了开发周期，而且提高了产品的精度和质量，降低了生产成本。

近20年来，计算机技术、设计理论、测试手段、新型材料、工艺技术等诸方面的成就，不仅改变了汽车工业的面貌，而且也使汽车产品的结构和性能焕然一新。汽车产品的现代化，首先是汽车操纵控制的电子化。在上个世纪80年代初，电子设备还只占汽车成本的2%，而目前，在一些先进的汽车上，这个指标已超过15%。汽车上几乎每一个系统都可采用电子装置改善性能和实现自动化。例如，发动机电控燃油喷射和点火系统、电控自动变速器（ECT）、防抱死制动系统（ABS）、电子防盗系统、卫星导航系统（GPS）等。其次，汽车产品现代化还表现在汽车结构的变革上。例如，双顶置凸轮轴（DOHC）、多气门、涡轮增压、分层充气等新结构。汽车底盘趋于采用多档位变速器，以利于按照汽车各种工况选择最佳传动比，从而提高汽车的性能和进一步降低燃料消耗。先进的轮胎结构主要表现在子午化、扁平化和无内胎化等方面。先进的车身结构轻巧并具有优良的防撞安全性。最后，汽车产品的现代化还体现在汽车整车的轻量化。整车的轻量化除了运用先进的设计方法使汽车尺寸更紧凑而合理外，更重要的是采用了新型材料。

随着新工艺、新材料、新技术与新装备在汽车工业中投入使用，全球经济一体化日趋明显，市场竞争日趋激烈，世界汽车工业也必然发生深刻变革，其表现主要体现在以下几个方面：

1. 厂商并购联合化

长期以来，国际上汽车跨国兼并从未停止过，各大厂商都在致力于不断地谋求竞争优势，并以挫败或兼并竞争对手为目标。但在上世纪后期,随着各大集团竞争实力的接近,国际汽车工业的竞争观念发生了一些变化。其竞争目标已不再是击败对手,而是谋求强强联合、优势互补、合作共赢,比如,奔驰(德)与克莱斯勒(美)的合并,福特(美)收购沃尔沃(瑞典)轿车公司,雷诺以出让商用车公司(RVI)为代价而取得沃尔沃集团公司20%的股份,雷诺与日产(日)以交叉持股(前者在后者占有44%的股份,后者在前者拥有15%的股份)的方式结成战略联盟等。合作厂家之间追求的是达到分摊开发汽车高新技术的巨大研究费用,以降低自己独立开发的投资风险;绕开出口贸易壁垒,以争取目标市场的政府支持;利用对方已有的厂房设备以及市场网络,以降低生产、销售和储运成本,提高产品市场竞争力,从而最终达到发展和壮大自己的竞争实力的目的。

2. 生产装配模块化

所谓模块,是指按汽车的组成结构将零部件或子系统进行集成,从而形成一个个大部件或大总成。而生产装配模块化,即汽车零部件厂商生产模块化的系统产品,整车厂商只需对采购的模块化产品进行简单装配即可完成整车生产。生产装配模块化将导致汽车生产方式发生重大变革,大大减少汽车制造企业生产零部件的数目,降低管理成本和生产费用,并有望提高产品的可靠性等。

3. 汽车产品环保化

“环境保护”与“可持续发展”已被世界上越来越多的国家所认识和重视。不可回避的现实是,城市中大气污染源70%以上来自汽车的尾气排放,新的世纪汽车产品开发将以环保为首务,在新型动力研制、原材料选用、零部件模块生产、整车装配以及汽车使用等环节中充分体现汽车与环境的和谐。为达到汽车使用中大幅度降低有害气体排放的要求,同时也为更好地节约不可再生的自然资源。可以预见,未来的混合动力汽车、煤基液体燃料汽车、燃料电池汽车、可再生能源燃料汽车等新型替代燃料清洁汽车将得到极大发展。与此同时,绿色设计、产品的全寿命设计等先进设计思想也将得以广泛应用。

4. 汽车技术数字化

随着好产品的不断升级和广泛应用,汽车工业正在掀起一场数字化革命,以适应汽车智能化与数字化时代的发展需要。日臻完善的车载多媒体系统、汽车智能安全系统、舒适性管理系统、汽车语音识别系统等数字技术都将在汽车上得到应用。数字技术也将改变汽车的设计开发和生产制造方式,例如计算机虚拟设计技术,使得样车的试制成为过去,虚拟样车将在虚拟检测环境中进行一系列严格的检测;而新的厂房设备与流水线也会在虚拟技术下生成,从而将使生产过程可控化、精确化,并实现汽车的目标成本大幅下降。

5. 汽车服务创新化

随着汽车工业竞争的日趋激烈,汽车产业的利润点已经移向汽车后市场服务领域,各大厂商在努力降低成本、增加效益和实现技术创新的同时,已开始展开全新理念的汽车营销和汽车服务。营销服务的全面化和不断创新将是汽车业内厂商争夺目标顾客、赢得竞争主动权的经营战略重点和发展方向,它将使汽车服务业成为第三产业中最富活力的广阔领域之一,直接促使汽车服务的不断创新和跨越发展。

1.4　汽车行业的产业特征及汽车市场营销观念的演变

1.4.1　汽车市场营销观念的演变

汽车市场营销观念是业内企业一切营销活动的起点和归宿,在周而复始的循环过程中,提升着企业的管理水平,使企业的经营规模不断扩大。同行业若干企业的实力提升,促进了我国汽车工业竞争力的不断增强,这正是我们学习市场营销理论的主要目的之一。由于汽车产业是一个全球一体化的产业,所以,首先,应当从世界汽车工业的发展角度来审视这个问题。

世界汽车营销观念是随着汽车市场的形成而产生的。它的发展大致经历了以下五个阶段:

1. 生产观念阶段——生产中心观念

时段:工业革命至20世纪20年代(我国计划经济前期)。

特征:以产定销。

企业的一切活动以生产为中心,企业生产什么,市场上就卖什么,企业的主要任务是扩大生产,增加产量产值,降低产品成本,很少研究甚至不去研究消费者的需求和欲望。在企业的经营活动中逐步形成以生产为中心的指导思想,即生产观念,也称作生产导向。

在这一阶段,基本经营理念是:扩大产量,形成适度规模就会降低成本和价格,就会吸引更多的消费者,反过来需求量大了,又会促进产量的再扩大,从而形成良性循环。例如,早期的福特汽车公司,不管消费者需不需要其他颜色的汽车,它当时只生产黑色的汽车,因为它不愁销路。再比如我国计划经济的上世纪60~70年代,单一色彩和款式的中吨位载货车“解放牌”、“东风牌”汽车供不应求,工厂只管集中精力生产,何必关注市场。

这一阶段的市场是短缺经济条件下的卖方市场。

2. 产品观念阶段——产品中心观念

时段:生产观念末期(我国计划经济中后期)。

特征:注重质量,忽视消费者的具体愿望和意见。

在生产观念阶段末期,供不应求的现象得到了缓解,“产品观念”应运而生。产品观念认为,消费者在对市场上的商品有选择的情况下,质量好、性能优、特色强的商品才会受欢迎。因此,企业应该致力于生产优质产品,并不断加以改造和提高。但事实上,这种观念仍然同生产观念一样,忽视消费者的需求和欲望。

只有当消费者觉得一个产品或服务的价值与自己的预期相吻合甚至超过时,才会作出购买决定。所以,产品观念在市场营销上至少有两个缺陷:第一,工程师们在设计出的产品很可能不符合或低于消费者的预期价值;第二,一味追求高质量多功能往往会导致产品质量和功能的过剩,如果产品质量过高(用上好些年都该淘汰了,它还不坏),功能过多(有些功能可能很少甚至不会被用到),消费者就会拒绝承担为这些额外的成本而导致的额外价格付出,从而造成产品滞销。

3. 销售观念阶段

时段:20 世纪 30 年代以来(按国际汽车总体发展时段衡量)。

特征:以卖方为中心,通过大量的推销活动,吸引用户购买,卖掉生产的产品,以在竞争中取胜,促销努力与销售总量呈正比关系。

自 20 世纪 30 年代以来,科技的进步以及科学管理和在生产观念驱动下产生的大规模生产,产品产量迅速增加,市场开始由供不应求的卖方市场向买方市场过渡。越来越多的企业逐渐意识到,在日益激烈的市场竞争中为求得生存和发展,就必须重视和加强产品销售工作。企业的管理思想开始从"生产观念"或"产品观念"向"销售观念"转变。销售观念认为:企业必须通过进行大量的销售(推销)活动,才能激起消费者购买自己产品的兴趣和欲望;消费者有了购买产品的兴趣和欲望,企业才能卖掉自己生产的产品。他们认为,企业产品的销售量总是和企业所做的促销努力成正比的。企业开始把部分精力用于销售,运用广告等方式促销,以压倒竞争者,提高市场占有率,获得较高利润回报。

销售观念以抓推销为重点,提高了销售在企业经营管理中的地位,但它仍然没有脱离"以产定销"的范畴。只是强调对既定产品的推销,至于消费者需要什么,购买产品后是否满意等问题,则未给予足够的重视。事实上,推销只是市场营销策略中的一小部分。一个企业要想达到预定的销售目标,还需要营销策略的其他部分充分配合。时至今日,业内仍有许多企业,将销售与市场营销混为一谈,而没有市场营销部门。

4. 市场营销观念阶段

时段:20 世纪 50 年代中期(当时我国是计划经济条件下的第一个五年计划期间,国内尚无这一理念)。

特征:以卖方需求为中心(消费者需求是一切市场营销活动的起点和中心);用户至上(消费者是中心);竞争是基础;协调是手段;利润是追求(目的或结果)。

市场营销观念产生于 20 世纪 50 年代中期。第二次世界大战以后,欧美各国的军用工业很快地转向民用工业,工业品和消费品生产的总量剧增,造成了生产相对过剩,生产与消费的矛盾在市场上日趋尖锐,随之导致了市场的激烈竞争。在这一竞争过程中,许多企业开始认识到传统销售观念已经不再适应市场的发展,开始注意消费者的需求和欲望,并研究其购买心理和购买行为。这一观念的转变是市场营销学理论上的一次重大变革,企业开始从以生产者为中心转向以消费者为中心,在企业的经营活动中逐步形成以"消费者为中心"的指导思想,从此结束了以产定销的局面。

推销观念以卖方产品为中心,市场营销观念以买方需要为中心;市场营销考虑的是如何通过产品研制、传送以及最终产品的消费等有关的所有活动,来满足消费者的需要。

消费者的需要是市场营销活动的起点和中心。以市场营销观念作为自己的策略导向的企业遵循以下几条基本原则:

(1)消费者是中心

企业的努力在于满足、维持及吸引消费者。

(2)竞争是基础

企业必须不断地分析竞争对手,把握竞争信息,充分建立和发挥本企业的竞争优势,以最好的产品或服务来满足消费者的需要。

(3)协调是手段

市场营销的功能主要在于确认消费者的需要及欲望,把和消费者有关的市场信息有效地与企业其他部门相沟通,并通过与其他部门的有机协作,努力达到满足和服务于消费者的目的。

(4)利润是结果

企业运作的目的是尽可能地满足消费者的需要,而利润是在满足消费者的需要后所产生的结果。

5. 社会营销观念阶段

时段:近十几年至二十年(我国进入了改革开放和社会主义市场经济培育初期)。

特征:组成决策链:用户的需求→用户的利益→企业利益→社会利益。企业短期行为和长期利益统筹兼顾;企业利益、用户利益和社会利益兼收并蓄,成为一体。汽车在极大地改变着人类的生活方式和运输效率的同时,汽车保有量迅速增长以来的环境污染、交通事故也成为越来越突出的社会问题。

社会营销观念的决策主要有四个组成部分:用户的需求、用户的利益、企业利益和社会利益。社会营销观念不是对市场营销观念的否定,而是一种修正和完善。这种观念要求企业将自己的经营活动与满足消费者需求、维护社会公众利益和长远利益保持经济可持续发展作为一个整体来对待,不急功近利,自觉限制和纠正营销活动的副作用,并以此为企业应承担的社会责任。

纵观市场营销观念的演变过程,从总体上分析,可归纳为新旧两大类:生产观念、产品观念、销售观念属旧观念,市场营销、社会营销属新观念。这两大类观念的主要区别在于:

(1)企业营销出发点不同

旧观念下,企业以产品为出发点;新观念下,企业以消费者需要为出发点。

(2)方法手段不同

旧观念下,企业主要用各种推销方式推销制成的产品;新观念下,企业围绕消费者需要出发,利用整体市场营销组合策略,占领目标市场。

(3)战略眼光不同

旧观念目光短浅,计较每项或短期交易的盈亏,急功近利;新观念下,企业除了考虑现实的消费者需要外,还考虑潜在的需要,谋求企业长期、稳定的发展和综合效益。

1.4.2　汽车行业的产业特征

1. 汽车行业内涵

汽车行业概括起来由三个领域支撑的两大方面组成:

三大领域为:产品贸易领域、投资贸易领域和服务贸易领域。

两大方面,一是汽车工业方面:包括汽车整车、汽车零部件、汽车相关产品及汽车饰品、用品的研发、生产等;二是汽车流通方面:包括整车销售、配件经营、维护修理、后市场服务的延伸与开发。

2. 汽车行业的产业特征

(1)技术密集型

技术密集型是汽车行业的最大特征。汽车是高新技术的结晶,汽车业所涉及的新技术范围之广、数量之多、规模之大是其他产业难以相比的。由于汽车工业的发展,推动了原材料的革命,使原材料品种不断增多,质量不断提高。许多新型材料,包括新型钢材、工程塑料、合成橡胶等,都在汽车工业的推动下发展起来,又反过来促进了汽车技术的进步。各种高性能、自动化设备、数控机床、自动生产线、机器人、电子计算机技术在汽车上获得了广泛的应用。

现代汽车产业市场竞争实质上是先进科技的较量,是技术创新的角逐。世界各大汽车公司已把主攻方向从实施精益生产、提高规模效益转向以微电子技术和信息技术等高新技术对汽车工业的开发、生产、销售、服务和回收的全过程进行提升。围绕安全、环保、节能等重点领域,采用新能源、新材料、新工艺开发研制全新概念的新车型,占领技术制高点。

(2)投资密集型

建一个汽车厂所需的投资是以亿为单位来计算的,2004 年 6 月 1 日颁布的《汽车产业发展政策》规定:新建汽车生产企业的投资项目,项目投资总额不得低于 20 亿元人民币;新建车用发动机生产企业的投资项目,项目投资总额不得低于 15 亿元人民币。

汽车工业是投资密集型工业,汽车企业在产品开发、生产、营销的整个过程中都需要投入巨额的资金,尤其是技术创新、产品开发所需资金投入尤为庞大,必须以强大的经济实力为基础。国外汽车企业对一种新车型的开发投入往往几亿、几十亿甚至上百亿美元,同时国际上汽车的绝对过剩导致汽车以技术性能的换代为标志的换代周期不断加快,而汽车技术开发资金巨大投入和技术更新周期日益缩短。如果资金跟不上,产品开发的速度就会减缓,时间差将会造成生产和需求的脱节,直接影响到企业的生存。

(3)市场波动性

汽车作为社会经济生活的一种重要的工业产品,其市场行情总是随着国民经济运行的波动而波动,二者具有高度的相关性。在我国这一特征尤为明显。

市场格局的变化、消费结构的变化、消费观念的变化、农村市场的变化、市场环境的变化、国家宏观调控政策的变化都会带来汽车市场的波动。

汽车市场的波动性呈现出明显的周期性特点,即每一波动周期在理论上都包括"衰退、萧条、复苏、高涨"四个阶段。

(4)产销变化同步性

我国的汽车工业,特别是改革开放以来的汽车工业,一直呈产销变化的同起同优的经济运行态势,换句话说,与我国宏观调控政策的实施基本上是同步变化,这在世界汽车工业发展史上也是一个具有中国特色的经济现象。

(5)利益驱动性

为什么各地对生产汽车有如此大的热情呢?根本的原因就在于利益驱动。由于我国汽车业长期以来的相对垄断,造成了该行业的高额利润。上海市 1984 年至 1999 年累计生产轿车 155 万辆,实现销售收入 4 842 亿元,利税 804 亿元,其中利润 442 亿元。汽车业地位并不算突出的安徽,2001 年汽车业利润总额 16.81 亿元,同比增长 99.4%。至于汽车的巨大关联效应,在带动相关产业发展以及提供就业方面,其好处就自不必多言。

(6)政策导向性

1994年《汽车工业产业政策》颁布以来，国家对汽车工业的扶持政策向重点骨干企业倾斜，80%以上的投资集中于前13家骨干企业，促进了我国汽车工业组织结构的优化，大企业对行业发展的主导作用不断加强。2000年，前13家骨干企业汽车生产集中度超过90%，其中一汽、东风、上汽3家企业集团汽车生产集中度达到44%，轿车生产集中度超过70%。

在国家政策扶持及"一条龙"、"双加工程"等专项技改的支持下，我国汽车零部件工业加大投资力度，积极调整产品结构，不断提高技术水平，加快国产化步伐，形成了一批初具规模，能面向多种车型配套并开始进入国际市场的重要产品和骨干企业，零部件生产实力有所增强。批量生产的主导车型国产化率已达80%以上，轿车达到80%国产化率所需时间已从过去6～8年减少到现在3～4年。2004年再度出台的《汽车产业发展政策》进一步明确了入世后汽车产业发展的导向性政策，进一步促进了新形势我国汽车产业的健康发展。

同时，国家为扩大内需、刺激消费、规范市场，出台了一系列积极的财政、金融等配套政策。这些政策的实施有力地推动了汽车市场的全方位发展。

随着择机而出的《公路法》的实施，特别是燃油费改税改革必将使乱收费现象逐步得到遏制，使汽车消费环境大为宽松，从而进一步刺激私人消费。

为减轻对环境的污染，政策制订的尾气排放标准越来越严格，谁能率先推出适合环保要求的新产品，谁就将赢得市场的主动权，如此等等，不再一一列举。

(7)高风险性

汽车是专业化、大投入、大产出的产业，对开发、规模、服务、配套的要求都很高。高风险性是汽车产业的又一产业特征。第一，汽车投资以前是由产业政策来控制的，政策对产业投资有导向作用，但将来起主要作用的将是市场，在新一轮的竞争中，没有自主研发能力，没有核心技术的企业将会被淘汰；第二，没有好的产品的企业也将被淘汰；第三，新一轮投资的汽车企业利润率不会再像以前那么高了，比如现在有的微车利润仅仅只有几百元，如果形不成规模，将很难保持企业的长期运转。

(8)国际市场的竞争激烈性

20世纪90年代以来，由于全球汽车生产能力过剩，安全、环保和节能法规的日趋严格，产品开发成本、销售成本大幅度提高，促使汽车工业全球性产业结构调整步伐明显加快，汽车跨国联盟已成为世界汽车工业发展的潮流。年产400万辆以上的六大汽车集团(通用、福特、戴姆勒—克莱斯勒、丰田、大众、雷诺—日产)，其产量已占世界汽车产量80%以上。这种"强强联合"使汽车技术、产品和企业国际化的特征更加明显，使汽车大企业更具实力和竞争力。当前行业中，缺乏核心竞争力的企业将难逃淘汰或成为并购对象的命运。美国通用汽车公司具有百年历史的六大品牌之一奥兹莫比尔从1901年第一辆车的问世到2000年退出历史舞台的事实说明：市场是无情而残酷的，它不以人的意志为转移，只要在竞争中失败，就将使其难逃被淘汰的厄运。据业内人士预测，今天全球的15家重要的汽车制造企业，至2010年，至少将有三分之一出局。

思考题

1. 什么是汽车市场？什么是汽车市场营销？

2. 市场经济有哪些一般规律？
3. 简述汽车市场营销观念的演变过程。
4. 汽车行业有哪些产业特征？
5. 汽车市场营销的组合要素有哪些？

第 2 章　汽车市场营销环境分析

学习要点

➢ 汽车市场营销环境分析是汽车企业开展市场营销活动的立足点。

➢ 企业的各种内外部要素构成了影响企业营销活动的市场营销环境，全面了解企业市场营销环境的基本内容对于企业捕捉商机，转化风险，趋利避害，有效开展营销活动具有重要意义。

➢ 本章重点分析营销环境对企业营销活动的影响，掌握企业应对营销环境变化的营销对策。

2.1　汽车市场营销环境与企业（营销者）营销活动的基本内容

任何事物的存在和发展都离不开特定环境的影响，汽车市场营销活动也是如此。任何企业的市场营销活动总是在一定的环境下进行的。因此，认识和分析营销环境是学习和运用市场营销理论的工作基础和重要前提条件，而对环境由浅入深的逐步认识过程和由表及里的分析过程也就是不断地发现市场机会和识别威胁，以选择达到市场营销目标最佳途径的过程。

2.1.1　市场营销环境的基本内容

1. 市场营销环境的概念

企业的市场营销环境是指一切影响、制约企业营销活动的要素。企业的市场营销环境是企业生存与发展的前提条件。

2. 汽车市场营销环境要素框图

从图 2.1 中可以看出，构成汽车企业营销环境的要素是多方面的，每一个要素又随着社会经济的发展而不断变化。

3. 市场营销环境的特征

（1）客观性

市场营销环境的存在不以营销者的意志为转移，是客观存在的。

（2）差异性（不等力性）

包括两个方面：其一，不同汽车企业（营销者）受不同营销环境的影响；其二，同一营销环境对不同汽车企业产生不同影响。

（3）多变性

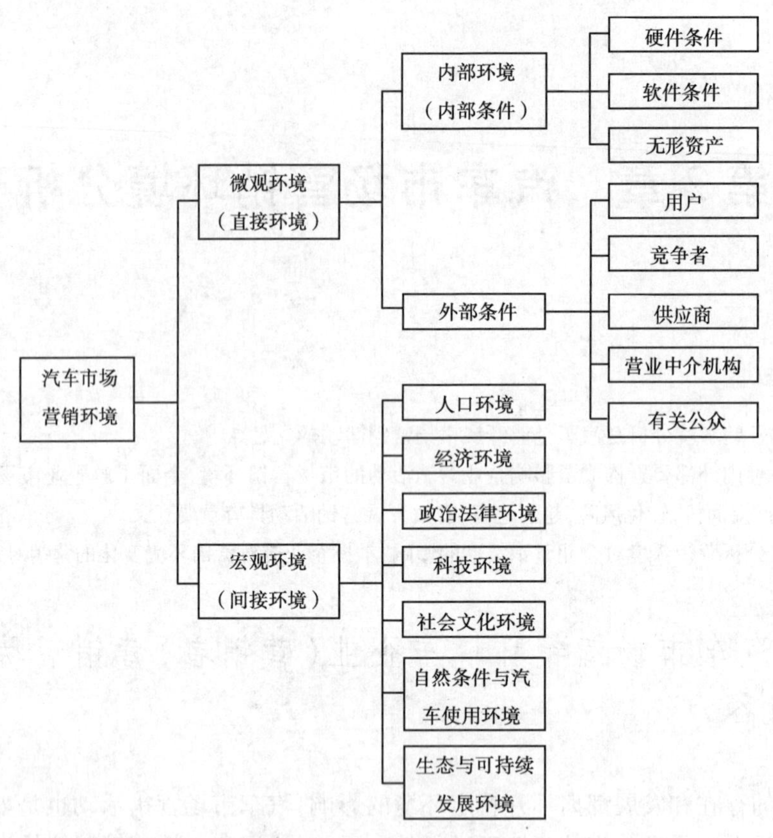

图 2.1　汽车市场营销环境要素

市场营销环境始终处于动态变化中，呈现一定周期性的现象，这就要求汽车企业根据环境要素和条件的变化，以变应变，不断调整营销策略。

(4)相关性(复杂性)

影响企业(营销者)的不是任何单一要素，而是相关要素组成的综合体共同影响企业(营销者)的营销活动。

(5)不可控性

市场环境的变化对于企业(营销者)来说总体上是不可控制的，但企业(营销者)可以通过采取及时的措施、削弱、强化或改变环境要素带来的影响程度。

(6)目的性

研究各种环境要素→适应环境要素的变化→求得企业生存和发展。

2.1.2　营销环境的分类

1.按影响程度和范围的大小分类

根据营销环境对企业市场营销活动发生影响的方式和程度，可以分为直接营销环境和间接营销环境，也称微观营销环境和宏观营销环境。

市场营销环境构成(这是市场营销环境要素框图的另外一种描述方法，这里再次赘述，意在加深读者的理解和记忆)，见图 2.2。

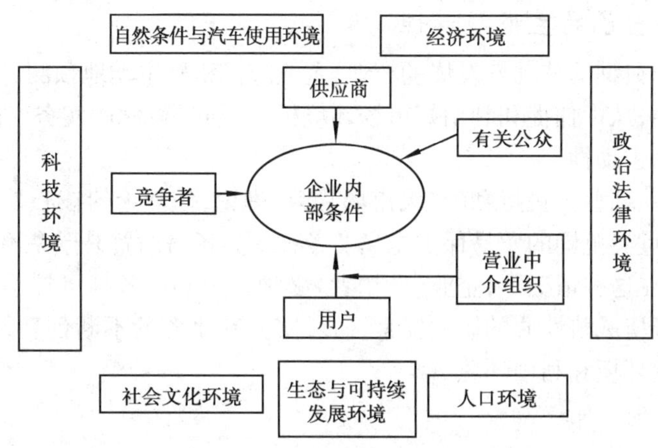

图2.2　市场营销环境构成

图中:外圈部分为宏观环境(间接环境),内圈部分为微观环境(直接环境)。

2.按可控制性的难易分类

可分为可控环境和不可控环境。

(1)可控环境

可控环境是指可由企业(营销者)支配的市场营销环境要素。一般指由最高管理层支配的要素,如企业的内部的资金使用、人员调配、机构设置等。

可由营销部门控制的要素,如:目标市场的选定、营销计划的编制等。

(2)不可控环境

除企业内部环境要素外,其他要素大多是不可控制的。

3.按环境的性质分类

(1)广义的自然环境

包括:矿产等自然资源(如石油储量)、气候、生态系统等。

(2)广义的社会环境

包括:人的社会价值观和信念;人口增长、购买力变化;经济和竞争要素、科学技术要素、政治和法律要素等。

尽管有以上三种分类方法,但我们在分析市场营销环境时以第一种分类方法为主。

2.1.3　企业(营销者)营销活动与市场营销环境的关系

企业的市场营销活动过程就是适应市场营销环境变化,并对动态变化的环境作出积极反应和有效行为的过程。

1.企业营销活动必须积极主动适应环境

企业开展营销活动,首先要掌握市场营销环境的六个特征。

市场营销环境是不断变化的,其变化规律呈现"万花筒效应"——一动则变,而且很难出现要素结构完全一样的重复现象。企业(营销者)不可能从根本上控制这种变化,只能不断适应环境的变化,主动地调整营销策略,并随着环境的变化不断摸索规律,作出适应环境变化的积极反应,以争取营销活动处于相对主动的地位。

2. 企业应发挥自己的主观能动性

汽车行业是一个典型的波动性发展的产业,企业应该积极主动地预测、发现和分析环境变化的趋势和变化规律,从中捕捉和利用好市场环境机会,通过科学的实务,充分发挥企业在营销活动中的能动性和主动性。

在此,提及一下菲利普·科特勒的"大市场营销"理论,该理论的核心是:虽然有世界贸易组织的游戏规则,但世界范围的贸易保护主义及各种新异各目的贸易壁垒不断增加,使得市场营销环境不断恶化,在这种情况下,企业(营销者)必须综合利用各种可控手段及公共关系、消除、弱化、转化各种环境威胁性质的影响要素,通过实务和服务的不断创新,积极、主动地适应环境,改善环境,改变环境和利用环境。

2.2 汽车微观市场营销的环境分析

由图2.1和图2.2可以看出,微观市场营销环境是直接对汽车企业在其目标市场的营销能力构成影响的要素。主要是:目标用户、竞争者、有关公众、营销中介机构、供应商、企业内部环境六大要素。

2.2.1 企业内部环境

汽车企业的市场营销内部环境即内部条件,可用图2.3描述。

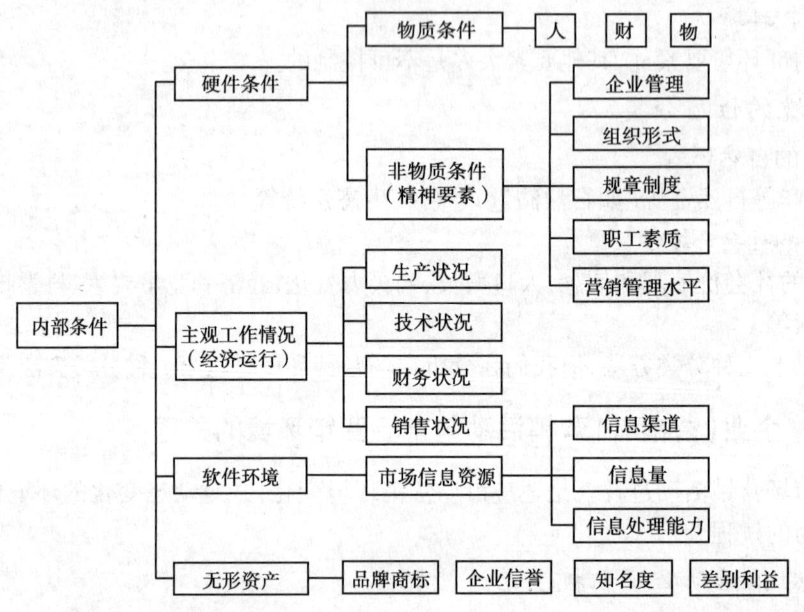

图2.3 市场营销内部条件

2.2.2 供应商

为企业提供原材料、配套件,水、电、气等能源,劳动力等,是对企业的经营活动产生巨大影响的要素。

2.2.3　营业中介

营业中介对企业市场营销的影响很大,影响到市场范围、营销效率、经营风险、资金周转等。它包括中间商、物流机构(实体分配公司)、营销服务机构、金融机构等。

在市场经济条件下,企业通过各种市场营销中介来进行市场营销过程中的各种活动。这是营销活动社会化的主要标志之一,是不可缺少的要素,是企业价值和产品价值传递系统中的主要渠道。

2.2.4　消费者(目标用户)

企业产品的顾客,即企业的目标市场,这是最重要的环境要素。一般包括五大目标市场:消费者市场、生产者市场、中间商市场、政府市场和国际市场。

2.2.5　竞争者

与本企业争夺同一目标市场的产品和力量都是企业的竞争者。

竞争者包括四个层次,即欲望竞争、类别竞争、产品形式竞争和品牌竞争。企业的营销系统总是被一群而不是一个,多方向而不是单一方面的竞争者包围和影响着。学习市场营销在很大程度上就是对竞争者的研究,只有知己知彼,扬长避短,争取主动,抢占市场"制高点",才能获取战略优势。

2.2.6　有关公众

有关公众指对企业实现其市场营销目标的能力有着实际或潜在影响的群体。它包括:金融界、新闻界、政府系统、社区公众和企业内部公众。

2.3　宏观市场营销

宏观环境作用于微观营销环境,是造成企业市场营销活动市场机会或带来环境威胁的主要社会因素。如图2.1所表述的七大要素,它是汽车企业不可控制的,但可以通过"以变应变"调整营销策略和加强内部管理来适应其变化。

2.3.1　人口环境

人口环境指一个国家和地区(具体到汽车行业指企业的目标市场的人口数量、人口质量、家庭结构、人口分布、年龄分布及地域分布等因素现状及其变化趋势),人的需求是企业营销活动的基础,人的需求变化始终是市场营销活动跟踪的主题。所以,对人口环境的观察是把握需求动态的关键。其子要素包括:

第一要素:人口总量的增长和人口质量的提高;

第二要素:人口结构(人口自然结构和社会结构):家庭是社会结构的细胞,家庭结构的变化,特别是家庭小型化的趋势和非家庭产的出现,对汽车市场消费需求的潜量和需求结构都有十分重要的影响。学习市场营销要关注“轿车进入家庭”、“汽车进入家庭”。

第三要素:人口分布、地理分布及区间流动等三个方面。亚洲特别是东亚、东南亚是世界人口最集中的地区,随着亚洲特别是以中国汽车为主的东亚的经济发展、迅速崛起和对外开放,亚洲汽车市场成了全球汽车商争夺的主要目标市场。

总之,人口环境是基数经济的首要影响因素。

2.3.2　经济环境

人的需求只有在具备经济能力时才是现实的。对汽车市场营销活动影响较大的是宏观要素,主要有国民生产总值 GDP、经济周期和市场模式等三大方面。贴近目标市场的市场需求主要子要素包括:

(1)消费者实际收入水平;

(2)消费者支出模式;

(3)消费者购买行为变化。

2.3.3　科学技术环境

科学技术与生产的结合、统一是新技术革命的特征之一,当今世界汽车市场的竞争实际是一场现代科技的较量,是技术创新的竞争。世界汽车技术进步、技术创新的步伐加快,围绕环保安全、节能、防盗等领域,新能源、新材料、新工艺、新结构、新产品不断出现,整车产品向平台化、系列化、轻量化、小型化、节能化、能源替代化、洁净化、电子化、柴油化、智能化、安全化的方向发展。科技进步带来了汽车营销策略的革新,即营销组合不断创新。科技是推动社会生产力发展的主导力量,科学转化为社会生产力的周期日趋缩短,科技在社会化大生产中的作用呈几何级数递增。在这方面,我们应当主要关注以下三个子要素:

(1)新技术的发展运用形成新的市场细分,促成新的市场机会,催生新的汽车产品,拓展出新的后市场服务领域。

(2)赋予了企业改善和提升管理和提高生产效率和产品质量,降低成本的能力。

(3)缩短了由产品向商品的转化周期,不断优化分销渠道,改变了零售业的结构和消费者的购买习惯,更大程度上减少了购车的后顾之忧。

2.3.4　社会文化环境

社会文化是一个涵盖面非常广泛的概念,深远地影响着人们的生活方式和行为模式。汽车市场营销的社会文化环境包括教育水平、价值观念、宗教信仰、消费习俗、消费流行、审美观念等与汽车消费有关的文化环境。近几年来,国内外开发的新车型、新品种在中国市场大量上市,“闪亮登场”使我国的消费群体发生了如下变化:一是消费观念更加理性、成熟,不单单以价格便宜权衡;二是消费群体向更细的亚文化群分化。每一种文化内部都包含若干亚文化群,这些亚文化群的信念、价值观和风俗习惯既与整体社会文化相符合,又表现出因生活经历和环境不同表现出不同的特点来。营销者在进行社会文化环境分析时,还要着重研究亚文化群的特点,可以选择这些亚文化群作为他们的目标市场。

2.3.5　政治法律环境

企业的市场营销决策,在很大程度上受政治法律环境的影响,汽车产业表现得尤为明显。激励与约束兼备的政策导向和政府对汽车工业发展的跟踪管理。汽车营销的政治法律环境包括:政治局势及走势、经济管理体制、经济政策和法律法规等方面。相关主要子要素有:

1.政策法规的完善程度

我国首部产业政策就是汽车工业产业政策入世前的1994年和入世后的2004年,十年间出台了两部汽车产业发展政策,同时,陆续出台了涉及投资、品牌经营、排放控制、强制检测一系列政策法规,从而保证了我国汽车工业由散乱到集中,实现了跨越式健康发展。下面摘录和整理了我国对汽车工业法制化管理的内容,供学习和应用时参考(见附)。

2.关税和汇率变化

汽车市场是一个典型的国际化市场,关税和人民币对美元的汇率变化对汽车的进出口价格有很大影响。1994年人民币对美元的汇率为8.7:1,1997年为8.28:1,而2006年则突破了8.0大关。轿车的进口关税也由入世前的80%～100%,经2002年至2006年6月30日的过渡期降到25%,完全与世界接轨,因而国内汽车市场国产车、合资车和进口车处于同样的市场环境,有利于用户的购买选择,同时刺激了培育具有国际竞争力的自主研发能力。

3.公众利益集团的发展程度

由于国家出台一系列鼓励私人购车的政策和公务用车制度改革的政策,都为汽车营销创造了越来越好的政策环境,短短几年,我国轿车的年产、销量逼近了400万辆,并呈继续增长的势头。

2.3.6　自然环境

汽车市场营销的自然环境是由一个国家和地区的全部资源,特别是自然资源构成的,是客观存在的自然状态,包括水、土、矿产、森林等物质资源和地理位置、地貌条件以及由于地理环境所造成的工农业布局等,例如山西省富煤、缺水,而长江三角洲富水、缺煤,其工农业布局差异很大,不同的自然环境条件对汽车市场营销活动起着不同的促进或制约作用,自然环境是汽车企业从事经营活动的基础。从另一个方面看,自然环境(包括气候、地理区位、道路交通、城市建设、车用燃料、停车设施等)是汽车的使用环境。

2.3.7　生态与可持续发展环境

环境问题、能源问题带来的人口、自然资源与生态的可持续发展问题已成为人类面临的最严重挑战。汽车市场在这方面表现得最为典型。一是汽车尾气排放构成了对大气环境的严重污染,这已经成为汽车保有量多的城市的主要大气污染源,目前,国家已经把节能、发展替代燃料的清洁汽车提到了战略高度和具体的议事日程;二是燃油的消耗量日益增大,导致石油资源的加速枯竭、油价的剧烈震荡,对国家能源安全和社会稳定造成严重的威胁;三是汽车产业的汽车文化特征日益完善。

2.4 应对汽车市场营销环境变化的策略

2.4.1 我国汽车在入世前和入世后过渡期的状况

1. 我国汽车产量和销量增长快,汽车市场呈快速成长、迅速发展的势头

(1)“自然环境与汽车使用环境”和“生态与可持续发展环境”有着有机的联系,但这两个要素又有着明显的定位差异,在发展汽车产业组织市场营销活动时,要由近及远,由此及彼,联系起来考虑这两个要素。

(2)产品水平和制造水平与国际先进水平的差距在缩小,但仍存在明显差距,特别是轿车领域仍以合资车为主,尚未形成国产品牌的自主的研发体系和创新能力。

(3)受利益的驱动,地方保护主义严重,全国有26个省市把汽车列为支柱产业,重复建设的现象并未扼制。

(4)大集团发展战略进展缓慢,缺乏从产品技术水平和规模成本方面的国际竞争力。

(5)市场环境和市场条件欠成熟、不规范、发展不平衡、差距不小,很可能在我国汽车服务贸易领域全方位开放的2~3年内显现出来。许多4S店等售后服务机构大多停留在“形似而非神似”的状态。

2. 强调为幼稚工业,但政策法规措施在“档外入”的方面多一些,在促内的方面力度不够

2.4.2 入世后我国汽车产业的特点和对我国汽车工业发展的影响

1. 入世初期的前过渡期

原估计的“狼来了”的激烈的国际竞争局面没有出现,但并不表明狼没有来,而是在此之前已经以合资结缘的方式潜移默化了。因而在汽车界部分人中产生了一种错觉,引发了汽车热的再度升温,重复建设的现象在一些地区死灰复燃,削弱了国际竞争力的加速形成。

2. 我国汽车产销以每年百万辆的幅度增长,我国成为全球汽车生产大国,但远不是强国

中国汽车市场已经成为世界汽车市场有机组成部分。

3. 市场特点

(1)中国汽车市场为全球瞩目,市场发展快、市场潜力大、发展潜力更大。

(2)由于我国经济发展不平衡,汽车市场东、中、西部,城市与乡村的差距拉大,要达到成熟市场的时间至少20~30年。

(3)跨国公司悉数进入中国,在全方位展开,竞争激烈,致力于全方位控股,先进技术外溢受阻。

(4)汽车产品需求档次多、品种多、安全、节能、环保型小汽车是需求主体。

(5)汽车零部件方面外资控股、独资倾向加重、中方有被边缘化危险。

(6)产品标准化、通用化、系列化困难。

4. 全面开放,取消关税壁垒

(1)由产品贸易领域,投资贸易领域到入世后的服务贸易领域全面放开。
(2)整车关税降至25%,零部件降至10%的水平与国际接轨。
(3)取消整车的进口数量配额限制。

5. 国际采购将是生产厂的配套供应主要方式

6. 中外合作步伐加快,外国整车独资的装配厂可能在我国设立分厂

7. 大集团发展步伐加快,我国整车生产企业数量上理性地减少

8. 汽车服务贸易领域全面开放,汽车市场营销开始国际化、网络化和现代化

2.4.3　汽车企业适应营销环境变化的对策

1. 正确处理企业与环境的关系

汽车企业处于复杂多变的环境之中,各种相关要素不是同时、均等地发生作用,不同的时期、不同的条件下,环境因素对企业经营管理活动的影响是有区别的,有时甚至有较大的差异。因此,在研究环境时,要根据不同的情况做不同的分析,区别对待、有效地利用和转化有潜力的和有威胁性的环境要素。

2. 分析评估市场营销环境

(1)认识环境(见图2.4)

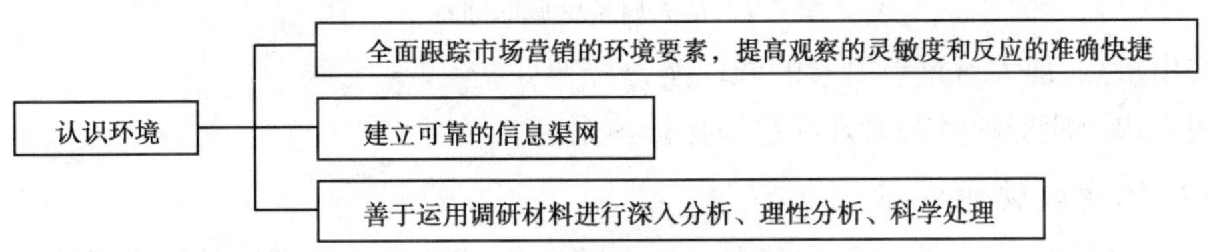

图2.4　认识环境

(2)适应环境(见图2.5)

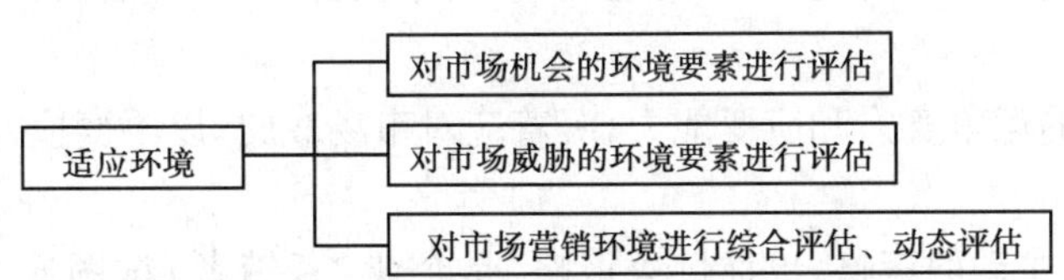

图2.5　适应环境

(3)控制环境(见图2.6)
(4)利用环境(见图2.7)
(5)改造环境(见图2.8)

3. 采取适应营销变化的方法

(1)加大营销计划的弹性和调整、调控力度

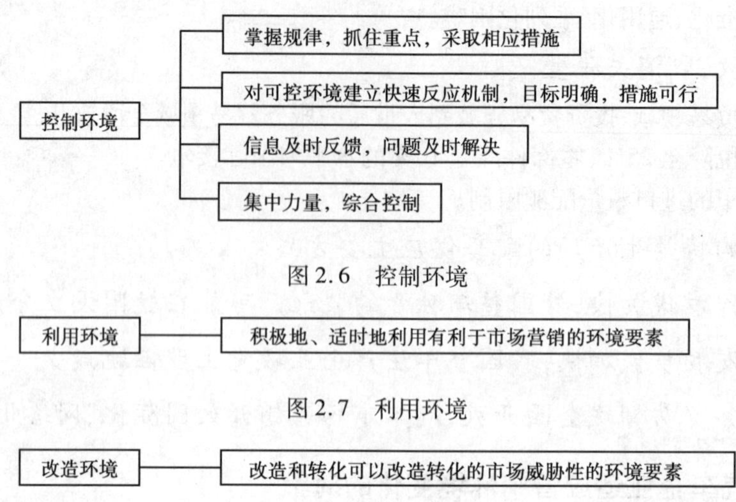

图 2.6　控制环境

图 2.7　利用环境

图 2.8　改造环境

(2)加大后备资源的储备(见图 2.9)

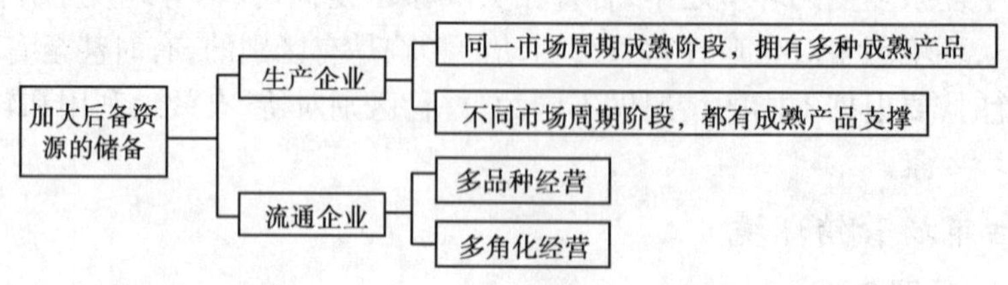

图 2.9　加大后备资源的储备

(3)突出重点,加大对重点要素的调控能力

(4)建立快速应变的经营管理和组织保证体系

4. 面对环境威胁的对策

企业的市场营销活动,有时面临着有利的市场机会,有时面临着严重的环境威胁。面临市场机会应该客观、认真、谨慎地评价机会的质量,然后迅速决策;面对市场威胁应直面现实,冷静分析,沉着应对,制订适当的对策。可供选择的对策主要有以下四种:

(1)顺应策略

相信企业自身的竞争实力和应变能力,沉着应对市场威胁,以不变应万变。

(2)对抗策略

这是一种积极、主动的策略,也称抗争策略,是企业(营销者)试图通过自己的努力,限制扭转环境中不利因素的发展,把对企业的不利影响降到较低水平。

(3)减轻策略

减轻策略是企业(营销者)通过改变自己的某些策略,调整营销组合,达到降低环境变化威胁对企业的负面影响程度。

(4)转移策略

转移策略也称转变策略或回避策略,包括三种转移:改变产品结构、原有的销售市场的转移、向其他行业转移。

5. 调整市场需求的对策

市场营销的实质就是需求管理。检验市场营销理论学习的好坏的主要标准之一，就是对调节市场需求所采取的策略的针对性、及时性和实施效果。

(1)扭转性经营

当消费者对本企业产品或服务质量存在偏见或缺乏全面了解时，采取针对性的营销组合措施，力求改变消费者对本企业产品或服务的信念和态度，把否定需求转为肯定需求。

(2)刺激性经营

当企业把新开发的汽车产品推向市场时，采取以促销为主的营销组合措施，加大频率引起消费者对新产品的注意和兴趣，刺激需求，招揽用户，扩大需求规模。

(3)开发性营销

加快对性能稳定、质量上乘，但消费者所需功能欠缺，产品的改进性推出，满足消费者的新需求，将其潜在需求变成现实需求。

(4)维持性营销

当产品由成熟期出现向衰退期的拐点时，该产品出现更大需求的可能性不大，宜采取维持现状，不再对此产品作更大的营销投资。

(5)节制性营销

当产品出现需求不平衡(供不应求)时，通过促销(广告宣传)价格等措施，以抑制部分需求，当供大于求时，可集中采取促销组合措施，以扩大需求，必要时还可采取减少市场供给量调节需求，实行节制性营销。

附：中国汽车工业法制管理框图

(1)中国汽车工业法制化管理体系——基本形成了全国人大、国务院、相关政府部门构成三级法制化管理体系，见图 2.10。

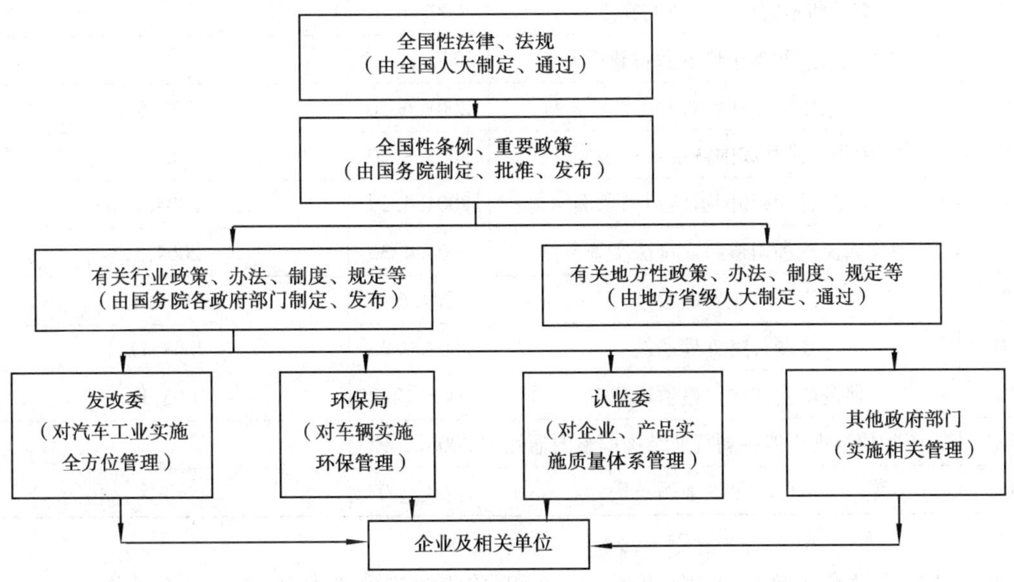

图 2.10　中国汽车工业法制化管理体系

第一级　由全国人大制定的涉及汽车工业主要法律，见表 2.1。

表 2.1　全国人大制定的涉及汽车工业主要法律

序　号	法律名称	发布日期	实施日期
1	中华人民共和国标准法	1988.12.29	1989.4.1 目前正在进行修订
2	中华人民共和国质量法	1993.2.22	1993.9.1
3	中华人民共和国环境噪声污染防制法	1996.10.29	1997.3.1
4	中华人民共和国公路法	1997.7.3	1998.1.实施 2004.8.28 通过再次修订
5	中华人民共和国节约能源法	1997.11.1	1998.1.1
6	中华人民共和国大气污染防治法	2000.4.29	2000.9.1
7	中华人民共和国海关法	2000.7.8	
8	中华人民共和国行政许可法	2003.8.27	2004.7.1
9	中华人民共和国道路交通安全法	2003.10.28	2004.5.1

- 全国人大制定的法律基本为通法、与道路车辆之间是间接关系
- 目前尚无与车辆直接相关的《车辆法》
- 在《行政许可法》里，将道路机动车辆生产与产品公告管理，作为行政许可管理

第二级　国务院制定的汽车工业主要条例，见表 2.2。

表 2.2　国务院制定的汽车工业主要条例

序　号	法律名称	发布日期	实施日期
1	中华人民共和国公路管理条件	1987.10.13	1988.1.1
2	中华人民共和国标准化实施条例	1990.4.6	1990.4.6
3	交通和车辆税费改革实施方案	2000.10.22	
4	中华人民共和国车辆购置税暂行条例	2000.11.17	
5	报废汽车回收管理办法	2001.6.16	2001.6.16
6	中华人民共和国认证认可条例	2003.8.20	2003.11.1
7	中华人民共和国道路运输条例	2004.4.30	2004.7.1
8	中华人民共和国道路安全法实施条例	2004.4.30	2004.5.1
9	汽车产业发展政策	2004.6.1	2004.6.1
10	收费公路管理条例	2004.9.25	2004.11.1
11	促进产业结构调整暂行规定	2005.12.2	2005.12.2
12	关于加快推进产能过剩行业结构调整的通知	2006.3.12	
13	公路保护条例	正在起草	

- 在“产能过剩调整通知”中，国家第一次明确将汽车行业列为宏观调控对象。指出有盲目投资、低水平扩张现象，导致生产能力过剩。企业存在组织结构、技术结构、产品结构等不合理，使产品价格下降，利润减少、亏损增加

• 国家将提高并严格执行环保、安全、节能、技术、土地和资源综合利用等市场准入标准，引导市场投资方向

第三级　政府相关主管部门制订的办法、制度等，见表 2.3。

表 2.3　政府相关主管部门制订的办法、制度

序号	办法、制度等名称	发布日期	实施日期	发布政府部门
1	缺陷汽车产品召回管理规定	2004.3.12	2004.10.1	国家质检总局、发改委等
2	机动车登记规定	2004.4.30	2004.5.1	公安部
3	缺陷汽车产品召回信息系统管理办法	2004.6.4		国家质检总局
4	缺陷汽车产品召回专家库建立与管理办法	2004.6.4		国家质检总局
5	关于汽车生产企业投资项目备案管理的通知	2004.6.30		发改委
6	关于汽车金融公司有关外汇管理问题的通知	2004.7.15		国家外汇管理局
7	汽车贷款管理办法	2004.8.16		中国人民银行、银监委
8	关于规范旧机动车鉴定评估管理工作的通知	2004.8.16	2004.8.16	商务部
9	关于公布车辆生产企业世界制造厂识别代号(WMT)的通知	2004.9.3		发改委
10	机动车辆类(摩托车产品)强制性认证实施规则	2004.9.10		认证委
11	二手车流通管理办法(征求意见稿)	2004.9.23		商务部等
12	汽车贸易政策	2004.10.25	2005.8.10	商务部
13	车辆识别代号管理办法(试行)	2004.11.2		发改委
14	机动车维修管理规定	2004.11	2005.8.1	交通部
15	关于重型汽车实施排污控制性能耐久性要求的公告	2004.11.15		环保局
16	节能中长期专项规划	2004.11.15	2004.11.15	发改委
17	关于降低车辆通行费标准的通知	2004.12.2	2005.1.1	交通部、发改委
18	成品油市场管理暂行办法	2004.12.8	2005.1.1	商务部
19	关于规范机动车整车出厂合格证明管理的通知	2004.12.13	2004.12.13	发改委、公安部
20	汽车产品自动进口许可证签发管理实施细则	2004.12.22	2005.1.1	商务部
21	进口机动车辆制造厂名称和车辆品牌中英文对照表(2004)	2005.1.21		质检总局
22	在用机动车排放污染物检测机构技术规范	2005.1.31		环保局
23	汽车品牌销售管理实施办法	2005.2.21	2005.4.1	商务部、发改委

续表

序号	办法、制度等名称	发布日期	实施日期	发布政府部门
24	构成整车特征的汽车零部件进口管理办法	2005.3.2	2005.4.1	海关总署、发改委等
25	汽油、柴油消费税管理办法(试行)	2005.8.25		税务总局
26	二手车流通管理办法	2005.8.29	2005.10.1	商务部
27	汽车产品外部标识管理办法	2005.11.3	2006.2.1	发改委
28	车辆购置税征收管理办法	2005.11.15	2006.1.1	税务总局
29	汽车产品回收利用技术政策	2006.2.6		发改委、科技部等
30	机动车辆类(汽车产品)强制性认证实施规则	2001.12	2002.5.1	认监委
31	关于调整和完善消费税政策的通知	2006.3.20		财政部、税务总局
32	汽车总经销商和品牌经销商资质条件评估实施细则	2006.1.12		商务部
33	车辆产品同一型号判定技术条件(征求意见)	2006.4.5		
34	乘用车正面碰撞的乘员保护标准	GB1151—2003	2004.6.1	
35	汽车侧面碰撞的乘员保护标准		2006.7.1	
36	乘用车后碰撞燃油系统安全要求		2006.7.1	

(2)国家对汽车新产品实施管理的主要政府部门(图2.11)

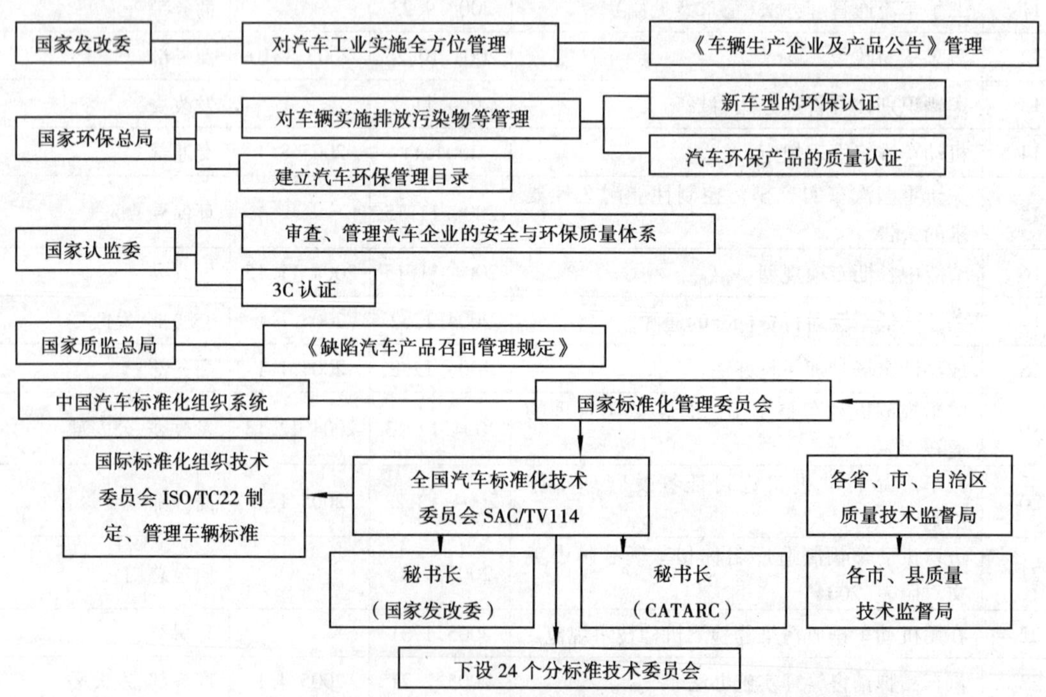

图2.11　国家对汽车新产品实施管理的主要政府部门

从图2.11可见,中国汽车标准化组织基本分为两类三个层次:

一类:国家标准委——汽车标准委——汽车分标准委

二类:国家标准委——省、市、区质监局——市、县质监局

全国汽标委也是国际标准化技术委员会成员(ISO/TC22),负责协调、参与世界汽车标准的制修订

(3)汽车标准(图2.12、图2.13)

- 汽车标准有国家标准(GB)、行业标准(QC/T)、地方标准和企业标准之分
- 国家标准较宽松,地方标准不应低于国家标准,如北京2006年1月1日,率先实施国III排放标准
- 企业标准是企业内部使用的标准,一般是保密的,是严于国家标准和行业标准的

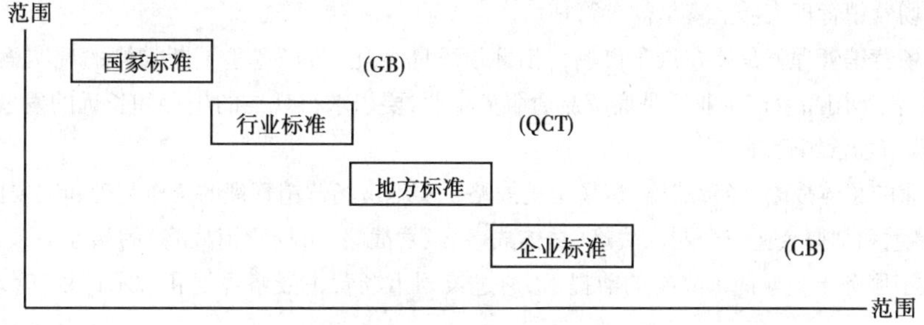

图2.12　汽车标准程度、范围示意框图

- 国家汽车标准有强制性标准和推荐性标准之分
- 国家汽车强制性标准是指汽车安全、排放、节能、防盗等标准及配套测量方法
- 目前,涉及汽车行业的国家标准(GB)有300多项,涉及汽车行业标准(QC/T)有574项

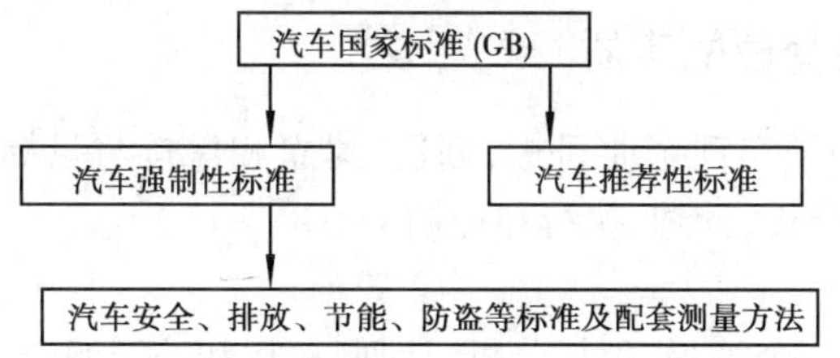

图2.13　汽车国家标准(GB)分类示意框图

思考题

1. 什么是汽车市场营销环境?它有哪些特点?
2. 汽车市场微观和宏观营销环境包括哪些方面?
3. 入世对我国汽车工业发展有什么影响?
4. 如何正确处理企业与环境的关系?
5. 面对环境的威胁,通常有哪些对策?

第3章　汽车市场营销管理与战略规划

学习要点

➢ 明确市场营销管理实质上就是需求管理。

➢ 实施市场营销管理就是要在汽车市场营销环境不断变化,市场竞争不断加剧的现实面前,不论是汽车、汽车零部件、汽车用品生产企业还是商贸流通服务企业,要想求得现在的生存和长远的发展,必须学会用科学的方法进行市场营销管理。

➢ 规划企业的总体战略、经营战略、市场营销战略是实施市场营销管理的工作基础和主要内容。

➢ 了解、熟悉和掌握企业三个层次战略(总体战略、经营战略、市场营销战略)的相互关系、应用条件、规划方法,在服从于服务于企业两个战略的前提下,通过策划市场营销战略规划和战术计划,管理好市场营销活动。

3.1　市场营销管理

3.1.1　市场营销管理的实质

市场营销管理是指为了实现企业目标,创造、建立和保持与目标市场之间互利交换的关系,而对营销方案进行的分析、计划、执行和控制。

这里要明确几点:

(1)市场营销管理是一个过程,包括分析、计划、执行和控制四个部分。

(2)市场营销管理存在于任何一个市场,其范围包括实物商品,如汽车、配件、汽车用品等以及无形的服务和创意。

(3)市场营销管理必须服从于企业的总体战略和经营战略,并通过具体的市场营销战略的实施来体现市场营销管理。

(4)市场营销管理建立在交换的基础上,其目的是产生对供、需、中介机构等各方的满足。

3.1.2　市场营销管理的任务

概括起来讲,针对不同的市场需求对应不同的管理任务,见图3.1。

3.1.3　市场营销管理过程

市场营销管理过程是指企业为实现拟定的任务而发现→分析→选择→利用市场机会

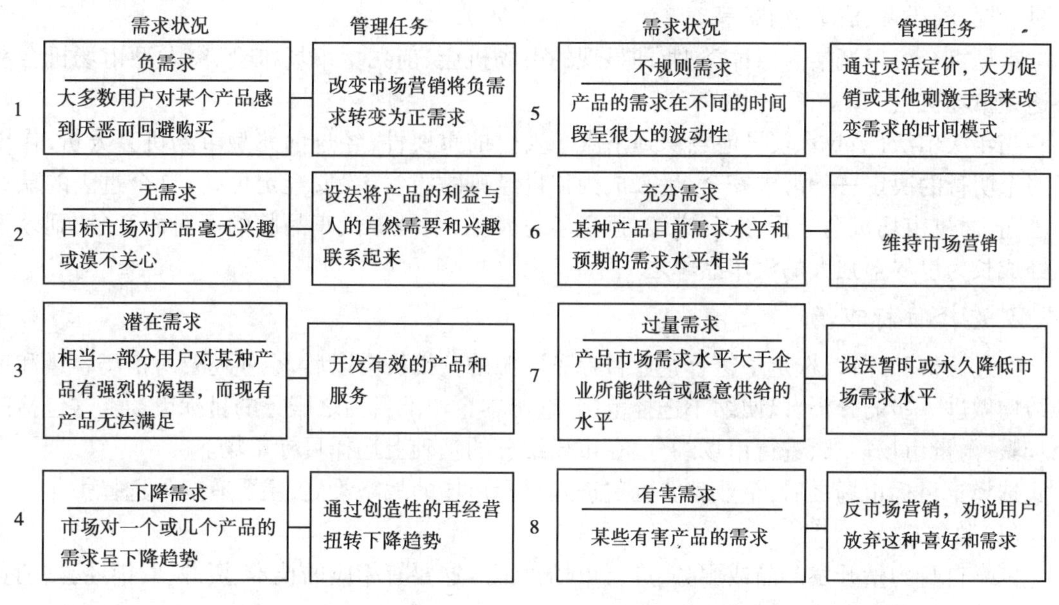

图3.1　不同的市场需求对应的管理任务

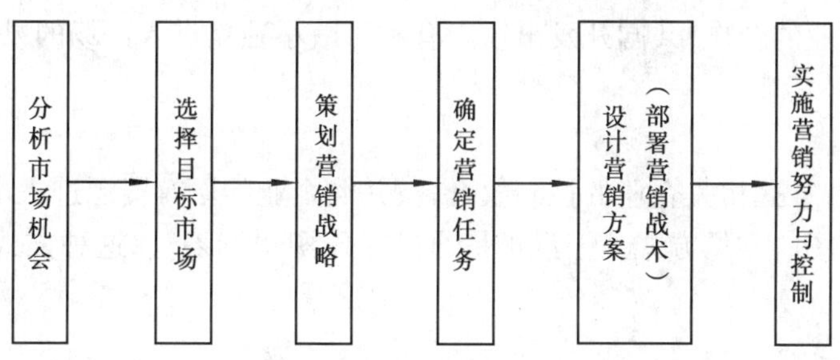

图3.2　市场营销管理过程

的管理过程，如图3.2所示。

1.分析市场机会

市场机会分析是企业市场营销管理过程的出发点，是企业制订战略规划的重要依据，是企业产品决策的基础。

分析市场机会，首先要了解企业过去和现在在市场中的位置，然后对面临的机会进行全面分析，找出其市场营销可以利用的有利条件，分析无法避免的有关威胁。

市场机会分析主要包括外部环境分析和内部环境分析。

外部环境分析通常称为“4C”分析，即消费者（Consumers）分析、环境（Circumstances）分析、竞争（Competitions）分析和市场流通（Channels）分析。外部环境分析主要是为了把握市场需求动态、资源供应动态、竞争动态和技术发展动态等，明确企业当前和未来面临的机会与威胁，找出本企业未来经营成功的关键因素和发展方向、道路。

内部环境分析是为了确认企业自身的各种条件及其结合的好坏，这集中反映为企业的素质，因此也可称为企业素质分析。在实际工作中，内部环境分析集中于分析企业的优势和劣势。包括高层领导能力的强弱、各职能领域的业务能力和管理能力的强弱、各种资源的数量和质量、产品的质量、成本、销路等。

市场机会可以概括为四种类型,即显现的市场机会、前兆型市场机会、突发型市场机会和渗透型市场机会。

当年沃尔沃(Volvo)较早地意识到了汽车安全的重要性,经过前兆型市场机会分析,作出了一个明智的决定——诉求安全,后来成为传世经典的沃尔沃"安全定位"。这个过去的瑞典小公司,通过市场机会分析、准确定位,避免了与奔驰、宝马等汽车品牌的面对面竞争,到今天已经成长为世界上强大的汽车品牌之一。

2. 选择目标市场

经过分析和评估,选定了符合企业目标和资源的营销机会以后,企业还要对市场容量和市场结构做进一步的分析,以便缩小选择范围,选出本企业准备为之服务的目标市场。这包括三个步骤:衡量市场需求、进行市场细分、在市场细分的基础上选择目标市场。

选择了目标市场之后,企业就要确定进入目标市场的战略策划,主要有三种选择:

(1)独立进入

依靠自身力量开发产品或服务,进行市场营销。这要有相应的技术、资源、营销经验、消费者认知度作保证。

(2)联合进入

通过与其他企业的合作,共同开发市场。有利于减小独立进入市场的风险,合作各方能够实现取长补短、优势互补。

(3)并购进入

通过并购方式,掌握相关企业的控制权,借被并购企业的原有资源进入市场。这种方式是大型企业拓展新市场的常见方式。上汽正是通过并购柳州五菱,以这种方式拓展了微型客车市场。

3. 策划营销战略

市场营销战略是企业期望达到的各种营销目标,它阐明了实现企业目标的活动计划。企业需要建立的目标分为战略目标和战术目标。战略目标是企业的长期性目标,即企业总体战略和企业经营战略。战术目标是为实现战略目标而建立的,即市场营销战略和战术。

4. 确定营销组合

设计营销方案,也可以叫做部署营销战术,即在制订了恰当的营销战略之后,管理者需要确定营销组合,营销组合也被称作营销组合策略,就是依据目标市场的需要对自己可以控制的各种营销手段如产品质量、包装、服务、价格、渠道、广告等进行优化组织和综合运用,使之协调配合,扬长避短,发挥优势,以取得最佳经济效益并兼顾社会效益的策略(有关内容我们将在继后的章节中详细介绍)。市场营销组合中所包含的可控制的变量要素很多,可概括为四个基本变量,即产品(Product)、价格(Price)、分销(Place)和促销(Promotion),简称4Ps。

对4Ps的具体运用,就形成了企业的市场营销策略。4Ps分析更多地是以企业为中心来看待并研究一个区域市场:研究产品能使我们看出这个区域的消费档次和所折射出的收入水平;研究价格的波动幅度能使我们了解这个区域消费结构的"局域稳定性";研究渠道能使我们感受商品不同流通环节的利益博弈和供应链条的是否畅通;研究促销则能让我们看到零售终端的丰富多彩和消费者从中得到的实惠。营销组合策略适合于供不应求竞争不够激烈的市场环境。

5. 设计营销方案

营销方案是关于一项业务、产品或品牌所有营销活动内容的具体化，是营销资源的合理配置及优化追求。这个方案报上级管理部门审核批准后，就成为协调各项活动（生产、营销、财务、人事）的基础和实现增长目标的保证。

6. 实施营销的努力与控制

从分析市场机会开始到确定目标市场及制订营销方案，都是营销的预备工作。从实施营销计划开始，到营销工作的控制，才是具体的、细致的营销工作。执行营销计划时，要考虑到所有的细节，例如宣传媒体、广告语言的选择，采取渗透式低价策略时销售收入降低幅度的确定，以及日常销售工作的具体事务的处理办法等。

在营销计划实施过程中，可能出现很多意想不到的问题，需要一个控制系统来保证营销目标的实现，即营销控制。通过这些控制系统可以及时发现计划执行中存在的问题或计划本身的问题，诊断产生问题的原因并及时反馈给有关的决策者和管理者，以采取适当的纠正措施。

总之，市场营销策划是对策划企业总体战略和经营战略在市场营销角度的战术化和实施化。所以，营销策划的执行及执行结果必然对企业总体战略的实现产生重要影响。

3.2　规划企业总体战略

3.2.1　企业制订总体战略的基础——满足用户需求

企业的总体战略是企业使其资源和能力与市场机会在长期发展和生存过程中相匹配的管理决策过程。不论是一个汽车或零部件生产企业，还是一个汽车或汽车配件、汽车维修服务企业，是否为未来做好了良好的规划，都是其生存和发展的关键。

所有企业的经营活动都是在动态环境中运行的，随着我国汽车工业的迅速发展和汽车市场的日渐成熟，消费者的技术、兴趣、经济状况都较以往快得多的速度变化，企业的经营必须是一个消费者满意的过程，而不只是一个产品的生产和销售过程。产品是短暂的，而用户的需求是永恒的，这是企业制订战略规划的基础和出发点。

3.2.2　战略与企业战略的几个概念

1. 战略

——战略一词原义是指对于任何一个组织的全局性或决定性的谋划或规划，战略问题是研究全局行动的方向、目标和实现目标的最佳途径。战略是描述一个企业如何实现其目标和任务。大多数企业在完成其目标和任务时面临多种选择战略就是有关这些选择的决策。

2. 企业战略

——企业战略是企业在市场经济的激烈竞争的环境中，在总结历史经验、调查现状、预测未来的基础上，为谋求生存和发展而做出的具有长远性、全局性的谋划和方案。它包含以下三方面的含义：

(1)立足未来

(2)出现于市场经济条件下,适应于激烈竞争的环境

(3)战略是全局的、长期的方案,目的在于企业的生存和发展

3. 企业战略的特点

(1)竞争性

——适应市场竞争而产生,这是首要特征

——“竞争有道”,竞争中遵守行业规划(竞争规则、法律法规、国标惯例)

(2)长远性

——长远谋划,致虑长远的效益,时间一般应在 3 ~5 年

——切忌短期行为

(3)全局性

——以企业全局发展大处着眼—制订企业总体行动战略—追求企业总体效果和效益

——在系统战略框架内可以制订子系统的战略

(4)灵活性

——相对稳定,动态调整

——总体稳定、局部调整

(5)主客观结合

——遵循事物发展的客观规律

——充分发挥自身主观能动性

4. 制订的条件

(1)对于企业不可控要素,要主动适应市场外部环境,而不是消积被动适应。

(2)对于企业可控要素——企业本身所能控制和运用的各种企业资源和营销手段,这些要素不同的组合会产生不同的影响力和效果。

(3)制约和影响企业利润的要素:

——本行业的进入和退出的难易程度

——竞争者的诚信及竞争能力

——供求关系变化

——企业自身实力和管理能力,协调能力

5. 企业战略的作用

(1)合理配置资源

——实现效能优化,追求最大化

(2)提高企业应变能力

——提高企业适应能力和应变能力

——处变不惊,以变应变

(3)改善企业决策方法

——提高决策能效

——减少或避免经营的盲目性

(4)增强企业凝聚力

——最大程度提高员工的积极性和创造性

——不断提高管理

——市场营销导向和策划

3.2.3　规划总体战略

汽车企业的市场营销应遵循企业总体战略所规定的战略方向,企业战略规划是一个在组织目标、企业资源和它的各种市场机会之间建立与保持一种可行的适应性管理过程。企业总体战略规划是一个企业最高层次的策划。见图3.3表述。

1. 确定企业任务(应当考虑的五个基本要素)

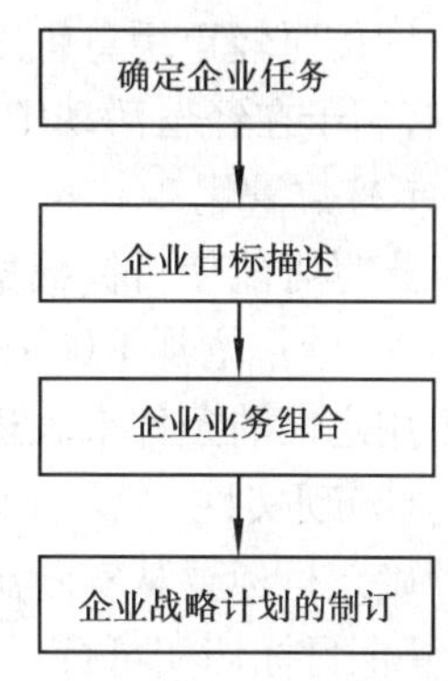

图3.3　企业总体战略规划

(1)企业历史(发展史)

企业的历史可能决定企业未来的走向,任何企业都像生命一样,总有它的成长惯性。这可能包括企业的性格、选择。当企业面对行业变革要做出重大调整时,必须尊重其过去的历史。

(2)管理者与投资人的偏好

管理者偏好对企业任务的制订有着决定性的影响,一个企业在市场竞争中如何立足,如何发展,和管理者及投资人的偏好有着非常重要的关系。比如,某汽车修理厂的厂长是从德国留洋回来的,他对德国汽车情有独钟,他所开的汽车修理厂就专修大众、宝马、大奔驰等车系,厂里用的关键检测仪器也大多是德国制造的。

(3)市场环境

在竞争激烈的市场营销环境中,企业的管理必须走在发展的前面。如果管理滞后,必定会给企业发展带来不利的影响。环境变化可以形成威胁,也可以带来机会。企业要根据市场因素的变化来调整自己的产品生产和经营方向,主动地回避企业劣势,让企业优势最大限度地发挥作用,创造效益。市场环境发生变化时,企业必须对其战略定位进行适当的调整,在研发、生产、管理、营销、融资等方面力求有所创新,能对市场中出现的新机遇作出迅速的反应。机会比比皆是,谁抓住机会,谁就是成功者。

(4)企业资源

企业资源是企业实现生产经营活动的支撑点,是企业发展的基础。企业要善于合理地配置和运用资源,充分考虑自身资源与所选择的任务相适应。一方面要对企业现存资源进行盘点,包括资金、场地、设备、技术、产品、客户、市场能力、人员结构、员工素质等;另一方面,要在现有资源基础上进行战略分析,及时进行针对性的调整和补充。

(5)核心竞争力——建立企业独有的能力

核心竞争力一般有四个基本特征:稳定性保证能力、创造性推动能力、系统性集成能力、战略性应变能力。

这四个基本特征中,前两个特征是核心竞争力微观层面的特征,是企业得以生存的基础;后两个特征则是宏观层面的特征,是企业把握机遇、适时发展的前提。要想更好地全面参与全球经济市场的竞争,就必须在企业核心竞争力要素上下功夫。只有按市场的要求建立起一流的企业机制、一流的企业文化和一流的企业信息平台,提升企业的核心竞争力,才能形成企业独有的能力,才能把企业做精做强大。所以,企业要寻找出具有相对优势的某种核心能力(资本、技术、成本资源、环境等),扬长避短,确定自身参与竞争力独特经营能力或比较优势的企业任务。

2. 企业目标描述

企业任务一经确定,就应当具体化为企业目标。企业目标是企业希望在特定时期内达到的一系列具体目标的总称。通常情况下,企业的生产经营目标不可能是唯一的,而应该是多向性或多元化的,它是一个目标体系,该目标体系的形成应当坚持以下四个原则:

(1)层次性

即按照轻重缓急程度、主次从属关系区分多种目标各自的地位,而不是平列在一起。这样做,有利于在经营活动中突出重点、兼顾一般。

(2)数量化

指尽可能使目标数量化,这样的目标才易于衡量和考核。如"增加一定销量"这个目标,就不如"销量增加 1 000 辆"描述的清楚,但是,并不是所有的目标都能数量化的,有的目标不得不用定性的条件来表述。

(3)现实性

确定目标要从实际出发,充分考虑客观环境的约束条件,与企业的资源和市场环境相适应,保证目标切实可行。

(4)协调性

各目标之间是相互联系、相互制约的,各项具体目标之间应协调一致,以利于动态实施中实现最佳综合效益,保证获得良好的整体效果。

企业目标在企业总体战略中占有重要地位,目标要成一个体系,要分解或贯穿于企业战略的各个方面。科学的目标,对于调动全体员工的积极性、创造性,对于指导企业的营销活动,对于企业的持续和发展,都是充分必要条件。

3. 建立战略业务单位

大多数企业通常都可能同时经营着若干不同的业务,这些业务称为"战略业务单位"。每一个独立的经营业务范围就是一个战略业务单位,每一个战略业务单位都应当是企业能为其制订专门的经营战略计划的最小经营单位。每个战略业务单位都应有一个战略重点,都有自己的目标市场和达到目标的战略,每个战略业务单位都对相应的投资、收入和利润负责。企业各种相关资源的合理配置、业务组合,可以有效地减少或避免市场风险,为此,必须从满足消费者需要的角度去认识所经营的业务会产生的不同的感觉和进行业务组合决策时可能导致的不同结果。根据市场营销环境、自身资源和企业核心竞争力来决定各自的任务和目标,并在此基础上形成适当的业务组合。

4. 为战略业务单位调配资源——业务组合分析

业务组合分析是一种用于评估企业产品和业务能力的管理工具,它帮助管理层决定目前哪些产品应该占用更多(或更少)的企业资源,哪些业务范围是企业一贯坚持的。在各种业务组合分析中,以两种评估方法最为著名,一种是由波士顿咨询集团(BCG)提出的"市场增长——份额矩阵"模式,一种是由通用电气(GE)公司提出的"多因素投资组合矩阵"模式。下面分别介绍这两种模式:

(1)波士顿“市场增长——份额矩阵”模式

该模式是由波士顿咨询集团创立的,简称“波士顿矩阵”。它选择市场增长率和相对市场占有率(市场份额)两个指标,根据各产品的这两个指标值的排列组合情况,可以将企业现有产品划分为四种类型(见图3.4),企业对于不同类别的产品应采用不同的投资战略。

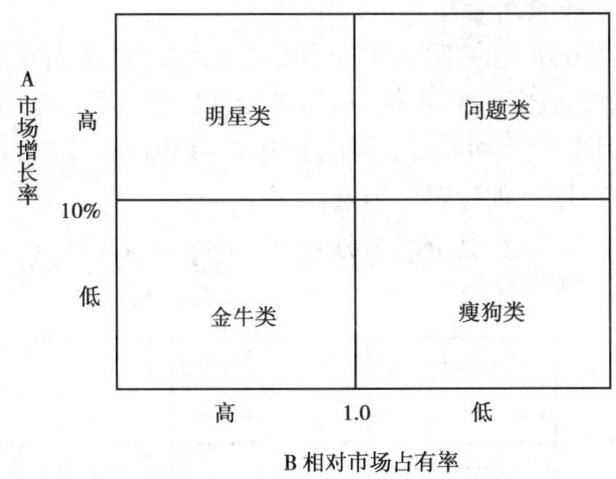

图3.4　BCG矩阵图

图中,纵坐标A表示市场增长率(一般以10%为分界线),是指企业所在行业某项业务前后两个统计期(如年度)的市场增长的百分比。该指标标志着某一市场的吸引力。横坐标B表示相对市场占有率(以对数尺度来表示,一般以1.0为分界线),是指在统计期和某市场范围内,企业所实现的销售量(或销售额)与最大竞争对手实现的销售量(或销售额)之比,也叫相对市场份额。该指标标志着企业在市场中的近期力量显示。

①明星类产品

A高、B高(高增长、高占有)。这类产品处于迅速成长期,占有支配地位的市场份额,因此能产生巨大的利润。为支持其发展,企业应在短期内投入大量资金。同时还应注意到:竞争对手十分关注,如何维持成为关键。

②金牛类产品

A低、B高(低增长、高占有)。这类产品一般是企业的成熟产品,由于其市场占有率高,所以是企业利润的主要来源,同时,企业可以用这些利润支持其他产品。对于这类产品,企业宜采用保持政策。

③问题类产品

A高、B低(高增长、低占有)。这类产品一般是处于导入期,一方面,市场增长率高,需要大量的资金支持;另一方面,相对市场占率低,能够生成的资金少,市场风险较大。企业可以对这类产品的营销追加投资,力求将其转化成为明星类产品,但也许会发现自己只是在浪费钱,此时应考虑降为瘦狗类,仅仅把其作为一个小产品,给予最小程度的支持,或干脆淘汰。

④瘦狗类产品

A低、B低(低增长、低占有)。这类产品一般是处于衰退期或是开发失败的产品,它不会成为企业的主要利润源泉,不宜过多地追加投入。如果该产品还能自我维持,则应缩小经营范围,强化内部管理;如果已经市场萎缩,则应采取放弃策略。

成功的战略业务单位都有一个生命周期。它们从问题类开始,转向明星类,然后成为金牛类,最终成为瘦狗类,从而走向其生命周期的终点。因此不仅要关注业务在 BCG 矩阵图上现有的位置,还要注意它的变化趋势。在中国汽车工业特别是轿车工业基础非常薄弱时成立的上海大众的"普桑"轿车也从 20 世纪 80 年代中期开始,经历了由明星类,向金牛类、瘦狗类的转化,在其金牛类阶段,给上海大众带来的巨大利润,在中国轿车工业史上是绝无仅有的。

(2)通用电气"多因素投资组合矩阵"模式

该模式是通用电气公司创立的,它认为分析业务组合应该选用更为全面的指标。该方法选用了两类指标:一类是行业吸引力,包括市场容量、销售增长率、利润率、竞争强弱、商业周期性、季节性、规模经济等因素;另一类是竞争能力,包括市场占有率、价格竞争力、产品质量、用户熟悉程度、推销效率和市场地理位置等因素。

行业吸引力分大、中、小三级,竞争能力分强、中、弱三级。这样在排列组合后就一共有九种组合。GE 分析法如图 3.5 所示:

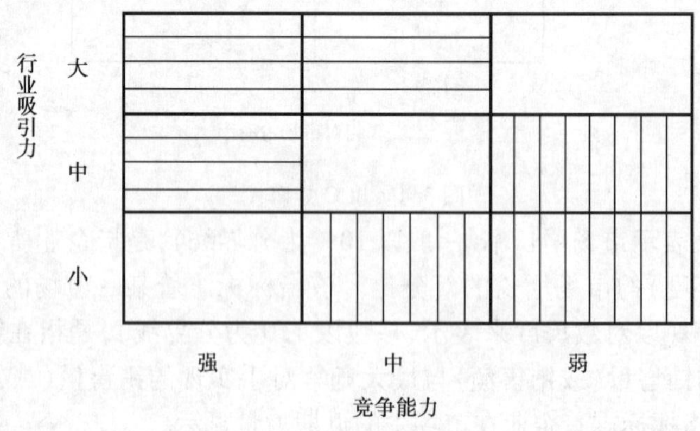

图 3.5 GE 分析法

图中,纵坐标为行业吸引力,横坐标为竞争能力。

根据综合评估的行业吸引力和竞争能力,可将企业的现有产品分为三类:

类:这类产品具有很强的行业吸引力和竞争能力,企业对其应采取拓展战略,追加投资,促其发展。

类:这类产品不能同时具备较强的行业吸引力和竞争能力,是存在缺陷的产品,企业对其应采取维持战略。

类:这类产品的行业吸引力和竞争能力都较弱,是没有前途的产品,企业对其应采取放弃战略。

5.制订企业总体战略的基本原则和应考虑的要素

(1)应遵循的五条原则

①用科学发展观指导的原则

在当今形势下,既要克服盲目冒进,又要克服停滞不前,盲目冒进将造成孤军深入,易导致失败,停滞不前将错失良机,招致淘汰。只有用科学的发展观来制订企业总体战略规划,指导企业的发展。

②量身定做的原则

即要坚持企业能力和战略目标相互统一、有利条件和不利因素统筹兼顾。

③一次规划、分步实施、突出重点的原则

战略规划的实施要有计划、有节奏地分步实施，在执行过程中突出重点，兼顾一般。

④高起点、专业化、社会化、可持续发展的原则

企业要遵循汽车工业发展的客观规律，兼顾市场容量与经济规模相统一，培植产品开发能力和增强发展后劲相统一。

⑤动态管理的原则

战略规划不是一经制订就固定不变的，企业应根据实际情况的变化适时地修订、补充和完善战略规划。

(2)应考虑的五大要素

①企业自身的能力

企业能力是企业制订战略规划的物质基础和重要依据，包括市场营销能力、财务能力、生产能力、组织能力等。汽车企业应正确地评价自己，冷静分析自己的能力，量力而行。

根据企业在市场竞争中所处地位的不同，可以将同一行业中的企业归纳为四种类型：

A. 主导型　该类企业在行业中处于主导地位，具有最高的市场占有率。它是市场竞争的导向者，也是其他企业挑战、效仿和回避的对象。如美国市场上的通用和福特，我国市场上的一汽、东风、上汽、长安、现代、奇瑞等。

B. 挑战型　该类企业在市场竞争中的地位仅次于主导型企业，既是主导型企业的挑战者，也是其他企业挑战的对象。如日产汽车公司在日本市场上就属于挑战型企业。

C. 仿制型　该类企业从事对主导型企业产品或类似产品的仿制性生产与服务。比如“承德露露”主导了露露市场以后，有好多家杏仁类饮料生产企业都成为“承德露露”的模仿者，仿效到甚至让不太细心的人还以为就是“承德露露”。仿制型企业在我国摩托车生产行业非常普遍。这里需要说明的是，仿制和假冒是两个不同的概念。所不同的是“假冒”，直接侵害了消费者的利益，而仿制不当，极有可能侵犯其他企业的自有知识产权。

D. 特色型　该类企业依靠其产品特色，精心服务于某一细分市场，通过专业化经营来占领市场上的一席之地。我国许多专用车、特种车生产企业都属于这种类型。

一个企业在市场中的地位是逐渐形成的，又是处于动态变化之中的。不同类型的企业，总体战略规划的目标也应是不同的。

②汽车工业产业政策

纵观国际上汽车工业发达的国家，如日、韩、德、美、巴西等在汽车产业成长期都得到了本国产业政策的规范和扶植。我国的首部产业政策——汽车工业产业政策于1994年制订并颁发，2003年又提出了修订后的汽车工业产业政策和汽车消费政策，国家发改委于2004年6月1日再次正式颁布实施《汽车产业发展政策》。汽车企业的战略规划必须符合产业发展的总政策和相关的具体政策，否则是行不通的。

③企业的发展机会

在立足自身条件，符合产业政策基础上，发现、捕捉、把握发展机会，才能制订出科学的、富有挑战性的战略规划。否则，战略目标过于保守，将丧失争取更大发展的机会。例如，在我国的珠三角地区的中心城市广州，法国标致退出了，但本田等日系汽车却获得了较大的成功。

④约束条件

企业的发展、战略规划的制订和实施,多多少少总会受到一些因素的制约。企业要科学地对待这些制约因素,分析哪些可以化解、哪些可以避开、哪些必须面对。对此,必须考虑全面,有充分的思想准备和几套实施备选方案,就能够主动应对。

⑤求真务实的运作

制订战略规划一定要一切从实际出发、实事求是,用求真务实的工作态度对待每一个环节,细节决定成败。

6. 企业战略成长模式(新业务发展战略)

当企业需要业务扩张时,企业总体战略规划中就要确定企业的战略成长类型。首先,考虑在现有的业务领域里寻找发展机会;其次,在与现有业务相关的领域拓展业务,一般应是层层深入,有序拓展;最后,考虑增加与企业现有业务无关但有较强吸引力的业务。这样,就形成了三个层次三种相应的战略成长模式,见图3.6。

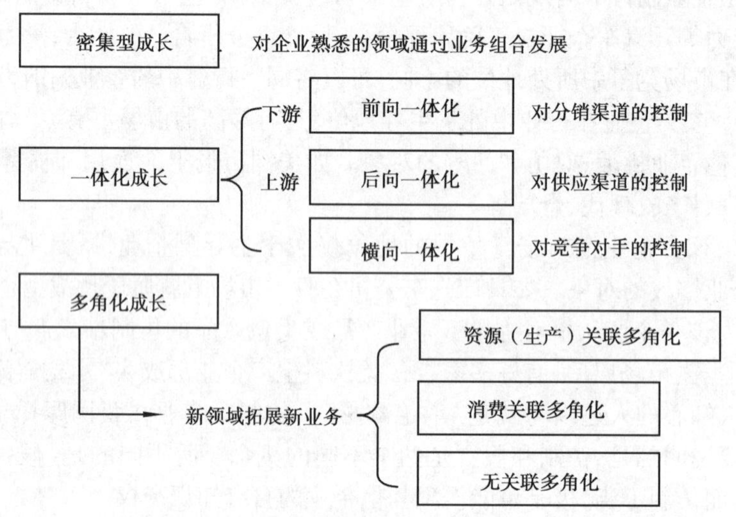

图3.6 企业战略成长模式

(1)密集型成长战略

密集型成长是指一个特定市场的全部潜力尚未达到极限时存在的市场机会。这就意味着企业仍可以在现有的业务领域内求得更大的发展。利用这样的市场机会获得业务成长有三种情况:

①市场渗透

指通过采取更加积极、有效的市场营销措施,如增加销售网点、加强广告宣传、短期调低价格等,努力在现有市场上扩大现有产品的销售量,从而实现企业业务成长。具体形式有:

A. 刺激现有消费者更多地购买企业现有产品的消费热情;

B. 吸引竞争对手的消费群"倒戈"来购买企业的现有产品,提高市场占有率;

C. 激发潜在消费者的购买欲望,促使他们来购买企业的现有产品。

②市场开发

指通过努力将现有产品引入新市场来扩大其销售量,从而实现企业业务成长。主要形式是扩大现有产品的销售地区,直至进入国际市场。实施这种战略的关键是开辟新的销售渠道,并且要大力开展广告宣传和营业推广等促销活动。

③产品开发

指通过向现有市场提供多种改型变异产品(如改进包装、改进外形、增加花色品种、增加规格档次、增加服务项目等)和市场空白的创新产品,以满足不同消费者的需要,从而实现企业业务成长。实施这种战略的重点是从企业战略规划的角度培育以自主研发能力为主的核心竞争能力,改进产品设计,同时大力开展以产品特色为主要内容的宣传促销活动。

(2)一体化成长战略

一体化成长是指一个企业把自己的营销活动伸展到供、产、销不同环节而使自身得到发展的市场机会。要增加某项业务的销售利润,常常可以采取前向一体化、后向一体化、横向一体化等战略。

①前向一体化

指企业自行生产其生产链上的下游产品或收购或兼并一个或几个批发商或零售商,以控制分销渠道的策略。例如一个过去只生产总成汽车零部件的企业现在决定自己生产其中的几种关键零件,一家批发企业现在决定自设几个零售商店等,这都是在实施前向一体化成长战略。目前,大型汽车企业通过合资、参股等形式对重要经销商进行投资,就是前向一体化战略。

②后向一体化

指企业收购一个或几个自己产品的配套供应商参股、控股,以增加赢利或加强控制。和前向一体化相比,企业是对其生产链上的上游产品进行控制。当企业目前的供货方不可靠、供货成本太高或不能满足企业需要时,尤其适合采取后向一体化战略。例如一家大型轮胎经销商过去一直从轮胎厂进货,现在决定兼并一个濒临破产的轮胎生产厂或在一个名优企业参股贴牌生产自己的产品,这都是在实施后向一体化成长战略。目前,汽车主机企业通过对供应厂家采取参股的方法,推进企业走向集团化,就是后向一体化战略。

前向一体化和后向一体化合称为纵向一体化。

③横向一体化

指企业收购同一经营领域的竞争企业或经营单位,也叫做水平一体化。水平一体化战略,通过横向整合扩大企业的可利用资源,有利于提高市场占有率。比如上汽与柳州五菱,一汽与天汽的合并重组,这都是发生在国内汽车界的横向一体化事件。业绩良好但规模较小的法国雷诺公司兼并了规模大但业绩不良的日产下属子公司,这是典型的“小鱼吃大鱼”横向一体化。又如通用汽车公司以直接投资的上海通用汽车有限公司、沈阳金杯通用汽车公司为战略主线,形成了从别克轿车、别克 MPV 车、赛欧系列轿车、雪佛兰 SUV 越野车及皮卡的乘用车系列,同时,积极推动其关联企业——日本五十铃汽车公司、铃木汽车公司、富士重工汽车公司、意大利菲亚特汽车公司加快进入中国市场的步伐。

企业在运用一体化成长战略时,一定注意不要重复过去“大而全、小而全”的老路,要形成优势互补,要注意培育企业自身的核心竞争力,努力扩张核心业务,充分做好核心业务的供应链管理。

(3)多角化成长战略

多角化成长是指企业利用经营范围之外的市场机会,新增与现有产品业务有一定联系或毫无联系的产品业务,进行跨行业的多角化,以实现企业业务的成长。

如果企业在原来市场营销系统框架内已经无法发展,或在现有业务范围以外的领域发现了更好的机会,就可以采取多角化成长战略。注意,好机会必须是行业吸引力很大,企业也具备取得成功条件的各种业务能力。

多角化成长有三种类型:

①资源(生产)关联多角化(同心多样化战略)

指开发与本企业现有产品线的技术或营销有协同关系的新产品犹如从同一圆心向外扩大业务范围,所以又称作同心多角化。如原属山东诸城农机企业的北汽福田的发展之路,江苏泰州春兰集团不断拓展家用电器的壮大过程。由于从同一圆心逐渐向外扩展活动领域,没有背离原来的经营主线,故利于发挥已有优势,风险较小,成功的概率较大。

②消费关联多角化(水平多角化)

指企业针对现有市场(消费者)的其他需要,增添新的物质技术力量开发新产品,又称作水平多角化。例如,一家农机制造企业,现在决定新办一个化肥厂,实行跨行业经营,但仍然是为农民的农业生产服务的。消费关联多角化意味着跨行业投资,有一定风险,要求企业具有相当的实力,但由于是为原有的消费群服务,所以易于在巩固原有市场的基础上,较快开拓新市场,有利于塑造强有力的企业品牌形象。

③无关联多角化(复合多角化)

指企业发展与现有市场、技术和产品基本无关的新产品。实行这种多角化经营,和前一种多角化相比,行业跨度、消费群变化更大,企业不仅需要开发新业务,而且也应适时放弃软弱的过时业务,有效地利用有限资源。

采取这种成长战略的企业,一般都是财力雄厚、拥有优势专家团队、具有相当声望的大公司。目前,国际大汽车集团几乎都是多角化经营,比如菲亚特除了经营汽车,还经营钢铁、房地产、金融等,涉及第二、第三的很多行业,仅它一家公司就占了意大利工业生产的一半以上。其他诸如通用、福特、雷诺、丰田等汽车公司也都是多角化经营的大型跨国公司。从国内来讲,像春兰在拓展家电业务取得成功,积累资本后涉足摩托车、汽车制造,波导参与汽车生产都是多角化经营的成功范例。

3.3 规划经营战略

规划经营战略,这是在制订企业总体战略的基础上对各战略业务单位营销战略所作的规划。

经营(业务)战略计划是企业根据总体战略规划而制订的具体的业务计划,这是直接指导企业各项业务开发的指导性文件。首先具有很强的谋略性,其次才是工作程序的安排。其策划过程为:

业务描述 → SWOT 分析 → 目标设定 → 战略选择 → 计划制订 → 计划执行 → 反馈控制

3.3.1　业务描述

业务描述是企业制订业务战略计划的第一个环节。在这个环节上,对企业所经营的业务范围及业务组合进行清晰的描述。企业所从事的业务也就决定了其所参与的目标市场。

3.3.2　SWOT 分析

SWOT 分析是把企业内部和外部环境所形成的优势(Strengths)、劣势(Weaknesses)、机会(Opportunities)和威胁(Threats)四个方面的情况,结合起来进行分析,以寻找制订适合本企业实际情况的经营战略和策略的方法。

SWOT 分析的主要目的在于对企业的综合情况进行客观、公正的评价,以识别各种优势、劣势、机会和威胁因素,有利于开拓思路,正确地制订企业战略。

(1)内部环境分析。定期检查分析自己的优势和劣势。

(2)外部环境分析。指机会和威胁分析。尽可能抓住每一个机会,避开威胁,企业才能有良好的发展。

加入 WTO 对中国汽车企业来说,既是机会也是威胁。一方面,可以通过与世界汽车大集团的合作,学习先进的生产制造技术、科学的经营管理理念,从而不断地提高自身的竞争能力;另一方面,从全球汽车行业来讲,我国的汽车企业还处于成长期,在资金、规模、技术,特别是在核心竞争能力方面,还难以体现竞争优势。能否在全球化的市场环境中生存和发展下去,取决于企业是否具有全球化的战略眼光和参与国际竞争竞争的核心竞争力。

表 3.1 列出了在 SWOT 分析中一般所需要考虑的因素。

表 3.1　SWOT 分析中需考虑的因素

	潜在内部优势(S)	潜在内部劣势(W)
内部环境	产品研发能力 产品创新程度 自主知识产权数量 制造成本 竞争条件 产品和企业的特色优势 生产规模 财务资源运行质量 高素质的管理人员 公认的行业领先者 消费者的良好印象 适应力强的经营战略 其他	设备老化,工艺水平低 战略方向不准 竞争地位恶化 产品品种 产品线范围太窄 技术开发滞后 营销水平滞后于同行业其他企业 管理不善 战略实施的历史记录不佳 不明原因导致的利润率下降 资金拮据 相对于竞争对手的高成本 其他

续表

	潜在外部机会(O)	潜在外部威胁(T)
外部环境	纵向一体化 市场增长迅速 可以增加互补产品和后继产品 能争取到新的消费群 有进入新市场或市场面的可能 有能力与业内名牌企业集团深度合作 在同行业中竞争业绩优良 扩展产品线满足用户需要 其他	市场增长较慢 竞争压力增大 制约和限制性的政府政策 新的竞争者涌入行业 替代产品销售额正在逐步上升 消费者讨价还价能力增强 消费者需要与爱好逐步转变 通货膨胀递增 其他

3.3.3 目标设定

企业在完成了 SWOT 分析后,就可以将战略划分解成具体的目标。经营(业务)目标比企业的总体目标更明确、更具体、更具直接指导意义和可操作性。企业的目标通常都是几个目标的组合,包括产品销售额和销售增长率、市场占有率、投资收益率、产品质量与成本水准、劳动生产率、企业形象等。

3.3.4 战略选择

企业可根据自身的实际情况选择恰当的战略方案,主要有以下五种类型:

1.快速发展战略

快速发展战略是指以超越常规的发展速度成长的战略。其特点是:投入大量资金,扩大企业规模,强化竞争实力,开拓更多的市场,提高市场占有率。具体实施可以通过成本领先战略、产品差别化战略等来实现企业的快速发展。具体有以下两类:

(1)成本领先战略

核心是不断降低成本,达到在某个产品或服务领域的成本(价格)主导地位,其实现条件表现在以下几个方面:

①规模经济效益

②市场容量中占有率大

③成本控制的管理水平高

④不断技改更新,技术创新

(2)产品差异化战略

找准消费者最重视的利益取向,集中攻关形成比竞争者更有效地满足消费者需求的特色经营,差异化战略的实施,应满足以下条件:

①较强的产品研发,创新能力;

②较高的生产技术上的适应能力,应变能力;

③很强的营销能力。

2. 稳定战略

稳定战略也叫做基本战略，是一种强调在增投少量资金的情况下，保持现有产销规模和市场占有率，稳定和巩固现有竞争地位的战略。采取基本战略的优点是风险相对较小，对于正处于成长期以及在稳定环境中取得成功的企业和产品来说，是非常有效的一种战略。

3. 集中战略

将经营目标集中到整个市场的某一个或几个较小的细分市场，通过提供最有效和最好的服务，形成比较优势。实施集中战略，势必形成有集中就有效率，随之经营风险也在增大，对此要统筹谋划，做到顾此不失彼。

4. 联盟战略

联盟战略是指从强大化企业的财产结构形式、技术组织、市场组织形式等角度出发，谋求企业发展的战略。包括兼并战略和合资战略。

兼并战略常见的有四种方式：

(1)联合。是指A公司和B公司联合组成第三个公司C公司，原来的A、B公司都不再存在，但在C公司内部，原来A公司股东取得了支配地位。

(2)合并。是指A公司通过购买B公司的全部股票，接受了B公司的全部资产和负债，B公司不再存在，A公司继续经营。这种方式适用于对上市公司的兼并。

(3)控股。是指A公司通过购买B公司的大部分股票，成为B公司的第一大股东，从而控制了B公司的经营大权。A公司和B公司都继续存在、继续经营。

(4)收购。是指A公司购买B公司的全部资产和负债，B公司不再存在。这种方式适用于对非上市公司的兼并。

合资战略是指两个以上的母公司共同出资创建一个新公司，以利于各自发展需要的战略方案。这种经营战略的优点是可以实现风险共担、利益共赢，避开一些正式和非正式的限制，达到一个企业独立经营难以实现的发展目标。

随着经济全球一体化步伐的加快，为了谋求共同的利益，合资经营成了越来越多的企业特别是跨国大企业集团采取的一种战略，从德国大众开始，世界知名的汽车集团都和我国的汽车企业建立了合资合作关系，我国汽车技术的发展也从很大程度上得益于这种经营战略。改革开放二十多年间，我国汽车工业，特别是轿车工业走的就是一条合资经营→生产合资车的道路。

5. 收缩战略

这是指当企业内外部因素变化都对企业十分不利时，企业只有紧缩、撤退，才能经得住对手的进攻，避开或减小威胁，保住企业生存，通过积蓄力量或转移阵地以便东山再起，或者在其消亡中少受损失。收缩战略是一种缺乏吸引力的、不得已而为之的一种被动性战略。收缩战略有以下四种收缩方式。

(1)转向或重组。转向是指改变原来的经营方向，重组是指重新组织企业的经营结构。

(2)部分放弃。当企业的局部问题导致全局被动，或者放弃局部能切实帮助企业扭转局面时，就可以考虑采取部分放弃战略。

(3)纳入优势企业。是指将企业的发展纳入与本企业经营业务相关的优势企业的经营范围，成为优势企业纵向一体化或横向一体化的一部分，从而使企业得到优势企业的保护的一种战略。

(4)清偿战略。是指将整个企业卖掉,从而结束企业的生命。

对于一个企业来讲,在经营过程中,可以根据实际情况选择采取以上战略,或者对于不同的产品采取不同的战略,形成企业的战略组合。总之,使企业朝着最有利的方向发展。

3.3.5 计划制订

业务战略规划在形成战略思想以后,接下来就必须制订执行这些战略的支持计划。包括:计划阶段、阶段目标、重点工作、成本预算、评价标准等。

3.3.6 计划执行

计划执行的关键是保障条件,即建立一个高效务实的组织保障体系,见图3.7。

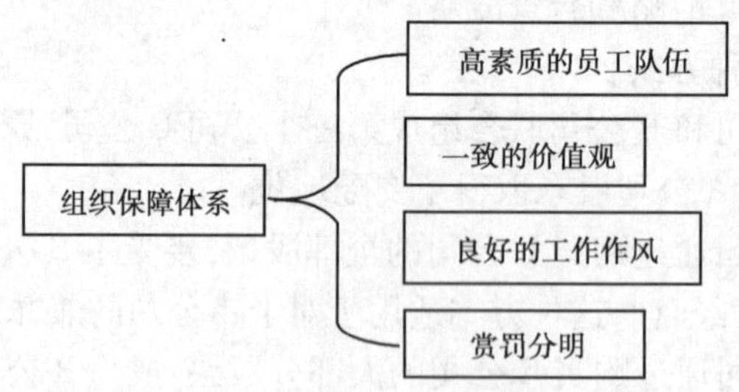

图3.7 组织保障体系

为此,必须抓好动员、培训、激励三个环节。动员是为了让员工了解企业的情况,弄清企业的努力方向,培训是为了提高员工的工作技能,激励措施得当则可以充分调动员工的工作积极性。

3.3.7 反馈与控制

对计划的执行情况,要及时收集反馈信息,并将实际情况与计划预期的情况相比较,然后对计划和实施进行必要的调整。

总之,企业战略规划的制订,应做到目标明确、切合实际、执行有保障。同时,在实施过程中加强反馈和控制。

3.4 规划和实施市场营销策略

3.4.1 对市场营销在汽车企业中地位的正确认识和可能出现的错误偏见

对于一个汽车企业来讲,正确认识市场营销在企业中的位置直接关系到企业的经营方针及其策略制订的正确性,下面各自从四个方面简要分析正确认识和错误偏见。

1. 正确认识

(1)市场营销是企业多种职能活动的一种,其介于企业与市场之间,主要是通过对市场的分析和研究,发现对企业经营实施战略计划有影响的各变数,然后引导企业以市场为导向来开展其经营活动。

(2)市场营销部门事实上只是一个企业中同其他职能部门相并列的一个部分。

(3)以市场为导向,以满足消费者需求为中心开展企业经营活动,是在一定的市场环境条件下,企业经营活动的一般规律和普通要求。

(4)市场营销活动是在企业战略规划的总体框架,从属于企业的整体经营战略计划,所以市场营销的决策与计划也必然服从于企业的总体战略规划。

2. 错误偏见

(1)把市场营销仅作为一种有助于产品销售增长的策略和手段。具体到汽车行业,特别是中小企业大多将营销部门和销售部门合二为一。

(2)当认识到"以用户需要的满足为导向"的市场营销观念是现代企业的一种经营哲学时,又出现了不恰当地将市场营销的地位提高的倾向,认为市场营销应当是企业决策层的指导思想,而不是执行层的工作。

(3)市场营销部门作为一个职能管理部门,提出对企业整体行为有影响的计划和方案时,其他部门(如生产、研发、财务、质管等部门)经常会与之发生摩擦,采取消极和抵制的态度,使计划和方案难以落实。

(4)当企业出现经营状况良好的局面时,往往容易遗忘或忽视市场营销的观念和原则,回到以企业为中心的经营方式上来,而从消费者需要出发开展经营活动的复杂性也使企业经营经常会遗忘市场营销这一基本准则。

3.4.2　企业决策层次划分及其决策过程

1. 决策层次划分

要全面理解营销战略规划,必须认识到绝大多数执行法人治理机制的公司的决策都是四个组织层次。

第一个层次:公司董事会——决策企业总体战略

第二个层次:公司经理层——提出企业总体战略方案报董事会

——决策企业经营战略

第三个层次:部门层——提出企业经营战略方案及子方案,决策市场营销战略方案

第四个层次:业务层——执行市场营销计划

2. 各职能部门对企业各层战略规划的影响

一般企业是由多个职能部门构成,可用图3.8表示。

在这些部门当中,最关键的是四大部门:财务、市场营销、人力资源和产品开发部门。

财务部门——担负着企业的成本和效益核算,控制着企业的经济命脉,所以要牢固树立成本效益意识。

市场营销部门——担负着市场信息的收集和处理,产品的导向,企业的战略策略的制订等任务,所以要牢固树立市场导向意识。

人力资源部门——担负着为企业的各个岗位配备人员的任务,物尽其用、人尽其才对企业来说是非常重要的,所以要牢固树立合理配置(人力物资)意识。

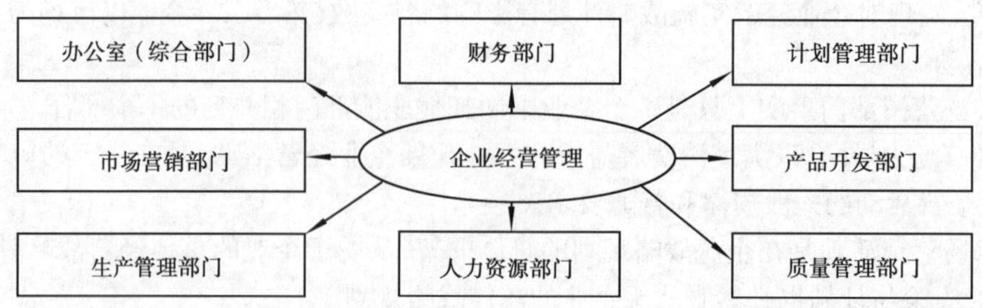

图 3.8　企业构成情况

产品开发部门——担负着新产品的开发和研制任务，只有不断进行技术革新，推陈出新，企业才有生命力，所以要牢固树立创新发展意识。

那些注意全面质量的企业，会将市场营销与所有的业务职能联系起来。市场营销、财务、生产、研发等各职能部门，只有紧密、有机地结合在一起，才能实现企业的总体战略规划目标，见图 3.9。

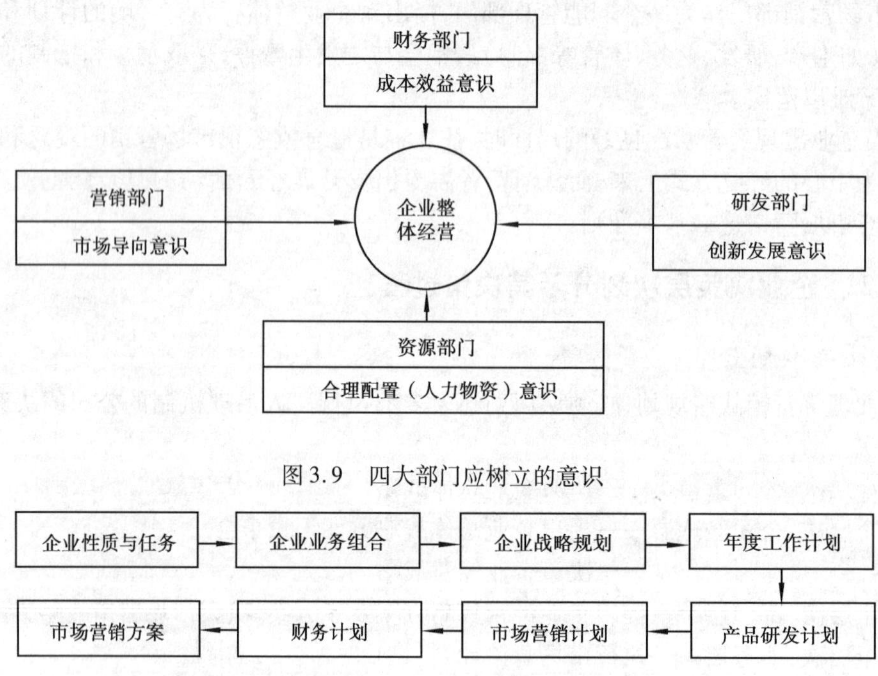

图 3.9　四大部门应树立的意识

图 3.10　企业经营决策过程

3. 企业经营决策过程简述（如图 3.10 所示）

第一步，明确企业的性质与任务。企业任务是指在一段较长的时期内，企业将从事何种活动，为哪些市场服务。它涉及企业的经营范围及企业在整个社会分工中的地位，并把企业和其他类型的企业区分开来。

第二步，就是要检查目前所经营的业务项目和确定每项业务的具体内容，进行业务组合。

第三步，依据企业总体战略、企业经营战略、企业市场营销战略，具体分解内容，包括产品研发计划、市场营销计划、生产计划、人事计划、财务计划等。这里重点解释一下市场营销计划。市场营销计划是指在研究目前市场营销状况(包括市场状况、产品状况、竞争状况、分销状况和宏观环境状况等),分析企业所面临的主要机会和威胁、优势和劣势,对财务目标与市场营销目标、市场营销行动方案以及预计损益表的控制。市场营销计划不仅是企业部门计划中最重要的计划之一,而且其他各种计划都要涉及市场营销计划的内容。

最后,形成市场营销方案。

3.4.3　市场营销计划的内容

企业市场营销管理要依据市场营销计划来实施,一般汽车企业市场营销策划包括以下几方面。

1. 执行概要

(1)对策划主要目标和建议简明扼要概括

(2)体现企业总体战略规划的精神和经营(业务)战略计划的要求

(3)附上计划内容的目录表

2. 目前的营销状况

(1)市场状况(尽可能详细的目标市场的主要数据)

(2)产品状况(主要产品销售量、价格、边际收益和净利润)

(3)竞争状况(主要竞争对手的规模、目标、市场销量、产品质量、价格、营销战略、策略和行动计划)

(4)分销状况(销售渠道、规模和现状)

(5)宏观环境的背景数据

3. 市场机会和敏感问题分析

(1)机会与威胁分析

(2)优势与劣势分析

(3)敏感性问题分析

4. 目标

——企业在完成综合分析的基础上,提出两个目标:

(1)财务目标:投资收益率、费率及数额、利润、现金流量等。

(2)营销目标:销售收入、产品价格、流通费用控制、产品销售目标、市场占有率目标、产品知名度、用户反馈、分销范围和促销业绩等,尽可能量化。

5. 营销策略

——在营销战略的策划过程中要不断和其他职能部门沟通互动,以确定它们的财务能力、生产能力及营销实现能力。营销策略包括:目标市场、营销定位、产品线、价格、分销、促销、人员配置、研发、单要素分析、重点要素剖析、相关要素组合。

6. 行动方案

营销策划必须具体描述为了实现目标而采取的总营销方案。

7. 预计的损益表

即表明计划的预算。在行动方案中,应当集中说明支持该方案的预算,预算一旦批准,它就是制订计划和对材料采购供应、生产调度、人力调配、营销活动的工作基础。

8. 控制

这是用以监督市场营销策划的过程。这是市场营销管理中必须表述和重点操作的内容。通常,目标和预算按月或季来制订,有些控制部分包括权变策划。权变策划概述管理层在遇到特殊的不利情况时应采取的步骤。

企业的战略规划和部门的经营战略规划是一个企业最高层次的策划,市场营销战略策划必须在上述两个高层策划的指导下进行制订、执行和控制。主要用来反馈信息、监测进度、过程调控、实施结果核查、出现问题及时得到纠正、弥补和改进。

思考题

1. 如何正确认识市场营销在汽车企业的地位?
2. 确定企业任务时应当考虑哪些基本要素?
3. 简述 BCG 模式和 GE 模式。
4. 什么是 SWOT 分析?
5. 用框图表示市场营销管理过程。

第 4 章 汽车市场与用户

学习要点

➢ 市场营销理论明确提出企业开展营销活动的目的是在让消费者(目标顾客)的需要和欲望得到满足和满意的过程中,使企业获得利益,而目标顾客从需求的产生到得到满足,期间需要一个复杂的购买过程,为此,必须认真对其购买过程进行双向(市场和消费者)研究。一方面研究汽车市场的运行特征,另一方面研究各类目标顾客的购买心理和购买行为的特点,并针对性地实施有效的市场营销策划。

➢ 系统、全面了解我国汽车市场(整车及零部件、售后服务)市场的分类特征和运行规律,分析掌握影响目标顾客(个人消费者、组织机构业务购买)的各种因素。

➢ 研究和分析消费者心理及其特点,可以了解消费者的情趣,生产或提供适销对路的多样化产品,有针对性地诱导消费者的购买行为,以提高企业营销活动的质量和效率。现代商战的利用,不在于你占据多少个商场,而在于你占据了多少个消费者的心,占据了消费者的心,你就拥有了市场。

4.1 我国汽车整车市场的运行规律

4.1.1 汽车市场的基本规律

1. 汽车市场的波动性是其最基本的规律

汽车市场作为社会生活中一个愈来愈活跃的、备受各界关注的领域,其运行的基本规律随着市场环境的变化而变化,随着国民经济运行的波动而波动,并呈明显的周期性波动规律。每一个波动周期都包括周而复始的以下四个阶段:

衰退阶段→萧条阶段→复苏阶段→高涨阶段

下面分别简要表述:

衰退阶段——主要特征:宏观经济运行速度明显下降,固定资产投资和信贷规模也呈压缩趋势,经济运行处于结构性调整之中;汽车销售量和销售增长率均为负增长;大多数品牌汽车产品品种处于滞销状态,整个汽车市场买方市场特征明显。

萧条阶段——主要特征:宏观经济低速运行,固定资产投资和信贷规模相对较小、增长缓慢;进入谷底运行,汽车销售量和销售增长率下降趋势得以停止;汽车库存量较多,大多数品牌汽车产品品种仍呈现买方市场特征。

复苏阶段——主要特征:国民经济运行速度明显加快,固定资产投资和信贷规模明显增加;汽车销售量和销售增长率同步增长;大多数产品的生产回升,库存下降。

高涨阶段——主要特征:国民经济处于高速运行状态,固定资产投资和信贷规模达本次经济周期的最高水平;汽车销售量保持增长态势,呈现产销两旺局面;汽车库存较少,但销售增长率经过一段时间的持续增长后开始出现拐点,之后,汽车市场又进入下一周期的衰退阶段。

这四个阶段通常称作衰退期、萧条期、恢复期和增长期,四个阶段构成一个波动周期(波动周期曲线见图4.1)。

以上四个阶段周而复始,循环运行。对于波动周期曲线来讲,我们希望波峰越平越好,谷底越尖越好,因为波峰越平越长,说明增长期越长,而谷底越尖则意味着萧条期越短。

20世纪我国的汽车工业总体上经历了四次大的周期性波动,用曲线图表示见图4.2。

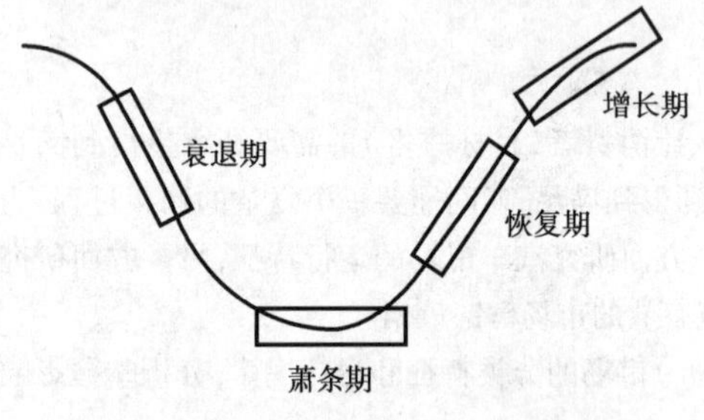

图4.1　汽车市场波动周期曲线

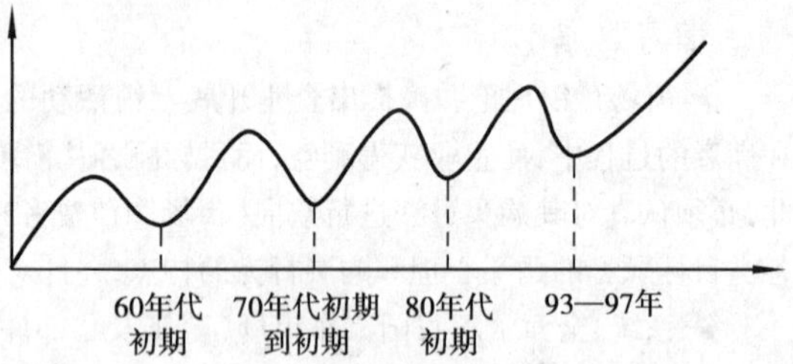

60年代初期
70年代初期到初期
80年代初期
93—97年

图4.2　四次大的周期性波动曲线

四次波动的萧条期分别出现在20世纪60年代初期、70年代初期到中期、80年代初期、1993—1997年。波动是持续的,但总趋势是线性增长的。时至今日,我国的汽车工业和汽车市场始终处于一个冷热交替、持续增长的过程中(见图4.3,1992—2006中国汽车产量百万辆台阶图,可以看到一个百万辆幅度的增长过程)。

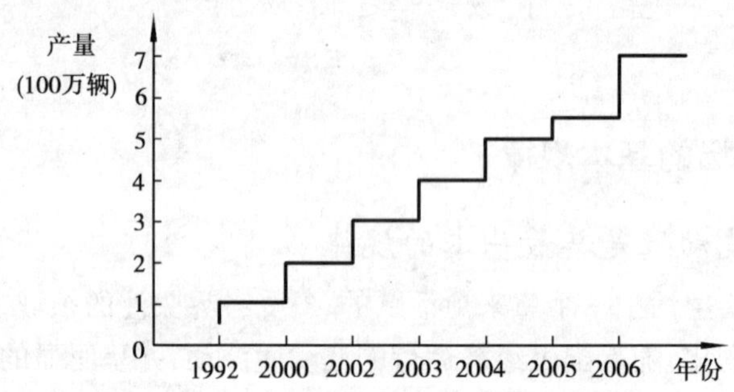

图4.3　中国汽车产量百万辆台阶图

2.市场波动的主要形态

汽车市场行情经常处于波动之中,而且波动形态各异。市场波动形态归纳起来,主要有以下4种:

(1)周期性波动

它是以数年为周期,与国民经济周期性波动进展大致相符的一种循环波动。正如上面提到的我国汽车工业的四次大的波动。

(2)季节性波动

它是以一年为周期,一再发生于某个季节或某个月的循环波动。也就是说,由于季节关系而使汽车市场发生的数量上的波动,这种现象总是在每年的特定时期有规律地出现。比如,我国的整车市场在每年的第一、第三季度中后期，第四季度末为高峰期，而每年的十一月份通常都是销售淡季。零部件的季节性波动和整车趋势基本相同，在月份上略为超前，其中最高峰是每年车辆“年检”之前。

(3)长期趋势增长性波动

它是指在一个较长时期内，整个汽车市场呈现出一种倾向性的发展态势。我国的汽车市场在一个较长时期内，总体上仍将继续保持增长态势，市场容量将会进一步扩大。汽车市场在每一个波动周期结束时，市场规模都要比该周期起点时的规模大。

(4)偶然性波动

它是指由于外部环境以及内部环境的变化而引起的汽车市场不定期、不规则的波动。比如，1990 年第一季节，由于受当时工业生产负增长的影响，汽车市场相对疲软；而在 2002 年，由于入世带来汽车价格战的打响，汽车销售空前增长。

在现实生活中，上述四种波动形态相互交织、综合出现。市场营销人员要对汽车市场的实际波动形态进行科学划分，善于由表及里，系统分析，正确把握各种形态的发展变化规律，从而有利于主动开展各种营销活动。

3. 市场经营培育发展过程中波动形态的三个特点

(1)供需关系剧烈波动

汽车需求随着国民经济形势的变化而剧烈变化。当国民经济保持持续稳定运行时，汽车市场大体上供需是平衡的；当国民经济高速增长时，汽车市场就表现出结构性的供不应求态势，甚至出现非法拼装、汽车走私等违法违归现象，诸如业内戏称的所谓“第三汽车制造厂”及所谓的“永往直前”牌(不能正常转向)、“老太太”牌(走走停停)假冒伪劣产品的出现；当宏观经济进入低速运行时，汽车市场又会出现需求明显下降库存急剧上升的局面。

形成这种供需关系剧烈波动的主要原因有两点：第一，我国的汽车产品一直以来在很大程度上作为生产经营资料使用，其需求的强弱受国民经济运行拉动的影响较大，国民经济的波动导致汽车需求的剧烈波动；第二，我国的汽车工业在汽车质量水平和品种结构上的供给能力不能充分满足国民经济高速运行对汽车的需要，汽车市场在波峰出现时，汽车供给短缺，从而加剧了供需矛盾。

随着我国经济的持续快速发展，从总量上我国汽车新车的产销已进入世界前列，无论是汽车的供给还是需求，都发生着深刻的变化。汽车工业的快速发展，总体上由卖方市场转向买方市场，优胜劣汰机制开始发挥作用。从社会集团业务购买为主的单一消费结构，向私人购车为主的多元化消费结构转变，由大城市向乡镇农村扩张。从车型构成看，中国汽车业的产品结构正更趋合理。载货车、客车和轿车的比例已从 2000 年的 1∶0.92∶0.79 提高到 2002 年的 1∶0.971∶0.995；商用车与乘用车的比例由 2000 年的 1∶1.71 提高到 2002 年的 1∶1.966，进一步向国际趋势靠拢。供需关系的波动幅度由原来的剧烈波动向小幅波动转变。因此，在对汽车市场运行规律进行研究时，一定要特别关注发生变化，把握市场的发展趋势。

(2)波动周期趋短、频率趋快

改革开放以前，我国汽车需求波动周期一般在 10 年以上。改革开放后，我国的汽车市场共经历了四次波动，出现过四次周期性波动，出现两个特点：一是波动周期缩短到了 4 年左右，明显地呈现出周期缩短、频率加快的特征；二是表现出与宏观经济增长同周期、同步波动，总量仍保持增长的鲜明特征格局。

可以预见,随着市场微调机制作用的加强,汽车市场的波动将继续表现出波幅下降和频率加快两种趋势。而且,汽车市场在周期性波动的各阶段内也可能出现小的波动。

(3)市场规律的作用尚未充分发挥

市场规律包括价格规律、供求规律和竞争规律。改革开放以来,由于种种原因,我国不少汽车产品的价格存在着背离价值以及不按供求规律变化的现象。汽车生产一度成为了一个暴利行业,也正是看到了巨额利润,才导致了“散、乱、差”的局面。同时,汽车市场上的行政干预,从一定程度上扭曲了市场竞争。但业内人士普遍认为:随着我国市场经济的逐步完善和新的《汽车产业发展政策》的实施,市场规律将会使过去存在的诸多不合理现象逐步得到纠正。我们要学会自觉尊重市场规律,主动顺应市场规律来开展市场营销活动。

4.1.2 各类整车市场的运行特征

1. 轿车(乘用车)市场

近二十年来,中国汽车市场发生了巨大变化,轿车(乘用车)占全部汽车产量的比重不断上升,随着国人生活水平和购买能力的不断提升,轿车市场的需求得以迅速释放,国内轿车生产企业仅用了两年的时间便完成了从70万到200万的跨越,使我国成为世界主要的汽车消费国之一。2006年成为仅次于美国的世界第二新车销售市场。2006年全国累计产销汽车728万辆和722万辆,同比增长27%和25%;其中轿车累计生产523万辆,同比增长33%;销售518万辆,同比增长30%。在轿车产销高速发展的同时,不仅一批众人瞩目的新车型纷纷上市,最重要的轿车价格开始出现较大幅度的下降,经济型轿车的价格已与国际市场的价格接轨。所有的变化都使得轿车越来越贴近寻常百姓家。轿车产销量的同步快速增长,使得轿车逐步成为我国汽车工业和汽车市场文化的主体。

随着经济结构和经济增长方式的转变,汽车市场消费格局正发生着根本改变,私人购车已成为汽车市场的主体。20世纪90年代以来,私人汽车年平均增长率达到23%,大大高于同期非私人汽车保有量增长率。但私人购买量仍保持了较快的增长速度,资料显示:全国城乡居民银行存款已突破6万亿元,如果全国城乡居民储蓄存款有5%转化为购车消费,也可消化售价10万元左右的轿车300万辆。可见,只要有比例很小的一部分家庭参与消费,其绝对数量就相当可观。私人消费的巨大需求必将成为市场购买力的重要领域,2005年占到58.5%(见表4.1,1991—2005年历年私人汽车保有量及增长率)。

轿车需求持续保持高增长速度,使轿车市场由最大的潜在市场转变为极具吸引力的现实市场。这种发展速度在全世界也是绝无仅有的。跨国公司近两年大量增加在我国的投资,以扩大汽车生产能力和迅速增加新产品,这与需求的快速增长有着直接的关系。轿车市场成了国际竞争的焦点,国产车、合资车、进口车激烈竞争中国汽车市场。一个品牌独霸天下的时代早已成为历史,轿车市场的洗牌正急剧加速。激烈的市场竞争将给轿车市场带来全方位的变革。加入WTO意味着全方位的市场开放,市场开放必然带来更加激烈的竞争。在轿车主要技术源自国外的前提下,在高档轿车领域,国产轿车缺乏竞争的实力。在低成本的经济型轿车方面,国产轿车成功的关键在于能否有效利用市场的潜力,扩大规模,占据相当的市场份额。加入WTO以来及以后的市场竞争的激烈程度是可以预见的,涉及销售方式、售后服务、配件供应、维修、金融、保险等多方面。国外公司在大力进行品牌宣传的同时,开始建立独资的品牌专卖的营销体系,汽车融资公司也已获准开展汽车消费信贷服务,这必然会对我国轿车市场产生极大的影响。

表 4.1　历年私人汽车保有量及增长率

年份	汽车保有量			私人汽车保有量			
		年增长率	5 年均增长量		占汽车保有量比重	年增长率	5 年均增长量
1991	606.1	9.9	13.5	96.0	15.8	17.6	25.1
1992	691.7	14.1		118.2	17.1	23.1	
1993	817.6	18.2		155.8	19.1	31.8	
1994	942.0	15.2		205.4	21.8	21.7	
1995	1 040.0	10.4		250.0	24.0	15.9	
1996	1 100.1	5.8	9.1	289.7	26.3	23.7	20.1
1997	1 219.1	10.8		358.4	29.4	18.2	
1998	1 319.3	8.2		423.7	32.1	26.0	
1999	1 452.9	10.1		533.9	36.7	17.1	
2000	1 608.9	10.7		625.3	38.9	23.3	
2001	1 802.0	12.0	14.5	770.8	42.8	25.7	24.2
2002	2 053.2	13.9		969.0	47.2	25.8	
2003	2 383.0	16.1		1 219.2	51.2	21.5	
2004	2 693.7	13.0		1 418.2	55.0	24.7	
2005	3 160.7	17.3		1 848.1	58.5		

汽车产业对相关产业的关联程度很强。汽车工业产值与相关产业的直接关联度是 1∶2，间接关联度则达到 1∶5。汽车产业的产值可以带动相关产值增长 2.5 倍。汽车产业每增加 1 元，就会给上游产业带来 0.65 元的增值，给下游产业带来 2.63 元的增值。汽车工业对机械、冶金、电子、橡胶、石化等行业都具有很强的拉动作用。轿车产业极大地推动了 IT 产业、材料、制造业和交通服务贸易领域的发展，对 GDP 的贡献率最为明显。

我国工业化进程的不断加快和人民生活的不断提高，必将不断扩大轿车的购买能力和群体规模，轿车将成为汽车需求增长的主力，轿车占汽车需求的比例将稳步上升，轿车进入家庭会是依次渐进的一个过程。中、高级轿车将保持稳定的需求，但市场占有率将有一定的下降；普通级轿车，特别是节能、环保、安全、防盗、人性化的经济型轿车将成为市场主导产品，品种将趋向多样化、个性化，市场占有率将逐年提高。

2. 商用车市场

商用车指不包括轿车在内的所有整车，分为载货车和客车两大类，也可分为重型、中型、轻型和微型 4 大类。

(1) 主要特征

①按照目前我国对整车生产、销售的管理规定，轿车的生产和销售有准入门槛，而商用车没有。

②车型种类不断细化。车型种类的细化在专用车方面表现得是最明显的，世界上的专用

车到现在已经有2 000多个品种,我国生产的有800多个品种。随着汽车市场内部结构的调整,轿车市场份额在不断增加,与此同时,商用车的相对市场份额和市场地位正逐渐下降。

③柴油动力的比重逐步提高。由于商用车用户对汽车的经济性、可靠性的追求超过对舒适性的追求,加之日趋严格的环保要求和发动机技术(如高压共轨技术)的进步,柴油车在商用车中的比重不断提高。

④两极分化明显(重型、微型)。最初,我国生产的货车长期以中型载重汽车为主,缺重少轻,近年来,这种局面得以大大改观,以2000年数据为例,重、中、轻、微载货车产量占货车总产量的比重为10.7%、20.2%、51.1%、18.0%。

(2)载货汽车市场分类特征

载货车分为四个细分市场:

①重型载货汽车市场

重型载货汽车市场由载重量不小于8 t的重型载货汽车及其各种变型车市场构成。我国重型载货汽车市场的主要特点有:

第一,生产集中度高、相对市场规模小。生产重型载货汽车的只有为数较少的企业。

第二,需求价格弹性小,用户更注重非价格因素。重型汽车属于一种大型生产资料,购买者十分注意其使用价值,因而对其价格波动的反应一般不太敏感,而对其性能、质量、维修、配件供应等却非常关心,这些非价格因素是影响重型汽车购买者的重要因素。

第三,专用、特种车型品种不断加宽。由于重型汽车主要作为大吨位、远距离公路运输用车和作为工程机械使用,为了提高工作效率,装备专用、特殊"上装"的重型汽车比例在逐步增加。

第四,市场波动存在"惯性效应"和"时差效应"。也就是说,市场影响程度相对较小,市场波动周期相对滞后。

②中型载货汽车市场

中型载货汽车市场由载重量大于3 t,小于8 t的普通载货汽车及其各种变型车市场构成。我国中型载货汽车市场的主要特点有:

第一,中型载货汽车是我国汽车工业中生产历史最长的产品,成本方面占有较强的优势。

第二,生产集中度高,主要集中在一汽和东风两大汽车集团。

第三,目前,载货车保有量最大。20世纪90年代以来,随着重型和微型汽车的发展,中型汽车的销售增长率不断下降。

第四,我国具有中型载货汽车较强的自主研发能力。

③轻型载货汽车市场

——轻型载货汽车市场由载重量大于1 t,小于3 t的轻型载货汽车及其各种变型车市场构成。我国轻型载货汽车市场的主要特点有:

第一,市场空间大。由于轻型车能满足运距短、批量小、时间性强、出车频率高的运输需求,因而适用于各类企业单位、乡镇运输用户、商业服务部门等,使得轻型汽车的市场规模较大。

第二,生产集中度差。

第三,由于轻型汽车价格较低,购买者一般需要自己解决购车资金,因而需求价格弹性大。

第四,市场竞争能力相对较弱。

④微型载货汽车市场

微型载货汽车市场由载重量在 1 t 以下的微型载货汽车及其各种变型车市场构成。微型载货汽车的市场特征与轻型载货汽车的市场特征相似,不同之处是:

第一,市场大部分集中在城市城区及城乡结合部。

第二,消费群明确。微型车因为结构简单、机动灵活、使用方便、价格便宜,消费群体主要是私人。

交通状况的改善和消费结构的变化,将促进载货汽车需求结构的变化,载货汽车向重型和轻、微型发展的趋势更加明显。随着公路,尤其是高速公路的快速发展,治超限载的日益严格,环保要求的不断提高,计重收费和燃油税的开征,重型汽车需求将会显著增长,中型载货汽车的总需求将不断萎缩,轻型货车市场需求将稳定增长。随着农村经济的快速发展,轻、微型货车将有较大的市场空间。

(3)客车市场分类特征

客车可分为四个细分市场:微型、轻型、中型及大型,一般以轻微、大中两类归类。

①轻微型客车市场

轻型、微型客车市场的主要特点有:

第一,载客量适中、机动灵活、实用性强、价格相对便宜,特别适合多人次、短距离、往返频率高和点多分散的客运。

第二,适用于改造专用车,体现功能多元化。该类车型经过适当变型,可为公安、医疗、科研、消防、邮电、电信等部门提供各种专用车辆,并且在需要时可以作为客货两用。

第三,成为公路运输中补充和衔接长途客运的主要交通工具。

②大中型客车市场

大中型客车市场的主要特点有:

第一,由于大中型客车一次可运送的旅客人数较多,因而其经济性好。

第二,大中型客车市场是一个多品种、多用途、低、中、高档客车并存的市场。

第三,大中型客车是我国整车出口的先行者。

第四,高档客车是客车先进技术引进、消化、运用的主要车种。

西部大开发及高等级公路的快速建设为公路客车提供了新的市场空间。大中型客车仍将是长途客运的主力车型,需求将逐步增长。随着假日经济、旅游业的发展,中高档客车需求将稳步增长。城市建设的加快、城市道路的不断延伸,使城市公交运输愈加繁忙,大、中、轻型城市客车需求稳步增长。“村村通公路,村村通客车”城镇化战略的实施将促进轻、微型客车尤其是微型客车的市场进一步扩大。

总之,在一个潜力巨大的市场上,每一个企业都有生存的理由,都有生存的空间。商机的每一次出现,对所有企业来说都是公平的,消费者的消费选择也日趋理性。大浪淘沙,留下来的永远是强者,物竞天择,适者生存,这就给我们提出了一个不可回避的课题,在不断提高产品研发创新能力和整车质量的同时,还必须迅速建立国际标准的、现代化的、不断创新的市场营销体系。

4.2 汽车零部件市场运行特征

4.2.1 我国汽车零部件工业的发展过程

我国汽车零部件工业是随着汽车工业的发展逐步成长起来的,其发展过程大致可划分为四个阶段:

1. 兴起阶段

此阶段为新中国成立后到改革开放前,这一时期的主要特点是以整车带动零部件发展。1956 年我国在建立第一汽车制造厂的同时建立了与其配套的若干汽车配件生产厂,从此,开始了汽车配件行业的发展。后来国内主要汽车制造厂的配套厂等相继建立。当时,绝大多数零部件企业生产水平很低,生产规模很小,无产品开发能力,从而导致零部件企业的产品质量差、价格高,并且只能与上游整车厂家配套,不能任意销售到别的整车企业。

2. 波动阶段

这一阶段为 20 世纪从改革开放开始到 90 年代中期。这一时期零部件发展的主要特点仍然是以围绕整车配套为主。80 年代中后期,随着国民经济的高速发展,卖方市场出现,国家布置了“三大、三小、二微”的生产格局,决定把汽车工业建设成为国民经济的支柱产业。供不应求的局面和支柱产业的发展前景吸引了各地政府投资进入汽车零部件生产领域,一大批中小零部件企业涌现出来。这些企业规模小,80% 以上的销售额在 1 亿元以下;重复建设严重;数量庞大,全国定点零部件生产厂家 2 000 家之多,实际达 5 000 家以上;技术力量薄弱;生产设备简陋。排他性的采购原则迫使一些零部件企业依附于某家整车生产企业而生存。

3. 过渡阶段

这一阶段为 20 世纪 90 年代中期到现在。这一时期的主要特点是零部件开始与技术水平平行发展。近十年来,我国汽车零部件工业无论从生产能力、产品品种上,还是从管理水平、技术水平、技术创新能力上都取得了长足的发展。通过一些为轿车配套零部件企业的技术引进和改造,建立了一批零部件合资、合作、独资企业,汽车零部件企业已开始从生产载货汽车零部件向生产轿车零部件转变,从机械加工产品向机电一体化产品转变,从简单仿制向消化吸收引进技术、自行设计和开发转变,从单一面向国内市场开始向进入国际市场转变。

4. 融入阶段

自 2002 年我国加入 WTO 之后,我国汽车零部件生产企业从优势产品切入,开始战略性进入国际汽车大市场,参与全球采购的激烈竞争。优势零部件的出口品种、出口数量迅速扩大。

4.2.2 汽车零部件的供应和营销体系

1. 汽车零部件供应体系

汽车零部件供应有三个层次:

第一协作层以总成配套厂为主,厂家总量少,规模大,包括配套额较大的汽车零件厂、原料厂、工艺厂以及相关厂商；

第二协作层以汽车零件配套厂为主，围绕各自的总成厂形成较小区域配套网，厂家可多可少，规模可大可小；

第三协作层以原料厂和工艺厂为主，为零件厂、总成厂以及总装厂提供原料和工艺加工。

2. 汽车零部件销售体系

主要有三大流动批发渠道：

第一流通批发渠道：原计划经济体制下运作了几十年的省、地、市汽车配件公司。1992年以前，这一渠道是汽车配件销售的主渠道，但随着经济体制改革的深入，目前经营规模和网点大大缩小。只有少数公司机制转换快，仍存在并尚保持着一定的经营规模。

第二流通批发渠道：各大汽车生产企业在各地设立的汽车配件供应网络。目前，各大汽车企业为了扩大市场占有率，均在全国各地建立了四位一体的销售以及技术服务中心。在这些服务中心中，设立了专门的汽车配件供应部门，负责集中调配、供应其配套厂家的优质配件。采取在整车生产地建立配件供应总汇，在其整车拥有量较多的地区设立配件分汇，在全国建立专门的营销网络的方式。

第三流通批发渠道：一批经济实力强、经营规模较大的个体或股份制社会经营网点。改革开放以来的二十几年，汽车配件因其需求量大、获利稳定、经营风险较小，许多投资者将资金投向了汽车配件销售业，他们或几家联合、或以家庭为中心，搞股份制公司或家庭公司，采用灵活的经营方式，很快发展壮大了起来，有的甚至成为汽车配件生产厂家的总经销商或特约经销商。

4.2.3　汽车零部件市场分类

汽车零部件市场分为原装件市场和维修市场。

原装件市场是由整车厂家向其配套的零部件企业采购汽车零部件而构成的产业市场，又常称作主机配套市场；维修市场是由社会车辆在使用过程中因为维修而产生的对汽车零部件的需要所构成的市场，又常称作社会维修配件市场。其中配件市场在汽车市场中占有重要地位。

4.2.4　原装件市场

某配套零部优年生产企业的原装件市场的规模和其配套的整车产量是如下函数关系：

$$Q = \sum_{i=1}^{k} p_i x_i$$

式中：Q——某配套零部件企业的原装件市场规模；

p_i——第 i 种车型平均每辆汽车使用本厂零部件的价值和数量；

x_i——第 i 种车型的年产量；

k——需要本企业配套的车型数目。

从上面的公式可以看出，某一个企业的原装件市场规模与需要本企业零部件配套的车型数、每种车型的年产量、每辆车的配套量（与价值）直接关联，是整个函数式的因变量。

4.2.5 配件市场

随着汽车保有量的持续增长,配件市场对汽车工业的发展具有越来越重要的作用。我国平均每辆汽车年消耗汽车配件在4 000 ~6 000元。对于汽车配件市场营销来讲,了解汽车配件的使用和消耗规律以及认清这一市场的用户购买特点是一个重要的前提。

1.单车配件消耗规律

每一辆汽车从新车投入使用到报废的全过程中,都要经历多个阶段,单车配件消耗规律见图4.4。

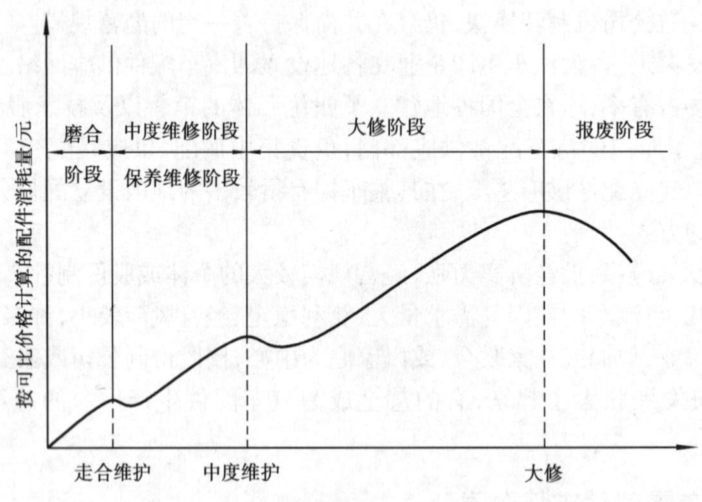

图4.4 单车配件消耗规律图

新车投入使用到磨合期结束,配件消耗达到第一个峰值;之后,由于部分零件失效及部分总成的早期损坏,汽车进入中度维修期,配件消耗达到第二个峰值;再之后,随着行使里程的不断增加,车况的下降,配件消耗呈现平稳上升态势,至大修期,配件消耗达到第三个峰值;再往后,由于汽车已进入报废前期,除了更换一些低值易损件以外,一般不再更换大型零部件,因而配件消耗呈平稳下降态势,直至报废。

所有的汽车在使用过程中,配件消耗大体按上图所示的规律发展,曲线的基本走势不会发生变化。

2.汽车品种的配件消耗规律

具体到汽车的某个品种,其所有汽车的配件消耗与其社会保有量之间密切相关,规律如图4.5。

早期OA段,由于汽车的使用时间不长,车况较好,配件消耗与保有量大体呈线性增长;后期AB段,随着保有量进一步增加,这时保有量中既有新车又有旧车,新旧车车况不一,平均每辆汽车的配件消耗较早期增加,曲线呈加速上升态势;B为最大保有量,同时是最大消耗量;再往后,换代新品种上市,原品种不断减少,保有量不断减少至零,曲线按BCO返回,而不是按BAO返回。

配件消耗与时间的关系,如图4.6所示。

早期OA段,配件消耗大体呈线性增长;AB段,随着产量和社会保有量的增加,配件消耗

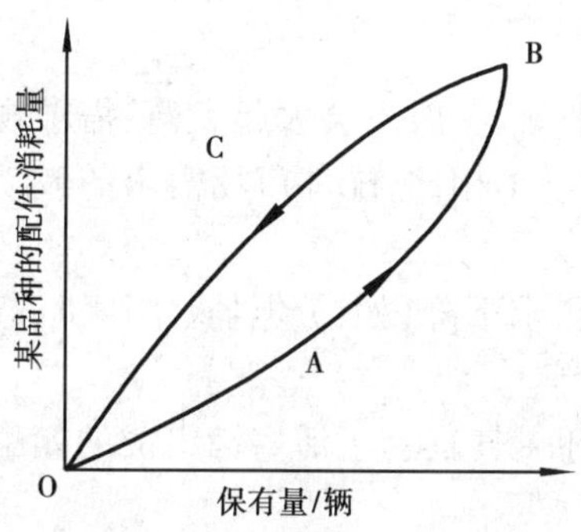

图4.5　配件消耗与保有量的关系

图4.6　配件消耗与时间的关系

加速增长;C点,为消耗量最大值;CD段,维持一段时间;DE段,随着该品种的减产、停产,保有量不断减少,配件消耗也不断减少。整个曲线OC的持续时间远大于DE段。

3. 全社会汽车配件消耗量

全社会的汽车配件消耗量理论上可以按下式计算:

$$Q = \sum_{i=1}^{n} p_i x_i$$

式中:Q——全社会每年消耗的汽车配件额(元);

p_i——第i个品种平均每辆车消耗的配件价值(元/辆);

x_i——第i个品种的社会保有量;

n——全部汽车品种的数目。

如果设X_0表示全社会汽车保有量,R_i表示第i个品种的汽车保有量占全部汽车保有量的比重,那么上式可以转化为:

$$Q = X_0 \sum_{i=1}^{n} P_i R_i$$

实际应用中$P_i R_i$可视为常数,并用K表示;

则上式演变为$Q = X_0 K$

全社会汽车配件消耗规模可近似做汽车保有量的线性函数,其变化规律可用图4.7表示。

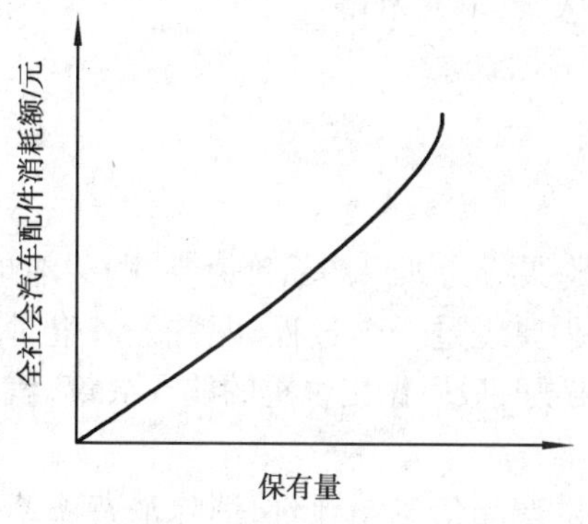

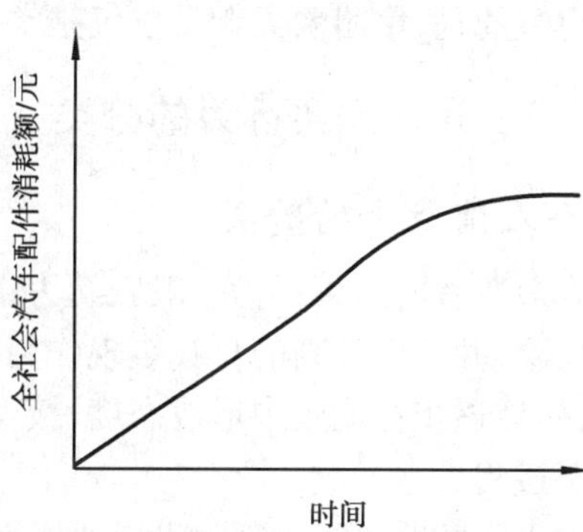

图4.7　全社会汽车配件消耗与保有量及时间的关系

4.汽车维修对配件需求的变化

社会维修市场对汽车维修配件的需求的特点是:相对平衡,一般不会大起大落;需求规模与其整车的社会保有量有密切关系,呈正比例线性增减;与整车相比,配件市场需求的波动幅度小。具体地讲,汽车维修对配件的需求表现出以下变化:

(1)小总成换件修理、总成更换增加,组成总成的零件需求下降,如:分电器、空压机、起动机、发动机、发电机、水泵、汽油泵、制动蹄片、离合器摩擦片等。

(2)组成体成套件成套更换需求大增,如:活塞 + 活塞环 + 气缸套 + 活塞销组成的四配套组合件。

(3)大量使用各种修理包,如:各种密封件、垫片。

(4)加注方便,便于携带的容器包的需求增加,如:小规格容器包装的润滑油(脂)、特种液等。

4.3 用户及其购买心理分析

4.3.1 用户及其分类

1.用户的概念

用户是相对企业营销活动的客体,是指企业产品的购买者和消费群体,统称目标顾客。

开展市场营销活动的过程就是一个让目标顾客的需求或欲望能够得到满足和满意的过程。

2.用户的分类

用户的划分根据购买者的特点及其购买商品的目标,将市场分为消费者市场和组织市场两种形态:个人消费者一般简称用户或消费者。组织机构一般称集团购买者或业务用户。

具体到汽车市场而言,集团购买者指将购买涉及汽车的各种产品作为集团(组织机构)购买并体现以下三种功能之一:其一,消费自用;其二,业务运转;其三,履行专项职责的用户。这里所要提醒的是,集团购买者不仅仅是常说的“机关团体,企事业单位”。

4.3.2 用户购买行为的分类

1.个人消费者的购买行为

个人消费者的购买行为一般归纳为4种。复杂的购买行为如果产品价值高,购买不频繁,购买有风险,并且有很高的自我表现作用时,一般的购买要经过一个过程,即首先产生对产品的信念,然后逐步在比较中形成态度,接着对产品产生喜好,最后做出慎重的购买决策,汽车整车的购买过程大多如此。

寻求平衡的购买行为通过营销人员对目标顾客提供产品信息与评价,消除消费者不平衡的心理感觉,促成购买行为。汽车特别是轿车的购买过程,大多就是这样。

以上两种购买行为,消费者的参与程度较高,这也是汽车市场营销活动,特别是整车销售的一个购买过程特点。

另外,还有两种购买行为用户的参与程度较低,即习惯性的购买行为和寻求变化的购买行为。这里就不赘述。

2. 组织机构购买行为

组织机构购买行为一般分为5类。生产者组织购买也称产业市场或企业市场,产业组织(农业、林业、水利、矿业、制造业、建筑业、通讯业、社会公用事业、金融保险业等)购买的汽车及零部件,保修机具以销售、出租或供应给自身产品配套和其他组织。

中间商组织购买也称转卖者市场,转卖者由汽车流通领域各层次、各渠道、各种批发商和零售商组成,他们不提供形式效用,而是提供时间效用、地点效用和占用效用。

非盈利组织购买,大多数是“机关团体、事业单位”。非盈利组织市场指仅为了维持履行职能而购买汽车及零部件的购买行为的正常运作。

政府组织购买即政府采购。我们在开展营销活动时,对此要区别对待。对非盈利组织用户和政府采购的营销应“少盈利、多盈名”。

互联网上的产业购买随着科技进步,信息技术的快速发展正在改变着企业的营销模式,产业购买者可以通过电子数据交换(EDI)或通过互联网等电子化手段,即“数码采购”。这是汽车行业,特别在汽车后市场服务领域日渐扩大的一种方式。

4.3.3　影响用户购买行为的因素

用户的购买行为不是一成不变的,受各种外在因素和内在心理活动影响,它不断地变化着,各种相关因素在交织变化中,是一个很复杂的问题,没有理论的系统认识是不行的,但仅仅靠理论学习是远远不够的,需要营销者在实践活动中不断总结摸索。

下面分为个人消费者和组织机构用户两部分阐述。

1. 个人消费者(见图4.8)

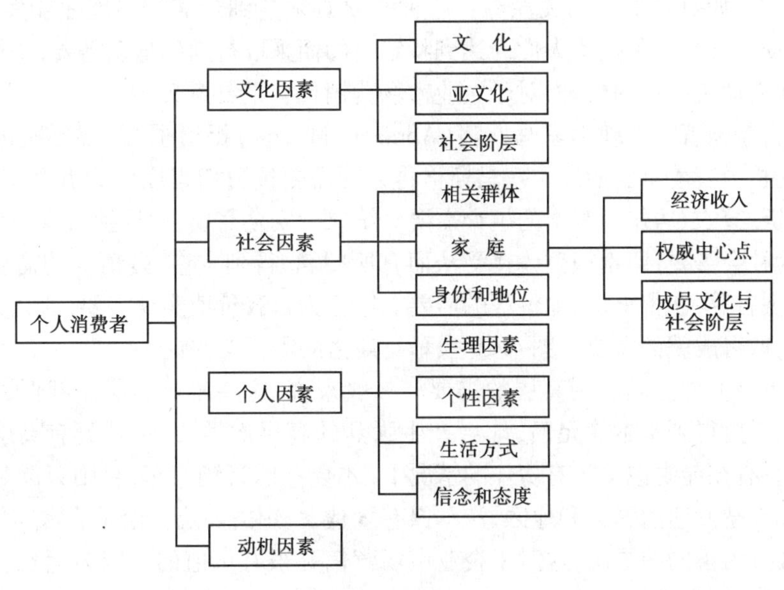

图4.8　个人消费者

动机是购买行为能否发生的主要原因和直接原因,它推动和激励消费者选择完成或方案购买行为。

2. 组织机构用户(见图4.9)

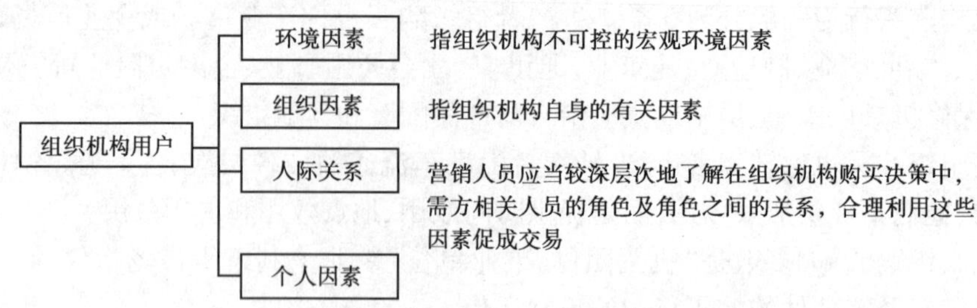

图4.9　组织机构用户

4.3.4　购买心理分析

个人消费者在整车购买量中已占到六成,且呈持续增长之势,研究消费者的购买心理尤其显得十分重要。即使是组织机构购买,看似一个群体的事情,但也是要靠相关决策人和专职供应人员来完成,研究和掌握这些角色的购买心理同样很重要。

用户的购买行为同常会受到四种心理因素的影响,包括动机、知觉、学习、信念和态度。

1. 动机因素

心理学的观点认为,人的行为是由动机支配的,而动机是由需要引起的。从心理学的含义看,需要是一种条件反射活动即外界或内在的刺激作用于感觉器官,引起神经活动,传达到效应器官所引起的反应。人类的需要分为两类:生理需要和心理需要。

生理需要是人们的生命活动所必需的,如吃饭、睡觉等需要。心理需要是由于心理状态紧张而引起的需要,如对某事物的关注等。一种需要必须达到足够的强度才能发展成为动机。所以,可以说动机就是一种推动人们为达到特定目的而采取行动的迫切需要,是行为的直接原因。弄清消费者动机生成的机理,对于企业市场营销具有重要意义。

二战以后,美国著名心理学家马斯洛(Abraham Maslow)提出了“需要层次论”,这一理论在分析心理动机中有着重要的地位。马斯洛将人的需要按迫切程度分为五个层次:第一为生理需要,即吃饭、穿衣、居住等基本的生存需要。第二为安全需要,即保护人身安全财产安全的需要。第三为社会需要,即希望群体接受从而有所归属,得到友谊、爱情等的需要。第四为尊重需要,即实现自尊,获得承认、地位等的需要。第五为自我价值实现需要,即充分发挥个人能力,实现理想,取得成就的需要。图4.10表示马斯洛的需要层次论。

图中,由下至上为由低层到高层的需要。一般来说,这些需要的层次越低,越不可缺少。只有低层次的需要得到基本满足后,才会产生强烈的高层次需要,也才具有高层次需要的条件。比如,人只有在能吃饱穿暖有房住的情况下,才会考虑买辆汽车,否则只能是一种不现实的需要。为什么越发达的国家和地区,汽车保有量越大,用需要层次论是非常容易解释的。

人的需要分为不同的层次,这对于企业市场营销是很有价值的。因为消费者在一定的收入条件下,总要分清先后的消费项目,这一理论可以帮助营销者了解各种产品和服务怎样才能适合潜在消费者的生活水准、目标和计划,从而避免营销管理中的盲目性。

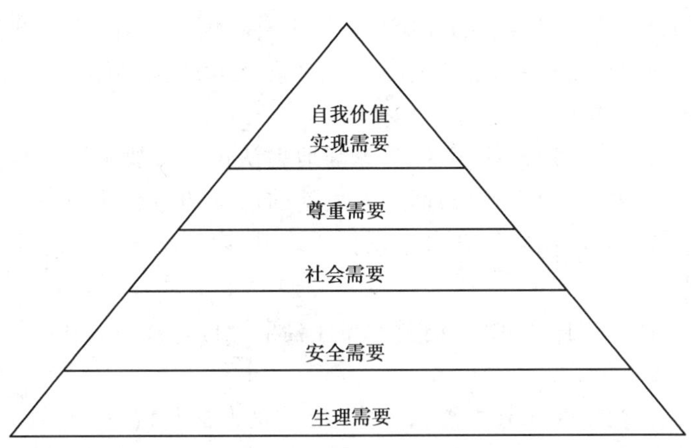

图4.10　马斯洛需要层次

消费者的购买动机一般有以下三种类型：

(1)感情动机

消费者的需要是否得到满足，会引起对事物的好恶态度，从而产生肯定或否定的感情体验，而这些不同的感情体验反映在不同消费者身上，就会体现出不同的购买动机。

(2)理智动机

理智动机是建立在消费者对商品的客观认识基础上，经过充分的分析比较后产生的购买动机。在具体购买活动中表现为求实和求廉心理。

(3)惠顾动机

指消费者由于对特定的品牌商品产生特殊的信任和偏好而形成的习惯性的、重复光顾的购买动机。这类动机具有经常性和习惯性等特点。国际上跨国大汽车公司提供的汽车信贷方式正好顺应和满足了消费者的这种需求。

消费者购买商品都有其相应的动机。二手车之所以有它的市场，主要就是购买者的“求廉动机+惠顾动机”的融合；有人就要买著名品牌价值上百万的名车，也是一种求名动机；还有人买的车造型比较奇特，这又是一种求奇动机。

2. 知觉因素

知觉是个人通过各种感官对外界的刺激所产生的信息进行选择的过程。具有相同动机的消费者，购买行为不一定相同。比如，两个人都想买一辆汽车，同时进入一家汽车销售中心，受到同一位销售人员的接待。但结果可能完全不同，原因就是他们在同样的情况下的知觉不同。

人们对某种事物的看法不同是一种正常现象，这源于人们对同一事物知觉的不同。“凯迪拉克”在一些人的眼里是富贵豪华的象征，在另一些人看来，则是一种炫耀。同一刺激物作用于不同的人为什么会产生不同的知觉呢？心理学认为，知觉是一个有选择的心理过程，知觉不仅取决于刺激物的特征，还取决于刺激物与周围环境以及个人的关系。人们的知觉过程通常是一个经历选择性注意、选择性扭曲和选择性保留的心理过程。

(1)选择性注意

在人们的生活当中，人们通常只注意自己的看法或态度一致的信息，而不关心其他那些与自己不一致的信息，这就是选择性注意。当一个消费者打算买一辆汽车时，就对汽车方面的内容特别是汽车广告很感兴趣，而对其他内容较少注意。

各汽车企业参加车展时,将自己的展台布置得别出心裁、各具特色,并辅以“香车 + 美女”的模特表演、知识问答等活动项目,力求突出企业形象和品牌形象,吸引人们的注意力。

(2)选择性扭曲

人们面对客观事物,不一定都能够客观、正确地去认识。一般来讲,当信息进入大脑并且和原有认识一致时,就会加深原有认识;而进入大脑的信息和原有认识不一致时,就会排斥外界信息,或者将信息加以扭曲使之符合自己原有的认识,然后加以接受,这就是选择性扭曲。

(3)选择性保留

由于人们普遍存在的选择性保留,消费者往往会牢记自己喜爱品牌的优势,忽视其他竞争品牌的长处。

选择性保留和选择性扭曲从某种意义上讲,也就是人们常说的“先入为主”。因此,对于汽车新产品来说,“第一印象”至关重要。大多数企业都在推出新车时花费大量的精力和资金以及举办一些大型的公关活动或促销活动,正是基于这方面的考虑。

3. 学习因素

人的许多行为表现都是通过学习以后形成的,购买行为也是如此。通过学习,人们知道通过那些方法和渠道去获得产品的信息。学习过程是在驱动力、刺激物、诱因、反应和强化等因素的相互作用下完成的。

驱动力是指存在于人体内驱使人们产生行动的刺激力,即内在需要。比如,饿了就想找吃的。

刺激物指可以满足内在驱动力的物品。比如,人们在感到饥渴时,食物和水就是刺激物。

诱因是指刺激物所具有的能够吸引消费者购买的因素。产品的质量、包装、服务、价格、广告等都可以成为诱因。比如,广告和包装是儿童购买小食品的最大诱因,近几年价格的不断下调是消费者购买汽车的主要诱因。

反应是指驱动力对具有一定诱因的刺激物所做出的反射行为。比如是否购买、何时购买、如何购买等。

强化是指驱动力对具有一定诱因的刺激物做出反应后的效果。如果效果良好,则反应被增强,以后对具有相同诱因的刺激物就会做出相同的反应;如果效果不佳则反应被削弱,以后对具有相同诱因的刺激物就不会做出反应。

对于营销人员来说,可以将学习和强烈的驱动力联系起来,运用刺激性暗示以及强化等手段,既给消费者创造一个学习的机会,又可以促进消费者对产品的需求。

4. 信念和态度

信念——指人们对事物所持有的描述性思想。信念是从实践和学习中得来的,对购买行为有着非常重要的影响。在人们心中,名牌高档车是一种身份、地位的象征,这种象征事实上就是消费者对这些汽车品牌的信念。信念决定了企业和产品在消费者心目中的形象,引导着消费者的购买行为。营销人员要高度重视消费者对本企业或本品牌的信念,如果发现消费者的信念是错误的,就应当运用有效的促销活动来纠正这些错误信念,以促进产品销售。

态度——指人们对事物或观念长期持有的好与坏的认识评价、情感感受和行为倾向。态度导致人们对某一事物产生好或坏、亲近或疏远的感情。态度使人们对相似的事物产生相当一致的行为。人们的态度一般呈现为稳定一致的模式,改变态度是比较困难的。企业最好是使自己的产品、服务和营销策略符合消费者的既有态度，而一般不要试图去改变消费者的态度。只有当改变一种态度带来的利润大于为此而消耗的成本时，才值得去尝试。从另一个角度讲，当消费者已经对自己的产品产生良好印象时，企业一定要注意维持并提升这个印象，绝不能出现有损企业形象的事件，否则，一旦消费者的态度出现逆转，再想改变回来，那就非常难了。

4.3.5　消费者购买动机的主要表现形式

1. 生存型购买

生存型购买动机是指人们出于生存的需要而产生的购买动机，不太注意商标、品牌。

2. 理智型购买

理智型购买动机指人们在对欲购商品的品牌、质量、特点、使用等多个方面进行广泛了解的基础上，经过深思熟虑才形成的理性化购买动机。大部分汽车消费者都属于这一类型的购买动机。

3. 自信型购买

自信型购买动机是指人们对欲购商品有着更加充分的了解，具有很强的自信心，有自我确定的标准和理由，不容易受外界因素影响的情况下形成的购买动机。这类消费者容易成为某一种品牌的忠实用户，也容易成为消费品牌的义务宣传员。对于营销人员来讲，这类消费者应当是我们的稳定客户。

4. 冲动型购买

该动机在购买低价促销的商品时最容易出现，比如，某一位汽车拥有者逛街时突然看到一件既便宜又好看的小装饰品，便不假思索地买了下来。

5. 诱导型购买

诱导型购买动机指人们是在商家的诱导下，对商品或其某些特征产生兴趣而形成的购买动机。这类消费者需要营销人员给予商品知识方面的帮助和在他们选择真正所需的商品时作好参谋。营销者对第一次购车的用户必须在这方面下足工夫。

6. 保守型购买

具有这类动机的消费者，有的是思想的保守，喜欢购买老牌子的产品，特别是自己和周围亲朋用过好的产品信得过、可靠的产品；有的则是由于经济上的考虑，往往乐于购买处于市场更新换代下来的产品，追求的是实惠。二手车市场的商机也正在这里。

7. 习惯型购买

习惯型购买动机指人们由于习惯于使用某些商品，对其有着深厚的信任感而产生的购买动机。在汽车消费领域这类消费者居多，其习惯还会灌输给周围的亲朋好友，所以营销者要十分关注，积极地培养这部分消费群。

8. 时尚型购买

时尚型购买动机指由于外界环境的影响或社会风尚的变化而引起的购买动机。这类消费者渴望通过所购得的时尚商品来显示自己的身份地位和观念的新潮，这种购买动机带有强烈的炫耀和自我提高目的。在不少购买汽车的年轻人和女士当中,大多兼有这种动机。

汽车企业在营销活动中一定要对消费者购买动机、消费心理进行认真的分析,结合企业产品自身的产品特点,积极引导消费者的消费思想,从而制订合适的营销策略,尽量扩大产品的消费空间。

4.4 汽车用户的购买决策过程

汽车产品具有生活资料和生产资料的双重性,在上一节研究分析用户购买心理的基础上,继续观察用户的购买决策全过程,分别了解和掌握消费者市场和组织(业务)市场两大类用户的购买行为特征和购买行为过程,在相关过程中对应采取必要的营销策略。

4.4.1 两类市场购买行为的特征

1.消费者市场行为的六个特征

(1)多样性

不同的消费者其收入水平、文化程度、职业、年龄、爱好、所处的地域等存在着诸多差异,这些差异必然会形成不同的消费需求,从而使消费者市场呈现出多样性。从这个意义上讲,汽车企业只有为消费者提供多样化的汽车产品,才能满足消费者多样化的需求,同时给企业带来新的市场机会。

(2)发展性

人们的消费需求是随着实际情况的变化而变化的,一般从简单到复杂、低级向高级发展。人们对汽车产品的需求也是一个不断发展的过程,随着社会的发展,消费者对汽车的安全、环保、节能、人性化的要求将越来越高。

(3)层次性

人们在社会中由于经济收入、职业、道德观念等的不同,潜移默化地就存在着人的层次性。人与人层次的不同也就带来了不同层次的需求。另一方面,从马斯洛的需求层次论理论上讲,人们总是先满足低层次的需求,再满足高层次的需求。这两个方面就构成了消费需求的层次性。我们通常也把汽车分为不同类型、不同品种、不同用途,以适应不同的目标市场,供不同的消费者使用。

(4)时代性

人们的消费需求是紧跟时代变化的。汽车是一种体现高新技术的商品,在科技加速进步的今天,人们对汽车的需求越来越关注其与时代的同步性和对社会生活的导向作用。

(5)可诱导性

消费者市场的购买掺杂着许多情感型的、冲动型的购买,汽车品牌、品种、型号繁多,质量性能各异,大多数消费者对于其想购买的汽车并没有多少专业知识,所以企业的广告宣传等促销活动就显得特别重要。企业可以通过积极的营销活动来引导人们的消费,将潜在消费者变成现实消费者,将其他竞争者的用户变成本企业的用户。

(6)联系性和替代性

许多消费品之间有着一定的联系,有的是一种互补关系,有的甚至可经相互替代。互补型的商品具“一荣俱荣、一损俱损”的特点，而对于替代型的商品，一旦某种商品的销量上升，则必然使得相关商品的销量下降。汽车产业和机械、冶金、电子、石油化工、纺织等行业的联系是非常紧密的，汽车产业的兴旺一定会不同程度推动这些行业的发展，高速铁路、城市轻轨和城市公交的高速发展将会影响汽车个人消费群体。

2. 业务市场行为的六个特征

(1)购买者少，但影响购买的人多

一家汽车营销机构在业务市场上的潜在客户是所处地区的所有企业和组织，而在消费者市场上的潜在客户则是所处地区的所有人，可见业务市场营销人员比消费者市场营销人员接触的顾客要少得多。比如美国固特异轮胎公司的命运在很大程度上，是看其能否从全美三大汽车制造商那里拿到订单。

虽然业务市场的购买者少，但业务购买中的影响者要比消费者购买中的影响者多。大多数企业除了专门的采购组织之外，重要的购买决策往往还要由技术专家和高级管理人员共同做出，其他人也直接或间接地参与购买决策。

(2)购买量大

业务市场的顾客每次购买数量都比较大，一次购买几辆、几十辆甚至几百辆汽车都是很正常的，比如一个运输公司或一家出租车公司批量更换新车。

(3)供需关系密切

汽车生产企业既是汽车的卖主，又是大量原材料的买主。从卖主的角度来讲，需要与业务市场上的大客户保持密切的供需关系；从买主的角度来讲，需要与原材料供应商保持密切的合作关系。这种供需双方的密切关系有利于共同发展，供应商应经常与购买者沟通，详细了解并尽力满足他们的需求。

(4)采购的专业性强、选购半径大

业务市场上的采购人员基本上都接受过专业培训，具有丰富的专业知识和法律知识，有着非常专业的购买能力，同时扩大了选择余地。

(5)衍生需求的关联度高

组织(业务)市场的顾客购买商品或服务是为了给自己的服务对象提供所需的商品或服务，因此，业务品需求是由消费品需求衍生出来的，当消费品市场的需求状况出现变动时，相应的业务品市场需求也会发生变化。这一特点要求汽车营销人员不但要关注自己产品的销售，还要重视研究组织机构购买者的用途。

(6)购买方式的替代性

为了谋求共同的利益，有的业务购买方式由直接购买转向其他非直接购买方式，比如租赁的方式。近年来，租赁作为企业融资的一种非常有效的方式，越来越受到人们的重视。对于机器设备、车辆等昂贵产品，许多企业无力一次性大批量购买，这时采用租赁的方式既可以满足需要又可以节约成本。现在的许多汽车租赁公司顺之应运而生。

4.4.2　购买行为过程

1. 消费者购买行为过程

消费者的购买行为过程一般可以分为以下五个阶段：

产生需求 → 收集信息 → 判断选择 → 购买决策 → 购后评价

(1)产生需求

消费者认识到自己有某种需求,是其购买活动的起点,产生需求的刺激因素有三:一是人体内部刺激;二是人体外部社会环境的刺激;三是企业销售环境的刺激。需求上升到一定程度就会变成一种驱动力,即“动机”。来自内部的和外部的刺激都可能引起需求进而诱发购买动机,如饥饿使人们会产生对食物的需求,要购买食物;看到同事有车开了,自己也想购买。

积极的营销活动可以唤起和强化消费者需求。企业应了解消费者产生了哪些需求,它们是由什么引起的,程度如何,比较迫切的需求怎样被引导到特定的商品上从而成为购买动机。然后,企业可以制订适当的市场营销策略,引起消费者的某些需求并诱发购买动机。比如,经过各生产厂家积极的宣传,人们已经认识到安全气囊和ABS装置对行车安全的重要性,两者均已成为轿车的标配,而不再是原来的选装件。

(2)收集信息

消费者一旦产生了需求,同时他又具备满足这个需求的能力,接下来就会转入信息收集阶段。常见的信息来源有公众传媒(如电视、广播、杂志、报纸等)、个人来源(如亲朋好友、邻里同事等)、商业来源(如产品展销、售货人员推荐、推销等)、经验来源(如对产品的触摸、观察、试驾、使用等)。通过信息的收集,了解欲购商品的性能、特点、价格、品牌等各方面的情况,逐步缩小对将要购买的商品进行选择的范围。

从入世到2006年后过渡期结束,尽管我国的私人汽车消费快速增长,但同时我们也看到了消费者出现了“看涨不看落”的持币待购现象。就是消费者在广泛收集信息及亲身体验近几年市场潮涨潮落的变化后,所作出的普通性判断。

(3)判断选择

消费者掌握了一定的相关信息后,就会形成一套备选方案,对此加以对比和评价,从中作出选择一般而言,判断的标准是多元的、综合的,很少是单一的,消费者判断的评估行为涉及三个方面:

①产品属性

指产品所具有的能够满足消费者需要的特性。在价格不变的条件下,一个具有更多属性的产品将更能吸引消费者购买。

②品牌信念

指消费者对某种品牌优劣程度的总的看法。汽车品牌在消费者判断评估中的加权比重很大。

③效用要求

指消费者对该品牌每一属性的效用功能应当达到何种水准的要求。

在明确了产品属性、品牌信念、效用要求后,消费者就会有意或无意地运用一些评价方法对不同的品牌进行评估和选择。这时营销者不能忽视的是掌握消费者作出最终选择的理由。必须注意掌握这些信息,并不断积累和分析,这将有利于后继营销活动的开展。

(4)购买决策

购买决策是消费者购买过程中的关键性阶段,因为只有作出购买决策后,才会产生实际的购买行为。消费者经过判断选择后,会形成一种购买意向。比如,某人想购买一种品牌汽车,但他的妻子坚决不同意,他的购买意向就会降低,甚至放弃。

消费者一旦决定实现购买意向,必须作出以下决策(见图4.11):

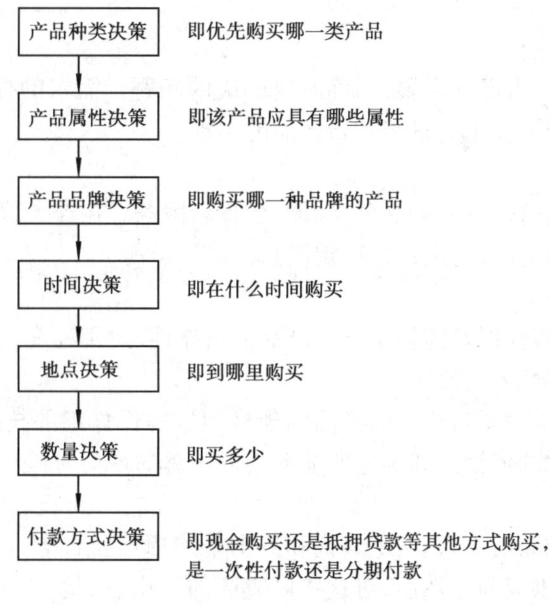

图4.11　购买决策

(5)购后评价

消费者购买产品的最终目的是要投入使用,购买之后的行为主要有两种:一是购后的评价;二是购后的活动。

购后评价是指消费者在购买和使用后,对商品所表示的态度,是满意还是不满意,满意或不满意的程度如何。如果购后的使用达到预期的效果,则感到满意,超预期的效果会感到非常满意;达不到预期的效果,则感到不满意甚至可能是失望。

消费者对产品的购后评价对企业来讲是非常重要的,因为它对消费者本人的下一次购买和其他人的购买有直接的影响。每一位消费者都是一个活广告,有口皆碑,他的满意或不满意会传播给身边的人并通过他们继续进行传播。

消费者购买和使用商品后,根据满意程度的不同会进行不同的有关活动。如果感到满意,他下次就很可能还会购买同一牌子的产品,并常对其他人称赞这种产品;如果感到不满意,他就会采取公开或私人的行动发泄不满,这势必会抵消企业为使顾客满意所做的许多工作。营销者对此要高度重视,通过售后跟踪服务把可能出现的苗头防患于未然。

长期忠诚的顾客是企业创造利润的巨大源泉。据统计,开发一个新客户的成本是留住一个老客户所花费成本的5倍,各大汽车企业都逐步学会了通过对客户的奖励、发现并满足客户的需要,来不断提高客户满意度。其营销部门都逐步建立了客户管理系统CRM(Customer Relationship Management),要求销售人员定期与已完成购买的消费者以书面、电话询问等方式进行沟通,了解消费者对产品的感受和意见,并主动帮助解决问题。而且,定期为消费者提供相关资料,提醒消费者到期进行车辆维护。CRM管理既是搞好公共关系,树立企业良好形象的重要途径,又是巩固市场的重要手段。

2.组织机构(业务)购买行为过程

业务购买一般包括以下8个阶段:

认识需求→确定需求→说明需求→寻找供应商→征求供应建议书→选择供应商→签订合同→绩效评估

(1)认识需求

指组织机构用户认识自己的需要,明确所要解决的问题。需求的提出可能是出于自身的需要,也可能是由于市场上技术的进步和新产品的出现。

(2)确定需求

通过价值分析,确定所需商品的品种、性能、数量和服务。在这个阶段,汽车营销人员就应该有效介入,向用户介绍商品,协助用户确定需求。

(3)说明需求

即确定所需产品的特性以及需要量。如产品的可靠性、耐用程度、价格和其他必要的属性和服务事项,并按其重要性进行排序。

在此基础上须进一步对所需购买的产品的规格型号等作详细的技术说明,并形成书面材料,作为采购人员采购时的依据。如确定所需购买的汽车的种类、排量、价格范围等。

(4)寻找供应商

可以通过工商名录、商情广告、网上查询和发出采购招标公告等方式,也可通过其他人员或单位介绍来寻找一些供应商。然后,对这些供应商的生产、供货、人员配备以及信誉等进行调研,从中选择几家较为理想的供应商。

(5)征求供应建议书

在一些复杂或大宗采购项目中,采购方往往会采用招标的方法,尤其是在政府采购中,这种情况更为常见。这时,供应商就必须按照招标的要求,提供一系列书面材料以及准备标书,以备采购方选择。

(6)选择供应商

采购中心成员在掌握了供应商们比较丰富的信息后,通过专家评估,做出选择,从中选出最为合适的供应商。

(7)签订合同

指组织机构用户根据所购商品与供应商签订内容规范,完整、表述清晰的合同。

(8)绩效评价

产品购进、使用后,采购部门将与使用部门保持联系,了解该产品的使用情况,满意与否,并考查比较各供应商的履约情况,以决定后继经营活动中维持、修正、强化或中止供货关系。

3. 两种购买过程的比较

(1)共同点

第一阶段为产生需求和认识需求;最后阶段均为购后评价或绩效评价。

购后评价,这是消费者对自己购买决策的检验过程,通过使用感受“满意”或“不满意”,从而重新判断自己的购买决策是否正确,并有可能出现重购行为。

绩效评价和购后评价一样,组织机构用户业务购买完成后,采购部门也会根据最终的使用情况对自己实施的采购行为作出评价,如果绩效好,采购方和供应方可能由此建立长期的供货关系,并签订长期供货合同。

(2)不同点

消费者市场上的购买方式较简单,大多是现金现货交易,通过零售或批发商购买,组织机构业务市场的购买过程就要比消费者市场复杂得多，特别是一些大宗采购项目，相比之下，业务市场的购买有以下不同之处：

①直接购买

指供应商直接派员上门推销，并签定购销合同。直接购买的程度比较复杂，因为业务购买需要一些必要的文件，如报价表、建议方案、购买合同等。

②互惠购买

只要有可能，业务购买者往往选择那些购买自己产品的企业作为供应商，即相互购买对方的产品并相互给予优惠。这样，有利于双方建立更为稳固的产销关系。

③租赁

在设备的购买上，业务购买者日益转向租赁，以代替完全购买。租赁可以帮助购买者节省一次性投入的资金量，及时租到最新产品，提高设备有效利用率。

思考题

1. 汽车市场的波动周期包括哪几个阶段？
2. 简述轿车、货车、客车市场的运行特征。
3. 说出汽车零部件销售的三大流通批发渠道。
4. 影响消费者购买行为的心理因素有哪些？
5. 对比分析消费者市场和业务市场行为的特征。
6. 用框图表示消费者购买和业务购买程序。

第 5 章 汽车营销信息系统与市场研究基本方法

学习要点

- 市场营销信息是市场营销活动的依据，市场营销调研是获取市场营销信息的主要手段。
- 市场营销信息及信息系统针对的是企业主体。
- 市场营销调研有三项任务：
  一是全方位立体扫描汽车市场，发现、识别和分析市场机会；
  二是建立营销信息系统，跟踪、监控环境变化趋势；
  三是为制订营销战略提供建议和方案，对设计的营销组合进行可行性检验。
- 本章三大组成部分：
  系统理解汽车营销信息系统；学会市场研究的基本方法，重点掌握市场调研的内容和调研步骤；能够熟练应用市场预测常用的定性和定量预测方法。

在营销活动中，企业的营销决策要以市场需求为核心，这就要求企业保持对市场变化的灵敏反应，这也就要求企业实现内外环境的信息传递，如图 5.1 所示。

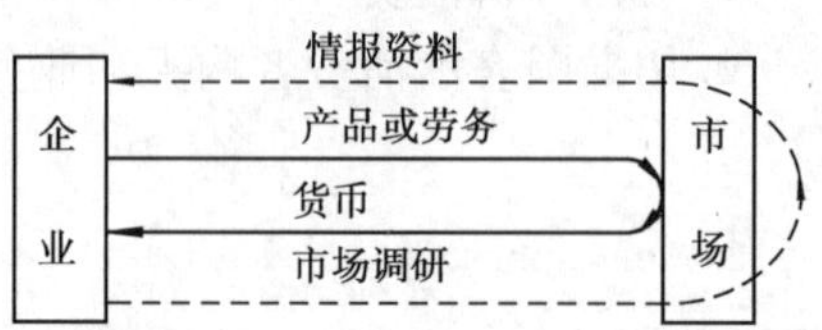

图 5.1　企业与市场信息传递路线图

企业通过促销活动与市场发生关系，即提供产品或劳务，通过交换，返回货币，同时通过市场调查研究搜集市场信息，将市场脉搏及时传达到企业。这两方面的循环缺一不可。企业正是通过市场调查研究和促销活动这两项职能，使企业与消费者之间信息互动，实现用户需求和企业效益的双赢。信息的来源绝不是单一和单向的。在现代经济条件下，信息涉及相关领域的方方面面，搜集和分析这些信息是市场调查研究的主要内容。

要想从大量信息中提炼有价值的部分，就需要有一套有效的信息管理办法，有一套系统的程序来搜集、整理和分析这些信息，这套系统通常叫营销信息系统。

在市场经济条件下，在激烈的竞争环境中，市场营销预测是企业活动中很重要的内容。市场预测就是根据在市场调研中掌握的过去和现在的数据资料、推测未来的发展，并通过分析研究，对市场需求、营销预期效果等进行走向、走势、有效量化的估计，特别是要准确、超前把握“拐点”的出现。

只有形成具有自身特色的市场营信息系统，保证营销信息的时效性、适用性和准确性，才能为企业的正确决策、动态管理、经营调度提出依据。

5.1　市场营销信息系统

信息以其量大、面广、变化快、相关要素交叉互动的特点渗透到了社会的每一层面每一个角落。现代企业经营管理不仅仅把注意力集中在资金、材料、设备和人力这四大资源上,同时已越来越认识到第五种资源——信息的重要性。掌握及时、全面、准确的信息,是企业在瞬息万变的市场经济中能够处乱不惊、积极应对的重要前提。

在市场营销领域,信息同样也起着举足轻重的作用。汽车生产经营、服务企业在认识市场环境、制订营销战略时,都需要收集广泛、系统、准确的市场信息,并对其进行全面的分析。只有做到这一条,才可能进一步寻找、发现市场机会。

可见,市场信息是市场营销活动的前提。首先得做好信息的收集与分析。市场营销潜力的发现和挖掘,都必须建立在有效利用市场信息的基础之上。为此,企业必须建立和完善市场营销信息系统,才可以科学地制订产品策略、价格策略、渠道策略、促销策略等营销策略,并进行动态优化组合。

5.1.1　市场营销信息的概念

信息是客观、动态存在的。

信息、物质和能量是构成客观世界的三大要素。

信息是与资金、原料、设备、人力同等重要的企业第五资源。

概括起来讲,市场营销信息是指市场经济运行过程中,各种事物发展变化及其特征的真实反映,是反映其实际状况、特性、相关关系等的各种消息、资料、数据和情报等的总和,它是连接生产和消费的中心环节。市场信息按其来源渠道可分为企业内部信息的收集、消费者信息收集与竞争者信息收集。市场信息可通过资料调研和直接调研来收集。

市场营销信息的作用主要在以下四个方面:

首先,它是发展市场经济,扩大商品流通的重要手段;

其次,它是企业战略规划和编制经营计划的基础;

第三,它是企业监督、控制和调节经营活动的依据;

最后,它是发展外向型经济,参与和开拓国际市场的必备武器。

5.1.2　市场营销信息的分类

第一种,原始市场营销信息和加工处理的市场营销信息。

第二种,静态信息(历史的)、动态信息(现实的)和预测信息。其中,我们要掌握的是预测市场营销信息,即运用科学的方法对“动”、“静”两种信息进行综合分析,反映“当前和今后”经济活动现状和发展趋势的信息。

第三种,常规性信息和偶然性信息。特别要学会对偶然性信息的应急处置能力。

第四种,正式渠道传递的市场营销信息和非正式渠道传递的市场营销信息。

第五种,企业内部信息和企业外部信息。

5.1.3 市场营销信息工作的基本程序

市场营销信息工作的基本程序,见图5.2。

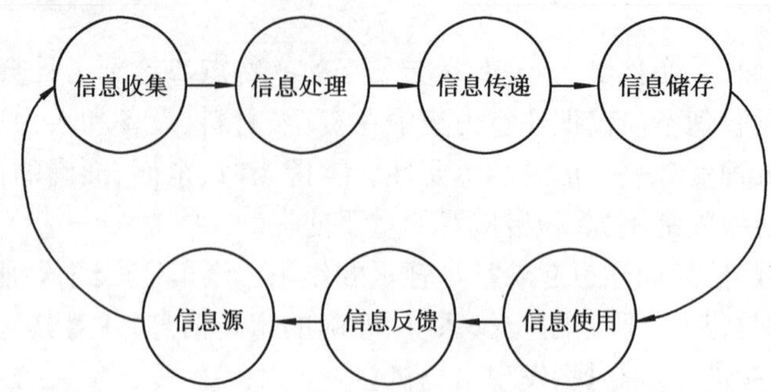

图5.2 市场营销信息工作的基本程序

5.1.4 市场营销信息系统(MIS)

良好的信息支持是正确进行营销决策的基础。为了使营销决策科学化、合理化,企业需要建立营销管理信息系统来支持营销决策。建立完善有效的市场营销信息系统,企业可以有效地利用市场信息,为市场营销环境分析与研究和规划、组织、控制营销过程提供支持。

1. 市场营销信息系统(Marketing Information System,简称MIS)

包括三个层次:

第一个层次,它是人员、机器和计算机程序组成并相互作用的结构系统复合体;

第二个层次,提供恰当、及时和准确的信息;

第三个层次,营销决策是市场营销活动的核心,本系统主要服务对象——市场营销决策者。

2. 市场营销信息系统的组成体系

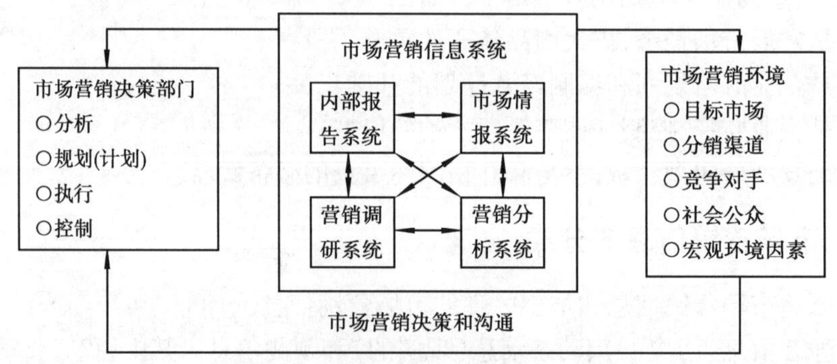

图5.3 市场营销信息决策组成框图

如图5.3,该图右半部分列出了营销环境的构成因素,包括目标市场、分销渠道、竞争对手、社会公众和宏观环境因素等。中间双方框表示市场营销系统的组成要素。由市场营销信息系统来承担研究和分析营销环境因素发展变化趋势的任务。市场营销信息系统由四个子系统来承担,它们是内部报告系统、市场情报系统、营销调研系统(前三项又可统称信息收集系统)、营销分析系统。该图左半部分说明营销决策部门根据他们掌握的营销理论并从信息系统中提取有关信息,并根据这些信息进行营销分析,制订和执行计划以及进行营销控制。

(1)内部报告系统

以企业内部会计系统为主,销售系统为辅组成,是营销系统中最基本的子系统。参见图5.4。

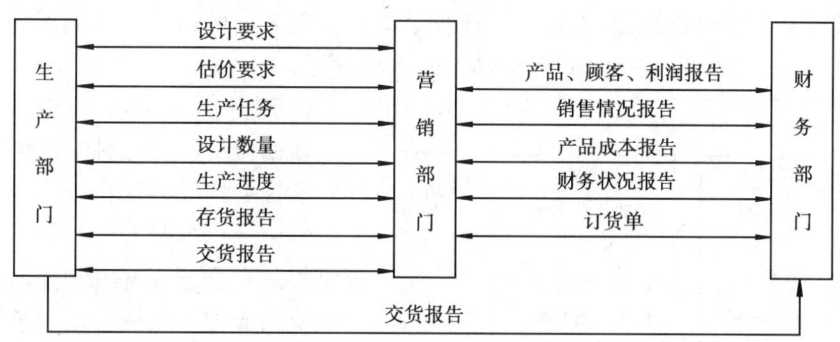

图5.4　市场营销内部报告子系统信息流框图

营销部门要想在瞬息万变的市场上充分发挥自己的作用,做到眼观六路,耳听八方,则必须首先了解企业内部的信息。而要了解企业内部的信息,则必须建立企业内部报告系统。

目前,许多有实力或有眼光的企业都在企业内部建立了 Intranet 网,即企业内部网。Intranet 的本质是在有限范围内,利用 Intranet 成熟的标准构建企业内部的网络系统。它不仅是企业内部信息收集和发布系统,具有严格的网络安全保障机制,同时又具有良好的开放性,从而有效地解决了系统内部信息的共享和交流问题。

在建立企业内部报告系统时,要注意以下几个方面的问题:第一,从企业的管理目标出发,建立一套规范化、科学化、系统化的指标体系,使业务人员明白什么信息应该收集,什么信息不应该收集,避免信息过多做出一些错误的决策和判断;第二,信息的收集渠道应该稳定、规范、可靠;第三,要从使用者的角度出发,企业内部报告系统必须实用、易学、易用,满足使用者的基本要求。

企业内部报告系统收集发布的是事后的数据,是市场营销经理们获得信息的最基本的方式,是决策的重要依据。

(2)市场情报系统

企业日常收集有关企业营销环境发生变化信息的一些来源和程序,主要通过企业的各级营销人员、中间商及专职的信息人员来完成。参见图5.5。

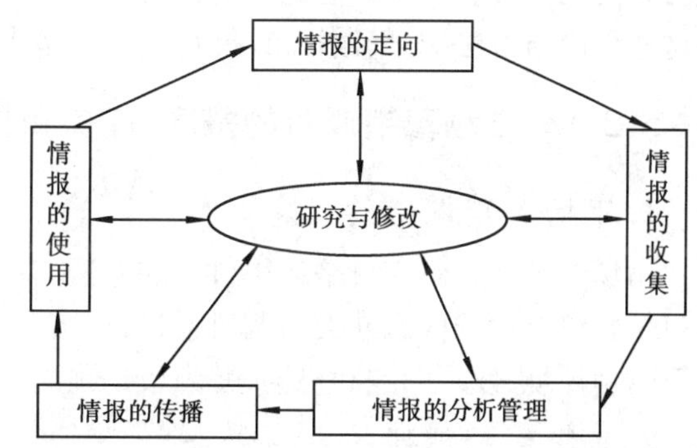

图5.5　企业营销环境信息循环图

此系统对反映企业外部营销环境发展变化的信息进行收集。营销环境监视系统通过对企业外部环境要素的观察、跟踪以及信息收集,为企业识别市场机会与环境威胁提供第一手资料。

(3)营销调研系统

是对企业面对的特定营销环境的有关资料及研究结果,作系统的设计、收集、分析和报告的活动。

其调研步骤为：确定（提出）问题→研究问题→收集信息→分析信息→提出结论

内部报告系统和市场情报系统的信息收集一般是常规性的。营销调研系统的信息收集则是有目的的，是非常规的，其过程是企业营销人员主动去收集关于某特定问题的信息。营销调研系统是按照营销需要有目的、有针对性地收集某些特定方面的信息。营销调研系统作为营销信息系统的一个子系统在整个营销活动中的尤显重要。

(4)营销分析系统

营销分析系统由科学的统计步骤和统计数学模型构成，见图5.6。

营销分析系统的任务是将营销信息系统收集到多而复杂的原始信息进行整理、加工使其成为可以被营销人员直接使用的信息。它接收营销人员某种形式的信息需求，并向营销人员输出必要的信息。

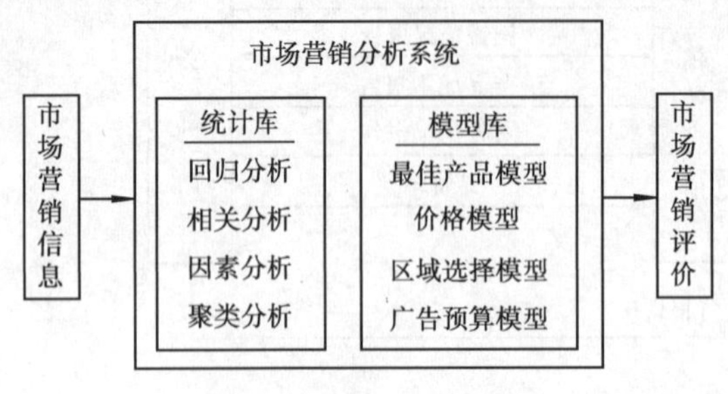

图5.6　市场营销分析系统框图

营销分析系统两个重要组成部分是上图中的统计库和模型库。前者为企业收集、分析情报资料，后者在研究分析的基础上进行决策。

5.2　市场调研及方法

市场调研与预测也被称为市场研究。从时间角度看，市场调研着重研究市场现状，市场预测着重研究市场未来的变化。在实际工作中市场调研和预测是分不开的。因为市场研究的目的在于为经营决策提供依据，而经营决策是对未来行动计划的选择，既要以现实条件和情况为基础，又要考虑到事物未来的发展，两者缺一不可。为了避免决策失误，把握成功的机会，必须把两者有机结合在一起。但是这两类研究又有一定差别，各自有其专门的方法和理论基础，掌握这些理论与方法，对于做好市场研究工作，是十分必要的。

5.2.1　市场营销调研的概念、任务和作用

1.市场营销调研的概念

市场营销调查研究就是运用科学的方法，有计划、有目的、系统地收集整理和研究分析有关市场营销方面的信息并提出调研报告，总结有关结论，提出机遇与挑战，以便帮助管理人员了解营销环境，发现问题和机会，并为市场预测与营销决策提供依据。

2.市场营销调研的主要任务

市场营销调研的主要任务是搞清楚涉及企业生存和发展的市场运行特征、规律、动向以及本企业现有竞争对手同类产品在市场上的产、供、销状况及有关的影响因素和影响程度。

3.市场营销调研的作用

市场调查研究对企业经营的作用，概括起来主要表现在四个方面：第一，市场营销调研是认识产业发展和市场全貌（历史、现状及发展变化）的重要手段，是一个“知彼”的必要过程。第二，市场调查研究是企业经营预测和决策的基础。只有市场调研搜集的情报资料比较齐全，

分析比较客观,企业的有关生产和销售的预测和决策才切实可靠。这种作用是预防性的。第三,在决策实施过程中起调整矫正作用。在决策执行过程中,市场调研取得的情报资料,可以检验企业的经营战略与计划是否合理、可行。这种作用可以说是治疗性的。第四,市场营销调研是改善经营管理的重要工具。

5.2.2　市场调查研究的类型

根据调查研究的目的和性质的不同,调查研究可以分为四种类型。

1. 探测性调研

探测性调研是企业对发生的问题缺乏认识甚至一无所知的情况下,为弄清问题的范围、性质、原因而进行的小规模调研。

探测性研究通常用一些比较简便的调查方法,不必制订周密的计划,可以根据研究的进展和发现的问题适时进行调整。它能够有效地识别和筛选问题的疑点,缩小研究范围,明确现有研究的方案以及主要困难,这类调研一般要在短时间内进行完毕。

2. 描述性调研

描述性调研是通过详细的调查和分析客观地反映市场情况,描述市场特征。描述性研究的任务是寻找问题的答案。因此人们在进行这类研究之前对问题应该有相当程度的认识,最后根据决策的内容将问题分解为若干项更具体的针对性强的假设。比如我们要知道购买汽车的顾客是哪些人? 是年轻人还是年长者? 他们通过什么渠道来购买汽车? 是通过什么途径了解到关于车的信息的? 然后通过描述性研究验证这些假设,从而对研究的问题做出回答。此类调研,需要事先周密地策划调研方案,要体现调研的完整性和系统性,需要一定的时间,但应该尽量快。

3. 因果性调研

这类调研是在描述性调研的基础上,进一步分析问题发生的因果关系,并弄清原因和结果之间的数量关系。这种研究以搜集有关市场变量的数据资料为主,用统计分析方法和逻辑推理,找出它们之间的关系。为了确定有关市场变量之间的因果关系,还可以采用实验法,创造一个可控制的环境来进行模拟调查。因果性调研又可以分为定性研究和定量研究两类。

4. 预测性调研

预测性调研是为了推断和测量市场的未来变化而进行的研究。可根据决策性质和资料条件灵活多变。它可以通过综合专家和有经验人士的意见,对事物的发展趋势做出判断,可以在描述性调研和因果性调研的基础上进行分析和计算,预测未来变化的量值。预测性调研对经营决策有重要的意义。一般调研完成后应提出两至三种方案,供决策时比较选用。

5. 四种调研类型的关系框图(见图 5.7)

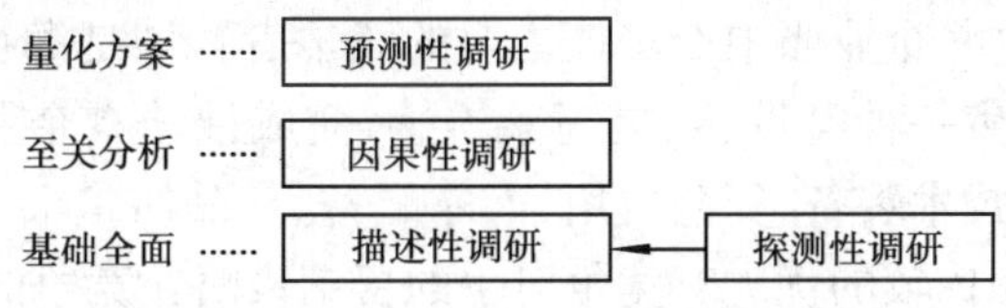

图 5.7　四种调研类型的关系框图

5.2.3 市场调查的内容

市场调查研究的内容非常广泛,凡是直接和间接影响市场营销的情报资料,都要广泛搜集和研究(见图5.8)。

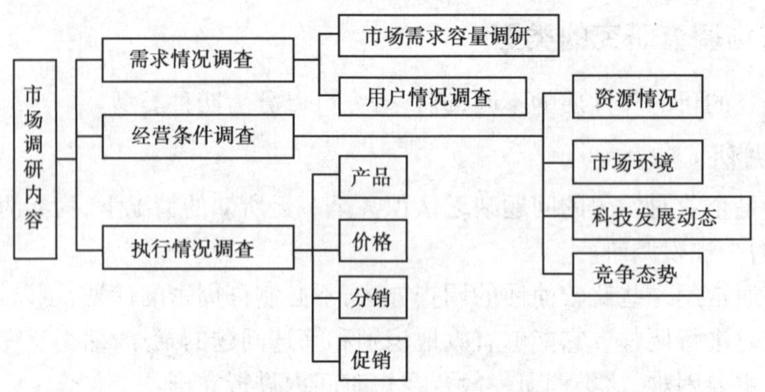

图5.8 市场调研分类图

1.市场需求情况的调查

这是市场调查的重点,包括两方面的内容:

(1)市场需求容量调查。市场需求容量是指市场占有率。汽车产品在一定时期内可以达到的销售量,即市场需求总量。它决定市场的规模和结构,是市场调查和预测的主要内容。这类研究主要使用定量分析的方法,如企业的销售量在该地区销售总量中的比重,即市场占有率,用公式表示如下:

$$\text{市场占有率} = \frac{\text{本企业某汽车产品销售额}}{\text{该地区某汽车产品销售总额}} \times 100\% \tag{5.1}$$

(2)用户情况。用户的需求是一切营销活动的出发点,只有满足消费者的需求,消费者所购买和使用的商品和劳务才能实现价值。这一研究中经常使用医学、心理学和社会学的方法。

2.经营条件的调查

(1)资源状况。包括本企业内部的经营管理水平、人才结构、职工素质及物资设备、经营场所等,以及资金商品资源、商品的竞争力情况。特别要了解开发新产品的可能性。

(2)市场环境。企业是整个经济和社会发展有机整体的一部分,所以企业必须首先对宏观营销环境进行调查。

(3)科学技术发展动态的调查。主要是与本企业生产的产品有关的科技现状和发展趋势。具体内容是新技术、新工艺、新材料的发展趋势和发展速度;新产品的技术现状和发展趋势;新产品的国内外先进水平等。

(4)市场竞争情况调查。这是一个很重要的调查内容,尽可能全面了解。在全国或本地区有哪些同类型企业?这些企业当中谁是最主要的竞争者?谁是潜在的竞争者(对潜在竞争对手的调查,会使企业产生一种警惕感、提高紧迫感,变成推动本企业奋发图强的力量)?主要竞争对手在技术水平、技术装备、资金占用、人才配备、产品质量、产品品种、服务水平、市场占有率等方面与本企业相比较的优劣?竞争对手的营销策略?竞争的未来发展趋势等?这应该作为一条主线贯穿于全部市场调研之中,使企业管理者能够随时知己知彼,采取相应的对策。

3. 本企业市场营销策略执行情况调查

(1)产品方面。包括:在产品开发过程中,测定消费者对新产品用途、性能、包装的认可程度;在产品上市以后通过跟踪调查、产品对比的方法测定消费者对品牌的忠实程度;产品的经济寿命周期状况以及老产品新用途的研究等。

(2)价格方面。主要是用态度测量、广场试验等方法测定顾客对产品价值的认知及其对价格变化的理解和反应。企业无论采用何种定价策略,在决策之前都应该了解顾客的态度,并将顾客的预期价格作为决策的重要参考。

(3)销售渠道方面。主要调查分析中间商(如代理商、批发商、零售商)和直接用户的需求量、资金、信誉等信息。通过详细的调查和评估、对营销费用的分析和对各地区市场零售网点的分析,决定商品的物流路线。

(4)促销方面。主要调查研究销售人员的选择和配备、销售人员的业务水平、实绩评价和报酬制度;本企业广告策划和营业推广策划的实施情况和效果;企业在社会公众中在形象如何,以及如何更好地提高企业的知名度和美誉度等。

5.2.4　市场营销调研的工作程序

根据各项工作的时间顺序和逻辑关系,市场调研一般可分为三个阶段八个步骤(见图5.9)进行。

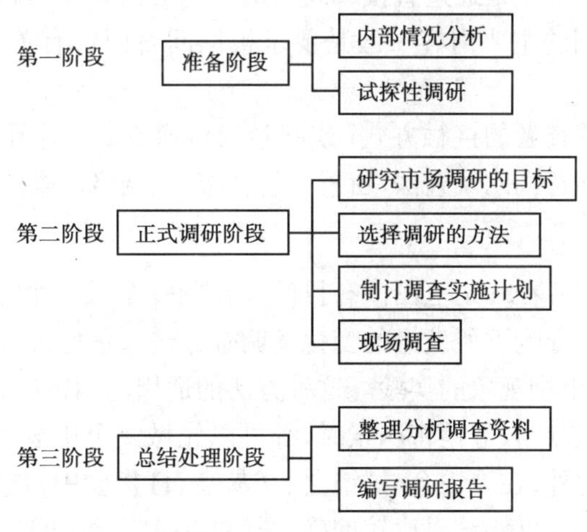

图5.9　市场营销调研的工作程序

5.2.5　市场营销调查的方法

市场调研的常用方法有四大类,即固定样本连续调查法、询问法、观察法和实验法。

1. 固定样本连续调查法

又称固定样本小组调查法,是指用抽样的方法,从总体中抽出若干样本组成固定的样本小组,在一段时期内通过对样本小组的反复调查来取得资料的方法。固定样本连续调查法能取得同一对象的连续的调查资料,掌握事态的变化动态,分析事态的发展趋势,解决一次性调查所不能解决的问题。由于这种方法持续时间长,如处置不当,被调查者往往会失去兴趣,敷衍配合,因而使资料失真。

2. 观察调查法

观察调查法是由调查人员到调查现场直接进行观察以收集资料的方法。观察调查法又可分为:

(1)直接观察法,就是由市场调查人员直接到现场观察顾客的购买活动,以取得市场信息。

(2)实际测定法,就是通过对某项市场营销活动的效果进行实际的测定,以取得市场信息。

(3)行为记录法,是由调查人员用特定的仪器或方法,把被调查者在一定时间内的行为记录下来,再从记录中找出所需的市场信息。

观察调查法中,被调查者未觉察到自己的行动被观察,因此能保持正常的活动规律,使调查资料真实可靠,观察者到现场进行观察,不仅能了解到事态发生、发展的全过程。而且能观察到当时的特殊环境和气氛,取得其他方法无法得到的宝贵资料。但观察调查法对表象了解多,对成因掌握少。

3. 询问调查法

询问调查法是最常用最基本的一种调查方法,它是调查员用询问的方式向被调查者了解市场情况的一种方法。其特点是通过直接或间接的回答方式来了解被调查者(消费者、用户、企业)的看法和意见,询问的主要内容一般是要求被询问者回答有关具体事实、态度、动机及意见和建议等。

根据调查人员与被调查者的接触方式(或问卷的传递方式)不同,询问调查又可分为:面谈法、电话询问调查法、邮寄询问调查法、留置问卷调查法、网络调查法、日记调查法等。

4. 实验调查法

实验调查法是指调查者在一定范围内有目的地控制一个或几个市场因素的变化,来研究某市场现象在这些因素的影响下所发生的变化的调查方法。它是将自然科学中的实验求证法用于市场调查之中,是对市场现象的实验。这种方法的适用范围很广,凡是某一种商品改变品种、花色、造型、包装、价格、广告等销售因素时,都可以先做一个小规模的实验,高歌消费者购买行为的变化和意识。此外,在展销会、试销会、交易会、订货会中,均可进行这种调查。这种调查法的优点是科学,显示灵敏,结果比较准确。其缺点是实验时间拉的较长、成本较高。

5.2.6 市场营销调查实用技术

1. 问卷调查技术路线(见图5.10)

2. 抽样调查技术

抽样调查是根据一定的原则,从调查对象的总体中抽出一部分对象(或称样本)进行调查,从而推断总体情况的方法。抽样调查在市场营销调查中使用得最为广泛。

抽样调查应注意以下三点:一是合理确定抽样方法;二是合理确定样本的大小;三是判断抽样调查的误差。

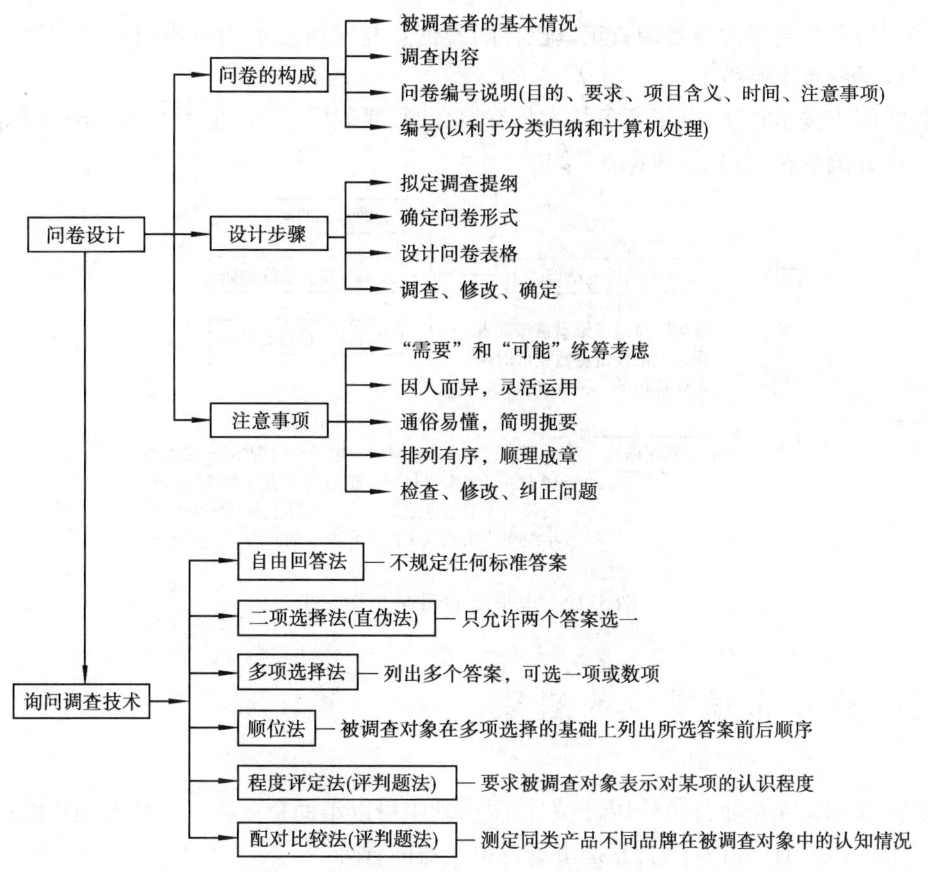

图5.10　问卷调查技术路线图

抽样调查分两大类:随机抽样,在总体中按随机原则,抽取样本;非随机抽样,在总体中不按随机原则,调查者主观设定某个标准抽取样本。

抽样调查技术路线(见图5.11):

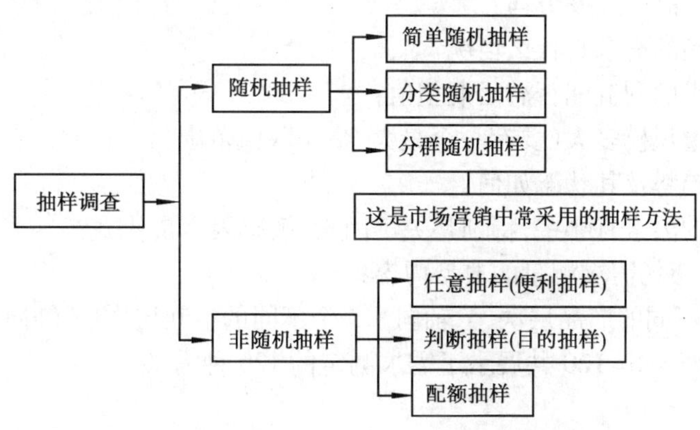

图5.11　抽样调查技术路线图

3. 电子商务调查技术

网络作为一种现代的高效调查工具已伴随着信息与网络技术的进步被企业广泛应用,从而形成了电子商务调查技术。

与传统调查技术相比,电子商务技术具有目标明、覆盖广、周期短、费用省、不受限等特点。

电子商务调查技术路线(见图5.12):

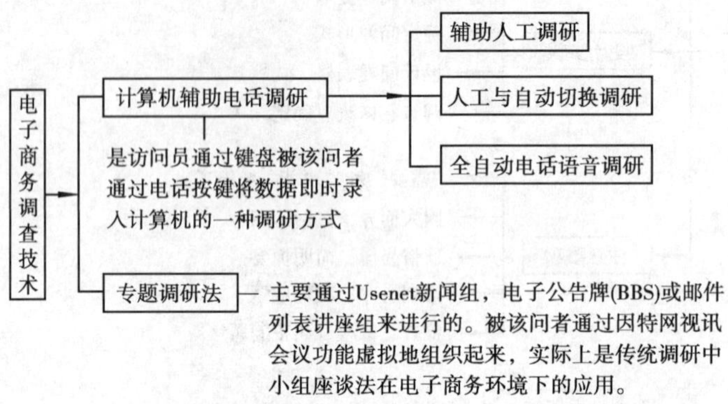

图5.12　电子商务调查技术框图

5.3　汽车市场需求的测量

市场需求测量在企业营销分析、计划控制活动中可以帮助企业实现三种管理功能:一是分析市场机会;二是制订营销计划;三是市场营销效益的管理。

5.3.1　市场需求测量的含义

市场需求测量是市场当前需求量的定性估计,是企业营销分析活动的重要措施。面临激烈的市场竞争,企业都面临着开发新产品和开发新市场的重任,在面临着一系列不确定因素的情况下,必须回答以下问题:

——下一步新产品的开发方向?

——拟开发产品的需求是什么情况?

——给企业带来的利益能否满足期望值?

——新市场容量规模多大(要有一个最大、最小限值范围)?

——需求发展趋势及其状态如何?

——影响需求的因素有哪些,特别是关键因素、敏感因素是什么?

图5.13标明了市场需求测量的典型内容:

由图可见:6个不同的产品层次(Y轴向),5个不同的空间层次(Z轴向),4个不同的时间层次(X轴向)。6×5×4=120共展示了需求测定的120种需求。

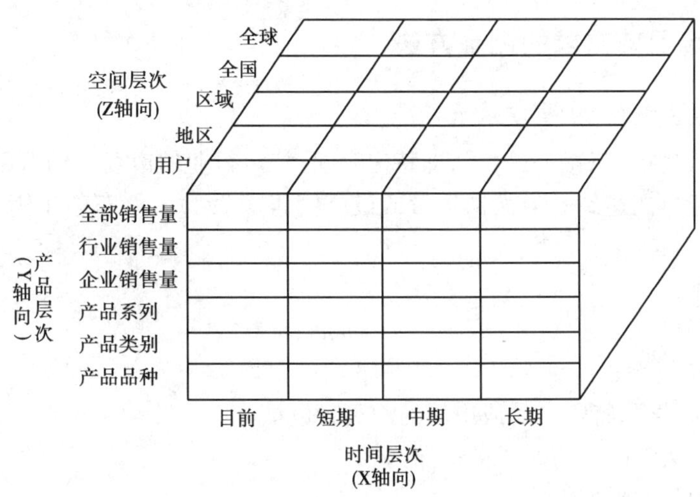

图 5.13　市场需求测量的典型内容

5.3.2　市场需求测量的相关要素(见图 5.14)

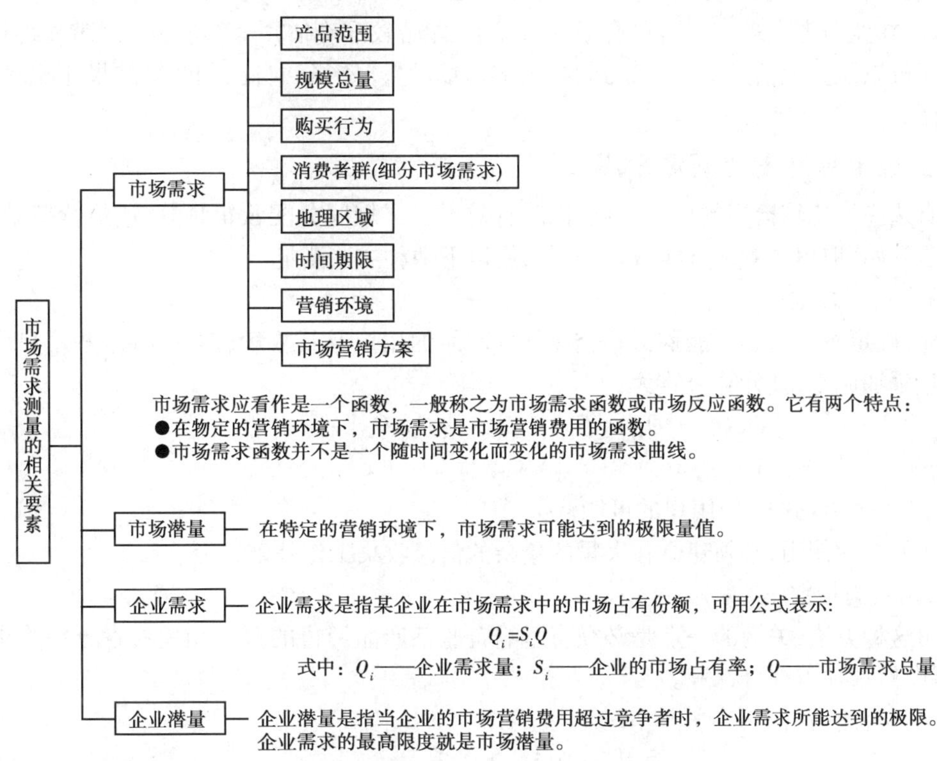

图 5.14　市场需求测量的相关要素

5.3.3 市场目前需求的测量方法

1. 全部市场潜量的测量方法

全部市场潜量是指“三特一最大”,即特定时间、特定行业的市场营销费用及特定环境下,该行业内所有企业可能达到的最大销售量或最高销售额(元)。汽车整车销售就是典型的此类例证。

测定公式如下:

$$Q = nqp \tag{5.2}$$

式中:Q——全部市场潜量;

n——假定条件下,特定产品或市场的购买者数量;

q——每个购买者的平均购买量;

p——单位产品的平均价格。

使用上式需把握三点:

(1)对 n 的估算,大多采用从人口总数逐一排除的办法;

(2)可先估计各细分市场的需求潜量,然后汇总为全部市场潜量;

(3)如果当前和近期市场的潜量太小,则不必冒投入风险,转投其他产品开发。

所以,在竞争者众多市场潜量有限的情况下,能否较准确估算全部市场潜量就显得相当重要。企业可以从其他信息渠道收集到的“全部市场潜量”资讯和自己的测算结果相比较,慎重做出判断。

2. 区域市场潜量的测定方法

只有选择好比较恰当的市场区域,同时有效地在区域间分配营销预算,评估营销结果,才能从起步开始,取得经营的务实效果。可采用以下两种方法测定:

(1)市场累加法

首先,确定每个市场可能购买本企业某种产品的用户及其数量;然后,将这些用户可能购买的数量累加起来,其计算公式为:

$$Q_y = Q_{1y} + Q_{2y} + Q_{3y} + \cdots + Q_{xy} + \cdots + Q_{ny} \tag{5.3}$$

式中:Q_y——y 市场的市场潜量;

Q_{xy}——y 市场中 i 个用户的可能购买量。

上式的有效使用,必须建立在大量的繁杂的信息收集工作基础之上。

(2)购买力指数法

运用这种方法,关键的一点是必须将影响企业某产品销售的每一相关要素分别给予一个特定权数,然后加以综合计算。

其计算公式为:

$$B_i = 0.5y_i + 0.3r_i + 0.2p_i \tag{5.4}$$

式中:B_i——i 地区占全国购买力的百分比;

y_i——i 地区个人可支配收入占全国的百分比;

r_i——i 地区占全国零售额的百分比;

p_i——i 地区占全国人口的百分比。

从上式中权数大小可知,可支配收入是影响购买力的最重要因素,其于次之。

以上三个系数是动态变化的,是依据一定时期各国的实际情况而测定的。我们在使用中可以从行业年鉴或国家统计资料中获得。

5.3.4　“需求测量”和“市场预测”的区分和相互关系

需求测量是对现实市场当前数据的分析计算;市场预测是对未来市场需求的测算。

需求测算要尽可能量化,而市场预测既可以定量测算,也可以定性测算,主要追求准确,预测发展趋势。需求测算是市场预测的数量基础,市场预测是需求测算的必然延续。

5.4　汽车市场的预测方法

5.4.1　市场需求预测的概念

市场需求预测,是预测学科的一个重组成部分,是在市场营销调研的基础上,运用科学的方法和手段,测算未来一个时间段内市场的需求变化及其发展趋势,从而为正确的经营决策提供依据。

5.4.2　汽车市场预测方法(见图 5.15)

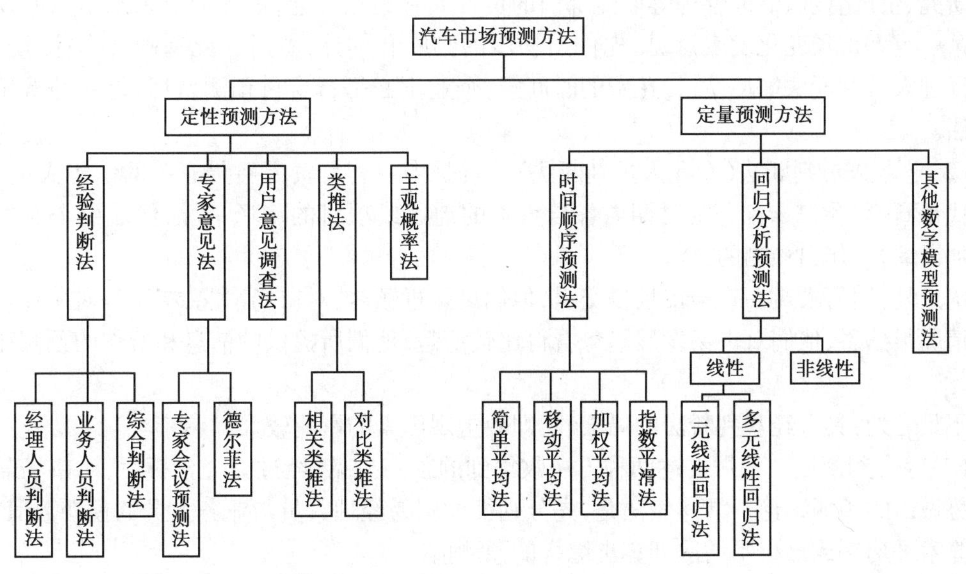

图 5.15　汽车市场预测方法

5.4.3　定性预测方法

定性预测方法,也叫判断分析法,是依据人们在市场活动中获得的经验和分析能力,通过对影响市场变化的各种因素的分析、判断推理,来预测市场未来的发展变化、基本走向和可能出现拐点的敏感段。

它的特点:简便易行,不需要经过复杂的运算过程。

不足之处:不能提供以精确数据为依据的市场预测值,而只能提供市场未来发展的大致趋势。

在市场预测中,定性预测方法是一种传统、不可缺少的方法。特别是当不具备定量分析的条件时就需要通过市场发展变化质的分析,对未来的市场作出判断,推测市场未来的发展趋势。某些因素,例如消费者的心理变化、党和国家方针政策的变化等对市场的影响,是无法或不容易使用定量预测的,只能通过定性分析的方法来预测。因此,即便在现代科学技术条件下,定性预测方法仍是一种有效的预测方法。

常用的定性预测方法有:

1. 经验判断法

经验判断法也称主观估计预测法,是以一部分熟悉业务,具有经验和综合分析能力的人所作出的判断为基础,来进行预测的一类方法。这种方法比较简单、省时、省力,由于参加预测者都比较有丰富的经验,熟悉情况,对预测项目能作比较客观的判断。但是,预测的准确度容易受主观因素的影响,为克服此缺点,预测时往往在经验判断基础上进行统计处理,再作出最终预测。经验判断预测方法很多,一般包括以下三种:经理人员判断法、销售人员判断法、专家意见法等。

(1)经理人员判断法。就是由企业的决策者把与市场有关和熟悉市场情况的产品销售、市场研究、生产管理、财务管理等职能部门的负责人召集在一起,请他们对未来市场的发展形势或某一重大市场变化发表意见,先作出初步的判断和估计,然后在此基础上作针对性的预测。经理人员判断法简便易行,花费的时间短,企业不必另行支付预测费用,是一种常用的预测方法。

(2)业务人员判断法(专业人员判断法)。就是由主管负责人召集有关的销售人员(推销员或代销商等)预测未来一定时期内各自负责的地区或项目的市场情况,然后由企业主管负责人加以综合,作出预测的方法。

优点是,销售人员一直与市场打交道,他们最接近顾客,对市场情况,特别是对所在地区的市场情况很熟悉,他们对市场发展趋势看得比较清楚,他们所提供的信息和所作的预测比较接近实际。

不足之处:具有经验判断法的局限性,即受主观因素的影响较大。

(3)综合判断法。根据上述两种方法收集到的预测意见,经过综合分析后,对市场需求变动趋势做出的预测结论。具体做法是,先分别征询贸易经理人员与业务人员的预期数值,然后采用算术平均法或加权平均法计算出综合的预测值。

2. 专家意见法

专家意见法是由有关专家对市场趋势集体作出预测的方法。专家意见法既可以发挥专家与企业经理人员的作用,又可以克服经理人员判断法和销售人员判断法的主观片面性,其应用范围十分广泛。这种预测方法,分为专家会议法、德尔菲法等。

(1)专家会议预测法,又称为头脑风暴法。一般是由预测组织者邀请有关专家参加座谈会,由专家们针对面临课题进行讨论,找出问题的关键,并得到比较接近实际的预测结果。专家会议预测法的预测结果受参加会议人数、与会者的心理因素等的影响，面对面的意见交换容易受权威者意见的影响，容易形成"一边倒"，使得预测组织者最后综合的意见不一定能完全反映与会专家的全部意见。（注意：个性化的"另类"意见往往不能忽视，真理往往在少数人手里，事后可以回顾总结）

(2)德尔菲法，又称专家征询法。这是一种既典型又常用的方法，是采用函询（调查表）的方式征求专家对某一产品，某一技术发展项目或市场开发意见，经过多次反复征询，通过定量处理，得出预测结果的方法。

德尔菲法是美国兰德公司的研究人员在20世纪40年代末创立的一种定性预测方法，它适用于既缺乏市场统计数据，市场环境的变化又较大的预测项目。

具体运作程序是：选择组成专家小组（由10～30位专家组成），经过反复征询，在征询→答复→反馈→再征询→再答复→再反馈……的多重反复过程中，主持人把上轮意见汇总整理后，给专家发出下轮询问函，每个专家都可以多次提出和修正自己的意见。

德尔菲法的显著特点是它的匿名性，在整个征询意见过程中，各专家之间互不联系。因而可以排除心理因素的影响，提高预测结果的可靠性。德尔菲法与其他经验判断法相比，具有明显的优点，但其经历时间长，有时发函征询的回收率不高，影响到预测的核定。这种方法也是对专家预见性的检验过程，有利于优化优选本企业的专家咨询团队。

3. 用户意见调查法

用户意见调查法又称用户调查法。是周期性地直接对用户进行意见调查，了解用户购买意向和心理动机，预测未来销售情况的方法。

用户意见调查法一般采用抽样调查，既可利用口头询问方式，也可利用书面询问方式，从中获得信息并综合进行"消费者意向量度"，预测出用户的购买意向的主要变动。由于只有潜在的用户最清楚自己欲购产品的品种及数量，因而信息较为可靠，特别是购买技术含量较高、价值较大的汽车更是如此。

具体做法主要是用随机抽样中的简单随机抽样和分类随机抽样或非随机抽样中的判断抽样来选择调查对象，用询问法作为调查手段。

4. 类推法

根据当事人的直接感受，在对当前市场做深入观察的基础上，进行合乎逻辑的推理判断，对未来市场的变化做出预测，类推法可分为以下两种：

(1)相关类推。即从已知相关的各种中市场因素之间的变化来推测预测目标的变动趋势。

(2)对比类推。把预测目标同其他事物加以对比分析，以此来推断其未来发展趋势。

5. 主观概率法

这种方法是带有某种定量成分的定性预测方法，主要根据自己的经验和判断能力，对未来市场可能的变化趋势做出自己认为合理的概率估计。简便易行，成本较低，但往往与实际偏差或误差较大。

5.4.4　定量预测方法

定量预测方法又称数量预测法、数理统计预测法，是根据市场调查所取得的数据资料，运用数学模型进行计算，并据此预测市场未来变化的一类预测方法。

它的特点是涵盖选定的数学模型中的每一个变量要素，缺一不可；选定的数学模型要与预测的主要内容最为吻合，运算最为便捷，变量要素的选择尽量最少，最大程度上减少累积误差。同时，借助统计学、数学等科的先进方法，借助计算机等先进工具，使得定量预测法具有科学性、严密性和一定的准确性。

它的不足之处是只根据量的变化来寻找规律，无法分析错综复杂的非量因素的影响。

市场预测常用的定量预测法主要有时间序列预测法，另外还有回归分析预测法和类别预测模型等三种。

1. 时间序列预测法

时间序列是按时间先后顺序排列的数列，由于这种数列能反映某种现象发展变化的动态，故又称为动态数列。时间序列预测法就是根据时间序列所反映出来的规律，参照当前已出现的各种可能性来预测未来的一种方法。其特点是把“预测变量”看成“时间”的函数，假定未来一定时期内影响预测变量的各因素不变，将时间序列延伸，便可得到预测值。

由于采用的方法不同，时间序列预测法又可分简单平均法、移动平均法、加权平均法、指数平滑法等。

(1)简单平均法，又称算术平均法。是将过去各个时期的观察期的进行算术平均数作为下期的预测值。

其计算公式为：

$$\bar{x} = \bar{x}_{n+1} = \frac{\sum_{i=1}^{n} x_i}{n} = \frac{x_1 + x_2 + L + x_n}{n} \tag{5.5}$$

式中：x, x_{n+1}——平均值，即预测期；

x_i——第 i 期的观察值$(i=1,2,\cdots,n)$；

n——观察时期数。

例：某轮胎专营公司本年度上半年(1～6 月份)轮胎销售量见表 5.1：

表 5.1　某轮胎专营公司上半年销售量表

月　份	1	2	3	4	5	6
销售量/条	8 460	6 900	8 690	7 700	8 270	7 250

解：预测 7 月份的销量预测值为：

$$x_7 = \bar{x} = \frac{8\,460 + 6\,900 + 8\,690 + 7\,700 + 8\,270 + 7\,250}{6} = 7\,880 \text{ 条}$$

简单平均法的优点是计算简便，但结果有时不够准确，当市场需求比较平稳，观察资料没有明显的季节波动时，可采用简单平均法进行预测。

(2)移动平均法，又称算术移动平均法。是将预测期以前的若干时期的观察数据相加，求其平均值，在时间上往后移动，作为对下一期的预测。

其计算公式为：

$$M_i = \frac{x_i + x_{i-1} + x_{i-2} + L + X_{i-n+1}}{n} \tag{5.6}$$

式中：M_i——i 时期的移动平均数；

x_i——i 时期的观察值（$i=1,i-1,\cdots,i-n+1$）；

n——移动期数。

上例中，要求预测三季度每一个月的销售量，假设 4 个月移动一次（恰跨两个季度）。

解：7 月份的销售量预测值为

$$M_7 = \frac{8\ 690 + 7\ 700 + 8\ 270 + 7\ 250}{4} = 7\ 980 \text{ 条}$$

8 月份的销售量预测值为

$$M_8 = \frac{7\ 700 + 8\ 270 + 7\ 250 + 7\ 980}{4} = 7\ 800 \text{ 条}$$

9 月份的销售量预测值为

$$M_8 = \frac{7\ 700 + 8\ 270 + 7\ 250 + 7\ 980}{4} = 7\ 800 \text{ 条}$$

从上可见，移动平衡法的特点与简单平均法相似。

(3)加权平均法。是指将各个时期的观察资料，按其近期和远期的影响程序，分别给予不同的权数，进行加权求出平均值。

一般来说，近期因素比远期因素更接近于未来，因此，由远而近，逐期增大权数，以加强近期的影响程度。

其计算公式为：

$$W = \frac{f_1x_1 + f_2x_2 + L + f_nx_n}{f_1 + f_2 + L + f_n} = \frac{\sum_{i=1}^{n} f_i x_i}{\sum_{i=0}^{n} f_i} \tag{5.7}$$

式中：W——预测值（加权平均值）；

x_i——第 i 期的观察值（$i=1,2,\cdots,n$）；

f_i——第 i 期的对应权数（$i=1,2,\cdots,n$）。

承上例，求 7 月份的销售量预测值（1 ~6 月份的各月对应权数依次为 1,2,3,4,5,6）。

解：7 月份的销售预期值为

$$W = \frac{1 \times 8\ 460 + 2 \times 6\ 900 + 3 \times 8\ 690 + 4 \times 7\ 700 + 5 \times 8\ 270 + 6 \times 7\ 250}{1 + 2 + 3 + 4 + 5 + 6} = 7\ 810 \text{ 条}$$

这种方法与简单平均法相比，能够较准确地反映实际销售量，为使权数尽量与全年销售起伏相一致，权数按月份决定，以减少人为主观因素，减少误差，贴近实际。

(4)指数平滑法。是根据历史资料和数据用指数加权的办法来进行移动平均的预测方法。所取的指数又称为平滑系数。指数平滑法是在移动平均法的基础上发展起来的，实质上是一种加权移动平均法。与移动平均法相比有两个显著的优点：一是采用加权的方法，可以克服移动平均法中各期资料均占相等比重的缺陷，使得近期销售额在预测中占较大的比重，进而能较准确地反映出总的发展趋势。二是指数平滑法可以减少信息的存储量，只需掌握本期实际销售额、本期预计销售额及平滑系数，即可预测下期销售额。所以，指数平滑法是进行短期预测的有效预测法。

其计算公式为:

$$Y_i = \alpha x_{i-1} + (1-\alpha) y_{i-1} \tag{5.8}$$

式中:Y_i——本期预测值;

x_{i-1}——上期实际观察值;

y_{i-1}——上期预测值;

α——指数,即平滑系数($0 \leqslant \alpha \leqslant 1$)。

例:某汽车配件公司 10 月份销售额原来(上期)预测值是 100 000 元,而销售实际为 104 000元,那么 11 月份销售预测值应为多少?

解:如 10 月份销售额预测值的比重占 90%,当月实际销售的比重占 10%,则取指数 $\alpha = 0.1$。

11 月份销售额预期值为:

$$Y_i = 0.1 \times 104\ 000 + (1-0.1) \times 100\ 000 = 100\ 400 \text{ 元}$$

运用指数平滑法进行市场预测的关键在于平滑系数 α 的确定。平滑系数反映本期实际销售额和本期预测销售额对下期测值的影响程度,可以根据实际情况凭经验得出。一般情况下,若近期影响较大,则取较大值,若远期影响较显著,则取较小值。从以上计算可见,指数 α 值越小,作用缓慢地减弱,预测值趋于平滑;相反,指数 α 值越大,则变较大。

平滑系数 α 值的大小取决于上期实际值在预测中所占比重的大小,当预测值相当于实际值时(即差距较小时),α 也小;反之,则取的大一些。一般取值范围在 0.1~0.3 之间。

运用上述各时间序列预测法,容易产生滞后偏差,如滞后偏差较显著,则可进一步采用二次移动平均、二次指数平滑法等进行预测,以消除或减小滞后偏差的影响。

2. 回归分析预测法

回归分析预测法,简称回归法,又称相关预测法,是因果分析预测法中最常用的方法,它是通过对预测目标及诸影响因素的分析,找出它们之间的统计规律性,建立回归方程来进行预测的一种定量预测方法。

回归预测法能具体分析预测目标的主要影响因素,并能对模式的合理性和预测的可信度进行统计检验,是比较科学的预测方法。但是,回归预测法需要大量的历史和现实资料,资料的获取比较困难;同时,在实际预测中,计算比较复杂,一般用于精度要求较高的预测。一般营销单位掌握使用方法即可。

回归预测法依据影响因素的多少而分为一元回归和多元回归;又依回归方程性质的不同而分为线性回归和非线性回归,对于非线性回归通常经过数学变换化为性线回归处理。在市场预测中运用最广的是一元线性回归预测。一元线性回归是处理两个变量线性关系的一种预测方法,它简单易行,用途较广。

一元线性回归法的预测公式为:

$$y = a + bx \tag{5.9}$$

式中:y——预测值(因变量);

a,b——回归系数(a 为回归线的截距,b 为斜率);

x——影响因素(自变量)。

运用最小二乘法,求得回归系数 a,b

$$a = y - bx$$

$$b = \frac{\sum xy - \bar{x}g\sum y_i}{\sum x^2 - \bar{x}g\sum x}$$

式中:x,y——已知的实际值。

回归系数求出后,代入公式 $y = a + bx$ 进行预测计算。

例:我国中部某中等城市人均年收入与小排量微型车销售统计资料见表 5.2,试预测年销售量

表 5.2　某中等城市人均收入与小排量微型车销售统计表

年　度	1999	2000	2001	2002	2003
人均年收入/千元	3	4	5	6	7
小排量微车销售/千台	8	10	9	13	15

解:首先计算回归系数 a,b

x 代表人均年收入额,y 代表小排量汽车均销量

消费品年销售量计算数见表 5.3。

表 5.3　消费品年销售量计算表

年　度	人均年收入/千元	年销量/千台	计算机	
			xy	x^2
1999	3	8	24	9
2000	4	10	40	16
2001	5	9	45	25
2002	6	13	78	36
2003	7	15	105	49
合计($\sum$)	25	55	292	135

$$\bar{x} = \frac{25}{5} = 5, \bar{y} = \frac{55}{5} = 11$$

$$b = \frac{292 - 5 \times 55}{135 - 5 \times 25} = 1.7$$

$$a = 11 - 1.7 \times 5 = 2.5$$

代入线性方程

$$y = 2.5 + 1.7x$$

当该市年均收入达到(x)为 8 000 元时,小排量微车年销售的预期值为:

$$y = 2.5 + 1.7 \times 8 = 1.61 \text{ 万辆}$$

以上介绍了汽车市场定量预测中的两种 5 个常用方法,另外的计算预测模型由于数据取值繁杂,很少运用,即使使用也因数据的不完整,计算结果误差较大,这里就不一一介绍了。

在实际运用中,上述各种方法各有优点和不足之处,要想取得较为符合实际的预测结果,

应注意把握以下两点：

一是把各种有效的预测方法组合起来(即先结合，后比较)使用；

二是对实际值和预测值进行系统、多元比较，对今年采用方法进行筛选，在组合中学会“加权”，从中摸索出一套科学和适用的预测方法。

思考题

1. 试述市场营销信息系统的作用及组成？
2. 市场调研有何作用？它有哪些类型？
3. 市场营销调查的方法有哪几种？
4. 如何科学地进行市场需求预测？

第 6 章　市场细分与目标市场

学习要点

➤ 理解目标市场的 STP 战略。目标市场的营销包含三个部分，即市场细分（Segmenting）、目标市场选择（Targeting）、市场定位（Positioning），所以称为 STP 战略。

➤ 市场营销的目的是为了让不同用户、不同的需求得到满足和满意。为此，必须了解市场细分的概念、作用、细分变量及细分方法和步骤。

➤ 掌握目标市场的选择和如何进行市场定位。

➤ 学会分析市场竞争因素及采取相应对策。

6.1　市场细分

汽车市场实施 STP 营销，即市场细分化、目标化和定位，是实施企业营销战略的前提所在，其中市场细分是基础。

6.1.1　市场细分和细分市场的概念

市场细分概念是美国市场营销学者温德尔·斯密斯在 20 世纪 50 年代发表的《市场营销策略中的产品差异化与市场细分》一文中首先提出的。

1. 市场细分概念

(1)市场细分，是根据市场需求的多样性和购买行为的差异性，把整个市场分解（或划分）成若干符合逻辑的具有某种相似特征的用户群。

(2)市场细分的概念应明确两点：

①市场细分是根据需求的差异性为主要基准进行的；

②市场细分是按满足用户的需求来划分的，而不是按产品来划分的。

(3)市场细分的目的是让营销人员调整营销组合来满足一个或多个细分市场的需求。

2. 细分市场

(1)细分市场，是按一个或多个共同特征，将具有相似的产品需求的个人或组织划分成的群体，这是市场细分的首要目标和工作成果。

(2)细分市场要求依其细分的手段可对应分为三类：

完全无细分——→没有细分市场

完全市场细分——→完全细分市场

群级市场细分———→等级细分市场

营销人员应当注意:当运用更多的特征来细分市场时,那么所获得的需求差别区分精度就越高,但所付出的成本也随着细分市场的增多而成倍递增。若分的太细,细分市场中的用户(个人用户或组织用户)人数就少之甚少,不利于开展经营活动。

3. 市场细分的依据和可形成细分市场的条件

(1)消费者市场细分的依据

地理位置细分——按地理区域、市场容量、市场密度或气候细分。其中:市场密度是指在单位面积(例如一个人口统计区域)土地上的人口数目。

人口特点细分——按人口统计的年龄、性别、收入、种族及家庭生命周期等变量细分。其中:家庭生命周期是指由年龄组合、婚姻状况和是否有孩子在身边所决定的一系列阶段。

消费者心理细分——以消费者的个性、购买动机、生活方式和地理人口统计为变量所作的市场细分。其中:地理人口统计的意思是指将潜在的消费者按居民区生活方式归类,它把地理的、人口统计学的和生活方式的细分归结到一起。

消费的购买行为细分——所谓购买行为细分,就是按照消费者的消费行为来细分市场。消费行为变量包括购买时机、购买频率、消费规模、利益偏好、市场进入程度、对品牌的忠诚程度等。行为变量是建立细分市场的最佳起点。

根据消费者的购买和使用时机细分市场,可以扩大生产销售。例如,“春节”、“五一”和“国庆”长假时,汽车的需求量比平时大得多,汽车销售公司和租赁公司应该在这个时间增加广告投放,进行优惠促销活动等。其中要把握好以下三个方面:

①使用率细分,根据购买量和消费量来划分。根据使用率细分市场,要遵循 80/20 原则,即,所有消费者中的 20% 能产生 80% 的需求。

②品牌偏爱细分,根据消费者对某种品牌的忠诚程度,可把所用消费者划分为几个消费者群:

第一类,坚定忠诚者。这类消费者只偏爱某一种品牌,任何时候都只购买该品牌产品。

第二类,适度忠诚者。这类消费者总是在几个品牌中选购商品。

第三类,非品牌忠诚者。这类消费者购买商品时不注重品牌,而是依据其他因素决定购买。

根据消费者对品牌的忠诚程度细分市场,有利于企业做出正确的营销策略,改进市场营销管理工作。对于单一品牌忠诚者、几种品牌忠诚者占较大比重的市场,其他企业很难进入,即使已进入,再想提高市场占有率也很困难。因此,企业应该从非品牌忠诚者占多数的市场入手,创新产品,在充分调研的基础上,改进产品尽量适应这些非品牌忠诚者购买习惯和消费心理,加强促销宣传,吸引这部分顾客转变态度,力争成为本企业品牌的忠诚者,提高市场占有率。

③利益细分,即按照产品本身所具有的效用、给购买者带来的特定利益细分市场,而不以消费者自身的特点为依据。因为消费者在确定购物目的(或追求利益)后,选购商品时就会“取长舍短”,针对商品符合自己追求的利益的某种特性来决定购买。

(2)组织机构(业务)市场细分的依据

组织机构(业务)市场由四个大的细分市场来组成:生产者市场、中间商市场、事业单位市场和政府机构市场。

其市场细分变量可以分为宏观细分变量和微观细分变量。

①宏观细分，指按照总体特征（如地理位置、消费者类型、客户规模和产品用途）细分组织机构（业务）市场的过程。

②微观细分，指在宏观细分市场中按决策单位的特点、权衡购买标准、购买重要性和购买决策者的决策特征等划分组织机构（业务）市场的过程。

（3）市场细分可形成细分市场的条件

①可衡量性。是指细分出来的市场范围应当比较清晰；市场容量的大小可以大致判断；顾客特征和购买力大小等有关资料均能够通过市场调研、分析及其他方式获得。为此，需要恰当地选择市场细分变量，这些变量应当是可以识别和衡量的。

②可进入性。是指细分后的市场，应是企业靠现有的人力、物力、购力能够开发或挤占的市场。主要表现在三个方面：一是企业具有进入这些细分市场的能力和竞争能力；二是企业能够通过一定的广告媒体把产品信息传递给该市场的消费者；三是企业的产品能够通过一定的渠道抵达该市场。

③可盈利性。是指细分市场有适当的规模和现实与潜在的需求，有一定的市场容量和购买力，足以使企业有利可图，能够实现预期的经济效益，使企业有一定的发展潜力。例如，20世纪50年代，福特公司针对中档车市场推出“埃泽尔”车，仅仅两年时间就被迫停产，共销售不到11万辆，损失2亿多美元。“埃泽尔”车失败的原因很多，其中有两点和细分市场选择失误有关：一是福特公司设计“埃泽尔”车时，中档车还有很大市场，但到1957年投放时，中档车市场已经趋于饱和并进入衰退期；二是由于中档车市场的竞争激烈，除了本国竞争者之外，还受到进口汽车的冲击。

④稳定性。各个细分市场的特征，在一定时期内能够保持不变，才有利于企业制订较长期的市场营销策略。然而，这种稳定性是相对的、暂时的，企业应根据客观条件的变化相应地调整自己的市场营销策略。

6.1.2　市场细分的作用

市场细分是目标市场营销三部曲（市场细分，选择目标市场，产品定位）的关键一步。市场细分对于企业改善经营管理、提高经济效益，更加针对性地服务用户、争取用户，具有重要作用，体现在下面六个“有利于”：

1.有利用企业发展市场机会，确定目标市场

市场细分为企业带来的最主要的好处就是有利于企业分析、研究市场，从而选择目标市场。市场经济条件下，企业经营面临着机遇与风险。市场机会的实质是指市场上客观存在的未被满足或未被充分满足的市场。在任何社会经济制度下，在任何一个市场上都经常存在着一些市场机会。企业通过市场细分，可以了解各个不同的消费群的需求状况以及这种需求得到满足的程度，并从中寻找有利的市场机会。通过对各种市场机会的评价，选择那些与企业的任务、目标、资源条件等相匹配且与竞争者相比有较大优势，能产生最大“差别利益”的市场机会作为企业的“切入点”，也就是确定出企业的目标市场。因此，企业应密切注视目标市场上需求满足程度的变化，在适当时机通过市场细分确定新的目标市场或在原有市场基础上开辟新的目标市场。

2. 有利于中小企业开发和占领市场

市场细分为中小企业开发和占领市场提供了机会。就我国的国情而言,中小企业数量多,资金有限,实力不足,不宜在整个或较大的市场上与实力雄厚的大型企业竞争。但如果能认真研究市场需求,分析市场,总是可以在浩瀚的大海中找到绿洲岛屿的,这些市场可能未被大企业发现或未予重视。小企业应该采取"拾遗补缺"的战术,采用"新、特、精"的策略,确立起相对优势,在日益激烈的竞争中求得生存和发展。

3. 有利于企业的营销规划和调整营销策略

通过市场细分,企业在制订营销规划时,就可以避免盲目性,具有针对性地设计和开发新的产品或服务项目,制订价格,选择最优的渠道和促销手段,避免不必要的损失和浪费。市场细分还有利于企业调整营销策略。一般说来,企业为整体市场提供单一服务,制订统一的营销策略比较简单易行,但因其覆盖面大,信息反馈迟缓,故对市场情况变化所做出的反应不够敏捷。市场细分后,由于为需求不同的消费者提供不同服务,制订不同的销售策略,因而企业能比较容易地察觉和估计顾客的反应,一旦市场情况发生变化,企业可灵敏地作出反应。

4. 有利于企业提高经济效益

通过市场细分,企业选定了目标市场可以集中使用人力、财力、物力,为目标市场服务,把有限的资源用于能产生最大效益的地方,也增强了企业在目标市场上的竞争能力。企业针对目标市场进行生产和经营,既满足了顾客的需求,也加快了商品的流通。在顾客群的需求不断得到满足的过程中,企业的经济效益也能不断得到提高。

5. 有利于企业满足市场的潜在需要,开发新产品

在市场细分的基础上,企业可以掌握不同市场消费者需求的满足程度及变化情况,发现潜在需要,开发新产品,开拓新市场。

6. 有利于增进社会效益,推动社会进步

由于市场营销理论的广泛应用,越来越多的企业实现市场细分化策略,尚未满足的消费需求就会逐步成为一个又一个的市场机会,即目标市场。这样,就刺激新的产品、新的服务不断"闪亮登场",产品品种规格不断在市场上"鱼贯而入",既扩大了用户的选择余地,又推动了产业的技术进步。近几年,我国轿车大量上市就证明了这一点。

6.1.3 市场细分的程序

为有效细分市场,市场营销人员应该了解和掌握细分市场的操作程序。市场细分的一般程序,归纳起来,主要包括以下几个步骤。

第一步,根据市场需求确定市场范围。

企业在确定了企业任务和企业目标后,便要根据企业产品可能适用的范围,确定需要深入研究的消费对象的范围。这个范围就是市场细分的对象。市场范围应根据市场需求来确定。

第二步,列举潜在需求者的基本要求,确定市场细分的标准和变量。

企业确定了市场细分的对象后,企业的市场营销人员应从不同的"细分变量"出发,通过"头脑风暴法",全面分析并列举出潜在的顾客需求。因为这些是以后深入分析研究的基本资料和依据。同时,选择最有可能导致顾客需求出现差异的因素作为市场细分的标准和变量。

第三步，分析潜在需求者的不同需求，初步细分市场。

进一步通过调查研究，收集有关顾客的背景材料和实际需求动态数据。然后，进行初步细分。

第四步，分析潜在需求者的共同需求，筛选出最能发挥企业优势的细分市场。

共同需求虽然很重要，但它不能作为细分市场的依据，只能作为企业制订市场营销组合策略的参考。共同需求，是企业无论选择哪些分市场作为目标市场时都必须使之得到满足的，它是企业产品决策的重要依据。

第五步，进一步认识各细分市场的特点，评价和检查细分结果。

现在，企业还应对各细分市场的需求及其行为作进一步的深入考察，确定各分市场是否存在显著的差异性，分析判断原来的细分标准是否合适。各市场的特点那些已知，还需要对哪些特点进一步分析研究，从而确定有无必要进一步细分或将某些分市场加以合并。了解每个分市场的特点，有助于对市场进行细分和目标市场的选择。

第六步，测定不同细分市场的规格和性质。

要使细分市场对企业是有效的，就必须使企业选定的分市场具有规模效益性。因此，还要测量出每个分市场潜在顾客的数量与购买力、盈利能力、竞争状况和发展趋势。如果说前面的步骤是根据潜在消费者需求的差异性细分市场并作定性分析的话，那么这一步便是对各分市场上消费者的不同需求进行定量的分析。

经过以上几个步骤，企业便完成了市场的细分。企业可以根据自身的实际情况，确定目标市场并制订和实施相应的目标市场战略，制订适合目标市场需求的市场营销组合策略，更好地为目标市场服务。

6.2　目标市场及其选择

不论是汽车及零部件生产企业还是汽车与配件经营企业，其营销活动总是围绕目标市场展开的。在市场细分的基础上，选择和确定目标市场是制订营销战略的首要任务和基本出发点。

6.2.1　目标市场的概念

1. 定义

目标市场是指企业营销活动所要满足的有相似需要的消费者群，也就是企业为现实的和潜在的需求，开拓决定要进入的市场。

2. 评估细分市场

目标市场营销战略是市场经济条件下，企业主要采用的市场营销战略。实施目标市场营销战略必须以市场细分为前提，这是充分必要条件。只有对各细分市场进行研究、测算、比较和评估后，才能做出选择，然后制订相应的营销战略。

评估细分市场要把握三条：

一是可选择的细分市场的市场规模和增长潜力；

二是市场的吸引力(从而考虑有可能进入的竞争对手的数量);

三是企业自身的经营目标和资源条件。

以上三条,缺一不可。

6.2.2 可供选择的目标市场模式

1. 产品与市场集中模式

如图6.1。这是一种典型的集中化模式。不论从产品角度还是从市场角度看,企业的目标市场都集中在一个细分市场上,企业只提供一种产品,供应某一消费群,实行密集化市场营销。产品与市场集中模式使企业能够集中力量,因而可能在一个分市场上有较高的市场占有率,以替代在较大市场上的较小占有率。这是规模较小的企业和新兴的企业常采用这种策略。细分市场选择恰当,可获得较高的投资收益。但是,这种模式风险较大,由于目标市场范围狭窄,一旦市场情况突然变化,出现价格下跌,或者出现了强有力的竞争对手等,企业就可能陷入被动。

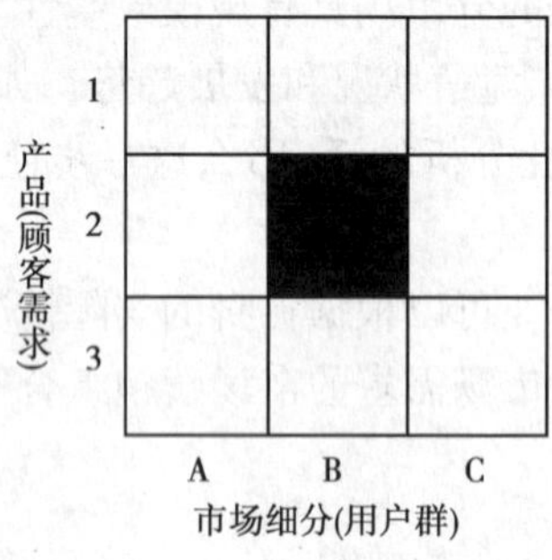

图6.1 产品与市场集中模式

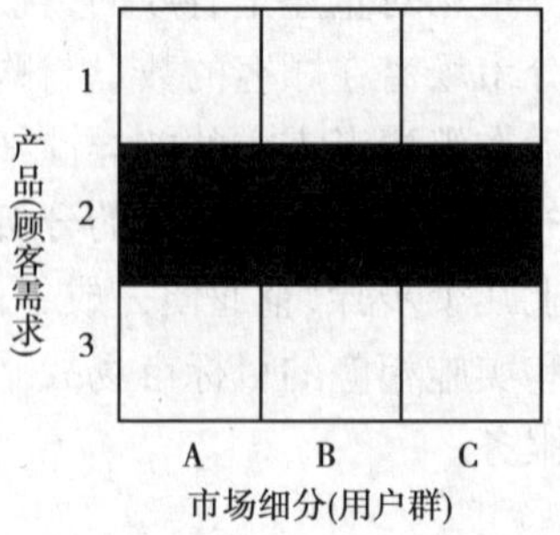

图6.2 产品专业化模式

2. 产品专业化模式

企业只提供一种产品,向各类顾客或用户服务,如图6.2中"2"系列。例如,某内燃机厂生产的459甲醇燃料发动机同时提供给省内各甲醇汽车示范运营企业,以及定点的零配件维修站。这种模式,不仅可以分散企业风险,有利于生产能力的充分利用,而且可以在某种产品方面树立起很高的声誉。当然,如果这一领域出现很强的市场竞争,企业就会出现经营上的困难。

3. 市场专业化模式

如图6.3。企业面对同一顾客群,提供他们所需要的各种产品。这种模式,也可以分散风险,降低交易成本,并在这一类顾客中树立良好的声誉。例如北汽福田生产的系列农用车面向"三农"市场效益颇丰。

4. 选择性专业化模式

如图6.4。企业结合自身特点选择若干个分市场为目标市场。其中每个分市场都能提供有吸引力的市场机会,但彼此之间没有任何联系,实际上就是一种多角化的经营模式,是集中化模式的扩展,它可以较好地分散企业风险,即所谓"东方不亮,西方亮"。现实当中,很多企业实行这种模式的经营战略。这种类型的目标市场往往是一种市场机会增长战略的产物。

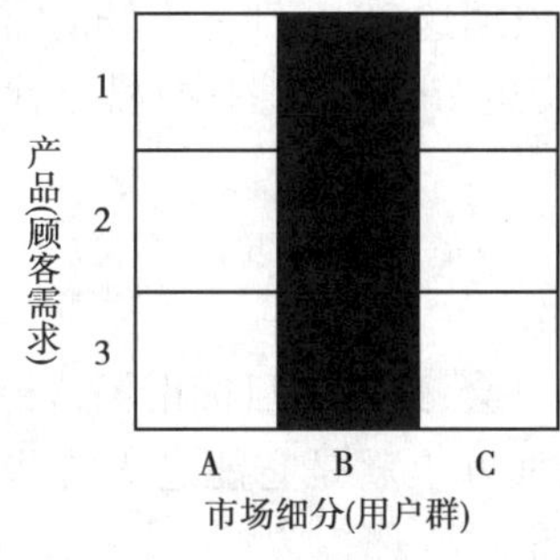

图6.3　市场专业化模式

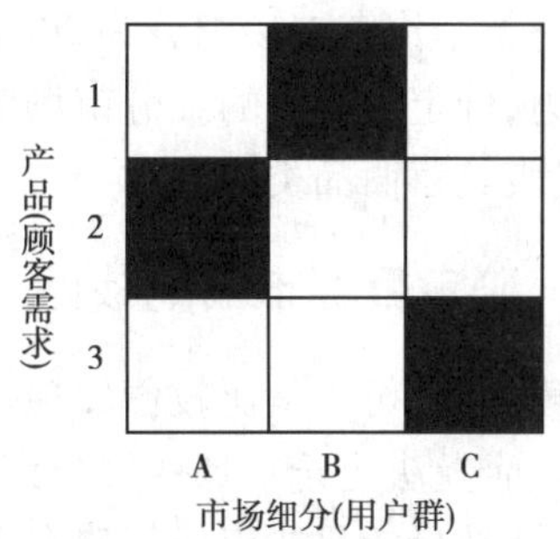

图6.4　选择性专业化模式

5. 全面进入模式

如图6.5。企业为所有细分子市场生产各种不同的产品，分别满足各类顾客的不同需求，以期覆盖整个市场。很多实力较强的大型公司采用这种模式，这也是为谋求市场领导地位的大公司采取的策略。这种模式，通常可以通过无差异市场策略和差异性市场策略相结合来实现。跨国著名大公司多是采用差异市场营销来实现完全市场覆盖的，这些企业的产品虽然覆盖整个市场的各个方面，但每一系列的产品都有不同的型号以针对不同的消费者需求，目标市场选择仍然存在。

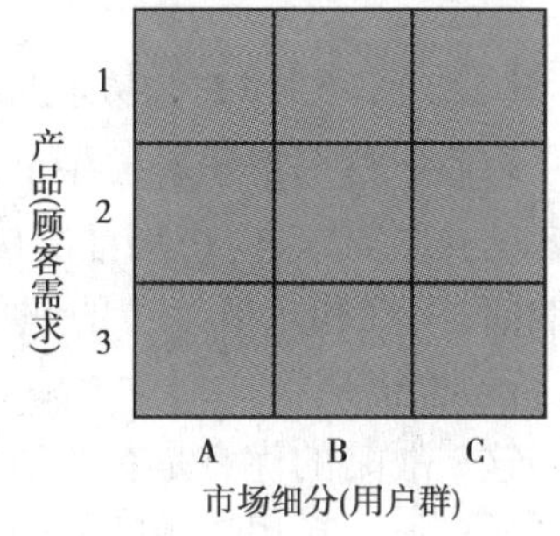

图6.5　全面进入模式

6.2.3　目标市场选择过程

目标市场的选择，一般要经历三个层次的分析。

第一个层次：整体市场分析，即上节选择模式中所讲，将汽车产品分为：(1,2,3)高档、中档、经济型，按消费者收入(A,B,C)高、中、低，整个汽车市场被划分成9个单元。从五种模式中进行初选。

第二个层次：对细分市场进行比较性分析。

第三个层次：市场营销组合与企业成本分析。用以选择拟采用促销/分销组合。

能否正确地选择目标市场，对经营能否成功关系极大。例如，20世纪中期全球能源危机期间，日本汽车公司开始时以美国普通汽车市场为目标市场，但连遭失败。经过重新分析市场，发现普通汽车市场已经饱和，竞争非常激烈，很难再挤入。而在实用化的节油和小型汽车市场上，美国消费者的需求远未满足，最后选定了实用化节油型汽车作为目标市场，设计了省油、轻便、耐用，适合美国人身材的小型汽车，成功地进入了美国汽车市场。

进行市场细分并选择目标市场的有效方法：产品——市场方格图分析法。见图6.6。

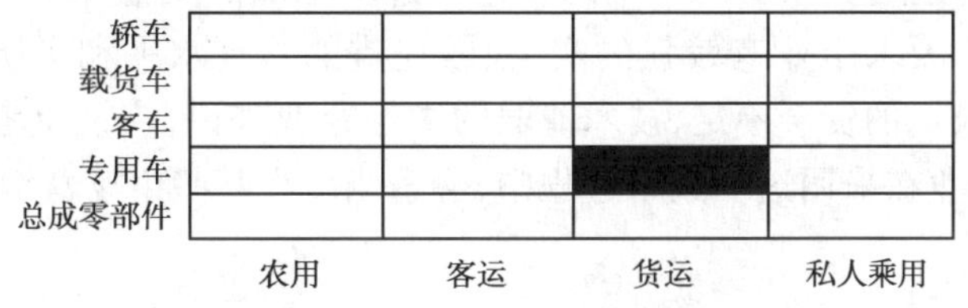

图6.6　产品—市场方格图分析法

我国中北部某省汽车制造厂在做"十一五"发展规划时，通过市场调研和分析，根据产品类型和用途把整个汽车市场细分为20个子市场。企业根据这20个细分市场的需求特点和企业自身的能力,确定最有利的细分市场为“专用车——货运”市场。(图中:横格代表细分市场类别,纵格代表经营商品类型)。

6.2.4 确定目标市场的战略

通过市场细分,可以从比较中发现一些理想的市场机会,这就为目标市场营销创造了选择市场的条件。企业决定选择那些细分市场为目标市场,实际上就是它能进入哪些目标市场的战略,可供企业选择的目标市场战略有以下三种(见框图6.7)。

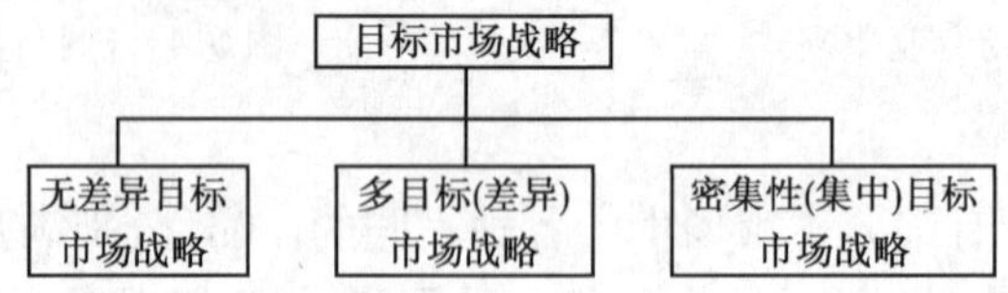

图6.7 目标市场战略

1.无差异目标市场战略

企业把整个市场看成一个同质性的大市场,对各个子市场不加区别地同等对待。针对消费者的共同需求,向市场推出单一的标准化产品,采用单一的市场营销组合。比如过去计划经济期间,一汽和东风生产的解放牌和东风牌货车,基本上都是5吨载货车,品种单一、颜色单调,价格也很死板。

这一战略的优点是企业通过大规模的生产、储运销售,降低成本,节约营销费用来实现。在同质市场上运用该策略是合理可行的。但是,这种营销策略难以满足日趋多样化的消费者需求,面对市场的频繁变化明显缺少弹性。当众多企业推行无差异市场战略时,往往会形成整体市场竞争激烈而某些细分市场上的需求却得不到满足的局面,市场营销环境冷背,这对企业和消费者都是不利的。此外,这种企业往往容易受到竞争对手有针对性攻势的伤害。

2.差异性市场战略

差异性市场战略,又称多目标市场战略,即在市场细分的基础上,企业选择两个以上乃至全部细分市场作为自己的目标市场,并为每个选定的细分市场制订不同的市场营销组合策划方案,多方位地开展有针对性的、十分活跃的营销活动。

采用这种营销战略,其优点在于:第一,营销的针对性较强,营销活动易于收到较好的效果;第二,选择两个以上目标市场,还可以使企业取得连带优势,提高企业的知名度。但是,实行差异性营销策略,由于产品品种多,采用多种营销战略也必然增加销售费用,易导致成本增大,因此要求实施差异性营销策略所带来的收益超过所增加的成本和费用。差异性市场营销的经营管理难度较大,要求企业有较强的实力、较先进的管理水平和素质较高的经营管理人员,对于一些处于成长期的资金不足、技术薄弱的中小企业来说,应慎重考虑后再决定是否采用这一战略。许多企业在采用这一战略过程中,会适当减少某些市场营销组合,并适当使用反细分战略。

3.密集性市场战略

密集性市场战略又称产品——市场集中战略,即企业集中所有力量,以一个细分市场作为目标市场,采用一种市场营销组合,提供一种产品的战略。

采用这一战略的企业也是着眼于消费需求的差异性,但其目标不是整个市场,而是将资源和精力集中在一个细分市场。在这个细分市场上,利用有限的资金和力量,向纵深发展,追求较高的市场占有率。例如保时捷公司主要生产跑车。集中性市场营销战略的优点是有利于企业集中力量对消费者的需求有更深入的了解,能及时得到反馈信息,便于企业制订正确的营销组合决策,提供最佳产品和服务,增强企业的竞争力。另外,采用集中性市场营销,实行专业化的生产和销售,可以节省营销费用,加快资金流转,增加盈利。但采用这种战略往往风险较大,如果该目标市场突然发生需求变化或出现强大的竞争者,企业就会陷入困境。因而,集中性营销战略主要适用于资源薄弱的小企业,他们可以“见缝插针”地在一些大企业不参与、竞争不激烈的某个细分市场上集中使用有限的人力、物力、财力,以较少的投入尽快取得较大的收益,并有可能因满足消费者的特定需求而提高企业或产品的知名度。

三种目标市场战略各有优缺点,分别适用不同的企业和市场条件。生产企业如何选择适合本企业产品销售的市场战略,是一项复杂的系统工程,应综合考虑企业内外部环境因素。企业在选择市场策略时通常要考虑以下一些因素:

(1)企业的资源和能力。如果企业资源丰富、实力雄厚,可以考虑采用无差异市场营销或差异性市场营销策;反之,企业实力较弱,难以有效地拓展整个市场,则宜于选择密集性市场营销策略。

(2)市场的同质性。所有购买者爱好相似,每一时期的购买量相近,对市场营销刺激的反应亦相同的情况下,企业可采用无差异性市场策略;反之,则选用差异性市场策略和密集型市场策略。

(3)市场供求趋势。如果某种产品在未来一段时期内供不应求,出现卖方市场形态,消费者的选择性大为弱化,这时应该采用无差异性市场策略。

(4)竞争对手采取的市场策略。企业采取何种目标市场策略,往往视竞争对手的情况而定。如果竞争对手采用无差异性市场策略,则企业应采取差异性策略,利用差别优势与之对抗。如果竞争对手也采用了差异性市场策略,则企业应采用密集性市场策略与之较量。

(5)产品生命周期。对于处在不同阶段的产品,要相应地采取不同的目标市场营销策略,处于导入期和生产期前期的产品,由于竞争者较少或无竞争,并且企业也很难同时推出多种产品,此时宜于采用无差异性市场营销策略;或集中力量服务于某一个细分市场,实行密集性市场营销策略。当产品进入成长后期或成熟期,竞争日趋激烈,此时企业则应采取差异性市场策略,以开拓新市场;或采用密集性市场营销策略,稳固产品的市场地位,延长产品的生命周期。

6.3　市场定位

企业在选定了目标市场和差异化战略后,就要在目标市场上对其产品进行市场定位。市场定位是企业营销战略的重要组成部分,它直接关系到产品在消费者心目中的形象和地位。市场定位实际上是一种心理效应。

市场定位(Market Positioning)是 20 世纪 70 年代由美国学者阿尔·赖斯提出的一个重要的营销学概念。所谓市场定位是指企业勾划企业形象和所提供的价值,以便目标顾客理解和认识本公司有别于其竞争者的形象的行为。企业应结合自己的实力,产品及其他优势条件,综合分析,确立定位战略。只要不是采用完全市场覆盖的战略,就需要为产品进行市场定位,市场定位是在完成市场细分的基础上进行的。

在市场营销过程中,市场定位离不开产品和竞争。因此市场定位、产品定位与竞争性定位三个概念经常交替使用。三个术语在实质上,是从不同角度认识同一事物。一般来说,市场定位强调的是企业在满足市场需要方面,与竞争者比较,应当处于什么位置,使顾客产生何种印象和认识;产品定位是就产品属性而言,企业与竞争对手的现有产品,应在目标市场各自处于什么位置;竞争性定位则突出在目标市场上,和竞争者的产品相比较,企业应当提供何种具有比较优势的特色产品。

市场定位不仅是指产品定位,而且包含企业形象设计,这是市场定位的新的重要内容。——随着定位理论和实践的发展,人们逐渐认识到,只局限于产品定位是远远不够的,还应注意在目标顾客头脑中确立企业的良好形象,即进行企业形象设计。产品定位的目的是提高企业的竞争能力。而随着科学技术的进步,产品的同质性加大;随着经济发展和人民生活水平的提高,产品价格不再是消费者作出购买决策的决定性因素;随着需求层次的提高,消费者更追求心理上的满足,在这种情况下,仅靠产品或劳务的定位不能达到提高企业竞争能力的目的。一个企业所树立的良好形象一旦为社会公众所接受和认同,企业及其所有产品(劳务)也就为社会公众所信赖。许多企业认识到了企业形象在市场竞争中的重要作用,将良好的企业形象视作宝贵的无形资产。例如我国第一汽车集团企业形象价值大约92亿元,德国奔驰品牌的无形资产估计210亿美元。

市场定位是现代市场学的一个十分重要的概念,受到业界人士的高度重视,并得到广泛应用。

6.3.1 市场定位方式

市场定位是一种竞争策略,它反映了不同汽车企业间的竞争关系。定位方式不同,反映营销对策不同。一般来说,通常有以下三种定位方式:

1. 避强定位

这是一种避实就虚,抢占市场空隙或薄弱环节的定位方法。企业着重发展汽车市场上没有的或竞争很小的产品类型,开拓新的领域,因此能够迅速在市场上立足,并能在消费者心目中树立一定的形象。这种定位方法风险小,成功率高,如安徽奇瑞、浙江吉利等这些后起之秀的汽车企业,在起步之初为了能够迅速在汽车市场上占有一席之地,他们选择的目标市场是普通工薪阶层,他们推出的是价格低廉、经济型轿车。

2. 迎头定位

这是一种以强对强的市场定位方法。由于与竞争对手对着干,所以这种方法存在风险,企业必须做到知己知彼,应该考虑市场容量,考虑自己是否拥有比竞争者更多的资源和能力,考虑自己的产品和服务是否具有特色和比较优势,是否可以比竞争对手做得更好。例如丰田公司的设计者和工程师开发的“凌志”轿车向梅塞德斯发起了争夺高端轿车市场的正面攻击,这就属于迎头定位策略,这种方法能够激励企业以较高的目标要求自己,奋发向上,一旦成功就能取得巨大的市场份额。

3. 重新定位

当企业产品出现滞销、市场反应迟钝等现象,或第一次定位不准确时,就需对产品进行第二次定位。在很多场合,重新定位能使企业摆脱困境,走出低谷。南京汽车集团曾经推出几款“英格尔”微型轿车,由于该产品的质量、性能、价格不能被消费者所接受,没有能够在轿车市场上站稳脚跟。后来,南汽集团又与菲亚特公司合作生产“派立奥”中、低档轿车,并获得初步成功。

6.3.2　市场定位的步骤

第一步,调查研究影响定位的因素,确立产品特色

确立产品特色是市场地位的出发点。要调查了解市场上竞争者的地位如何?他们提供的产品或服务有什么特点?要调查研究顾客对某类产品各属性的重视程度,目标市场的需求是什么?他们的需要满足得如何?必须认定目标顾客认为能够满足自身需要的产品特征。要考虑企业自身的条件,能否满足目标市场的需求?

综合考虑这些因素,企业可以明确自身要确立的产品特色。

第二步,选择相对竞争优势,树立市场形象

企业通过与竞争者在产品、成本、服务等方面的对比分析,明确自己的长处和不足。发挥企业的独特优势,树立鲜明的市场形象,积极主动而又巧妙地与顾客沟通,求得顾客的认同。市场定位的成功直接反映在顾客对企业及其产品所持的态度和看法上。

第三步,巩固企业的市场形象

由于竞争者的干扰,市场形势的变化,顾客对企业的认识不是一成不变的。企业必须采取一定的措施巩固企业在消费者心目中的地位。顾客对企业的市场地位及其形成的认识是一个由浅入深、由表及里的过程,通过强化顾客对企业的认识,增进对企业的了解。促使顾客的认识与企业的市场地位保持同步,使企业与顾客之间始终保持沟通的状态。还应不断向顾客提供新的数据、新的观点,证实其原有的认识和看法的正确性,防止态度的转变。引导顾客的感情倾向,加深顾客对企业及其市场地位的认同,提高顾客对企业的感情效能。

准确的市场定位还应该注意公众传播的适度和清晰,避免出现以下三种情况,带来不必要的负面效应,给企业形象和经营效果造成不利影响。

档次过低——不能显现企业特色。例如面向高级轿车的汽车内饰件就不能和出租车的内饰件混用。

档次过高——目标市场和产品、企业力求相当。例如,农用车讲究经济、耐用,如果配置档次较高则没有市场。

混淆不清——在公众中没能形成统一明确的认识,这种混乱可能是由于主题太多,也可能是由于产品地位变化太频繁所导致。

6.3.3　市场定位依据的变量要素(见图6.8)

营销者可运用以上变量要素进行市场定位。其中有两个要点要注意:其一,针对竞争对手的市场定位是任何市场定位战略的组成部分;其二,一个企业同时运用多个定位变量是可行的。

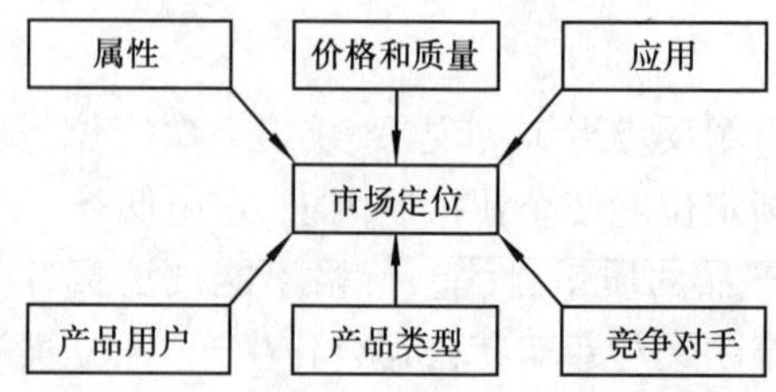

图6.8　市场定位依据的变量要素

6.3.4　市场定位评估

企业确立了自己的市场位置后，应通过营销实践对所做的市场定位进行评价，以检验其是否科学可行。

一般讲，成功的市场定位应符合以下要求：定位应当有实际意义（促进企业经营指标的优化）；定位应当令人信服（消费者得到实惠）；定位必须独一无二（体现自身特色和比较优势）。

企业应当在既定的目标市场上，不断发现和巩固能持续保持领先地位的市场定位。市场上存在许多不同的差异化方法能使企业成为领先者。市场定位毫无疑义应该主要从消费者的角度为主衡量，但由于定位的变量有多种，比如竞争对手，因此在制订定位战略时，应综合考虑企业自身、竞争对手和目标顾客等要素，这样做出的市场定位才比较切合实际。

6.4　市场营销竞争的战略与策略

战略（Strategy）意为“将军的艺术”，原指军事方面事关全局的重大部署。对企业来说，战略可以简单地理解为企业为了生存和发展，所作的全盘考虑和统筹安排。企业有效地开展经营活动，实现企业经营目标，必须在现代市场营销观念的指导下，针对目标市场的需求，全面考虑影响市场营销的各种因素，制订有效的营销战略，提高企业的竞争能力。

战略和战术是相对应的。如果说战略明确了企业发展的方向，战术则决定由何人、在何时、以何种方式方法，通过何种步骤，将战略付诸实现。战术从属于战略，但可在战略允许的限度内，随环境和条件的变化而相应的变换。

在我国的企业界，人们有时使用“策略”一词分别替代战略或战术，或作为这个概念的总称。

6.4.1　了解和分析企业的竞争对手

首先，辨识谁是本企业的竞争者。在市场经济条件下，对企业生存发展的最大挑战者是竞争对手，市场营销活动则是企业与竞争者角逐的主战场。

狭义上讲，竞争者指在市场上与本企业提供相同的产品和服务，有相似目标市场和产品价格的企业。从广义上看，凡与本企业争夺同一市场的不同行业的企业被称作竞争对手。我们要用科学的发展观直面现实的竞争对手，善于由表及里，发现潜在的竞争对手。

其次，弄清竞争对手的目标市场及所采取的营销策略。在知己知彼的前提下，客观、全面，评估竞争对手的优势和劣势，针对性地制订出正确的竞争目标和竞争策略。

6.4.2　竞争力量分析

竞争是市场经济的普通性特征。企业作为市场的主体,它的存在和发展离不开竞争。企业竞争环境的范围很广,既有社会的因素又有经济的因素。其中最直接、最关键的环境是企业参与竞争所在的行业。因此,制订企业的营销战略首先必须分析企业的竞争环境。

汽车企业的竞争者主要来自五个方面,即同行业现有竞争力量、潜在的竞争力量、供货者竞争力量、买方竞争力量、替代品竞争力量。

1.同行业现有竞争力量

包括国内外所有的汽车与零部件生产企业和汽车与配件经销商等。而业内竞争采取的多是诸如价格竞争、广告战、拓展服务领域等战术。一个企业的竞争行动强烈地影响着其他竞争对手,从而触发报复或抵制该项行动的行为。但是,同业之间的关系是在竞争中相互依赖的。影响竞争的主要因素有以下六个方面:

(1)众多或势均力敌的竞争者

当同一行业内的企业数众多时,往往会造成现有企业间的激烈竞争。因为他们很容易相互较量,抢占市场。

(2)行业增长缓慢

当行业处于缓慢增长时期,有限的发展空间使同行业企业的主要精力放在争夺现有市场的占有率上,从而使行业内现有竞争白热化。

(3)高固定成本和库存成本

当一个行业固定成本较高时,企业就希望通过增加产量来降低单位产品中固定成本的分摊。这会造成生产能力过剩,最可能引发价格大战。

(4)产品差异和转换成本的缺乏

产品差异和高转换成本的存在会形成购买者对某些特定销售者的偏好和忠诚,这有助于缓和企业间的竞争。当企业间产品的差异性较小,购买者的转换成本较低时,购买者的选择将是价格和服务,接着会使企业在价格和服务上展开竞争。

(5)追求规模经济

在规模经济支配下,企业必须大量提高产能,而产能的增加会破坏行业的供求平衡。供过于求,必然使企业不断降价销售,结果加剧竞争,甚至出现恶性竞争。

(6)退出障碍

如果行业存在很高的退出障碍,当企业利润较低甚至亏损的时候,也得继续经营下去,从而使现有行业的竞争更加激烈。主要的退出障碍有:专用性高的固定资产(例如:汽车总装线、涂装线、冲压线、焊装线等);战略关系资源的损失;情感上的障碍;政府政策和金融部门的限制。

2.潜在的竞争力量

某类产品的新进入企业为行业增加了新的产能,会对本行业的现有市场构成不同程度的威胁。造成威胁的大小取决于“进入壁垒”的高低,“进入壁垒”高则威胁小,一般分四种情况:

第一种,进入壁垒高、退出的壁垒低,新的入侵者很难进入,而经营不善的企业可以安然撤退,新企业对该行业构不成威胁;

第二种,进入和退出的壁垒都高,则市场潜量较大,但往往伴随高风险,使经营不善的企业很难退出;

第三种,进入和退出的壁垒都低,则企业可以进退自如,获得的资金回报较稳定,但是不高;

第四种,进入的壁垒低,退出的壁垒高,在经济繁荣时,大家都蜂拥而入,而在经济萧条时,却很难退出,生产能力过剩,企业和行业效益都会大起大落,汽车与配件行业具有代表性。影响这方面的主要因素有:

——规模经济。规模经济使进入壁垒增高,迫使潜在新企业采取大规模的进入方式并冒着现有企业强烈还击的风险,或者采取小规模进入,就要长期忍受高成本的痛苦。这两种情形对新企业不利。汽车产业就是一种规模经济十分明显的行业,我国的汽车产业政策已明确了各类整车的经济规模的起点。目前,世界上九大汽车巨头年产量都在200万辆以上的规模。

——产品差异。产品差异是指原有企业拥有受到确认的品牌和顾客的忠诚。它是企业通过长期的广告、服务、产品多元化等建立起来的。产品差异所形成的壁垒,迫使新企业花很大的代价来树立自己的形象和信誉去赢得现有顾客的忠诚,这种投资具有很大的风险。

——资本要求。汽车产业需要大量的资金支持,该行业进入壁垒高。资本需求的原因可能是多方面的,包括厂房设备等固定投资,信贷消费、产品库存等流动资金,以及用于产品开发、广告等方面的经营性资金。

——转换成本。指购买者变换供应者所面临的一次性成本。它包括重新培训业务人员的费用,增加新设备安装新生产线、调整检测新工具等引起的费用,还包括中断原供应关系,重建新供应渠道的心理成本、公关成本、感情成本等。

——销售渠道。现有企业的产品供应已伸展到相应的销售渠道,新企业则必须通过价格折让和大量营销推广活动来说服这些销售渠道接受其产品,这种做法显然会减少利润。

——政府政策。通过对申请发放许可证的控制及对获取原材料的限制,政府能够提高准入门槛。

3. 供货者竞争力量

包括生产汽车动力、底盘、车身、轮胎、内饰、电子系统等的供应商(亦称配套企业)。作为供应者应该尽量提高自己的讨价还价能力,这样才能在与其他供应者的竞争中处于相对有利的地位。影响的主要因素有:

——行业的集中度。如果本企业在业内的集中度比对方高,就会提高自身的地位,使对方不得不接受自己的成交条件。

——交易量的大小。如果供应商的销量占购买者的购买比例很大,这将会提高供应商的重要性。

——产品差异程度。如果产品的差异化,特别是产品的复杂程度比较高,供应商在交易中就会处于有利地位。

——转化费用的高低。如果供应商供货的货款结算方式、运费减免幅度等有比较优势,就能吸引需方的采购选择。

——信息占有情况。充分掌握有关市场需求、价格等方面的信息,就会在较大程度上使自己处于主动的地位。

——纵向一体化威胁。如果主机厂已部分向后一体化或形成了可信的向后一体化威胁,就会使供应者处于不利地位。

4. 买方竞争力量

包括汽车经销商、代理商和目标市场的各类用户。决定买方讨价还价能力的因素和影响供应方竞争力的因素基本相同。

5. 替代产品生产竞争力

包括能够代替汽车满足人们出行所需的其他交通工具。行业内的所有企业都在与生产替代品的行业进行着较量,汽车替代品的竞争压力不是来自一种全新的汽车,而是由于科技的发展,汽车的配置、电子技术的应用所出现的变化会对现有的汽车形成竞争压力。替代品的出现往往使本行业产品的价格上限只能处于较低水平,从而限制了本行业的潜在收益。所有企业通过大量促销活动、产品质量的改进、营销努力、提供更大的产品的有效性等措施,可能改善该行业的地位。然而,当一项替代品的发展趋势不可抗拒和不可避免时,完全采取排斥的竞争战略是不明智的,而采取引进吸收,合作共赢的战略才是可取的。

以上对行业结构的分析,目的在于了解企业所在行业的竞争力量及基本情况——即企业的竞争环境,从而通过比较来确定企业的优势与劣势。只有这样,才能确定本企业对各种竞争力量的态度以及要采取的基本对策,从而制订出有效的竞争战略。

企业的营销战略和计划必须对竞争对手有充分的了解,在比较中制订,在竞争中调整,竞争对手的出现可以作为企业的前车之鉴,竞争对手的现状可以作为企业市场定位的依据,竞争企业的发展战略可以作为企业的参考,“知己知彼,百战不殆”。企业需要经常把自己的营销组合要素和促销策略与竞争对手进行比较,这样,企业才能确定竞争优势与劣势,扬长避短,从而使企业能够组织更为准确的市场攻势,以及在受到威胁时能及时作出强有力的反应。

一个企业的竞争范围是非常广泛的,不能只看到眼前最接近的竞争对手,潜在的竞争对手常常会给企业带来更大的威胁。企业最直接的竞争者是那些为相同的目标市场推行相同战略的企业。企业必须辨别出竞争对手的战略及其战略的变化,才能掌握与竞争对手进行市场较量的主动权。

在辨别了企业的主要竞争对手及他们的战略后,还应该能够判定对方的竞争目标。了解竞争对手的目标组合及各部分目标的权重,我们便可了解竞争者对目前的财务状况是否感到满意,他对各种类型的竞争性攻击会作出何种反应。

在营销的目标上,美国公司与日本公司有很大不同,美国公司多数按最大限度扩大短期利润的模式来经营,而日本公司的主要按最大限度扩大市场份额的模式来经营,他们满足于较低的利润收益。在上世纪70年代全球石油危机之际,以丰田公司为首的日本公司推出经济省油的汽车,并以低价打入美国市场,大举抢占市场份额,是汽车市场营销国际竞争的精典范例。

各个竞争对手能否执行他们的战略和达到其目标,取决于每个竞争对手的资源和能力。企业需要进一步辨认每个竞争对手与企业自身相比的优势与劣势,从中看到竞争对手的弱点和强项,以便企业在竞争中避实就虚。汽车业界有一个典型的例证,即福特公司的“定点赶超”。

福特公司是定点赶超的先驱。20世纪80年代,福特的销售落后于日本和欧洲的汽车商。当时福特的总裁唐·彼得森指示他的工程师和设计师,根据客户认为最重要的400个特征组合成新汽车。丰田的汽车省油,福特就研制相似的省油装置;萨巴的座位最好,福特就复制其座位;如此等等。彼得森进一步要求:他的工程师要成为“比最好的还要好”的工程师。当新汽车(高成功的陶罗车)完成时,彼得森声称:他的工程师已经改进(而不是复制)竞争者汽车的大部分最佳特征。

只凭竞争者的目标、优势和劣势还不足以解释它可能采取的行动以及对诸如削价、加强促销和推出新产品等举动的反应。企业的经营者还需要深入了解竞争对手的心理状态,以求准确预见竞争对手可能作出的反应。在获取充分的竞争信息之后,企业的经营者就能够较为容易地制订竞争战略,并能更好地意识到在市场中可与谁进行有效的竞争。企业还应通过顾客价值分析揭示企业各个竞争对手的相对优势和劣势,以确立企业自身所处的位置。有了顾客的价值分析,企业便可集中它的火力攻击有把握战胜的竞争对手。

6.4.3 基本竞争战略的选择

1.竞争战略的基本类型

竞争战略的基本类型主要有三种,见图6.9。

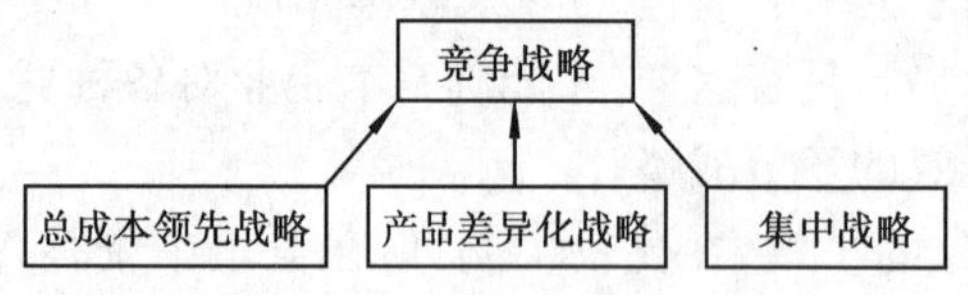

图6.9 竞争战略的基本类型

(1)总成本领先战略

选择这种竞争战略的企业,在与竞争对手的搏奕中,企业可用降低产品的“成本—价格”,从竞争对手中扩大自己的市场占有率,增加市场份额,因而低成本的企业在同行业中享有竞争优势。在争取供应商的斗争中,由于企业的低成本,相对于竞争对手具有较大的对原材料、零部件价格上涨的承受能力,能够在较大的边际利润范围内承受各种不稳定经济因素所带来的影响。同时,由于低成本企业对原材料或零部件的需求量大,因而为获得廉价的原材料或零部件提供可能,同时也便于和供应商建立稳定的协作关系。在与潜在新进入企业的抗争中,低成本企业由于采取低价格而抬高了进入市场的门槛,使新进入者不易构成对低成本企业的威胁。在与替代品生产者的抗争中,低成本企业可以利用减价的办法,稳定现有用户的需求,使之不被其他产品所替代。当然,如果企业要较长时期地巩固企业现有竞争地位,还必须在产品开发及市场服务上有所创新,不断创新,推陈出新。

从另一个侧面讲,如果企业把过多的注意力集中于低成本战略,可能导致企业用户需求特性和需求趋势的变化,忽视用户对价格敏感性的降低;如果企业拘泥于现有战略的选择,就很有可能被采用产品差异化战略的竞争对手超越和击败;如果企业集中大量投资于现有技术及现有设备,就会对新技术的采用及技术创新反应迟钝行为滞后,陷入战略性被动局面。

实现成本领先战略必须具备以下条件:

①企业必须具备先进的管理模式;

②严格控制一切费用开支,全力以赴地降低成本,用科学的方法,适时、适度、最大限度地减少开发研究、服务、推销、广告及其他一切费用;

③该战略适用于大批量生产的企业,产量要达到经济规模,这样才会有较低成本的空间和裕度;

④有较高的市场占有率,要严格控制产品定价,以此来争取较高的市场份额;

⑤由于有较高的市场占有率,就有可能赢得较高的利润,以此利润又可重新对先进设备投资,以利于在新的层面上扩大再生产,持续维护成本领先地位。

总成本领先战略对汽车行业中大部生产企业来说十分重要,总成本领先的整车生产企业可以通过降价来提高性价比,以争取更多用户。总成本领先的零部件生产企业可以用低成本的价格,获取更多的配套份额。

(2)产品差异化战略

产品差异化战略即特色经营。这些特色可以表现在产品设计、技术特性、品牌形象、服务内容、销售方式、促销手段等方面,有些方面可获得知识产权的专利保护,在赢得用户青睐的同时,使同行业其他竞争对手,一时难以模仿和照搬。

实行产品差异化战略是利用了用户对其特色的注意和信任,由此对产品价格的敏感程度下降,以便企业避开竞争,在一定时段,特定领域形成独家经营的局面,可保持相对较长的优势地位。实行了产品差异化战略,可以获得较高的利润,以用来对付竞争对手。

产品差异化战略的不足之处是:

①保持产品的差异化往往要以成本的提高为代价,因为实行这种战略要增加研发及设计费用,要用高档的原材料,企业把保持产品经营特色放在第一位,成本降低放在第二位,因此企业产品差异化所取得的利润的一部分或大部分就被产品成本的提高所抵消。

②购买者对差异化产品所需的额外费用是有一定支付极限的,若超过支付极限,低成本低价格产品的企业与高价格差异化产品的企业相比就显示出竞争优势。

③由于特色产品价格较高,很难拥有很大的销售量,因此实施战略后提高市场占有率,须缓慢升温。

(3)集中战略

集中战略的最突出特征是企业专门服务于总体市场的一部分,即对某一细分市场作密集型的经营。这种战略的优点在于企业能够控制一定的产品势力范围,在此势力范围内,其他竞争对手不易与之竞争,故其竞争优势地位较为稳定。

集中战略的经营目标集中,管理简单方便,可以集中使用企业的人、财、物等资源;有条件深入钻研以至于精通有关的专门技术;熟悉产品的市场、用户及同行业竞争方面的情况,因此有可能提高企业的实力,争得产品及市场优势;由于生产或经营的专业化,可以实现规模经济效益,降低成本,增加收益。这种战略适用于中小企业。这种市场战略可以以小补大,以专补缺,以精取胜。这方面成功的企业不胜枚举。

然而,集中战略的企业对环境的适应能力差、经营风险大。应当看到市场上大多数产品或迟或早终究要退出市场的,因此采用此战略应当有应变的准备,做好转型的准备工作,可行的办法是在一个企业内分成若干个,分别实施集中战略的经营单位,往往会事半功倍,“东方不亮,西方亮”。

企业选用集中战略要注意防止来自三个方面的威胁,并应采取相应措施维护企业的竞争优势。

①以较大市场为目标的竞争对手,很可能将该目标细分市场纳入其竞争范围,甚至已经在该分市场中竞争,它也可能成为该细分市场的潜在进入者,造成了对企业的威胁。这时选用集中战略的企业要在产品及市场营销等各方面保持和加大其差异性。产品的差异性越大,集中战略的维持力越强。需求者差异性越大,集中战略的维持力也越强。

②选用集中战略的企业要建立防止模仿的障碍。另外,目标细分市场的规模也会造成对集中战略的威胁。如果目标细分市场是在一个新兴的、利润不断增长的较大的目标细分市场

上采用集中战略,就有可能被其他企业在更为狭窄的目标细分市场上也采用集中战略,开发出更为专业化的产品,从而剥夺了原选用集中战略的企业的竞争优势。

③集中战略的细分市场中由于有替代品出现或消费者偏好发生变化,价值观念更新,社会政治、经济、法律、文化等环境的变化、技术的突破和创新等多方面的原因引起目标细分市场的替代,导致市场结构性变化,此时集中战略的优势也将随之消失。

2.从实际出发,选择竞争战略

在具体的市场竞争中,要结合企业产品的市场占有率情况,企业自身的条件,分别采取相应的具体战略。在汽车市场占有率集中的各个产品分类行业中,处于不同规模和地位的企业所追求的战略目标不同,采用的竞争策略也不同。

(1)主导型企业竞争策略

主导型企业一般来说市场的占有率最大,这类企业约占汽车行业总数的40%~50%。在产品价格变动、新产品开发、产品覆盖能力的变化、销售的选择等方面,起着支配作用。为了维护其统治地位:

①企业应不断寻求产品的新市场,寻找新用途或者刺激原有的消费者群体增加使用量,促进产品的需求量不断增长,扩大市场容量。比如许多汽车厂家通过广告宣传驾车野外出游的乐趣,或者举办各种挑战赛,来吸引消费者购车。

②保护市场份额,防止和抵御其他企业的进攻,关键在于创新,成为本行业新产品构思、顾客服务及成本降低等方面的先驱,从而不断增加其竞争效益和对消费者的价值。

③强化汽车行业的研究开发机构(R&D),增大投资力度。实力雄厚的国际汽车巨头十分重视开发投入,资金投入十分惊人,一般占当年销售额的4%以上。如通用公司自20世纪80年代中期起,每年都拿出50亿美元以上的资金投入到研究开发方面;日本汽车也不示弱,以丰田公司为例,1997年的研发投入就已达到38亿美元,并逐年上升;大众公司在全球范围内建立了研究开发网络,其目的是使整个企业的研究开发活动如同地球围绕太阳转一样,24小时不停地运转进行,实现“日不落”生产开发。这种联合开发的实现,可将整个研究开发的时间缩短1/3。

④加宽产品谱系。为适应世界汽车市场竞争新格局,满足不同层次用户需要,汽车厂商纷纷拓宽市场辐射面。大众公司以生产普通型轿车著称于世,为填补其中、高档车的空档,1997年初,大众开发研制大型豪华轿车。一向以生产高档轿车为主的奥迪公司向下发展开发普通轿车,1997年9月在法兰克福国际汽车博览会上首次展示的奥迪12,就是一个起点。戴姆勒与克莱斯勒的合作,体现出了产品结构的互补性。戴姆勒·奔驰的1.6万马克的微型车SMART对克莱斯勒公司来说是空档,而克莱斯勒的道奇·达柯特、公羊客货两用车在奔驰型谱中也是空档。奔驰汽车也意识到放弃中低档轿车对其生存发展不利,于是与瑞士电子公司合作,在法国设厂生产2个座位,应用于市区的斯马尔微型轿车,1998年投放市场。英国传统大型豪华轿车生产商杰戈娃公司也在国外设厂生产微型小轿车。

⑤扩大市场占有率。通过规模经营,竭力追求行业中最低成本,并以较低的价格销售,把成本节约的好处让渡给顾客。亨利·福特在20世纪20年代推销汽车的战略就是如此。公司提供一个优质产品,收取超出提供高质量产品所花费用的溢价。提高产品质量并不增加公司太多的费用,公司可在较少的报废单、售后服务等方面得到节约,同时由于它的产品十分合乎消费者的需要,消费者愿意支付较高溢价,这就是得到较高利润的基础,克罗斯比在他的《质

量是免费的》一书中如是说。但是,扩大市场占有率应该注意引起反垄断的可能性和采用何种营销组合策略的适用性。

(2)挑战型企业竞争策略

这类企业约占汽车行业的25%～35%,地位仅次于主导型企业,其规模和实力足以向其他企业发起进攻。在市场竞争中,这种企业在战略上具有相当大的主动性。确立战略目标和主攻方向,发现竞争对手的弱点和不足,发挥自己的优势,正确选择竞争策略。如果企业的实力超过竞争对手时,可以采用正面进攻的策略,包括生产与对手相同的产品,开展势均力敌的促销活动,甚至进行价格竞争等。如果竞争对手的防卫非常严密,可以采用迂回进攻的策略:在竞争对手的产品销售情况较差的地区发起进攻;向竞争对手忽视的或服务较差的细分市场发起进攻;也可联合同行业部分企业向共同的对手发起合围进攻。在实践中,挑战者必须把几个特定的战略组成一个总体战略。可用几种特定的进攻战略:价格折扣战略,廉价品战略,名牌商品战略,产品扩散战略,产品创新战略,改进服务战略,分销创新战略,制造成本降低战略,密集广告促销等。加入WTO后,面对全球汽车市场激烈的竞争,我国的汽车及零部件生产企业应重点采用产品创新战略,在我国汽车服务贸易领域全方位开放的情况下,汽车与配件经营企业应重点采用改进服务战略和连锁经营战略。

(3)仿制型企业的竞争策略

这类企业约占汽车行业的五分之一左右。为了避免正面持续竞争,防止两败俱伤,多数企业采取追随带头企业或互不干涉的策略,以避免与主导型企业正面发生冲突。同时,由于相当一部分中小企业无力承担在产品创新上所需的大量人力、财力、物力以及相应的市场风险,因此在实际营销活动中,采取追随策略,从事产品仿制和改良,在开发投资少、风险小的产品基础上,获取较高的利润,同时不断发展自己的特色,并保持企业相对有利的竞争地位。

追随策略又可划分为三种类型:

①紧密追随。在企业营销的所有市场范围内,尽可能仿效主导型企业,以借助先行者的优势打开市场并跟着获得一定的份额。

②保持距离追随。在营销策略的主要方面经营跟主导型企业,而在其他方面发展自己的特色,争取和主导型企业保持一定的差异。

③有选择性追随。根据企业自身条件部分地仿效主导型企业,择优追随。同时在其他方面坚持独创,尽量在别的企业想不到或者做不到的地方争取一席之地。

(4)特色型企业的竞争策略

这类企业在汽车行业中约占一成。在现实营销活动中,利用自身特长去满足特殊的消费者群体。这类企业的竞争策略关键在于专业化产品、精细化营销,由于营销目标和营销力量的相对集中,所实现的产品高度差别化,会使企业具有他人无法轻易仿效的特殊竞争力量。据介绍,美、日、俄罗斯在20世纪70年代末,专用汽车的产量分别占到普通汽车的65%,60%,46%。如美国有近千家专用汽车厂,其中约有一半的企业职工不足20人,每种专用车的年平均订货水平只有3辆。由此看来,生产特种、专用汽车是这类中小企业的出路,全世界现有的专用车已达200种,而我国可生产的约800种左右,这就为我国的中小型汽车厂提供了一个重要的市场。但应注意其产品不能是简单的"基本型底盘+专用上装"制造模式,必须是"从上装到底盘"均专均特的名符其实的专用汽车。

总之,企业必须搜集充足的信息,对竞争对手作出正确的评价和分析,并结合自身特点采取相应的竞争战略与策略,并不断进行灵活调整。

思考题

1. 什么叫市场细分？市场细分的作用有哪些？
2. 可供企业选择的目标市场战略有哪三种？市场定位通常有哪三种定位方式？
3. 汽车企业的竞争者主要来自哪些方面？
4. 竞争战略的基本类型有哪几种？如何选择合适的竞争战略？

第7章　汽车产品及产品策略

学习要点

➢ 产品的开发、生产和经营是企业活动的基本职能，要全面理解产品的整体概念和汽车及汽车配件的分类。

➢ 产品策略是实施营销组合策略（即4P营销组合：产品、定价、分销、促销）的基础，没有适应消费者需求和具竞争力的产品，整个营销组合策略就会成为无头之鸟。

➢ 掌握市场生命周期阶段的主要特征，学会在不同阶段创造性地采取不同的营销策略。

➢ 汽车产品的品牌、商标及在经营中的作用及运用方法。

7.1　汽车产品

学习汽车营销首先要对汽车产品有一个全面的理解，人们把汽车产品仅仅指汽车、汽车配件、汽车用品等实物产品，这是传统的狭义概念。从市场营销观念看，产品概念的含义包括着更广泛的内容，它是指向汽车市场提供的能满足用户对汽车的购买欲望和需求的相关任何事物，诸如产品实物，销售技术服务，汽车保险，购买信贷，汽车品牌等各种形式。总之：汽车产品＝实物＋服务。即汽车产品是有形资产的实物＋无形资产的服务。

（本章只研究实物产品，服务产品将在本书第11章讲述。）

产品一般分为以下五种类型：

第一类，按照传统观念，产品是有形的实体物品（如汽车、摩托车、发动机、轮胎等）；

第二类，服务，指满足某些需要的服务（如汽车后市场的汽车修理、汽车保养服务、汽车美容服务等）；

第三类，地点也可以成为产品（如汽车拉力赛线路（起始地）、太原——平遥——太行山大峡谷）；

第四类，组织机构也可以在市场上销售（如汽车俱乐部、汽车市场论坛等）；

第五类，知识产权、创意策划、品牌、商标，汽车产业在这方面不胜枚举。

7.1.1　产品在市场营销组合中的地位（见图7.1）

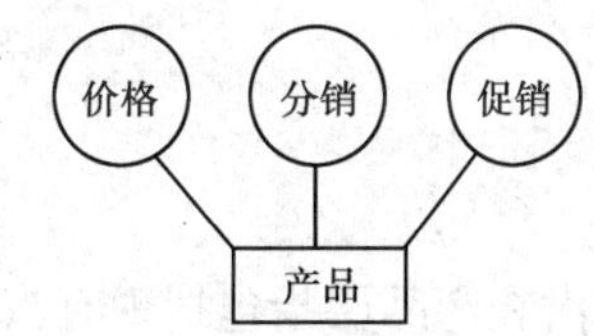

图7.1　产品在营销组合中的地位

图7.1是根据20世纪60年代美国营销专家杰罗姆·麦卡西的4P营销组合的四个要素组合而成。产品是市场经营中的第一要素和最主要的要素，产品的品质和属性决定消费

者的满意程度。因此,产品在营销组合中处于以下位置:

——核心位置(用上图矩形框表示,以示区别)

——基础地位(没有产品,营销组合就失去了主角)

——产品策略在许多重要方面影响着营销组合中的其他三要素(用圆框表示)

7.1.2　汽车产品的层次

目前,市场营销理论一般对汽车产品分为三个层次(见图7.2)来表述产品的整体概念。

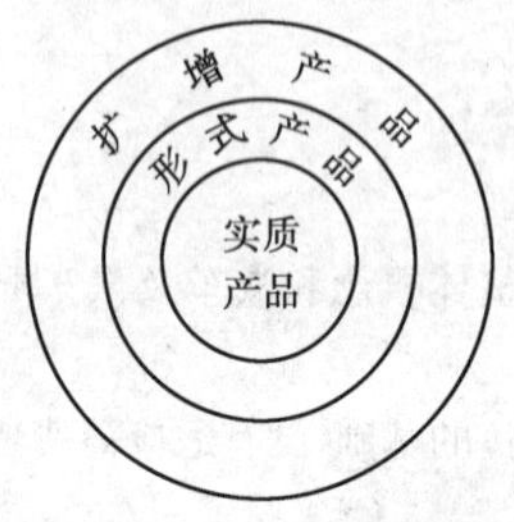

图7.2　汽车产品的层次分法

1. 实质产品层(核心产品)

这是产品最基本的层次,是满足用户需要的核心内容,故又称核心产品,即消费者对某种产品所需的基本效用和利益。具体到汽车产品,即满足运输物料,以车代步以及精神需要三个方面的至少一个方面。

2. 形式产品层

即实质产品得以实现的形式和对某一需求的特定满足形式。营销者通过形式产品层来形象表述产品,使核心产品能够明确代表并传达核心优势。

具体到汽车产品,就是质量水平、款式(造型)、品牌(商标)、包装。

3. 扩增产品层

即消费者在购买产品时,所得到的附加服务和利益。包括如下内容:售后服务、安装调试、免费送货、质量承诺、交货与信用、定期上门养护等。

现代市场营销已产生系统销售方式,即企业给予消费者的不是单纯的形式产品,而是包括扩增产品的产品系统。

近年来,营销专家菲利普·科特勒的分法把汽车产品分为五个层次(见图7.3)。包括形式产品、核心产品、期望产品、延伸产品和潜在产品。

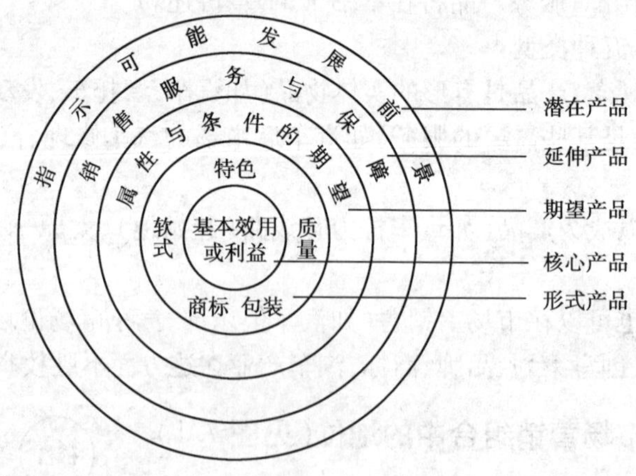

图7.3　系统销售方式的五个层次图

潜在产品层指包括现有汽车产品的所有延伸和演进部分在内,最终可能发展成为未来汽车产品的潜在状态和功能。如:燃油汽车可发展成为燃气汽车、醇醚汽车,内燃机汽车可能被未来的燃料电池汽车、太阳能汽车替代等等。

7.1.3 形式产品的决策

形式产品是用户最直观的对产品的信息接收所在。不论三层分法,还是五层分法都是产品的关键层次。包括:

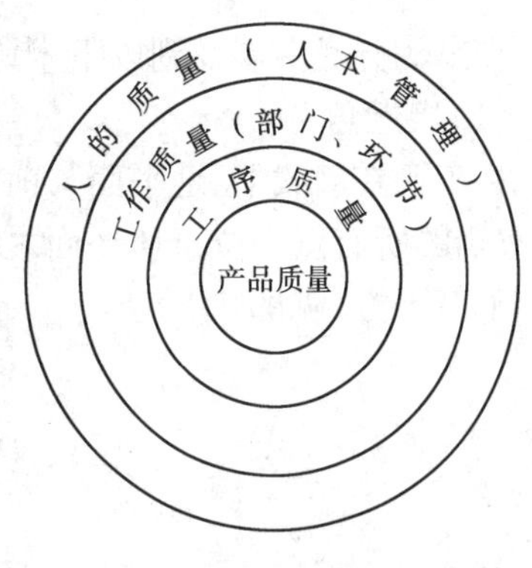

图7.4 产品的质量决策图

1. 产品的质量决策(见图7.4)

2. 产品特色与设计决策

产品特色主要体现在以下功能方面:使用功能(适用性)、产品功能、美学功能(外观)和贵重功能(名牌、豪华)。

例如:驾驶室的外观造型和内饰视觉效果和扩张功能。

3. 品牌和商品的决策

汽车品牌五花八门,但必须有利于产品在目标市场上树立美好形象,易于消费者识别并能加深印象。

4. 产品包装决策

产品的包装应符合"科学、美观、牢固与适用"的要求,同时注意功能的延伸。例如:车身外表面的广告效应,产品包装物的回收再利用功能等。

7.1.4 汽车整车产品的分类

当汽车产品进入流通环节后成为汽车商品。

1. 汽车整车产品分类

汽车在国家GB 7635—87《全国主要产品分类与代码》中,属于"交通运输设备(S)"门类中的"公路运输设备及工矿车辆(73)"大类。在GB/T 7635.1—2002《全国主要产品分类与代码第1部分:可运输产品》中属第4大部类"交通运输设备(49)"下属的"机动车辆及其零部件和附件(491)",名称为"机动车辆",代码为4911。采用GB/T 15089—2001的产品和分类。

2001年国家质量监督检验检疫总局公布了两个修订的有关汽车商品分类的国家标准。其中,GB 3730.1—2001《汽车和挂车类型的术语和定义》参考了国际ISO3833,将车辆分为三大类:汽车、挂车、汽车列车,汽车又分为乘用车和商用车。该标准是通用性分类标准,可作为车辆类一般概念、统计、牌照、保险、政府政策和管理的依据。GB 15089—2001《机动车辆及挂车分类》参考了ECE/WP29的R.E3,将车型分为M类(乘坐人员车辆)、N类(载货车辆)、G类(越野车)、L类(摩托车)、O类(挂车)。它是用于型式认证的技术法规适用范围的依据。这两个标准是与国际接轨、改变观念的标准,为涉及到道路运输和车辆各项管理提供了依据。

在公布以上这两个标准的同时,宣布GB 9417—88《汽车产品型号编制规则》作废。GB 9417—88《汽车产品型号编制规则》在汽车行业影响面广,至今仍有许多企业在使用。国家有关管理部门表示,企业在没有国标、行标的情况下,可将GB 9417作为企业标准继续执行。企业可以用商标、系列名称、技术特征、VIN(车辆识别代号)等作为产品型号的表示方法。

2. 相关术语

在车辆分类中涉及到以下术语：

(1)接近角

指车辆在静载下，地平面与前车轮轮胎相切平面之间的最大夹角，这样，在车辆前轴的前方，车辆的所有点都位于切平面之上，而且车辆上的所有刚性部件（除踏板外）也都应位于这个切平面上方（见图7.5）。

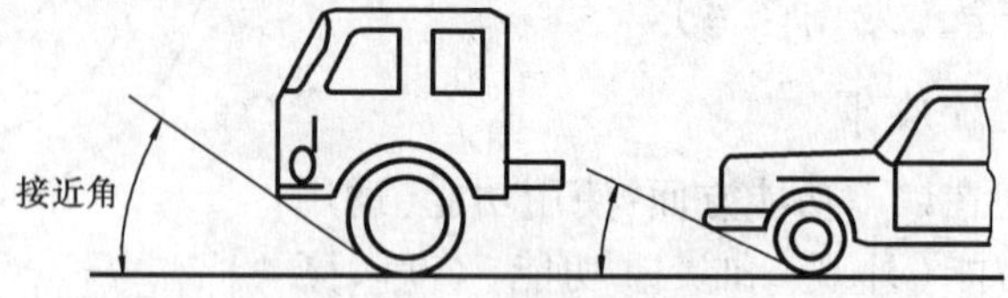

图7.5　汽车的接近角

(2)离去角

指在静载下，地平面与后车轮轮胎的切平面之间的最大夹角，这样，在车辆最后轴的后部，车辆的所有点和刚性部件都位于这个平面的上方（见图7.6）。

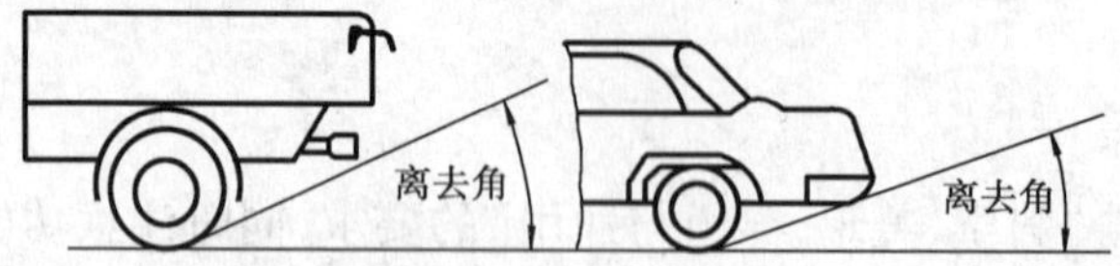

图7.6　汽车的离去角

(3)纵向通过角

指在静载下，垂直于车辆纵向中心平面，分别与前、后车轮轮胎相切，相交并与车辆底盘刚性部件（除车轮）接触的两个平面形成的最小锐角。这个角度决定了车辆所能通过的最陡坡道（见图7.7）。

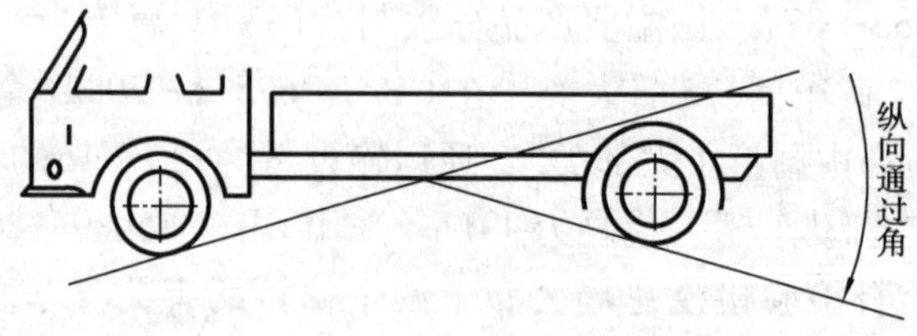

图7.7　汽车的纵向通过角

(4)前后轴之间的离地间隙

指地面与两轴之间最低点之间的距离（见图7.8），多轴并装车桥视为单轴。

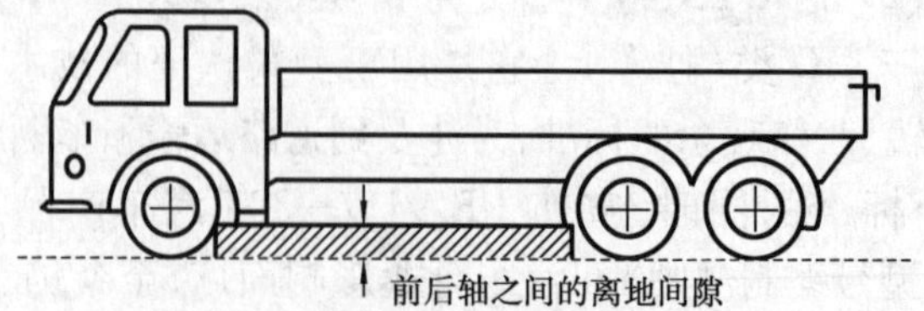

图7.8　汽车的前后轴之间的离地间隙

(5)轴下离地间隙

指通过单轴上的车轮轮胎印迹中心(如为双车轮轮胎,则为内侧车轮轮胎)与车辆最低固定点的圆弧上的最高点到地面的距离(见图7.9)。车辆任何刚性部件都不得伸入图中的阴影区内。

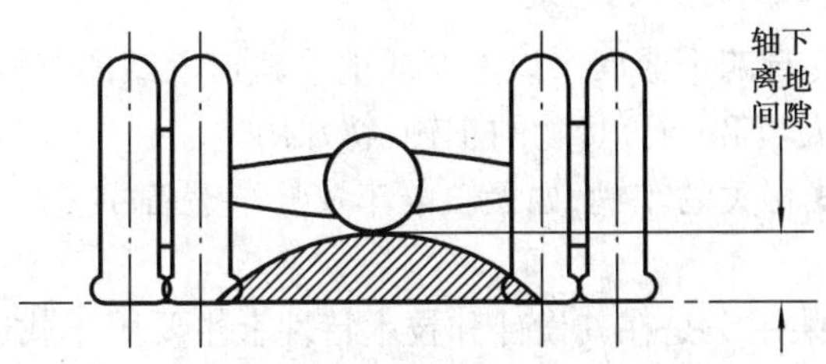

图7.9　汽车的轴下离地间隙

(6)车窗

指一个玻璃窗口,它可由一块或几块玻璃组成(通风窗为车窗的一个组成部分)。

3.机动车辆及挂车分类

在GB/T 15089—2001《机动车辆及挂车分类》中,将机动车辆和挂车分为两轮或三轮机动车辆(L类)、至少有四个车轮并且用于载客的机动车辆(M类)、至少有四个车轮且用于载货的机动车辆(N类)、至少有四个车轮且用于载货的机动车辆(O类)和越野车(G类)。其中,M类、N类、O类和G类就是通常意义上的汽车。

(1)L类机动车辆

L类机动车辆是两轮或三轮机动车辆。共分为五类:L1类、L2类、L3类、L4类、L5类。

(2)M类机动车辆

M类机动车辆为至少有四个车轮并且用于载客的机动车辆。共分为M1类、M2类和M3类。

(3)N类机动车辆

N类机动车辆为至少有四个车轮且用于载货的机动车辆。共分为N1类、N2类和N3类。

对于为挂接半挂车而设计的牵扯引车辆(半挂牵引车),车辆分类所依据的质量是处于行驶状态中的牵引车的质量,加上半挂车传递到牵引车上最大垂直静载荷及牵引车自身最大设计装载质量(如果有的话)的和。

此外,某些专用作业车(例如,修理工程车、宣传车等)上的设备和装置被视为货物。

(4)O类机动车辆

O类机动车辆为挂车(包括半挂车)。共分为O1,O2,O3,O4四类。

(5)G类机动车辆

G类机动车辆是指M类机动车辆和N类机动车辆中的越野车。对于M类机动车辆和N类机动车辆,依据一定的检测条件和要求,并满足一定条件,就可认定为越野车。

①G类机动车辆的载荷和检测条件

A. M1和最大设计总质量不超过2 000 kg的N1类车辆必须处于可行驶状态,即带有冷却液、润滑液、燃油、工具、备用车轮和一位驾驶员。其他车辆必须加载至最大设计总质量。

B.通过简单的计算来验证是否具有要求的爬坡能力(25%和30%)。必要时,可以要求提交相关型式的车辆,以进行实际试验。

C. 当测量接近角、离去角和纵向通过角时,不考虑下部防护装置。

②G 类机动车辆的组合符号表示方法

符号 M 和 N 可以同符号 G 组合使用,例如,N1 类越野车可以表示为 N1G。

4. 汽车和挂车类型的术语和定义

汽车是由动力驱动,具有四个或四个以上车轮的非轨道承载的车辆。主要用于:载运人员和(或)货物;牵扯引载运人员和(或)货物的车辆;特殊用途。

汽车还包括:与电力线相关的车辆,如无轨电车及整车整备质量超过 400 kg 的三轮车辆。该三轮亦可作为汽车处理。

(1)乘用车(轿车)。乘用车是在其设计和技术特性上主要用于载运乘客及其随身行李和(或)临时物品的汽车,包括驾驶员座位在内最多不超过九个座位。它也可以牵引一辆挂车。乘用车也俗称为轿车。其分类见图 7.10。

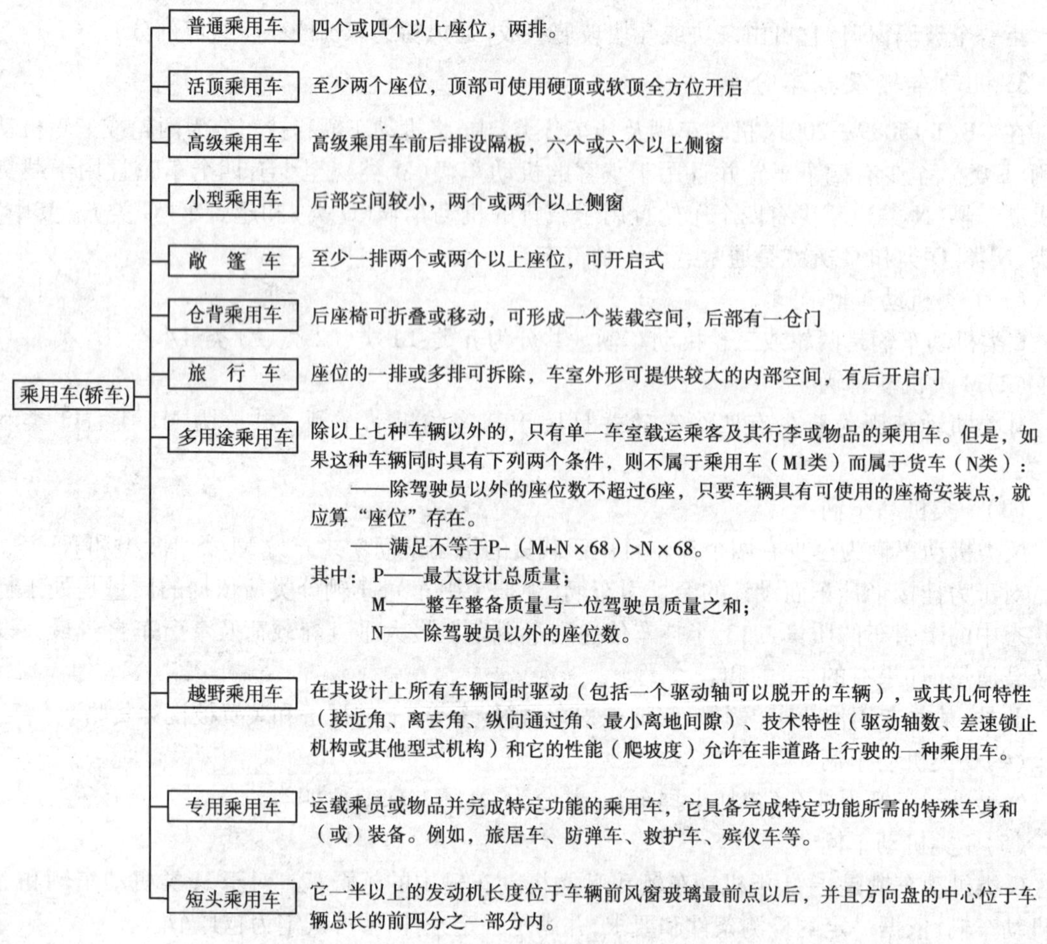

图 7.10 乘用车分类

(2)商用车。商用车辆是在设计和技术特性上用于载运人员和货物的汽车,并且可以牵引挂车,其分类见图 7.11。乘用车不包括在内。

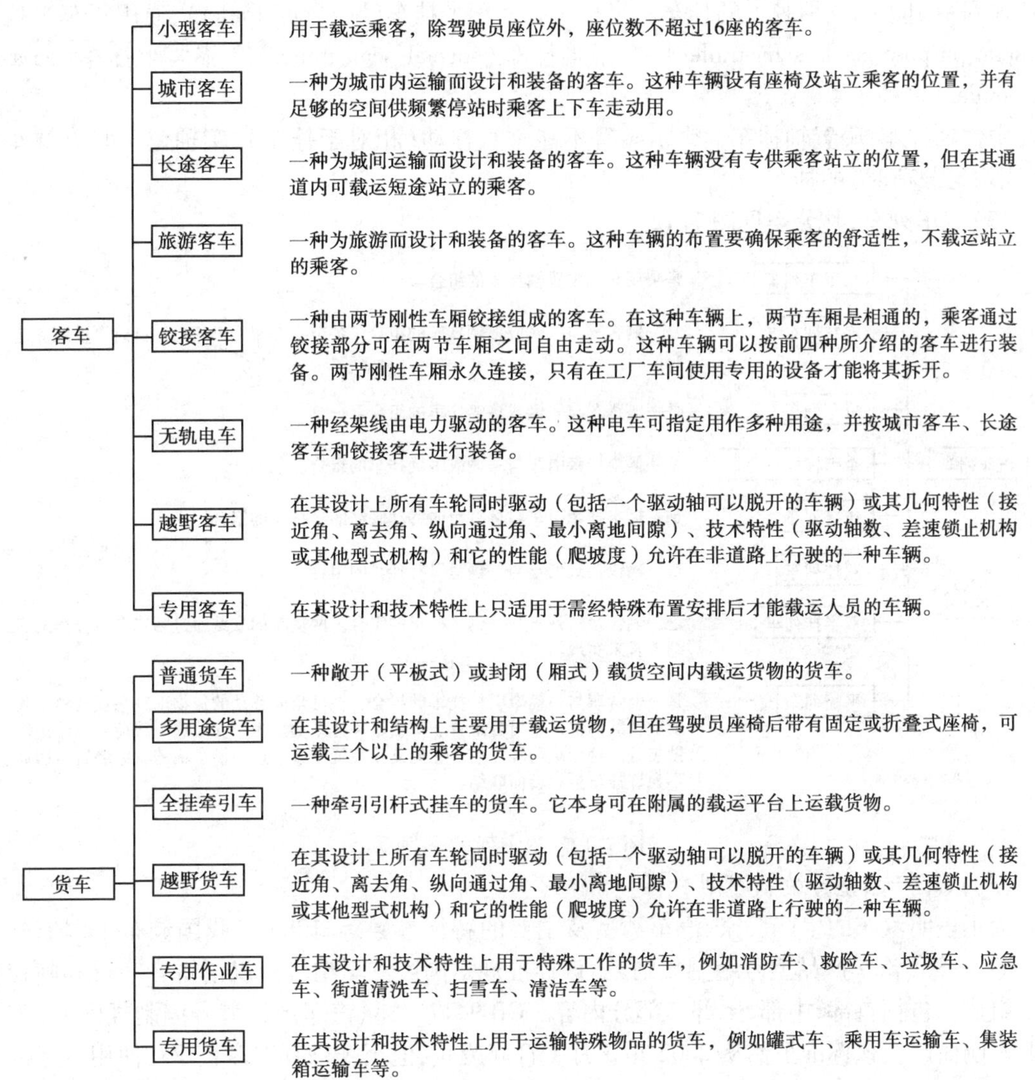

图7.11　客车、货车分类

①客车。

②半挂牵引车。装备有特殊装置用于牵引半挂车的商用车辆。

③货车。一种主要为载运货物而设计和装备的商用车辆,它可牵引一挂车。

④挂车。挂车是就其设计和技术特性而言,需由汽车牵引才能正常使用的一种无动力的道路车辆,用于载运人员和(或)货物或特殊用途。

牵引杆挂车:至少有两根轴的挂车,具有轴可转向;通过角向移动的牵引杆与牵引车联结;牵引杆可垂直移动,联结到底租上,因此不能承受任何垂直力。

具有隐藏支地架的半挂车也作为牵引杆挂车。

牵引杆挂车有客车挂车(bus trailer)、通用货车半挂车(goods draw-bar trailer)、通用牵引杆挂车(generalvpurposevdraw-bar trailer)和专用牵引杆挂车(special draw-bar trailer)多种。

半挂车:半挂车为车轴置于车辆重心(当车辆均匀受载时)后面,并且装有可将水平或垂力传递到牵引车的联结装置的挂车。半挂车有客车半挂车(bus semi-trailer)、通用货车半挂车(general purpose goods semi-trailer)、专用半挂车(special semi-trailer)和旅居半挂车(caravan semi-trailer)多种。

中置轴挂车:中置轴挂车为牵引装置不能垂直移动(相对于挂车),车轴位于紧靠挂车重心(当均匀载荷时)的挂车。

(3)汽车列车,其分类见图7.12。

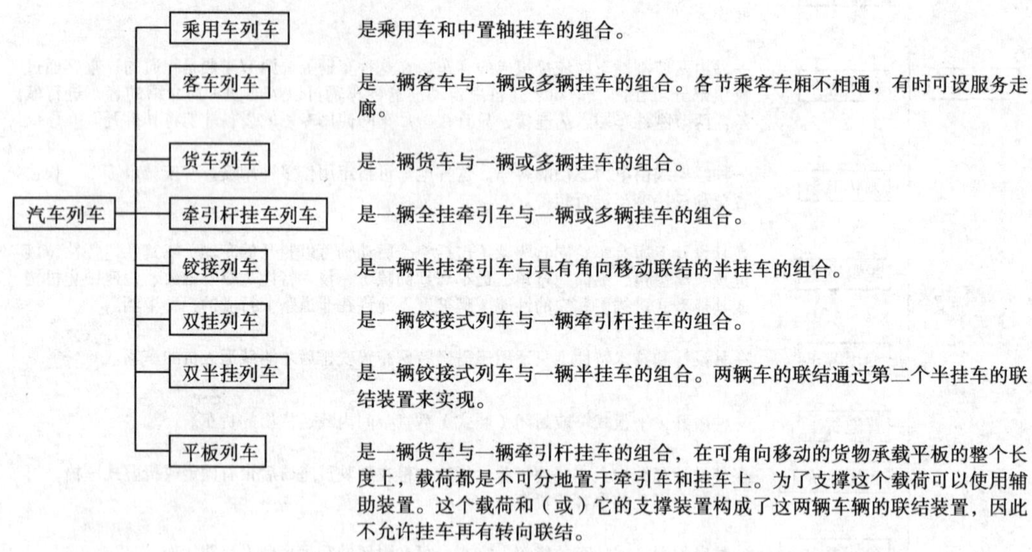

图7.12　汽车列车分类

(4)汽车产品型号编制规则

为了表明汽车的生产厂家、汽车类型及主要的特征参数等,1988年我国颁布了国家标准GB 9417—88《汽车产品型号编制规则》。该标准规定国产汽车型号由汉语拼音字母和阿拉伯数字组成。包括首部、中部、尾部三部分内容。GB 9417—88《汽车产品型号编制规则》在汽车行业影响面广。该标准虽然从2002年3月1日起废止,但至今仍有许多企业在使用该标准作为其新车型编码。许多道路上行驶的各种国产新旧车辆的车身上都有引用该标准的标志。

汽车的产品型号由企业名称代号、车辆类别代号、主参数代号、产品序号组成,必要时附加企业自定代号。各部分分别用汉语拼音字母和阿拉伯数字表示,包括首部、中部、尾部三部分内容,见图7.13。

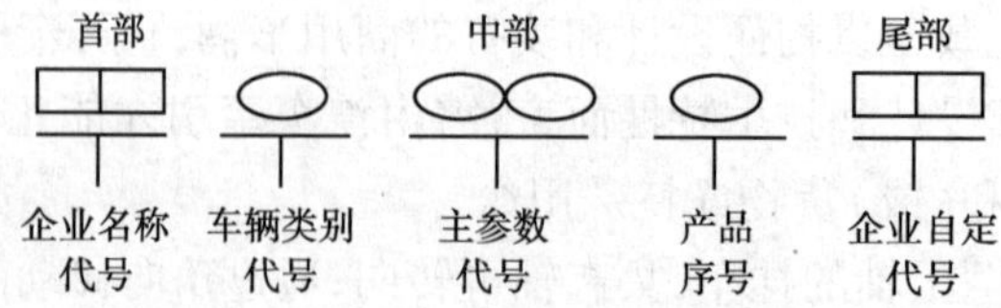

图7.13　汽车产品型号编制规则

(5)商品编码

商品编码是赋予某种商品以某种符号。赋予某一类商品以统一的符号系列,称为商品编码化。符号系列可以由字母、数字或特殊标志组成。商品编码化可以取代商品名称以及复杂的技术记载,使商业企业经营管理的多种多样、品名繁杂的商品便于记忆,简化手续,提高工作效率,有利于统计、管理等业务的开展。

商品编码应与国家商品目录一致,它是商品目录编制后的进一步工作。从某种意义上讲,它是商品分类的代号。商品标以特定的符号,这些符号虽然也具有商品编码的性质,但它不具有分类的特征。

商品的编码有商品分类编码和商品单品的编码。前者是对一类商品进行编码;后者是对单一商品进行编码,是对产品及其相关信息在其整个生命周期内的唯一标识。

(6)商品条形码

目前条形码不仅用于商品流通领域,而且广泛应用于自生产自动化管理、图书管理、交通、邮政业务等,已成为现代化管理不可缺少的信息技术手段。

商品条码是快速、准确地进行物流控制的现代化手段。没有条码的商品难以在国际市场上正常流通,也不能进入超级市场。推广应用商品条码,可以提高商品的档次和商品在国际市场的竞争力。普及商品条码,不仅可以实现销售、仓储、运输、结账等的自动化管理,而且通过产、供、销信息系统可以准确、及时地获得所需要的商品信息。采用商品条码有许多好处:其一,可实现自动售货。在超级市场里,顾客只要把挑选好的商品通过光电扫描阅读器,则商品的价格、总价等诸多项目便显示在屏幕上,一张清楚明白、计价准确的购物清单也瞬间打印出来。其二,可以提高记账速度。由于条码上的一切信息均可输入电脑储存,商品的购、销、存在电脑中均能自动增减,亦可立即提供财务报告,大大地提高了记账速度。其三,可准确控制商品库存。通过电脑,利用条形码可把订单、收货、提货等每一阶段作详尽的记录并随时可查,准确了解商品库存情况。其中,能避免常见差错的出现。出口商品使用条码,可避免出现许多国际通信上常见的差错,如商品名称、规格混淆等情况。

总之,商品条码的使用,给出口商、批发商和零售商的工作都带来了极大方便,是实现现代化管理的重要手段。

国际上通用的流通领域商品条形码有两大系统,即北美通用产品条码(简称 UPC,universal product code)系统和国际通用商品条形码(简称 EAN,european article number system)系统。我国采用 EAN 系统。下面以 EAN 条码为例,简要介绍条形码的组成。

EAN 码是国际物品编码协会制订的一种商品用条码,通用于全世界。主要用于超级市场或一些自动销售系统的单件商品。凡进入国际市场的商品,其包装上必须印有 EAN 条码。EAN 码符号有标准版(EAN-13)和缩短版(EAND-8)两种,我国的通用商品条码与其等效。我们日常购买的商品包装上所印的条码一般就是 EAN 码。EAN 码是当今世界上广为使用的商品条码,已成为电子数据交换(EDI)的基础。

EAN 码是国际物品编码协会制订的一种商品用条码,通用于全世界。主要用于超级市场或一些自动销售系统的单件商品。凡进入国际市场的商品,其包装上必须印有 EAN 条码。EAN 码符号有标准版(EAN-13)和缩短版(EAND-8)两种,我国的通用商品条码与其等效。我们日常购买的商品包装上所印的条码一般就是 EAN 码。EAN 码是当今世界上广为使用的商品条码,已成为电子数据交换(EDI)的基础。

EAN-13 条码的前两位或前三位数字为国别代码(也称前缀码),用于标识商品来源的国家或地区,由国际物品编码协会分配管理;国别代码后面的五位或四位数字为制造厂商代码,用于标识生产企业或批发公司,由国际物品编码协会在各国(地区)的分支机构分配管理;制造厂商代码后面的五位数字为商品代码,用于标识商品的特征或属性,由制造厂商依据 EAN

的规则自行编制;最后一位数字为校验码,用于校验代码输入的正确性,根据一定的运算规则由以上三部分数字计算得出。EAN 条形码与 UPC 条形码是兼容的,当 UPC 条形码进入 EAN 条形码系统时,只要在前面补一个"0"就可以了。

(7)商品目录

1)商品目录的概念

商品目录,是以特定方式系统记载相关商品集合总体类目、品种等方面信息的文件资料。商品目录是指国家或部门所经营管理的商品明细目录。在编制目录的过程中,必须先将商品按一定标志进行分类。因此,商品目录也可称为商品分类目录。编制商品目录的工作,也属于商品分类工作。

商品目录一般是商品名称、商品代码、商品分类体系三方面信息的有机结合。商品目录是以表格、文字、数码等全面记录和反映相关商品集合总体综合信息的文件。按其适用范围,商品目录有国际商品目录、国家商品目录、行业(部门)商品目录、企业商品目录。商品常见目录有外贸商品目录、海关统计商品目录、内贸商品目录和企业商品目录等。

国家商品目录,由国家指定专门机构编制,是国民经济各部门进行统计、计划等工作时必须一致遵守的准则。部门商品目录是由本行业主管部门编制,是该部门从中央到基层企业共同遵守的准则。部门或企业、单位编制的商品目录,应当既能符合国家商品目录提出的分类原则,又能满足本部门或企业、单位工作的需要,因此,部门或企业、单位编制的商品目录,一般较国家编制的商品目录包括的类别要少,但品种的划分更细,商品类别的划分更为详尽具体。

2)我国汽车新产品管理

2000 年 12 月 31 日前,国家对汽车行业的管理采取《汽车目录》管理制度,只有列入目录内的车辆生产企业才可以按照目录中的车种、车型组织生产、销售。

从 2001 年 1 月 1 日起,原国家经贸委改称《车辆生产企业及产品公告》管理,不再发布目录,原目录继续有效至 2002 年 12 月 31 日,对目录废止后仍需继续生产的车辆产品,企业应在目录废止前申报公告。

2003 年初,国家经贸委撤销后,改由发改委管理。"公告"管理是汽车产品必须在定型试验的基础上,政府为加强对车辆安全、环保、节能、防盗性能的监控,提高生产企业生产一致性保证能力,建立科学、高效、规范的车辆管理制度,逐步实现与国际通行规则接轨。对于实施的汽车产品强制性检验项目,检验通过后,予以"公告",产品才能上市销售,各地公安机关才予车辆注册登记。

车辆强检项目,1995 年开始时,只有 15 项;1997 年增至 25 项;1998 年 34 项;2000 年 40 项;目前,强检项目为 99 项,但部分项目有空缺,实际检测项目 75 项。

随着新强制性技术标准的不断实施,车辆强检项目还要不断增加。车辆"公告"材料的申报,过去由地方汽车工业主管部门申报,目前改为企业直接从互联网上申报。"公告"发布周期,由过去的半年甚至一年,改为每月"公告"一次。"公告"受理单位是发改委领导下的"中机车辆技术服务中心"。车辆检测必须由国家认可、批准、具有第三方公正地位的行业检测机构实施,并出具检测报告。

2004 年 6 月由国家发展和改革委员会发布的《汽车产业发展政策》对新建汽车生产企业的投资项目做出了新的规定:一定的项目投资总额和自有资金,并要求建立产品研究开发机构。

3)汽车商品代码——车辆识别代号(VIN)

"车辆识别代号"(VIN代码,vehicle identification number的缩写)由一组字母和阿拉伯数字组成,共17位,又称17位识别代号编码。按照识别代号编码顺序,从VIN中可以识别出该车的生产国别、制造公司或生产厂家、车的类型、品牌名称、车型系列、车身形式、发动机型号、车型年款、安全防护装置型号、检验数字、装配工厂名称和出厂顺序号码等。

为了在世界范围内建立统一的道路车辆识别系统,以便简化车辆识别信息检索,提高车辆故障信息反馈的准确性和效率,国际标准化组织在1977年2月以标准ISO 3779发布了车辆识别代号编码(VIN),并在1983年对其进行了修订。它适用于在道路上行驶的各种类型的汽车、挂车、摩托车和轻便摩托车。

①车辆识别代号的组成

车辆识别代号是制造厂为了识别而给一辆车指定的一组定码。在我国,国家GB/T 1973—1997《道路车辆　车辆识别代号(VIN)内容与构成》规定了其内容与组成。

车辆识别代号由三部分组成:第一部分,世界制造厂识别代号(WMI,world manufacturer identifier);第二部分,车辆说明部分(VDS,vehicle descriptor section);第三部分车辆指示部分(VIS,vehicle identifier section)见图7.14。

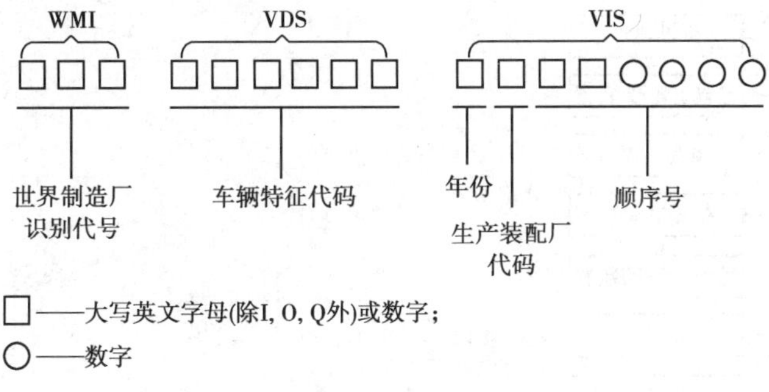

图7.14　车辆识别代码的组成

②车辆识别代号(VIN)管理规则的基本要求

A.每一辆汽车、挂车、摩托车和轻便摩托车都必须具有车辆识别代号。

B.在30年内生产任何车辆的识别代号不得相同。

C.车辆识别代号应尽量位于车辆的前半部分,以及易于看到且能防止磨损或替换的部件。

D.九座或九座以下的车辆和最大总质量小于或第于3.5 t的载货汽车的车辆识别代号应位于仪表板上,在白天日光照射下,观察者无须移动任一部件从车外即可分辨出车辆的识别代号。

E.每辆车的车辆识别代号应在车辆部件上(玻璃除外),该部件除修理以外是不可拆的,车辆识别代号也可表示在永久性地固定在上述车辆部件上的一块标牌上。此标牌不损坏则不能拆掉,如果制造厂愿意,允许在一辆车上同时采取以上两种表示方法。

F.车辆识别代号的字码在任何情况下都应是字迹清楚、坚固耐久和不易替换的。

G.车辆识别代号的字码高度:若直接打印在汽车和挂车(车架、车身等部件)上,至少应为7 mm高,其他情况至少应为4 mm高。

下图给出了20个VIN常见位置。由于各国的车辆识别代号的标准不完全相同,不同型号汽车的车辆识别代号的标牌分布的位置也各不相同,但一般不外乎这20个位置。车辆识别代码(VIN)常见位置见图7.15。

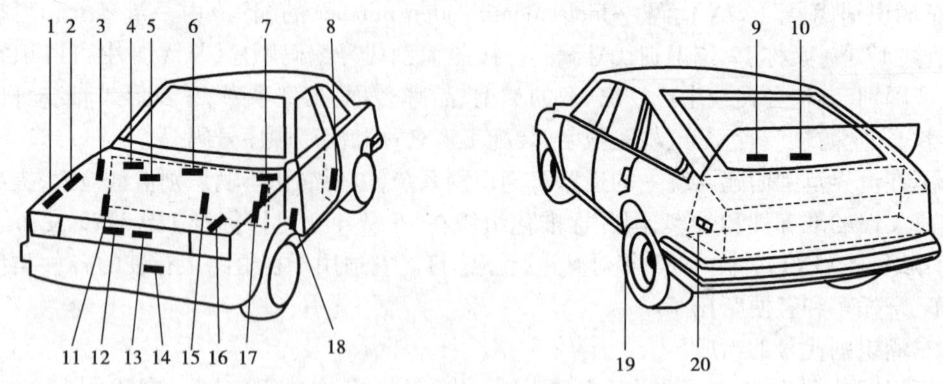

图7.15　车辆识别代码(VIN)常见位置

7.1.5　汽车配件产品的分类

1.汽车配件的分类(见图7.16)

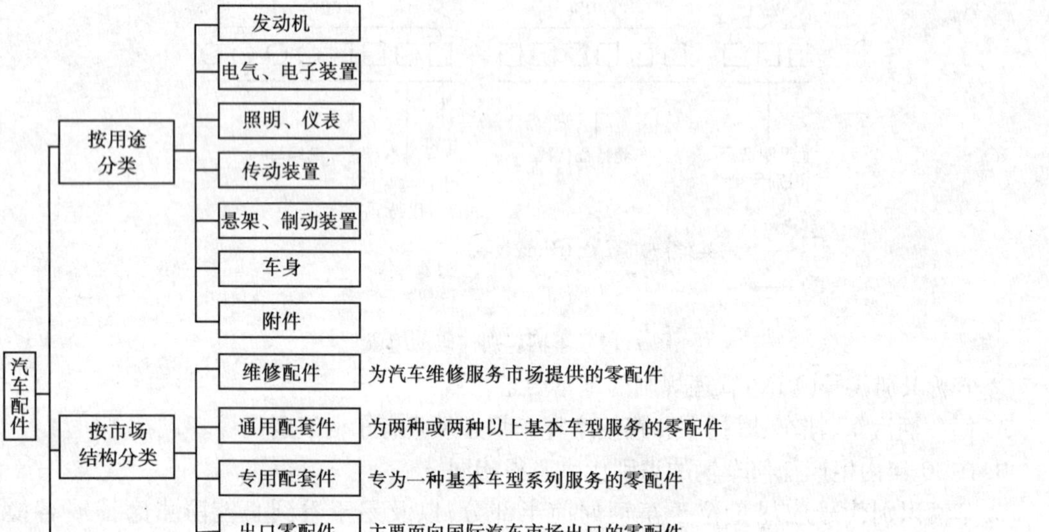

- 汽车配件
  - 按用途分类
    - 发动机
    - 电气、电子装置
    - 照明、仪表
    - 传动装置
    - 悬架、制动装置
    - 车身
    - 附件
  - 按市场结构分类
    - 维修配件：为汽车维修服务市场提供的零配件
    - 通用配套件：为两种或两种以上基本车型服务的零配件
    - 专用配套件：专为一种基本车型系列服务的零配件
    - 出口零配件：主要面向国际汽车市场出口的零配件
  - 按产品主要含量分类
    - 资源型零配件：指产品成本中所含原材料、能源费用占到50%以上，例：钢板弹簧、半轴、球铁铸件等
    - 科技型零配件
      - 高科技类：包括：发动机总成、齿形阀、V型泵、消声器、风扇离合器、空调设备、后视镜、座椅、油封、中央接线盒、汽车仪表、汽车铸件模具、软内饰、特种油品、安全玻璃等。
      - 科技类：包括：变速器总成、保险杠（大型塑料）、活塞、活塞环、气门、挺杆、轴瓦、油箱、三滤、离合器、制动器、转向器、刮水器、等速万向节、紧固件、灯具、汽车模锻件、特种配材等。

图7.16　汽车配件的分类

2.汽车配件目录

(1)配件目录内容(见图7.17)

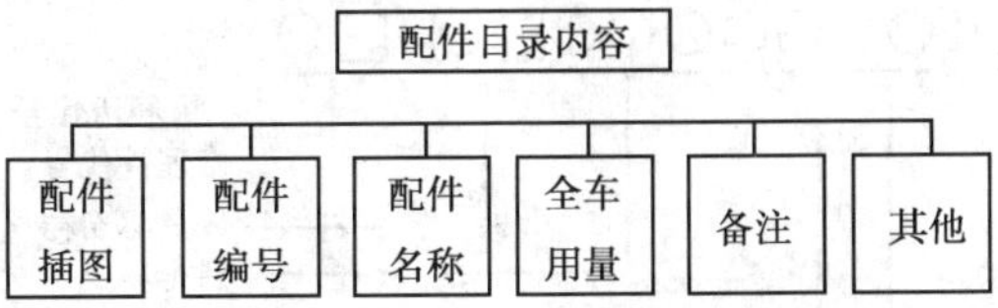

配件目录内容					
配件插图	配件编号	配件名称	全车用量	备注	其他

图7.17　汽车配件目录内容

配件目录一般根据整车制造厂的生产设计资料编制,是配件设计、生产、配套供应和市场销售、维修保养中的技术标准。配件目录通常包括以下内容:

①配件插图

配件插图是配件目录的主要组成部分之一,一般采用轴测图来表现系统中各零配件的相对位置和装配关系。按照国家标准,在配件插图中标有图中序号,使用时要特别注意零件之间的包含关系。

②配件编号

配件的唯一准确的编号,贯穿配件设计→生产→采购→销售→维修各个环节。它是配件订货和销售的最准确的要素,所有的配件订单和销售单据上必须清楚标示出配件编号。

③配件名称

主要是在设计和生产中使用的名称,它只是根据配件的特点,结合约定俗成的标准为配件赋予的一个文字符号,指代和区分能力较弱,一般用于配件销售中做描述性说明和补充手段。

④全车用量

给出该零件在一辆基本型整车上的使用数量。

⑤备注

这是配件目录中十分重要的部分,一般用来补充说明配件的参数、材料、颜色、适用年限、车型以及其他配置住处等。备注信息提供了配件适用范围的准确描述,因此在采购和销售汽车配件时一定要注意该栏说明。

⑥其他

在配件目录中,一般都附有厂家对该配件目录的适用范围,使用方法的详细说明,应在使用之前仔细阅读。

(2)配件编号

汽车配件的制造厂编号代表汽车配件的型号、品种和规格,对于配件的营销和管理十分重要。编号和规格一般打印在配件的包装物上,也有的打印或铸造在配件的非工作表面。国产汽车的编号有统一标准,国外汽车大都没有统一标准,而由厂家自定。

①国产汽车配件编号规则

在中国汽车工业协会颁布实施的《汽车产品零部件编号规则》中,汽车配件编号方法见图7.18。

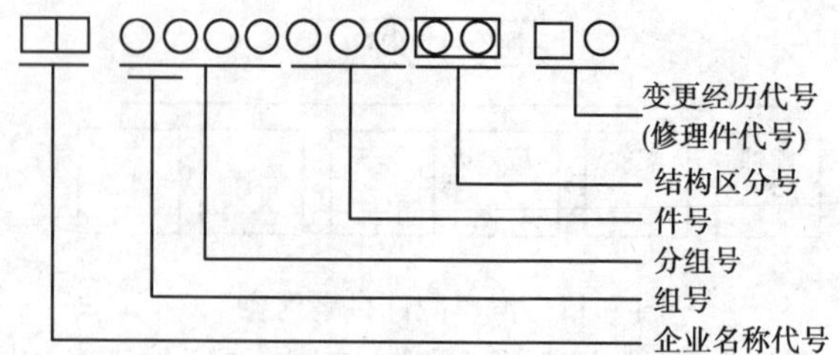

图7.18　汽车配件编号方法

图中:方框代表汉语拼音字母,圆圈代表阿拉伯数字,方框加圆圈在一起表示汉语拼音字母或阿拉伯数字均可,各部分意义如下:

——企业名称代号(发动机零件要包括发动机型号)。

——组号用两位数字表示汽车各功能系统内分系统的分类代号。如发动机的主组号为10,发动机冷却系统的主组号为13,变速器为17,转向器为34等。

——分组号用4位数字表示总成和总成装置的分类代号。头两位数字代表它所隶属的组号,后两位数字代表它在该组内的顺序号。如发动机饮食的分组号为1000~1022,变速器饮食的分组号为170~1706,转向器饮食的分组号为3400~3413等。

——件号用三位数字表示零件、总成和总成装置的代号。

——结构区分号用两个字母或两位数字区别同一类零件、总成和总成装置图的不同结构、性能、尺寸参数的特征代号。

——变更经历代号用一个字母和一位数字表示零件、总成和总成装置图更改过程的代号,当零件或总成变化较大,并且首次更改不影响互换的用A1表示,依次用A2,A3,……当零件或总成首次更改影响互换时,则跳过字母A而用字母B,若再次更改而不影响互换则用B1表示。

——修理件代号在标准尺寸的基础上加大或减小尺寸的修理件,并按其尺寸加大或减小顺序给予代号。用两个汉语拼音字母表示,前一个字母表示修理件尺寸组别,后一字母为修理件代号,用“X”代表。当某一修理尺寸有三组尺寸时,其代号为“BX”,“CX”,“DX”。当该组修理件和标准尺寸件进行影响互换的更改时,应相应在相应更改尺寸组别代号,其字母根据更改前所用的最后字母依次向后排列。如第一次影响互换更改时,标准尺寸的更改经历代号为“E”,则相应修件代号为“FX”,“GX”,“HX”。

②国外汽车配件编号

国外汽车配件编号比较繁杂,各厂自行规定,各不相同。需要认真查对原厂的零件目录和手册。不过有一点需要注意的是:国外汽车车型的更新和改进较快,有些同一车型的同一配件,只因生产年份不同而不能通用互换。所以国外车型的配件必须注意其生产年份和生产日期,这是国外汽车零件编号的普遍规律。

3.汽车配件目录的查阅方法(见图7.19)

在汽车配件目录中,每一总成一般都有拆解示意图,并标明该总成各组成零件的序号(标号),对应表格中给出各标号配件的名称、编号、每车用量、通用车型等。

查阅汽车配件目录时应注意:

(1)首先要确定所查阅的配件为车辆的原有目录,否则将无法保证所购配件是否适用。

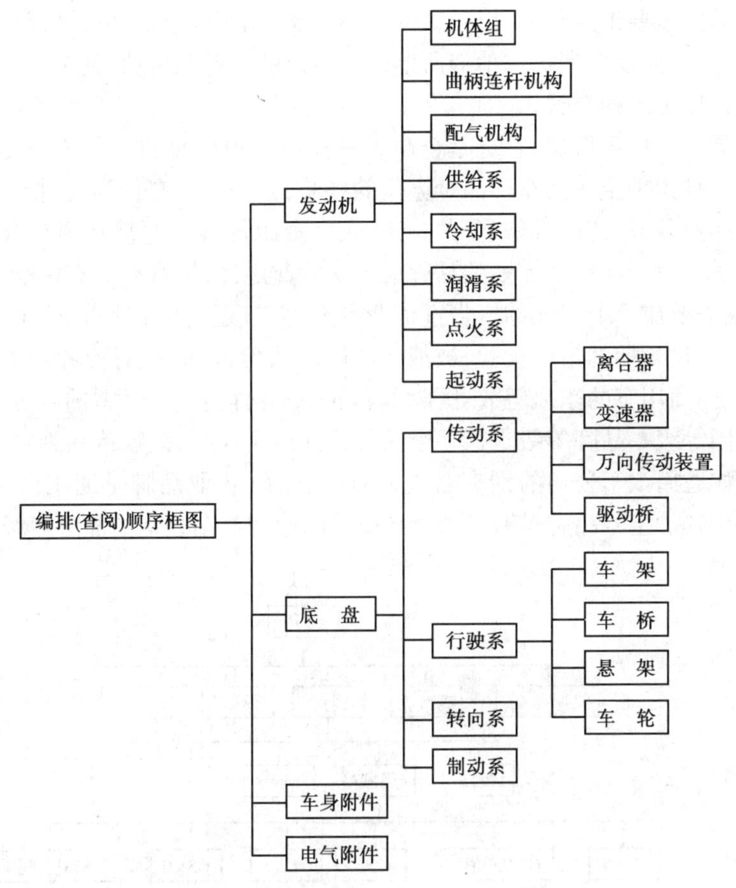

图7.19　汽车配件目录图例

(2)查阅前,必须确定汽车型号、发动机型号、发动机编号、底盘编号、出厂日期等参数。

7.2　汽车产品的品牌与商标

7.2.1　品牌的概念、含义和作用

首先要建立这样一个概念,品牌是用以识别产品或企业的特定标志;商标是经过工商登记注册的品牌要素。

1.品牌的概念

按照市场营销学理论,品牌是用于识别一种产品或服务的生产企业或销售企业的名称、专有名词、标记、符号、设计或是上述的综合。品牌是企业个性化的标志,具有向消费者传播产品信息和提供信誉保证的功能。厂家生产的汽车整车产品及其零部件都有品牌,如米其林、普利司通、固特异、佳通等轮胎品牌,都是独立于汽车整车之外,但又是非常著名的品牌。整车品牌有时还要借助零部件品牌提升自身的价值。

品牌不仅代表企业的形象、企业的发展历程,还代表着一种现代化的生产经营方式。消费

者将品牌视为产品的重要组成部分,以品牌来识别产品,购买满意的品牌产品。熟悉的品牌给消费者以信心保证,并向消费者提供他们所期待的稳定的利益和价值,使消费者愿意为购买称心的品牌产品而付出更多的金钱。

品牌不仅仅是一个广告形象,它更是企业的一种长远和全面的经营策略。要想让汽车品牌被消费者视为一种识别企业汽车产品全方位的经验,公司的所有行为,包括新车研发、设计、生产运营、销售、客户服务、售后维修、公共关系、人力资源等各方面都必须整合为一个相互关联、彼此支持的整体,以传达一个完整的品牌形象。除此之外,培育一个有影响力的汽车品牌,也就是名牌,不仅需要成千上亿元的广告宣传费投入,而且还需要较长的时间,只有获得长期稳定的质量口碑,经过长期的市场检验,被消费者广泛认可,才能在消费者心中树立独特的品牌形象。例如,我国商用车的东风解放,国际著名的轿车:奔驰、宝马、雪佛兰等。

品牌分为不同等级。品牌等级是指一个品牌往往由企业品牌、家族品牌、单个品牌和型号品牌部分构成。如通用汽车公司的别克君威 GS3.0 汽车,企业品牌是通用汽车,家族品牌是别克,单个品牌是君威,型号品牌是 GS3.0。又如美国通用汽车公司的品牌等级之间的相互关系,如图 7.20 所示。

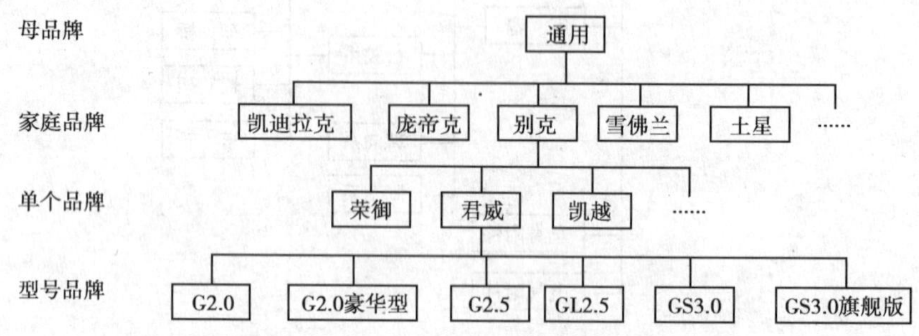

图 7.20　通用汽车公司部分品牌及等级

2. 品牌的内容

品牌的内涵应从属性、利益、价值、文化、个性和角色感(使用者)六个层面去认识和理解:

第一层,属性。品牌首先给人带来特定的属性,如“奔驰”传递给人的属性是质量可靠、豪华、安全、舒适。

第二层,利益。消费者购买汽车追求的是利益。“质量可靠”会减少消费者维修费用,给消费者提供节约维修成本的利益,“服务上乘”则节约了消费者的时间,方便了消费者。

第三层,价值。品牌能提供一定的价值,如“高标准、精细化、零缺陷”是“宝马”体现的价值。

第四层,文化。品牌附加了一种文化,如“法拉利”体现了速度、勇敢、勇夺第一的文化。

第五层,个性。品牌还能代表一定的个性,如悍马的个性是超强的越野性,劳斯莱斯的个性是超豪华性。

第六层,使用者(角色感)。品牌还体现了使用者的一些特性,这对品牌的市场定位有一定帮助。如奔驰在我国主要是企业界成功人士在使用,而宝马则是演艺界明星的首选。

3. 品牌的作用

品牌有如下三个主要作用:

(1)品牌是消费者选择产品的导购线索。品牌向消费者传递着有关产品的来源或生产企业、产品的质量信息,是消费者价值判断的重要依据。

(2)品牌帮助制造商传递产品信息。品牌作为汽车产品的代表,不但代表着车型,还是汽车功能、质量、信誉和形象的综合反映,是汽车生产企业给消费者提供的价值保证,代表着汽车的价值和附加价值。

(3)品牌可以创造价值。汽车品牌因形象设计而获得价值,因商标注册而得到保护,因广告宣传而不断增值,因汽车消费而持续增值。随着品牌知名度和美誉度的不断提高,品牌的无形资产甚至超过物质资产,给企业带来巨大的财富。

品牌的作用对消费者和生产企业是不同的。

品牌对消费者的作用是:便于消费者对产品来源的识别;减少风险,便于保护消费者的权益;作为质量标识,有利于促进汽车产品质量的提高。

品牌对生产者的作用是:有利于汽车企业的产品扩大市场占有率;有利于通过各种广告形式开展促销活动;有利于增强企业员工的荣誉感,凝聚力和企业精神。

7.2.2　汽车品牌的构成

汽车品牌主要由三个要素构成:品牌名称、标识与图标和广告语。

1.品牌名称

品牌名称是品牌最基本、最重要的要素,是消费者口碑(或口传)中最常提到的品牌要素,可以说不存在没有名称的品牌。品牌名称简洁地反映了产品的中心内容,使人产生关键的联想,品牌名称是传递产品信息过程中最有效的缩写符号,是品牌无形资产的主要载体,也是品牌延伸和发展的基础。

汽车品牌名称有的是历经百年沧桑的老字号,如通用、福特、宝马、大众等;有的是脱颖而出的新字号,如中国的奇瑞、吉利、中华等。汽车品牌名称按品牌级别不同而不同,具体到某一产品上可能有多个品牌名,如“通用雪佛兰赛欧”,其中包含了母品牌名称“通用”,家族品牌名称“雪佛兰”和单个品牌名称“赛欧”。

2.标识与图标

以文字、图案或二者的结合形成的识别企业的特殊标记,称为标识。其作用是帮助消费者通过视觉识别品牌,使人们在看到标识时马上就能联想到品牌名称,特别是在不便于用企业名称表现品牌时,标识可以起到无可替代的重要作用。

标识可以分为两种,一种是用独特的文字书写的标识,称为文字标记,其特点是标识往往是品牌名称的直接表示,如福特汽车的标识是艺术化的“Ford”;另一种是抽象的图案标识,这种没有文字的图案标识也称图标,在汽车上有时也称其为车标,如东风的风神。标识往往被设计成图标,以便以某种方式强调或修饰品牌含义。

3.广告语

广告语是用来传递有关品牌的描述性或说服性信息的短语。广告语能帮助消费者抓住品牌的含义,了解该品牌的特点。

广告语可以用各种不同方式进行设计,有些广告语通过反复联系品牌名称来加强品牌意识;有些广告语更直接,将产品和相应的产品门类放在同一句话中,将二者紧密地结合起来。

广告语能够强化品牌定位,指明产品的特殊之处。广告语置于广告之中,是概括广告中的描述性和说服性信息的点睛之笔,广告语能使品牌脱颖而出。如丰田车的广告语是:“车到山前必有路,有路必有丰田车”,不仅包含了产品名称,体现了产品特点,而且巧妙地运用了中国语言的特点。

7.2.3 品牌与商标

1. 商标的概念

商标是生产经营者在其生产、制造、加工、拣选或者经销的商品或者服务上采用的,区别商品或者服务来源的,由文字、图形或者其组合构成的,具有显著特征的标志。一般情况下,这种标准都要申请注册。商标一经商标局核准即为注册商标,享有商标专用权,受法律保护。假冒商标、抢先注册都构成商标的侵权。品牌和商标可以为汽车生产企业独特的产品特征提供法律保护。

商标的法定构成要素是:可凭视觉分辨的文字、图形、字母、数字、三维标志和颜色组合。上述六类商标要素可以单独作为商标注册,也可以将上述这些要素中两个或两个以上相同或不相同的要素任意组合。

2. 品牌与商标的异同

品牌名称及标识经过注册以后就是商标,但二者之间既有联系又有区别。

其联系主要表现为:它们都是无形资产,都具有一定专有性,其目的都是为了区别于竞争者,有助于消费者识别。

两者的区别表现在:品牌比商标的内涵更广,商标只表达了品牌的名称和标识部分,品牌的内涵更深刻,它不仅仅是一个易于区分的名称和符号,更是一个综合的象征,品牌标识和品牌名的设计是建立品牌的第一道程序,商标要成为品牌,还要着手品牌特性、品牌认同、品牌定位、品牌传播、品牌管理等各方面的工作。另外品牌无须注册;商标一般都要注册,其产权可以转让和买卖;商标是一个法律概念,是国家对汽车品牌认可的证明;商标具备品牌所不具备的特殊职能,即保护汽车品牌的职能;品牌主要表明产品的生产和销售单位,而商标则是区别不同产品的标记;商标掌握在企业手中,而品牌属于消费者。

7.2.4 品牌类型及策略

在企业经营活动中,对于品牌的使用方式是多种多样的,主要依据于产品的种类、市场的性质和企业的规模与资源状况来选择不同的品牌策略。

1. 无品牌

产品的差异性小,消费者主要看品质,对品牌不做选择,宜采用“无品牌重品质”策略。例如,汽车装配时用的圈圈、垫垫、三滤的滤芯等(随着市场经济意识的增强,这些产品也大多结束了无品牌的状况)。

2. 家庭品牌

一般采用“单品牌”策略,用于企业所有产品差异性不大时,例如,维修用汽车配件。

3. 个别品牌

不同产品不同品牌(甚至是一品一牌),所以称为“多品牌”策略。一般产品差异性比较明显时,采用此法。例如,汽车及汽车零部件总成。

4. 特种品牌

这是对知名品牌为产生品牌延伸效应而广泛应用的方式之一。

5. 制造商品牌

也称"全国品牌"策略,大多数产品使用的都是制造商品牌,汽车行业就是其典型行业之一。随着我国加入 WTO,全国品牌策略已扩张成"全球品牌"策略。

6. 中间商品牌

是指产品使用中间商的品牌进行销售,同一企业生产的产品可以冠以不同中间商品牌,称之为"私有品牌"策略。例如,国内知名的"亚飞连锁"汽车经销。

7.2.5　品牌管理

在企业或产品的管理中一般涉及到多项决策,见图 7.21:

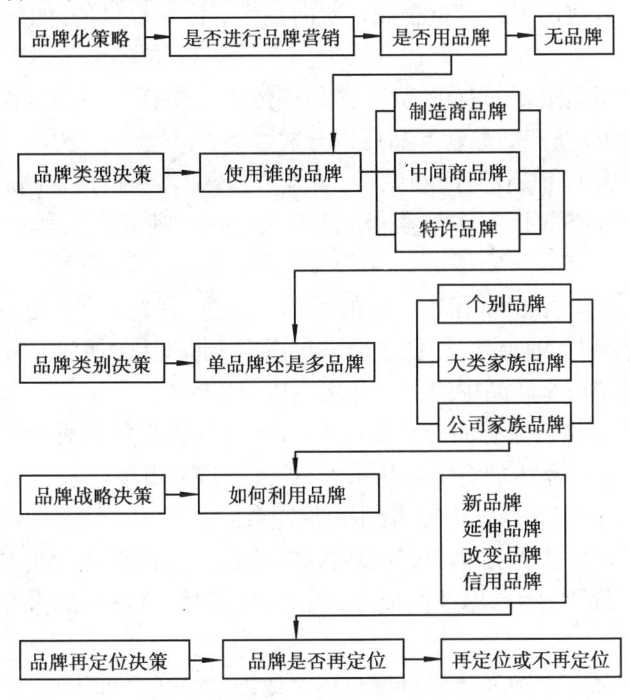

图 7.21　企业或产品的管理中一般涉及的多项决策

7.2.6　品牌保护

1. 品牌必须及时注册

如果品牌被他人先注册,往往会造成很大的损失。

2. 充分考虑注册的地域范围

产品全国销售——进行全国性注册。

产品出口——在出口国进行品牌商标注册,甚至全球范围进行国际注册。

对于同形、同义或其他类似的文字、图形或标志，尽可能先行注册，以免被人利用，对企业的产品进行仿冒，侵犯企业的权益。

3. 采取积极主动的措施

防止对自身品牌、商标的侵权和仿冒行为，其中包括对特许品牌的使用者加强质量监督——“监制”。

7.3 汽车新产品开发与产品组合策略

7.3.1 汽车新产品开发

1. 新产品的广义概念

在汽车市场上，首次出现或者是企业首次向某目标市场提供的，能满足用户某种消费需求的产品。

所谓新产品，并不是全新的意思，只要产品整体概念中任何一个方面，任何一个部分具有变革、改变和创新，都算新产品。新产品可以分成六类：

(1)全新产品。指应用新原理、新结构、新技术、新工艺和新材料制成，开创全新功能的产品。此类产品在面市的同时，大多数获得知识产权保护，利润空间较大，它占新产品总量的一成。

(2)改进型新产品。指在原有老产品的基础上改进，在结构、功能、质量、款式、造型及包装上具有的新的特点和新的突破，能更多地满足用户不断变化的需要，它约占新产品总量的四分之一。目前，在汽车轿车产品中约占三分之一以上。

(3)改良新产品。指在原有的产品线(大类)中开发出新的品种，使其性能获得改进或增加其功能，从而延伸了产品线加宽了产品系列，扩大了目标市场。该类产品约占新产品总量的四分之一。在汽车专用车新产品中能占到40%左右。

(4)成本降低产品。主要指企业应用新科技、改进工艺或形成经济规模生产，在保持产品质量、性能不变的前提下，降低原产品成本，相应售价的调节幅度加大，这种占新产品总量的一成。

(5)重新定位产品。是指在新的目标市场上或细分市场上推销现行产品。国内汽车厂商大多对此十分重视。例如，三农汽车市场，西部汽车市场等。

(6)仿制新产品。在不侵犯知识产权的前提下，对市场上已有产品进行模仿生产。汽车零部件新产品的开发必须翻版或模仿主机厂的产品，而汽车整车和摩托车整车产品切勿碰了侵权的红线，否则，连带后果严重。

2. 汽车新产品的开发过程

新产品的开发需要经过创意产生、创意筛选、概念发展和测试、营销战略发展、商业分析、产品开发、市场测试和商品化等八个步骤。

第一步，创意

创意是对未来产品的基本轮廓架构的设想，是新产品开发的基础和起点。这些设想可以通过许多方式产生,既可能来自企业内部,也可能来自企业外部;既可以通过正规的市场调查获得,亦可以借助于非正式的渠道。

第二步,筛选

对于所获得的创意,企业还必须根据自身的资源、技术和管理水平等进行筛选,因为有些创意甚至是比较好的创意并不一定能付诸实施。通过筛选我们可以较早地放弃那些不切实际的创意。当然,在筛选阶段,企业一定要避免"误舍"和"误用"两种错误。

筛选的过程主要包括两个步骤:首先,建立不同创意的评选标准;然后,确定评选标准中不同要素的权数,再根据企业的情况对这些创意进行打分。可供服务企业采用的标准有:市场大小,市场增长状况,服务水平和竞争程度等。必须强调的是没有任何一套标准,能适合所有的服务业公司,各企业都应该根据其本身的资源情况来开发并制订出自己的一套标准。

第三步,概念的发展与测试

经过筛选后的创意要转变成具体的产品概念,它包括概念发展和概念测试两个步骤。在概念发展阶段,主要是将服务产品的创意设想转换成服务产品概念,并从职能和目标的意义上来界定未来的服务产品,然后进入概念测试阶段。例如,某汽车生产企业的产品概念:一种家庭旅游房车,走到哪里都是家。概念测试的目的是测定目标顾客对于产品概念的看法和反应。此外,在发展和测试概念的过程中还要对产品概念进行定位,即将该产品的特征同竞争对手的产品作一比较,并了解它在消费者心目中的位置。

第四步,营销战略发展

营销战略计划包括三个部分:第一部分描述目标市场的规模、结构和行为,产品的定位和销售量、市场份额以及开头几年的利润目标。第二部分描述产品的计划价格、分销策略和第一年的营销预算。第三部分描述预期的长期销售量和利润目标,以及不同时间的销售战略组合。

第五步,商业分析

商业分析即经济效益分析,是为了了解这种产品概念在商业领域的吸引力有多大及其成功与失败的可性能。具体的商业分析包括很多内容,但在这一阶段想要获得准确的预测和评估是不切实际的,企业只能作大体的估计。一些常用的分析方法如盈亏平衡分析、投资回收期法、投资报酬率法等将非常有助于企业的商业分析。在此阶段经常需要一些开发性技术和市场研究,以及新服务产品推出上市的时机掌握和成本控制手段。

第六步,产品开发

产品创意经过概念发展和测试,又通过商业分析被确定为是可行的话,就进入了具体服务产品实际开发阶段。因此,企业要增加对此项目的投资,招聘和培训新的人员,购买各种服务设施,建立有效的沟通系统。此外,还要建立和测试构成服务产品的有形要素。

第七步,市场测试

对于汽车产品来说,当新产品研制出来之后通常要经过市场测试,因为消费者对设想的产品同实际产品的评价会有某些偏差。实践表明,很多产品试制出来之后仍然会遭到被淘汰的命运。

比如,一种新的安全气囊产品,大多是采用无人驾驶进行碰撞试验,模拟的驾驶及路面行驶状况与实际情况不一定完全相符,但又不能采用有人驾驶进行测试。

最后一步,商品化。

这一阶段意味着企业正式开始向市场推广新产品,新产品进入其市场生命周期的导入阶段。企业必须在新产品上市之前做出以下决策，即在适当的时间和适当的地点、采用适当的推广战略、向适当的顾客群推销产品。

3. 新产品采用过程

新产品采用过程可分为以下5个阶段：

第一阶段，知晓：消费者对该产品有所觉察，但缺少关于它的信息；

第二阶段，兴趣：消费者受到激发，以寻找该新产品较详细的信息；

第三阶段，评价：消费者考虑试用期内该新产品是否明智；

第四阶段，试用：消费者小规模使用了该新产品，以改进对其价值的评价；

第五阶段，采用：消费者决定经常和全面地采用该新产品。

7.3.2 汽车产品组合的概念

1. 汽车产品组合

指某个汽车企业生产和销售的所有汽车产品项目和产品线的组合式，也就是某企业的全部汽车产品的结构。

产品项目，即汽车产品中各种不同品种、规格、质量的特定产品，企业产品目录中列出的每一个具体的品种就是一个产品项目。

产品线是若干产品项目的集合。这些产品项目具有功能相似、用户相同、分销渠道相同、消费上相连带等特点。

产品组合是指企业全部产品线、产品项目的组合方式，即产品组合的长度、宽度（广度）、深度和关系度。“四度”的表述如下：

长度：企业所有产品线中产品项目的总和；

宽度（广度）：企业所拥有的产品线的数量；

深度：指产品线中每一个产品有多少品种规格；

关联度：是指产品线的产品在最终用途、生产条件、销售渠道或其他方面相互关系的紧密程度。

2. 产品组合坐标图（见图7.22）

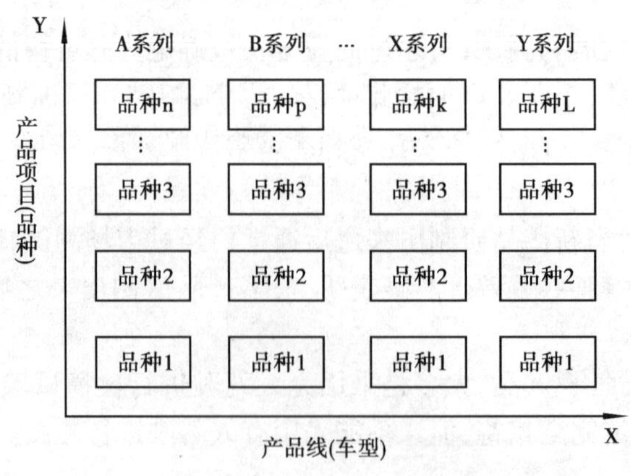

图7.22 产品组合坐标图

7.3.3　优化汽车产品组合的途径

优化汽车产品组合的基本方法是产品组合的4个维度。

第一,增大产品组合的宽度(加长X坐标),即增加车型系列;

第二,增加产品组合的长度(加长Y坐标),即品种多元化;

第三,加强产品组合的深度,即增加每一车型系列的品种数目;

第四,加强产品的一致性,使汽车企业在某一特定市场领域内加强单键和赢得良好声誉。

7.3.4　汽车产品组合策略

汽车产品组合策略是指企业应当针对(目标)消费市场,合理进行汽车产品组合决策。汽车产品组合决策对企业的营销决策有着重要意义。

1.决策时必须考虑的因素

汽车产品组合决策时必须考虑三个因素:企业自身条件、市场基本需求、竞争对手及自身竞争能力。

2.常用的产品组合有两种

一是产品项目(品种)发展策略。由于我国加入WTO后,面临的竞争形势与我国汽车买方市场的形式,汽车整车厂家总体上呈增加产品线长度,不断推出新的产品项目(品种)的趋势。营销人员必须经常根据汽车市场行情的变化,分析品种的销售增长率和利润率,调整品种,产量和市场投放节拍。

二是产品线(长型系列)发展策略。企业产品系列的发展受到各种因素的制约,只有对相关因素调查摸底,做到知己知彼后,才能制订科学的产品发展规划和计划。其实质是准确把握新产品开发决策的问题,主要是采取产品线延长策略。

产品线延长策略指全部或部分改变原有产品的市场定位,可分别情况采用"向上"、"向下"、"双向"(即分别采用高档产品策略或低档产品策略、异样化、细分化策略)三种延伸形式来实现。

7.4　汽车产品生命周期理论和营销策略

7.4.1　产品生命周期理论的框架

1.基本概念

——产品从投放到市场,经历一段时间后,最终退出市场的全过程所经历的时间称为产品的生命周期。

——汽车产品的生命周期,是指从汽车产品研制成功,完成规范、权威的检测、鉴定,投入市场开始到被市场淘汰为止所经历的全部时间过程。

注意,汽车产品的生命周期不是指汽车产品的使用寿命,而是指汽车产品的市场寿命,见图7.23。

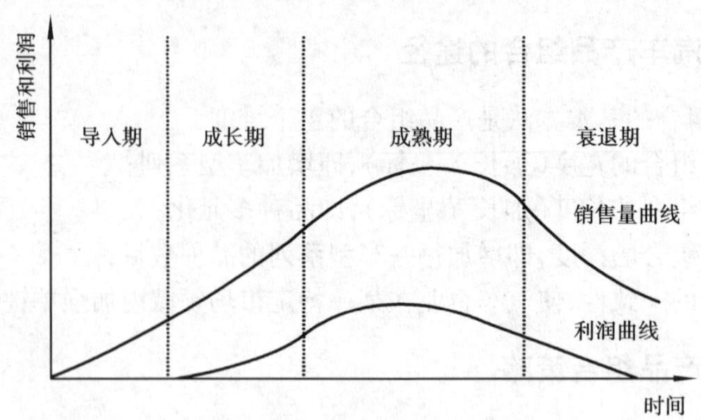

图 7.23　产品生命周期的四个阶段

(1)市场导入期——指汽车新产品面市、销售缓慢增长的阶段;

(2)市场成长期——指汽车新车型品种在市场上迅速被消费者接受,销售额迅速上升的阶段;

(3)市场成熟期——市场已普遍认同该产品,市场销售量“缓冲——稳定——缓降”阶段;

(4)市场衰退期——销售额急剧下降,利润“下降——趋零——甚至亏损”阶段。

2. 产品生命周期寿命、产品技术(失效)寿命和使用寿命的区分

产品的产品生命周期寿命就是产品的市场寿命,即从产品入市到退出市场的全部时间过程。

产品设计使用寿命,是指产品设计的技术寿命,即从投入使用到产品性能完全失效的时间过程。一般情况下,汽车产品的设计寿命比汽车产品的市场寿命长。例如,化油器发动机汽车的市场寿命已结束,但在偏远的农村,一些化油器汽车仍在使用。

产品用户使用寿命,是指汽车产品以商品形式被用户购买后,由于用户的偏好和购买新款式、新技术产品欲望的驱使,在车况正常的情况下,提前弃之不用或转入二手车市场卖出。产品用户使用寿命呈两种极端现象,城市私人用轿车的用户使用寿命,一般比产品市场寿命短,而经济欠发达农村的商用车用户使用寿命,甚至超过了其设计使用寿命的时间周期。

3. 生命周期曲线的其他形态

研究发现,产品生命周期还有多种形态。并非所有的产品都呈 S 型曲线产品生命周期。

汽车产品生命周期有三种常见形态:

(1)“增长—衰退—成熟”形态。汽车保修工具常具有此特点。例如,便携式工具箱在首次面市时销售量增长迅速,几乎一车一件,然后跌落到饱和滞销的水平,这个水平因不断有新车用户首次购买和早期用户更新产品新款工具箱而得以维持。

(2)“循环—再循环”形态。常用来说明汽车专用防冻液的销售。生产企业积极促销其新配方产品,从而产生了第一个循环;随着季节变化销售量下降,生产企业在秋末发动第二次促销活动,这就产生了第二个循环。

(3)“扇形”产品生命周期。它是基于发现了新的产品属性,发现了许多新的用途,用以推广出售就显示了这种扇形特征,因为许多新的用途一个接一个地被发现。市场营销观念与技术是构成特定产品生命周期的主要因素。

7.4.2　汽车产品市场生命周期的基本特点及营销策略

1. 汽车产品生命周期各阶段的基本特点及营销策略(见表7.1)

表7.1　汽车产品生命周期各阶段的基本点及营销策略

项目＼阶段	导入期	成长期	成熟期	衰退期
销售额	低	↗	↗↘	↘
单位成本	高	—	↘	↘
利　润	无	↗	↘	↘
营销策略	建立知名度"创牌"	提高市场占有率	争取利润最大化	实现产品更新换代

2. 导入期的市场特点与营销策略

(1)市场特点(见图7.24)

市场特点
- 试销，价格高，销售额增长缓慢
- 生产批量小，成本高(试制费用大，一次摊入成本或分期待摊)
- 促销费用高
- 运行质量差(利润几乎不存在，甚至呈负数)
- 快速掠取微略(高定价、高促销费用、加快市场渗透)

图7.24　导入期的市场特点

(2)营销策略

①快速掠取策略。即以高价格和高促销费用的方式推出新产品。企业采用高价格是为了在每单位销售中尽可能获取更多的毛利,同时,企业花费巨额促销费用说明该产品物有所值。高水平的促销活动加快了市场渗透率。采用这一战略的假设条件是:潜在市场上的大部分人还没有意识到该产品;知道它的人渴望得到该产品并有能力照价付款;公司面临着潜在的市场竞争和想建立品牌偏好。

②缓慢掠取策略。即以高价格和低促销水平方式推出新产品。推行高价格是为了从每单位销售中获得尽可能多的毛利;而推行低水平促销是为了获取大量利润。采用这一战略的假设条件是:市场的规模营销费用;大多数的市场已知晓这种产品;购买者愿出高价;潜在对手的竞争威胁小。

③快速渗透策略。即以低价格和高促销水平的方式推出新产品。这一战略期望能给公司带来最快速的市场渗透和最高的市场份额。采用这一战略的假设条件是:市场规模很大;市场对该产品不知晓;大多数购买者对价格敏感;潜在竞争很激烈;随着生产规模的扩大和制造经验的积累,企业的单位制造成本会下降。

④缓慢渗透策略。企业可降低其促销成本以实现较多的净利润。公司确信市场需求对价格弹性很高,而对促销弹性很小。采用这一战略的假设条件是:市场规模大;市场上该产品的

知名度较高,市场对价格相当敏感;有一些潜在的竞争威胁。

3. 成长期的市场特点与营销策略

(1)市场特点(见图7.25)

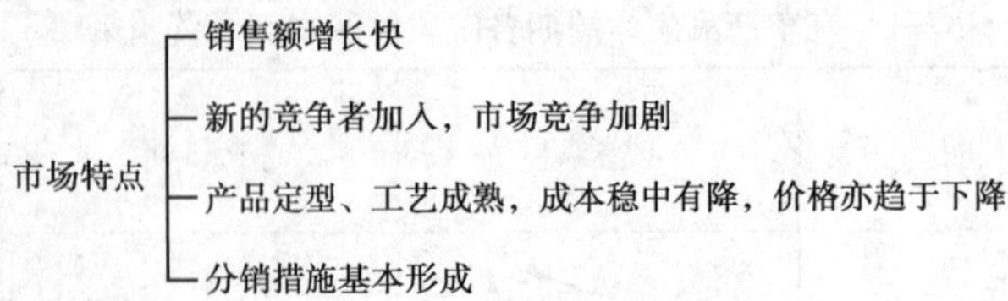

图7.25　成长期的市场特点

(2)营销策略(见图7.26)

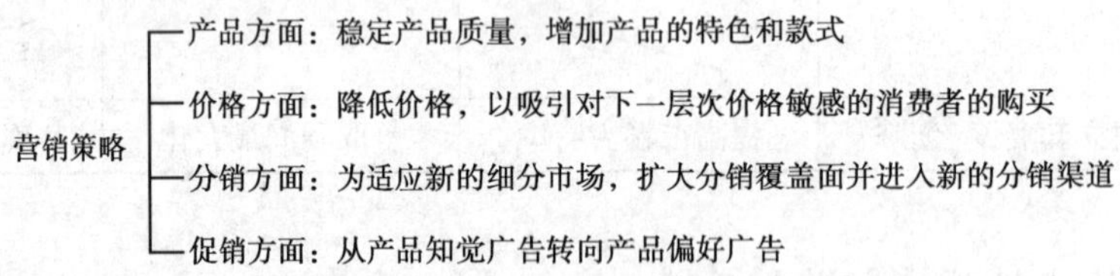

图7.26　成长期的营销策略

4. 成熟期的市场特点与营销策略

(1)成熟期的产品生命周期曲线的特征(见图7.27)

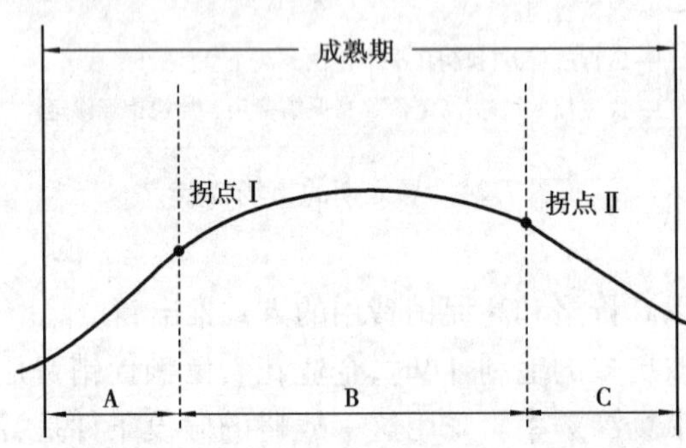

图7.27　成熟期的产品生命周期曲线的特征

成熟期的产品生命周期曲线由A、B、C三个曲线段组成,波峰出现市场由增长到下降的拐点。具体对三个曲线段的描述如下:

A段:成长成熟期,某产品市场趋于基本饱和,增长率缓慢。

B段:从拐点Ⅰ开始,进入稳定成熟期,市场基本饱和,销售在高峰层面稳定,开始出现下降拐点的征兆。

C段:从拐点Ⅱ开始,进入衰退成熟期,销售趋降,竞争加剧,分化征兆明显。

(2)营销策略及追求的效果

①在成熟阶段,许多生产企业会放弃渐弱的产品,它们把主要精力放在有利可图的产品和新开发产品上,但它们可能忽视许多老产品仍有的潜力,不应简单放弃而应采取改进策略,简称“六大改进”(见图7.28);

②市场多元化战略:开发新市场;

③汽车产品再推出策略:开发新产品。

以上策略,要双管齐下,同时有节拍地实施多重组合策略。需要强调一点,即投入产出综合考虑。

市场效果:

①通过开发新市场实施市场多元化战略。可以在不同的市场截面(形成 n 个市场),让同一产品的市场生命周期曲线产生错开峰谷的效应。在不同时间段的横向层面上,同一产品均有处于成熟期波峰的市场机会。

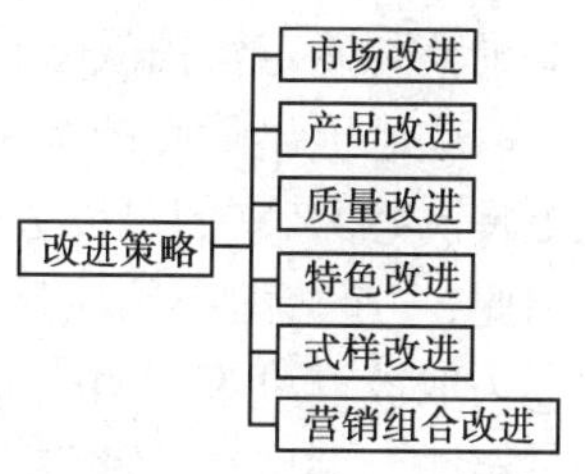

图7.28　营销六大改进策略

②通过开发新产品,实施汽车产品再推出策略。可以在同一市场截面内的市场成熟期延长,出现若干个产品销售或利润的波峰,见图7.29。

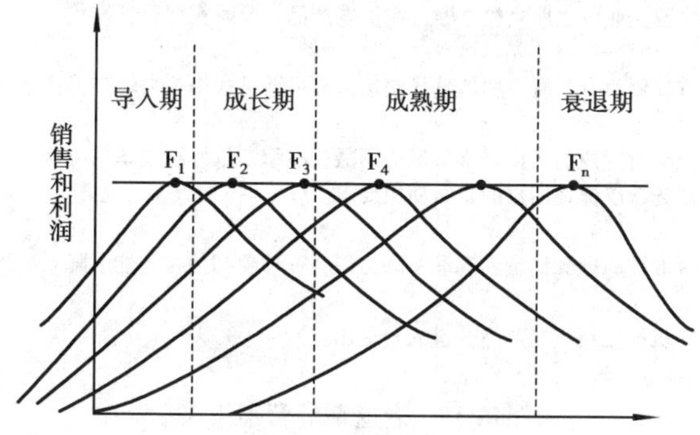

图7.29　销售和利润曲线

③通过以上两种营销组合的双重协调组合,将会在不同市场截面的同一成熟期若干波峰组成一个相对稳定的最佳营销组合层面,使企业的产品销量和利润取得最大化。

采取以上三种产品营销组合,每个产品品种甚至每个产品线都必然会出现转折性拐点,企业经营者要从经营战术上坚持市场跟踪,对敏感性因素的变化进行调查、测量和预测,做好市场商情预报,有利于企业及时采取经营对策、防范风险,稳定持续发展。

5. 衰退期的市场特点及营销策略

(1)市场特点(见图7.30)

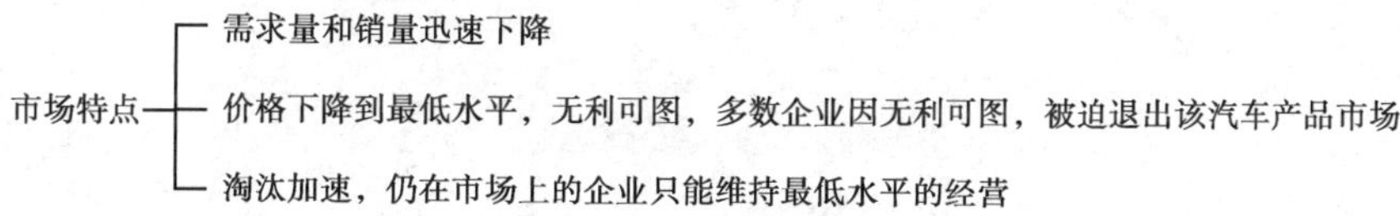

图7.30　衰退期的市场特点

在科技进步的推动下,汽车产品特别是整车产品层出不穷,不断面市。汽车产品最终都会衰退。这种销售衰退也许是缓慢的一个周期,但也许很迅速,象埃德塞汽车的例子。销售可能会下降到零,销售衰退的原因很多,且会导致生产能力过剩、削价竞争增加和利润被侵蚀。当销售和利润衰退时,有些公司退出了市场,留下来的公司可能会减少产品供应量。它们能从较小的细分市场和较弱的贸易渠道中退出,它们也可能削减促销预算和进一步降低价格。

一个生产企业在处理它的进入衰退期产品时面临着许多任务和决策。

①善于识别疲软产品。第一任务是建立识别疲软产品的制度。

②调整和确定营销战略。有些生产企业将比其他竞争对手率先放弃衰退市场。这在很大程度上取决于退出障碍的水平。退出障碍越低,企业就越容易脱离该行业,同时对留下来的公司就更具诱惑力,它们可以去吸引退出企业所拥有的消费群,留下来的企业将会增加销售和利润。因此,一个公司必须对是否要在市场上坚持到底做出决定。

③采取放弃决策。当企业决定放弃一个产品时,它面临着进一步的决策。如果产品有很强的分销能力并留存一些好名声,公司也可将它卖给一个小公司。如果公司找不到买主,就必须决定是迅速还是缓慢结束这个品牌。它还必须决定保留多少部件和服务项目为老顾客服务。

(2)营销策略(见图7.31):

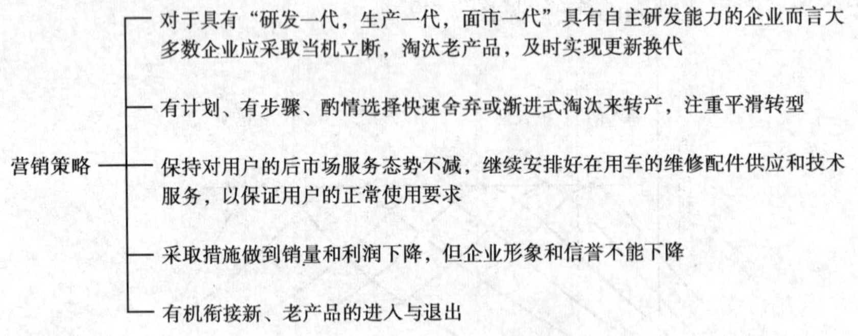

图7.31　衰退期的营销策略

思考题

1. 简述市场生命周期阶段的主要特征。
2. 为什么说产品策略是实施营销组合策略?
3. 简述品牌经营的内容。
4. 简述汽车产品市场生命周期的基本特点及营销策略?

第 8 章　汽车定价策略的运用

学习要点

- 汽车价格的构成及影响汽车产品定价的主要因素。
- 汽车产品定价的方法及其应用。
- 汽车产品定价的基本策略及定价策略与其他营销组合策略的配合运用。
- 学会适应消费者的购买满意进行产品组合定价，特别要学会利用消费者心理因素定价。

8.1　汽车价格的构成及影响定价的主要因素

汽车产品的价格从经济学观点看是其价值的货币表现，是一个具体的、确定的货币量。从汽车市场营销的角度看，汽车价格是活跃的，是围绕汽车的价值上下波动的。汽车产品价格是汽车市场供需变化的最直观反应，汽车产品价格要以汽车消费者是否满意为出发点。所以，价格在市场营销组合中与产品、分销和促销相比，是增销获利的关键因素，在四大要素营销组合中，只有价格能产生收入，其他三个要素都表现为成本。

价格既是一门科学，又是一门艺术。随着我国汽车市场的国际化，汽车产品质量差别不断变化，市场营销环境日益复杂，竞争程度不断激烈，制订价格策略的重要性和操作难度将会越来越大，必须对此高度重视。

8.1.1　汽车价格的构成

1. 从汽车市场营销角度看，汽车价格的具体构成(见图 8.1)

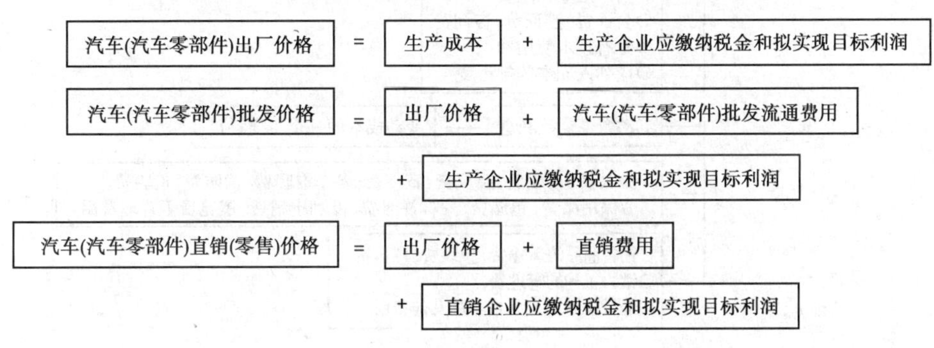

图 8.1　汽车价格构成

2. 汽车(汽车零部件)产品的成本

汽车产品的成本是汽车企业为研究开发、生产和销售产品所支付的全部实际费用,以其汽车企业为产品承担风险所付出的代价的总和。

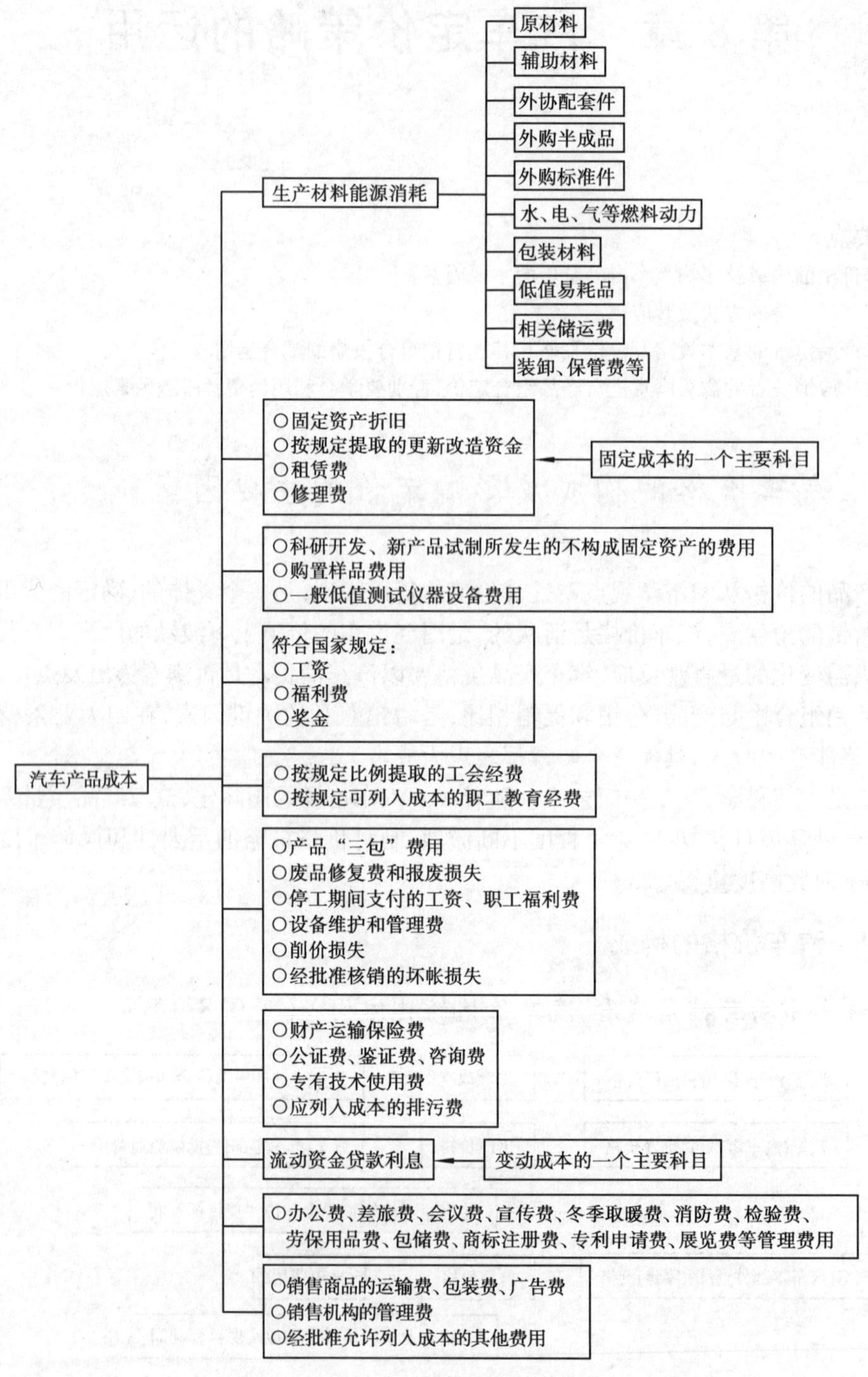

图 8.2 汽车产品成本构成框图

成本是价格中最主要、最基本的因素。汽车产品的成本包括研发成本、制造成本、营销成本、储运成本等，按其变动的稳定程度产品成本可分为固定成本和变动成本。固定成本是企业产品的投资、折旧、房地设备租金及行政办公费等；变动成本是指随着产量或销售量的增减而变化的各种费用，如原材料的消耗、储运费用、计件工资等。还有一种叫“半固定成本”，它是产品产销量增加到一定数额后，原成本支出不足以支撑，对新增产销量需要追加的固定资本投入。

$$总成本 = 固定成本 + 变动成本 + 半固定成本 \tag{8.1}$$

汽车产品成本构成（见图 8.2）。

8.1.2　影响定价的主要因素

影响汽车产品的定价因素（见图 8.3）是多方面的：

1. 定价目标

定价目标是指企业定价要达到的主要目标。企业生产经营的不同汽车产品在不同的时间，针对不同的目标市场有不同的目标。企业追求的目标是多元的，不止一个的，一般有利润目标、市场目标、竞争目标等。

企业目标不同，采取的价格策略亦不同。一般，企业定价目标有以下四种：

图 8.3　影响价格的主要因素

（1）维持生存

当汽车市场同类产品竞争激烈——企业处于生产能力过剩——或者产品已进入生命周期的衰退期——消费者需求发生重大变化时，一般采取低的价格（略高于成本的最低费用），以维持生产，保持企业活力，但维持生存仅是权宜之计，必须同时审时度势，因时因地制宜，调整并实施新的市场战略。

（2）当期利润最大化

企业通过对成本函数与需求函数的深入分析，按照边际成本等于边际利润最大化原则，求得企业可获得最大利润的产品价格。但是一般要把握两点：一是追求利润最大化并不等同于价格最高；二是不能长期采用过高的价格，要见好就收，否则会带来负面的连锁反应。

（3）市场占有率最大化

这就是所谓的薄利多销。采取这种定价目标必须具备下述条件：市场对价格弹性较大，产品成本随着销量增加呈现逐步下降趋势，而利润则能逐步上升，企业生产呈现规模经济特征，市场的低价能阻止生产规模较之为小的竞争者进入。

（4）产品质量最优化

这就是所谓的优质优价。拟采取制订较高价格的汽车企业，一般要具备以下三个条件：一是持有同类名牌产品的市场主导企业；二是产品质量胜人一筹；三是能提供优质的售后服务。

综上所述，可供选择的汽车定价目标，见图 8.4：

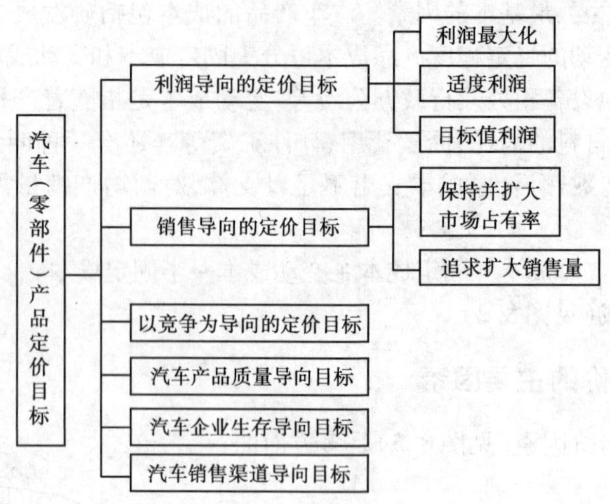

图 8.4　汽车产品的定价目标

2. 产品成本

汽车(汽车零部件)是典型的规模生产的产品,生产规模的大小很大程度上决定着产品成本。所以,产品成本是影响产品价格的主要因素,市场需求的大小决定着企业为产品制订价格的最高限,而成本的高低决定着最低限。1999 年国家有关部委发布实施的《关于制止低价倾销行为的规定》明确规定:在正常情况下企业制订出厂价格的最低界限为生产成本,若低于这一界限,将被视为不正当竞争行为。所以制订产品价格,必须包容生产、销售的成本——承担风险的合理报酬补偿外,与竞争对手相比,在同样的市场价格水平内,应有尽可能的调节空间,这样才能形成价格竞争的比较优势。

3. 供需关系

价格机制就像一只无形的手协调着供需的变化。汽车产品的市场需求量和市场供给能力都受到多种因素的影响。其中最主要的因素是产品的价格。

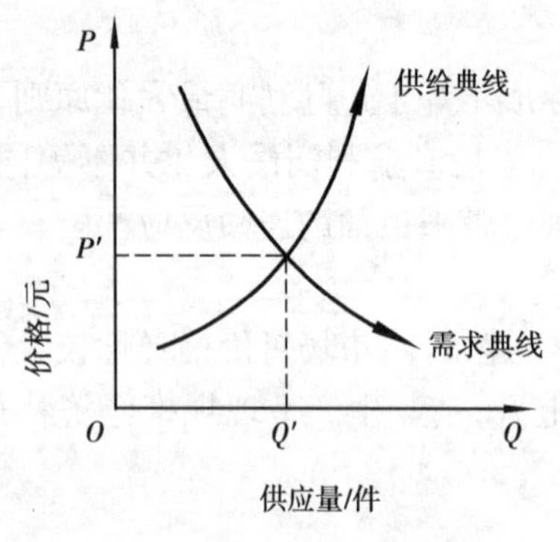

图 8.5　供求均衡图

在其他因素不变或变化不明显的情况下,价格与需求关系一般是反比关系,当产品价格下降时,需求量增加;商品价格上升时,需求量下降。价格与供给量的变动方向相同,呈正比关系。

由于价格的影响,供给与需求变动的方向是相反的(见图 8.5)。

在价格变动中,供给曲线和需求曲线会相交于某点,这点就称为均衡点。与均衡点对应的价格(即 O-P 轴上的 P′点),是市场供求平衡时的价格,称作供需双方都能接受的“均衡价格”。实际生活中,汽车产品市场营销中的售价,都是建立在买卖双方都能接受的“均衡价格”的水平上的,均衡价格是相对稳定价格,供求平衡只是相对的,有条件的,不平衡则是绝对的。

为了掌握需求变动对价格变动的敏感程度,应该了解需求价格弹性。所谓价格弹性是指因价格的变动而引起的需求相应的变动率，一般用弹性系数来衡量弹性的大小，其计算公式为：

$$Ed = \frac{\Delta Q/Q}{\Delta P/P} \quad (8.2)$$

式中：Ed——需求弹性系数；

Q——原需求量；

ΔQ——需求变动量；

P——原价格；

ΔP——价格的变动量。

不同的产品具有不同的弹性，需求弹性系数可分为三种类型：

第一种，富有弹性 $Ed>1$。定价时可采用薄利多销的降价措施。

第二种，不变弹性 $Ed=1$。价格的变动与需求量的变动是相适应的，定价时可选择实现预期利润率为依据。

第三种，缺乏弹性（或称弹性较小）$Ed<1$。价格与总收入成正比，宜在定价时采用水涨船高的较高定价策略。

4. 竞争者行为

竞争者的行为这里主要指竞争对手的同种汽车产品的价格水平。从以上分析可以看出，市场的需求和企业的成本已分别为产品的价格确定了上下限，在上下限幅度内，企业的产品价格取决于市场上同种产品竞争对手的价格水平。

一般可归纳为三种方法：一是与竞争者产品同价；二是高于竞争者的价格；三是低于竞争者的价格。这就要求做到了解和跟踪竞争对手的有关信息资料，对竞争对手产品及价格进行比较分析，及时掌握竞争对手采取的价格策略，以便于积极应对。从长计议看，我们应清醒认识到，市场竞争的重点应放在非价格竞争上，恶性的价格战往往造成两败俱伤，应通过产品创新、提高质量、促销策划和后市场开发，创造新的产品价值以对抗价格战，以增加销量，扩大市场占有率。

5. 汽车产品特征

一般指汽车产品的自身属性，如质量、性能、款式、造型、人性化程度、服务、商标和装饰等，它能反映汽车产品对消费者的吸引力。

汽车产品所处的产品生命周期的不同阶段对价格的影响也很重要，一是汽车产品具有耐用消费品和生产资料的双重属性，整车产品的生命周期较长，汽车配件的产品生命周期又比整车长，但由于整车新产品的不断推向市场，“总把新桃换旧符”。所以汽车整车，特别是轿车产品的市场生命周期往往比产品生命周期短。二是要关注不同周期阶段对产品的影响，把握不同周期阶段的汽车产品的变化规模，以此作为选择价格策略和定价方法的依据。

6. 汽车市场结构

从理论上讲，汽车市场结构可分为：完全竞争市场、完全垄断市场、垄断竞争市场和寡头垄断市场四种汽车市场类型。由于汽车市场总量上供大于需的基本状况，“完全竞争市场”（又称自由竞争市场）和“完全垄断市场”在当今的现实中是不存在或在局部区域市场实属少见。“垄断竞争市场”比较符合现实情况，其市场结构呈以下三个特点：其一，同类汽车产品（例汽车发动机,大中型客车等),在市场上有较多的生产企业,市场竞争十分激烈;其二,新成长的此类企业进入汽车市场相对容易;其三,不同企业生产的同类汽车产品存在着差异性,消费者对某种品牌产品产生了偏好,这类企业由于某种优势(品牌效应和企业发展史等)而产生了一定的垄断因素。

"寡头垄断市场"是介于完全垄断和垄断竞争之间的一种汽车市场形式。这是指某类汽车(如赛车、大吨位工程装载车、工程装药车等)的绝大部分由少数几家汽车产品生产企业相对垄断的市场,这种形式在技术含量高的专用性强的汽车产品较为普遍。在这种汽车市场中,汽车的市场价格主要不是通过市场供求关系决定的,而是由几家或十几家这类汽车产品的企业通过协议或默契做出的。

7. 政府干预程度

政府干预企业价格制订也直接影响企业的价格决策,为了维护国家利益、社会公益和消费者的权益,规范正常的汽车市场秩序和公路交通运输秩序,改善城市的大气环境和交通阻塞现象,保持汽车产业的健康持续发展,国家不断制订和完善有关政策法规,鼓励或约束汽车产品企业的定价行为。

8. 企业状况

主要指汽车企业的生产经营能力和经营管理水平对制订价格的影响。不同的企业由于规模和实力的不同、销售渠道和信息沟通方式的不同以及企业营销人员的素质和能力高低的不同,对价格的制订和调整应采取不同的策略。

9. 社会经济状况

汽车是价值较大的耐用消费品和生产资料,由于经济状况不同,则对价格敏感性反应不同。一个国家或地区经济发展水平及发展速度快,人们收入水平增长高,购买力强时,对价格敏感性弱;反之,则价格敏感性强。价格敏感性弱时,有利较自由地为汽车产品定价,价格敏感性强时,自由定价的活动空间就小。

10. 货币价值

汽车产品在国际化的大市场上营销,汽车价格不仅取决于汽车自身价值的大小,而且取决于货币价值的大小。近几年来,国家几个主要的币种,如美元、欧元、英镑、日元、人民币的互换汇率在不断变化,仅人民币对美元2005年/2006年年度就升值5%以上,由于汽车价格与货币交换的比例关系,肯定对汽车进出口价格带来影响。

8.2 汽车产品定价方法

影响汽车价格的因素比较多,在制订汽车价格时主要考虑的因素有三个:一是汽车产品的成本;二是汽车市场的需求;三是竞争对手的价格。汽车产品的成本规定了汽车价格的最低基数,汽车市场的需求决定了汽车需求的价格弹性,竞争对手的价格提供了制订汽车价格的对比参照点。在实际操作中,往往侧重于影响因素中的一个或几个主要因素来选定汽车定价方法。

8.2.1　汽车产品定价方法

1. 定价步骤(见图8.6)

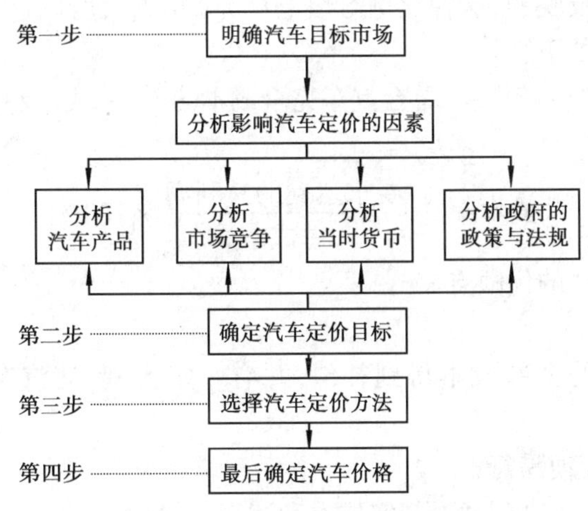

图8.6　汽车定价的步骤框图

2. 汽车定价方法(见图8.7)

汽车产品定价主要有3种基本方法和9种具体方法。

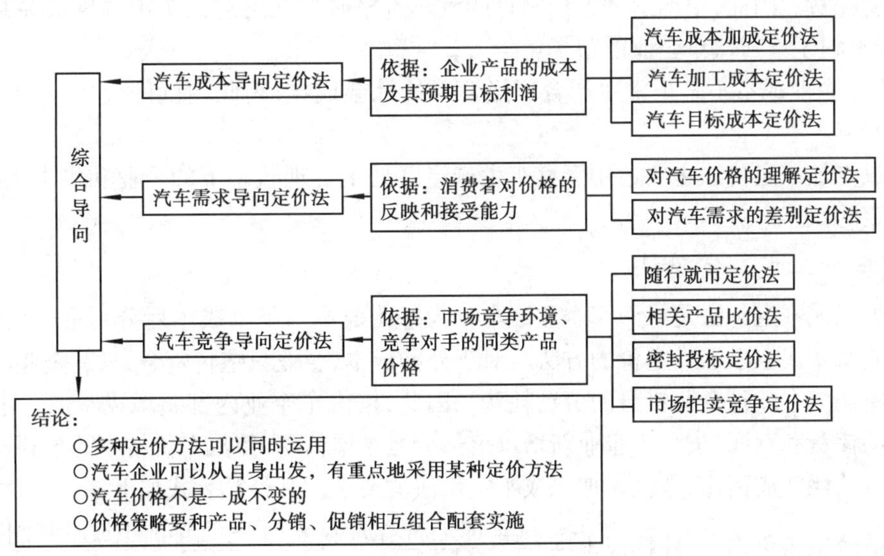

图8.7　汽车定价方法框图

8.2.2　汽车成本导向定价法

汽车成本导向定价法是汽车企业定价首先要考虑的方法，即以汽车成本为基础，加上一定的预期利润和应纳税金来制订汽车价格的方法。这是一种按汽车企业自身的经营意图定价的方法。以汽车成本为基础的定价方法主要有以下三种：

1. 汽车成本加成定价法

成本加成定价法是一种最简单的汽车定价方法，即在单台汽车成本的基础上，加上一定的预期利润（用百分比表示）作为汽车产品的售价。售价与成本之间的差额，就是利润。由于利润的多少是按一定比例反映的，这种比例习惯上称为“几成”，所以这种方法被称为汽车成本加成定价法。计算公式如下：

$$\text{汽车单台销售} = \text{单台汽车完全成本} \times (1 + \text{成本利润率}) \tag{8.3}$$

其中，

$$\text{成本率} = \frac{\text{要求达到的总利润}}{\text{总成本}} \times 100\% \tag{8.4}$$

汽车成本加成定价法的优缺点。

优点：

(1)能使汽车企业的全部成本得到补偿，并有一定盈利，使汽车企业的再生产能继续进行；

(2)这种计算方法简便易行；

(3)有利于国家和有关部门通过规定成本利润率，对汽车企业的汽车价格进行监督；

(4)如果汽车行业都采用此法，就可缓解汽车价格竞争，保持汽车市场价格的稳定。

缺陷：

(1)由于汽车成本加成定价法忽视了汽车市场的需求和竞争对手的价格，只反映生产经营中的劳动耗费。因此，根据这种方法制订的汽车价格必然缺乏对汽车市场供求关系变化的适应能力，不利于增强汽车企业的市场竞争力；

(2)汽车企业成本不是正常生产合理经营下的社会成本，因此，有可能包含不正常、不合理的费用开支。

汽车成本加成定价法主要适用于汽车生产经营处于合理状态下的企业和供求大致平衡、成本较稳定的汽车产品。

2. 汽车加工成本定价法

汽车加工成本定价法是将汽车企业成本分为外购成本与新增成本后分别进行处理，并根据汽车企业新增成本来加成定价的方法。对于外购成本，企业只垫付资金，只有企业内部生产过程中的新增成本才是企业自身的劳动耗费。因此，按汽车企业内部新增成本的一定比例计算自身劳动耗费和利润，按汽车企业新增价值部分缴纳增值税，使汽车价格中的盈利同汽车企业自身的劳动耗费成正比，是汽车加工成本定价法的要求。其计算公式如下：

$$\text{汽车单台销售价格} = \text{外购成本} + \frac{\text{汽车加工新增成本} \times (1 + \text{汽车加工成本利润率})}{1 - \text{加工增值税率}} \tag{8.5}$$

其中，

$$\text{汽车加工成本利用率} = \frac{\text{要求达到的总利润}}{\text{加工新增成本总额}} \times 100\% \tag{8.6}$$

$$\text{加工增值税率} = \frac{\text{应纳增值税金总额}}{\text{销售总额} - \text{外购成本总额}} \times 100\% \tag{8.7}$$

这种汽车加工成本定价法主要适用于加工型汽车企业和专业化协作的汽车企业。此方法既能反映汽车企业的全部成本,又能使协作企业之间的利润分配和税收负担合理化,避免按汽车成本加成法定价形成的行业之间和协作企业之间苦乐不均的弊病。

3.汽车目标成本加成定价法

汽车目标成本加成定价法是指汽车企业以估算的预期能够达到的目标总成本和销量为定价依据,在此基础上加上按成本利润率确定的目标利润来制订汽车价格的方法。这里,目标成本与定价时的实际成本不同,它是拟定的一种"预期成本",一般都低于定价时的实际成本。其计算公式如下:

$$汽车单台销售价格 = \frac{汽车目标总成本 \times (1 + 汽车目标利润率)}{预期总销量} \tag{8.8}$$

其中,

$$汽车目标成本利用率 = \frac{要求达到的总利润}{目标成本 \times 预期总销量} \times 100\% \tag{8.9}$$

上述表明,汽车目标成本的确定要同时受到价格、税率和利润要求的多重制约。即汽车价格应确保市场能容纳目标产销量,扣税后销售总收入在补偿目标产销量计算的全部成本后能为汽车企业提供预期的利润。此外,汽车目标成本还要充分考虑原材料、工资等成本——价格变化的因素。

汽车目标成本虽非定价时的实际成本,但也不是主观臆造出来的,而要建立在对"量、本、利"关系进行科学测算的基础上。小批量生产成本高的主要原因是固定总成本按产量分摊后单位固定成本高,如果在设备能力范围内将目标产量增大,就能使固定总成本分摊额减少(平均变动成本一般变化不大,并还可能由于工艺技术更熟悉而降低一些),使单台汽车成本大大降低。预期的成本降低便可将汽车价格达到能吸引消费者的水平,从而为汽车打开销路。但是,并非汽车目标成本定得越低越好,因为,要降低目标成本就必须增大目标产销量,而汽车目标产销量如果太接近一个汽车企业的生产能力极限,单台汽车成本水平反而又会升高。按照许多汽车企业的实践经验,汽车目标成本应留有调整空间和变动裕度,一般是在保本点往后直到设备利用率达到80%左右的产量区间内确定的。

汽车目标成本加成定价法是为谋求长远和总体利益服务的,较适用于经济实力雄厚、生产和经营有较大发展前途的汽车企业,尤其适用于新产品的定价。采用汽车目标成本加减定价法有助于汽车企业开拓市场,降低成本,提高设备利用率,提高汽车企业的经济效益。

8.2.3　汽车需求导向定价法

汽车需求导向定价法是汽车企业依据汽车消费者对汽车产品价值的理解程度和对汽车需求强度的差别为依据的定价方法。

1.对汽车产品的理解价值定价法

所谓对汽车产品的理解价值定价法也叫感受价值定价法,就是汽车企业不以成本为依据,而按照汽车消费者对汽车产品的理解价值来制订汽车价格。

对汽车产品的理解价值定价法同汽车在市场上的定位是相联系的。其方法是:

——首先应以各种营销策略和手段,影响消费者对产品的汽车质量、提供的服务等方面认知形成对企业和产品的价值观念；

——判定汽车所能达到的售价；

——估计在此汽车价格下的销量；

——由汽车销量计算出所需的汽车生产量、投资额及单台汽车成本；

——计算该汽车是否能达到预期的利润，以此来确定该汽车价格是否合理，并可进一步判明该汽车产品面市后的表现。

运用对汽车产品的理解价值定价法的关键是把自己的汽车产品与竞争者的汽车产品相比较，正确估计本企业的汽车产品在汽车消费者心目中的形象，找到比较准确的理解价值。因此，在定价前要搞好市场调研和影响、引导消费者的工作。

2. 对汽车产品区分需求的差别定价法

根据对汽车需求方面的差别来制订汽车产品和后市场服务的价格，主要有以下三种情况：

(1)按汽车的不同目标消费者采取不同价格

同一商品对于不同消费者，其需求弹性不一样。有的消费者对价格敏感，适当给予优惠则引导购买，有的则不敏感，可照价收款。

(2)按汽车的不同颜色、款式、配置确定不同价格

对同一品牌、规格汽车的不同颜色、款式、配置，消费者的偏好程度不同，需求量也不同。因此，定不同的价，能吸引不同需求的消费者。

(3)按汽车的不同销售时间采用不同价格

同一种汽车因销售时间不同，其需求量也不同，汽车企业可据此制订不同的价格，争取最大销售量。

总之，对汽车需求的差异定价法能反映汽车消费者对汽车需求的差别及变化，有助于提高汽车企业的市场占有率和增强其汽车产品的渗透率。但这种定价法往往和成本控制脱节。

8.2.4 汽车竞争导向定价法

汽车竞争导向定价法是企业通过对竞争对手的生产条件、服务内容、价格水平和调研，依据自身的竞争实力，参照成本和供需状况来确定产品价格。这是一种汽车企业为了应付汽车市场竞争的需要而采取的特殊的定价。主要有以下三种方法：

1. 随行就市定价法

随行就市定价法，即以同类汽车产品的平均价格或市场流行价格水平作为汽车企业定价的基准。这种方法适合汽车企业既难于对消费者和竞争者的反应做出准确的估计，自己又难于另行定价时运用。在实践中，有些产品难以计算，采用随行就市定价一般能比较切合实际地体现汽车价值和供求情况，保证能获得合理效益，同时，也有利于协调同行业的步调，融洽与竞争者的关系。

此外，采用随行就市定价法，其汽车产品的成本与利润要受同行业平均成本的制约。因此，企业只有努力降低成本，才能获得更多的利润。

2. 相关商品比价法

相关商品比价法，即以同类汽车产品中消费者认可某品牌汽车的价格作为依据，结合本企业汽车产品与认可汽车的成本差率或质量差率来制订汽车价格。它有以下三种计算方式：

(1)当汽车产品与认可汽车相比,成本变化与质量变化方向程度大体相似时,可按成本变化,实行“按值论价”:

汽车价格 = 认可汽车价格 ×(1 + 成本差率)

(2)当汽车产品与认可汽车相比,成本上升不多而质量有较大提高,可根据“按质论价、优质优价”原则,结合考虑供求关系,在下列区域中定价:

认可汽车价格 ×(1 + 成本差率)< 汽车价格 ≤ 认可汽车价格 ×(1 + 质量差率)

式中,质量差率要通过对汽车质量效用的综合评估而确定。

(3)当汽车产品与认可汽车相比,成本下降不多而质量下降较多时,则应严格执行“按质论价”原则,实行低质廉价:

汽车价格 = 认可汽车价格 ×(1 - 质量差率)

采用这种定价法,由于价格常与认可汽车保持由信誉、质量和成本等方面的差别而形成的一定距离,因此,这是一种以避免竞争为主要意图的定价方法。

3. 密封投标定价法

密封投标定价法是一种竞争性很强,公开程度很高的定价方法,一般的对象是组织机构的业务购买和政府采购。买方发表招标公告,在同意投标人所提出的条件的前提下,密封投标,然后买方同时公开开标,请专家评估后确定选择卖方企业及产品。其显著特点是招标方只有一个,处于相对垄断的地位;而投标方有多个,处于相互竞争的地位。能否成功的关键在于投标者的出价能否战胜所有竞争对手而中标,中标者与卖方(买方)签约成交。

4. 市场拍卖竞争定价法

也称竞拍定价法,这是一种独特的竞争定价方法,一般是通过公开价格竞争形成的,包括以下三种定价法:公开提价拍卖法;降低拍卖定价法和约定标志定价法。此定价法主要在政府公开处理走私没收汽车、汽车总成件产品(如发动机)和企业转产、破产或处理多余汽车时采用。

8.3　汽车产品定价策略与价格变动策略

从前两节学习中,我们已了解到两个重要内容:一是在市场营销的实践中,影响企业的定价因素非常多;二是已研究的定价方法,是依据成本、需求和竞争因素等决定产品基础价格的方法,其价格尚未计入折扣、运费等因素的影响。企业为了实现预期的经营目标,应根据企业的内部条件和外部环境,采用灵活多变的价格技巧,选择最优定价目标的定价策略和价格变动策略。

8.3.1　定价策略

1. 新产品定价策略

汽车企业开发新产品,特别是技术含量高,复杂系数大的新产品,一般出现三种情况:一是付出的成本高;二是消费者尚不了解;三是竞争对手的出现,还有一个置后的时间差。所以新产品价格确定就成了企业价格策略的重点,它关系到新产品能否抢占先机、顺利进入市场,并为后续营销打下基础。理论上讲,新产品定价策略有三种。

(1)撇脂定价策略

撇脂定价策略,是指企业在新产品刚投放市场时采取高价保利策略,以求在尽可能短期限内迅速获取高额利润,随产品的进一步成长再逐步降低价格。采用此策略的企业主要利用时间差商品一上市便高价厚利,这是因为新产品能够带给消费者一些新的满足,产生新的吸引力。

它的优点是:新产品初上市,竞争者还没有进入,利用时间差和顾客求新心理,以较高价格刺激消费,开拓早期市场。由于价格较高,因而可以在短期内取得较大利润。定价较高,在竞争者大量进入市场时,便于主动降价,增强竞争能力,同时也符合消费者对待价格"买涨不买落"、"价高肯定质优"的心理。

它的缺陷是:在新产品尚未建立起声誉时,高价不利打开市场,有时甚至会无人问津。如果高价投放市场销路旺盛,很容易引来竞争者,加速本行业竞争的白热化,容易导致供需失调、价格下跌、产生经营节拍速进速退的局面。因此,在采用高价策略时,要注意这种方法的适应条件。

撇脂定价法一般适应于以下几种情况:

①有些新产品上市初期,新产品比现有产品有明显的技术质量、性能等方面的比较优势,产品即使高价格也能吸引消费者。

②新产品上市阶段,商品的需求弹性较小,或者早期的购买者对价格的反应还不敏感。

③在短时期内竞争者还不容易进入该产品市场。比如有知识产权、专利保护的汽车电子产品在高价情况下,仍可独家经营,竞争者在短期内无法与之抗衡。

④价格高与消费者的购买心理关系密切,往往能使消费产生是高档产品的印象。

(2)渗透定价策略

渗透定价策略也称渐取定价策略或低价促销策略,是指企业在新产品投放市场的初期,将产品价格定得相对较低,以吸引大量购买者,获得较高的销售量和市场占有率。这种策略与撇脂定价策略相反,具有鲜明的渗透性和排他性。

企业采用渗透策略的条件如下:

①消费者对这类产品价格显得极为敏感,采取低价措施会极大刺激市场需求量的增长。

②产品的市场规模很大,存在很大的市场潜力,企业的生产成本和经营费用会随着生产经营规模的增加而下降。

③低价不会引起竞争者的注意,对竞争对手的进攻有很大的隐蔽作用。

它的优点是:可以占有比较大的市场份额,通过提高销售量来获得企业利润,也较容易取得销售渠道成员的支持,低价薄利不仅能使竞争者不感兴趣或者使其望而却步,从而获得一定的市场优势。

它的缺陷是:因其定价过低,一旦市场占有率扩展缓慢,不利于企业尽快收回成本,有时还容易引起消费者"一分钱一分货"、"价低质低"的心理疑惑,不信任商品的质量。

(3)满意定价策略

这是一种介于撇脂定价策略和渗透定价策略之间的折中定价策略,其新产品的价格水平适中,风险小。所以,企业采用满意定价策略既能保证企业获得合理的利润,又能兼顾中间商的利益,还能为消费者所接受,从而产生多赢效应。

它的缺点是:价格比较保守,缺乏主动进攻,不适于竞争激烈或复杂多变的市场环境。这一策略适用于需求价格弹性较小的汽车产品。所要强调的是，满意定价策略也是参考产品的经济价值决定的，所以当大多数潜在的购买者认为产品的性价比相当时，即使价格很高也属满意价格。

以上三种新产品定价策略各有利弊，并有其相应的适用环境。企业在具体运用时，究竟采用哪种策略，应从企业的实际情况（即生产能力、市场需求特征、产品差异性、预期收益等），以及消费者购买能力和对价格的敏感程度等因素出发，综合分析，灵活运用。

2. 心理定价策略

这是一种根据汽车消费者心理要求所使用的定价策略，运用心理学的原理，依据不同类型的消费者在购买产品时的不同心理要求来制订价格。通过汽车消费者对产品的偏爱或忠诚，以诱导消费者增加购买，扩大企业销售量。心理定价有以下六种：

（1）整数定价策略

在定价时，特别是高档车定价时，把产品的价格定成整数，不带尾数，使消费者产生“一分钱一分货”的感觉，以满足消费者的某种心理需求，提高汽车品牌的形象。

（2）尾数定价策略

这是指在商品定价时，与整数定价正相反，取尾数，而不取整数的定价方法，例：一种经济型轿车，定价为 9.999 万元，而不定价为 10.001 万元，仅相差 20 元，但使消费者购买时在心理上产生两种感觉：一是 10 万元以下买车，一种便宜的感觉；二是企业定价是经过认真的成本核算才定价的感觉，从而由价格产生了对生产企业的信任度。

（3）分级定价策略

这是指在定价时，把同类产品分为几个等级，不同等级的产品，其价格有所不同。这种定价策略能使消费者产生货真价实、按质论价的感觉，因而容易被消费者接受。采用这种定价策略，等级的划分要适当，要适应行业产品和消费者的购买习惯，级差不能随意，也不能太大或太小；否则，起不到应有的分级效果。

（4）声望定价策略

根据汽车产品，特别是汽车产品品牌的声誉，把商品价格与个人的愿望、情感、消费心理结合起来，通过这种比拟来满足心理上的要求或欲望。定价时可利用这种比拟心理，将有声望的商品制订比市场同类商品高的价格，即为声望定价策略。此种定价法有两个目的：一是提高产品的形象，以价格说明其名贵名优；二是满足消费者的自尊需求，适应购买者的消费心理。消费者已对某些跨国大汽车公司的名牌产品产生了信任感，即使价格定得比其他汽车高一些，消费者也能接受。

（5）招徕定价策略

这是指在多车型品种经营的汽车企业中，对某些汽车产品价格定得很高或者很低，以引起消费者好奇心或观望行为，目的是招徕消费者并带动其他产品的销售。采取招徕定价方式时，要注意两个方面：一是特廉价格商品的确定，这种商品既要对顾客有一定的吸引力，又不能价值过低以致大量低价销售会给企业造成较大的损失；二是降价车型产品要常销、常换、常推、常新。比如，采用每周一次优价特供车型面市。

（6）习惯定价策略

有些汽车产品特别是易损汽车配件产品在顾客心目中已经形成了一个习惯价格。这些商品的价格稍有变动，就会引起消费者的不满。提价时，容易产生抵触心理，降价反被误认为降低了质量。因此,对于这类商品,企业宁可在商品的内容、包装、容量等方面进行调整,也不宜采用调价的办法。

3. 折扣和折让定价策略

折扣是一种减价策略,即按照原定价格少收顾客部分货款。折扣价格策略,常有如下形式。

(1)数量折扣

为了鼓励分销渠道的营业中介多购买,根据其购买汽车整车或配件所达的数量标准,给予不同的折扣,购买量越多、折扣越多。其折扣方式分为累积和非累积数量折扣两种。

累积数量折扣——即规定在一定时期内购买达到一定数量(额),给予一定的价格折扣。它适合于长期性的交易活动,以便吸引和鼓励分销渠道内的客商,建立长期关系,稳定销售渠网和销售量。

非累积折扣——指按照一次购买总量多少给予不同的折扣。目的是鼓励其一次大量购买,从而降低企业销售成本,对买卖双方都有利。

(2)现金折扣

现金折扣又称付款折扣,它是对付款及时、迅速或提前付款的分销渠道营业中介为主的购买者给予的价格折扣。如在付款条件中注明“5/10 净价 30”,指在成交后 10 天内付款,可获 5% 的现金折扣,但最迟应在 30 天内付清全部贷款。现金折扣的目的是鼓励交易对象按期或提前付款,以加快企业资金周转,减少库存积压,避免呆账发生。

(3)季节折扣

为了鼓励分销渠道的营业中介商淡季进货,或鼓励淡季购买,而给予的一定的价格折扣优惠。这种折扣主要目的是为了保证生产企业生产经营活动能均衡进行。季节折扣率必须高于同期银行存贷款率,否则就没意义了。

(4)分销鼓励折扣

中间商为企业进行广告宣传、布置橱窗、展销等推广,供货企业在价格方面给予一定的折扣。折扣的多少,随行业、产品及中间商推广功能多少而定。

(5)旧货换新折扣

一般用在二手车经营领域,消费者可以以旧换新,新汽车价格减去旧车折算价格,为消费者实际支付金额,此举为鼓励消费者随着新产品的不断投向市场周期性换用新车,以此培养品牌忠诚的基本用户。

4. 地理区位定价策略

它是指与地理位置有关的修订价格的策略,汽车在制订价格策略时,针对不同地区的消费者,采用不同的价格策略。主要是在价格上灵活反映和处理运输、装卸、仓储、保险等多种费用,这种策略在对外贸易中更为普遍。主要有下列四种。

(1)产地价格

指商品报价为生产地起货价格,由买主负担全部运输、保险等费用。在国际贸易中称为 FOB 价(Free On Board),即商品价格,商品所有权也从离开仓库(岸)时起转移到买方。采用这种方法能公平合理地分派运输费用,但对偏远地区的顾客来讲,购买产品的价格则会上升。

(2)统一运送定价

俗称邮标定价，不管地理位置的远近，向所有顾客收取同样价格加上运费，这个运费是按平均运输成本来定的。采用此方法，对企业营销者来说容易管理，有利于巩固和发展企业的远距离目标的市场占有率，但容易失去较近位置的部分市场。

(3)区域定价

是指将商品的销售市场划分为若干区域，在每个区域内实行统一价格。企业将销售市场划为若干区域，同一区域内的用户所付价格相同，较远区域的用户的价格略高一些。不同价格区域的两个相邻用户，对价格差异的存在具有较强的敏感性，所以在划定区域界线时，要注意价格差异程度，否则会引起消费者的不满。

(4)免收运费定价

即运费全部由卖方承担的定价，运费包括在价格中，其目的迅速促成交易，增加销售，使平均成本降低到足以补偿多余的运费开支，以达到市场渗透，在市场竞争中站稳脚跟。

5. 产品阶段定价策略

这里指的是在“产品市场生命周期”分析的基础上，依据产品市场生命周期不同阶段的特点而制订和调整价格。具体可分为以下四个种：

(1)导入期定价策略

一般可参考新产品的定价策略，对上市的新产品(或者是结构、性能、款式明显提升的老产品)采取差异较大(较高或较低)的定价。

(2)成长期定价策略

这一阶段，消费者接受产品，销售量增加，一般不贸然降价。但如果产品进入市场时价格较高，市场上又出现了强有力的竞争对手时，企业为较快地争取较高的市场占有率高，也可以适当降价。

(3)成熟期定价策略

这一阶段，消费者人数、销售量都在高位运行并开始出现逐落拐点，市场竞争比较激烈，一般宜采用平滑渐落的降价销售策略，但如果竞争者少也可持续维持原价。但注意阶段性拐点出现的征兆。

(4)衰退期定价策略

这一阶段，销售量急剧下滑，一般宜采用果断的降价销售策略，如果算总账已经保本获利，甚至可采取低于成本的售价。但如果同行业的竞争者都已退出市场，或者经营的该产品仍有市场维持价值，也可以维持原价，甚至提高价格。

各类产品在其产品生命周期的某个阶段一般具有共同的特征，但由于不同种类产品的性质、特点及其在市场结构和消费者关联中的重要程度、市场供求状况的不同，对不同的产品采取的定价策略要紧紧跟踪市场需求变化，机动灵活，以变应变。

6. 产品组合定价策略

当企业向市场提供一个产品组合，需要考虑整体的最大利润。

第一种：产品线定价

当企业生产的系列产品存在需求和成本的内在关联性时，可采用产品线定价策略。定价时，首先确定某种产品的最低价格，以吸引顾客购买产品线中的其他产品；其次，确定产品线中某种产品的最高价格，让它充当品牌质量和收回投资的角色；再次，产品线中的其他产品也可分别依据其在产品线中的角色不同而制订不同价格。

第二种:选择品定价

企业在提供主要产品的同时,还要提供一些与主要产品密切相关的可选择的产品。汽车用户可以购买汽车卫星导航系统、防撞预警系统、安全防盗系统等。

第三种:补充品定价

有些产品需要附属或补充产品,如专用汽车和汽车零部件总成的计算机 CAD 软件。企业通常对补充品制订较高的价格。

第四种:分部定价

汽车租赁企业经常收取一笔固定费用,再加上可变的使用费。如按月收取一笔固定费用,月使用行驶里程超过规定,再加上超出的使用费。一般固定费用可低一些,以吸引消费,利润则从变动费用中获取。

第五种:产品系列定价

经常以某一价格出售一组产品,如国际汽车配套零部件业务中,汽车全车铸造件(成品件或光坯件)系列供应。成套产品价格应优于单独购买其中某几种产品的价格(例如仅购买发动机三大铸件)。

8.3.2 价格变动策略

在激烈竞争的汽车市场环境中,对于汽车产品价格来说,稳定是相对的,其变动是绝对的,为此汽车企业必须作出相应的调整,主动出击,才能提高产品的竞争能力。下面主要研究企业如何根据市场环境主动降价,并如何对竞争对手的价格变动作出适当的回应。

1. 企业调整价格的原因分析

通常来讲,企业调整价格的动力可能源于内部,也可能源于外部。如果企业由于自身的产品或成本优势,主动调整价格,将其作为有力的竞争武器,即可称为主动调整价格。倘若出于应付竞争的需要,则称其为被动调整价格。无论主动还是被动,其表现形式无非是企业降价与企业提价两种。

(1)企业降价的原因

企业降价的原因主要有以下 4 个方面。

①整个市场的生产能力过剩,造成市场上同类商品供大于求,企业无法通过产品改进或者加强促销力度来提高销量。这种情况下企业一般采取主动降价措施。

②行业内的其他竞争者挑起价格战,以阻止和抵制同行业其他企业的快速发展,企业为了应对价格战,保持自己原有的市场份额,不得不采取被动降价措施。比如,20 世纪 70 年代的国际能源危机时,当日本轿车以明显优势大量进入美国市场后,美国通用汽车公司在美国市场份额明显减少,最后不得不将其超小型汽车在美国西海岸地区降价 10%。

③企业可以通过降价开拓新的市场,若企业具有成本、技术等领域的优势,在降价不会对原有目标市场消费群产生负面影响的情况下,企业可以利用降价方式扩大市场份额。

④企业为了取胜竞争对手,可以通过降价使竞争对手无利可图。企业降价可以采取两种方式,一种是直接削价,即直接降低产品的销售价格;另一种是间接削价,即不降低产品的销售价格,但增加汽车的附加配置、增加服务项目、提供免费服务或维修、附赠品、提高产品质量、改进或增加产品性能、提高折扣比例等。

(2)企业提价的原因

企业提价的措施确实能增加企业的利润,但同时会引起连锁反应,诸如竞争力下降、消费者不满、分销渠道内经销商抱怨,以至于受到政府和同行的不满,等等,给企业造成不利。尽管如此,在实际中仍然存在较多的提价现象,主要原因如下:

①应付产品成本增加。由于多种原因原辅材料和配套产品价格上涨,或者生产经营管理费用增加,为保持原有的利润水平,则会采取提价措施。

②当企业产品处于供不应求而企业生产规模又不能及时扩大时,企业可以通过提价来遏制需求,这样既可以取得高额的利润又可以缓解市场压力,使供需平衡的同时,又为下一步扩大生产创造了条件。

③对于新产品、高档产品或者产能受到限制而难于短期扩大的产品,可以利用提价营造心理影响,使得消费者产生优质优价的心理定势以提高企业的知名度和产品的声望。

企业提价的操作方法

——在企业可以预期成本会上升需要提价时,可以采取延后报价的方式。直到产品生产出来或者面市时再确定价格;

——使用价格自动调整条款,即在供货合同中规定在一定的时期内,可以按照某种价格指数来调整价格;

——缩减服务项目,但不调整产品的销售价格,或者对所提供的服务项目采取另费计算的办法;

——减少各种折扣的比例。

应注意的是,企业采取的某些变相提价措施(如降低产品质量等),尽管可以减少企业的价格压力,但会损失企业的无形资产(声誉与市场形象),给企业的长远发展带来不利影响。企业采取任何提价措施,总会引起消费者、经销商和企业推销人员不同程度的抱怨,为了减少相关利益者的不满以及负面影响,企业提价时应尽可能向有关方面开诚布公说明提价的原因,尽量让相关者能够理解。

2. 消费者对价格变动的反应

企业或升或降的价格变动对消费者都会产生触动,了解消费者对变价的反应方式、反应程度及可能产生的影响,有利于企业适时适当地安排与调整营销活动,采取针对性的应对措施。

企业变价之后,要及时跟踪,全方位注意分析各方面的情况,特别是消费者对价格变动的反应。由于顾客对价格变动不理解,可能会产生一些对企业不利的后果。

(1)降价反应

企业降价本应吸引更多的消费者,进一步扩大销量。但有时却适得其反,某些消费者可能会产生以下心理活动:认为降价是为了处理积压存货;降价的产品一般无好货;企业可能出现了财务危机;该产品今后可能要停产;价格可能还会进一步下跌。在这种情况下很可能造成消费者“看涨不看落”持币观望的局面。因此,不适当的降价反而会使销售量减少。

(2)提价反应

产品提价在通常情况下会影响销量,抑制购买,但顾客也可能认为高价是因为这种产品是畅销货,不及时购买将来可能买不到;或者以为该产品有特殊价值,值得购买,或认为该产品可能还要涨价,赶快去买。结果是涨风越大,抢购风越大。其后果是短时获利,可能长期衰减企业的元气。

因此，企业在产品涨价、降价前后，都尽可能向消费者介绍清楚，让消费者了解情况，以便对变价作出正确的购买反应。

一般地说，购买者对价格不同的产品的价格变动会引起不同的反应。购买者对价值高（诸如汽车特别是轿车等）或经常购买的产品（如燃油）的价格变动较为敏感，反应较强；而对于价值低、不经常购买的产品的价格变动不太注意，反应较弱。除此之外，顾客还比较关心产品的使用、维修的费用及售后服务的保障等因素。因此，从这一点来说，如果企业能使购买者相信某种产品取得、使用和维修的总费用比竞争者的产品低，就可以把这种产品的价格定得适当高一些，从而提高这种产品的市场竞争力并取得较高的利润。

3. 竞争者对价格变动的反应

企业作出价格调整后，竞争对手和消费者一样，也会有各种不同的质疑。

调价前，企业应掌握竞争者的心理，必须了解竞争者目前的财务状况，近年来的生产、销售、顾客的忠实程度和企业目标等情况。比如，竞争者的目标是提高市场占有率，它就可能追随本企业的价格变动而调整价格。如果竞争者的目标是取得最大利润，它就可能采取改进产品质量、加强广告宣传等对策。

那么，竞争者对企业调价会有什么反应呢？由于竞争者对企业每一次价格调整，都会有不同理解，所以问题比较复杂。以企业降价为例，竞争者可能认为：企业想夺去它的市场；企业想引起全行业降价，以刺激需求；企业经营不善，想改进销售状况；企业可能有替代产品上市。不同的认识导致竞争者不同的对应行为。

汽车企业在市场上面临的竞争者很多，竞争者对企业的主动调价可能有完整的对策，也可能是对每次价格变化采用不同的对策。所以预先对竞争者的反应进行估计，这是关系到企业调价后竞争格局的变动，因此对企业来说显得非常重要。企业进行主动调价，离不开对企业在行业中所处地位的判断。如果企业在行业中处于优势地位，则企业的主动调价就是整个行业价格变动的导火线。特别是降价，势必引发同行业竞争者之间的降价大战，最终获胜的仍是实力最强的优势企业。如果企业在行业中处于劣势地位，则企业主动调价要非常谨慎，因为很可能导致行业中的优势企业对其反制，企业在竞争中就面临着出局的危险。但另一方面，劣势企业如果选择好时机，果断出击，主动调价，会使具有竞争优势的企业措手不及，迅速扭转在市场上的被动局面，在竞争中谋求改变自身处境的转折点。

4. 企业对竞争者价格变动的反应

在汽车产业全球一体化的营销环境中，汽车市场的价格竞争从未停止过，企业必须建立自身的价格反应机制，始终关注市场价格动向和竞争者的价格策略。

(1)企业在应对之前必须要做详细的调查和分析，要了解以下几个问题：

第一，竞争者为什么要变动价格？是想扩大市场，以充分发挥它的生产能力，还是为了适应成本的变化？或者是希望引起全行业的一致行业的一致行动，以获得有利的需求？对此，要有一个基本的判断。

第二，竞争者的价格变动是暂时的，还是长期的？

第三，对竞争者的价格变动静观而不出手，本企业的市场占有率和利润等会受到什么影响？业内其他企业又会如何动作？

第四，对本企业每一个可能的反应，竞争者和其他企业又会有什么举动？

根据以上调查结果,结合自身的具体情况,再采取相应的对策。

(2)企业还应该了解,一般对于不同的产品市场,其应对措施是不相同的。

当一个企业在同质的市场上提高它的价格时,其他企业可能不会盲目跟进,若是认为企业提价对整个行业有好处,则其他的企业也会随之提价;若是认为提价对自己或行业没有好处,则坚持不提价,那么首先发动提价的企业将很难成功。

若是竞争对手降价,企业随之降价,否则将会失去原有的用户。

(3)当一个企业在异质市场上时,企业对竞争对手的反应就灵活得多,这是因为顾客在选择异质产品时,除了价格因素之外,还要考虑比如产品质量、性能、外观、服务等其他因素。企业有较大的余地对竞争者调整价格作出反应,如不改变原有价格水平,采取提高产品质量和服务水平、增加产品服务项目、扩大产品差异等来争夺市场竞争的主动权。

(4)如果企业处于汽车市场的主导地位,对于竞争者的价格变动更应该重视。在现代市场经济的条件下,企业人才流动越来越频繁,产品被改头换面复制,避开知识产权的可能性越来越大,当一些企业认为自己的产品与处于主导地位企业的产品相差无几,通过价格进行市场进攻的频率越来越高时,主导企业一般有以下策略可供选择:

第一,维持原价,相信自己的实力能挽留住高档消费群,而将低端市场让给竞争对手。降价会使利润减少过多;市场份额不会失去太多;随时卷土重来夺回市场份额。

第二,降低价格,可将价格降到竞争对手的价格水平。它可以这样做的原因是:随着销量的增加,成本下降;市场对价格十分敏感,不降价就会使市场份额下降;市场份额一旦下降,以后就将难以恢复。当本企业降低价格时,应尽量维持产品质量不受影响。

第三,提高价格并改进质量,可以在提高价格的同时,引进新的品牌来对进攻性品牌进行前后夹击。

8.4　国际汽车贸易中价格实务基础

随着入世后过渡期的结束,我国汽车产业正在改变着对外贸易以进为主的格局,除汽车零部件出口额大幅增长外,汽车整车特别是轿车的出口量也在迅速增加。所以,在价格领域必须关注国际市场,学习有关国际汽车贸易和有关价格运作知识。在国际汽车贸易中,价格是买卖双方交易磋商的主要内容之一,价格条款也是合同中的一项重要条款,讨价还价成为交易的焦点。在具体实务中,国际贸易汽车的定价要比国内贸易复杂得多,涉及国际贸易中作价办法的选用、计价货币的选择等。

8.4.1　常用术语

1. 国际贸易术语的含义

在国际贸易中,买卖双方分处在不同的洲际和不同的国度相互离的远,运距长、涉及面宽、环节多、风险大。在买卖双方的货物交接过程中,要经过长途运输、装货、卸货、通关手续,同时还涉及银行、商检、保险等诸多方面。因此交易双方在订立合同中,要针对这些方面进行具体的洽谈。比如,卖方在什么地方、以什么方式交货?由哪一方来承租运输工具、装货、卸货、办理货物的保险及通关手续?由何方负担货物在运输途中可能发生的损坏或丢失的风险?这些费用买卖双方如何分担？需要交接哪些有关单据？

概括起来讲，在汽车贸易中，交换地点是核心，价格条款是焦点。它对其他问题往往起着决定作用。交货地点不同，所形成的贸易术语也不同，从而使买卖双方所承担的责任、义务、风险、费用也各不相同。在确定这些问题时，买卖双方必然要从自身利益发出，选择对自身比较有利的贸易术语。因此，价格条款是双方交易时磋商的焦点，它涉及双方的切身利益。

由于交货地点的不同，买卖双方所承担的责任、风险，所负担的费用各不相同，差别很大。卖方所承担的风险大、责任广、费用多，对相同的商品来讲，此时货物的价格必然要高得多。因此，交易前要用特定的贸易术语加以说明，贸易术语直接关系到商品价格的构成。因此，贸易术语也称为价格术语。

每一个贸易术语都有其特定的含义，并以特定的符号代表。因此，双方在磋商交易时，可以采用适当的贸易术语来成交，不需要把责任、费用、风险等内容经过商谈达成协议，逐一写在合同之中，而只用特定的符号代表即可。

2. 国际汽车贸易中常用的贸易术语

在国际贸易中，使用的贸易术语有十几种，但使用最多的只有 3 种：FOB、CIF、CFR。

在实际业务中，人们称之为常用贸易术语。随着国际贸易的不断发展和扩大，以及运输方式的进步（比如近年来出现的集装箱运输、多式联运业务等），常用的贸易术语也越来越多，如 FCA、CPT、CIP 等。

（1）FOB 指定装运港船上交货

使用 FOB——free on board（named port of shipment）贸易术语时，要注明装运港名称。卖方承担的基本义务是在合同规定的装运港和规定的期限内，将货物装到买方指定的船只上，并及时通知买方，承担货物装船为止的一切费用和风险。买卖双方的责任见表 8.1。

表 8.1　FOB 买卖双方的责任

卖方责任	买方责任
（1）在合同规定的装运港和装运日期或期间内，将货物装上指定的船只，并通知买方已按照合同约定交货。 （2）负担货物在装运港越过船舷前的一切费用和风险。 （3）办理出口手续，取得出口许可证或其他官方批准证件，并办理货物出口所必需的一切海关手续。 （4）负责提供已装船单据、商业发票以及其他合同规定的单据。	（1）负责租船定舱、支付运费，并将船期、船名、装船地点等及时知会卖方。 （2）负担货物越过船舷后的其他责任，办理进口许可证、货物入境手续等，同时要负担货物装船后的一切费用和风险。 （3）按照合同规定支付货款，并收取符合合同规定的货物和单据。 （4）自办运输过程中的保险，并自负费用。

（2）CIF 成本加保险费、运费（指定目的港）

在使用 CIF——cost insurance and freight（named port of destination）贸易术语时，要注明目的港的名称；CIF 和 FOB 贸易术语一样，都是装运港交货。CIF 的基本含义是 FOB 加保险费和运费。采用 CIF 贸易术语时，卖方的基本义务是负责租船订舱，在合同规定的装运日期或装运期限内将货物装上运往目的港的指定船舶，负担货物装船前的一切费用和风险，支付运费，办理保险并支付保险费，装船后应及时通知买方。在 CIF 贸易术语下，买卖双方的责任见表 8.2。

表 8.2　CIF 买卖双方的责任

卖方责任	买方责任
(1)负责租船订舱,在规定的日期或期间内,在装运港将货物交付至船上,支付货物到目的港的运费,给予买方货物已装船的充分通知,以及为使买方采取通常必要措施能够提取货物所要求的任何通知。 (2)承担货物在装运港越过船舷为止的一切风险。 (3)负担运输费用并办理货物保险,向买方提供保险单或其他保险凭证。使买方或任何其他对货物拥有保险利益的人有权直接向保险人索赔。 (4)取得出口许可证或其他官方批准证件,并办理货物出口所必需的一切海关手续,支付出口关税和费用。 (5)提供符合合同规定的商业发票或其他等效的电子单证,或可转让的已装船提单和保险单	(1)支付货物在运输途中直至到达目的港为止的费用,以及租船合同中的卸货费包括驳运费和码头费。 (2)承担货物在目的港口越过船舷后灭失或损坏的一切风险。 (3)支付买卖合同规定的价款,同时接收符合合同规定的运输、保险单证。 (4)在指定的目的港从承运人那里收取货物,自行承担风险及费用,取得进口许可证或其他官方批准证件,并办理货物进口以及必要时经由另一国家过境运输所需的一切海关手续。

(3)CFR 成本加运费(指定目的港)

CFR——cost and freight(named port of destination)是成本加运费,有时也叫运费在内价。在采用 CFR 贸易术语时,卖方承担的义务是在合同规定的装运港和装运期间内,将货物装上船,并及时通知买方,负责货物装船前的一切风险,并支付运费。CFR 与 CIF 相比较,其不同之处在于:在 CFR 价格条件下,卖方不负责办理货物的保险手续和支付保险费,不提供保险单或其他保险凭证,这些将由买方负担。除此之外,CFR 和 CIF 贸易术语下的合同,在买卖双方责任划分上基本是相同的。

在 CFR 价格条件下,卖方的责任有租船订舱,提交商业发票或等效的电子单证,必要时提供证明交货与合同相符的证件。同时,卖方还要自担风险和费用取得出口许可证或官方其他证件,并负责办理货物出口手续。买方的责任则是支付货款,自担风险和费用取得进口许可证或其他官方批准证件,并办理海关手续,接受合同规定的运输单证等。

在上述三种常用的贸易术语中,买卖双方的责任、义务、权利等不完全相同,它们共同的特点是:卖方均要在规定的装运港交货,风险的划分是以货物越过船舷为界线。三种术语下的费用分担、责任范围及风险划分界限见表 8.3。

表 8.3　FOB、CFR、CIF 异同点一览表

相同点	交货性质相同:都是凭单交货、凭单付款
	运输方式相同:都适用于水上运输
	交货地点相同:都是在出口国港口
	风险转移点相同:都是装运港货物越过船舷
	办理出口海关手续相同:都是卖方办理

续表

不同点	运输责任、费用不同		办理保险、费用不同	
	FOB	买方	FOB、CFR	买方
	CFR、CIF	买方	CIF	卖方

(4)FCA 货交承运人(指定地点)

在使用 FCA——free carrier(named place)贸易术语时,由买方订立从指定地点装运货物的运输合同,并及时通知卖方有关承运人的名称和向其交货的时间。根据商业习惯,在卖方被要求协助与承运人订立合同(如铁路或航空运输)时,由买方承担风险和费用,卖方可以办理。

在 FCA 条件下,卖方必须在买卖双方同意的期限内,在指定地或指定地点将货物交给买方指定的承运人,并用快速通信方法给予买方关于货物已交承运人保管的通知,并承担交货前的一切费用和风险。FCA 贸易术语下的运输方式适用于包括多式联运在内的任何运输方式,但无论采用哪种运输方式,买卖双方各自承担的风险均以货交承运人为界,买方承担货交承运人之后的风险。风险转移后,与运输、保险相关的责任和费用也相应转移。

在 FCA 条件下,卖方的责任除提供符合合同规定的货物外,还要提供合同规定的商业发票或等效的电子单证,以及合同可能要求的证明货物符合合同要求的其他凭证,自负风险和费用,取得出口许可证或其他官方批准证件,并办理货物出口所需的一切海关手续。

(5)CPT 运费付至(指定目的地)

在使用 CPT——carriage paid to(named place of destination)贸易术语的情况下,卖方要自己承担费用,订立将货物运向目的地指定地点的运输合同,并在合同规定的期限内,将货物交给第一承运人保管,并用快速通信方法及时给予买方货已交由第一承运人保管的通知,即完成交货义务。此后,货物的丢失或损坏的一切风险,就由买方承担,买方要在上述指定地点向承运人收取货物,除支付货款外,还要负担货物自交货地点直至运达指定目的地为止的各项费用及卸货费和进口税。卖方要负责办理出口许可证、支付出口税费用,并自担风险,提供商业发票或等效的电子单证以及通常的运输单据。

(6)CIP 运费、保险费付至(指定目的地)

在 CIP——carriage insurance paid to(named place of destination)贸易术语下,卖方的责任是负责订立将货物运达指定目的地的运输合同,并支付运费,自办货物的运输保险,并支付保险费。当卖方在合同规定的装运期限内将货物交给承运人之后,即完成交货义务,交货以后,要及时通知买方,风险也在卖方完成交货义务之后,转移给买方。买方的责任是:支付合同规定的货款,并在指定地点或在合同规定的地点受领货物,并负担货物自交货地点直到指定目的地为止的除运费、保险费以外的各项费用及卸货费和进口税金。

FOB、CFR、CIF 与 FCA、CPT、CIP 的主要区别见表 8.4。

表8.4　FOB、CFR、CIF与FCA、CPT、CIP的主要区别一览表

风险界限不同	FOB、CFR、CIF:以货装船,越过船舷为界
	FCA、CPT、CIP:以货交承运人为界
交货时间不同	FOB、CFR、CIF:交货与装船时间相同,交货时间就是装船完毕的时间,也就是提单上载明的日期,交货时间与装船时间概念相同
	FCA、CPT、CIP:交货与装运时间一般一致,具体的装运时间由承运人决定,但在适用FCA时,交货地点是在卖方所在地,卖方负责装货
运输方式不同	FOB、CFR、CIF:适用于水上运输
	FCA、CPT、CIP:适用于任何运输
保险险别不同	FOB、CFR、CIF:主要涉及海洋货物运输保险
	FCA、CPT、CIP:涉及海、陆、空、邮有关险别

3.国际贸易中其他非常用贸易术语

在国际商会《1990年通则》中,还有7种实际业务中使用机会较少的国际贸易术语,但在某些特定情况下,仍能较好地满足买卖双方的要求。这7种术语如下:

(1)EXW ex works(named place)工厂交货(指定地点);

(2)FAS free alongside ship(named port of shipment)船边交货(指定装运港);

(3)DAF delivered at frontier(named place)边境交货(指定地点);

(4)DES deivered ex ship(named port of destination)船上交货(指定目的港);

(5)DEQ deivered ex quay(named port of destination)码头交货(指定目的港);

(6)DDU delivered duty unpaid(named place of destination)未完税交货(指定目的地);

(7)DDP delivered duty paid(named place of destination)完税后交货(指定目的地)。

8.4.2　国际汽车贸易合同中的价格

在汽车贸易中,国际市场价格的确定,涉及各种影响因素,除受国际市场商品的供求变化影响外,还受市场竞争、垄断、政策、自然灾害、罢工、战争等因素的影响。它是以供求关系作为调整的杠杆,供大于求,价格将下跌;反之,则上调。因此参与对外贸易时,要正确认识商品的价格,充分考虑影响价格的种种因素,加强成本和盈亏的核算。

1.影响汽车价格的主要因素

(1)产品质量的影响。在国际汽车贸易中,首先要贯彻以质论价的原则,质量好,其销售价格就高。

(2)季节变化的影响。在国际市场上,按照淡旺季节对需求的变化,掌握好季节销售差价。比如,汽车中的车用空调或车用冷冻设备,在每年的年初至入夏销售量较高,因此价格上可以适当上调。

(3)运输距离的影响。在国际汽车贸易中,通常要通过长途海洋运输,其运距的远近影响着各项费用的高低,如运费、保险费等,从而影响价格。因此在确定商品的价格时,要核算运输成本,充分体现地区的差别。比如,在广州销售的进口汽车的配件,比内地的便宜,原因在于由广州运向内地,有运费、过路费、过桥费等,所以,价格就要略高些。

(4)交货地点、交货条件的影响。在国际贸易中,可采用的贸易术语有13种之多,不同的贸易术语,其交货条件、交货地点也不同,因此买卖双方所承担的责任、风险、费用也有差异。如在汽车整车的进口中,同为日本丰田公司的同一车型,采用FOB和采用CFR的价格就有所区别。

(5)不同的客户对价格的影响。在出口汽车时,国外客户有进口商、佣金商、零售商、最终用户等,用户的不同,价格上也有差异。

(6)支付条件和汇率变动对价格的影响。因国际贸易数量较大,故存在着支付方式问题;同时由于买卖双方处于不同的国度,所用的货币也不同,就存在着汇率变动风险。就支付方式而言,采用预付部分货款和采用跟单信用证付款,在汽车售价上会有所不同。在选择货币时,要争取使用对己方有利的货币,减少由汇率变动所带来的风险。

(7)成交数量的影响。在国际贸易中,按习惯做法,成交量越大,价格上的优惠也越大,可以采用数量折扣的办法压低价格;成交量较小,低于起订量时,可以提高售价。

2. 价格换算

在国际贸易中,经常出现交易双方在报价时采用不同的贸易术语。比如,在汽车贸易中,卖方按CIF报价,而买方要求按FOB或CFR重新再报,此时,就存在着不同术语之间的价格换算。FOB、CFR、CIF之间的换算方法如下。

(1)FOB价换算为CFR价和CIF价

$$\text{CIF 价} = (\text{FOB 价} + \text{运费}) / (1 - \text{保险费率} \times \text{投保加成})$$

$$\text{CFR 价} = \text{FOB 价} + \text{运费}$$

(2)CFR价换算为FOB价和CIF价

$$\text{FOB 价} = \text{CFR 价} - \text{运费}$$

$$\text{CIF 价} = \text{CFR 价} / (1 - \text{保险费率} \times \text{投保加成})$$

(3)CIF价换算成FOB价和CFR价

$$\text{FOB 价} = \text{CIF 价} \times (1 - \text{保险费率} \times \text{投保加成}) - \text{运费}$$

$$\text{CFR 价} = \text{CIF 价} \times (1 - \text{保险费率} \times \text{投保加成})$$

8.4.3 国际汽车贸易合同的价格条款有关内容

合同中的价格条款,包括两项基本内容,即商品的单价和总值。其中,单价一般由四部分组成,包括计量单位、单位价格、计价货币以及贸易术语。在合同价格条款中,对单价部分可以这样规定:每辆5 000美元CIF纽约(U. S. D 500. per piece CIF. New York)。总值部分比较容易计算,它是单价和商品成交数量的乘积,是一笔交易的货款总额。

1. 贸易术语的选用

在国际贸易中,不同的贸易术语所代表的含意不同,交易双方的责任、风险转移界限、费用的负担各不相同。在实际的业务操作中,具体选用哪种贸易术语,要视商品的数量、性质以及当时当地的实际情况,结合我国的对外贸易政策来确定;同时也要考虑国外的某些规定和习惯做法,以便于扩大对外贸易。

2. 计价货币的选择

在国际贸易合同中的计价货币(money of account)是指用来计算价格的货币,合同中的价格是用双方当事人约定的货币(如美元、英镑、欧元)来表示。如果合同中没有规定用其他货币来支付,那么该货币既是计价货币又是支付货币(money of payment)。有的合同中,既规定计价货币,也规定支付货币,如计价货币为美元,而支付货币用欧元。

(1)根据国际贸易的特点,在一般的货币买卖合同中,用来计价的货币可以是出口国货币,也可以是进口国货币,还可以是双方当事人同意的第三国货币。具体使用何种货币来计价,要由双方协商同意。目前许多国家都普遍采用浮动汇率,因此,各国的货币价值不是一成不变的,用来计价的各种主要货币的币值动荡不稳,必然会给进出口双方的经济利益带来影响。所以具体选用何种货币计价,是买卖双方在签订合同、确定价格时必须注意的问题。

(2)在国际贸易中的价格条款,还有一种情况,即计价采用一种货币,支付使用另一种货币。在此种情况下结算,按什么时候的汇率进行结算,是关系到买卖双方利害得失的一个重要问题。按照国际上的习惯做法,如果计价货币和支付货币的汇率在签订合同时已经确定,那么在计价货币是硬币而支付货币是软币的条件下,卖方在清算时所收入的软币代表的货值要少于按订约日的汇率应收入的软币所代表的货值。此时对买方有利,对卖方则有损害。反过来,如果计价货币是软币,支付货币是硬币,此时对卖方有利而损害了买方利益。另一种情况是两种货币的汇率按照付款时的汇率计算,则不管计价和支付用的是什么货币,都可以按计价货币量收回货款。对卖方而言,如果计价货币是硬币,支付货币是软币,卖方利益基本能保证;如果计价货币是软币,支付货币是硬币,卖方在结算时所收入的硬币就会减少,利益受到损害,而买方则坐收利益。

例如,在一笔汽车整车交易中,计价货币是美元,支付货币是日元,在订立合同时,美元对日元的汇率1美元=120日元;在清算时,1美元=130日元。按上述两种情况来看,如果按两种货币订立合同时的汇率来结算,卖方1美元的货只能收到120日元,此时的120日元就小于1美元,显然,卖方的利益受到了损害。如果按清算时的汇率结算,卖方仍能收到1美元的货款。

3. 价格条款的制订

制订价格条款时,要对汽车价格作出规定。固定作价指经双方协商,明确地规定具体价格,在合同的有效期内不得变更。根据各国法律规定,合同一经确定,就必须严格执行,除非合同另有约定,或经双方当事人同意,任何一方不得擅自更改。

在国际贸易中,由于国际市场动荡不安,行情多变,国际贸易从签约到合同的履行,需要一定的过程。因此,采用固定作价意味着要承担从订购货物到交货清算期间内行市变动的风险,可能影响合同的顺利执行,一些信誉较差的商人很可能为逃避巨额损失而寻找各种借口撕毁合同。因此,为了减少风险,以便达成交易,提高合同的履约率,在合同价格的规定方面,也日益采取一些变通的做法,即采用活价。

活价,是指非买卖双方仅就作价的时间和方法作出规定,将合同的价格留待以后按双方约定的方式解决。如:“由双方在××年×月×日协商确定价格”,或“在装船月份前30天,参考当时、当地国际市场价格水平,协商确定正式价格”等。在具体的业务实践中,对某些商品可以采用部分固定作价、部分活价,或分批作价的办法,将近期交货部分的价格固定下来,远期交货部分的商品价格在交货前一定时期内作价。

暂时作价,有些个别交易也有采用暂时作价的,买卖双方在合同中暂时规定一个价格,仅供参考,不是正式作价,可作为开立信用证和初步付款的依据。在货物装运前一定时期或在装运时由双方根据当时市场情况或行市变化来最后确定,在清算时,多退少补。

4. 价格条款的具体内容

(1)单价。单价由以下四部分组成:

①计量单位。不同国家采用不同的度量衡制度,在合同中的计量单位必须订立明确。如以吨为单位,应写明吨、长吨或短吨。

②计价货币。同一货币名称,在不同国家或地区,币值各不相同,例如,有美元、欧元、加元、日元、港元、人民币等。因此在合同中,必须将有关货币的国别(地区)写清楚。

③贸易术语。在贸易术语中,将 FOB 的装运港及 CIF 和 CFR 的目的港写清楚,订明具体港口名称,凡世界上有同名的港口,要加注国名。

④单位价格金额。例如,每件 5 000 美元 CIF 纽约(U. S. D 5 000 per piece CIF New York),即:计量单位——件;计价货币——美元;价格订于目的港——CIF 纽约;单位价格金额——5 000 美元/件。

(2)总值。亦称总价,是单价和商品成交数量的乘积,是一批货物的全部金额。

思考题

1. 汽车价格由哪些方面构成?其影响因素有哪些?
2. 请你说出汽车产品的定价步骤。
3. 请你对汽车产品的不同定价策略进行优劣势对比分析。
4. 结合近年来汽车市场价格的不断变化谈谈你的看法。

第 9 章　汽车分销渠道策略与分销体系建设

学习要点

- 在汽车市场营销组合四大策略中，分销渠道策略是属于企业管理层面最重要的决策之一，其他三个策略主要在经营层面和职能部门执行。
- 正确理解分销渠道、汽车物流和中间商的含义。
- 掌握分销渠道的类型、功能、特点和设计方法、管理方法。
- 形成我国汽车分销体系建设的发展思路。

汽车生产企业制造的产品，只有通过一定的市场营销渠道，才能在适当的时间、地点，以适当的价格提供给消费者，才能满足市场需要，实现企业的市场营销目标。

分销渠道策略和分销体系建设是企业管理层面的最重要的决策之一。

渠道决策的正确与否、体系建设的质量好坏与企业的经济效益、生存发展戚息相关，分销渠道和渠道体系是促使汽车产品或服务项目顺利地被消费者接受、接收的一整套相互依存的组织，它作为 4Ps 组合（产品、价格、分销、促销）的要素之一，在市场营销中起着“路和桥”的重要作用。

9.1　分销渠道与汽车物流

9.1.1　分销渠道

1. 分销渠道的含义

分销渠道又称营销渠道，即我们常说的流通渠道。是指以实现产品所有权转移为目的，在产品从生产者向消费者或企业转移过程中所经历的一切相互依存的组织群体。分销渠道通过供应链实现产品实体的转移。

实体的转移过程就是实体流，即物流，又叫实体分配，指通过有效地安排商品仓库、运输和管理把商品在需要的时间到达指定地点的经营活动。物流管理的职能作为市场营销一部分，不仅包括汽车产品的运、管、包装，而且还包括同步进行的所有权流（商流）、资金流（付款流）、信息流和促销流。

它们的流程如下：

(1)实物流(正向流程)

供应商 → 运输仓储 → 生产企业 → 运输仓储 → 经销商 → 运输 → 消费者

(2)所有权流(正向流程)

供应商 → 生产企业 → 经销商 → 消费者

(3)资金流(付款流——反向流程)

供应商 ← 银行 ← 生产企业 ← 银行 ← 经销商 ← 银行 ← 消费者

(4)信息流(双向流程)(见图9.1)

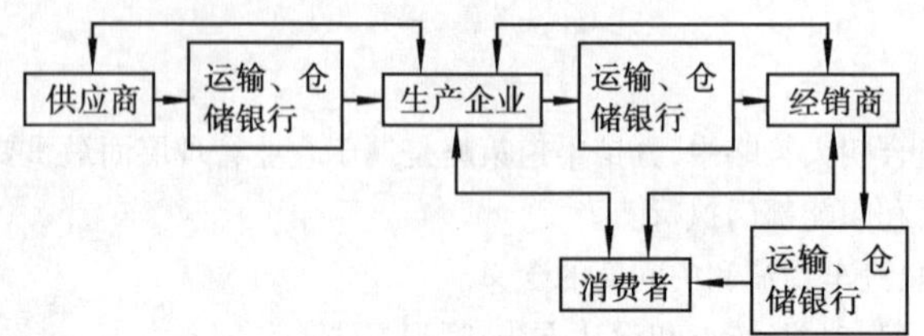

图9.1　信息流程图

(5)促销流(正向流程)

供应商 → 广告代理商 → 生产企业 → 广告代理商 → 经销商 → 消费者

从以上五个营销流可以看出,汽车产品一旦进入分销渠道,就会出现极为复杂的关系。

分销渠道虽然复杂,但由于其具有强有力的传递功能和执行功能,因此,渠道(物流通道)对所有汽车生产企业都是不可缺少的。

2. 分销渠道的类型

根据不同的标准,对分销渠道可做不同的分类。

(1)按产品的性质,可分为消费者市场分销渠道和生产者市场分销渠道。

(2)按使用渠道数量,可分为单渠道和多渠道。

(3)按渠道在营销战略中的地位和作用,可分为创新性渠道和战略性渠道。

汽车分销渠道按产品性质的分类是最主要的分类方法(见图9.2):

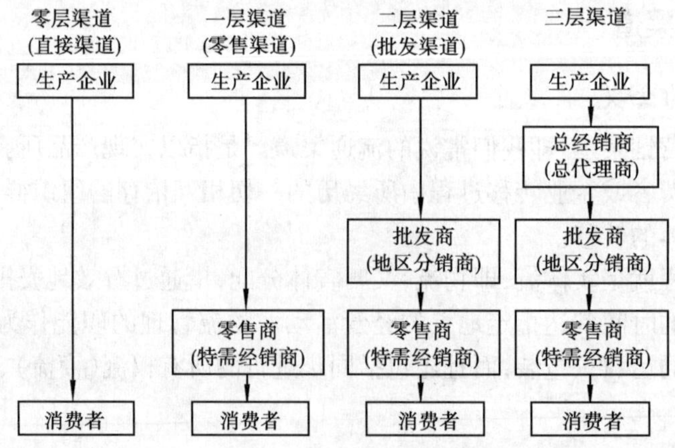

图9.2　汽车分销渠道的主要分类方法

3. 分销渠道的经济效果和功能

(1)分销渠道的经济效果示意图(见图9.3)

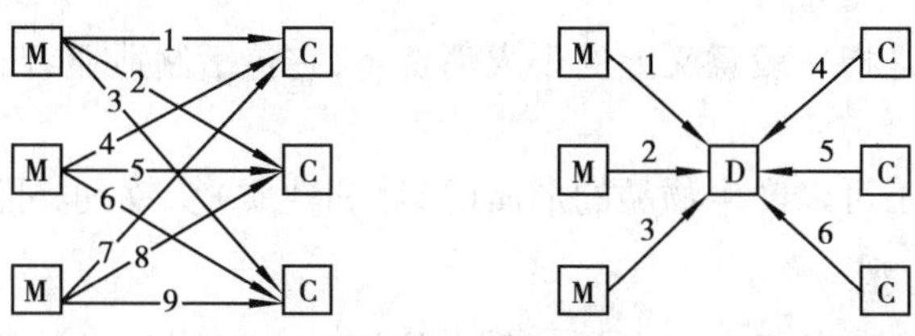

图9.3　分销渠道的经济效果示意图

图中:M——生产企业;C——消费者;D——营销中介。

从上图可以看出,如果没有营销中介机构,三个生产企业和三个消费者之间总共发生9次交易行为(左图),而使用了营销中介机构之后(右图)交易行为总共只有6次,节省了交易成本,因而更为经济,更有效率。以上仅为示意框图,实践营销活动中,情况是很复杂的。

(2)分销渠道的功能见表9.1

表9.1　分销渠道的功能

功　能	内　容
售卖功能	营销渠道的最基本的使用,以实现所有权的转换
物流功能(实体储运职能)	保质、保量、按时把汽车产品送达指定地点
投入功能	实现企业的营销目标,获得最佳效益
信息功能	收集和传递营销环境中有关信息,进行市场预测
促销功能	对面市的汽车产品创造和传播有关促进产品销售,具有说服力的信息沟通
洽谈功能	与可能的购买者进行商务洽谈,努力促成销售
融资功能	收集和分散资金,以承担渠道运作所付出的成本
承担风险功能	承担营销渠道工作的全部风险
服务功能	售后服务

9.1.2　汽车物流

汽车物流是集现代运输、仓储、保管、搬运、包装、产品流通及物流信息于一体的综合性管理,是沟通原料供应商、生产企业、中间商及最终用户满意的桥梁,更是实现汽车产品从生产到消费各个流通环节的有机结合。

1. 物流的定义

由国家质量技术监督局2000年8月1日正式颁布实施的《中华人民共和国国家标准物流术语》对物流进行了定义——物品从供应地向接受地的实体流动过程中,根据实际需要,将运输、库存、装卸、搬运、包装、流通加工、配送、信息处理等基本功能实施有机结合。

全面、准确理解物流的定义应注意以下几点：

第一，物品不只是指生产的商品，还伴随着生产和销售出现的包装容器、包装材料等废弃物；

第二，消费者也不是指一般意义上的个人消费者，它包括制造业者、批发商、零售业者等需求者；

第三，由于流通加工可以产生物品的形质（形体和性质）功效，也可以把它归入生产领域。

2. 物流的基本类型

物流是一个内涵丰富，并在不断完善过程中的概念。根据其所处的位置、业务性质、活动范围等可进行不同的分类。

(1)按物流发生的位置分类，可以分为企业内部物流和企业外部物流。分销渠道就是企业外部物流的通道。即从汽车产品成品库到各级经销商，最后送达最终用户的物流过程，当然也包括了原材料、配套件从供应商所在地到生产企业仓库为止的物流过程。

(2)按物流运行的性质分类，可以划分为供应物流、生产物流、销售物流、回收物流和废弃物流等。其中销售物流是指汽车产品由生产企业向外部用户出售，或经过营销渠道（各级经销商）直到消费者（最终用户）为止的物流过程。

(3)按物流活动的范围分类，主要有企业物流、区域物流和国际物流等。其中企业物流不仅限于企业或企业集团内部，还涉及相关的外部物流活动，如原材料供应和产品销售市场。企业物流活动必须考虑供应物流与生产物流、销售物流与生产物流的协调，以及供应物流、生产物流和销售物流的一体化经营。

(4)按物流构成的内容分类，主要有专项物流和综合物流。其中汽车物流属于综合物流。

3. 物流供应链管理

供应链是指一个组织网络，它涉及企业为形成最终消费者所拥有的产品或者服务价值而进行的不同加工过程和活动。

从市场营销观点看，物流的供应链管理应从市场需求出发，并将信息反馈到企业的相关部门。供应链管理的目的就是创造价值，创造消费者满意，成就差异化优势，以提高企业的收益率及物流链上有关成员的整体和持久成功。企业要考虑消费者提货便捷的要求，要制订一个综合的物流策略，包括产品的运输方式，仓库的存货水平以及仓库的合理布局，以便向消费者提供最佳的服务。此外，还应知己知彼，了解掌握竞争对手的服务水平，设法赶超。努力兼顾服务水平和服务成本的互动匹配，实现营销服务水平最高和物流整体成本最低的矛盾统一。

4. 物流成本及控制

(1)物流系统构成

每一个特定的物流系统都由以下要素构成：

三个硬件要素：仓库数目、仓库位置和仓库规模（库容量）；两个软件要素：运输策略和存货策略。

(2)汽车物流系统总成本计算公式

$$D = T + FW + VW + S \tag{9.1}$$

式中：D——汽车物流系统总成本；

T——该系统的总运输成本；

FW——该系统的总固定仓储成本；

VW——该系统的总变动仓储成本；

S——因延迟销售所造成的销售损失的总机会成本。

从上式可以看出，T、FW、VW、S 中任一值的增减都会影响物流系统总成本的上升或下降。

(3)物流成本的控制

主要控制仓储成本和运输成本。其途径为：

——选择位置好，便于进、出货和减少运输费用和存库费用；

——库存容量保持在最适当水平，既能保持市场流通量的需要不出现脱销，又不至于造成库存积压，增加资金占用，降低经济效益；

——勤进快销，始终让库存量保持在最低库存量边缘，但能及时补充进货。

最低库存量(订货最低量)的计算公式如下：

$$R = LT \times D/365 \tag{9.2}$$

式中：R——最低库存数量；

LT——送货天数；

D——全年用货量。

——选择兼顾运输成本和运输安全的最合理的运输方式；

——选择运输里程能够减少，同时能够确保交货时间的运输路线。

企业在编制物流计划时，一是不能简单的追求“快、短、省、简”，而必须在企业市场营销总体战略和经营战略规划确定的目标前提下，从市场环境和自身条件出发，灵活应用，科学运筹，努力满足用户的最主要需求，同时尽量实现用户的其他要求，做到双方共赢。

9.2　中间商

汽车分销渠道是由生产企业、总经销商、批发商、经销商、运输商和消费者组成，除起点(生产企业)和终端(消费者)外，其余营业中介统称为中间商。

现代市场营销将中间商分为两种类型：一类是做批发，一类是进行零售。批发系指那些以进一步转卖为目的，成批买卖货物的商业组织和个人；零售是指那些从生产企业或从批发环节批量买进货物，然后再零卖给最终用户的商业组织和个人。就批发环节而言，通常有三种类型：

第一种，批发商。系指独立经营，对所经营的商品取得所有权的批发商，他们是批发商的主要类型。批发商又有仅以批发为业务的完全服务型批发商和批零兼营的有限服务型批发商两种类型；

第二种，经纪人和代理商。系指没有取得商品所有权，只是在买卖双方之间撮合交易，获取佣金和代理费的中间商人。他们一般也是专业化的，通过经纪人和代理商促成交易和开拓市场，是国际市场营销的一种惯用而重要的手段，是十分普遍的现象。

第三种，生产企业的分销部(分公司)或办事处。分销部(分公司)一般有商品储备(区域性仓储中心)，其形式如同批发商，不同的它是直属于生产企业，没有独立性；办事处一般没有存货,是企业驻外地的业务代办机构。企业设立分销部(分公司)和办事处,有利于在划定范围的区域市场开展市场营销活动。

目前,我国汽车产品的批发商,主要有有限服务型批发商和企业的销售分公司(经理部)。此外,经纪人和代理商制在我国尚在成长之中。

9.2.1 中间商的分类

汽车销售渠道中的中间商一头连着汽车生产企业,另一头连着汽车的最终消费者。中间商的基本功能有两个方面:第一是调节汽车生产企业与最终消费者之间在汽车供需数量上的差异。这种差异是指汽车生产企业所生产的汽车数量与最终消费者所需要的汽车数量之间的差别。第二是调整汽车生产和最终消费者之间在汽车品种、规格和等级方面的差异。

汽车销售渠道中的中间商按其在汽车流通、交易业务过程中所起的作用和有无汽车产品所有权,可分为总经销商(或总代理商)、批发商(或地区分销商)和经销商(或特许经销商)。

1.总经销商(或总代理商)

总经销商是指受汽车生产企业或生产企业销售总公司的委托,从事汽车总经销业务,并拥有汽车商品所有权的中间商。而总代理商同样是受汽车生产企业或生产企业销售总公司的委托,从事汽车总代理销售业务,但不拥有汽车商品所有权的中间商。

2.批发商(或地区分销商)

批发商是处于汽车流通的中间过程,实现汽车的批量转移,使经销商达到销售目的的中间商。它一头连着生产企业或总经销商(总代理商),另一头连着经销商,并不直接服务于最终消费者。它是使汽车实现批量转移,使经销商达到销售目的的中间商。通过批发商的转销汽车的交易行为,汽车生产企业(销售总公司)或总经销商(总代理商)能够迅速、大量地转售出汽车,减少汽车库存,加速资金周转。地区分销商是处于某地区(一般是省、地级市及一些交通枢纽、商品集散地、省际边域)汽车流通的中间阶段,它帮助生产企业的分销部(分公司)或总经销商(总代理商)在某地区促销汽车,提供地区汽车市场信息,承担地区汽车的转销业务。

汽车批发商按其实现汽车批量转销的特征,可分为独立批发商、委托代理商和地区分销商。

(1)独立批发商

它是指自己独立、批量购进汽车,再将其批发出售的经营。汽车独立批发商按其业务职能和服务内容又可分为以下两种类型:

第一种,多品牌汽车批发商。它是指批发转销多个汽车生产企业的多种品牌的汽车,它批发转销的范围较广、品种较多、转销量较大,但因其批发转销的汽车品牌较杂,无法获得诸多汽车生产企业的全力支持,也没有能力为经销商提供某品牌汽车转销中的专业化售后服务。

第二种,单一品牌汽车批发商。它是指只批发转销某个汽车生产企业的单一品牌的汽车,现在多为品牌授权经营,它批发转销的范围较窄、品种单一、转销量有限,但因其批发转销的汽车品牌单一,能够获得此品牌汽车生产企业的直接支持和帮助,因而它具备此品牌汽车转销的专业能力,能为经销商提供授权品牌转销中的4S店等专业化售后服务。

(2)委托代理商

委托代理商区别于独立批发商的主要特点是,他们对于其经营的汽车商品没有所有权,只是替委托人(汽车生产企业或汽车总经销商)组织推销汽车,以取得佣金为目的,促进买卖的实现。委托代理商按其代理职能和代理内容又可分为:总代理商和分代理商,生产企业的代理商和总经销商的代理商,多品牌汽车代理商和单一品牌汽车代理商等。

代理制是生产企业通过合同等契约形式把产品销售权交给代理商,从而形成生产企业与代理商之间长期稳定的代理关系。代理制作为产品分销渠道,其形式多种多样,从目前的实践来看,按代理商与厂家的交易方式,代理可分为两大类:佣金代理和买断代理。如图9.4所示。

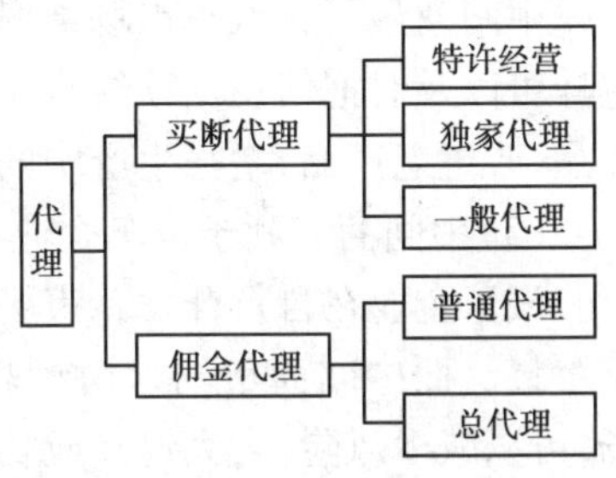

图9.4　代理分类示意图

(3)地区分销商

它是指在某一地区为生产企业(或总经销商)批发转销汽车的机构,是由汽车生产企业(或总经销商)为解决层层批发和跨地区销售等问题而设立的。它使汽车从生产企业(或总经销商)到某地区内的经销商只经过其一道批发转销环节,经销商将全部直接面对其所辖区域内的消费者进行直销。

3. 经销商(或特许经销商)

经销商是汽车营销的零售环节,在汽车营销流程中处于终端位置,它是直接将汽车销售给消费者的中间商,它的基本任务是直接为最终消费者服务,使汽车直接、顺利并最终到达消费者手中。它是联系汽车生产企业、总经销商、批发商与消费者之间的桥梁,在汽车销售渠道中具有突出的作用。特许经销商(亦称受许人)是从特许人(一般是总经销商)处获得授权在某一特定区域内直接将特定品牌汽车销售给最终消费者的中间商,按照特许经营合同,受许人可以享用特许人的商誉和品牌,获得其支持和帮助,参与统一运行,分享规模效益。这是一种新型的汽车销售渠道模式。国内各大汽车生产企业通过建立遍布全国的特许经销商网络,进一步提高了渠道服务水平,大大促进了汽车的市场销售。

9.2.2　中间商的作用

1. 中间商的共性作用

(1)中间商沟通汽车生产企业与最终消费者,完成汽车商品从生产企业向最终消费者的所有权等的“五个流”转移。

由于供需双方在地域、时间、信息沟通、价值评估及对汽车所有权等方面存在着差异,供需双方自行完成汽车交易有一定的困难。而中间商的环节功能,可以沟通生产企业和最终消费者,促成汽车交易,使汽车顺利地从生产领域经由流通领域转移到消费者手中。

(2)中间商代替汽车生产企业完成市场营销职能,为汽车生产企业节省物流时间及人力、物力和财力。

中间商的价值就在于其能代替汽车生产企业执行所有的市场营销职能,如进行市场调查、刊登汽车广告、安排汽车储运、开展汽车销售以及做好售后服务工作。同时,中间商还能为生产企业提供商业信贷,催收债款,帮助汽车生产企业在消费者中培育品牌,树立信誉,拓宽产品市场。

(3)中间商的服务增加了汽车的价值

由于中间商在物流系统中进行汽车商品的运输和存储,提供售前、售中和售后服务,从而增加了汽车的价值。

(4)中间商是汽车生产企业的信息来源

中间商最了解汽车市场情况,知道哪些汽车畅销,哪些汽车滞销,以及畅、滞的深层原因。这样可以及时把信息反馈给汽车生产企业,使汽车生产企业能够根据汽车市场的情况研发新产品、改进老产品,增强生产中的针对性。

(5)中间商有利于汽车企业进入新市场

汽车企业在自行开发新市场时,往往由于缺乏经验和不了解新市场的情况,使开发工作进展缓慢。而中间商市场营销经验丰富,了解新市场行情,如果汽车企业依靠中间商开发新市场,可以减少风险,大大提高成功的可能性。

(6)中间商有利于汽车企业销售新产品

当汽车生产企业向市场推出新产品时,依靠中间商,既可以节省在新产品营销工作中的大量资金,又可以利用中间商与消费者的多年联系,使新产品能够顺利销售导入,为企业占领市场赢得时间,使新产品的导入期和成长期大大缩短。

2.汽车批发商在营销渠道中所处的位置和功能

(1)位置(见图9.5)

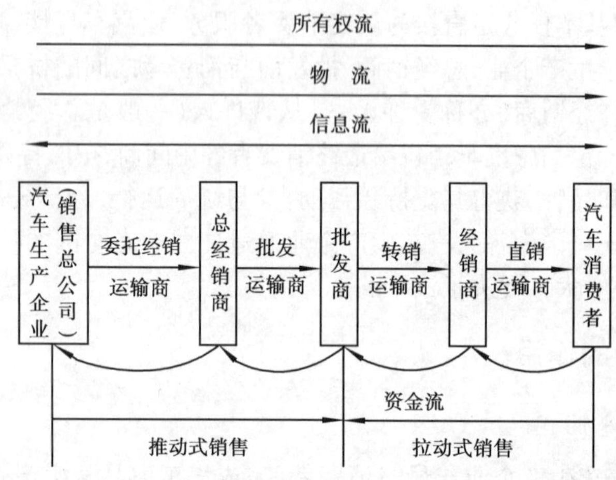

图9.5 批发商在汽车营销渠道中的位置

在这条营销渠道中,批发商处于传统的推动式销售和以市场为导向的拉动式销售之间的过渡位置。在消费者、经销商和总经销商之间,批发商更大程度上是由消费需求拉动着经销商的销售活动和批发商转销业务的开展;又由汽车生产企业(总经销商)年度目标和销售任务的要求推动着批发商批发业务的进行。因此,批发商最主要的功能是在目前买方市场条件下,通过发展营销网络,改进转销方式,提高转销能力,来协调供需矛盾,平衡销售计划和市场需求。

同时,批发商能有效地协调管理总经销商与经销商、消费者之间的连续的物流所有权流、信息流、资金和促销流,构建营销渠道网络,提高汽车品牌的影响力和商品的市场竞争能力。

(2)功能

从上面可以看出,汽车批发商在汽车营销渠道和营销网络系统中处于重要的地位,因此,它应具有以下几个方面的功能：

①销售管理功能。批发商通过销售管理，使经销商在自己的领域内规范销售，减少经销商之间的内耗，合理处理渠道冲突（水平渠道冲突及垂直渠道冲突），稳定销售价格，更好地集中精力，开拓市场，服务营销。它主要进行供需矛盾的协调、销售计划的制订和执行、销售模式的转换以及对经销商销售网络的重组。

②售后支持功能。批发商应对经销商提供维修技术、产品知识资料、咨询及零部件供应的支持，提高经销商的专业水平，承上启下，双向协调。要对经销商进行技术支持和零部件的集散调度。

③市场营销功能。批发商通过行之有效的市场营销活动，可以建立和完善经销商销售网络系统，促使经销商销售体系正规化。

④储运分流功能。批发商应更及时、更准确地把车送至经销商，减少甚至免除经销商在“拿车”上投入的精力和财力。它主要进行质量把关、二次配送以及中转库的管理。

⑤资金结算与管理功能。批发商应免除经销商频繁奔波于销售当地与总经销商之间的时间和精力，让经销商更集中于销售及服务。它主要进行经销商购车结算、资金管理和业绩评估。

⑥经销商培训功能。通过对经销商的培训，提高经销商的整体业务素质。它主要进行熟悉所管辖地区的现状、制订培训计划以及开展多方面培训，落实属地营销渠网的调控职能。

⑦经销商评估功能。通过对经销商全面的业务评估（包括业务水平、营销技巧及经营业绩），综合参考顾客满意度的评价结果，进行定期奖惩，达到实现经销商业务过程的目标。它主要进行硬件与非硬件指标体系的评估、用户满意度的考核。

⑧信息系统功能。建立信息系统网络，以实现以下目标：大幅度缩短汽车储运时间，并使脱库现象尽可能少；调剂库存，优化库存结构，降低库存量；完善信息库，供营销决策参考及考核经销商时使用；及时准确地通过销售和用户获取竞争对手的信息。

9.2.3　经纪人与代理商——中间人业务活动

随着我国市场经济的发展和汽车市场的国际化，经纪活动和代理活动越来越多。概括地讲，经纪活动是在市场经济条件下，介绍买卖双方进行商品交易的一种活动。代理活动是代表被代理人（法人或自然人）所从事的活动。两者都是一种中间人业务活动，是遵循市场经济规律和国家法制的商业性服务活动，都属于第三产业的范畴。

所以，经纪人是从事经纪活动的主体（具有民事责任能力的个人或法人），即是受买方或卖方委托撮合交易而获取佣金的中间商。在我国，俗称“掮客”。代理人是从事代理活动的主体。

1. 经纪人、代理商的主要特征

（1）受托性。经纪人和代理商所从事的活动都是接受委托人（法人或自然人）受托的活动，是一种服务性活动。接受委托的方式，既可以是委托人找上门来要求经纪人或代理商接受委托，也可以是经纪人或代理商主动找委托人申请受托业务。后一种方式，在当今市场竞争日渐激烈的情况下变得更为普及。

（2）中间性。虽然说经纪人和代理商是中间商人，但他们本身并不占有商品，不具备商品生产者或者自主经销商的身份。

(3)有偿性。经纪活动和代理活动绝不是一种义务活动,经纪人和代理商是要获得报酬的,这种报酬的专业名词叫佣金。佣金是他们的唯一报酬来源,也是经纪活动及经纪业务、代理活动及代理业繁荣的强大驱动因素。

(4)经纪人是民事法律关系的主体,是以自己的名义从事活动;而代理商自己不是民事法律关系的主体,其代理行为不能违背委托人的意愿和授权范围,在授权范围内是不承担法律责任的,从事商业活动中以委托人名义进行。在这一点上,经纪人与代理商是有区别的。在现实生活中,经纪人和代理商所从事的商业活动,一般不仅仅限于经纪活动、代理活动、中介活动、咨询活动等,甚至还利用自己的资金从事买卖活动,即从事正当的买卖活动。只是在从事这类活动时,他们的身份已不再是原身份,而变化了角色。由于在商业性活动中身份不同的人,其权利、义务及法律责任是不一样的,经纪人、代理商、用户及其他的委托人都必须认识清楚。

2. 经纪人和代理商的权利与义务

一般来说,经纪人或代理商在同委托人签订合同后,双方的权利与义务关系就生效了,而且双方的权利与义务是相对的。即一方的权利也应当是另一方的义务,一方的义务也应当是另一方的权利。一方面,权利的实现有赖于义务的履行;另一方面,权利的大小也与义务的多少相联系。因此,全面细致地规定双方的权利与义务,是经纪活动和代理活动实行法治的核心内容。

(1)经纪人和代理商的权利

①有获取佣金的权利。经纪人或代理商按合同成功地完成经纪活动或代理活动后,便有权要求委托人按合同规定给付佣金。

②有请求支付开展经纪活动或代理活动必须经费的权利。经纪人或代理商在开展经纪活动或代理活动过程中,必须要有一些开支,如差旅费、邮电费等,这部分开支称为经纪成本或代理成本。一般地说,这些成本的支付与经纪人或代理商活动的成功与否无关。但成本支付方式与佣金支付方式有关,如以包干形式,将佣金与成本合在一起,则委托人就没有另外给付成本的义务了。

(2)经纪人或代理商的义务

①积极热情,以娴熟的服务技能勤勉地工作,在委托人授权范围内与第三者实施法律行为,完成委托事项。

②诚信忠实,其行为必须为善意的。包括不隐瞒和谎报实情,不另谋佣金以外的好处,不受买方行贿,不与第三方串通损害委托人的利益。

③保守相关商业秘密及履行委托人要求的其他合理义务。

3. 佣金

佣金是经纪人或代理商为委托人提供经纪服务或代理服务后获得的劳动报酬,是经纪人或代理商劳动报酬的唯一来源,也是此类活动再进行和再发展的动力源。可见,佣金对经纪人或代理商来讲具有重要的意义。

现实生活中,有许多人,甚至包括舆论宣传和某些经济政策,都不能够将佣金同“回扣”、“提成费”、“好处费”、“酬金”、“红包”、“馈赠”、“交际费”、“劳务费”等区别开来,常常把它们相提并论,混为一谈。其实,佣金是一种劳动报酬,正如薪水是劳动报酬一样,本不应该有争议。既然经纪人是合法的,那么其报酬——佣金自然也应是合法的。

4. 经纪人或代理商的选择

为了保证委托给经纪人或代理商的业务能够取得尽可能大的成功,委托人首先必须认真地选择适合自己委托业务的最佳经纪人或代理商。对一般汽车企业而言,请代理商更为常见。

(1)是否需要委托代理商

代理商可以对企业的销售业务带来好处,企业可从中获得一定的利益;但同时,企业又必须向代理商支付佣金。企业决定是否雇请代理商的依据就是企业通过委托代理商后所获利益必须大于支付给代理商的费用。

通常,委托代理商具有许多好处。代理商一般是业务的专家,因而委托代理,企业可以获得许多专业帮助,如了解市场特点、市场行情等;代理商一般具有广泛的人际关系和销售渠道,可以在较为广阔的范围内销售汽车商品,可与更多的潜在买主磋商,从而找到更多更好的买主。

因此,一般来讲,企业委托代理业务所获收益都会大于支付给代理商的佣金。但这并不是说所有的委托代理都一定会给委托人带来更多的收益。有些业务由委托人自己亲自处理可能比委托他人代理更能获利。故委托人必须对自己的业务在委托他人代理前做好成本效益的"效、本、利"分析,以确定是否真正需要代理商。若需要,一般选择长期代理为宜。

(2)代理商的选择方法

委托人在把自己的业务委托给某一代理商之前,必须对该代理商的基本情况有一个概括的了解。选择时也应重点从以下几个方面进行:

①代理商的身份及其经营范围是否合法。

②代理商的优势。不同的代理商,尽管其服务领域是相同的,但每个代理商拥有的用户群、渠道能力、当地影响力、顾客反映经济实力、经营规模是不同的。

③合作态度和工作作风。合作态度与诚意是影响代理商和委托人合作成效的重要因素。工作作风是影响代理商业务和企业形象的主要因素。

④令委托人满意的业务记录,如代理商的销售额,当地的市场占有率,发展趋势等。

在进行了上述有关调查之后,委托人才能做出合理选择。选定后,企业应同代理商签订合同,明确双方的权利和义务,并对代理商所代理的业务进行指导、管理、考核、监督和服务。

9.3　分销渠道的设计与管理

9.3.1　分销渠道的设计

1. 影响分销渠道设计的要素

一般,影响汽车分销渠道设计的主要要素包括:

(1)企业特征。不同的汽车生产企业的经济实力强弱、规模大小、声誉高低等方面存在差异,这对中间商具有不同的吸引力。因而企业在设计分销渠道时,应结合企业特性选择中间商的类型和数量,决策企业分销渠道模式。

(2)产品特性。汽车整车产品和大部分汽车零部件总成由于体大量重、价值大、运输不便、相对储运费用高、技术服务专业性强等原因，对中间商的设施、设备条件、技术服务能力和管理水平要求较高，汽车产品的销售渠道宜采取短而宽的分销渠道，并以自建分销体系为主。但不同企业的汽车产品在上述特性方面也存在差异，因而不同企业的销售渠道在渠道长短、宽窄等具体特点上不应强求一律，各企业在建设分销体系时应充分考虑本企业的产品特性。

(3)市场特性。不同企业的不同汽车产品，其市场特性也是不一样的。就我国汽车市场的发展趋势看，轿车将是市场的主角，市场分布面广及全国城乡，这就要求相应汽车企业的销售渠道尽量宽一些，以提高市场覆盖面。但对于专用汽车、特种燃料汽车(例工程装药车、代用燃料汽车等)的生产企业来讲，因其市场相对集中，故渠道的宽度可以窄些，长度也可短些。

(4)生产特性。汽车生产在时间或地理上比较集中，而使用者高度分散，一般不宜采用直销渠道，而应用少层次少环节的中间商。

(5)竞争特性。设计销售渠道时，应充分、仔细、深入、全面研究竞争对手的渠道情况，分析本企业的渠道是否比竞争对手更胜一筹、更具活力。否则，应及时调整渠道策略，修正设计。

(6)政策特性。企业在选择中间商或建立自销网点时，应充分考虑国家政策法规，充分了解当地的政策特点，选择合法的、有诚意、在当地市场信誉好、能够分担风险的中间商。

2. 设计汽车渠道涉及的参考数

(1)销售渠道的层次

汽车销售渠道的层次是指在汽车产品物流的过程中，对汽车产品拥有转移过程中所有权或销售职能权力的机构的层次数目。

在 9.1.1 中讲过，零层次渠道不经过任何中间商转手；一层渠道是经过一个中间商的分销渠道；二层渠道是经过两次中间商的销售渠道；三层渠道是经过三次中间商过手的销售渠道等。

(2)销售渠道的长度

汽车销售渠道的长度是指汽车产品在物流过程中，所经过的中间层次或环节数。中间层次或环节越多，则渠道的长度越长；反之，则越短。生产商的分销渠道按其流通(购销)环节的多少一般分为直接渠道和间接渠道。

直接分销渠道，又称零级渠道，是指生产商根据市场目标和市场条件的实际情况设立销售机构，配备销售人员，无中间商参与，将产品(服务)直接销往用户的渠道组织形式，是长度最短的分销渠道。其适用于生产商销售力量雄厚、产品技术含量高或作为高档工业品销售的生产企业。在消费品市场，鲜活商品和部分手工业制品、特制品有着传统直销习惯，直接邮购、电话电视和网上直销等也迅速发展。

间接分销渠道，是指生产商对产品(服务)的分销是在中间商的参与条件下实现的。采用间接渠道，意味着生产商在某种程度上放弃对如何销售产品和售给谁等方面的控制，增大了市场风险。然而，生产商之所以做出这种选择，是因为通过有专业化职能的中间商分销产品，能获得更大的比较利益。具体表现在以下几个方面：

①大多数生产企业的人力、财力、物力全方位组织市场销售的辐射能力对一些区域市场“不服水土”，采用中间商可提高进入目标市场的效率，从而集中企业资源拓展其主营业务；

②用中间商的销售网络、商务关系与经验、专业化水准和规模经济优势，通常会比生产企业自营销售节约费用，省下的就是挣下的；

③中间商承担着协调生产企业提供的产品组合与消费者所需组合之间的矛盾功能，如产

品差异、地点差异和所有权差异等,这是生产企业难以替代的。

(3)销售渠道的宽度

汽车销售渠道的宽度是指组成销售渠道的每个层次或环节中,使用或设置相同类型中间商的数量。同一层次或环节的此类中间商越多,渠道就越宽;反之,渠道就越窄。根据参与各环节中间商的数量,生产企业分销渠道一般分为:密集式分销、选择式分销和独家式分销。

①密集式分销渠道,是指生产企业在一个销售地区发展尽可能多的中间商销售自己的产品(服务)。优点是可以广泛占领市场,方便消费者购买,交货及时。弊端是中间商市场分散难以控制。策略重心是扩大市场覆盖或快速进入一个新市场,使众多消费者可以随时随地地买到这种产品。

②选择式分销渠道,是指生产企业在特定的市场内有选择地发展少量几个中间商销售自己的产品(服务)。优点是生产厂对市场的控制较强、成本较低,可获得适当的市场覆盖率以保留渠道成员间的竞争。弊端是渠道成员之间的冲突往往较多,生产企业协调的难度加大。策略重心是维护本企业产品的良好信誉,建立稳固的市场竞争地位,并致力于与少数中间商形成良好的协作关系。

③独家式分销渠道,是指生产企业在一定的地区只选择一家最合适的中间商专门销售公司产品。优点是对渠道的控制力最强,利于统一市场政策和厂商产品形象。弊端是渠道成员缺乏竞争压力,厂商在当地的销售情况受中间商左右;市场覆盖率小的可能性较大。

(4)销售渠道的多重性

汽车销售渠道多重性是指汽车生产企业除上述长度结构中的两大类型(直接分销渠道、间接分销渠道)和宽度结构中的三大类型(密集式分销渠道、选择式分销渠道和独家式分销渠道)之外,还可以按渠道成员相互联系的紧密程度不同,分为传统渠道系统和整合渠道系统两大类型(见图9.6)。

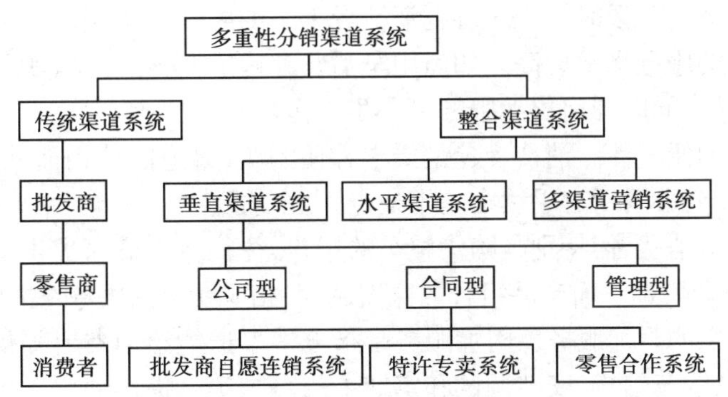

图9.6　多重性分销渠道系统示意图

①传统渠道系统。是指由各自独立的生产企业、批发商、零售商各消费者组成的分销渠道。传统分销渠道系统成员之间的系统结构是松散的。由于这种渠道的每一个成员均是独立的,它们往往各自为政,各行其是,都为追求其自身利益的最大化而激烈竞争,甚至不惜牺牲整个系统的利益。在传统渠道系统中,几乎没有一个成员能完全控制其他成员。

②整合渠道系统。是指在渠道系统中,渠道成员通过不同程度的一体化整合形成的分销渠道,整合渠道系统主要包括垂直渠道系统,水平渠道系统和多渠道营销系统。其中,垂直渠道系统在汽车销售渠道设计中最为常见。

所谓垂直渠道系统，这是由生产企业批发商和经销商纵向整合组成的统一系统。该渠道成员或属于同一家公司，或将专卖特许权授权其合作成员，或有足够的能力使其他成员合作，因而能控制渠道成员行为，消除渠道冲突。垂直渠道系统有三种主要形式：

一是公司式垂直渠道系统，即由一家公司拥有和管理若干工厂、批发机构和零售机构，控制渠道的若干层次，甚至整个分销渠道，综合经营生产、批发和零售业务。公司式垂直渠道系统要么是由大的厂商拥有并管理，采取工商一体化经营方式；要么是由大型零售公司拥有并管理，采取工商一体化经营方式。

二是管理式垂直渠道系统，即通过渠道中某个有实力的成员来协调整个产销通路的渠道系统。

三是合同式垂直渠道系统，即不同层次的、各自独立的生产企业和中间商以合同为基础建立的联合渠道系统。如批发商组织的自愿连锁店、零售商合作社、特许专卖机构等。

生产企业可以根据目标市场的具体情况，使用多种销售渠道销售其汽车产品。

3. 设计步骤

汽车分销渠道设计是指建立以前从未存在过的分销渠道或对已存在的渠道进行修订变更的策划活动。设计一个渠道要求建设渠道目标和限制要素，同时，必须在理想的渠道设计和现有的实际可能利用的调整或新建的渠道之间作出选择。一般步骤为：

(1)分析消费者对分销渠道服务水准的要求

分销渠道的服务水准是指所选择的渠道策略对消费者购买商品(包括服务)的解决程度、物流速度和费用高低，包括消费者购买什么、在哪里购买、为什么购买、什么时候买、如何购买，通常表现在以下五点：

①一次购买批量的大小　如轿车市场，一个城市更新出租车辆，大都是批量购买，而“轿车进入家庭”，一般是一次买一辆，为此，必须视购买批量的不同，分别建立渠道。

②渠道内消费者的等候时间——货到消费者手中的时间　消费者对交货时间要求愈短，分销渠道需要提供的服务水平愈高。如商用车消费者购了 10 辆载货车则可采用送货上门，调试好后向用户交钥匙，同时开启售后服务第一步工作。

③消费者购买的便利性　消费者越是要求方便购买，渠道的分销面就要越广。努力做到一站式服务，从购车到办妥所有手续在一个地点一次完成。

④商品多样化　消费者，特别是购买整车的用户，往往要求商家提供多样化产品组合，以方便其“货比货”选择挑选。而产品组合的宽度越大，相应要求的服务水准就越高。

⑤渠道可以提供的附加服务　附加服务是指分销渠道能给消费者提供的服务支持，如购车后协助办理保险、购车信贷、安装调试和定期上门养护等。提供的服务支持越多，渠道的工作量和吸引力也就越大。

(2)设置和协调渠道目标

渠道目标是在企业总体目标的要求下，所设计的分销渠道应达到的服务产出目标，这种目标一般要求所建立的分销渠道达到总体营销规定的服务水平，同时使整个渠道费用减少到低而合理的程度。

渠道目标要和营销组合策略目标(产品、价格、促销)互动协调，并要和本企业相关的财务目标、生产目标等相协调。渠道目标要明示，让营销工作人员、决策管理人员和消费者都知道。

(3)明确渠道的任务

渠道任务的设计应反映不同类型营业中介（中间商）的差异，同时还需根据不同产品或服务的特性进行一定的调整，以最大程度适应渠道目标。

（4）设计渠道结构方案

企业在确定了目标市场和期望的服务目标任务之后，可以按照不同的长度策略和宽度策略设计几个主要的渠道方案。渠道选择方案涉及三种要素：中间商类型、中间商的数量和渠道成员的交易条件及责任。

①中间商类型。生产企业首先要明确可以完成其渠道任务的中间商类型。根据目标市场及现有中间商的状况，可以参考同类产品经营者的经验，设计自己的分销渠道方案。如果暂时没有合适的中间商可供选择，企业也可以设计直销渠道或直复营销渠道。

②确定中间商数目。生产企业必须确定在每一渠道层次利用中间商的数目。由此形成所选择分销渠道的宽度类型，即密集式分销、选择性分销或独家经销。

密集式分销多为维修市场汽车配件和汽车用品生产企业采用。选择性分销多为信誉良好的企业和希望以某些承诺来吸引经销商的新企业所采用。独家经销多用于有特色品牌产品的分销。

③规定渠道成员的交易条件及责任。生产企业必须确定渠道成员的交易条件和应负责任。在交易关系组合中，这种责任条件主要包括：

——价格政策。企业制订的价格目录和折扣标准，要公平合理，中间商认可。

——销售条件。销售条件是指付款方式和生产企业承诺，使分销商免除后顾之忧，大量进货。

——经销商的区域权利。这是渠道关系的一个重要组成部分，应仔细推敲并加以明确。

——各方应承担的责任。应通过互惠互利，风险共担的条款，来明确各方责任。

（5）评估渠道设计方案

①要结合影响渠道设计的以下六个要素：市场要素、产品要素、企业要素、环境要素、行为要素、中间商要素，修改和完善渠道方案。

②从三个方面进行评估：

第一个方面，经济性标准评估。该评估主要是比较每个方案可能达到的销售额水平及其费用水平。首先考虑哪一种做法会带来较高的销售额；其次，要考察每一渠道的销售费用。采用这项评估的中间商多为小企业，或虽为大公司但只在较小的细分市场中销售产品时才采用。

第二个方面，可控性标准评估。利用独立的中间商或代理商可控程度较低。渠道越长，控制问题就越突出。对此需要进行多方面的利弊比较和综合分析。

第三个方面，承担一定的义务。如果市场环境发生变化，这些承诺将降低生产企业的适应能力。为此，应考察企业在每一种渠道方案中承担义务与经营灵活性之间的关系，包括承担义务的程度和期限。对一种涉及长期（5年以上）承担义务的渠道的选择，应在经济或控制方面有非常优越的条件时，才能予以考虑。

（6）在评估的基础上，选择最可行的渠道设计方案

即要求用最少的投入成本来确定各渠道任务在中间商之间的最有效性。

9.3.2　分销渠道的管理

分销渠道的管理主要表现在：

第一,制订兼容规范、约束和激励内容的分销渠道所有当事方的共同准则,共同遵守,相互监督,定期检查,跟踪调查。

第二,评估渠道成员。定期评估,及时了解情况,发现问题,解决问题。评估内容包括:销售量完成情况、平均存货水平及保管质量、应收应付货款状况、对消费者的服务质量及消费者的反映。

第三,奖励销售业绩和售后服务双佳的渠道成员(荣誉奖和物质奖双管齐下)。

第四,对连年经营业绩差、消费者投诉多,或造成人为经济损失额度较大的渠道成员要给予相应处罚。

第五,调整分销渠道成员和分销渠道。

由于目标市场区域购买力、消费者购买方式的变化或由于渠道设计不合理,渠道成员不称职等原因,为了适应市场环境变化,现有分销渠道经过一个考核周期的运作后,需要加以修改和调整。主要有三种调整方式:一是增减某一渠道成员;二是增减某一分销渠道;三是调整、改进直至重设整个分销渠道。

第六,协调渠道成员间的矛盾。特别是实行扁平式分销体系时,同一层面的中间商数目较多,总会出现冲突和竞争,需要及时加以协调解决,以保证整个渠道高效运行。

9.4 汽车分销体系建设

9.4.1 汽车分销体系的概念

1. 汽车分销及分销体系的含义

汽车分销是汽车生产企业将其产品从产出到用户手中整个传递过程能够持续进行所涉及的所有活动。

汽车分销体系是指生产企业为消费者提供产品和服务,实现企业总体战略规划的理念和目标而构建的组织体系及其运行规则。

2. 汽车分销体系的组成(见图9.7)

(1)网络组织成员

——分销网络是指汽车分销体系所有构成成员按一定的规则连接构成的组织系统。

——分销体系构成成员从分销网络的概念出发,又可称为分销网络成员。

——网络的纵向关系构成分销渠道,其显著特点是具有层次性,这也是我们研究的主要内容。

——网络的横向关系构成地域分布,具有疏密性。

(2)分销渠道

——分销渠道是由分销网络纵向关系所建立的汽车产品从生产企业传递到最终消费者的通道。

——分销渠道的层次性决定渠道的长短。不同类型渠道的数量决定渠道的宽度(见图9.7)。

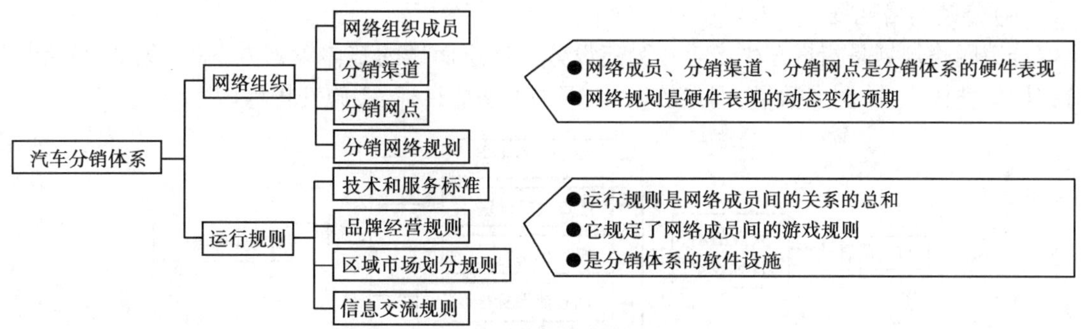

图9.7　汽车分销体系的组成

图中,生产企业A有两种渠道:

- 生产企业A → 总经销商 → 经销商 → 消费者
- 生产企业A → 总经销商 → 经销商 → 二级经销商 → 消费者

生产企业B有三种渠道:

- 生产企业B → 总经销商 → 经销商 → 消费者
- 生产企业B → 总经销商 → 消费者
- 生产企业B → 消费者

由图9.8可知,生产企业A有4条分销渠道,生产企业B有5条分销渠道,可见生产企业B的分销渠道宽度大于生产企业A的渠道宽度。

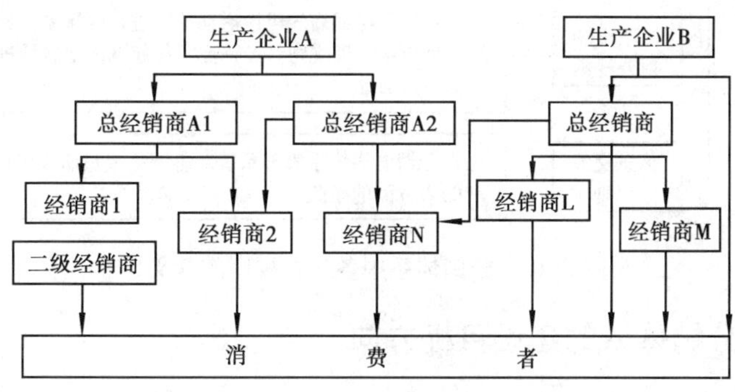

图9.8　不同类型分销渠道的宽度

(3)分销网点

分销网点是指分销网络成员中,直接面向最终消费者的单一成员(经销商)。生产企业自建分销网络的分销网点,一般均为该生产企业的特约经销商。

分销网点一般应具有以下功能:销售、技术服务、配件供应、信息及咨询、培训等。按分销网点具有的功能划分,可分为单一功能网点(如销售店、特约维修站等)和多功能一体化网点(如3S店、4S店等)。

根据汽车产品与最终消费者实现交易方式和场所的不同,分销网点形成若干种不同的网点形态,目前主要有品牌专卖店、连锁店、汽车超市等。

(4)分销网络规划

分销网络规划是指汽车生产企业为建设分销体系而做的整体策划方案(见图9.9),包括分销网络整体设计、网点数量、网点的标准、网络的功能目标、实施安排等。

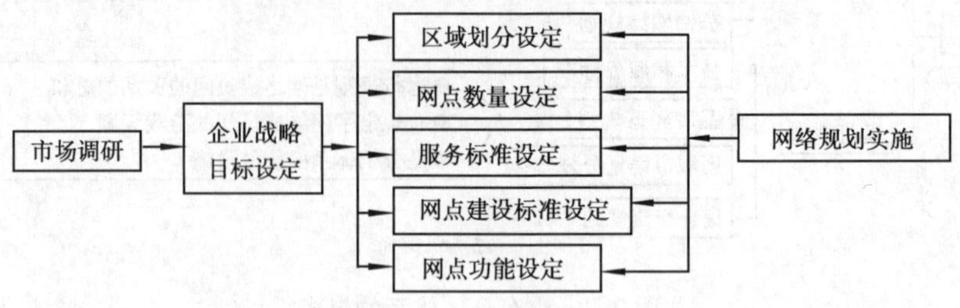

图9.9　策划程序框图

(5)分销体系运行规则的含义

分销体系运行规则界定了生产企业、经销商之间的权利义务关系,通过合同契约条款来履行。

各运行规则的含义见图9.10:

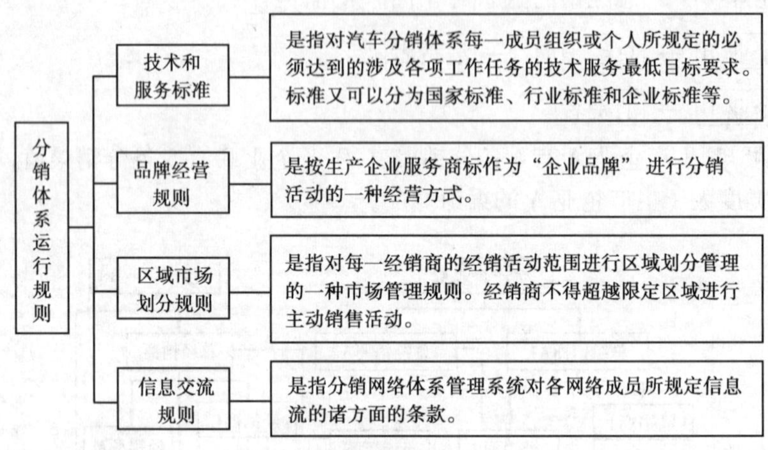

图9.10　分销体系中各运行规则的含义

9.4.2　汽车分销体系的建设目标方向

1. 网络系统化

明确生产企业为主体,授权总经销/总代理商,进行网络规划实施(见表9.2)。

表9.2　汽车分销体系的网络系统化

生产企业为主体	唯一的总经销商/总代理商	网络规划与实施
产品质量责任的市场主体; 产品或者企业品牌的所有者和经营主体; 提高“品牌经营”的重要手段。	生产企业在特定区域及功能上的授权代表,它代表生产企业的经营理念; 在特定区域必须是唯一的; 进口车只能在国内设立唯一的总代理商,以保证国内消费者的权益。	网络规划内容包括网点数量、区域规划,网点规模规划以及网络建设实施进度等。

2. 经营品牌化

汽车生产企业必须建立自己的服务品牌，并通过特许经营方式实现与品牌销售商的紧密合作。

(1)服务品牌

——品牌已经成为企业经营的核心能力，品牌经营的核心是给用户不断提供产品，而且提供长期稳定服务。企业除了产品品牌，需要加快建设“服务品牌”。

(2)特许经营

——品牌经营的法律依据是特许经营相关法规。授权内容包括服务商标的使用权、产品销售权、产品技术培训权等。统一标准：外观标识、服务质量、技术、管理模式等统一。

(3)排它性

——“品牌”可以以“企业”为单元，也可以以“产品”为单元，但它们均具有排它性。排它性(通过生产企业的服务商标)具有保护和实现“品牌经营”的功能。

3. 功能多样化

分销网点功能逐步实现销售、服务功能一体化(见图9.11)。

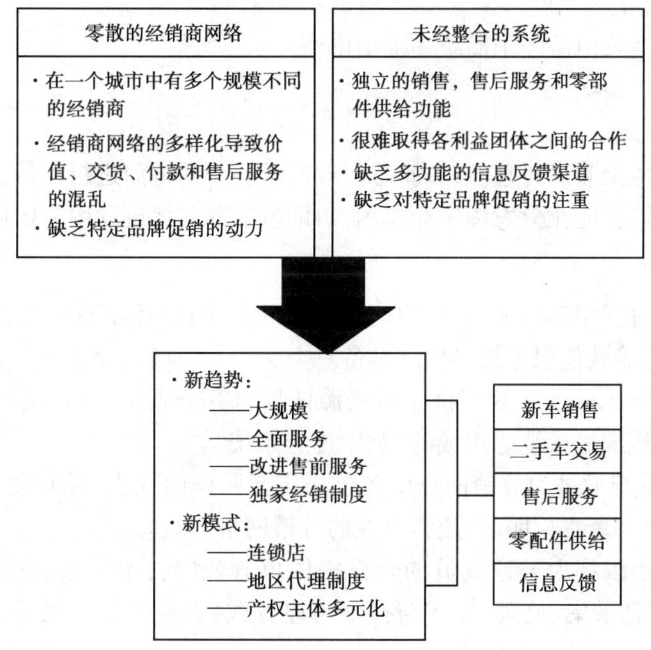

图9.11　分销网点功能示意图

4. 分销渠道的扁平化

汽车生产企业销售渠道力求扁平，这是总的发展趋势。这样可以减少流通环节，加快物流，降低营销成本，方便消费者。

传统的分销渠道(见图9.12)。

发展中的销售分销渠道(见图9.13)。

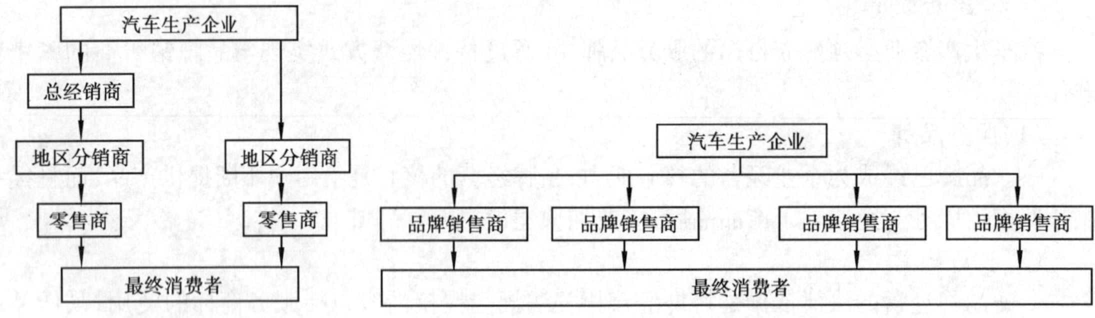

图 9.12　传统的分销框图　　　　图 9.13　发展中的销售分销渠道

5. 管理规范化

建立规范的企业准入管理制度和公正、规范的中介评估机制,主要包括:

(1)总经销商/总代理商准入制度

——总经销商必须由生产企业授权;

——经过政府部门核准,方可行使网络规划权。

(2)品牌经销商准入制度

——品牌销售商须由总经销商统一提出申请;

——经有关部门备案。

(3)中介评估机制

——中介机构协助政府对总经销商/总代理商和品牌销售商进行评估,并提供评估报告;

——汽车行业协会应充分发挥中介作用,协助政府部门促进国内分销体系发展。

6. 信息电子化

实现汽车分销过程中车辆交付、用户信息反馈的电子化,逐步建立完善的用户信息库,并为召回、二手车交易等其他服务提供信息准备。

(1)在分销管理中,逐步形成了由企业资源计划(ERP)系统、客户关系管理与呼叫中心、自动仓储系统和物流配送系统等组成的"数字神经系统"。

(2)企业信息系统通过为分销网点中各机构定义明确的权责,并对业务流程进行重组和优化,帮助企业建立一个责权明晰、流程可控的分销网络。

(3)电子商务手段将为渠道成员的合作提供更有效的技术手段,它为渠道成员之间提供了更低成本的信息采集、处理、发布与指令传递方式,提高了整个渠道的反应能力和反应速度。

9.4.3　国内外分销体系比较

1. 发展过程比较

(1)我国汽车分销体系大体经历了三个发展阶段

第一阶段,政府计划分配阶段(1978 年以前)。在这阶段经历了如下三个时期:a. 中央政府统一控制;b. 中央为主,地方为辅;c. 中央、地方两级管理。汽车生产企业没有自主分销权,分销由国家指定部门负责。

特点:产品严格按计划分配,生产与销售完全脱节。

第二阶段,汽车生产企业自建分销体系形成阶段(1979—1993)。该阶段政府的控制范围和供应方式发生转变,企业的自建分销体系开始形成。从政府计划控制范围看,指令计划分配比重逐渐减小;从供应方式看,代订货、协作、租赁及联营销售等信托业务得以开展。

特点:卖方市场,渠道多样,价格混乱,分销高利润,服务不规范。

第三阶段,以汽车生产企业自建分销体系为主导的阶段(1994 年至今)。该阶段市场环境和竞争主体发生巨大改变:市场性质发生改变,汽车市场从卖方市场转向买方市场;竞争主体改变,境外轿车企业纷纷进入中国汽车制造领域,并渗透分销领域;开始品牌经营之路。

特点:面临加快自身分销体系建设和应对境外企业分销体系竞争的双重压力。

(2)国外以美、日、欧为代表的三类分销体系的发展历程

①美国汽车分销体系的五个发展阶段(见图 9.14)

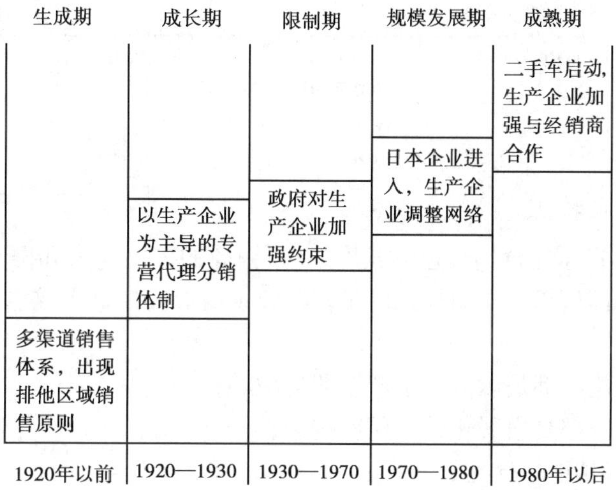

生成期	成长期	限制期	规模发展期	成熟期
多渠道销售体系，出现排他区域销售原则	以生产企业为主导的专营代理分销体制	政府对生产企业加强约束	日本企业进入，生产企业调整网络	二手车启动，生产企业加强与经销商合作
1920年以前	1920—1930	1930—1970	1970—1980	1980年以后

图 9.14　美国汽车分销体系的五个发展阶段

②日本汽车分销体系的五个发展阶段(见图 9.15)

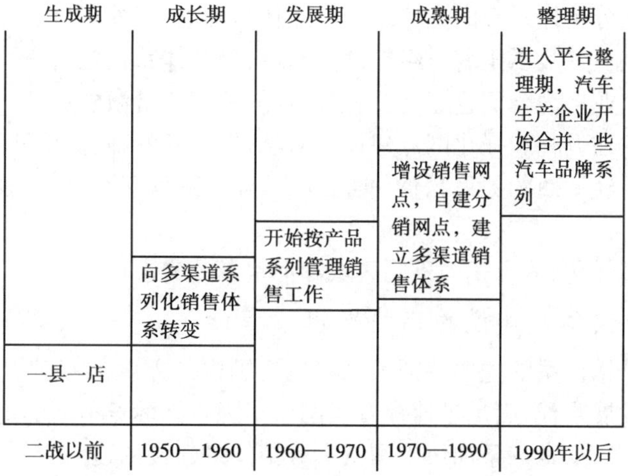

生成期	成长期	发展期	成熟期	整理期
一县一店	向多渠道系列化销售体系转变	开始按产品系列管理销售工作	增设销售网点，自建分销网点，建立多渠道销售体系	进入平台整理期，汽车生产企业开始合并一些汽车品牌系列
二战以前	1950—1960	1960—1970	1970—1990	1990年以后

图 9.15　日本汽车分销体系的五个发展阶段

③欧盟汽车分销体系发展的三个阶段(见图9.16)

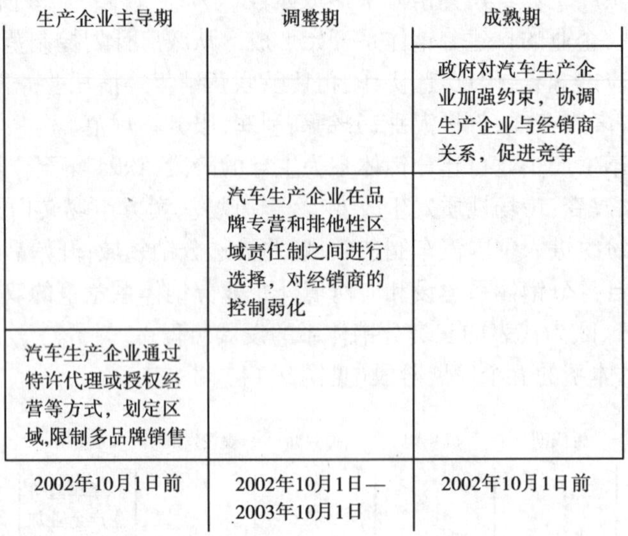

生产企业主导期	调整期	成熟期
		政府对汽车生产企业加强约束，协调生产企业与经销商关系，促进竞争
	汽车生产企业在品牌专营和排他性区域责任制之间进行选择，对经销商的控制弱化	
汽车生产企业通过特许代理或授权经营等方式，划定区域,限制多品牌销售		
2002年10月1日前	2002年10月1日—2003年10月1日	2002年10月1日前

图9.16　欧盟汽车分销体系发展的三个阶段

2. 国内外的不同特点

(1)美国、欧盟和日本在营销渠道的长度,对经销商的控制能力和网点功能设置上有所不同,但从以上框图中可以看到,他们都经历了营销体系由成长期进入成熟期的发展过程。其共同点是:

——营销渠道的建设都是以汽车生产企业为中心;

——营销网络一般都是扁平化的二层次构架;

——网点密集,多功能一体化;

——都具有分工明确,管理严细的批发商和代理商制度;

——按区域市场划片,目标市场和分工责任明确。

(2)我国汽车分销体系的特点:

——生产企业在分销体系中的主体地位已经初步确立,正处于自建分销渠道阶段;

——汽车生产企业一般承担着总经销商的角色,分销体系正在向扁平化发展;

——轿车生产企业多为合资企业,网络控制权的争夺非常激烈;

——生产企业正在调整和强化网点建设,加强对经销商的筛选、培训和管理;

——生产企业与经销商的关系松散,但正处于与经销商互动改制,建立资产关系的整合期间;

——分销渠道多样化,适合我国不同区域和消费者的需求。

3. 我国汽车分销体系建设的指导思想

掌握国际汽车分销体系的主要特征、发展趋势、国内外差距的基础上,加快追赶现代国际汽车营销服务体系发展步伐,满足迅速提升我国汽车工业国际竞争力的迫切要求,结合中国国情,创新突出中国特色,探索一条加快中国汽车分销体系建设的道路。

思考题

1. 简述分销渠道和汽车物流的含义。
2. 汽车销售渠道中的中间商包括哪些类型？中间商的作用体现在哪些方面？
3. 说出分销渠道设计的步骤及影响因素。
4. 汽车分销体系的建设目标方向是什么？

第 10 章　促销工具与汽车促销策略

学习要点

➢ 全面理解市场营销四种促销工具：广告、人员推销、营业推广、公共关系的含义。

➢ 各种促销工具各自的三个结构要素：

——广告的媒体选择、预算、效果评价；

——人员推销的结构人选、系统培训、考核报酬；

——营业推广的方式选择，怎样对消费者进行营业推广的程序，促销与营业推广的联系与区分；

——公共关系的公关手段、公关内容和执行评价。

➢ 掌握各种促销工具的运用方法和优化组合的策划方法。

随着我国汽车市场的成熟及与国际市场的接轨，要求汽车生产企业开发、生产优质的汽车产品，制订具有竞争力和吸引力的产品价格，构建顺畅的分销渠道，使产品顺利让目标消费者接受。除此而外，还要求汽车企业与现有的消费者、潜在的消费者及相关的公众消费者沟通，激发消费者的购买欲望，实现销售的目的。这些都需要通过企业运用有效的促销工具，实施有效的促销组合策略来完成。因此，促销工具的使用与促销组合的策划已成为现代汽车市场营销"连锁互动"（产品、价格、分销、促销四要素连锁），使用最广泛，使用频率最高，使用效果最显著的营销策略。

10.1　汽车促销和促销组合

10.1.1　促销的含义

促销是指生产企业向目标消费者传递产品信息，促使目标消费者做出购买行为而进行的一系列说明性沟通活动。

汽车促销是汽车企业对汽车消费者所进行的信息沟通活动，通过向消费者传递汽车企业和汽车产品的有关信息，使消费者全面了解感兴趣的汽车产品，并对汽车生产企业和销售企业产生信任，进而引发购买的欲望。为了支持和促进汽车销售，需要采用多种促销工具进行多种方式的促销。通过广告，传播有关汽车企业和汽车产品的信息；通过营业推广，加深消费者对汽车产品的了解，促进其购买汽车；通过人员推销，面对面地与消费者沟通，帮助消费者选购汽车；通过各种公共关系及宣传手段，改善汽车企业和汽车产品在公众心目中的形象，为今后的营销活动做好战略性铺垫。

促销和营业推广是有本质区别的。营业推广的称谓很多,诸如销售促进、销售宣传等,它是指广告、人员推销、公共关系以外的种种营销活动,意在刺激消费者的购买欲望和经销商的积极性。营业推广通常是一种通过对产品或服务的“降价或增值”来刺激即时需求增长的短期工具。促销就是把有说服力的产品信息,采用特定的方式和渠道,对特定沟通对象(目标消费者)购买心理、购买态度和购买行为进行有效地影响。促销与其他市场营销活动有着不同的特点。企业促销活动是在企业与其目标消费群或社会公众之间进行的,而其他市场营销活动只在企业内部或生产企业与中间商之间进行。为什么说促销实质上是一种信息沟通活动呢?沟通是信息提供者或发送者发出作为刺激物的信息(如某个时间几款汽车新车型将面市等),并把信息传递到一个或更多的目标对象,以影响其态度和行为。

10.1.2　汽车促销的工具

汽车促销的方式主要有两类:人员促销和非人员促销。人员促销主要是指派出汽车销售人员进行汽车销售活动。在非人员促销中,又分为广告、营业推广、公共关系等多种方式。汽车促销策略就是这几种工具的最佳选择、组合和运用。各种汽车促销工具的主要特点如下:

1. 广告

汽车广告是一种高度大众化的汽车信息传递工具,其信息传播面广,形式多样,渗透力强,可多次重复同一汽车信息,便于消费者记忆。

2. 人员推销

人员推销是经销商与消费者的直接沟通,面对面地传达汽车信息,推销方式灵活,针对性强,容易促成即时成交。而且,通过人与人之间的沟通,可以培养经销商与消费者之间的感情,以便建立个人友谊及长期的合作关系,亦可迅速反馈消费者的意见及要求。

3. 营业推广

“营业推广”也称“销售促进”,是一种沟通性极好的促销工具。通过提供汽车信息,诱导消费者接近汽车产品;通过提供优惠,对消费者产生牌效应;通过提供奖励,对消费者产生激励。

4. 公共关系

公共关系具有较高的可信度,其传达力较强,吸引力较大,容易使消费者接受,可提高企业的知名度,树立汽车企业良好的社会形象。

10.1.3　汽车促销组合

1. 定义

所谓汽车促销组合就是把广告、人员推销、营业推广和公共关系等四种不同的汽车促销工具有目的、有计划地结合起来,并加以综合运用,以达到特定的促销目标。

促销组合既可包括上述四种工具,也可包括其中的两种或三种。由于各种汽车促销工具分别具有不同的特点、使用范围和效果,所以要结合起来综合运用,才能更好地突出汽车产品的特点,加强汽车企业在市场中的竞争力。

2. 汽车促销组合框图(见图10.1)

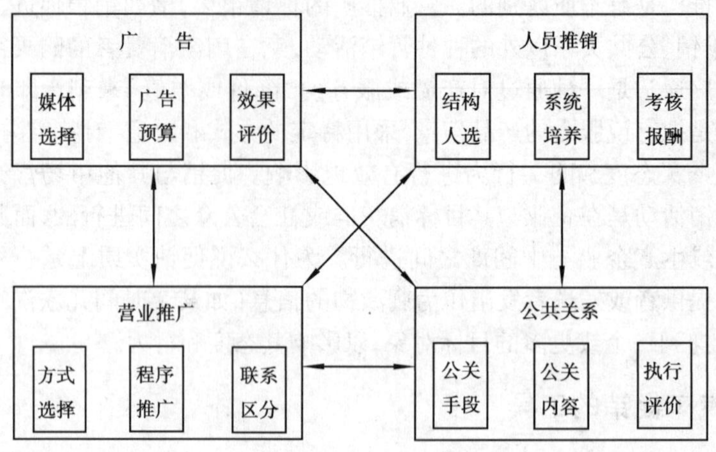

图10.1　汽车促销组合框图

3. 在制订汽车促销组合时应考虑的因素

(1)汽车促销目标

要确定最佳的汽车促销组合,首先需考虑汽车促销目标。汽车促销目标不同,应有不同的汽车促销组合。如果汽车促销目标是为了提高汽车产品的知名度,那么汽车促销组合重点应放在广告和营业推广上,辅之以公共关系宣传;如果汽车促销目标是为了让消费者了解汽车产品的性能和使用方法,那么汽车促销组合应采用适量的广告、大量的人员推销和某些营业推广;如果汽车促销目标是立即取得某种汽车产品的销售效果,那么重点应该是人员推销,并安排一些广告宣传。

(2)汽车"推动式"销售与"拉动式"销售

在汽车销售过程中,采用"推动式"销售还是"拉动式"销售,对汽车促销组合有较大的影响。"推动式"销售是一种传统的销售方式,是指汽车企业将汽车产品推销给总经销商或批发商;而"拉动式"销售则是以市场为导向的销售方式,是指汽车企业(或中间商)针对最终消费者,利用广告、公共关系等促销方式,激发消费需求,经过反复强烈的刺激,消费者将向中间商指名购买这一汽车产品,这样,中间商必然要向汽车生产企业进货,从而把汽车产品拉进汽车销售渠道。

(3)汽车市场性质

不同的汽车市场,由于其规模、类型、潜在消费者数量不同,应该采用不同的促销组合策略。规模大、地域广阔的汽车市场,多以广告为主,辅之以公共关系宣传;反之,则应该以人员推销为主。汽车消费者众多、却又零星分散的汽车市场,应以广告为主,辅之以营业推广和公共关系宣传;汽车消费者少、购买量大的汽车市场,则应以人员推销为主,辅之以营业推广、广告和公共关系宣传。潜在汽车消费者数量多的汽车市场,应采用广告促销,有利于开发需求;反之,则应采用人员推销,有利于深入接触汽车消费者,促成交易。

(4)汽车产品档次

不同档次的汽车产品,应采取不同的促销组合策略。一般说来,广告一直是各种档次汽车市场营销的主要促销工具;人员推销是高档、低档汽车的主要促销工具。

(5)汽车产品生命周期

汽车产品生命周期阶段不同,促销目标也不同,因而要相应地选择、策划不同的促销组合策略。在导入期,多数消费者对新产品不了解,促销目标使消费者认知汽车产品,应主要采用广告宣传介绍汽车产品,选派推销人员深入特定消费群体详细介绍汽车产品,并采取展销等方法刺激消费者购买。在成长期,促销目标是吸引消费者购买,培养汽车品牌偏好,继续提高汽车市场占有率,仍然可以广告为主,但广告内容应突出宣传汽车品牌和汽车特色,同时也不要忽略人员推销和营业推广,以强化产品的市场优势,提高市场占有率。在成熟期,促销目标是战胜竞争对手、巩固现有市场地位,综合运用促销组合各要素,应以提示性广告和公共关系为主,并辅之以人员推销和营业推广,以提高汽车企业和汽车产品的声誉,巩固并不断拓展市场。在衰退期,应把促销规模降到最低限度,尽量节省促销费用,以保证维持一定的利润水平,可采用各种优惠方式来销售汽车存货,尽快处理库存,盘活流动资金。

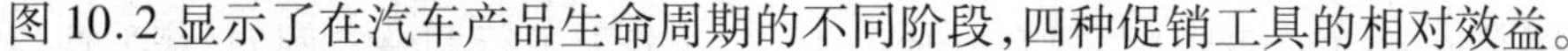

图 10.2 显示了在汽车产品生命周期的不同阶段,四种促销工具的相对效益。

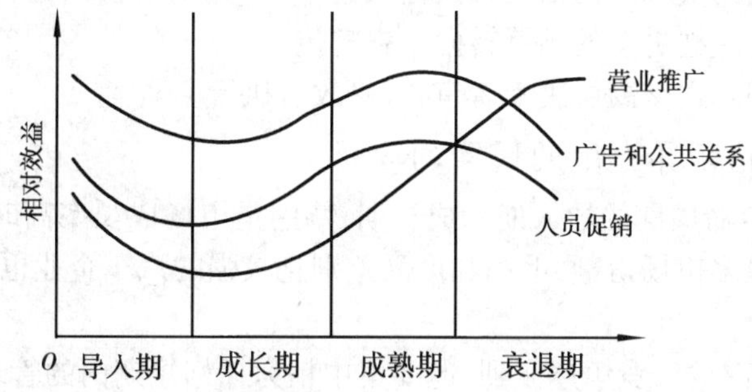

图 10.2　汽车产品寿命周期的不同阶段四种促销工具的相对效益

从上图分析可见:

导入期——不论哪种促销方式都是一个投入过程,即促销预算的支出过程。

成长期——各种促销措施的上升曲线基本一致。从下到上,营业推广、人员推销、广告和公关关系依次增高。

成熟期——营业推广的效果相对滞后。

衰退期——营业推广维持和延续生命周期成熟期的曲线波峰。

10.1.4　汽车促销预算

企业要实现促销目标,就会产生促销费用,因此必须为企业总的促销活动进行预算,这是最困难的也是不可或缺的营销决策之一。

企业如果没有促销预算,那将一事无成;如果预算不准,要么是事倍功半,要么是浪费资金,增大成本。

1. 常用的促销预算方法

(1)销售比例法(也称赢利比例法)

这是以促销与销售额或利润的关系确定预算的方法,即以以往的财务决算为基础,按计划销售额或销售利润,测算出一定的百分比来确定开支的促销费用额。

(2)任务法

根据完成促销目标必须的相关开支,计算促销成本,得出的累计数就是促销预算。

(3)产品类比法

根据产品的不同生命周期阶段和产品类别体现的性质差别、行业差别来确定促销预算。

(4)竞争平衡法

这是根据同行业,特别是竞争对手的平均促销或某项重要的促销活动支出来确定本企业的促销预算。

(5)投资收益法

把促销投入看做是投资,按一定的回收标准来确定促销预算。首先确定投资目标,按一定的投资回报率来确定,然后根据促销得到的收入或收益的测算编制预算。

2. 汽车促销预算的编制过程

第一步:分析汽车年度营销计划,建立营销目标,预测汽车的销量和利润。

第二步:制订广告、人员推销、营业推广和公共关系的预算分配。可以按往年数据进行分配,也可以依据竞争者的实际促销情况和其他因素,对该分配进行调整。例如,获悉竞争对手要增加广告宣传费,则应把更多的预算转向广告宣传。

第三步:总促销预算送交高层决策者审查、修改后执行。

3. 影响汽车促销预算分配的因素的分析

(1)在汽车产品生命周期的导入期和成长期,特别是市场成长率高时,投向广告的预算应多于营业推广,拥有最多市场份额、毛利和产品差别化较强的汽车企业也要投入相对较多的广告费。

(2)汽车促销预算越高,竞争越激烈,越要集中精力抓好短期内的管理。

(3)相对于人员推销,广告往往对汽车消费者的态度和长期市场份额有正面影响,而对短期市场份额有负面影响。

(4)相对于广告,人员推销往往对短期市场份额有正面影响,而对汽车消费者的态度和长期市场份额有负面影响。

10.2 汽车广告策略

10.2.1 广告的概念和作用

1. 广告的定义

广告是企业财务列支,以公开付费的方式而进行的非个人观念对产品或服务而进行的非人员接触的宣传活动。汽车广告是一种高度大众化的汽车信息传递方式,其信息传播面广、形式多样、渗透力强,可多次重复(甚至高频率重复)。

2. 汽车广告的作用

(1)建立知名度

通过各种媒介的组合,向汽车消费者传达新车上市的信息,吸引目标消费者的注意,汽车广告宣传可避免促销人员向潜在消费者描述新车所花费的大量时间,快速建立知名度,迅速占领市场。

(2)促进理解

新车具有新的特点,通过广告,可以向目标消费者有效地传递新车的外观、性能、特色、使用等方面的信息,引发他们对新车的好感和信任,激发其进一步了解新车的兴趣。

(3)有效提醒

如果潜在消费者已了解了这款新的车型,但还未准备购买,广告能不断地提醒他们,刺激其购买欲望,这比人员推销要经济得多。

(4)公开承诺

广告能提醒消费者如何使用、维修、保养汽车,对他们再度购买提供保证。

(5)树立企业形象

对于汽车这样一种高档的耐用消费品,消费者在购买时,十分重视企业形象(包括信誉、名称、品牌、商标等),广告可以提高汽车生产企业的知名度和美誉度,扩大其市场占有率。

10.2.2 制订汽车广告策略的过程(见图10.3)

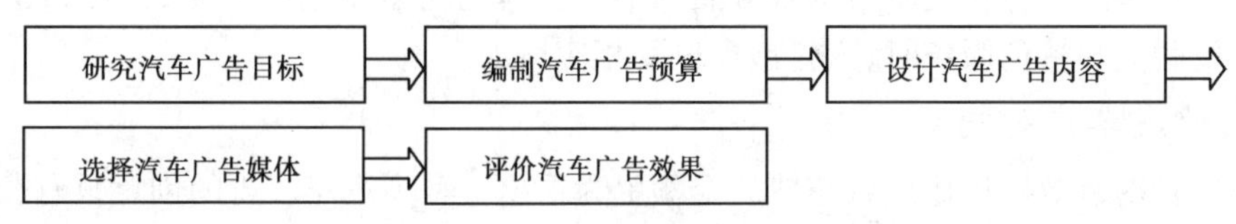

图10.3 制订汽车广告策略

其中:最主要的是媒体选择、广告预算和效果评价。

1. 确定汽车广告目标

制订汽车广告策略的第一步是确定汽车广告目标。汽车广告目标是指在一个特定时期内,某个特定的公众所要完成的特定传播任务。这些目标必须服从有关汽车经营目标、汽车市场定位和汽车营销组合等决策。汽车广告按其目标可分为通知性、说服性和提醒性广告三种。

(1)通知性广告

通知性广告主要用于汽车新产品上市的开拓阶段,旨在为汽车产品建立市场需求。日本丰田汽车公司在进入中国市场初期,打出哲理性、文化性很强的"车到山前必有路,有路必有丰田车"的经典广告,至今让消费者难忘。

(2)说服性广告

说服性广告主要用于竞争阶段,目的在于建立对其某一特定汽车品牌的选择性需求。在使用这类广告时,应确信能证明自己处于优势的宣传,并且不会遭到更强大的其他汽车品牌产品的冲击。例如"三星骏马快！优！新!"的广告,突出了该产品的优势,朗朗上口。

(3)提醒性广告

提醒性广告用于汽车产品的成熟期,目的是保持消费者对该汽车产品的记忆。例如,上海大众仍经常为已经处于成熟期的桑塔纳轿车做广告,提醒消费者对桑塔纳轿车由普通漆改用金属漆,由普通型到"2000"、"3000"改进的注意。

2. 编制汽车广告预算

汽车广告有维持一段时期的延期效应。虽然汽车广告费可以进入成本按当期开支来处理,但其中一部分实际上是用来逐渐建立汽车品牌与产品商誉这类无形价值的投资。因此,制订汽车广告预算要根据汽车企业实际需要和实际财务状况量入为出。此外,还要考虑以下五个因素:

(1)产品生命周期阶段

在推出新车型的导入阶段,一般需要花费大量广告预算,才能建立其市场知名度。

(2)市场份额和消费者基础

想增加市场销售或从竞争者手中夺取市场份额,则需要大量的广告费用。

(3)竞争程度

在竞争者众多和广告开支很大的汽车市场上,一种汽车品牌必须加大宣传,才能引起目标消费者的注意。

(4)广告频率

把汽车产品传达到消费者的重复次数,即广告频率,也会决定广告预算的大小。

(5)产品替代性

当一家整车厂打算在汽车市场众多品牌中树立自己与众不同的形象,宣传自己可以提供独特的物质利益和特色服务时,广告预算也要相应增加。

3. 设计汽车广告内容

汽车广告的有效性远比广告花费的金额更为重要。一项汽车广告的创意只有获得消费者的注意才能创造增加销量的机会,因此汽车广告内容能否引起消费者注意十分重要。

标题、文稿的选择等能对汽车广告的效果产生不同的影响。一个汽车广告标题为"新世纪、新款式、新轿车"荣誉登场,另一个广告标题为"这款轿车为你量身定做,合不合适请您试试?!"。第二个标题运用了一种称为"贴标签"的广告战略,在这种战略中,消费者被表明是对这类汽车产品感兴趣的人。两幅汽车广告的区别在于,第一幅广告描述了汽车的特点,而第二幅描述了汽车的利益。试验表明,第二幅广告在整个印象方面远胜于第一幅广告,消费者更容易对购买该产品产生兴趣,还有可能向朋友介绍。

在此,再举几则成功的汽车广告:

"福特永远关心您"系列性广告寓企业于公益,包括"为了您和您的孩子,请遵守交通规则"、"在高速公路上只有福特关心您"、"在高速公路上您不再孤立无援"、"在高速公路上福特帮您再上路"等,颇能赢得信赖与好感。

德国大众的甲壳虫车,曾有一则广告是这样写的:"如果有人发现我们的甲壳虫车发生故障,被修理厂拖走,我们将送你一万元美金。"充分表现它对品质和性能的自信。甲壳虫车的另一则广告也很有意思,该广告是针对一般人误认为甲壳虫车无法在高速公路上超车加以澄清。广告标题是:"他们说它根本就办不到。"画面则是一位骑摩托车的警察,正在高速公路上给一位驾甲壳虫车的青年开超速的罚单。

劳斯莱斯汽车的广告手法更高一筹:有位富翁在非洲人烟绝迹的沙漠上,他所驾的劳斯莱斯汽车发生故障进退不得,只好徒步回城,打电报给英国总公司的工厂,该厂当天就派直升机前往修理。数天之后,这位富翁又打电报给该公司问修理费多少,该公司打回来的电报,电文是:"我们并没有修理过你的车子,也许是你搞错了吧!"

4. 选择汽车广告媒体

(1)汽车广告媒体的分类

①按媒体的物质自然属性分为四类：

第一类为印刷品媒体，如报纸、杂志、书籍、宣传册、包装、传单等。

第二类为电波媒体，如电视、广播、手机、网站、电子招牌等。

第三类为销售现场媒体，如橱窗和店内灯箱广告、货架陈列、实物演示等。

第四类为纪念品媒体，如年历、贺卡、纪念册、产品和企业宣传册、纪念性工艺品等。

②从接受者的感觉角度分为三类：

第一类为视觉广告媒体，如报纸、杂志、电视、印刷册、路牌等。

第二类为听觉广告媒体，如广播、手机等。

第三类为视听觉广告媒体，如电视、彩屏手机等。

广告媒体种类繁多，功能各有千秋，只有选择适当的汽车广告媒体，才能使汽车企业以最低的成本达到最佳的宣传效果，对汽车的销售起到推波助澜的作用。表 10.1 列出了七种常用广告媒体的特点。

表 10.1　七种常用广告媒体的特点

媒　体	优　点	局限性
电　视	形音合一，图像并存、表现力强，直观、视觉效果好，有较强吸引力、震撼力，覆盖面广，注目率高。	成本高，媒介干扰多，竞争激烈，信息瞬间即逝，时效短。
报　纸	传播及时，覆盖面大，读者稳定，提供完整的产品信息，信息量大，费用较低，可使用特别设计的版面，如跨版广告来展示产品细节。	时效性和保存性差，注目率低，复制质量低，传阅者少，印刷不精美，表现力有限。
杂　志	地理、目标顾客可选择性强，读者稳定，传播时间长，保存性强，可传递传播。	传播范围有限，编辑出版发行周期长，不能适合刊登时效性很强的告知广告，灵活性较差。
广　播	大众化宣传，听众广泛，迅速及时，可多次反复，地理和目标顾客的选择性强（如专门的交通广播台和市场商务台），收听灵活，成本较低。	只有声音，刺激不明显，时间不如电视那样引人注意，展露瞬间即逝，播音时间局限了信息量，音效设计和处理要求高。
户外广告	广告展露时间长，相对费用低，竞争少，视觉冲击力强。	信息单一，目标顾客没有选择，内容不能经常更新，对画面品质、灯光处理要求高。
焦点广告	营造现场气氛，调动对以往广告的认知。售点的灯箱和大幅海报能引发购物的诱发和冲动。	覆盖面不高，需要与良好的销售服务相配合。
产品和企业宣传册	信息专一，可供消费者深入了解产品和企业，保存性强。	设计、印刷成本高，覆盖面小。

(2)选择汽车广告媒体应考虑的因素

①不同目标消费者对不同媒体的注目习性。特别要注意新的目标市场的潜在消费者。比如,购买跑车的大多数消费者是中青年的成功人士,所以广播和电视就是宣传跑车的最有效的广告媒体。

②汽车产品的专业特性。对汽车来说,电视和印刷精美的杂志由于在示范表演、形象化和色彩方面十分有效,因而是最有效的媒体。有的汽车的杂志广告主要选用了能充分体现汽车外观美的设计,利用杂志印刷精美的特点,给受众以视觉上的冲击。而有的汽车的广告就未必适合用在杂志和报纸上。

③广告信息交流的特性。比如交流的普及程度、权威性、反复性、保存性和适应用。

包含大量技术资料的汽车广告一般要求专业性杂志作媒介,一条宣布明天有重要出售信息的广告一般用广播或报纸作媒介。一般情况下,汽车产品的针对性很强,因此比较适合在专业杂志和报纸上做广告,能直接面向特定的受众,有助于用较低预算实现预期效果。

④费用广告成本。尽量用最小的成本达到最大的广告效果。比如,电视广告费用非常昂贵,以播出时间长短、次数和播放时段来计费,而报纸广告相比而言则稍便宜。

⑤媒体策略针对不同地区,不同目标消费者的注目习性。

——实施不同媒体组合策略;

——不同的策划到达率与暴露频率策略;

——设计不同的媒体的播放频率策略。

(3)国内轿车市场广告投放情况

1999 年,对全国 340 个主要电视台和 360 份报刊作了监测统计,轿车行业在电视和报刊两类媒体的广告投放合计为 3.02 亿,与传统的家电消费品的广告投放费用相当。其中,报刊媒体的广告投放为 1.96 亿;电视媒体的广告投放为 1.06 亿,是报刊媒体的 54%。

①电视媒体

从电视媒体来看,与 1999 年同期相比,2000 年 1 ~7 月国内轿车行业电视广告投放增长 66%。电视广告投放费用最多的前五位都是国内的强势品牌,它们的电视广告投放费用占同期行业电视广告投放费用的 87%。

2000 年 1 ~7 月,除捷达轿车电视广告费用增长 10% 之外,其他几个品牌的电视广告投放费用均有 300% ~400% 的增长。特别是"奥迪轿车",伴随着它的新车型"奥迪 A6"的上市,从 3 月份起,电视广告投放费用迅速增加,从 1999 年同期的 100 多万元火箭式地冲到 1 100 多万元。由此,也带来了奥迪"德国技术、中国制造"的深入人心。由增长率看出,奥迪是有备而来,而且是准备在轿车市场大干一场。

轿车行业电视广告投放区域,据 1999 年统计数据显示,仍然集中在经济发达的珠三角、长三角和环渤海等省市,电视广告投放额都分别在 1 000 万元以上,合计共占全国的 50%。中央电视台则是这次广告大战的最大收获者,轿车广告收入为 2 800 万元,占 1999 年轿车行业广告的 26%。据统计, 2000 年 1 ~7 月轿车行业电视广告投放费用前 5 名分别是上海别克、广州本田、一汽捷达、上海帕萨特和一汽奥迪。

②报刊媒体

报刊作为第二大的传统媒体,从广告投放额来看,已经成为轿车行业广告的主战场。与 1999 年同期相比,2000 年 1 ~7 月轿车报刊广告量达 134 万元,增长了 89%。

综合类、经济类的报刊成为轿车报刊广告的首选。从 2000 年 1 ~7 月的监测数据统计得，《广州日报》、《北京青年报》、《解放日报》、《深圳商报》分别位居穗、京、沪、深四城市的轿车行业报刊广告投放首位。但四份报刊的投放额仅占行业报刊投放总额的 18.2%，可以看出，轿车报刊广告投放媒体的集中度不高。经济类报刊《深圳商报》的出现，说明轿车报刊广告已进入了广告媒体细分时代。

珠三角地区的《广州日报》、《羊城晚报》、《深圳商报》、《深圳特区报》共分享 2000 年上半年轿车报刊广告额的 17%。这也从另一个侧面反映出，生活富裕的珠江三角洲，成为未来轿车消费的重点，是行业竞争的主战场之一。

2000 年 1 ~6 月，轿车行业各厂商的报刊广告量出现了一些“微妙”的变化。奥迪轿车的电视广告投放费用由 1999 年上半年的 7.5 万元上升到 2000 年的 33 万元，几乎占行业电视媒体投放费用的 25%。综合分析，奥迪轿车的报刊、电视广告呈现以数倍增长的态势。

国内轿车市场中的对竞争对手——上海通用别克轿车和广州本田雅阁轿车，他们对平面媒体的选择大相径庭。上海通用别克轿车 2000 年上半年的报刊广告投放费用已有近 400% 的增长，而当年广州本田雅阁轿车报刊广告的投放费用只有 5.4 万元，还不及国产的红旗轿车。

③新型传播媒体

随着现代科学电子技术的进步，广告传播手段和方式也有了很大的发展。广告制作基本上实现了现代化，新型传播媒体（如电脑磁碟片广告、录像带广告、电脑信息网络广告、烟雾广告、激光广告等）不断涌现。如想买一辆福特汽车，用不着到商店去挑选，只要打一个电话，便可收到福特公司的磁碟片广告。在家里就可以了解各种福特汽车的设计、款式、性能、价格、付款方式以及福特公司为消费者提供的各种服务。

5. 评价汽车广告效果

有一则汽车电视广告，画面上是一辆翻山越岭、长途跋涉的汽车。观众中有的认为，这是一辆节省油料的车；有的认为，这是一辆乘坐舒适的车；有的认为，这是一辆行驶平稳的车。而该广告的本意是想告诉观众，这是一辆“安全”的车。可见，该广告所要传达的信息和受众对画面的理解有相当大的距离，并没有准确、有力地揭示主题。因此，将广告信息传递给受众后，企业还要及时地对广告效果进行评价，以修正和改进广告目标和预算。由于各种因素的影响要准确评价广告的效果，特别是汽车广告的效果是比较困难的。目前的主要评价方法有两大类：一类是按广告的时间顺序，可分为事前预估评价、事中跟踪评价和事后双效评价；另一类是最实际的评价，即广告效果的评价，可分为传播效果评价和销售效果评价两种方法。

（1）传播效果评价

汽车广告的传播效果，即汽车广告对消费者知晓、认知和偏好的影响，是衡量汽车广告效果的重要方面。传播效果的评价结合第一类可在广告发布事前、事中、事后进行。其方法有：

①直接评分法

这种方法要求消费者对广告依次打分。表 10.2 提供了广告评分的一种方法。

表 10.2　广告评分表

广告等级	最佳广告	好的广告	普通广告	中等广告	劣等广告
分值/分	100 ~80	80 ~60	60 ~40	40 ~20	20 ~0

注:评分办法

以下五项分值各为20分:

——此广告吸引消费者的注意程度如何;

——此广告引导消费者进一步细读的可能性如何;

——此广告的中心内容或其利益是否交代清楚;

——此广告的诉求的有效性如何;

——此广告激发购买行为的可能性如何。

②组合测试法

这种方法是请消费者观看一组广告,然后请他们回忆所看过的广告,看他们能记住多少内容,以此来评价一个广告是否突出主题及其信息是否易懂易记。

③实验室测试法

这种方法是利用仪器来测量消费者对广告的心理反应情况,如心跳、血压、瞳孔的变化等现象,以此来测量广告的吸引力。不过,此类试验只能测试广告的吸引力,而无法测量受众对广告的信任情况、所持态度和意图。

(2)销售效果评价

一般来说,汽车广告的销售效果比其传播效果更难于测量。因为除了广告因素之外,销售还受到许多因素的影响,如产品性能、价格、售后服务、竞争对手的行为等。通常用历史分析法和试验分析法来衡量汽车广告的销售效果。

①历史分析法

这种方法是运用统计技术将过去的销售和广告支出与当前的销售和广告支出联系起来分析,以此来评价广告的效果。

②试验分析法

在某些地区广告开支高些,在另一些地区开支低些,如果高开支试验导致销量大增,说明广告开支过少;如果高开支试验没有增加销量或者低开支试验没有导致销量下降,说明广告开支过大。这种方法必须持续足够时间,以观察改变广告开支水平后的滞后效应。

10.3 汽车营业推广策略

10.3.1 汽车营业推广的概念

1. 概念

汽车营业推广(即销售促进)是汽车市场营销活动的一个关键因素。汽车营业推广包括各种短期性的刺激工具,用以刺激汽车消费者和经销商较迅速或较大量地购买某一品牌的汽车产品或服务。汽车营业推广在汽车行业中被广泛使用,是刺激销售增长,尤其是销售短期增长的有效工具。例如,自20世纪90年代以来,日本汽车生产企业在国内市场上进行营业推广活动的投入以年平均近10%的速度增长。

2. 汽车营业推广的目标

汽车营业推广的具体目标要根据汽车目标市场的类型变化而变化。

——对消费者来说,汽车营业推广的目标包括鼓励消费者购买汽车和促使其重复购买,争取未使用者购买,吸引竞争者品牌的使用者购买。

——对经销商来说,汽车营业推广的目标包括吸引经销商经营新的汽车品牌,鼓励他们购买非流行的汽车产品;抵消竞争性的促销影响,建立经销商的品牌忠诚度和获得进入新的经销网点的机会;促使经销商参与生产企业的促销活动。

——对营销人员来说,汽车营业推广的目标包括鼓励他们支持一种新的汽车产品,激励他们寻找更多的潜在消费者。

10.3.2　选择汽车营业推广的方式

选择汽车营业推广的方式时,要综合考虑以下要素:汽车市场营销环境;目标市场的特征;竞争者状况;营业推广的对象与目标;每一种方式的成本效益预测等;汽车营业推广同其他促销工具如广告、人员推销、公共关系等互动配合。

1. 用于消费者市场的工具

(1)分期付款

由于汽车价格一般比较高,因此世界各汽车公司大都采用分期付款业务。1997 年岁末"长安奥拓"推出分期付款方式,车型就是定价为每辆 58 800 元的"奥拓"轿车,第一次付款 18 000元即可提车,余款在其后的 18 个月内付清,"首付一万八,奥拓开回家"。此举使得这种微型车的销量在较短时期内在北方市场增长一倍,并且有 80% 的产品走入家庭。目前日本丰田公司有 2/3 的新车销售是由汽车生产企业提供分期付款金融借贷服务的。

分期付款通过"首期付款"的方式,把价格"降"下来,适应和吸引了较低消费层次的现实购买力,并以余款延期缴纳的方式,解决了购销双方资金和资源的双重闲置。但对汽车生产企业来说,分期付款占用资金大,周转回收慢,企业承担了较高的风险。因此,需要制订分期付款的法规,明确各方的权利和责任,建立信用评估机构,推进"分期付款购车"的健康发展。

(2)汽车租赁销售

汽车租赁销售是指承租方向出租方定期交纳一定的租金,以获得汽车使用权的一种消费方式。汽车专业租赁公司,是继出租用车市场后又一大主体市场,是汽车生产企业长期、稳定的用户之一。租赁销售是刺激潜在需求向现实需求转化的有效手段。据美国市场调查机构公布的数字表明,1993 年以租赁方式售车的轿车和卡车占总销量的 1/4,销售总额达 43 亿美元,是 1984 年的 4 倍,其中高级轿车中有超过半数以上的被租售。

租赁营业推广了汽车销售,使汽车工业获得了自我发展的资金来源,为汽车生产企业技术更新提供了资金保证。租赁销售促使经销商不断改进服务,大大提高了消费者满意度。

(3)汽车置换业务

汽车置换业务包括汽车以旧换新、二手汽车整新跟踪服务、二手汽车再销售等项目的一系列业务组合。汽车置换业务已成为全球流行的销售方式。1997 年美国新车销量不足 1 500 万辆,二手汽车销量却高达 1 850 万辆。

汽车置换业务加速了汽车的更新改造,汽车置换业务的投资回报很快,加速折旧及置换,还可使企业在缴纳税赋方面得到实惠。

(4)赠品

购买汽车附带赠送某些礼品,如计算机、印有产品标识的日常用品、打火机、手表、真皮笔记本、夹克衫、伞、烟灰缸等小型纪念品，不同年限的汽车维修卡，不同价值的保险费（如第三者责任险），不同里程的汽车免费保养卡，免费代办汽车牌照等。对汽车这样的产品来说，尽管一般的小礼品对营业推广的影响不大，但可以提高消费者满意度，在一定程度上刺激消费者的购买欲望，使某些汽车产品品种特别是家用经济型轿车在局部地区的销售直线上升。例如，北京某汽车市场一家汽车经销公司，推出了“购车送 VCD + 口袋”行动，即每购一辆车送一台 VCD，还有机会摸到彩电、手机、电烤箱等奖品，使销售数量大增，全年销车达 8 000 辆，取得了较好的效果。

(5)免费试车

邀请潜在消费者免费试开汽车，刺激其购买兴趣。免费试车为消费者提供亲身体验的机会，有利于进一步增强消费者的购买欲望，最终达成交易。

(6)售点陈列和商品示范

在汽车展厅通过布置统一标准的室内装饰画、广告陈列架等结合汽车的陈列，向消费者进行展示。现在国内大部分合资轿车上市时，生产企业销售公司都要为所有特许经销商提供统一的品牌汽车现展，带有浓烈的现代感，符合大多数潜在消费者的审美观念。

(7)使用奖励

生产企业为了促进汽车销售，对使用该品牌汽车产品的优秀用户给予精神和物质上的奖励。一汽大众对哈尔滨地区 30 ~ 40 万公里无重大修理的汽车驾驶员给予在德国参观学习的重奖。东风汽车公司对使用本企业汽车达到数十万公里，且从未出过事故的驾驶员给予物质奖励，举行庆功表彰大会等。

2. 用于经销商的方式

(1)价格折扣

对所有品牌授权经销商的销车采取统一市场销价。但价内给予低于市场价格的相应幅度的折扣，增加其进货的数量。如果经销商能够提前付款，还可以再给予一定的现金折扣等，从而刺激其销售的积极性。

(2)折让

汽车生产企业的折让用以作为经销商宣传其产品特点的补偿。“广告折让”用以补偿为该产品做广告宣传的经销商；“陈列折让”用以补偿对该产品进行特别陈列的经销商。大多数生产企业对其产品的专营公司一般都免费提供广告宣传资料，一些整车生产企业以成本价向授权经营公司提供本企业品牌的业务专车，优先对本企业品牌商品的营销人员进行培训等。

(3)免费商品

对销售特定车型的汽车或销售达到一定数量的经销商，额外赠送一定数量的汽车产品，也可赠送促销资金，如现金或礼品等。

3. 用于人员推销的方式

(1)贸易展览会和集会

参加国内外大型汽车展览会，在大型汽车展览会上租用摊位，展示新车产品和新开发的概念车最新推出的优点和性能。1998 年上海大众为新型桑塔纳“时代超人”组织在全国大中城市举行大型促销展示活动，加快完成新车型的市场导入。而两年一届的北京国际、上海国际汽车展，很大程度上受中国车市的推动，展会规模越来越大，云集了越来越多的国内外各大汽车企业,成为其展示各自汽车新款车型的舞台。

(2)销售竞赛

汽车生产企业出资赞助经销商和促销人员的年度竞赛,对出色完成销售目标者给予一定的奖励,刺激他们的推销积极性。

(3)纪念品广告

促销人员向潜在消费者赠送标有产品信息但价格不贵的物品,这些物品及宣传资料通常由汽车生产企业提供,建立与消费者的联系渠道。

10.3.3　制订汽车营业推广方案

汽车营业推广方案的一般制订程序用下面图10.4来描述:

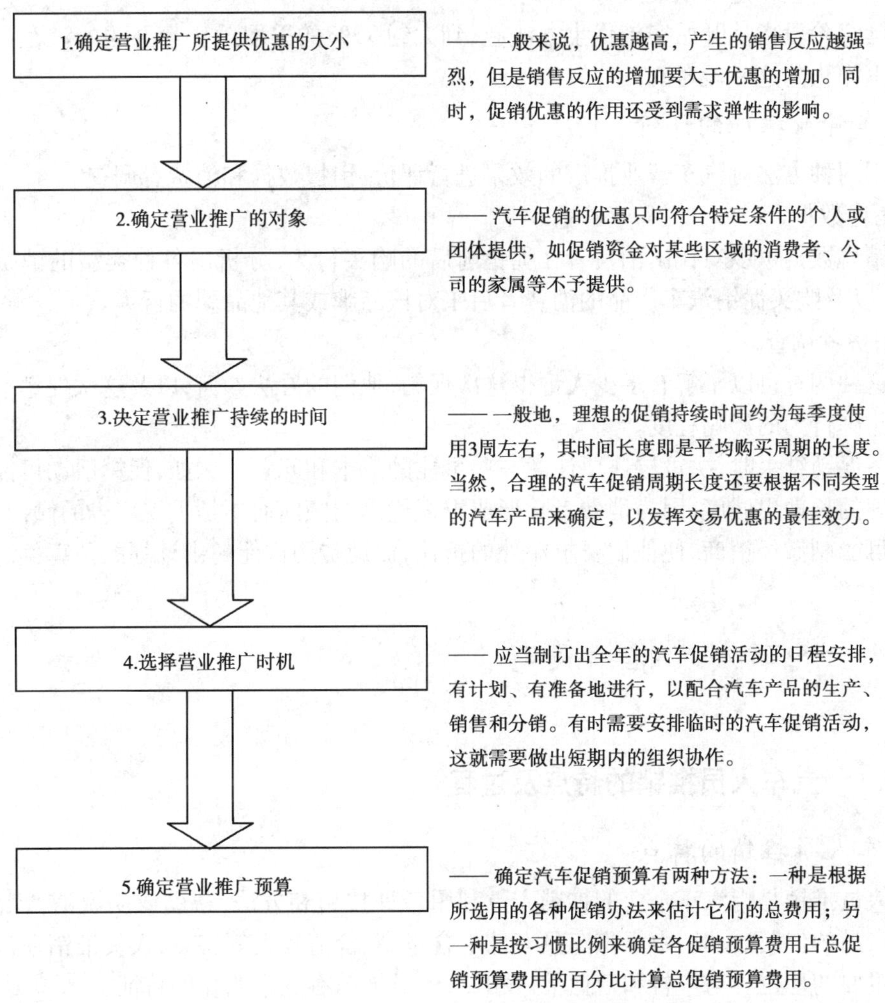

图10.4　汽车营业推广方案的一般制订程序

10.3.4 汽车营业推广的实施及评价

1.汽车营业推广的实施

汽车营业推广方案制订后，必须经过试行（一般是选择局部市场范围），然后再全方位向市场投放。可以邀请消费者对备选的几种不同的优惠办法作出评价，也可以在有限的地区范围内进行试用性测试，以此明确促销工具选用是否适当，刺激效果是否最佳等。

汽车营业推广方案的实施必须包括销售准备阶段和销售延续阶段。

销售准备阶段包括：最初的计划工作、设计工作、配合广告的准备工作和销售点的材料准备，通知现场促销人员，为个别的分销网点建立分配额，购买或印刷特别赠品或包装材料存放在中间商处准备在特定日期发放等。

销售延续阶段指从开始实施优惠办法起，到大约95%的采取此优惠办法的汽车产品已在消费者手里为止的这一段时间。

2.汽车营业推广的评价

一般用两种方法对汽车营业推广的效果进行评价：销售数据和消费者调查。

(1)销售数据

通过销售数据可以对比出消费者在促销前后的购买行为，分析出各种类型的消费者对促销的态度，以及购买促销汽车产品的消费者后来对该品牌或其他品牌的行为。

(2)消费者调查

通过这种调查可以了解有多少人记得这次促销，他们的看法如何，以及这次促销对于他们随后选择品牌行为的影响程度。

在评估促销结果时，决策层还要注意一些可能的成本和问题。例如，促销活动可能降低消费者对品牌的长期忠诚度，因为消费者会形成重视优惠的倾向而不是重视广告的倾向；某些促销方式还可能刺激经销商，使他们要求额外的折让；促销费用可能超出计划的预算额。

10.4 汽车人员推销策略

10.4.1 汽车人员推销的特点及过程

1.汽车人员推销的特点

汽车人员推销是指汽车企业的推销人员利用各种技巧和方法，帮助或劝说消费者购买该品牌汽车产品的促销活动。由于汽车具有技术含量高、价值较大等特点，人员推销在汽车销售中占有很重要的地位。与广告和营业推广相比，人员推销有五个明显的特征：

(1)人员推销是在两个或更多的人之间，在一种生动的、直接的和相互影响的关系中进行的，是一种面对面的接触，要求销售人员观察消费者的需求和特征，在瞬息之间作出调整，具有很强的针对性和灵活性。

(2)人员推销要求建立各种关系，从销售关系直至个人友谊，称职的销售人员会把消费者的兴趣爱好记住，以建立长期的、良好的关系，培养消费者的忠诚度。

(3)人员推销要求销售人员具备较高的综合素质,在对消费者进行销售访问时,销售人员必须做出积极的反应,即使是一句“谢谢”。

(4)人员推销承担着长期的责任,改变人员推销的预算规模也较困难。

(5)人员推销不仅可以将企业和产品的信息及时、准确、全面地传递给消费者,而且能面对面听到消费者的意见,并及时反馈给企业,通过这种双向的信息交流,为企业改进经营管理和营销活动提供依据。

2. 汽车人员推销的过程

(1)汽车人员促销的过程用图10.5表示。

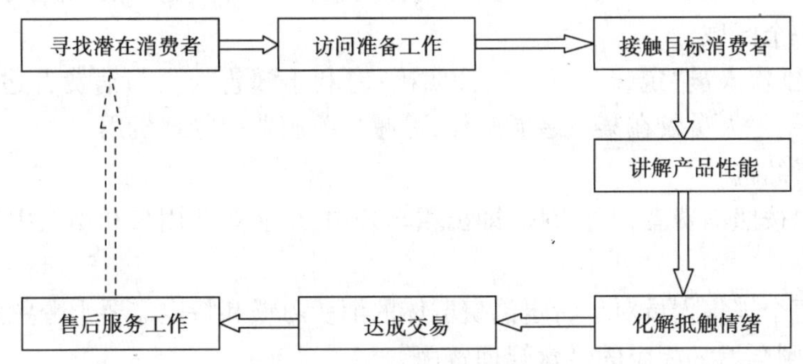

图10.5 汽车人员促销过程

汽车人员推销的过程是一个不断发展潜在的消费者,不断达成交易的循环过程。

(2)汽车人员推销的任务

在汽车市场营销活动中,单纯依靠汽车产品本身已难以在竞争中取胜,越来越多的汽车企业采取了“营销服务”的总体战略。通过完善的售前、售中和售后服务,最大限度地提高消费者的价值,从而提高汽车产品的竞争力,扩大市场份额。所以,人员推销的关键就是“服务+服务+再服务”,就是不断向消费者提供优质的服务,从而加深消费者对企业的了解和对产品的信赖,树立良好的企业形象。日本汽车公司的营销人员的做法可以说做到家了,难怪一些日本人的消费者常诙谐地说“要想摆脱曾经卖给你一辆汽车的推销员的唯一办法,就是离开这个国家。”

①售前服务

售前服务即企业与潜在用户的沟通。企业的销售人员要有计划地、主动地收集消费需求信息,及时将企业及汽车产品的情况传递给潜在用户(如企业的宗旨、规模、在同行业中的地位,产品的性能、规格、销售方式及售后服务的内容等),并了解其反应,更好的满足消费者的要求,达到引导消费,坚定潜在用户的购买信心和决心。目前,国内的主要汽车生产企业都做出服务承诺,而且实践表明大多数企业的售后服务队伍可以在48小时之内到达用户身边。

②售中服务

售中服务即企业与现实消费者的沟通。企业的销售人员要将自己产品的优势、产品能给消费者带来的特殊利益传达给消费者,引导协助消费者使用本品牌的汽车。如散发汽车宣传资料,介绍汽车的有关技术指标,讲解新车的性能特点协助消费者办理购车取证和保险手续等,这些工作一般都由销售人员完成。

③售后服务

售后服务即企业与产品用户的沟通。及时征询用户的意见,提供优质的维修服务,了解用户的反馈信息,改进服务方式,建立持久的合作关系,树立良好的服务形象。有人说:"第一辆汽车是靠销售人员推出去的,第二辆、第三辆则是靠售后服务卖出去的。"可见售后服务对汽车销售的影响。法国的雷诺、雪铁龙称24小时全天接受和受理用户的售后服务要求,由此培养了自己忠实的消费群体。

(3)确定销售人员的结构

①按区域分片

对于汽车经销商来说,只对分布在各地的最终消费者销售汽车这一种产品,这时候的销售人员结构比较单一,一般按区域结构来安排销售人员,即对市场进行区域划分后,每个销售人员被指派负责一个区域。

其优点是:销售人员"定岗负责",责任明确;有利于销售人员与消费者建立长期联系,提高促销成功率;销售人员仅在某一区域工作,可减少差旅费等管理费用。

②按消费者结构

经销商可以按照消费者细分市场,即出租车公司、行业业务用户和私人用户这三个市场来安排销售人员。

其优点是每个销售人员对该特定消费群体的消费习惯和特定需要十分熟悉。但如果消费者分散范围广,则会增加相应的经营管理费用。

③按产品结构安排

经销商按销售的汽车产品的不同来安排销售人员。如整车销售和零部件销售需要不同类型的销售人员。这种销售人员由于十分熟悉所销售的汽车产品,有利于更好地与消费者沟通,向消费者传递产品信息,进行专业化的销售。

④综合要素安排

当汽车公司在一个广阔的地理区域内向许多不同类型的消费者推销多种汽车产品时,可以将以上三种销售人员结构根据不同情况加以综合采用,充分发挥各种结构的优点。

(4)确定汽车销售人员的规模

确定汽车销售人员的结构之后,就可以安排销售人员的规模了。营销人员是经销商极具生产力和最昂贵的资源之一。扩大人员的规模,将使销售量增加,但同时也会带来成本的相应增加。因此,应该使销售人员保持在一个"相对稳定,适当调整"的合理规模。

一般可以采取工作量法和销售百分比法来确定促销人员的规模。

①工作量法

——按年销量大小将消费者分类;

——确定每类消费者所需访问的次数(对每个消费者每年的促销访问次数)。通常参考竞争对手的水平,也可以根据过去的经验而定;

——计算推销访问的总次数。即将消费者数量乘以各自所需促销访问的次数;

——确定一个销售人员每年可进行的平均访问数;

——计算所需销售人员数量。即将访问总次数除以一位销售人员的年平均访问数。

例:某汽车销售企业将消费者分为A、B两类,每类消费者的数量及访问次数见表10.3。

表 10.3　某汽车销售企业消费者数据

消费者类别	消费者数目	年访问次数	总访问次数
A 类	30	20	600
B 类	90	10	900
合计	120	30	1 500

该企业每年对消费者进行 1 500 次访问。如果一个销售人员每年平均访问 300 次,则该企业需要销售人员 5 人。

销售人员数量 = 年访问总数/人均年访问次数 = 1 500/300 = 5(人)

②销售百分比法

汽车企业根据一个特定的销售量或销售额(现行的或预测的)的百分比计算销售人员的耗费,从而确定销售人员的数量。汽车生产企业往往以计划的汽车价格为基础,按固定的百分比决定销售人员的规模预算。

其优点是可根据公司的承担能力相应变动销售人员规模,但没有考虑到市场机会对销售人员规模的影响。

(5)汽车销售人员选聘

促销工作能否取得成功,关键在于选择高素质营销人员。好的营销人员,可以从企业内招聘,也可以从社会上招聘。

首先,制订招聘标准。对消费者来说,好的销售人员是诚实、可靠、十分了解产品知识和热心助人的人。对经销商来说,销售人员应该是能承受风险、认真对待每一位消费者和每一次访问,具备市场学、行为心理学、口才表演等综合知识与能力的人。销售人员应具备以下基本素质:

第一,强烈的公关意识。这是一种综合的职业意识,是汽车销售人员应具备的素质的核心,包括:对汽车市场新事物、新情况的敏感性;善于捕捉信息,抓住商机。

第二,良好的心理素质——自信、热情、开放的心理和能够承受挫折的心理。

第三,高尚的职业道德——实事求是,真诚可信;公正无私,光明磊落;勤奋努力,精益求精。

第四,合理的知识结构——文明经商知识;相关法律知识;经营业务知识;汽车专业知识、市场行情变化、熟悉汽车销售程序、环节和票据、财务等运作手续;善于应用经销技能(熟悉消费者心理,讲究商务洽谈和语言艺术)。

第五,全面工作能力——宣传表达能力;社会交往能力;自控应变能力;创新开拓能力。

第六,团队精神——顾全大局、服从分配;和谐相处、乐于助人;维护社会利益、企业利益、消费者利益和企业社会形象。

然后安排具体的招聘工作。经销商可以通过各种途径招聘,包括由现有营销人员推荐、利用人才市场、通过媒体刊登招聘广告等。挑选过程可以是一次非正式的单独面谈,也可以采用各种能力测试、经历调查等,从众多应聘人员中挑选最优秀的人选。

10.4.2 岗位培训

1.培训汽车销售人员的必要性

据不完全统计,近几年人才市场需求排行榜中,市场营销一直位居榜首,而汽车市场营销专业人员的需求量在其中占据了很大的比重,至今仍呈不断扩大,持续上升之势,汽车销售人员已是一支数量可观的队伍。由于多年来计划经济运行模式,重生产技术,忽视经营销售,所以汽车营销队伍无论从数量上还是质量上都远不能满足社会主义市场经济对汽车营销的要求。

(1)营销人员文化业务素质上有很大差距

汽车营销技术性很强,要求营销人员懂管理、懂营销、懂技术。不论是生产企业还是流通企业,现有的营销人员在这几方面都存在不小的差距,有些业务人员连汽车基本性能表中列出数字的含义都不懂,也不明白营销过程中的基础知识,很难胜任现代营销工作。

(2)经验营销远不能适应新的发展要求

原有的汽车营销人员多年来在计划经济运行方式下工作,形成的一套"官商"的习惯理念和作风一下子很难改掉,而现有的汽车营销单位很多是家族经营起步的企业,这与当前社会主义市场经济下搞营销,在指导思想、工作方针、工作方法、工作作风上是很不适应的。因此汽车销售人员必须不断学习、培训提高,才能适应新形势的要求。

(3)培养技贸结合型人才

现代汽车营销工作需要懂经济、懂技术的技贸结合型人才。从现有营销队伍分析,真正学过汽车专业的人很少,很多是学其他专业转行的,不懂汽车技术;而学过汽车专业的人又不懂经营销售和管理。即使从学校出来的正规大中专以上毕业生,也有知识不全面、动手能力差,要进行培训提高的过程。因此,要造就一大批合格的汽车销售人员,就要培训技贸结合型的人才,既懂经营销售方面的知识,又要懂汽车结构原理和维护保养方面的技术知识,两者缺一不可。

(4)汽车营销和管理队伍的法制观念亟待提高

汽车销售人员工作在汽车销售第一线,在为企业创利的同时还要遵守社会主义商业道德,维护消费者的合法权益,要贯彻中央有关政策法令,如《反不正当竞争法》、《公司法》、各种税收规定等,以及国家对汽车营销的特殊规定,如轿车经营权、反对就地倒买和随意大幅度涨价的规定、不允许经营走私车、拼装车和假冒配件产品的规定。由于近年来汽车营销队伍发展较快,新人较多,对许多政策规定不熟悉,也有待培训提高。

2.新招聘的销售人员,应进行必要的培训

培训方法主要有讲课、讨论、示范、岗位实训以及以老带新等。日本丰田汽车公司将录用的营销人员送到设在公司本部的培训中心接受为期三天的培训。以后每年4~6月份定期开展培训。培训期内,新的销售人员接受从营销入门到交货全部营销过程的培训。由于丰田汽车公司的销售人员工作十分出色,被日本企业界誉为最有销售能力的丰田"销售军团"。1990年,法国雪铁龙公司在 Villeipinte 开办的一个商业培训国际中心(CIFC),也取得了良好的效果。对销售人员的培训内容应包括:

第一,公司的历史、经营目标、组织机构设置、财务状况等公司各方面的情况。

第二，公司汽车产品的型号、性能、制造过程、技术工艺特点、产品配置等汽车产品情况。

第三，各种类型的消费者的购买动机、购买习惯、购买行为特点等目标消费者情况。

第四，竞争对手的战略、策略、实力等相关竞争对手情况。

第五，汽车市场营销的基本原理和工作要点。

第六，营销的工作程序、岗位职责及岗位之间的相互配合和衔接要领。

第七，销售人员的气质、风度、礼仪、社交能力等综合素质的培训。

10.4.3　考核与报酬

考核是调动销售人员积极性的必不可少的管理手段。它关系到销售人员的报酬、调动、工作量的增减等问题。销售人员的目标和定额是监督考核的主要方法，如完成销售量、利润、费用率、开发新用户数量、访问次数等。这些既是对销售人员的考核指标，又是监督销售人员的方法。企业营销主要负责人还可以通过走访用户，函电征询等了解销售人员的工作和服务情况，以便做到全面考核和考核全面。另外，工作能力评价，思想、道德、品质评价，工作态度评价等也应逐项考核。

尽管有的销售人员不需要企业的监督就会竭尽全力地工作，并且热爱本职工作，具有自强自律的主动工作精神，但是企业不能疏忽激励措施，激励措施做得好，才会更好地调动大多数销售人员的工作积极性，激发他们的工作潜力。激励措施包括报酬激励措施和辅助激励措施两种。

报酬激励措施有销售人员的薪金和佣金，以及一些其他的福利，如带薪假期、无偿用车等。

辅助激励措施有很多。定期的销售会议为销售人员提供了一个社交场所，一次摆脱日常例行性工作的休息，是一个重要的沟通和激励方法。销售竞赛提供旅游、现金等奖品以激励销售人员比平常更努力地工作。总之，公司可以采用“固定工资加奖金”、“挂构提成利润”、“基础工资加提成”等多种报酬方式去激励销售人员并获得满意的效果。

10.4.4　评价

公司必须对销售人员的工作业绩加以考核和评价，以作为激励促销人员的标准，也可为企业制订营销战略提供必要的依据。另外，公司应及时向销售人员反馈对其评价的标准和结果，以使他们能尽力按照公司的目标和要求去改进工作。

1. 评价的信息来源

公司获取销售人员工作业绩的信息来源主要是销售报告，如销售人员岗位工作计划、区域营销计划、访问报告等，其他来源有消费者与其他销售人员的评价意见、主管领导的综合考察等。

2. 评价的方法

(1)现在与过去销售额的比较

就是把销售人员目前的成绩与过去的成绩进行比较，从而获得被考核销售人员工作进展的直接指标。

(2)消费者满意评价

通过信件调查表或电话访问收集消费者对销售人员服务的意见，用以作为对销售人员激励的依据之一。

(3)销售人员品质评价

包括销售人员对企业、产品、消费者及竞争对手的了解程度,对岗位职责、有关法律法规制度的执行情况。

10.5 公共关系

10.5.1 公共关系的含义和作用

1. 公共关系的含义

与广告和营业推广一样,公共关系是另一个重要的汽车促销工具。公共关系是指汽车企业在个人、公司、政府机构或其他组织间传递信息,以改善公众态度的对策和活动。公共关系包括如下含义:公共关系不仅在于汽车产品的公共宣传,而且在于树立汽车企业的形象、汽车产品的品牌形象;公共关系有助于妥善处理与公众的关系,为汽车企业的发展创造一个良好的外部环境;公共关系通过媒体或直接传播的方式传播信息。

2. 公共关系的作用

(1)建立知晓度

公共关系利用媒体来讲述一些情节,吸引公众对汽车产品的兴趣。国内轿车新报产品在刚刚登场时大多利用了媒体宣传和各种公关活动,以此吸引目标消费者对该款车的注意力。

(2)树立可信性

公共关系可通过专题报道来传播信息以增加可信性。例如:“重走长征路——汽车质量万里行”的跟踪报道,引起了各界的关注,获得了公众的认可和信任,塑造了企业和产品的社会形象。

(3)刺激销售人员和经销商

公共关系有助于提高销售人员和经销商的积极性。新车投放市场之前先以公共宣传的方式披露,便于经销商向目标消费者促销新产品。

(4)降低促销成本

公共关系的成本比广告的成本要低得多,促销预算少的企业,适宜较多地运用公共关系以便获得“四两拨千斤”的宣传效果。

10.5.2 汽车市场营销公关的手段

越来越多的汽车生产企业、汽车销售企业应用汽车市场营销公关来支持他们的营销部门树立和推广品牌形象,接近和影响目标市场。汽车市场营销公关的主要手段有:

1. 公开出版物

包括汽车年度报告、企业及产品宣传册、专家讲座及专题报导文章、视听材料以及公司的商业信件和汽车杂志等。美国克莱斯勒公司的年度报告几乎就是一份促销手册,向其股东促销每一种新车。宣传册能在向目标消费者介绍汽车产品的性能、使用、配备等方面起到很重要的作用。汽车企业领导人撰写的文章能引起人们对该车企业及其产品的注意。企业的商业信件和汽车杂志可以树立汽车企业形象，向目标市场传递重要新闻。如《中国汽车报》、《中国工业报》、《中国交通报》、《汽车之友》、《汽车与配件》、《时代汽车》、《世界汽车》等，都是发行量较大、较权威的汽车行业杂志，易获得消费者的信赖。视听材料的成本高于印刷材料，但是电影、幻灯、录像等形象、生动，能加深消费者的印象。

2. 事件

汽车企业通过安排一些特殊的事件来吸引人们的注意力，使人们对该企业的新产品和企业其他事件感兴趣。这些事件包括记者招待会、讨论会、展览会、竞赛、各种庆祝会、赞助署名运动会奖项和各类社会公益赞助活动。1998 年上海汽车工业销售总公司为了配合新型桑塔纳"时代超人"的推出，与上海大众合作在新疆举行桑塔纳轿车拉力赛活动；美国福特公司的雷鸟牌汽车推出时，发邀请信给有关主管，提供他们当天汽车使用权；日本丰田汽车公司的破坏性试验等，都是比较成功的案例。这些事件不同程度地为新产品上市在目标消费者中产生了良好的影响。

3. 新闻

公关人员举办新闻发布会或编写对汽车公司及其汽车产品有利的新闻和文件，并争取传媒参加并录用新闻稿。

福特汽车公司在甲板上发布新产品就是一次成功的公关策略。福特汽车公司的"金全垒打"在上市之前，针对新闻媒介的发布会极具创新性和新闻性，因而引起广泛关注，不但媒体作图文并茂的介绍，甚至创造了话题，使该新车产生了"未上市先轰动"的市场效应。这项被传播媒介称为"海陆大餐"、别开生面的发布会是福特汽车公司在高雄港外租用的一艘豪华游轮的甲板上举行的，总费用包括记者的食宿、交通费用等，大约在 100 万美元以上。但这项花费是值得的，因为第二天的报纸都刊登了这则新闻，甚至电视台也不避讳当作新闻处理，而且还将甲板上的热闹气氛播映出来。所以，与其花费少量的钱而达不到任何效果，不如用大手笔的魄力，让记者不得不、也不敢不报道。不过，关键还在于发布方式的创新性。福特公司敢于将汽车搬上轮船，在海上发布，不但在台湾尚属创举，而且也吸引了众多记者深入了解这项新产品，可谓一举多得。

4. 演讲

公关人员和公司领导人鼓动性的演讲能提高汽车公司和汽车产品的知名度，大大推动汽车产品的销售。公司负责人应经常通过宣传工具圆满地回答各种问题，并在市场论坛或销售会议上演说，树立本公司和产品良好的品牌形象。如艾科卡在众多听众面前的具有超人魅力的讲话，大大增强了公众对克莱斯勒汽车的喜爱。

5. 公益服务活动

公司可以通过向某些公益事业捐赠一定的款项和实物，以提高公司信誉。比如，许多大汽车集团援建希望小学，向受灾的地区赈灾等举措，都能不同程度扩大企业的影响，提高企业美誉度。

日本丰田公司，为了确保汽车销售的市场，采用了一些"以迂为直"的公关策略。他们的做法是：从解决城市的汽车与道路问题入手，成立"丰田交通环境保护委员会"。通过投资修路和建"人行道天桥"及对交通问题的调查研究缓解了交通拥挤的现象。为儿童修建汽车游戏场，从小培养他们对汽车的兴趣。开办汽车学校。1957 年丰田公司投资 4 亿多日元，创办日本汽车学校，让更多的人学会开汽车。

以上这些活动，在一般人看来，是平常小事，但它是一种"以迂为直"的公关策略，从而达到了开拓市场，增加销售，提高效益的目的。

6. 形象识别媒体

通过企业的持久性媒体——企业和产品广告标识、文件、招牌、企业模型、业务名片、建筑物、制服标记等来创造一个公众能迅速辨认的视觉形象，赢得目标消费者的注意。

10.5.3 公关活动的内容

公共关系的主要任务是沟通和协调汽车企业与社会公众的关系，以争取公众的理解、支持、信任和合作，从而形成扩大汽车销售的长效机制。根据企业公共关系的对象和企业的发展过程，公共关系的内容主要包括：

1. 汽车企业与消费者的关系

在市场经济体制下，"顾客就是上帝"。汽车企业要始终不懈、持之以恒地加强与消费者的沟通，促使其对企业及其品牌汽车产生良好的印象，提高公司和产品在社会公众中的知名度与美誉度。

2. 汽车企业与相关企业的关系

汽车作为一种集机械、电子、化工材料等产品为一体的商品，是不可能独立由一个企业完成原材料——产品制造——市场营销原料到产品销售的整个过程的，它无时无刻不与上游的供应商、下游的中间商及竞争对手发生着各种各样的关系。

3. 汽车企业与政府及社区的关系

汽车工业是国家的支柱产业，有关企业必须处理好与政府相关职能部门的关系，赢得政府的信赖和支持；必须建立融洽的社区关系，树立企业在社区居民中的良好形象，为企业发展创造良好的周围环境。

4. 企业与新闻界的关系

在现代社会中，新闻媒体和新闻工作者的作用日益突出。它不仅可以创造出社会舆论，而且会引导消费，从而间接调整企业行为。汽车作为一种高档耐用消费品，公众在购买时是很谨慎的，汽车企业要想争取社会公众，必须处理好与媒体的关系。

5. 企业内部公共关系

通过完善企业的规章制度，加强企业文化建设，满足员工的物质和精神要求，加强企业内部团结，协调好企业、员工及投资者的关系，通过凝聚力产生竞争力，生产并销出优质的汽车产品，实现企业的经营目标。

10.5.4 汽车市场营销公关计划的执行、评价

1. 公关计划的执行

执行公共关系计划要持认真谨慎的态度，当公共宣传包括了各种层次的特别事件时，如纪念性宴会、记者招待会、全国性竞赛等，就需要格外认真。公共宣传人员需要有细致认真的态

度、灵活处理和应对各种突发事件。

2. 公关计划的评价

由于公共关系常与其他促销工具一起使用，故其单独效果很难衡量。汽车市场营销公关的效果常通过展露度、公众理解和态度情况、销售额和利润贡献三个方面来衡量。

(1)展露度

展露度是计算出现在媒体上的展露次数。这种方法简单易行，但无法真正衡量出到底有多少人接受了这一信息及展示对他们购买行为的影响。

(2)公众理解和态度情况

这是指由于公共宣传活动而引起公众对汽车产品的品牌理解程度、喜烦态度方面的前后变化。

(3)销售额和利润贡献

公共关系通过刺激市场，同消费者建立联系，把满意的消费者转变成品牌忠诚者，提高了销售额和利润。计算销售额和利润贡献率，是衡量公共关系效果的最科学的方法，但也是一个长期的过程。

思考题

1. 汽车促销的含义是什么？汽车促销工具有哪些？
2. 举例说明广告策略的重要意义？
3. 什么叫汽车营业推广？如何选择和制订汽车营业推广的方案？
4. 汽车人员推销的特点有哪些？
5. 请你谈谈当前汽车营销人员的总体状况以及进行营销人员培训的必要性？
6. 汽车市场营销公关的手段有哪些？公关活动的内容包括哪些？

第 11 章　整车·配件·二手车营销实务

学习要点

➢ 整车的销售、配件供应、二手车交易是汽车营销领域的现有的和正在培育发展中的三大主要销售业务，本章通过学习掌握三大业务的操作程序，架起从市场营销理论到营销实践的通道和桥梁，培养学生的动手能力。

➢ 掌握三大业务流程的共性流向规律和各自的特殊方面，特别要抓住与消费者直接关联的操作环节，做到能够举一反三，灵活运用。

据一份调查报告反映，许多学习汽车服务工程专业的学生，在学校学习的理论知识成绩大多在中上等水平，但到了工作岗位后，往往找不到岗位工作的切入点，出现了理论和实践结合的暂发性“空白”和“停顿”，造成了不必要的负面影响。

本章选择了汽车市场营销中市场涉及面最宽、消费群体最广，业务量最大的汽车整车销售、汽车配件供应，二手车交易三项业务进行操作程序的系统讲解，旨在为大家搭建一座可直接进入运营实践的通道和桥梁。

11.1　汽车整车营销实务

汽车整车销售指的是汽车生产企业将汽车整车产品批发（供应）给各类经销商，以及经销商将产品销售给最终消费者的整个流程（其中相关附属的售后服务内容在第 12 章介绍）。由此，整车销售业务分为汽车生产企业和经销商两部分。

11.1.1　汽车生产企业整车销售操作过程

1. 汽车生产企业整车销售业务的一般流程框图（图 11.1）

图中“经销商”列了 5 个，也可以是多个。

2. 操作步骤

汽车生产企业通过其销售公司或其总代理商（以下统称供应商）负责生产企业所制造的所有产品的销售工作。前者隶属于生产企业，后者属于独立核算的经营者（或与生产企业相互参股的企业），其组织机构设置大致相同，一般设有业务部门、市场部门、财务部门、计划采购部门、储运部门等，基本职能是完成整车销售的整个流程，包括进货、验收、运输、存储、定价、销售等环节。

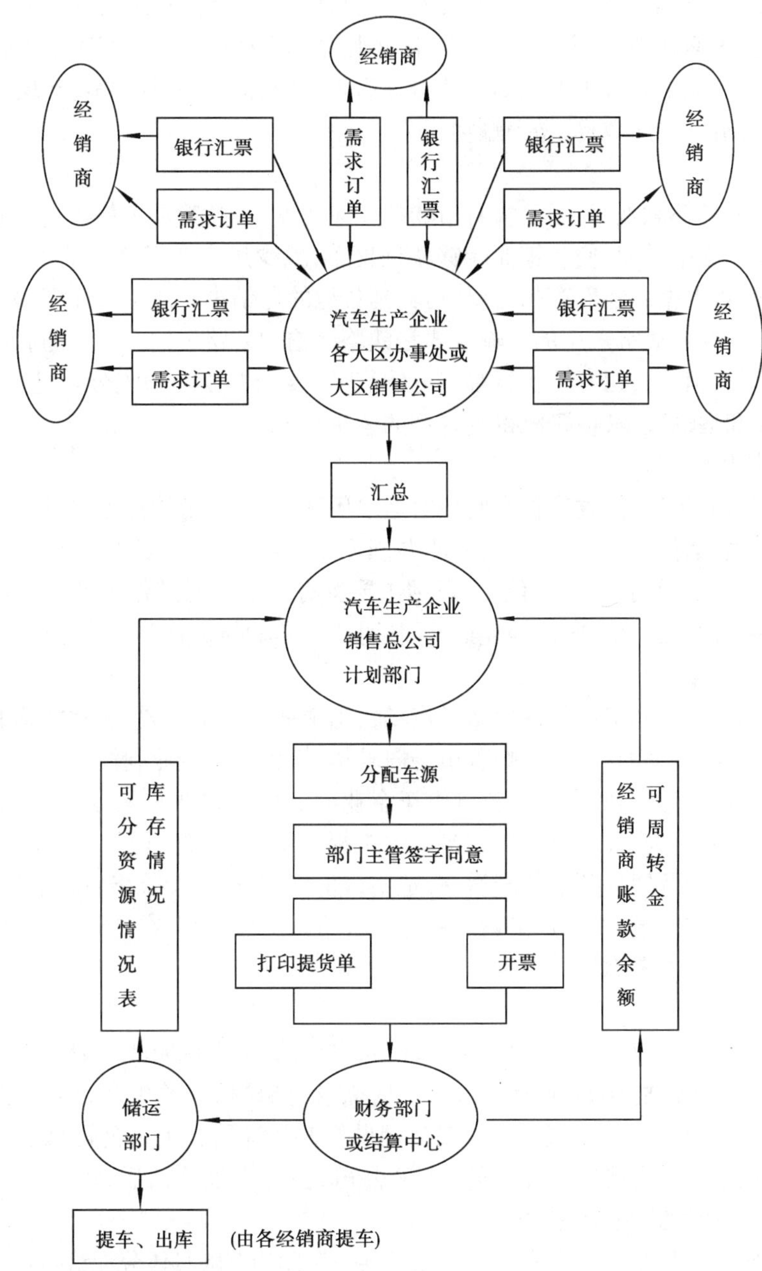

图 11.1　汽车生产企业整车销售业务的一般流程

(1)进货

生产企业的计划部门汇总经销商的月订单、周订单等指导性订单,并根据实际库存资源、市场环境及同期对比等指标,制订出具有指导生产性质的月计划订单、周计划订单,上报给汽车生产企业总部,企业根据订单汇总信息,调整物料和生产节拍,生产出产品提供给厂销售公司。

(2)验收

汽车生产企业制造出的产品下线后,一般直接送往厂销售公司的仓库。入库前,厂销售公司的质检人员要进行车辆新车交车前的全面检查(PDI)。厂销售机构检查的项目和指标差别很大,但大致包括车辆外观、动力性、舒适性、随车物品等方面的检查。PDI 检查合格的车辆才能入库,不合格的车辆如只有小毛病则就地修理后入库,其他有明显缺陷的车辆在注明原因后返回厂内。同时,清点入库数目,做到账物相符。

(3)运输

由于市场竞争日益激烈,为了加快对市场的反应速度,各品牌厂销售机构开始陆续在全国各地建立分销中心或中转库,使经销商能够就近提车,减少用户或经销商的提车时间。因此,经过验收的车辆,将根据各地库存的需要,运输到各地的分销中心或中转库存储。

我国汽车生产企业通常采用的运输方式是铁路运输和公路运输两种。随着物流业的发展壮大,一些大的轿车销售公司开始实行第三方物流,即委托专业的物流公司进行运输,这样可以节约人力成本和运输成本,使资源得到合理的运用。

(4)存储、进出库

汽车运送到目的地后,接收员首先要核对运输凭证,根据凭证清点数目,同时,检查每辆车的外形是否有破损、刮伤等,验收无误后才能办理汽车入库手续。入库后的汽车,应按车型摆放在一起,有条件的要做到"一车一位"。场地中要留有足够的通道作为消防和进出通道。出库时,提车人必须持有提货单、发票等凭证,经核对所提车辆与提货单一致才可放行。

(5)定价

价格是价值的体现,确定产品的价格是市场营销中一个非常重要、非常敏感的环节。它直接关系到产品受市场接受的程度,影响着市场需求量、销售量和企业利润的多少。它涉及生产者、经销商、消费者等多方面的利益。我国汽车企业的定价模式通常是:厂家根据核算的产品成本,加上适度的利润,确定出厂价格,并按此价格提供给厂销售公司。厂销售公司再考虑物流费用、各种营销费用及销售环节利润后,确定销售价格,并按这个价格将车辆销售给经销商。同样,经销商也大体按此模式,确定出最终的零售价格。当然,汽车在各环节的最终价格,是一个复杂的确定过程,需要考虑种种因素。

(6)销售

销售是厂销售公司整车销售流程的主要环节,参照图 11.1 说明其一般常用的步骤。

第一步:经销商将需要立即执行的订单(临时需求订单)传真给生产企业各大区分公司办事处,由办事处(大区公司)汇总或双方协商后稍做修改传递给厂销售公司总部计划部门。同时,经销商需将汇票原件直接送给办事处(大区公司)由办事处确认后,将汇票复印件传真给计划部门,作为分车时的财务依据之一。

第二步:分车是指将某一车型、数量且存储于某一车库的车辆具体分配给指定的经销商。如果经销商的财务状况在合同规定的范围内,且当天库存情况能够满足其订单要求,计划部门就根据订单进行完全分车,所分车辆的存储地要力争是离经销商最近的中转库,如果中转库库存不足,就分总部的库存资源;如果当天库存资源不能完全满足所有订单的需要,则计划部门就根据经销商所在市场的重要程度、经销商等级及订单先后次序等因素综合考虑,对不能完全满足的订单,再和经销商进行协商是否可以更换车型或数量,若经销商同意,则分车给经销商,否则暂停该订单的执行,请厂生产部门安排生产。所有的分车结果,应由计划部门主管核准签字同意。

第三步:分车后的结果由财务部门核实车价,然后开票,同时,打印提货单,提货单上主要打印车型、数量、购货单位、送达地址等信息。如果有的厂各级销售机构在分车时可以做到分给某一经销商某一车位或VIN码(企业自己编制的一种描述车辆配置的编码体系)的车,则提货单上还需打印车位、VIN码等信息。

第四步:提车员根据提货单的信息入库找车,将提货单上指定的车辆提走。如果提货单上的送达地址不在本地,则还需填写运输凭证,以委托运输商进行运输,运输商将货送达后,经销商应在运输凭证上签字,运输商凭此回执向供应商结算运费。

第五步:汽车整车产品售后服务是泛指客户接车前、后,由汽车销售部门为客户所提供的所有技术性服务工作。它可能在售前进行(如整修车辆等),也可能在售时进行(如车辆美容和按照客户要求为用户进行的附件安装和检修,以及根据企业的需要对客户所进行的培训、发放技术资料等)。但更多的是车辆售出后,按期限所进行的质量保修、日常维护、维修、技术咨询及配件供应等一系列服务工作。

11.1.2　汽车经销商整车销售操作步骤

1. 经销商汽车销售业务基本流程(图11.2)

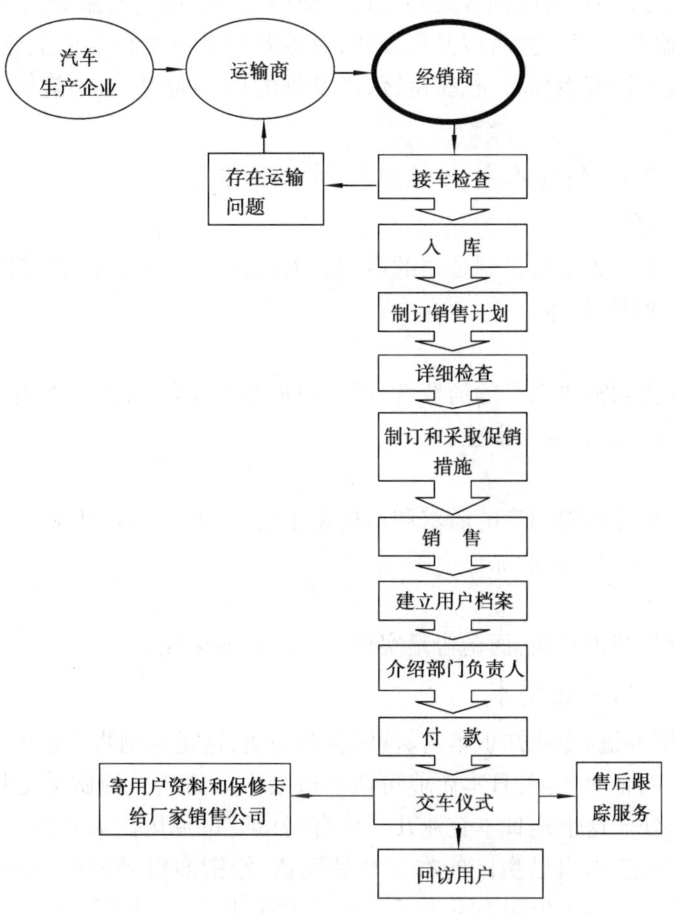

图11.2　经销商汽车销售业务流程

整车销售是指顾客在选购汽车产品时，经销商帮助顾客购买到汽车所进行的所有服务性工作。经销商必须具备相应的资质条件，如工商部门核准的经营范围、注册资金、经营场地以及人员配置等。在整个销售过程中，销售人员应遵循一定的服务规范为顾客提供全方位、全过程的服务，尽量满足顾客要求，确保顾客有较高的满意度，提高顾客对所销产品的品牌忠诚度，而不能"一卖了事"，更不能不负责任地把产品推销给顾客，甚至欺骗顾客。

2. 销售原理

(1)展现自我

购物时，消费者更喜欢接近主动、热情、值得信赖的销售人员。所以要求员工首先表现出诚意和热情，营造出友好洽谈的氛围。

(2)宣传产品的价值和优势

消费者会对产品的特点(例如经济性、可靠性、舒适性、稳定性、款式造型的时尚性等)感兴趣，所以应该向消费者说明该品牌汽车的优越性。

(3)宣传公司

汽车产品是耐用产品，所以顾客关心公司从交车到售后的所有服务。因此，除了说明公司的经营宗旨、用户服务制度和售后服务系统外，更重要的是不论在电话上还是在展示厅内，所有的员工都应该表现得有亲和力，礼貌待客，以良好的精神面貌，赢得信任。让消费者满意是员工的基本素质。

3. 在销售过程中，销售人员一般应起到以下作用

(1)代表公司形象

销售人员的每个行为都关系到公司的声誉。因此，作为公司的代表，销售人员着装最好统一、大方，言谈举止文明、得体。

(2)创造需求

销售人员不仅找到需要汽车的消费者，还能使那些对车没有真正兴趣的人确信拥有汽车的好处，从而引导和激发其购买欲望。

(3)市场研究

通过了解本市场区域内用户的需求和市场竞争对手，企业可以更好地开展销售活动。同时，也为生产厂家开发更好的产品。

(4)获得利润

销售商的目标是获得利润，而销售是实现这一目标的途径。

4. 对销售人员的一般要求

着装整齐、态度和蔼、专业知识丰富、营销技巧高明，这是对销售人员的一般要求。

为了培养良好的企业营销，日本企业可谓不遗余力。而通行的做法是将社训的意识融入每个员工的思想深处。这也是日本企业几乎皆有"社训"的原因。如本田技研工业公司以"三满意"为社训，即生产者对自己生产的本田产品满意、经销商对经销的本田产品满意、顾客对买到的本田产品满意。本田公司上下为了达到三满意，形成了锐意研发新技术和开发新产品，努力提高产品质量和性能，为生产出世界上一流的产品而奋斗不息的风气。

11.1.3 销售过程

1. 发展潜在顾客

销售的业绩因销售人员所拥有的潜在顾客(包括可能成为的潜在顾客)的数量的不同而不同。销售人员为达到销售目标,应该充满热情并找到足够的潜在顾客,然后通过产品推介、推销等方法使潜在顾客变成最终用户。确定潜在顾客具有三个前提是:购买能力、购买欲望和购买的必要性。

发展潜在顾客的方法:如在经销区域内,散发宣传资料,询问、收集潜在顾客的信息并上门拜访或电话交谈,尽可能地促使他们参观展示厅;举办展示会等其他活动;建立顾客发展档案;老顾客推荐促销,等等。顾客推荐资料一般由经销点的销售经理管理和控制。

对潜在顾客的管理。潜在顾客以及有可能成为潜在顾客的顾客是销售网点最重要的客户资源,应建立必要的顾客管理制度以保障潜在顾客不至于流失,便于进一步发展。

顾客管理的内容包括:

①潜在顾客的识别和分类。潜在顾客的识别,通常根据在销售活动中收集的关于个人和车辆状况的信息,判断和识别顾客的购买意向(感兴趣的车辆、购买的意向以及对展销产品的兴趣)。

②购买能力(职业、收入、资产、资金的储蓄)和需求(家庭情况变化或车型的损坏、淘汰)。

③使销售会谈适时展开,应将潜在顾客按其可能转化的程度或预计的购买时间进行分类,确定拜访的频率。经常性的拜访可以建立人际关系,推销自己,提供信息(邀请参观展览、经营产品的介绍、公司介绍、新产品介绍,等等)发现顾客的需求。通常,人们期望第三次拜访时,能够签订销售合同。对汽车这种较昂贵的商品,在签订销售合同之前,推销员可能还需进行多次拜访,这样的拜访也被视为再次拜访。

2. 业务洽谈技巧

(1)会谈问候的技巧

一般要求言谈举止适应顾客的个性,用顾客习惯的方式向顾客问好,记住顾客的姓名并在称呼对方时使用,行为自然大方,彬彬有礼。与顾客初次会面时,要进行自我介绍,创造使顾客们感到无拘无束的气氛。要善于打破沉默,掌握询问顾客的时机,找到顾客感兴趣的话题。如果是多位顾客的话,应判断谁是具有决定权的购买者,把精力主要集中到他的身上。

(2)询问的技巧

询问是为了尽可能了解顾客,以便为顾客推荐合适的产品,估计顾客对购买产品的渴望程度,发展与顾客的关系。询问之前,对准备提出的问题要有充分的准备,如询问顾客的兴趣爱好、生活方式、有何需要等。

(3)推荐的技巧

了解顾客的需要,就可以向顾客推荐他最满意的产品。当顾客提出问题时,应予以认真解答。

(4)示范的技巧

在进行必要的讲解说明后,说服顾客自己试车。

(5)回答顾客问题的技巧

特别是顾客有反对意见时,要弄清楚反对意见是真实存在还是有其他原因,用事实说明问题。

3. 交车与付款

当交车与付款时机来临时,推销会谈过程中的艰苦谈判和成交时的紧张气氛得以缓解。不过,如果进展得不顺利,销售员没有履行在销售洽谈中的承诺,那么顾客就不会再信任推销员,业务就有可能终止,顾客甚至会把自己不愉快的经历宣传出去。因此,交车和付款可以视为与顾客保持另一种良好关系的开始,不要简单交车了事,给予令人满意的说明,重视顾客的反应,只有这样顾客才会对该产品感到满意。

交车与付款过程可分为这样几步:

——交车准备环节,要做好通知交车日期、检查车辆、确认必要的文件和安排付款等工作;

——付款环节,可以提前支付和交车时付款,根据已签订的销售合同接受现金和支票;

——交车环节,无论是在展厅内交车,还是送货上门,都要求做到将销售主管或用户联系人介绍给顾客、检查车辆和附件、说明正确的操作和驾驶方法、介绍服务项目、填写交车检查表;

——其他工作,如为了保持客户资源,需要建立用户档案、进行客户回访、调查用户满意度等。

11.2 汽车配件的销售实务

11.2.1 采购

1. 第一环节:汽车配件进货渠道与货源的比较鉴别

(1)进货渠道

汽车零部件生产企业数量占汽车工业企业的绝大多数,企业规模参差不齐,产品质量悬殊较大,把好进货单,防止“病从口入”是第一个环节。汽车配件销售行业大都从这些生产厂家进货,在进货渠道的选择上,应立足于以优质名牌配件为主。但为适应不同层次的消费者的需求,也可进一些非名牌厂家的产品,可按A、B、C顺序选择。

A类厂是全国有名的整车配套厂,这些厂知名度高,产品质量优,多是名牌产品。这类厂应是进货的重点渠道。其合同签订形式,可采取先订全年需要量的意向协议,以便于厂家安排生产,具体按每季度、每月签订供需合同,双方严格执行。B类厂虽生产规模知名度不如A类厂,但配件质量还是有保证的,配件价格也比较适中,订货法与A类厂不同,可以只签订短期供需合同。C类厂是一般生产厂,配件质量尚可,价格较前两类厂低。这类厂的配件可作为进货中的补缺。订货方式也与A、B类厂有别,可以电话、电报要货,如签订供需合同的话,以短期合同为宜。但必须注意,绝对不能向那些没有进行工商注册、生产“三无”及假冒伪劣产品的厂家订货,否则,既损害消费者的权益,也损害企业的社会信誉。

(2)货源鉴别

汽车配件质量的优劣,关系到销售企业的经营大计。汽车配件产品涉及范围广泛,要对全部零配件做出正确和科学的质量结论,中、小型汽配销售企业难以具备所需的全部测试手段。企业要根据自身的实际情况,添置必备的技术资料和通用检测仪具,如自己所经营的主要车型的主机厂的图样或汽车配件目录,各类汽车技术标准等,这些资料都是检验工作的依据。此外,购置如游标卡尺、千分尺、百分表、千分表、量块、V形架、平板和万能电器试验台、硬度计、磁力探伤仪等通用检测量仪,都具有一般通用检测能力。

(3)检验方法

一般的汽车配件销售企业没有完备的检测手段,但可根据不同的配件种类采取以下不同的鉴别方法,并综合运用。

①目测法。查看文件资料、表面包装和商标,目测产品表面质量(零配件的细小裂纹可通过敲击听音加以判断),以此可以识别配件优劣。

②经验法。检查配件表面硬度是否达标、结合部位是否平整、几何尺寸有无变形、总成部件有无缺件、转动部件是否灵活、装配记号是否清晰、胶接零件有无松动、配合表面有无磨损等。

③比较法。用标准零件与被检零件做比较,从对比中鉴别被检零件的技术状况。

④现场法。派出本企业检测人员到供货厂家,利用厂家的检测手段对拟对合同供货产品进行双方认可的质量鉴定。特别是首次进入供货渠道的厂家,必须进行这一步。

⑤送检法。所谓送检就是把上述产品按抽样方法抽取样品送到县以上质量监督检测部门进行检验,并获取具有法律效力的检测报告。下述三种情况宜采用送检法:

A. 进货批量大货值较高,批次较多的厂家产品;

B. 用户退货和投诉较多的厂家产品;

C. 供需双方对质量有争议的产品。

2. 第二个环节:进货方式和进货量的确定

(1)进货方式

汽车配件销售企业在组织进货时,要根据企业的类型、各类汽车配件的进货渠道以及汽车配件的不同特点,合理安排组织进货。

①集中进货。企业设置专门机构或专门采购人员统一进货,然后分配给各销售部(组、分公司)及连锁经营成员单位销售。集中进货可以避免人力、物力的分散;可以加大进货量以受到供货方重视;可以根据批量差价降低进货价格;可以节省其他进货费用。

②分散进货。由配件销售部(组、分公司)自设进货人员,核准的定点进货厂家和在核定的资金范围内自行采购。

③集中进货与分散进货相结合。一般是外埠采购及其他非固定进货关系的一次性采购。方法是由各销售部(组、分公司)提出采购计划,由业务部门汇总审核后集中采购。

④联购合销。由几个配件零售企业联合派出人员,统一向生产企业或批发企业进货,然后由这些零售企业分销。此类型多适合小型零售企业之间或中型零售企业代小型零售企业联合组织进货。这样能够相互协作,节省人力,凑零为整,拆整分销,并有利于组织运输,降低进货费用。

(2)进货量

控制进货量是汽车配件销售企业确定每次进货多大数量为最佳进货量的业务活动。在进货时不能只考虑节约哪一项费用,必须综合分析,以销定进,勤进快销。进货量的控制方法有定性分析法和定量分析法两种,其中定量计算方法又有经济批量法和费用平衡法。

①定性分析法。用定性分析法确定进货量要注意以下几点:

摸清市场情况,找出销售规律,确定进货重点。不少汽车配件的需求量是按一定的规律变化的,须在市场调查的基础上分析实际销售数量和有关因素的影响,从而找出销售规律,以便确定进货重点。其方法将历年的月销售量抽样绘制成销售曲线图,从曲线图中分析出配件销售的5种现象:平稳性、趋向性、周期性、季节性、随机性,据以制订相应的进货对策,以达到准确、及时的估算和预测,防止脱销断货和超储积压。例如,对于销售上升的配件,应保证常年销售不断档;对于具有平稳性、周期性、季节性的配件,应根据实际情况,做出进货计划,并注意旺季进货、季末销完;对于受随机因素影响的配件,则采取按用户预约登记,及时组织进货的方式。

遵循供求规律,合理确定进货数量。对供求平衡、货源正常的配件,应采取勤进快销、多销多进、少销少进,保持正常周转库存;对于供大于求、销售量又不大的配件,要少进,采取随进随用、随销随进的办法;对暂时货源不足、供不应求的紧俏配件,要开辟新的货源渠道,挖掘货源潜力,适当多进,多进多销;对大宗配件,则应采取分批进货的办法,使进货与销售相适应;对高档配件,货值较高的总成件要根据当地销售情况,少量购进,随进随销、随销随进;对销售面窄、销售量少的配件,可以多进样品,加强宣传促销,严格控制进货量。

按照配件的产销特点,确定进货数量。常年生产、季节销售的配件,应掌握销售季节,季前多进,季中少进,季末补进;季节生产、常年销售的配件,要掌握生产季节,按照企业常年销售情况进全进足,并注意在销售过程中随时补进;新产品和新经营的配件,应根据市场需要少进试销,宣传促销,以销促进,力求打开销路;对于将要淘汰的车型配件,应少量多样,随用随进。

按照供货单位的远近,确定进货数量。当地进货,可以分批次进货,每次少进、勤进;外地进货,适销商品多进,适当储备。要坚持"四为主,一适当"的原则,即以本地区紧缺配件为主,以具有知名度的传统配件为主,以新产品为主,以名牌优质品为主,品种要丰富,数量要适当。

按进货周期确定进货时间。进货周期,就是每批次进货的间隔时间,每批次进货能够保证多长时间的销售,这就是一个周期。进货周期的确定需要保证汽车配件销售的正常需要,又不使汽车配件库存过大,要坚持以用定进、勤进快销的原则,要考虑配件销售量的大小、配件种类的多少、距离供货单位的远近、配件运输的难易程度、货源供应是否正常、企业储存保管配件的条件等因素。合理的进货周期,可使每次进货数量适当,既加速资金周转,又保证销售正常进行。

②定量分析法。随着市场经济的发展和汽车保有量的快速增长,汽车配件的经销网点不断增加,用定性分析法测算一个市场区域的需求量难度很大,预测结果也不准确。一般应以各经销商的传统用户的需求量为依据,进行保守性的定量测算,适当加一个增长系数。用定量分析法确定进货量有以下两种方法:

A. 经济批量法。采购汽车配件既要支付采购费用,又要支付保管费用。每次采购量越少,采购的次数越多,采购费用支出也就越多。反之,每次采购量越少,保管费用就越少。由此可以看出,采购批量与采购费用成反比,与保管费用成正比。根据这一原理可以用经济进货批量法来控制进货批量。所谓经济进货批量是指在一定时期内,进货总量不变的前提下,求得每批次进多少,才能使进货费用与保管费用之和(即总费用)减少到最小限度。

B. 费用平衡法。此法是以进货费用为依据,将存储费用累积和进货费用比较,当存储费用累积接近但不大于进货费用时，便可确定其经济进货量。

$$存储费用 = 销售量 \times 单价 \times 存储费用率 \times (周期 - 1) \tag{11.1}$$

11.2.2　仓储

汽车配件绝大部分是金属制品，此外还有橡胶制品、工程塑料、玻璃、石棉制品等。有的配件精度很高，精密配件不能随便拆换，例如柴油机的喷油泵芯套和喷油嘴；有的不仅保管期限短，而且对保管的温度有一定的要求，例如补胎胶。由于汽车是一种技术含量很高的产品，近年来许多高、精、尖的技术都在汽车上应用，如电脑、电喷系统、安全气囊、防抱死系统等，对配件储存提出了更高的要求。

目前，汽车配件销售企业经营的产品逐渐增多，如各类汽车美容用品、各种油类、液类、车腊、油漆以及各种摩托车配件等。为了保管好各种汽车配件及其横向产品，必须根据其不同的性质、特点区别对待，妥善地处理好在入库、保管和出库中发生的一系列技术问题。

1. 第一个环节：验收

(1)入库验收的主要内容

入库验收是配件进入仓储管理的准备阶段，把好“收货关”就是为提高仓储管理打下良好的基础，具体工作包括数量与质量验收两个方面。数量、品种、规格的验收，应与运单、发货票及合同的规定相核定，开箱或打开包装检查，在运输过程中有无损坏和丢失。质量验收，首先查验装箱单和合格证是否齐全，而后按技术标准或合同规定的标准进行抽检，凡仓库能自检的，由仓库负责，需要技术部门或专业部门检验的，应通过他们检验并出具检验合格证明，才能点收入库。还应注意验收配件的原厂合格证所列内容是否完整，是否相符并与配件包装一一对应，妥善保管，以便日后对质量问题交涉和索赔。

(2)验收入库的程序

①点收大件。仓库保管员根据入库单所列的收货单位、品名、规格、型号、等级、产地、单价、数量等各项内容，逐项进行认真查对、验收，并根据入库配件的数量、性能、特点、形状、体积，安排适当货位，确定堆码方式。

②核对包装。在点清大件的基础上，对包装物上的商品标志和运输标志，要与入库单进行核对。只有在实物、商品和运输标志、入库凭证相符时方能入库。经过核对检查，如果发现票物不符或包装破损异状时，应将其单独存放，并协助有关人员查明情况，妥善处理。

③开箱点验。凡是出厂原包装的产品，一般开箱点验的数量为 5% ~10%。按入库单所列内容进行核对验收并查验合格证，经全部查验无误后才能入库。

④归堆建卡，安排货位。归堆时一般按“五五堆码”原则(即五五成行、五五成垛、五五成层、五五成串、五五成捆)的要求，排好垛底，并与前后左右的垛堆保持适当的距离。批量大的，可以另设垛堆，但必须整数存放，标明数量，以便查对。建卡时，注明分堆寄存位置和数量，同时在分堆处建立分卡。

⑤上账退单。根据进货单和库、架、排、号以及签收的实收数量逐笔逐项登账，并留下入库单据的仓库记账联，作为原始凭证保留归档。另外两联分别退还业务和财务部门，作为业务部门登录商品账和财务部门充账的依据。

2. 第二个环节：保管

(1)配件管理分类统一

①按部、系、品种系列分库。就是所有配件不分车型，一律按部、系、品种顺序，分系集中存放。凡是品名相同的配件，不管是什么车型，都放在一个库内，这种管理方式的优点是仓容利用率高，而且比较美观，便于根据仓库的结构适当安排储存品种。缺点是顾客提货不太方便，特别是零星用户提少量几件货，也要跑几个库，再就是保管员在收发货时容易发生差错。

②按车型系列分库。就是按所属的不同车型分库存放配件，例如，分别设东风牌汽车配件库、解放牌汽车配件库、桑塔纳汽车配件库等。这样存放，顾客提货比较方便，又可以减少保管员收发货的差错。缺点是仓容利用率较差，对保管员的业务技术水平也要求较高。

③在一个库区内同时储存属两个或两个以上单位的配件时，也可以按单位设专库储存。但不论是按部、系、品种系列还是按车型系列，是按单位设专库储存还是两个或以上单位混合储存，都要为单位建卡和立账，要与这些存货单位的分类建账结合起来，实行对口管理，这样便于工作联系和清仓盘点，也有利于提高工作效率。

④大件、重件(如驾驶室、发动机、前后桥、大梁等)都要统一集中储存，以便充分发挥仓库各种专用设备，特别是机械吊装设备的作用，不仅可以提高仓容利用率，而且还可以减轻装卸搬运工人的劳动强度，提高劳动效率。

(2)安全堆码美观整齐

仓库里的配件堆码必须贯彻安全第一的原则，同时还要做到文明生产。配件的陈列堆码，一定要讲究美观整齐，具体要做到以下几点：

①安全“五距”。库内货垛与内墙的距离不得少于 0.3 m，货垛与柱子之间不得少于 0.1 m，货垛相互之间一般为 0.5 m，货架相互之间一般为 0.7 m。库外存放时，货垛与外墙的距离不得小于 0.5 m，这样既可以避免配件受潮，同时又减轻了墙脚负荷，保证了库房建筑的安全。

②实行定额管理。库房的储存量指标应有明确规定，实行定额管理，每立方米的存放重量不得超过设计标准的 90%，以保证库房建筑安全达到设计使用年限，同时也保证了库存物资和人员的安全。

③堆码美观整齐。堆垛要稳，不偏不斜，货垛货架排列有序，上下左右中摆放整齐，做到横看成行，竖看成线。包装上有产品标志的，堆码时标志应一律朝外，不得倒置，发现包装破损，应及时调换。

④重量较轻，体积较大的配件应单独存放。堆码时要注意适当控制堆码高度，不要以重压轻，以防倾倒。

(3)仓容利用经济合理

各种配件体积重量相差很大，形状各异，要把这些体积、重量、形状不同的配件安排适当，以求得最大限度地提高仓容利用率。如前后桥、发动机、驾驶室等重件、大件，可以放在地面耐压力强、空间高、有起吊设备的库房。此外，还要根据配件的性能、特点和外形，配备一定数量的专用货架和格架等。为提高单位面积利用率，可设高层货架或在普通货架区的货架最上面一层铺盖楼板，以储存重量轻的配件。

(4)卡物相符、服务便利

提高卡物相符率的关键是认真执行“五五堆码”和“有动必对”的原则，其中最重要的是“有动必对”。每当发完一批货，必须将卡片的结存数量与库存实物结存数量进行核对，一定要保证卡片的结存数与仓库的实物结存数相符。另外要搞好每月、每季或每半年一次的定期清点盘库。服务便利的基础是配件堆码要讲究科学性，一定要遵循"五五堆码"的原则。大批量的配件，可设分堆、建分卡，力求整数，并分层标明细数，便于做到过目成数，使发货、核对方便。

3. 第三个环节：出库

汽车配件出库标志着储存保管阶段的结束，把好"出货关"是全库管理工作的重要一环。

(1)出库的程序

①核对单据。业务部门开出的供应单据（包括供应发票，转仓库单，商品更正通知单，补发、调换、退货通知单等）是仓库发货、换货的合法依据。保管员接到发货或换货单据后，先核对单据内容、收款印戳，然后备货或换货，如发现问题，应及时与有关部门联系解决，在问题未弄清前，不能发货。

②备货。备货前应将供应单据与卡片、实物核对，核对无误，方可备货。备货有两种形式：一种是将配件发到理货区，按收货单位分别存放并堆码整齐，以便复点。第二种是外运的大批量发货，为了节省人力，可以在原垛就地发货，但必须在单据上注明件数和尾数（即不足一个原包装箱箱装的零数）。无论采用哪种形式，都应及时记卡、记账、核对结存实物，以保证账、卡、物相符。

③复核、装箱。备货后一定要认真复核，复核无误后，用户自提的可以当面点交。属于外运的可以装箱发运。在复核中，要按照单据内容逐项核对，特别要注意一个整包装体的内装数量，不要搞混，然后将单据的随货同行联和配件一起装箱。如果是拼箱发运的，应在单据的仓库联上注明，如果编有箱号的，应注明拼在几号箱内，以备查乱。无论是整箱或拼箱，都要在箱外写上运输标志，以防止在运输途中发错。

④报运。配件经过复核、装箱，查号码后要及时过磅称重，然后按照装箱单内容逐项填写清楚，报送运输部门向承运单位申请准运手续。

⑤点交和清理。运输部门凭装箱单向仓库提货时，保管员先审查单据内容、印章以及经手人签字等，然后按单据内容如数点交。点交完毕后，随即清理现场、整理货位，腾出空位以备再用。用户自提的一般不需备货，随到随发，按提单内容当面点交，并随时结清，做到卡、物相符。

⑥单据归档。发货完毕后，应及时将提货单据（盖有提货印章的装箱单）归档，并按照其时间顺序，分月装订，妥善保管，以备查考。有条件的应同时录入电脑，并存备份。

(2)出库的要求

①凭单发货。仓库保管员要凭业务部门的供应单据发货，但如果单据内容有误，填写不合规定、手续不完备时，保管员可以拒绝发货。

②先进先出。保管员一定要坚持"先进先出、出陈储新"的原则，以免造成配件积压时间过长而变质报废。因为汽车更新换代很快，配件制造工艺也在不断地更新，如果积压时间过长，很可能因为产品老、旧而淘汰报废。

③及时准确。一般大批量发货不超过两天。少量货物，随到随发。凡是注明发快件的，要在装箱单上注明"快件"字样。发出配件的车型、品种、规格、数量、产地、单价等，都要符合单据内容。因此，出库前的复核一定要细致，过磅称重也要准确，以免因超重发生事故。

④包装完好。配件从仓库到用户中间要经过数次装卸、运输。因此，一定要保证包装完好，避免在运输途中造成损失。

⑤待运配件。配件在未离库前的待运阶段，要注意安全管理。例如，忌潮的配件要加垫，

有些配件(一般指化学杂质和油液用品)要放在避光通风处。总之,配件在没离开仓库之前,保管员仍然要保证其安全。

11.2.3 销售

汽车配件营销企业要将销售业务看做是最重要的业务环节,企业的一切活动都应围绕着销售进行。在汽车配件市场竞争日趋激烈的情况下,销售业务开展得如何,对企业的生存和发展起着举足轻重的作用。

1.第一个环节:把握配件销售的特征

(1)专业性

现代汽车不断融合着多种高新技术,其每一个零部件都具有严格的型号、规格、工况标准。一辆汽车在整个运行周期中,约有3 000种零部件存在损坏和更换的可能,所以经营某一个车型的零配件就要涉及许多品种规格的配件。即使同一品种规格的配件,由于有许多厂家在生产,在产品的质量、价格等方面差别很大,甚至还存在假冒伪劣产品。业务人员既要掌握商品营销知识,又要掌握汽车配件专业知识、汽车材料知识、机械识图知识、学会识别各种汽车配件的车型、规格、性能、用途以及配件的一般商品检验知识。相对于一般生活用品而言,汽车配件营销是汽车售后服务的主要领域,供应配件就是售后服务。经营必须与服务相互配套,融为一体。特别是技术服务。

(2)广泛性

随着我国汽车社会保有量的快速稳定增长,汽车配件的销售网点迅速增加,汽车配件经营已成为我国网点分布广泛、经营范围广泛的一个典型流通行业,在全部汽车产品经销商中,从事汽车配件及汽车用品的企业占到总数的80%,用“每个地方都有汽车配件市场或汽车城,每个城市都有汽配一条街,每条商业街区都有汽车配件或汽车用品商品”来描述一点也不为过。

(3)季节性

一年四季、春夏秋冬给汽车配件销售市场带来不同季节的需求。在春季,为适应在雨天行驶,各种挡风玻璃、车窗升降器、电气雨刮器、挡泥板等部件特别多。在夏季和早秋季节,因为气温高,发动机机件磨损大,对火花塞、气缸垫、进排气门及冷却系部件等需求特别多。调查资料显示,季节性需求所带来的销售额,约占总销售额的三成到四成。

(4)地域性

我国国土辽阔,地理环境的差异也给汽配销售市场带来地域性的不同需求。在山地高原,因载荷大、山路多、弯道急、坡度斜,汽车钢板弹簧就易断、刹车皮磨损快、易失去作用,变速部件、传动部件、减震器部件也易损坏,需要更换总成件较多。在城镇,汽车启动和停车次数较频繁,其所需启动、离合、制动、电器设备等部件的数量就较多。

(5)差异性

一是汽车配件销售领域是假冒、伪劣产品配件产品和优质的“正牌产品”共存、共“荣”的行业,产品质量差异性和价格的差异性很大;二是从事配件营销的单位规模和管理水平差异很大,既有超市规模,也有一人小店。

另外,由于汽车配件经营品种多样化以及汽车故障发生的随机性,经营者要有相应规模的铺底流动资金并将大部分资金用于库存储备和商品在途资金占用。

2. 第二个环节:经营方式

(1)从零售店经营的品种数目看

①专业店。也叫专卖店,专门经营某一个汽车公司或某一种车型的汽车配件。国外多数汽车公司的配件都实行专卖。专卖店要么属于汽车公司,要么与汽车公司(或其他经销站、代理商)是合同关系。

②混合店。一般直接从各生产厂家或汽车公司进货,经营品种涉及各个汽车厂家各种车型的配件。

③超级市场。不仅规模大、品种全、价格合理、知名度高,而且还从事批发业务。这类市场的辐射力很强,形成以超级市场为中心的经营网络。例如,上海汽车工业零部件总汇,堪称国内第一流汽车配件经销店。

(2)从零售店的经营权看

一般零售店都是独立的。但连锁店不同,一般同实力强,规模大的汽车配件专营公司连锁,由汽车配件公司对其进行规划、管理、技术指导、提供信息,并优惠供应配件。

(3)从零售店的集中程度看

①分散形式。汽车配件零售店一般分散在各个地方,特别是客、货集散地周围,有的一地多家、有的别无分号就此一家。

②汽车配件一条街。这种"一条街"在我国许多城市都存在,一般位于生产资料,机电产品聚集区和较有影响的汽车生产厂商附近,或在用户习惯采购的汽车贸易公司、汽车企业销售机构周边。

(4)从零售店的综合程度看

多数零售店只是经营汽车或摩托车配件以及相关五金工业品,但也有综合性很强的大型零售店,有些类似于超级市场。这类大型店提供的服务不仅是经营各类汽车配件和汽车用品,还向客户提供加油、占领食宿和休闲娱乐等多种服务。

对于汽车配件流通企业来讲,汽车配件的主要销售方式是门市销售,无论是大用户,还是零星购买,门市供应都是最基本、最直接的流通渠道。一般称门市销售部门为门市部、营业部,也有的称销售中心、销售部(公司)等。门市一般应选在交通方便、顾客比较集中,且停放车辆方便的地方。一个较大的汽车配件销售企业往往在一个地区设立多个门市部,或跨地区、跨市设立门市部。在有多个门市部时,相互间的分工至关重要。有的按车型分工,如经营解放、东风或桑塔纳、捷达、奥迪配件等;有的实行综合经营,不分车型;有的二者兼有,即以综合经营为基础,各自又有一、两个特色车型。

3. 第三个环节:门市销售是主体

(1)门市销售的柜组分工方式

在一个门市部内部,各柜组的经营分工,一般有按品种系列分柜组和按车型分柜组两种方式。

①按品种系列分柜组。经营的所有配件不分车型,而是按部、系、品名分柜组经营。如经营发动机配件的柜组,叫发动机柜组。经营通用工具及通用电器的柜组,叫通用柜组。经营化杂配件的,叫化杂件柜组等。

这种柜组分工方式的优点是能够结合商品的本质特点,比较适合专业化分工的要求。如金属机械配件归为一类、化杂件归为一类、电器产品归为一类，这种划分方式有利于经营人员深入了解商品的性能特点、材质、工艺等商品知识。汽车配件品种繁多，对于营业员来说，学会自己经营的那部分配件品种的商品知识，比学会某一车型全部配件的商品知识容易，这样能较快地掌握所经营品种的品名、质量、价格及通用互换常识。尤其在进口维修配件的经营中，由于车型繁杂，而每种车型的保有量又不太多，按品种系列分柜组比较好。再就是某些配件的通用互换性，哪些品种可以与国产车型的配件通用，往往需要用户提供，有的则需要从实物的对比中得出结论。如果不按品种系列，而按车型经营，遇到上述情况，就有许多不便。

②按车型分柜组。按不同车型分柜组，如分成桑塔纳、富康、捷达、奥迪、东风、解放柜组等，每个柜组经营一个或两个车型的全部品种。

中小型企业及个体用户，大多拥有一种或几种车型，这些中小型用户的配件采购计划往往是按车型划分，所以一份采购单只集中到一个柜组的一两个柜台，便可解决全部需要。另外，按车型分工还可与整车厂编印的配件样本目录相一致，当向整车厂提出要货时，经营企业可以很便利地编制以车型划分的进货计划。按车型分柜组，根据社会车型保有量统计数据，把进货、销量库存、资金占用、费用、资金周转几项经济指标落实到柜组，在此基础上实行利润包干形式的经济责任制，有利于企业管理的规范化。

这种方法也有缺点，那就是每个柜组经营品种繁多，对营业员的要求高，他们需要熟悉所经营每种车型商品的性能、特点、材质、价格及产地等情况，这不是一件很容易的事。而且当一种配件可以通用几个车型时，往往容易造成重复进货、重复经营。

两种柜组分工方式各有利弊，可根据具体条件决定。

(2)门市橱窗陈列和柜台货架摆放

对汽车配件门市部来讲，陈列商品十分重要。通过陈列摆放样品，可以加深顾客对配件的了解，以便选购。尤其对一些新产品和通用产品，更能通过样品陈列起到极大的宣传作用。

①门市的商品陈列。包括橱窗商品陈列、柜盒货架商品陈列、架顶陈列、壁挂陈列和平地陈列等。

——橱窗商品陈列。是利用商店临街的橱窗专门展示样品，是商业广告的一种主要形式。橱窗陈列商品要有代表性，体现出企业的特色，如主营汽车轮胎的商店，要将不同规格、不同结构的轮胎巧妙地摆出来，再配上醒目的广告词，美观大方、引人注目。

——展台、柜台、货架商品陈列。也叫做商品摆布，它具有陈列，销售、更换频繁的特点。展台、柜台、货架陈列是营业员的经常性工作，汽车配件中如火花塞、皮碗、修理包、各类油封等小件商品，适合此类陈列方式。

——架顶陈列。是在货架的顶部陈列商品。特点是它用上部空间位置，架顶商品陈列的视野范围较高，顾客容易观看，这种方式一般适合相关产品，如全损耗系统用油、美容清洗剂等商品的陈列。

——壁挂陈列。一般是在墙壁上设置悬挂陈列架来陈列商品，适用于质量较轻的配件，如轮辋、皮带等。

——平地陈列。是将体积大而笨重、无法摆上货架或柜台的商品，在营业场地的地面上陈列，如电瓶、发动机总成、离合器总成等。

②商品陈列的货架摆放及注意事项。要将商品摆得成行成列、整齐、有条理、多而不乱、易于辨认。陈列的商品要明码标价。商品随销随补，不断档、不空架，把所有待销售的商品展示

在顾客面前。摆放商品要定位定量,不要随便移动,以利于营业员取放、盘点,提高工作效率。按商品的品种、系列、质量等级等有规律地摆放,以便用户挑选。把使用上有联系的商品摆放在一起陈列,这样能引起顾客的联想,能够产生销售上的连带效应。

(3)门市销售中的几个问题

①门市销售不等于坐等客户。当前汽车配件市场供大于求,市场竞争十分激烈,门市销售除了日常的接待客户外,还应通过走访、邀请、电话、信函等交流手段熟悉用户联络感情,与购货比较集中的单位,如公交公司、汽车运输公司、出租车公司、厂矿车队、修理厂等,加强联系,熟悉其主管人员、主办人员、车数、车型保有情况,建立用户档案,根据汽车配件的消耗规律判断其进货计划,使销售工作有的放矢。

②对用户货款结算应持谨慎态度,避免拖欠和造成重大损失。货款结算方式有现金收讫、转账支取、托收承付、担保延期付款等方式。但除关系密切、信誉好的用户外,宁可薄利,也应及时回笼货款。

③研究制订合理的销售价格体系。销售中如何发挥价格杠杆作用,根据市场需求变化、进货成本,在不违背国家有关规定的前提下,灵活定价。根据市场行情变化,适当调高低值易耗品、畅销品、名优产品价格,但凡代理销售生产厂家产品的企业应征求厂家意见。适当调低滞销商品价格,必要时为调整库存结构加速资金周转,可亏本或保本出售。对批发价商品要根据购买数量、成本进行核算,薄利多销。在整个销售中要学会算大账、算总账,有赔有赚,以盈补亏,这样可以消化呆滞积压配件造成的经济损失,盘活资金,给企业的发展注入活力,但应防止采取低价倾销的不正当竞争行为。

④对优质服务要有全面认识。门市销售不单单是面带微笑、热情待客,更重要的是练好"内功"。每个用户,特别是大用户购买配件时,总是希望在一个公司能满足其所需的全部配件,且质好价宜。因此,门市销售就必须在品种、质量、价格上下工夫。营业员必须根据汽车配件车型多、品种繁、专用性强等特点,不但要懂得所经销配件的通用互换情况,而且还要了解同一车型、不同代产品的配件。否则,就会造成本来可以通用互换的不同车型的配件,不能实现销售,降低了用户的满足率,同时还会造成因不知道同一车型、不同代产品不能通用的知识所带来的销售错误。所以营业员必须学会识别各种配件的车型、名称、规格、用途,掌握汽车配件基本知识。只有这样才能为用户提供满意的咨询导向和售后服务,与用户建立起牢固的感情纽带。

⑤理顺进销关系。以门市销售情况、库存数量及各品种销售走向安排进货,按汽车配件消耗规律组织营销,进货与销售不能脱节。一旦预见到将会发生品种短缺,应立即联系进货,保证常规易损、易耗配件的充足供应,最大限度地满足用户需求。今后的发展趋势是门市销售记账实现办公现代化,利用电脑准确快捷地统计出各品种销售情况,可更好地理顺进销关系,提高工作效率。

⑥对门市销售业务既要考核经济效益,更要注重考核社会效益。一般对考核经济效益比较重视,主要指标是考核"纯利润",对配件商品供应率(即用户购品满足率)却不太重视。配件商品供应率是一项反映企业在当地市场上销售品种对用户的满足程度,尤其是对本企业所经营的、当地保有量大的车型配件的满足程度。考核办法是,在一段时间内抽取某些有代表性的老用户采购单,把采购单上的品种总数作为分母,把本企业所能满足的品种总数作为分子得出的数据再乘以 100% 。这个百分数越大越说明本企业的品种覆盖率高,社会效益好,同时也

扩大了销售,促进了经济效益的提高。

⑦接待并处理好用户退换货业务。用户退换商品一般有两种情况:一是因商品质量不合乎要求而退换;二是由于所购商品不适合应用而退换。不论对于哪种情况,都应给予妥善处理。遇到第一种情况,首先必须验明是否确属本企业售出的商品,并经证明质量状况是否符合标准,然后由商店按规定处理。遇到第二种情况,也要首先验明是否确属本企业售出的商品,再查验商品有无损坏,并在规定退换期内,报请商店负责人按规定退换。对于不符合退换规定的,应耐心解释。

⑧完整地向顾客介绍汽车配件及其质量保修规定。顾客在购买汽车配件时,有时并不十分清楚所购配件在使用时的注意事项,营业员应详细向顾客介绍该配件的功能、性能特点及使用方法,有时还须示范或让顾客亲自试用。有条件的话,可向顾客分发产品使用说明书。营业员应对汽车配件的产地、质量、特点等有较深的了解,积极如实地向顾客介绍。同时,对有些配件还应介绍其质量保修规定,这也是顾客十分关心的问题,如保修年限、承保范围、费用分担等问题,还应向用户发送质量保修卡。

(4)提高汽车配件商品供应率

配件商品供应率有两个方面的影响因素:一是所经营商品品种结构问题,即所规定的经营商品结构是否合理,是否适应市场的需求;二是现有商品结构中的每个具体商品的存量问题,额定存量能否在数量、质量、价格、供货时间等方面满足市场需求。要提高配件商品供应率应从以下两方面着手:

①重视配件商品结构的调整。在一定的条件下强化管理,合理调配资金,提高资金保证程度,向适应和满足市场需求靠拢,不断改善和拓宽商品结构,提高商品供应率。这种商品结构,不能一劳永逸,应根据不断变化的市场需求,定期进行调整,并要注意积累经验,摸索经营规律,知其然,更要知其所以然,这样就能不断增强经营主动权。

②注意研究每一种配件商品在用户使用中的失效形式和自身如何科学调整库存结构和经营品种,形成的合理存量。商品存量一般采用定额管理办法进行管理、调控、处理。商品存量的不正常情况主要表现是商品超储、积压、损坏和短缺脱销这两个方面。这两种情况往往是同时并存,经常出现。商品的超储积压比较直观,容易发现,它的后果主要是使某些商品被压死,造成资金沉淀,仓储费用增加,甚至损失商品资金,危害性十分明显。而商品短缺脱销、供应率下降的情况,有时容易被忽视或出现矫枉过正的现象。

对一个汽车配件经营企业来讲,提高配件商品供应率是一项参与市场竞争的重要手段。如果配件商品供应率差,客户的需求屡屡得不到满足,将会发生两种效应:一是“泼水效应”,即老客户一去也许再不回头;二是“失火效应”,即连累适销对路商品的销售,甚至由于客户之间的相互宣传,产生客户转移的连锁效应。

11.3 二手车价格评估的基本方法

二手车价格评估是二手车交易的核心问题和前提条件。无论是卖出还是买入二手车,交易双方都希望能够了解一些基本的价格评估方法。与此同时,还希望了解一些汽车报废方面的基本法规,否则“花钱买老驴”,买到报废或即将报废的汽车,对购车人来说,会造成不同程度的心理压力和经济损失。

二手车的价格评估同其他资产评估一样，也应该按照《国有资产评估管理办法》的规定，采用重置成本法、现行市价法、收益现值法和清算价格法等四种基本方法进行，其中最常用的重置成本法。

11.3.1　重置成本法

1. 重置成本法的概念

重置成本法是指在现时条件下重新购置一辆全新状态的被评估车辆所需的全部成本（即完全重置成本，简称重置全价），减去该被评估车辆的各种陈旧贬值后的差额作为被评估车辆现时价格的一种评估方法。其基本计算公式可表述为：

$$\text{被评估车辆的评估值} = \text{重置成本} - \text{实体性贬值} - \text{功能性贬值} - \text{经济性贬值} \tag{11.2}$$

或：

$$\text{被评估车辆的评估值} = \text{重置成本} \times \text{成新率} \tag{11.3}$$

从上式可看出，被评估车辆的各种陈旧贬值包括实体性贬值、功能性贬值和经济性贬值。

重置成本是购买一项全新的与被评估车辆相同的车辆所支付的最低金额。按重新购置车辆所用的材料、技术的不同，可把重置成本区分为复原重置成本（简称复原成本）和更新重置成本（简称更新成本）。复原成本指用与被评估车辆相同的材料、制造标准、设计结构和技术条件等，以现时价格复原购置相同的全新车辆所需的全部成本。更新成本指利用新型材料、新技术标准、新设计等，以现时价格购置相同或相似功能的全新车辆所支付的全部成本。一般情况下，在进行重置成本计算时，如果同时可以取得复原成本和更新成本，应选用更新成本；如果不存在更新成本，再考虑用复原成本。

2. 影响二手车价值的因素

和其他机器设备一样，汽车的价值也是一个变量，它随其本身的运动和其他因素变化而相应变化。影响汽车价值量变化的因素，除了市场价格以外，还有以下三个因素：

(1) 车辆的实体性贬值。实体性贬值也叫有形损耗，是指车辆在存放和化学原因而导致的车辆实体发生的价值损耗，即由于自然的作用而发生的损耗。旧车一般不是全新状态的，因而大都存在实体性贬值。确定实体性贬值，应依据车辆的新旧程度，包括表体及内部构件、部件的损耗程度。假如用损耗率来衡量，一项全新的车辆，其实体性贬值为 0%；而一项完全报废车辆，其实体性贬值为 100%；处于其他状态下的车辆，其实体性贬值率则位于这两个数字之间。

(2) 车辆的功能性贬值。功能性贬值是由于科学技术的发展导致的贬值，又可细分为一次性功能贬值和营运性功能贬值。一次性功能贬值是由于技术进步引起劳动生产率的提高，现在再生产制造与原功能相同的车辆的社会必要劳动时间减少，成本降低而造成原车辆的价值贬值。营运性功能贬值是由于技术进步，出现了新的、性能更优的车辆，致使原有车辆的功能相对新车型已经落后而引起的价值贬值。具体表现为原有车辆在完成相同工作任务的前提下，在燃料、人力、配件材料等方面的消耗增加，形成了一部分超额运营成本。

(3) 车辆的经济性贬值。经济性贬值是指由于外部经济环境变化所造成的车辆贬值。所谓外部经济环境，包括宏观经济政策、市场需求、通货膨胀、环境保护等。经济性贬值是由于外部环境而不是车辆本身或内部因素所引起的达不到原有设计的获利能力而造成的贬值。外界因素对车辆价值的影响不仅是客观存在的,而且还相当大,所以在旧机动车的评估中不可忽视。

3. 重置成本及其估算

重置成本分复原重置成本和更新重置成本。一般来说,复原重置成本大于更新重置成本。在选择重置成本时,应选择更新重置成本。选择更新重置成本的原因:一方面,随着科学技术的进步,劳动生产率提高,新工艺、新设计被采用;另一方面,新设计、新工艺制造的车辆无论是其使用性能,还是生产成本都会优于旧的机动车辆。在资产评估中重置成本的估算方法很多。对于车辆评估定价,一般采用如下两种方法:

(1)直接法

直接法也称重置核算法,它是按待评车辆的成本构成,以现行的市价为标准,计算被评估车辆重置全价的一种方法。也就是将车辆按成本构成分成若干组成部分,先确定各组成部分的现时价格,然后相加得出总待评估车辆的重置全价。

重置成本的构成可分为直接成本和间接成本两部分。直接成本是按现行市价的买价,加上运输费、购置附加费、消费税、人工费等。间接成本是指购置车辆发生的管理费、专项贷款发生的利息、注册登记手续费等。以直接法取得的重置成本,无论国产车还是进口车,尽可能采用国内现行市场价作为车辆评估的重置成本全价。

旧车重置成本全价的构成一般分为下述两种情况:

第一种情况,属于所有权转让的经济行为,可按被评估车辆的现行市场成交价格作为被评估车辆的重置全价,其他费用略去不计。

第二种情况,属于企业产权变动行为(如企业合资、合作和联营、企业分设、合并和兼并等),其重置成本构成了除考虑被评估车辆的现行市场购置价格以外,还应考虑国家和地方政府对车辆加收的其他税费(如车辆购置附加费、车船使用税等),一并计入重置成本全价。

(2)物价指数法

物价指数法是在旧机动车辆原始成本基础上,通过现时物价指数确定其重置成本。计算公式为:

$$\text{车辆重置成本} = \text{车辆原始成本} \times \frac{\text{车辆评估时物价指数}}{\text{车辆购买时物价指数}} \tag{11.4}$$

或:

$$\text{车辆重置成本} = \text{车辆原始成本} \times (1 + \text{物价变动指数}) \tag{11.5}$$

如果被评估车辆是淘汰产品或进口车辆,咨询不到现时市场价格时,物价指数法是一种很有用的方法。运用物价指数法时须注意:

①一定要先检查被评估车辆的账面购买原价。如果购买原价不准确,则不能用物价指数法。

②用物价指数法计算出的值,即为车辆重置成本值。

③运用物价指数法时,现在选用的指数往往与评估对象规定的评估基准日之间有一段时间差。这一时间差内的价格指数可由评估人员根据近期的指数变化趋势结合市场情况决定。

④物价指数要尽可能选用有法律依据的国家统计部门或物价管理部门以及政府机关发布和提供的数据,也可以采用有权威性的国家政策部门所辖单位提供的数据。

4. 实体性贬值及其估算

车辆的实体性贬值是由于使用和自然力损耗形成的贬值。实体性贬值的估算,一般可以采取以下两种方法：

(1)观察法。观察法也称为成新率法，是指对评估车辆，由具有专业知识和丰富经验的工程技术人员对车辆的实体各主要总成、部件进行技术鉴定，并综合分析车辆的设计、制造、使用、磨损、维护、修理、大修理、改装情况和经济寿命等因素，将评估对象与其全新状态相比较，考察由于使用磨损和自然损耗对车辆的功能、技术状况带来的影响，判断被评估车辆的有形损耗率，从而估算实体性贬值的一种方法。

(2)使用年限法。计算公式为：

$$\text{车辆实体性贬值} = \text{重置成本} \times \text{有形损耗率} \tag{11.6}$$

$$\text{车辆实体性贬值} = (\text{重置成本} - \text{残值}) \times \frac{\text{已使用年限}}{\text{规定使用年限}} \tag{11.7}$$

(公式中的残值，是指旧机动车辆在报废时净回收的金额，在鉴定中一般略去残值不计。)

5. 功能性贬值及其估算

(1)一次性功能贬值的测定

目前在市场上能购买到的且有制造厂家继续生产的全新车辆，一般采用市场价，即可认为该车辆的功能性贬值已包含在市场价中了。这是最常用的方法。从理论上讲，同样的车辆其复原重置成本与更新重置成本之差即是该车辆的一次性功能性贬值。但在实际评估工作中，具体计算某车辆的复原重置成本是比较困难的，一般采用更新重置成本(即市场价)作为其一次性功能贬值。

在实际评估时经常遇到的情况是，待评估的车辆其型号是现已停产或是国内自然淘汰的车型，这样就没有实际的市场价，只有采用参照物的价格用类比法来估算。参照物一般采用替代型号的车辆。这些替代型号的车辆其功能通常比原车型有所改进和增加，故其价值通常会比原车型的价格要高。故在与参照物比较时，用类比法对原车型进行价值评估时，一定要了解参照物在功能方面改进或提高的情况，再按其功能变化情况来测定原车辆的价值。总的原则是被替代的旧型号车辆其价格应低于新型号的价格。这种价格有时是相差很大的。评估这类车辆的主要方法是设法取得该车型的市场现价或类似车型的市场现价。

(2)营运性功能贬值的估算

测定营运性功能贬值的步骤为：

①选定参照物，并与参照物对比，找出营运成本有差别的内容和量值。确定原车辆尚可继续使用的年限。

②确定原车辆尚可继续使用的年限。

③查明应上缴的所得税率及当前的折现率。

④通过计算超额收益或成本降低额，计算出营运性贬值。

6. 经济性贬值及其估算

经济性贬值是由机动车辆外部因素引起的。外部因素不论多少，对车辆价值的影响不外乎两类：一是造成营运成本上升；二是导致车辆闲置。由于造成车辆经济性贬值的外部因素很多，并且造成贬值的程度也不尽相同。所以在评估时只能统筹考虑这些因素，而无法准确计算所造成的贬值。其评估的思考方法如下：

(1)估算前提。车辆经济性贬值的估算主要以评估基准日以后是否停用、闲置或半闲置作为估算依据。

(2)已封存或较长时间停用,且在近期内仍将闲置,但今后肯定要继续使用的车辆最简单的估算方法是按其可能闲置时间的长短及其资金成本估算其经济贬值。

(3)根据市场供求关系估算其贬值。

7.重置成本法的优缺点

重置成本法体现了买卖双方都能公正合理,此法在二手车价格评估的基本方法中推荐为首选。

其优点是:比较充分地考虑了车辆的损耗,评估结果更趋于公正合理;有利于旧机动车的评估;在不易计算车辆未来收益或难以取得市场(旧机动车交易市场)参照物条件下可广泛应用。

采用重置成本法的缺点是工作量较大,且经济性贬值也不易准确计算。

11.3.2 现行市价法

1.现行市价法的概念

现行市价法又称市场法、市场价格比较法,是最直接、最简单的一种评估方法。这种方法的基本思路是:通过市场调查,选择一个或几个与评估车辆相同或类似的车辆作为参照物,分析参照物的构造、功能、性能、新旧程度、地区差别、交易条件及成交价格等,并与评估车辆一一对照比较,找出两者的差别及差别反映在价格上的差额,经过调整,计算旧机动车辆的价格。

2.现行市价法应用的前提条件

(1)需要有一个充分发育、活跃的旧机动车交易市场,有充分参照物(多个类比对象)可取。在旧机动车交易市场上旧机动车交易越频繁,与被评估相类似的车辆价格越容易获得。

(2)参照物及其与被评估车辆可比较的指标、技术参数等资料是可收集到的,并且价值影响因素明确,可以量化。

3.采用现行市价法评估的步骤

(1)收集资料

收集评估对象的资料,包括车辆的类别、名称、车辆型号和性能、生产厂家及出厂年月,了解车辆目前使用情况、实际技术状况以及尚可使用的年限等。

(2)选定旧机动车交易市场上可进行类比的对象

所选定的类比车辆必须具有可比性,可比性因素包括:

①车辆型号。

②车辆制造厂家。

③车辆来源,是私用、公务、商务车辆,还是营运出租车辆。

④车辆使用年限、行驶里程数。

⑤车辆实际技术状况。

⑥市场状况。指的是市场处于衰退萧条期还是复苏繁荣期,供求关系是买方市场还是卖方市场。

⑦交易动机和目的。车辆出售是以清偿为目的还是以淘汰转让为目的;买方是获利转手倒卖还是购买自用。不同情况交易作价往往有较大的差别。

⑧车辆所处的地理位置。不同地区的交易市场,同样车辆的价格有较大的差别。

⑨成交数量。单台交易与成批交易的价格会有一定差别。

⑩成交时间。应尽量采用近期成交的车辆作类比对象。由于市场供求关系变化的影响,价格有时波动很大。

(3)分析、类比

综合上述可比性因素,对待评估的车辆与选定的类比对象进行认真的分析类比。

(4)计算评估值。调整差异,做出结论。

4. 现行市价法的计算方法

(1)直接法

直接法是指在市场上能够找到与被评估车完全相同的车辆的现行市价,并依其价格直接作为被评估车评估价格的一种方法。

(2)类比法

类比法是指评估车辆时,在公开市场上找不到与之完全相同的车辆,但能找到与之相类似的车辆,以此为参照物,并依其价格再做相应的差异调整,从而确定被评估车辆价格的一种方法。所选参照物与评估基准日在时间上越近越好,实在无近期的参照物,也可以选择远期的,再做修正。类比法的基本计算公式为:

$$\text{评估价格} = \text{市场交易参照物价格} + \sum \text{评估对象比交易参照物优异的价格差} - \sum \text{交易参照物比评估对象优异的价格差额} \quad (11.8)$$

或:

$$\text{评估价格} = \text{参照物价格} \times (1 \pm \text{调整系数}) \quad (11.9)$$

用市价法进行评估,了解市场情况是很重要的,并且要全面了解。了解的情况越多,评估的准确性越高,这是市价法评估的关键。用市价法评估应该说已包含了该车辆的各种贬值因素,包括有形损耗的贬值、功能性贬值和经济性贬值。因而,用市场法评估不再专门计算功能性贬值和经济性贬值。

5. 采用现行市价法的优缺点

(1)现行市价法的优点

①能够客观反映旧机动车辆目前的市场情况,其评估的参数、指标直接从市场获得,评估值能反映市场现实价格。

②评估结果易于被各方面理解和接受。

(2)现行市价法的缺点

①需要公开及活跃的市场作为基础。然而我国旧机动车市场还只是刚刚建立,发育不完全、不完善,寻找参照物有一定的困难。

②可比因素多而复杂,即使是同一个生产厂家生产的同一型号的产品,同一天使用,由不同的使用强度、使用条件、维护水平等因素,其实体损耗、新旧程度都各不相同,导致评估难度增加。

11.3.3　清算价格法

1. 清算价格法的基本概念

清算价格法是以清算价格为标准,对旧机动车辆进行的价格评估。所谓清算价格,指企业由于破产或其他原因,要求在一定的期限内将车辆变现,在企业清算之日预期出卖车辆,可以收回的快速变现价格。

清算价格法在原理上基本与现行市价法相同,所不同的是迫于停业或破产,清算价格往往较低于现行市场价格。这是由于企业被迫停业或破产,急于将车辆拍卖、出售。

2.清算价格法的适用范围和前提

(1)破产

当企业或个人因经营不善造成的严重亏损,不能清偿到期债务时;依法宣告破产,法院以其全部财产依法清偿其所欠的债务,不足部分不再清偿。

(2)抵押

是以所有者资产作抵押物进行融资的一种经济行为,是合同当事人一方用自己特定的财产向对方保证履行合同义务的担保形式。提供财产的一方为抵押人,接受抵押财产的一方为抵押权人。抵押人不履行合同时,抵押权人有权利将抵押财产在法律允许的范围内变卖,从变卖抵押物价款中优先受偿。

(3)清理

是指企业由于经营不善导致严重亏损,已临近破产的边缘,或因其他原因无法继续经营下去,为弄清企业财物现状,对全部财产进行清点、整理和查核,为经营决策提供依据,以及因资产损毁、报废而进行清理、拆除等的经济行为。

(4)以清算价格法评估车辆价格的前提条件有以下三点:

①以法律规定的破产处理文件或抵押合同及其他文件为依据。

②车辆在市场上可以快速出售变现。

③所卖收入足以补偿因出售车辆的附加支出总额。

3.决定清算价格的主要因素

在旧机动车评估中决定清算价格的有以下几项主要因素:

(1)破产形式

如果企业丧失车辆处置权,出售的一方无讨价还价的可能,那么以买方出价决定车辆售价;如果企业未丧失处置权,出售车辆一方尚有讨价还价余地,那么以双方议价决定售价。

(2)债权人处置车辆的方式

按抵押时的合同契约规定执行,如公开拍卖或收回己有。

(3)清理费用

在破产等情况下评估车辆价格时,应对清理费用及其他费用给予充分的考虑。

(4)拍卖时限

一般说时限长,售价会高些;时限短,售价会低些,这是快速变现原则的作用所决定的。

(5)公平市价

指成交双方都满意的价格。在清算价格中卖方满意的价格一般不易求得。

(6)参照物价格

在市场上出售相同或类似车辆的价格。一般地说,市场参照物价格高,车辆出售的价格就会高;反之则低。

4. 评估清算价格的方法

旧机动车评估清算价格的方法主要有如下三种：

(1)现行市价折扣法

指对清理车辆，首先在旧机动车市场上寻找一个相适应的参照物，然后根据快速就现原则估定一个折扣率并据以确定其清算价格。

例如：一辆旧捷达轿车，经调查在旧机动车市场上成交价为5万元，根据销售情况调查，折价20%可以当即出售，则该车辆清算价格为5×(1-20%)=4万元

(2)模拟拍卖法(也称意向询价法)

这种方法是根据向被评估车辆的潜在购买者询价的方法取得市场信息，最后，经评估人员分析确定其清算价格的一种方法。用这种方法确定的清算价格受供需关系影响很大，要充分考虑其影响程度。

例如：有8吨平头柴油载货车一台，拟评估其拍卖清算价格，评估人员经过对三个煤焦集运站站长、两个公司经理和二手车销售员征询，其估价分别为：10万元、10.5万元、9.8万元、8万元、8.5万元和9万元，平均价为9.2万元。考虑目前年关将至及其他因素，评估人员确定清算价格为9万元。

(3)竞价法

是由法院按照法定程序(破产清算)或由卖方根据评估结果提出一个拍卖的底价，在公开市场上由买方竞争出价，谁出的价格高就卖给谁。

清算价格法的应用在我国还是一个新课题，还缺少这方面的实践。关于清算价格的理论与实际操作，都有待进一步总结和完善。

11.3.4 收益现值法

1. 收益现值法的概念及其原理

收益现值法是将被评估的车辆在剩余寿命期内预期收益用适用的折现率折现为评估基准日的现值，并以此确定评估价格的一种方法。采用收益现值法对旧机动车辆进行评估所确定的价值，是指为获得该机动车辆以取得预期收益的权利所支付的货币总额。

从原理上讲，收益现值法是基于这样的事实，即人们之所以占有某车辆，主要是考虑这辆车能为自己带来一定的收益。如果某车辆的预期收益小，车辆的价格就不可能高；反之，车辆的价格肯定就高。投资者投资购买车辆时，一般要进行可行性分析，只有预计的回报率超过评估的折现率时才肯支付货币来购买车辆。应该注意的是，运用收益现值法进行评估时，是以车辆投入使用后连续获利为基础的。在机动车的交易中，人们购买的目的往往不在于车辆本身，而是车辆获利的能力。因此，该方法较适用于投资营运的车辆(如出租车和载货车等)。

2. 收益现值法评估值的计算

收益现值法的评估值的计算，实际上就是对被评估车辆未来的预期收益进行折现的过程。被评估车辆的评估值等于剩余寿命期内各期的收益现值之和。其基本公式为(当未来预期收益不等值时)：

$$P = \sum_{t=1}^{n} \frac{A_t}{(1+i)^t} \tag{11.10}$$

当 $A_1=A_2=\cdots=A_n=A$ 时,即 t 从 $1\sim n$ 未来收益分别相同为 A 时(有当未来预期收益等值时):

$$P=A\times\left\{\frac{1}{1+i}+\frac{1}{(1+i)^2}+\cdots+\frac{1}{(1+i)^n}\right\}=A\times\frac{(1+i)^{n-1}}{i\times(1+i)^n} \tag{11.11}$$

式中:P——评估值;

A_t——未来第 t 个收益期的预期收益额(机动车收益期是有限的),A_t 中还包括期末车辆的残值,一般估算时残值忽略不计;

n——收益年期(剩余经济寿命的年限);

i——折现率;

t——收益期,一般以年计。

其中,$\frac{1}{(1+i)^t}$ 称为现值系数;

$\frac{(1+i)^{n-1}}{i\times(1+i)^n}$称为年金现值系数。

例如,某企业拟将一辆华丰牌四座轻型客车转让,某个体工商户准备将该车用作载客营运。按国家规定,该车辆剩余年限为 3 年,经预测得出 3 年内各年预期收益的数据如表 11.1:

表 11.1　三年各年预期收益一览表

年份	收益额(元)	折现率(%)	折现系数	收益折现值
第一年	10 000	8	0.925 9	9 259
第二年	8 000	8	0.857 3	6 854
第三年	7 000	8	0.793 8	5 557

由此可以确定评估值为:

评估值 = 9 259 + 6 854 + 5 557 = 21 670 元

3. 收益现值法中各评估参数的确定

(1)剩余经济寿命期的确定

剩余经济寿命期指从评估基准日到车辆到达报废的年限。如果剩余经济寿命期估计过长,就会高估车辆价格;反之,则会低估价格。因此,必须根据车辆的实际状况对剩余寿命作出正确的评定。对于各类汽车来说,该参数可按《汽车报废标准》确定。

(2)预期收益额的确定

收益法运用中,收益额的确定是关键。收益额是指由被评估对象在使用过程中产生的超出其自身价值的溢余额。对于收益额的确定应把握两点:

①收益额指的是车辆使用带来的未来收益期望值,是通过预测分析获得的。无论对于所有者还是购买者,判断某车辆是否有价值,首先应判断该车辆是否会带来收益。对其收益的判断,不仅仅是看现在的收益能力,更重要的是预测未来的收益能力。

②收益额的构成。以企业为例,目前有几种观点:其一,企业所得税后利润;其二,企业所得税后利润与提取折旧额之和扣除投资额;其三,利润总额。

关于选择哪一种作为收益额,针对旧机动车的评估特点与评估目的,为估算方便,推荐选择第一种观点，目的是能准确反映预期的收益额。为了避免计算错误，一般应列出车辆在剩余寿命期内的现金流量表。

(3)折现率的确定

确定折现率，首先应该明确折现的内涵。折现作为一个时间优先的概念，认为将来的收益或利益低于现在的收益或利益，并且随着收益时间向将来推迟的程度而有系统地降低价值。同时，折现作为一个算术过程，是用一种特定条件下的收益率说明车辆取得该项收益的收益率水平。收益率越高，车辆评估值越低。因为，在收益一定的情况下，收益率越高，意味着单位资产增值率高，所有者拥有资产价值就低。折现率的确定是运用收益现值法评估车辆时比较棘手的问题。折现率必须谨慎确定，其微小的差异，会带来评估值很大的差异。确定折现率，不仅应有定性分析，还应寻求定量方法。

折现率与利率不完全相同，利率是资金的报酬，折现率是管理的报酬。利率只表示资产(资金)本身的获利能力，而与使用条件、占用者和使用用途没有直接联系。折现率与车辆以及所有者使用效果有关。一般来说，折现率应包含无风险利率、风险报酬率和膨胀率。无风险利率是指资产在一般条件下的获利水平。风险报酬率则是指冒风险取得报酬与车辆投资中为承担风险所付代价的比率。风险收益能够计算，而为承担风险所付出的代价为多少却不容易确定，因此，风险收益率不容易计算出来，只要求选择的收益率中包含这一因素即可。每个行业、每个企业都有具体的资金收益率。因此，在利用收益法对机动车评估选择折现率时，应该进行本企业、本行业历年收益率指标的对比分析。但是，最后选择的折现率应该起码不低于国家债券或银行存款的利率。

此外，还应注意在使用资金收益率这一指标时，要充分考虑年收益率的计算口径与资金收益率的口径是否一致。若不一致，将会影响评估的正确性。

4. 收益现值法评估的程序

(1)调查、了解营运车辆的经营情况。

(2)充分调查、了解被评估车辆的情况和技术状况。

(3)确定评估参数，即预测预期收益，确定折现率。

(4)将预期收益折现处理，确定旧机动车评估值。

5. 收益现值法评估应用举例

拟购置一台较新的奇瑞车用作个体出租车经营使用，经调查得到以下各数据和情况：

车辆登记之日是 2005 年 4 月，已行驶公里数 18.3 公里，目前车况良好，能正常运行。如用于出租使用，全年可出勤 300 天，每天平均毛收入 450 元。评估基准日是 2007 年 2 月。

从车辆登记之日起至评估基准日止，车辆投入运行已 2 年。根据行驶公里数和车辆外观和发动机等技术状况看来，该车辆原投入出租营运，属于正常使用、维护之列。根据国家有关规定和车辆状况，车辆剩余经济寿命为 6 年。预期收益额的确定思路是：将一年的毛收入减去车辆使用的各种税和费用，包括驾驶人员的劳务费等，以计算其税后纯利润。根据目前银行储蓄年利率、国家债券、行业收益等情况，确定资金预期收益率为 15%，风险报酬率 5%，具体计算如下：

预计年收入：$450 \times 300 = 13.5$ 万元；预计年支出：每天耗油量 75 元，年耗油量为 $75 \times 300 = 2.25$ 万元；日常维修费 1.2 万元；平均大修费用 0.8 万元；牌照、保险、养路及其他费用

(每天付85元)3.0万元;人员劳务费1.5万元;出租车车标付费0.6万元,故年毛收入为:13.5-2.25-1.2-0.8-3.0-1.5-0.6=4.15万元。按个人所得税条例规定年收入在3~5万元之间,应缴纳所得税率为30%,故年纯收入:4.15×(1-30%)=2.9万元。该车剩余使用寿命为6年,预计资金收益率为15%,再加上风险率5%,故折现率为20%,假设每年的纯收入相同,则由收益现值法公式求得收益现值,即评估值为:

$$P = A \times \frac{(1+i)^{n-1}}{i \times (1+i)^n} = 2.9 \times \frac{(1+0.2)^{6-1}}{0.2 \times (1+0.2)^6} = 9.6\ 万元$$

6. 采用收益现值法的优缺点

(1)采用收益现值法的优点

①与投资决策相结合,容易被交易双方接受。

②能真实和较准确地反映车辆本金化的价格。

(2)采用收益现值法的缺点

预期收益预测难度大,易受主观判断和未来不可预见因素的影响。

11.3.5 二手车鉴定估价报告书的撰写

二手汽车鉴定估价报告书是二手车交易市场完成某一鉴定估价工作后,向委托方提供说明鉴定估价的依据、范围、目的、基准时间、评估方法、评估前提和评估结论等基本情况的公正性的工作报告,是二手车交易市场履行评估委托协议的总结。报告不仅反映出二手车交易市场对被评估车辆作价的意见,而且也确认了二手车交易市场对所鉴定估价的结果应负的法律责任。

1. 撰写鉴定估价报告的基本要求

国家国有资产管理局以国资办以[1993]55号发布了《关于资产评估报告书的规范意见》,对资产评估报告书的撰写提出了比较系统的规范要求。结合二手车鉴定估价的实际情况,概括如下:

(1)鉴定估价报告必须依照客观、公正、实事求是的原则由二手车交易市场独立撰写,如实反映鉴定估价的工作情况。

(2)鉴定估价报告应有委托单位的全称或个人的姓名、二手交易市场的全称和印章,二手车交易市场法人代表或其委托人和二手车鉴定估价师的签字,以及提供报告的日期。

(3)鉴定估价报告要写明评估基准日,并且不得随意更改。所有在估价中采用的税率、费率、利率和其他价格标准,均应采用基准日的标准。

(4)鉴定估价报告中应写明估价的目的、范围、二手车的状态和产权归属。

(5)鉴定估价报告应说明估价工作遵循的原则和依据的法律法规,简述鉴定估价过程,写明评估选用的方法。

(6)鉴定估价报告应有明确的鉴定估算价值的结果,鉴定结果应有二手车的成新率。估价结果应有二手车原值、重置价值、评估价值等。

(7)鉴定估价报告还应有齐全的附件。

2. 二手车鉴定评估报告书正文的基本内容和编写办法

(1)依据

——国务院发布的《国有资产评估管理办法》(1991 年 91 号令发布)。

——原国家国有资产管理局发布的《国有资产评估管理办法实施细则》(国资办[1992]36 号)。

——评估立项批文。

——相关的报废标准和届时出台执行的政策法规。

——当地的有关规定。

——原始购车发票、有关合同、协议、法院出具的判决书、裁定书、调解书。

——产权证明材料。

(2)鉴定评估目的。

(3)评估范围和评估基准时间。

(4)评估前提,如采用的评估标准、评估方法等。

(5)鉴定评估结论。

3. 二手车鉴定估价报告附件的内容

(1)产权证明文件。

(2)评估立项批文。

(3)二手车鉴定评估登记表、作业表。

(4)鉴定估价的计算说明(采用的具体方法、计算过程)。

11.4　二手车交易实务

11.4.1　二手车的几个概念

1. 二手车

二手车是指从办理完注册登记手续到达至国家汽车报废标准之前需进行所有权转移的汽车(包括三轮车、低速载货汽车)、挂车和摩托车。在进行二手车交易时,买卖双方都应了解交易的相关规定、要办的手续、交易的费用等。

2. 二手车交易

二手车交易是指二手车经纪公司或汽车销售公司从事收购、销售二手车的经营活动。目前,我国二手车交易正处于培育发展的起步阶段,主要有三种方式:(1)在规定的专业市场内进行交易,这是主要形式;(2)在 4S 店进行二手车置换;(3)通过拍卖会或网上竞拍进行交易。

我国的绝大多数二手车是在二手车交易市场内完成的,二手车交易市场是指依法设立、为买卖双方提供二手车集中交易和相关服务的场所。二手车交易市场是个场地概念,不能直接从事二手车经营活动,只有市场内经工商部门核准的经营公司才能从事二手车买卖。

二手车交易必须在批准的二手车(有的地方称为旧机动车交易市场)交易中心、有二手车经营业务的汽车交易中心或 4S 店进行。工商行政管理部门凭上述机构的交易凭证予以验证,车管部门据此办理转籍过户手续。

3. 二手车的交易行为

二手车交易行为包括二手车的鉴定评估、经销、经纪、拍卖等。

(1)二手车鉴定评估是指二手车鉴定评估机构对二手车技术状况及其价值进行鉴定评估的经营活动。正如本章第三节所讲,这是二手车进行经销、经纪、拍卖的前提条件。

(2)二手车经销是指二手车经销企业收购、销售二手车的经营活动。

(3)二手车经纪是指二手车经纪机构以攒取佣金为目的,为促成他人交易二手车而从事居间、行纪或者代理等经营活动。

(4)二手车拍卖是指二手车拍卖企业以公开竞价的形式将二手车转让给最高应价者的经营活动。目前,很多大城市都开设了网上竞拍业务。

4. 二手车交易的分类

传统意义上的旧车交易通常分为两种,一是买卖双方直接达成交易;二是通过中介人、经纪公司进行交易。其缺点是由于时间精力有限,车主只能与有限的几家经纪公司洽谈。

二手车拍卖是许多国家普遍采用的一种交易方式,拍卖具有公开、公正、公平的特点,由此产生的价格比较接近于市场价格,在美国、日本等发达国家大多数旧车交易都是通过拍卖的方式完成的。国内新的二手车政策中也提到今后旧车拍卖的交易方式将是一种发展趋势。

一般情况下,参加网上竞卖的消费者要将车辆开到旧车市场,并对其相关手续进行检验后签订委托书,才能确定竞卖日期。

11.4.2 二手车交易前需注意的事项

1. 确认二手车交易的合法性

在收购或购买二手车时,首先要确定拟交易的二手车是否属于可交易车辆,由于我国的二手车市场尚未形成规范的运行体系,因此可能存在着一些问题。如在交易中可能遇到"黑车"、"翻新车"、"事故车"、"拼装车"、"准报废车"等,一旦成交将会损害购车者的权益。在购买时一定要严加防范,层层把关,避免上当。

根据《二手车流通管理办法》商务部、公安部、工商总局、税务总局 2005 年第 2 号令,下列车辆禁止经销、买卖、拍卖和经纪:

——已报废或者达到国家强制报废标准的车辆;在抵押期间或者未经海关批准交易的海关监管车辆;在人民法院、人民检察院、行政执法部门依法查封或扣押期间的车辆;通过盗窃、抢劫、诈骗等违法犯罪手段获得的车辆;发动机号码、车辆识别代号或者车架号码与登记号码不符,或者有凿改迹象的车辆;走私、非法拼(组)装的车辆;不具有下列凭证的车辆:《机动车登记证书》、《机动车行驶证》、有效的机动车安全技术检验合格标志、车辆购置税完税证明、养路费缴付凭证、车船使用税缴付凭证、车辆保险单;在本行政管辖区以外的公安机关交通管理部门注册登记的车辆;国家法律、行政法规禁止经营的车辆;国家法律、行政法规禁止经营的车辆。

2. 车主办理二手车出售业务所要提交的证件

为避免买到报废车或组装车,应对旧车进行身份验证,主要是查看该车行驶证副页上是否盖有年检章,没有这个章的车,很可能是报废车;核对该车车身的 VIN 与行驶证上登记的车架号是否一致,如果不一致,很有可能是报废后的拼装车。

(1)车主居民身份证原件和复印件(单位车辆还应提供有效期内的法人代码证书原件和复印件、单位出具的委托书及代理人的身份证原件和复印件);

(2)《机动车登记证》;

(3)《机动车行驶证》;

(4)原始购车发票或上次过户发票;

(5)购置附加税缴纳凭证;

(6)养路费缴纳凭证;

(7)车船使用(牌照)税缴纳凭证;

(8)车辆保险单;

(9)委托他人办理,须持原车主身份证原件和具有法律效力的委托书。

3. 办理《机动车登记证》

根据 2001 年 10 月 1 日起实施的《中华人民共和国机动车登记办法》,在我国境内道路上行驶的机动车,应当按规定经机动车登记机构办登记,核发机动车号牌、《机动车行驶证》和《机动车登记证书》,未办理机动字号牌和《机动车行驶证》的机动车辆不准上路。

注意:《机动车登记证》是机动车所有权凭证,具有证明产权的性质,办理过户时必须出具。机动车所有人申请办理机动车各项登记业务时均应出具《机动车登记证书》;当登记信息发生变动时,机动车所有人应当及时到车辆管理所办理相关手续;当机动车所有权转移时,原机动车所有人应当将《机动车登记证书》随车交给现机动车所有人。

《机动车登记证》同时也是机动车的"户口本",所有机动车的详细信息及机动车所有人的资料都记载在上面,证书上所记载的原始信息发生变化时,机动车所有人应携带证件到车管所变更登记。这样,"户口本"上就有机动车从"生"到"死"的一套完整记录。2001 年 10 月 1 日以后购买的新车都已经办理了此证,但之前购买的车没有此证,卖车时可以由收车的二手车(旧机动车)经纪公司代办,但需本人前往,或本人直接到车管所办理,并且都必须携带《机动车行驶证》,并开车前去办理。

现在,一些较大的二手车(旧机动车)交易市场也可以办理《机动车登记证》,其基本步骤见表 11.2。

表 11.2　办理《机动车登记证》的步骤

步骤
第 1 步:拓号。本市过户的二手车要各拓一张发动机号和车架号(VIN),要转籍到外地的二手车要各拓两张。
第 2 步:由工作人员看车后,填验车评估单。
第 3 步:由本人填写技术参数表。
第 4 步:出示《机动车行驶证》、验车单、拓号单和参数表,转籍到外地的车还要交行驶证复印件和拓号给办证的工作人员查看车辆有无违章。如果有要先交清罚款。
第 5 步:填写《补领、换领机动车牌证申请表》。

续表

第6步:将身份证原件及复印件(单位车辆应提交有效期内的法人代码证书原件和复印件及经办人的身份证原件和复印件)、《机动车行驶证》原件及复印件、《补领、换领机动车牌证申请表》、拓号单、技术参数表等交给办证工作人员。
第7步:上述证件准确无误,办证人员会发给申请人一张回执单。
第8步:3个工作日后不必开车,凭回执单即可领回《机动车登记证》。

11.4.3 收购和出售二手车

为了保证货源,扩大交易量,二手车经纪公司得到车源消息后,应该迅速和车主取得联系,公司上门或是车主开车到公司进行收购交易,对二手车进行正常的检测和评估以后,公司给卖车方一个合理价位,收购的价格是二手车经纪公司的买入价。

为了能以较高价格卖出二手车,也为了保证二手车的安全使用,二手车经纪公司会对收购上来的车辆进行简单翻新和必要的维修。翻新时,首先彻底清洗整车,这种清洗包括对整车外部、发动机以及车内饰的清洗,特别是有些沟槽等隐蔽部位甚至要清洗干净,对严重划痕的部位还要补漆。此外,还要对整车进行简单的检测和维修,对于严重损坏或可能是今后使用隐患的零部件要进行更换,最常见的一般要更换磨损明显的轮胎、制动器摩擦片、脚垫等。

总之,应尽可能排除车辆原有的故障,该维护的部位要维护,该维修的部位要维修,提高旧车的价值,使将要售出的旧车不仅外观看上去亮丽如新,而且车的安全可靠性也得到提高。这些工作完成之后,卖出的价格要比收购价格高出许多,接着,就可以标价售车了。

通常,一辆车从收购到最终售出一般会在一两个星期之内完成,高档车如奔驰、宝马可能会超过一个多月。如果由于各种原因超过这个周期,专业经纪公司的利润会大打折扣,有些甚至要赔本。特别是在新车价格不稳定,新车价格不断下调的过程中,如果对市场把握不准,可能会对公司造成一定经济损失。

选购二手车的消费者购车时,在每辆车上都会看到一个标价,这是二手车经销商或经纪公司出让这款车的报出价格,但往往此标价都高于最终的交易价格。消费者在看完车以后,一般会根据自身的经验和市场行情讨价还价,最终达成共识,交费后开具过户发票,完成交易。

《二手车销售统一发票》由二手车交易市场、经销企业或拍卖企业开具。二手车经销企业销售、拍卖企业拍卖二手车时,应当按规定向买方开具《二手车销售统一发票》;进行二手车直接交易和通过二手车经纪机构进行二手车交易的,应当由二手车交易市场经营者按规定向买方开具《二手车销售统一发票》。该发票为一式五联计算机票。计算机票第一联为发票联,印色为棕色;第二联为转移登记联(公安车辆管理部门留存),印色为蓝色;第三联为出入库联,印色为紫色;第四联为记账联,印色为红色;第五联为存根联,印色为黑色。存根联、记账联、入库联由开票方留存;发票联、转移登记联由购车方记账和交公安交管部门办理过户手续。二手车交易完成后,现车辆所有人凭二手车发票,按法律、法规有关规定办理转移登记手续。

二手车交易市场或二手车拍卖公司在办理过户手续过程中需要收取二手车交易管理费,二手车鉴定评估机构收取评估费的,应另外由其开具地方税务局监制的服务业发票,《二手车销售统一发票》价款中不应包括交易管理费和评估费。

交易完成以后，一方面要注意原车主是否退保，根据保险相关条款的规定，在保险期限内保险车辆转卖、转让、赠与他人，被保险人应书面通知保险人办理批改手续，未办理批改手续，保险人不承担赔偿责任(见本书第 4 章)。所以，如果没有退保，一定要马上办理保险批改手续；另一方面一定要尽快办理过户手续。

11.4.4　二手车过户

二手车交易完成以后，注册登记的机动车所有权已经发生了变更，新的车辆所有人应当在机动车所有权变更之日起 30 天内，填写《机动车过户、转出、转入登记申请表》，向机动车管辖地车辆管理所或旧机动车交易市场申请过户登记，并交验车辆，最终改变《机动车行驶证》上登记的车主姓名和身份证号码等，这称为二手车过户。有时，车辆只是所有权在直系亲属之间的变更，不存在买卖关系，可以凭直系亲属的证明，不必缴纳过户费就可以直接办理过户手续。过户后不足半年不准再次过户。

二手车过户对于新老车主而言都非常必要。否则，如果汽车出现违章、肇事、需要保险理赔等都会遇到不必要的麻烦，也会不便于每年的年检、缴纳各项税费等。

过户分为公对公、公对私、私对公和私对私几种方式，依据不同过户方式，需提供以下资料办理过户手续：

(1)卖方身份证原件和复印件。

(2)买方身份证原件和复印件。

(3)单位车辆卖或买，需提供年审有效期内的法人代码证书原件和复印件，单位公章。

(4)过户时如果卖方不能亲自到场，需由卖方填写《授权办理旧机动车交易、过户委托书》，并将上述相关证件交给代理人，代理人要携带本人身份证原件和复印件。

(5)《机动车登记证》原件及复印件。

(6)卖方车辆的原始购置发票或上次过户发票(可以是复印件)。

(7)《机动车行驶证》原件和复印件。

(8)解除海关监管的机动车，应当提交监管海关出具的《中华人民共和国海关监管车辆解除监管证明书》。

过户的基本步骤如下表 11.3：

表 11.3　二手车过户的基本步骤

步骤
第 1 步：由交易中心工作人员查看车况并填写验车单。
第 2 步：出示《机动车行驶证》，查违章，如有违章先交清罚款。
第 3 步：填写《过户表》和《旧机动车交易合同》
第 4 步：将前面提到的所有需提供的资料以及验车单、《过户表》、《旧机动车交易合同》交工作人员查验，如果资料无误将接受过户受理，退还《机动车登记证》原件，并发卖方一个过户专用卡。
第 5 步：领取经工商验证后的原件资料。
第 6 步：凭过户专用卡、《机动车登记证》原件和过户发票交二手车交易管理费。
第 7 步：给机动车拍照。

续表

第8步:提供过户发票、《机动车行驶证》原件和复印件、买卖双方身份证原件和复印件(或法人代码证书原件和复印件)、车辆照片等变更行驶证。在北京,如果是城八区内的过户,或郊区内的过户,过户后不需要更换车辆号牌的,可以在旧车市场办理手续;如果是市区与郊区之间的过户,或需要更换车辆号牌,到新车主所在地车管所分所办理。

上述过户步骤中提到缴纳的二手车交易管理费,是指二手车市场按定额收费的方法收取二手车交易中的管理费用。轿车按照不同的排量和已使用年限,货车按不同的载重量范围,采取不同的收费标准,并对每种车型有最高和最低限价。

二手车交易市场和二手车经纪公司还要建立交易过户档案,内容包括交易凭证、《二手车销售统一发票》的存根联、记账联、入库联、原始发票复印件、买卖双方身份证复印件(法人代码证书复印件)、如果汽车作过评估还要提交评估定价人的相关信息等。

11.4.5 二手车销售步骤

二手车销售过程和新车销售过程区别不大。但由于二手车的独特性以及二手车的展示方式,因此销售过程要做一些较小的调整。二手车销售的步骤如下:

第一步,招呼顾客:

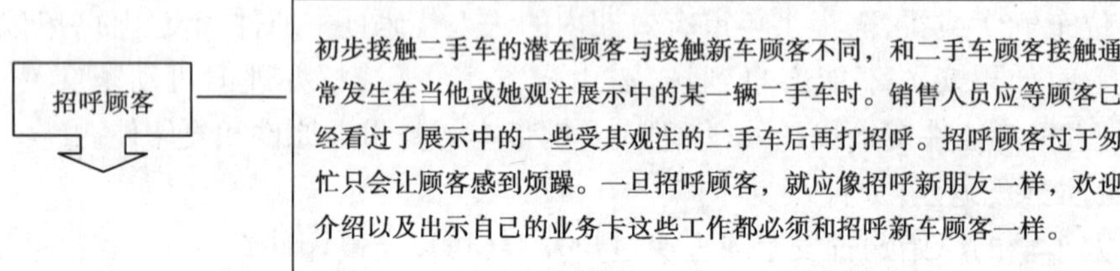

第二步,询问和面谈:

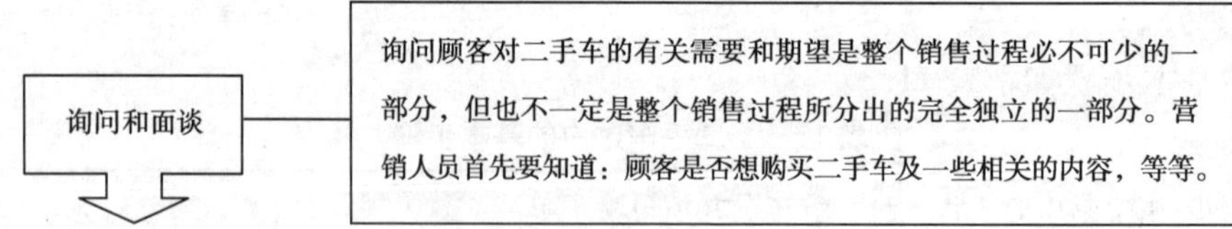

第三步,介绍自己、介绍企业、介绍产品:

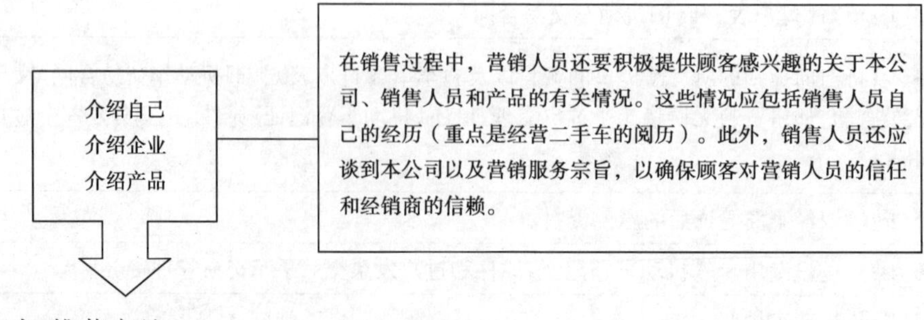

第四步,推荐产品:

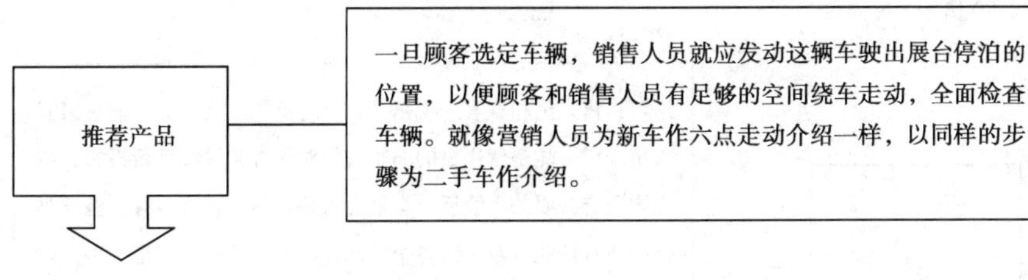

第五步，演示：

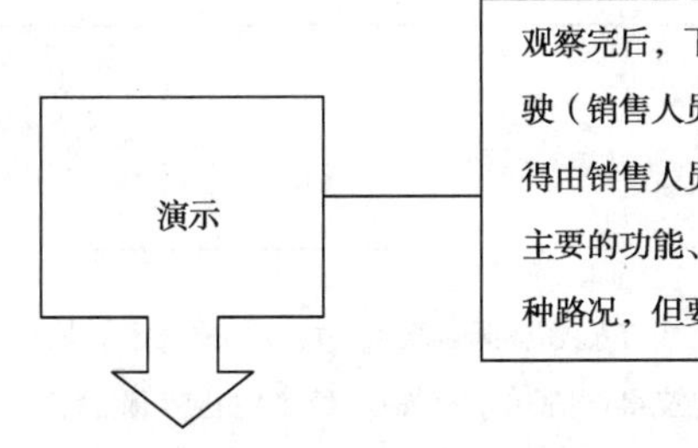

观察完后，下一步很自然是邀请顾客坐进车子进行演示性驾驶（销售人员应确保顾客愿意驾车试试看）。当然，驾驶还得由销售人员先进行，并且在驾驶途中要不断变换使用车辆主要的功能、总成。事先应有设计好的演示路线，包含有各种路况，但要确保安全。

第六步，走访售后服务部门：

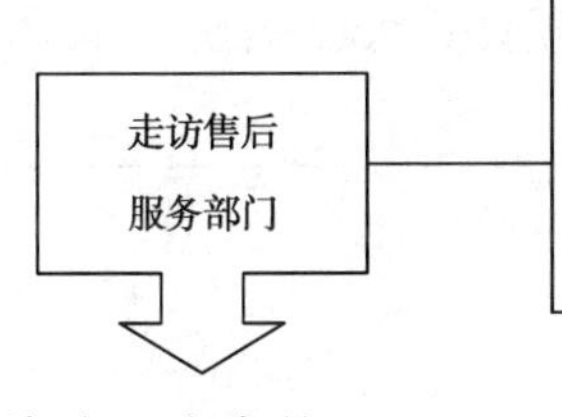

演示驾驶返回经销店后，应专门引导顾客去售发服务部门，也可以在演示驾驶返回途中将示范车停在服务部的附近。顾客走访非常重要，以便顾客相信经销商有能力、有规定提供售后服务。

第七步，检验上述步骤：

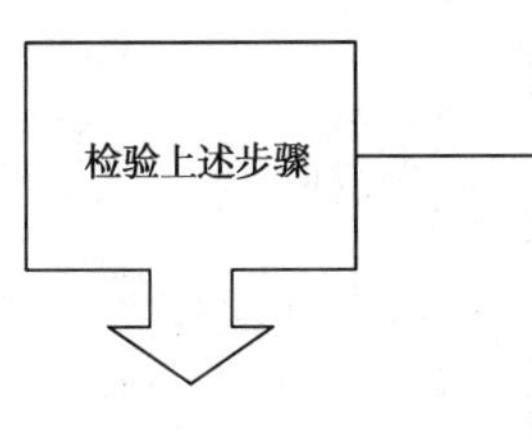

此时，销售人员需要安排顾客休息、饮茶，暂时中断一下销售过程，以便有时间让顾客和销售人员都能在回顾中做出决策。这个中断正是顾客做出决定所需要的。如果上述情况都正常，销售人员可以继续以下的步骤；如果情况出现变故，销售人员和经理就应该采取能够达成交易的措施。

第八步，签约：

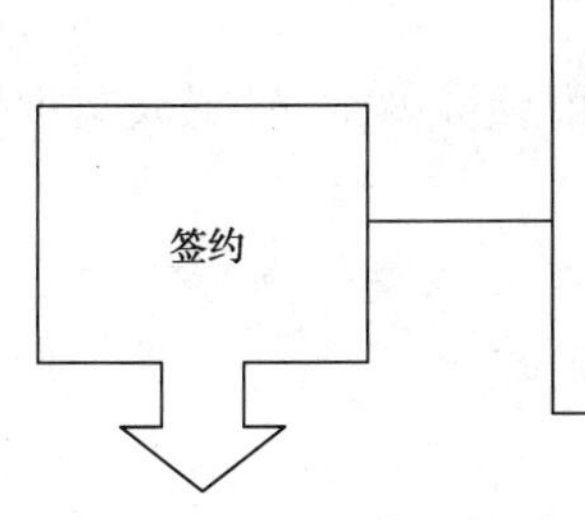

签约是销售过程自然的延续，它将关于车辆交易的所有的口头协议都变成书面的。这时候销售人员还要报价。很多情况下，资深销售人员和经验少的销售人员的区别主要就在于报价能力的高低。价格和付款方式写在文件上，通常都称之为“买方报价”。保质期以及顾客的其他权利和要求都将被讨论。

第九步,交货:

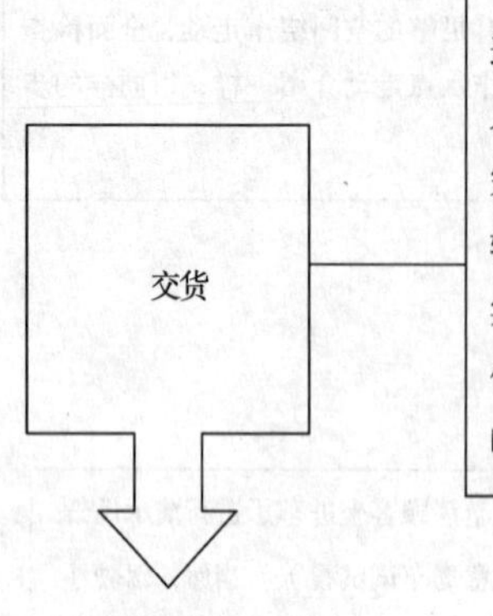

这对销售人员和顾客来说是“黄金时刻”。交付的车辆对销售人员来说可能是使用过的旧车，但对顾客来说却是新买的。在完成所有必要的手续后，车辆应再提供给顾客看一看。检查车辆的所有性能以及演示各个零部件将使整笔交易变得更为具体、实在。就像交付新车一样，顾客应被介绍给售后服务部经理或他的助手（一个专门的服务助手），并约好第一次售后服务的时间。建立了良好的关系。

第十步,售后追踪:

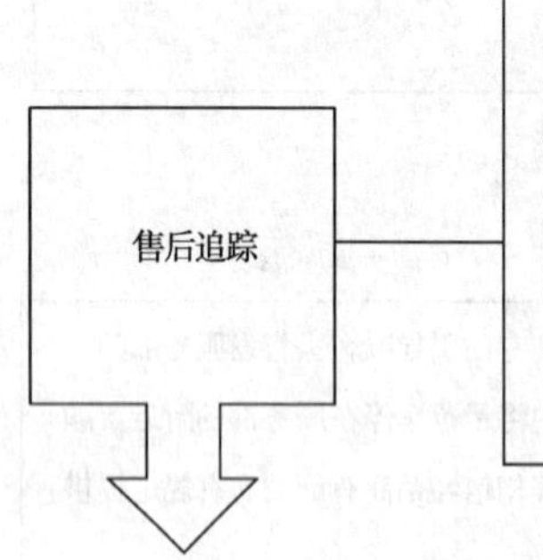

交货后五天内，销售人员应和顾客联系一次。现在的技术手段已使售后追踪提醒变得非常简单和有条理。经理人员应确保售后追踪被执行（汽车零售行业一直提倡这样的早期售后追踪，但目前很少这样做）。销售人员应非常关注顾客的满意度。今后追踪不仅使顾客对自己的购买决定更加满意，还会影响和吸引其他顾客。

11.4.6　二手车置换

为了维护新车经销商的品牌、信誉,确保二手车的质量,以旧车换新车即置换需要做好以下几项工作。

1. 认证二手车

(1)确认车辆是否符合质量认证的资格;

(2)对该车进行检测和整修;

(3)对车辆进行认证;

(4)4S 店或旧车经纪公司对认证的二手车进行销售。

2. 旧车置换新车的流程

置换新车的流程主要包括以下四个环节:

(1)客户到汽车授权服务中心提出置换要求;

(2)服务中心对旧车进行检测,根据检测结果,参考市场等因素,确定成交价格;二手车成交价格可直接抵冲部分新车车价;

(3)客户认可成交价格后,由销售顾问陪同选购新车;

(4)客户缴纳新车价格减去旧车评估价格的价款即可。

3. 置换过程中的注意事项

(1)新车牌照——新车仍使用原旧车牌照,经销商代办退牌手续和新车上牌手续;新车上新牌照的,经销商亦可代办手续。

(2)贷款置换——如果旧车贷款尚未还清,可由经销商垫付还清贷款,款项计入新车需交货款;

(3)售后服务——经销商应尽可能提供可选择的替换车、求援、异地租车等多项个性化服务项目,方便客户,密切关系。

11.4.7　选购二手车的参考做法(购买二手车的三八规律)

1. 弄清8种情况

(1)该车的年限及公里数:大致估算出该车剩余的使用寿命。

(2)汽车配置如何:制造年限不同时,即使同一品牌汽车的装备也不完全一样。

(3)该车出售的原因:如果是因为出过事故或是机械问题,消费者应当进一步深入了解,清除心理疑虑,权衡利弊,谨作决断。

(4)该车的证件是否齐全:若证件不齐全,可能会在汽车转让过户今后使用中发生问题。

(5)该车的保险何时到期:有的汽车可能保险已到期,这样买主还需另行购买车险。

(6)看一下车的违章记录,是否还有未清理的违章记录。

(7)是否有该车的维护维修记录。

(8)明确如果购买成交,过户费由谁出。

2. 不买8种旧车

(1)证照不全的旧车。所谓证照,是指车主身份证、《机动车行驶证》、《机动车登记证》、车辆原始发票或前次过户发票、车辆购置附加税证明、缴纳养路费和车船税的证明、年检证明等。证照不全,买进后在办理相关手续时非常麻烦。

(2)分期付款的车。在车款没有完全付清之前,该车在法律上并不归车主所有,买这样的车连带问题很多。

(3)经过改装的旧车。未经车辆管理部门许可,随意更换发动机,改变车身尺寸、形状、颜色,加开天窗等行为,都是不允许的。

(4)走私、免税或赠与的车。免税和赠与车辆的使用,要受海关监督。未经完税,不能销售和转让。

(5)停止生产的车。这类车配件难找(特别是专用配件)维修麻烦,使用、维护、维修费用高。

(6)异地交易的旧车。因受当地政策限制,可能会对日后行驶造成诸多不便。

(7)出厂时间和行驶里程接近或超过报废年限的车;外观及发动机性能不良的车。

(8)车主有问题的车。车主有问题是指代替买卖的车主、严重违章的车主和有诉讼在身的车主,这类旧车往往价格便宜,但万一不小心沾上官司,得不偿失。

3. 购车8个要点

(1)找专家。尽可能带一个或几个懂车有经验的朋友作为购车参谋,万一对方的旧车有问题,可以及时发现。

(2)对号码。核对车架号(VIN号)和发动机号,两者都必须与《机动车行驶证》年记载的相吻合。

(3)车身检查。查看车身是否有刮痕或锈蚀。

(4)配件检查。检查车辆的电瓶、雨刷、轮胎等,看看是否老化。

(5)开机盖。查看发动机、车底边缘是否生锈或有补焊痕迹。

(6)试坐。感受坐椅的舒适度,车窗是否升降自如,仪表板、转向盘及转向柱等处的各个开关及显示灯是否完好。

(7)倾听。逐一打开空调、音响,留心噪声的大小。

(8)试驾。感受该车的操控性、动力性、制动性、舒适性等。

思考题

1. 请你说出汽车生产企业和汽车经销商整车销售步骤?
2. 汽车配件销售包括哪些环节?
3. 二手车价格评估有哪些方法?如何撰写二手车鉴定估价报告书?
4. 办理二手车过户手续需要哪些资料?

第12章　汽车售后服务

学习要点

➤形成两个清晰的概念:其一,新车销售、二手车交易、售后服务将是支撑中国汽车市场的三大主要业务,汽车市场进入售后服务是主要创利领域的售后利润时代;其二,汽车售后服务不是简单的"三包"服务,而汽车售后服务市场就是汽车后市场。

➤汽车售后服务市场的领域广阔,内容丰富,项目众多。要按售前阶段、售中阶段、售后阶段划分,确定每一阶段的主要服务形式和服务内容,三个阶段形成一个系统完整的售后服务体系。要学会运用服务组合策略来提高售后服务质量。

➤汽车营销实践,探索售后服务新领域、新形式。

汽车产品的售后服务是现代汽车市场营销不可分割的组成部分,越来越受到消费者、汽车企业政府机构及公众部门的重视,社会各界对汽车品牌服务和汽车售后服务市场的开拓都寄予了很高的期望。

从汽车产品角度看,在科技进步驱动下,现代汽车产品的结构日益复杂,技术含量不断增高,普通消费者已经不能凭借直观观察和使用经验对产品进行彻底了解,用户只有依靠企业的技术力量和相关设备,才能够对产品进行正确的安装、调试、使用和维护。而且越来越明显的趋势是,用户只是使用产品,至于产品的安装调试和维护,却由企业负责到底,直至产品报废,甚至产品的正确使用也离不开厂家的指导和培训。此外,汽车产品的价值相对较大,消费者在购买这些产品时越来越看重厂家的售后服务质量。当前随着各个厂家在生产、技术、产品质量、成本价格等要素上的竞争实力的接近和趋同,售后服务正在成为现代市场竞争的新焦点,其作用变得越来越突出。

从市场营销组合的角度看,售后服务具有产品策略和促销策略的双重属性。产品是要为企业带来营业收入的,反而促销却是要花钱的,促销费用属于企业营销成本的重要部分。显然从这种意义上讲,售后服务中的质量保修(俗称"三包")属于促销的概念范畴。而质量保修范围之内的服务因为是有偿服务,应属于产品的概念范畴。质量保修至今仍是售后服务的中心工作之一,二者的联系密不可分。

最重要的是从汽车市场的结构看,整车销售利润越来越少,特别是我国入世后,整个中国车市进入了售后利润时代。

汽车售后服务的理论正在形成过程中,它是汽车营销理论和实务的拓展和延伸。售后服务的优劣直接关系到汽车产品的销售和再销售。毫无疑问,汽车售后服务将成为汽车生产企业和经销商在激烈的市场竞争中制胜的关键环节。

12.1 汽车企业的售后服务

12.1.1 汽车售后服务的概念、职责和作用

1. 汽车售后服务的概念

汽车售后服务是指消费者在汽车企业选购汽车产品的售前、售中和售后由企业销售部门帮助消费者购买和使用所做的各种技术性和非技术性工作。一般包括:

(1)售前

①产品介绍,即向消费者介绍产品、推荐合适产品,帮助挑选产品。

②简化手续,即向客户通报本企业涉及销售业务的银行账号,引导和帮助消费者快捷确认和办理财务手续,有关单据等。

③协助引导,购车信贷。

(2)售中

①车辆整修,即对消费者选中的汽车进行全面检查,洗车加注燃油、润滑油脂、冷却液(冬季防冻液)。

②车辆美容,按消费者需求贴膜和安装装饰件和检测附件。

③必要培训,对消费者进行产品技术参数使用注意事项,日常维护的常识告知,发放技术资料。

④协助消费者办理临时行车执照及可以提供的一站式服务(包括办理购车手续,保险手续,送车及必要的安排食宿事项等)。

(3)售后

①建立消费者的客户档案。

②进行一系列跟踪服务。

这里需要重点强调,售后服务泛指销售部门为消费者提供的所有技术性服务工作及销售部门自身的服务管理工作。就技术性服务工作而言,它可能在出售之前进行(如车辆的检修、测试),也可能在销售过程中进行(如车辆美容、按客户要求安装和检测附件、对客户进行必要的培训、技术资料的发放等),但更多的是在车辆售出之后进行的质量保修、维护、技术咨询及配件供应等一系列技术性工作。但是,需要十分明确,售后服务并不是字面意义上的销售以后的服务,它并不局限于汽车的销售以后的用户使用环节,也可以在售前环节和售中环节。此外,所有的技术性服务都属于售后服务的范畴,技术性服务是售后服务的主要工作。在一般情况下,技术服务和售后服务二者不加区别。

2. 售后服务的职责

除上面谈到的售前、售中服务事项外,主要的是在车辆售出后所进行的质量保修、日常维护保养、援救、维修、信息咨询、技术咨询、备件供应、保险、汽车召回、汽车转换等。所有这些服务项目只有一个目的:为了给消费者提供实实在在的服务,解除消费者的后顾之忧。

3. 汽车售后服务的作用

汽车服务与汽车产品相比,更加无形和无限,更加人格化。再好的汽车产品在使用过程中

也有可能出现这样或那样的问题，这就要靠售后服务来弥补。

(1)争取消费者，增强企业的竞争力。消费者在购买汽车时，总希望能够给他们带来整体的满足，不仅包括实物产品，而且还包括满意的服务，售后服务做的好，可以增加消费者对产品的好感，产生方便感、安全感以及偏爱心理，这种感觉可能“一传十，十传百”，产生口碑效应，同时，使消费者有被尊重的感觉，给他们以心理上的优越感。

(2)保证汽车产品性能的正常发展，正常使用，可靠运行，最大限度展示车辆的使用价值。

(3)收集消费者和市场的反馈信息，为汽车企业正确决策提供依据。从而使企业的总体战略规划、经营战略计划和市场营销管理更具针对性，更有可行性，提高决策的科学性、正确性，减少经营风险和避免管理失控、失误。

(4)售后服务也是企业增加收入的一个途径，而且是愈来愈重要的一个收入途径。业内人士的共识是：企业的售后服务的创利幅度将占整个营销利润总量的80%以上。

所以说汽车销出去，并不是营销活动的结束，而是占领市场的开始。

12.1.2　消费者对售后服务的需求

消费者对售后服务的需求包括心理需求和实际需求

1.心理需求

(1)消费者需要被重视，被尊重，需要在购车和使用过程中的方便感和安全感。

(2)在汽车市场总体呈现买方市场的情况下消费者选择的余地很大，需要经营者提供主动、热情、耐心、诚恳、细微、周到的售后服务。

(3)需要在汽车产品使用的生命周期过程中有人“陪侍”，做好跟踪管理和服务。

2.实际需求

(1)维护保养需求——“三分修，七分养”。

(2)车辆维修需求，特别是事故车维修能够得到多功能检测设备的故障诊断和便捷、高效的修复技术服务。

(3)特色服务需求。

①汽车美容、装饰；

②汽车改装，体现个性特色；

③音响、空调、电视、卫星系统等的安装与改装。

(4)衡量标准

①服务方式多样化，规范化；

②服务质量标准化；

③保修服务期限或保修里程定量化。

12.1.3　售后服务的工作内容

1.技术培训

售后服务本身属于技术服务范畴。由于汽车产品的高度技术密集性、知识性，汽车产品的售后服务工作必然包含着对用户的技术指导、技术咨询和技术示范，也包含着对企业的售后服务网络的技术培训、技术示范、技术指导和技术咨询。通常的做法是，汽车企业的售后服务部门对售后服务网络，而售后服务网络对用户进行上述工作。

汽车生产企业的营销服务和产品的更改、新技术投放、技术要点的宣传等，凡是需要向社会、经销商、售后服务网络和用户宣传和交代的技术要领，全部由售后服务部门去完成。而售后服务网络有责任向用户提供各种维修服务和技术维护服务，当然维修和维修技术是由汽车生产企业提供的。

2. 质量保修

又叫做质量保证、质量担保、质量赔偿等，我国俗称三包（包赔、包修、包换）。其基本含义是指处理用户的质量索赔要求，并向厂家反馈用户质量信息。在我国汽车行业内，质量保修工作的过程通常是由第一线的售后服务网络（服务站）受理用户的质量索赔要求，决定是否赔偿。厂家售后服务总部对服务站的赔偿进行鉴定，复核赔偿的准确性，并进行质量动态的综合分析，向生产和采购部门反馈产品的质量信息。质量保修具有极强的政策性和技术性。

政策性强，指的是保护用户权益的法律法规越来越多，保护力度越来越大，厂家的生产经营活动必须遵守有关政策和法律的规定，切实履行自己的义务。另外，社会舆论对保护用户权益的影响也越来越大，厂家也必须树立企业形象。为了适应这种需要，国际上各大汽车公司都建立了自己的车辆召回制度（有的国家还颁布了车辆收回法），对存在质量隐患的已售出车辆，实行无条件收回进行零部件更换，消除质量隐患，并承担全部相应的经济损失。近年来，在我国销售的一些进口汽车品牌屡屡被迫召回，闹得沸沸扬扬，舆论反映强烈。

技术性强，指的是汽车产品有其特殊性，如结构复杂，零部件数量极多，生产配套厂家多，用户的使用条件千差万别，汽车故障千奇百怪。而问题究竟是属于产品质量故障，还是用户使用不当故障，一般需要进行较为复杂的调查和鉴定，这项工作并不是简单地靠法律条文和机构就能够解决的。通常情况下，汽车企业负责产品质量故障的调查和鉴定，只在重大故障鉴定意见不能和用户达成共识时，才请道路交通管理部门、技术监督部门和其他法定鉴定部门予以调查和鉴定。目前大部分企业声明保留最终技术仲裁权，并只对企业本身质量原因造成直接损坏的零件进行赔偿，不负担相关损坏的赔偿，这些做法的合法性是不成立的。

质量保修工作的要点有三：一是准确，指准确地做出质量故障鉴定，既要维护企业的权益，又要维护用户的利益；二是快速，指对用户的求救要迅速处理，快速服务。国际上著名汽车公司都保证在24小时之内把质量保修零件送到用户手中，并向全世界公布其服务热线电话；三是厚待，指服务人员要善待用户，对用户的愤慨、怨恨和不满，应始终保持一种平和的心态，认真解决产品的质量故障。因为质量保修面对的是企业产品的质量缺陷，如售后服务人员用负疚的心情面对用户的损失，既可以缓解用户的不满，又可以维护企业的形象。

在丰田，"用户第一"体现在产品设计直至售后服务整个营销活动的全过程，"下一道工序是用户"成了职工的座右铭。对用户负责，就是对企业负责，对社会负责，对产品负责。丰田公司能做到：消费者的汽车大修时，厂方先给用户一辆汽车使用，修好后再换过来。

对顾客近乎溺爱的细心照料，也是本田公司与顾客情感交融的桥梁。每种新车问世，公司就全力跟踪并迅速地反馈出现故障的一切问题，以便工厂马上进行必要的改进，使每一种正式推向市场的新车都能近于完善。本田深谙顾客期望得到什么样的服务。如果你是本田的主顾，你会按时收到生日贺卡，一旦你的车子需要维修，当地的代理商会接走你的车直至修毕送回你家……。正是这种用户第一的行为，使本田掌握了竞争的武器。将服务融入产品的制造过程之中，最终因质量过硬而不必返修，不必支付保修期内的各项费用而形成一个良性循环。

本田公司每年所花的广告费也许是最低的,“我们的产品完美无缺,产品本身就在做广告,产品的一半好处往往被得到满足的顾客抢先讲了出来”。这种“用户第一”的策略在营销的过程中也折射到企业内部营销,因为,几乎任何一家企业都确立了“下道工序是客户”的观念,对客户负责就是对自己负责。这种内部能够握紧拳头、结成一体,对外能够抓住客户心理,与关怀备至的服务结合在一起,使日本企业往往能立于不败之地。

3. 零配件供应

零配件供应在售后服务中具有决定性作用,没有良好的零配件供应就没有优质的售后服务。试想一下,零配件经常缺货,或者零配件不能保证质量,汽车售后服务工作能否得到用户满意呢? 所以有人说配件供应是售后服务工作的“脊梁”。

零配件供应还是售后服务工作的重要利润源泉,这一点在国内外汽车企业的售后服务工作中已得到证明。例如,国外大汽车厂家利润的1/4 ~ 1/3 来自于配件营销,日本日产公司的零配件利润最高曾达到3/4 的份额,因而每一个国际性的汽车企业均把零配件工作置于十分重要的位置。据估计,国内汽车配件营销额在企业经营额所占的份额远不及上述国际汽车公司高,但也占到经营额的1/30 ~ 1/20。我国汽车零配件营销的主要问题是汽车零部件知识产权保护落后,仿制、假冒及劣质汽车配件充斥市场,挤占了正宗汽车配件的市场份额,对这种状况亟待采取经济、行政和法律手段进行协调,以规范汽车配件市场。

4. 建立和管理售后服务网络

由于汽车产品使用的普及性、销售的广泛性以及产品技术的复杂性,很难设想单纯依靠生产厂家自身的力量,能够圆满地完成售后服务的全部工作。通常的做法是,生产企业在全社会建立一个庞大的服务网络,并由这个网络代替企业完成各种售后服务工作。

生产企业售后服务网络的基层组织通常叫服务站。服务站的类型一般有两种:一种是“4S”店即集汽车营销、配件供应、维修保养、信息服务为一体的售后服务机构(内设维修工厂和车间),这类服务站遍布汽车企业的整车销售网络之中;另一种是单纯的提供汽车维修业务的小型工厂,便捷的修理站点,这类服务站一般是前一种服务站的补充。例如,在前一种类型的服务站不能覆盖或服务能力不足的市场区域设立此种服务站。

5. 建立客户档案

(1)建立客户档案直接关系到售后服务的正确组织和实施。客户的档案管理是对客户的有关材料以及其他技术资料加以收集整理、鉴定、保管和变动情况进行记载。档案管理要求:

①内容完整、准确;

②变动情况及时补充;

③查阅、改动必须有章可循;

④确保用户资料的保密性。

(2)保持与客户联系的经常性,连续性。对客户的要求必须有答复。与客户联系必须做到:

①了解情况要全面、及时、准确、有针对性;

②接受诉求、有诉必答;

③多提问题,完全理解客户的要求;

④总结和评估联系的工作成效。

6. 企业形象建设

售后服务除了以上工作内容外,肩负着企业形象建设的重任。影响消费者对企业形象评价的因素主要有:产品使用性能、厂家的服务质量、企业窗口部门的工作质量及其外观形象、企业的实力及企业的口碑等。显然,企业售后服务网络是用户经常打交道的对象,在企业形象建设方面负有重要责任。就服务网络而言,企业形象建设的手段主要有:售后服务企业外观形象建设、公共关系、以提高质量保修为核心的全部售后服务内容的工作质量。目前,国内外汽车服务企业的外观形象建设已经从局限于汽车企业的厂旗、厂徽、厂标的阶段,发展到厂容、厂貌,对着装的标准化和统一化,厂房、厂区建设的规范化以及设备配置的标准化等的阶段。

7. 完善售后服务的功能

售后服务的内容范畴是广泛的,它意味着为用户提供实实在在的好处,真正为用户解除后顾之忧。也就是说售后服务的职能应当覆盖到用户需要的一切技术性服务内容。让用户用好汽车产品,并创造最好的使用效益,这才是售后服务工作的成功。就全局而言,完善的售后服务应具备两大功能:一是对外功能,即能够安抚用户,为用户解除后顾之忧。二是对内功能,即能够及时而准确地反馈产品的使用信息、质量信息以及其他重要信息,为企业及时做出正确的决策提供可靠依据。

售后服务的功能表明它同企业的产品设计、制造生产、质量管理等工作一样,是不可缺少的重要工作环节。因此,不少企业已经明确提出,售后服务是企业产品生产的最后一道工序,并从质量概念上将售后服务质量看做是企业质量保证体系在企业外的延伸,从而要求售后服务必须做到指导和帮助用户用好产品,保持用户产品良好的技术状况,帮助用户取得最佳的经济效益。

12.1.4 售后服务的基本原则

综上所述,要做好售后服务工作,应遵循"技术培训是先导,质量保修是核心,零配件供应是关键,网络管理是保障、公关沟通是形象"的原则。

1. 技术培训

技术培训不仅包括对用户的技术指导、使用说明、咨询解答,更主要的是对售后服务网络进行各种技术的培训。任何一种售后服务都必须从技术培训开始,即所谓的"技术培训是售后服务的先行官"。

(1)用户培训

用户培训主要集中于销售环节。对于社会已熟悉的汽车产品,由于用户已经具有汽车使用的知识,因而用户培训一般较为简单。通常情况下,用户提车时经销商会要求把车开到服务站进行交车前的全面检查,此时可以根据用户的具体情况进行一些有针对性的简单培训。例如,检查用户的技术资料是否交付完成,讲解售后服务的相关政策,使用经验、简单故障的排除方法等,这类培训可以分散进行。对于汽车新产品在局部范围内试销时,一般要对用户进行集中培训,要按照统一的口径、统一的内容、统一的教材,进行标准化的讲解。

(2)服务网络的培训

服务网络的培训是汽车企业售后服务中培训的主要对象,通常是以服务站的技术骨干为主,培训内容要深一些、广一些,帮助服务站形成能够排除各种使用故障的能力。其主要内容有:汽车结构及其技术内容;常见故障、典型故障和突发故障的现象、形成机理及其排除方法;新产品的技术培训,做到"先培训后投放";汽车企业售后服务尤其质量保修的管理政策和业务流程;其他内容,如服务站的经营管理、大型促销活动的准备等。

(3)技术培训的组织

要做好技术培训,首先要组织好培训教材。教材的标准形式有两种:一种是完全按讲稿的内容编出的教材,这种教材内容完整、齐全,适合学员自学;另一种只列出讲解的要点和必要的工程图、结构图,教材留有足够的空白,让学员在听课后,自行按听讲内容填出要点。教材除了文字形式外,还应包括投影胶片、幻灯片、教学挂图、音像教材和实物教材等多种形式,以增强教材的示范性、针对性和实用性。培训教材大部分需要培训部门组织编写,少部分可以借鉴其他教材,或委托其他力量编写。

企业的所有产品,都必须要有相应的标准教材。教材可以按车型分类编写,也可以按总成系统分类来写,尽量以实用技术为主线。培训教材必须在产品试制试验阶段同步编写,以保证售后服务网点能够超前得到,以便更好地服务于新产品的市场投放。

其次,要选好一批培训教师。培训部门可以自己承担一部分教学任务,也可以在企业内外聘请一些专业人员担任教员。要求这些教师应具备必要的理论知识和较强的实践技能,并有一定的培训经验,因而必须能够根据培训要求挑选教员,并保持队伍稳定。

另外,要注重培训部门的能力建设。这些部门的能力包括:一是培训基地接纳学员学习的能力,主要有必要的一般培训教室、专业培训教室、实习车间、样品陈列室等;二是现代化教学能力,如电教能力、多媒体教学能力、远程教育和网上教学能力等;三是标准、规范和技术政策的研究能力,如新产品维修工艺方法、最佳工艺设备、维修工时制订等。

2.质量保修

质量保修是售后服务工作的核心,是售后服务的意义所在。质量保修工作的好坏,对企业形象、企业声誉具有举足轻重的影响。质量保修的工作内容主要有:一是质量保修规范的制订;二是质量信息的分析处理。

(1)质量保修规范

制订质量保修规范,包括制订整个(和零部件)的保修的议程和保修时间,制订质量故障的受理、鉴定和赔偿程序。

(2)质量信息的分析处理

质量保修对企业收集、分析和研究自己的产品质量状况,了解质量变化动态,提供了最有说服力的教材。质量信息的分析处理要依靠计算机来完成,通过计算机处理,可作如下的常规统计分析:

①企业历年单车平均赔偿金额;

②主要质量故障发生频次历年对比;

③历年各质量责任单位质量赔偿发生总金额;

④各大总成发生的质量赔偿频次占总频次比例;

⑤某一重要质量故障按月份发生的次数分布;

⑥某一重要质量故障按汽车行驶里程发生的频次分布;

⑦按故障原因发生的赔偿车次;

⑧按区域分布统计的赔偿车次;

⑨故障次数与行驶里程的分布关系。

通过以上统计分析,可以得出一系列的有用信息,并对生产实践具有直接意义。例如,东风汽车公司曾在1986年、1987年连续两年的质量信息分析中,发现了飞轮螺栓、螺母早期松动故障现象。

3. 备品供应

备品,在我国被广泛地称作汽车配件。备品供应就是配件营销,它是售后服务工作的关键。零配件供应具有两大职能:一是维持本企业汽车正常运转,是维持汽车处于良好技术状况的保障条件;二是汽车企业以配件让利形式,通过指示服务站开展零配件经营,取得效益,以促进售后服务网络的运转和发展。配件营销需要做好的工作主要包括:确立合适的零配件经营机制,做好零配件的仓储作业,及配件需求的科学预测,现代仓储管理技术和IT技术,推进配件供应工作的现代化等。

(1)零配件供应的经营机制

欧美汽车工业发达国家一直实行配件专营制度。推行配件专营制度的理由除了保护销售服务网络的利益外,还有:汽车零部件开发、生产技术、结构图纸等均属于企业的工业产权,也为了保护自己的生产知识产权,有权只向企业供应商提供相关技术,并要求供应商不扩散技术。而只有实行配件的专营,才能保证备品的数量、质量和价格。我国按照售后服务的需要控制各种零部件的产量,敦促供应商严格把握配件质量,规范配件的市场流通渠道,维持配备件的市场价格。

在配件专营制度下,配件供应商的供货都采取价格的双轨制,备件的价格通常也高于整车的零部件价格,因为配件的包装、防锈要求高于整车零部件。整车生产厂家一般不直接面向普通用户供应配件,也不向售后服务网络以外的汽车维修站和配件经销商供货,而是努力完善其售后服务网络,促进服务站提高正宗配件的市场占有率和维修业务的市场占有率。

实际上,这种专营制度在欧盟范围内已被打破,欧盟委员会已决定于2002年10月开始,废除汽车特许经营制度,迫使制造商向独立维修点提供汽车配件和维修设备,保护独立维修店与制造商的售后服务网络体系之间展开正常竞争。

在国内,一般集体、国有企业都有自己的专业汽车维修部门,全社会也存在着大量的独立维修企业,他们均独立地向全社会自由采购维修配件。但同时也存在假冒伪劣配件和非法生产配件充斥市场的现象,汽车用户的利益缺乏保障。预计在较长时间内,我国很难在所有的汽车产品上推行配件专营制度,只有通过整车生产厂家的售后服务网络与社会独立维修点充分竞争,大家比质量、比服务、比价格,争取市场,在竞争中谋求发展。

(2)零配件的仓储作业

配件仓储中心的主要任务是储存汽车零配件。配件中心通常可划分为若干区域,区域的作业任务分别是:

接受检查区。在配件入库时进行配件的检查,包括数目清查、配套协作件的质量抽检等。

仓储区。按照不同车型、同总成、不同用途或按配件的周转速度分区存放,以优化配置物流。目前,配件仓储多采用立体化仓库,甚至自动化仓库,并实行计算机控制和管理。

12.1.5 售后服务管理

售后服务管理是做好售后服务工作的前提和保障。售后服务管理同样涉及较多内容。

1. 服务理念

服务理念是汽车企业的经营观念和营销观念在服务工作上的具体化。先进的营销观念必须要有先进的服务理念来支撑，否则落后或不合适的服务理念将会影响企业的营销观念。要充分看到，企业具有先进的营销观念，未必有先进的服务理念。

先进的服务理念绝不只是各种响亮的口号，服务理念必须转化到各种具体的服务工作之中。然而做到这一点并非易事，既需要不断重复、强调、耐心讲解那些已懂得的道理，潜移默化地提升全体服务人员的服务意识，又要制订严格的管理措施，将那些服务优和服务差的人员区别开来，赏罚分明。

2. 售后服务网络的规划与管理

售后服务网络的规划与管理，是指汽车企业根据企业营销战略和具体业务的需要，对其售后服务网点的布局、选建、撤并和优化的过程。

首先，汽车企业要根据其目标市场的营销的需要，做好售后服务网点的布局规划，确定服务网点的规模、数量及其比例关系。对于传统目标市场，由于本企业的汽车保有量多，因而服务网点的数量要多一些，企业要考虑不同规模网点的搭配，以便各司其职，相互协作，相互补充。随着汽车维修理念向着立等修理、快修、零修、小修、换件修理、总成更换的修理方式转变，售后服务网点的平均规模趋于缩小，网点数趋于增加，要求售后服务网点尽量贴近市场和用户。对于企业准备开拓的新兴市场，服务网点的建设必须先于产品的实际出发，以便支持市场开拓。但由于服务业务量可能不大，服务网点规模不宜太大，数量不宜过多。

其次，汽车企业要做好服务网点的选建工作，他们以各种规模的特约维修站为主。

第三，汽车企业要做好服务网点的年度管理，即对全部售后服务网络进行年度审查。作为对网点进行奖惩、升降级，撤并的依据，以促使售后服务网络体系的不断优化。对年度检查评比先进的服务站通常要进行表彰奖励。

3. 维修服务站的建设管理

服务站产权独力，不属于汽车生产企业。但企业对服务站具有业务规划、指导与管理职能。特别是大多数品牌轿车企业的特约维修站，业务还具有排他性，企业对其特约维修站从外观建筑、布置到室内设计、设备配置和经营管理者的选择，都有着非常具体的规定，统一的要求。所以维修站只需要筹措资金和组织施工即可，其余的所有问题都由厂家具体规定。

4. 售后服务管理部门的设置

汽车企业的售后服务管理体系一般包括三个层次：最高层次为厂家营销部门内设立的售后服务管理机构；中间层次是生产厂家在各地设立的营销分公司、子公司和办事处内的服务管理员；基层为特约服务站。三个层次各司其职，最高层次是全部售后服务网络体系的形成和发动机，统领各种管理职能，中间层起辅助管理职能，而特约维修站则具体承担各项服务工作。

5. 售后服务的物流管理

售后服务的物流涉及配件物流和质量保修更换下来的废件物流。配件物流的流向是从生产厂家的配件库或地区分库，向特约维修站流动；而废件物流的流向是从服务站向生产厂家进而向供应商流动。

汽车企业一般都规定，质量保修更换下来的废件必须全部保存、进行严格的编号、挂标签，以便能方便地找出运回厂家。除非经售后服务部总部定期巡视人员的同意,特约维修站不得随意将废件进行处理和丢失。对属于协作、配套性质的废件必须100%返回汽车企业的售后服务总部,以保证这些样品能全部返回协作、配套厂家进行二次索赔,并为他们改进质量提供样品依据。汽车企业之所以对废件的保管作出明确规定,主要是因为废件的缺陷部位,客观地记录着零部件损坏的原因,是质量保修中故障鉴定的重要物证。废件样品的收集和陈列,还可以充当质量保修专业人员的技术培训实物教材,同时他们也以实物的形式记录着企业产品改进、质量改进的发展历史。

6. 售后服务的信息管理

售后服务的各个工作环节都凝聚着大量信息,这些信息是企业的宝贵资源。售后服务的信息管理,除售出车辆的质量保修信息管理、配件经营的信息管理外,还有一个十分重要的领域,就是车辆用户信息管理,包括:车辆的用户档案系统、车辆用户服务跟踪系统、车辆用户分析研究系统等。

12.2 售前阶段的售后服务

汽车售后的售前服务内容有两项,一是汽车消费信贷服务,二是汽车租赁服务。

12.2.1 汽车消费信贷服务

汽车消费信贷业务是汽车市场营销流通体系现代化的标志。所谓汽车消费信贷,就是金融机构对消费者个人发放的用于购车的贷款。时下,汽车虽不再像过去那样被人们视为奢侈品,但对于普通消费者来说,买车还是一笔较大的开销。其实,在想买车的群体中,一些人是暂时不具备一次性付款能力的,另一些人虽然手头有足够的资金,但却不想全部用来买车。对于这些不能或者不想全额付款买车的消费者,申请汽车贷款不失为合适的选择。

随着我国社会经济的持续快速发展和人民生活水平的不断提高,我国汽车市场的巨大需求潜力带动了我国汽车信贷市场的蓬勃发展。

汽车消费信贷在国外十分普及,世界上比较大的汽车公司都有自设的汽车金融公司,为促销自己的汽车而发放贷款。这些跨国公司利用现有的消费群和营业网络开展汽车金融服务,在扩大汽车销售的同时,提高了金融服务的收入。

1. 汽车贷款的主要途径

目前,汽车贷款主要有银行和汽车金融公司两种途径。传统汽车贷款是通过银行来实现的,而随着汽车金融公司在国内的出现,消费者在贷款买车时又多了一种选择。以市场价格为107 700元的丰田威驰1.5手动基本型为例,我们首先从直观上感觉一下两种贷款途径的不同所在。

一般银行指工行、建行等人事汽车信贷业务的商业银行,贷款利率以当前利率为准。

从下表格中我们可以看出,在首付款额均为车价40%的前提下,选择丰田汽车金融贷款购买这辆威驰首付交纳的费用要明显少于选择银行时要交纳的费用。月还金额方面,汽车金融公司贷款利率要高于银行利率,所以选择银行在月供上会相对少交一些,但整体计算下来,选择汽车金融公司的人花的钱会少些。

个人客户向银行贷款一般需要找担保公司做担保，交纳一定的手续费，用房屋或财产做抵押。向汽车金融公司贷款的好处是非本地户口的人也可以办理贷款，且不用交手续费、抵押费、律师费等费用。

金融公司与传统银行车贷比较，如表 12.1 所示。

表 12.1　金融公司与传统银行车贷比较

项　目	丰田汽车金融贷款/元	银行(传统贷款)/元
首付 40%	43 080	43 080
购置税	9 205	9 205
保险(全险)	约 4 000	约 4 000
验车上牌	400	500
担保费		1 292
抵押费		150 ~ 200
家访费		150 ~ 250
律师费		200 ~ 300
验资费		200 ~ 300
续保押金		1 000
首付合计	56 685	59 777 ~ 60 127
月还额(3 年)	2 002	1 950
月还额(5 年)	1 295	1 236

跨国汽车公司开拓汽车金融业务有强大的优势，与一般的商业银行办理的汽车分期付款用固定资产、银行存款或保险作抵押不同，汽车公司提供的所购汽车可作为向所属汽车金融机构贷款的主要抵押物，手续简便，消费者愿意采用。而这些汽车公司金融机构提供的贷款利率比较灵活，因车而异，利率比一般银行低，有利于促销新车和置换旧车。目前，国际上的跨国汽车公司如大众、丰田、通用、福特等厂家的金融服务公司随着我国加入 WTO 服务贸易领域的开放，已陆续在我国设立汽车市场金融机构的分支机构开展购车消费信贷业务。

2. 申请汽车贷款的一般过程

如果消费者打算通过银行来申请车贷，一般来说有以下一些步骤：

(1)到经销商处选定车型，客户与经销商签订购车合同；

(2)客户持购车合同到担保公司提交个人身份的相关证明，签订担保合同，同时客户到银行进行面签；

(3)银行放款，借款人将购车首期款支付给经销商，提车并办理验车上牌等手续；

(4)客户按期还款。

担保公司介入是向银行借款买车程序中一个特别的环节：

(1)客户向担保公司咨询，索取资料；

(2)客户提出担保申请,填写担保申请表,签订《保险投保承诺书》,保险公司收取担保费,双方签订《担保抵押合同》;

(3)担保公司资信调查部对客户初审;

(4)担保公司风险控制部派人员家访复审,核实客户所提供和填写材料的真实性;

(5)担保公司将客户的申贷资料提交银行。目前对于贷款申请者的信用考察主要通过家访和收入证明这两个方式。担保金额通常为贷款金额的1% ~1.5%,价格越高的汽车,一般来说担保金额相对要高一些。行家建议,消费者在进行车贷担保时最好提供尽量多的资产证明,比如房产证明、存款证明、收入证明等,相关的证明越多,贷款审批的成功率就越高。

3. 汽车金融公司关键在于考察个人信用

以丰田汽车金融贷款为例,通过丰田汽车金融公司办理车贷主要需要以下几个步骤:

(1)客户选定车型,提交贷款申请;

(2)汽车金融公司受理申请,安排家访,进行实地调查,并收集相关文件;

(3)经汽车金融公司核准后,客户交付首付款和购置税,交验车辆,经销商协助客户办理汽车上牌和抵押登记等手续。

由于通过汽车金融公司申请汽车贷款的程序比较简单,一般情况下整个过程只需花两三天客户就可以拿到车,方便快捷。在整个申贷的过程中,消费者的个人信用是决定其能否顺利申请到贷款的重要因素。申贷者的学历、收入、工作、住所甚至有无汽车驾驶执照等都影响到其信誉度,信誉度越高,自然贷款就越为顺利。业内人士认为汽车金融公司的服务因为与汽车厂商有着"血缘之亲",所以服务都比较规范。

12.2.2 我国的汽车消费信贷服务

我国汽车消费贷款是指贷款人向申请购买汽车自用或租赁经营的借款人发放的人民币贷款。它实行"部分自筹、有效担保、专款专用、按期偿还"的原则,借贷双方根据此原则依法签订借款合同。汽车消费贷款只能用于购买由贷款人确认的经销商销售的指定品牌国产汽车。贷款人、借款人、汽车经销商、保险人和担保人应在同一城市,贷款不得异地发放。

1. 贷款人条件

(1)个人申请汽车消费贷款必须符合的条件

①具有完全民事行为能力的自然人。年满18周岁,具有完全民事行为能力的中国公民,重点是具有较高稳定收入的消费者群体。

②有当地常住户口或有效居住身份,有固定的住所。

③有正当职业和稳定的收入来源,具备按期偿还贷款本息的能力。这里强调具有稳定的职业和经济收入或易于变现的资产,其中易于变现的资产指有价证券、金融债券、重点建设债券、银行个人存单等。

④持有与贷款人指定经销商签订的指定品牌汽车的购买协议或合同。

⑤提供贷款人认可的财产抵押、质押或第三方保证,保证人应为贷款人认可的具有代偿能力的个人或单位,并承担连带责任。

⑥购车人为夫妻双方或家庭共有成员,必须共同到场申请,一方因故不能到场,应填写委托授权书,并签字盖章。

⑦在贷款人指定的银行存有不低于首期付款金额的购车款。

(2)法人申请汽车消费贷款必须符合的条件

①在当地注册登记,具有法人资格的企业、事业单位,出租汽车公司或汽车租赁公司应具有营运许可证。

②在工商银行开立账户,并存有一定比例的首期购车款。

③信用良好,收入来源稳定,能够按期偿还贷款本息。

④提供贷款人认可的财产抵押、质押或第三方保证。

(3)借款人需要提供的资料

①对自然人需要提供的资料

A."汽车消费贷款申请书"(自然人)。

B.个人及配偶的身份证、结婚证、户口簿或其他有效居留证件原件。

C.贷款人认可的部门出具的借款人职业和经济收入的证明。

D.与贷款人指定的经销商签订的购车协议或合同。

E.不低于首期付款的银行存款凭证。

F.以财产抵押或质押的,应提供抵押物或质押物清单、权属证明及有权处分人(包括财产共有人)同意抵押或质押的证明,有关部门出具的抵押物估价证明;由第三方提供保证的,应出具保证人同意担保的书面文件,有关资信证明材料及一定比例的保证金;以所购买车辆作抵押物的,应提供在合法抵押登记和有关保险手续办妥之前贷款人指定经销商出具的书面贷款推荐担保函。

②对法人需要提供的资料

A."汽车消费贷款申请书"(法人)。

B.营业执照、法人代码证、法定代表人证明文件、身份证复印件、"贷款证"。

C.经审计的上一年度及上一个月的资产负债表、损益表和现金流量表或财务状况变动表。

D.经办行会计部门开出的购车首期款存款证明。

E.与银行指定特约经销商签订的"购车合同"。

F.如果采用抵押或质押方式,需提供抵押物及质押物清单和有处分权人同意的抵押、质押的证明文件;对抵押物还需提交所有权或使用权证书及估价、保险文件;对质押物还需提供权利凭证。

2.贷款的最高比例

汽车消费贷款额度最高不得超过购车款的80%,具体按以下情况区别掌握:

(1)借款人以贷款人认可的质押方式(国库券、金融债券、国家重点建设债券、银行出具的个人存单)申请贷款,或以银行、保险公司提供连带责任保证的贷款,要求借款人存入银行的首期款不得低于20%,借款最高限额为购车价款的80%。保险公司提供分期还款保证保险的,可视同提供连带责任保证。

(2)借款人以所购车辆、房屋、其他地上定着物或依法取得的国有土地使用权作抵押的,存入银行的首期款不得少于30%,借款最高限额为购车价款的70%。

(3)借款人提供第三方连带责任保证方式的(银行、保险公司除外)、存入银行的首期款不得少于40%,借款最高限额为购车价款的60%。借款人不能充当第三方担保人。

3. 贷款期限

贷款期限一般为3年,最长不超过5年(含5年),并根据借款人性质分别掌握。所购车辆用于出租营运、汽车租赁、客货运输等经营用途的,最长期限不得超过3年(含3年);对其他企业、事业单位贷款期限原则上不超过2年(含2年);对个人贷款期限一般为3年。

4. 贷款利率

汽车消费贷款利率按照中国人民银行规定的同期贷款利率执行。贷款期限在1年以内的,按合同利率计息,遇法定利率调整利率不分段;贷款期限在1年以上的,遇法定利率调整,于下年初开始,按相应利率档次执行新的利率水平。

5. 贷款担保方式

贷款担保方式分为抵押、质押和第三方保证。

(1)车辆抵押

以借款人所购车辆作抵押的,应以其价值全额作抵押。

(2)其他抵押质押

以贷款人认可的其他抵押物作担保的,其价值必须大于贷款金额的150%;以无争议、未做挂失、且能为贷款人依法实施有效支付的权利作质押的,其价值必须大于贷款金额的110%。

(3)第三方保证

以第三方保证作担保的,保证人应具备以下条件:

①若为具有完全民事行为能力的自然人,应有当地常住户口或有效居住身份、固定住所、稳定职业和较高的收入并符合贷款人规定的其他条件。

②若为除银行、保险公司以外的企(事)业法人,应具备法人资格。且资信状况良好、基期或即期企业信用等级A级(含A级)以上,有代借款人偿还贷款本息的能力并符合贷款人规定的其他条件。

③若为保险公司,须持有贷款人指定的保险公司提供的履约担保的保险单据,且担保金额原则上须大于贷款本息。

6. 贷款程序

(1)借款人与银行指定特约经销商签订"购车合同",凭此"购车合同"到银行指定经办行填写"汽车消费贷款申请书",同时提交有关资料。

(2)银行经办行按内部审批程序审批,同意发放的,借款人应按经办行要求办理借款手续,经办行向经销商出具"汽车消费贷款通知书"。

(3)特约经销商在收到"汽车消费贷款通知书"后,借款人即可在经销商处办理缴税费及领取牌照等手续,并在"汽车消费贷款通知书"所规定的时限内,将所有购车发票、各种税费原件及行驶证复印件等凭证直接交予经办行。

(4)经办行在收到购车发票等凭证后,通知借款人办理支用手续。贷款连同首期款一起转到经销商账户上。

7. 贷款偿还方式

借款人应按借款合同约定的还款日期、计划、还款方式偿还贷款本息。如借款人提前偿还全部贷款,应提前15日向贷款人提出书面申请,征得同意后方可办理有关手续。

贷款本息按月(季)偿还,每次偿还本息额为:贷款本金÷还本付息次数+(贷款本金)

12.2.3　汽车租赁

汽车租赁在经济发达国家已成长为一项规模巨大、管理成熟、深受汽车制造厂商和政府关注的服务产业。在我国,汽车租赁业也有着巨大的市场潜力和美好前景。

1. 汽车租赁的概念及其分类

(1)汽车租赁的概念

汽车租赁是将汽车的产权与使用权分开,通过出租汽车的使用权而获取收益的一种经营行为,其出租标的除了实物汽车以外,还包含保证该车辆正常、合法上路行驶的所有手续与相关价值,不同于一般汽车出租业务的是,在租赁期间,承租人自行承担驾驶职责。

(2)汽车租赁的分类

①汽车租赁按照租赁期长短划分为长期租赁和短期租赁。

长期租赁是指租赁企业民用户签订长期(一般以年计算)租赁合同,按长期租赁期间发生的费用(通常包括车辆价格、维修维护费、各种税费开支、保险费及利息等)扣除预计剩存价值后,按合同月数平均收取租赁费用,并提供汽车税费、保险、维修及配件等综合服务的租赁形式。

短期租赁是指租赁企业根据用户要求订合同,为用户提供短期(一般以小时、日、月计算)的用车服务,收取短期租赁费,解决用户在租赁期间的各项服务要求的租赁形式。在实际经营中,一般认为15天以下为短期租赁,15~90天为中期租赁,90天以上为长期租赁。

②汽车租赁按照经营目的划分为融资租赁和经营租赁。

融资租赁是指承租人以取得汽车产品的所有权为目的,经营者则是以租赁的形式实现标的物所有权的转移,其实质是一种带有销售性质的长期租赁业务,一定程度上带有金融服务的一些特点。经营性租赁则是指承租人以取得汽车产品的使用权为目的,经营者则是通过提供车辆功能、税费、保险、维修、配件等服务来实现投资收益。

2. 汽车租赁的经营模式

目前,我国汽车租赁企业,大多采取分散独立经营的模式。随着我国经济的发展和租赁市场的成长,其经营模式必将走上特许连锁经营和与生产厂商合作的道路。

(1)特许连锁经营

世界知名的汽车租赁企业无一不采用连锁经营的方式,其连锁经营网点遍布各地,大型租赁公司的连锁租赁站点都在1000个以上。

汽车租赁企业实行连锁经营,通过建立广泛的网络,统一管理,统一调配资源,能带来经营上的很多优势。首先,在构建连锁网络的同时,由于经营规模的扩大,使得企业统一采购的车辆和服务数都大大增加,提高了连锁企业与汽车生产和相关服务企业的议价能力,从而易于获得优惠价格。其次,连锁经营的汽车租赁企业通过统一管理标准和统一调配资源,大大提高了客户在租车的时间、地点上的方便性和使用中出现故障时进行施救的及时性,简化顾客租赁的手续,完善顾客的信用管理体制,进而提高企业整体的服务水准和顾客满意程度,同时,也能够在更高的层次上实现企业各项资源的优化配置,提高各种设备、设施的利用效率。对于全国性或区域性的汽车连锁租赁企业,可以统一运作各种形式的媒体工具,提高市场推广的效果和效率。

(2)与生产企业的合作经营

从汽车租赁业的发展历史看,自20世纪初汽车租赁行业诞生以来,汽车租赁企业就一直与汽车生产企业保持密切的合作关系。各大汽车生产商以收购或入股的形式直接参与一些汽车租赁公司的经营。以世界第一家也是目前规模最大的汽车租赁公司赫兹(Hertz)公司为例,该公司自1918年创建之初,便专门使用福特汽车公司的T型汽车。1926年,赫兹(Hertz)公司被美国通用汽车公司购买,其后又由美国福特公司、瑞典Volvo汽车公司共同拥有,成为福特汽车公司的全资子公司。大众汽车则拥有欧洲最大的汽车租赁公司Europcar。在日本,丰田汽车租赁公司仅在本国就拥有130多个营业站点,在德国,1996年全国租赁汽车总保有量为230万辆,由汽车生产企业建立的汽车租赁公司的保有量就有147万辆,占64%。其中,大众汽车租赁公司有47.9万辆;欧宝汽车租赁公司有20万辆;宝马汽车租赁公司有13.9万辆;奔驰汽车租赁公司为13.6万辆。除此以外,世界其他几家著名的租赁公司也出于经营的需要,与汽车生产企业保持着良好的合作关系。20世纪70年代,通用公司与AVIS汽车租赁公司达成了一项广告合作协议:AVIS公司在其广告中宣传推荐使用通用公司的汽车系列产品;通用公司每年为AVIS公司承担预先协商限度内的一定比例的广告费用。于是,AVIS公司在其全球范围的广告宣传中使用了"AVIS公司以通用汽车作为特色车型的"广告语,AVIS欧洲公司也在其广告中使用了"AVIS推荐Vauxhall及Opel汽车"的短语。1989年,通用汽车公司更成为AVIS欧洲公司的股东,拥有AVIS公司26.5%的股权。1996年AVIS欧洲公司所购车辆的30%来自于通用汽车公司。1997年2月,通用公司与AVIS欧洲公司签订了新的车辆购买及广告宣传协议:AVIS欧洲公司保证两年内在双方议定融资条款的基础上购进一定数量的通用公司的产品,通用公司则以优越的条件向AVIS欧洲公司提供车辆;同时,在这段时间,通用公司将为AVIS欧洲公司所有使用通用汽车形象以及推荐通用汽车品牌的广告承担50%的费用,直至达到双方协定的累计金额为止。

通过合作,生产企业一方面为汽车租赁公司提供了融资上的支持,有利于汽车租赁公司扩大规模获取规模经济效应;另一方面,租赁公司还可获得来自生产企业直接的技术支持,为出租车辆提供专业维护和维修质量担保,提高了车辆整体技术状况,降低了出租车辆在整个使用寿命中的使用成本,从而在一定程度上保证汽车租赁企业资产投资的有效性和收益能力。除了获得资金和技术上的支持以外,像AVIS与通用汽车公司的这种战略联盟式的合作,还直接增强了企业市场推广的力度,降低了企业的营销活动的成本。由此可见,汽车租赁企业与汽车制造厂商的合作是租赁企业发展到一定规模后必须做出的战略选择。

3.汽车租赁企业的运营管理

(1)汽车租赁企业的投资要求

交通部、国家计委1998年颁布实施的《汽车租赁业管理暂行规定》对汽车租赁企业的投资规模进行了一些规范,汽车租赁企业的技术经济条件必须达到以下要求:

①汽车租赁企业配备车辆数不少于20辆,且汽车车辆价值不少于200万元。租赁汽车应是新车或达到一级技术等级的车辆,并具有齐全有效的车辆行驶证件。

②汽车租赁企业须有不少于汽车车辆价值5%的流动资金。

③汽车租赁企业有固定的经营和办公场所,停车场面积不少于正常保有租赁汽车投影面积的1.5倍。

④汽车租赁企业有必要的经营机构和相应的管理人员，在经营管理、车辆技术、财务会计等岗位分别有一名具有初级及其以上职称的专业技术人员。

除了以上的规定以外，值得注意的是，有些地方还针对本地的实际情况制订颁布了“汽车租赁业管理实施细则”，对经营汽车租赁业的技术经济条件提出了更高的要求。《汽车租赁业管理暂行规定》和各地颁布实施的实施细则规定了企业投资汽车租赁行业的最低投资额，在此基础上各企业应根据实际情况和拟进入的目标市场确定具体用于租赁的车型、数量、经营场地、经营设施和人员配备，依据市场通行的价格水准在准备必要的流动资金的条件下确定投资金额。

(2)租赁企业的机构设置

要保证汽车租赁企业的正常运作，汽车租赁企业必须合理设计其组织结构，明确各部门的分工与职责，同时确保部门间协作的效率。通常汽车租赁企业都设有业务部、车辆管理部、财务部、行政部，一些大型的连锁经营的汽车租赁公司为了开拓加盟连锁市场还设有网络发展等部门。

(3)汽车租赁的业务流程

汽车租赁作为一种服务产品，为了提高服务质量、控制运营风险，业务运行中的过程管理十分重要，因此汽车租赁企业应制订和实施合理、严格的业务流程。具体涉及租车、还车和实施救援三个方面。

①租车流程

A. 客户到达租赁站点后，应由业务人员负责接洽，简要介绍租赁业务情况，解答客户提出的有关价格、车辆使用限制、信用担保、交还车程序等方面的疑问；根据客户的租车目的、用途、所需车型、所用时间等具体情况为客户制订租赁方案，尽可能满足客户需求。

B. 通过洽谈达成意向后，业务员应按照公司有关制度仔细查验客户所提供的证件、证明(包括各项身份证明、承租方驾驶证等)。

C. 经严格确诊，留存复印件和必要的抵押后，与客户签订正式汽车租赁合同。

D. 业务人员应陪同客户到财务部缴纳押金，预付租金。

E. 双方共同在租赁车辆交接单上登录验车情况，并签字确认，直至客户驾车离站。

需要注意两点：

第一，业务人员应始终具有较强的风险防范意识，一旦出现难以确诊的情况或用户提出超出公司控制条件的要求时，应及时上报主管领导，进行慎重的个案处理。

第二，对于长期租赁的客户，业务人员应定期与客户保持联系，了解车辆使用状况，提醒客户定期回公司对租赁车辆进行维护和保养，以确保车辆的安全、车况良好以延长车辆使用寿命。

②还车流程

A. 当客户到租赁公司交还承租车辆时，业务员应给予客户主动热情的接待，和顾客一起迅速查验汽车租赁合同、车辆交接单等相关单据及其租车时所用证件、证明。

B. 会同车管部门对照车辆交接单对车主交还的车辆进行现场勘验。

C. 验车结果经车管部门和承租方共同确认后，双方签字验收。

D. 由业务人员引导顾客至财务部门进行财务结算(若有车损情况，双方应相互协商，由技术部门出具合理赔偿单据，承租方依单据缴纳赔偿金后，方可进行财务结算)，财务部门出具结算证明。

E. 还车手续结束，汽车租赁合同终止。

③车辆求救援流程

A. 当收到客户要求救援的信息后，业务员应及时建立与客户的现实联系，询问顾客所在具体地点、联系方式、车辆状况、车损程度、是否需要替换车辆的情况。

B. 通知车管、技术部门安排救援（包括救援车辆、替换车辆的派遣，随车修理工具、通信工具的准备，或准备拖车）。

C. 及时提醒或协助客户向公安交管部门和保险公司报案，并会同本公司自己的车管人员迅速赶赴现场，到达事故现场后，应仔细进行检查，与客户和公安交管部门一起确认事故原因、责任方及车辆损坏程度，协助保险公司进行定损，双方在救援单据上记录情况并确认签字。

D. 工作人员进行维修及必要的车辆替换并跟踪办理保险理赔手续。

(4)车辆的管理

车辆的管理工作包括车辆营运标准管理、车辆档案管理、车辆技术与安全管理，现分别予以介绍。

①车辆营运标准管理

车辆营运标准是指投入汽车租赁运营的车辆应具备的技术、安全条件，各租赁公司为了减少车辆非正常损耗和事故的发生，避免车辆运营过程中的车辆技术状况不良造成租赁双方的纠纷，都应制订相应的车辆运营标准，一般包括以下几个方面：

第一，必须随着携带年检证、行车执照、车辆购置附加费缴费凭证、养路费证、保费证、车船使用税交旋（张贴）、其他地方主管部门要求的证件。有关标志应按统一位置要求进行张贴以确保车辆能合法上路。

第二，保证车况优良、设备完好，做到发动机运行平稳、无异响；制动系统可靠有效；转向灵活、可靠；变速箱操作轻便、有效，无异响；雨刮器、玻璃的电热装置完好；挡风玻璃、车窗无破损；反光镜、后视镜、遮阳板齐全完好；门锁、摇窗机完好；灯光完好；喇叭按钮灵敏，音量符合标准；组合仪表、空调、音响等设施完好；坐椅完好舒适，安全带安全有效；轮胎、备胎符合标准，气压正常，车轮钢圈无裂损或变形；随车千斤（千斤顶、套筒等）齐全有效；在车容、车貌方面应做到车身整洁光亮；车厢顶棚无悬尘、无脱落；车内特别是空调管道内无异味，空气清新；后备箱整洁，物品放置规范。

第三，应根据具体情况为租赁车辆配备适当的安全防盗和灭火装置（防盗锁、警示牌、灭火器等）；并根据经营季节的变化配备凉席、隔热膜等配套设施。

②车辆档案管理

A. 车辆技术档案管理。租赁公司应为每一辆租赁车辆建立完整的技术档案，并做到：一车一档、专人管理、随时记载、分级调用，以方便技术部门随时了解车辆技术状况，拟定维修保养计划。

B. 车辆运营证件管理。行车证件必须齐全有效，所用证件均应有复印件存档，车辆一交回公司，所有行驶、运营证件均应由专人保管。车辆营运证到期前，应提前报管理部门统一办理相关手续。

③车辆的技术与安全管理

A. 车辆技术管理。为使车辆始终处于良好的技术状态之下，以保证车辆的正常使用，车辆部门应按照车辆使用说明书和维护手册上规定的公里数和时间要求，定期对租赁车辆进行仔细检查、维护,不应以任何理由拖延。对交回公司的租赁车辆进行技术状况检查,并详细记入技术档案,以消除故障隐患,一旦发现车辆故障,及时报有关管理人员安排修理,从而最大限度地减少车辆技术状况的非正常损耗,降低经营成本,保证租赁车辆的正常使用。

B. 车辆安全管理。车辆安全管理主要涉及预防车辆事故的发生和事故发生后的处理。为预防车辆在公司发生事故,租赁公司的业务人员应对租车客户的驾驶资格严格审定,条件允许的也可针对不同驾驶资格的客户制订不同价格以控制风险。

(5)租赁企业的风险管理

汽车租赁,由于车辆交于承租人驾驶和使用,租赁企业在租赁期中难以对车辆的使用状况和使用方法进行现场监督,其经营具有一定的风险。一般来说,汽车租赁企业经营中的风险主要存在于以下几个方面:

①车辆技术状况的非正常损耗。

②承租人的道德风险。是指承租人违反双方议定的租赁合同,在租赁过程中侵占租赁企业的合法利益的行为。

③租赁车辆交通肇事。承租人驾驶租赁车辆发生交通事故,致使车辆必须进行维修,影响车辆的正常运营,或者承租人驾驶租赁车辆发生交通肇事,在案件处理过程中,也可能造成车辆停驶,影响企业的正常运营。

正是由于汽车租赁经营具有上述风险,因此企业必须建立健全相应的风险管理、控制机制以保证企业的健康发展,具体说来可以采取以下几点措施:

①提高全体员工特别是企业管理层的风险防范意识,建立相应的规章、措施,杜绝不规范操作,对风险管理给予制度上的保证,做到防微杜渐,把风险发生的可能性降到最低。

②在企业内部设立风险防范机构,负责对所租赁运营的汽车和租车的客户进行风险评估、监测和控制,与银行、保险、公安交管部门建立稳定的合作关系和信息交换体制,控制风险的发生和发生后的处理效率,将企业的风险和风险可能带来的损失控制在最低水平。

③建立车辆详细的技术档案和租赁车辆的保养、检查、维修标准和制度。一来通过日常的检查和维护制度,及时发现故障隐患并及时解决,保证车辆的正常运行;二来建立车辆定期检查和大修规范,定期评估车辆的技术状况,确保需要保养或修理的车辆获得及时的维修服务,以及车辆在使用过程中的安全性。

④建立承租人的资信调查制度和信誉评估体系,通过使用前的资信调查,认真审核承租人提供的有关信息,并运用同业信息交换和公开合法渠道查询承租人既往的信用记录,在此基础上对确定承租人的信用风险登记,并以此制订不同的销售政策。在市场拓展和风险控制中取得平衡。

⑤建立跟踪服务制度。在租赁期中通过电话回访或其他形式,经常与用户保持联系,一来掌握租赁车辆的使用情况,避免欠租现象的发生,降低车辆被盗的可能性;同时也了解承租人的驾驶习惯和消费偏好,对于那些不熟悉租赁车辆使用条件的客户给予适当指导,对于大客户或经常租用车辆的顾客,则尽可能在识别顾客偏好的基础上为他们提供经济实惠的服务,以创造顾客满意,提高顾客信任程度。

⑥完善租车手续和租赁合同,依法约束租车人的行为,保障企业合法权益。汽车租赁企业应与用户签订周密的租车合同,详细规定双方的权利义务和纠纷解决方式,向双方明确汽车租赁过程中各个环节的操作标准。严格按照业务流程办理有关手续,要求用户留下住址、联系电

话、手机号或呼机号码、身份证复印件等，核对无误后存档。

⑦为营运车辆进行保险以分担经营风险。一旦被租的车辆发生交通肇事或被盗，企业应及时派人至现场并及时向保险公司和公安交管部门报案，协助有关部门勘查现场，认定责任，依照保险条款向保险公司提出索赔，为提高定损、理赔效率打下良好的基础。涉及刑事案件的还应及时向公安部门报案，提供有用线索协助破案。

(6)租赁客户的顾客关系管理

客户关系管理是在对汽车租赁客户的顾客价值及其形成过程的深入分析的基础上，运用现代 IT 技术和系统集成技术建立 CRM 平台。通过为顾客提供个性化汽车租赁服务建立与发展与顾客之间长期、稳定的合作关系，在实现顾客价值最大化的同时为汽车租赁企业赢得竞争优势的管理手段。

建立 CRM 平台所需的关键技术主要有：数据发现、数据挖掘和数据仓库。

12.3 汽车后市场服务

随着我国汽车工业的发展和消费水平的不断提高，我国开始逐步进入汽车社会，与汽车消费配套的汽车后市场业也正逐步成为一个庞大的、持续高速发展的“黄金”。汽车后市场是整个汽车工业发展和汽车市场培育发展非常重要的组成部分，它的兴起和发展是全球汽车业发展的必然趋势。就目前而言，我国的汽车后市场发展还处于初级阶段。

前面讲过的汽车配件供应以及属于技术服务领域的汽车修理都是汽车后市场领域的常规、大宗服务项目。本节主要介绍汽车保险服务、汽车法律服务和汽车用品市场三个方面的内容。

12.3.1 汽车保险服务

1. 汽车保险的几层含义

汽车保险就是保险公司通过收取保险费的形式建立保险基金，并将它用于补偿因自然灾害或意外事故所造成的车辆的经济损失，或在人身保险事故发生时赔偿损失，负担责任赔偿的一种经济补偿制度。它主要有以下四层含义：

第一，汽车保险是一种商业行为。保险公司按照等价交换关系建立的汽车保险以盈利为目的。

第二，汽车保险是一种法律合同行为。投保人与保险公司要以各类汽车及其责任为保险标的，签订书面的具有法律效力的保险合同。

第三，汽车保险是一种权利义务行为。在投保人与保险公司签订合同(如汽车保险单)中，明确规定了双方的权利和义务，并确定了违约责任，要求双方在履行合同时共同遵守。

第四，汽车保险是一种以合同约定的，以保险事故发生为条件的损失补偿或保险给付的保险行为。正是这种损失补偿或保险金赔付行为，体现了汽车保险保障经济生活安定的互助共济的根本目的。

2. 汽车保险的特点

(1)广泛性。首先由于汽车普及率越来越高，且私人购车比例提升，汽车使用的普遍性使得汽车保险的应用人群比较广泛。其次由于汽车的出险概率较高,汽车的所有者需要以保险的方式转化风险,使汽车保险业务量大,应用普及率较高。最后由于汽车有可能对其他人员造成伤害,各国政府都对汽车第三者责任保险实施强制保险,汽车保险成为财产保险中业务量大,普及率较高的险种。

(2)差异性。汽车品牌、生产厂商、类型、型号、价格、配置、已使用年限等的差异性,以及驾车人的年龄、性别、驾龄、健康状况等的差异性,决定了汽车保险的差异性。

(3)保险标的可流动性。汽车的可流动性使保险标的具有可流动性,从而导致风险概率的增大,增加了经营的不确定性,核保时加大了“验标承保”的难度,在发生保险责任事故时,给检验和理赔工作增加了一定的难度。

(4)出险频率高。汽车保险相对于其他财产保险而言具有出险率高的特点,由于2002年以来我国汽车数量的迅速增加,我国道路交通设施的发展相对滞后,再加上驾驶人员年龄、职业、驾龄的多元化和驾驶经验的不足(新手较多),使交通事故发生频率相对较高,机动车出险概率较高。

3. 应该熟悉的18个常用保险名词

(1)保险标的。保险标的指保险合同中明确的投保对象,可以是人的生命、身体、财产、利益、责任。例如财产保险中,汽车保险是一种运输工具保险,它以汽车本身及第三者责任为标的,货物运输的保险标的是运送的货物;人寿保险和健康保险中,人的生命或身体为保险标的。保险标的可以是无形的,如责任保险的保险标的为被保险人依法应承担的经济赔偿责任。

(2)被保险人。指受保险合同保障的汽车所有者,即《机动车行驶证》上登记的车主。

(3)保险人。保险人就是有权经营汽车保险的保险公司。

(4)投保人。投保人是指与保险公司订立合同、负有支付保险费义务的单位或个人,即办理保险并支付保险费的人。如果车主为自己的汽车投保,则投保人与被保险人是一致的;如果其他人为不属于自己的汽车投保,则投保人与被保险人是不一致的。这两种情况都是保险公司允许的。在投保人与被保险人一致的情况下,则没有以上两方面的区分。

(5)第三者。保险合同中,保险公司是第一方,也叫第一者;被保险人是第二方;第三者是指被保险人及其财产和保险车辆上所有人员及其财产以外的所有人员及财产。车上的驾驶员和所有乘坐人员不属于第三者,但下车后可视为第三者。私人车辆被保险人及其家属成员都不属于第三者,保险车辆上的财产是指归被保险人及其驾驶员所有的财产或其代管的财产,这些财产均不属于第三者责任保险的范畴。

(6)保险价值。保险价值是投保人与保险公司订阅保险合同约定的保险标的的实际价值,即投保人对保险标的所享有的保险利益的货币价值,是确定损失赔偿的计算基础。保险标的的保险价值可以由投保人约定,并在合同中载明,也可以按投保时保险标的的市场价值确定。

(7)实际价值。在投保或事故发生时,所投保车辆剔除折旧等因素以后的价格。

(8)保险金额。保险金额是保险公司赔偿的最高限额。可以按保险价值确定,也可以由保险双方协商确定,或者由实际价值确定。如果保险金额低于保险价值,发生部分损失时按以下比例赔偿:赔偿金额 = 损失金额 × 保险金额/保险价值。

(9)保险费。交给保险公司的实际保险费用,通常保险费的收取按保险金额与保险费率的乘积来计算,保险费率是保险费与保险金额的百分比。有时保险费也按固定的金额来收取,如第三者责任险的保险费。

(10)免赔额。指事先由双方约定,被保险人自行承担一定比例金额的损失。损失额在免赔额之内,保险人不负责赔偿。免赔额又分为相对免赔额和绝对免赔额。

(11)相对免赔额。指损失额在一定免赔额内不赔,超出免赔额时,保险人按实际损失额不做折扣地赔偿。例如,规定相对免赔额为500元,如果发生损失,损失金额为490元,由于损失在相对免赔额内,保险公司不赔。但如果发生损失的损失额为1 000元,同于损失超过相对免赔额,保险公司赔偿1 000元的全部损失。

(12)绝对免赔额。指无论什么情况,保险公司都不赔的金额。例如,规定绝对免赔额为500元,如果发生损失的金额为1 000元,按照绝对免赔,保险公司只赔偿500元。如果损失为490元,保险公司不赔。

(13)免赔率。保险公司赔偿金额中不赔部分占总金额的比例。如免赔率是20%,则当汽车损失险的赔偿额1 000元时,保险公司只赔800元,其余200元是免赔额。免赔率一般是在保险条款中事先约定的。

(14)不计免赔。不计免赔是一种附加险,可以附加在车损险上,也可以附加在第三者责任险上。有的公司还可以附加在车上货物责任险和无过失责任险上。其作用是,对于保险条款中规定的,应该由被保险人根据事故自己承担的部分损失,保险公司负责赔偿。也即免赔率造成的被保险人的损失,也由保险公司赔偿。当然投保了这个附加险也不是什么都可以赔。如汽车被盗,即便投保了盗抢险和不计免赔险,也有20%的免赔率,保险公司都事先约定这20%不赔。

(15)保险责任。保险条款中列明的保险公司能够赔偿的内容,但要注意,有些造成保险事故的原因比较特殊,可能就在责任免除条款中免除了。如没有驾驶执照造成的事故,保险公司不予赔偿。

(16)责任免除。保险条款中规定的保险公司不负责赔偿的部分。有些责任免除内容可以采用另外一部分保费的方式(如投保附加险)而得保险公司的赔偿。

(17)查勘。车辆发生事故以后,保险公司的人员到事故现场进行查看、拍照、测量分析,对事故车辆或受损财产进行初步鉴定的工作。

(18)保险赔款。出险后,保险公司经过赔款理算,最终付给被保险人的赔款。

4. 汽车保险的险种(表12.2)

表12.2 汽车保险的险种及相互关系

<table>
<tr><th>保险险种</th><th>包含的险种</th><th>附加险种</th><th>其他附加险</th></tr>
<tr><td rowspan="7">基本险</td><td rowspan="6">汽车损失险</td><td>全车盗抢险</td><td rowspan="7">不计免赔险</td></tr>
<tr><td>自然损失险</td></tr>
<tr><td>玻璃单独破碎险</td></tr>
<tr><td>车辆停驶损失险</td></tr>
<tr><td>新增加设备损失险</td></tr>
<tr><td>车上责任保险</td></tr>
<tr><td>第三者责任险</td><td>车载货物掉落责任险</td></tr>
</table>

(1)汽车损失险

汽车损失险是指保险车辆因遭受保险责任范围内的自然灾害或意外事故,造成保险车辆本身损失,以及发生施救的费用等,保险人依照保险合同的规定给予赔偿。汽车损失险是车辆保险中用途最广泛和最主要的险种。但需要注意的是被保险车辆上的一切人员和财产,该险种不负责赔偿。

车辆损失险的条款主要包括保险责任、责任免除、保险金额、保险期限、保险费、赔偿处理、保险人义务、投保人和被保险人义务、无赔偿奖励等,其中一些主要的内容如下:

①保险责任

被保险人或其允许的合格驾驶员在使用保险车辆的过程中,因为以下原因造成的损失,保险公司负责赔偿:

——保险车辆发生意外碰撞、翻车等事故造成的保险车辆的损失;

——保险车辆周围的火灾、爆炸造成的保险车辆的损失;

——保险车辆受外界物体倒塌、空中运行物体坠落、保险车辆行驶中平行坠落所造成的保险车辆的损失;

——以下自然灾害造成的保险车辆的损失:雷击、暴风、龙卷风、暴雨、洪水、海萧、地陷、冰陷、崖崩、雹灾、泥石流、滑坡;

——载运保险车辆的渡船遭受自然灾害(只限于有驾驶员随车照料)造成保险车辆的损失。

②保险金额的确定

确定汽车损失险保险金额的方法一般有以下三种:

第一种,按照新车购置价确定。新车购置价是指在保险合同签订地,购置与保险车辆同类型新车(包含车辆购置税)的价格。这种投保方式是足额投保,出险时被保险人可以获得实际损失的赔偿,但主要用于新车,对于使用时间较长的旧车,显然不适用。

第二种,按投保时的实际价值确定。实际价值是指同类型车辆新车购置价格减去折旧金额后的价格。折旧按年计算,不足一年的不计折旧。最高折旧金额不超过投保时保险车辆新车购置价的80%。这种投保方式,虽然可以少交一些保费,但是属于不足额投保。出险时,要按照保险金额与新车购置价的比例进行赔偿。

第三种,由投保人和保险公司协商确定。这是一种比较灵活变通的办法,这种投保方式通常发生在稀有车型或罚没车辆身上。因为稀有车型(如老爷车)的价格在市场上往往没有比较性,价值又比较高;而罚没车辆的买价又往往过低。这两种车的保险金额都不好确定。所以需要采用投保人和保险公司协商的方式确定保险金额。

要注意的一点是,确定的投保金额既不能过低,也不能过高,过高就是超额投保,《保险法》第三十九条规定:保险金额不得超过保险价值,超过保险价值的,超过部分无效。例如价值10万元的车辆,保险金额只能在10万元以内。

③赔偿处理

A.赔偿项目。包括被保险车辆由于保险责任事故造成损坏而产生的修理费用,以及对车辆采取的合理施救,包括保险车辆失去正常行驶能力情况下的拖运费;在抢救过程中使用他人(非专业消防单位)的消防设备所消耗的合理费用;因抢救而损坏他人财产的费用;非雇佣拖车在拖运途中发生意外事故,导致保险车辆损失扩大的部分;采取保护措施所支出的合理费用等。

B. 赔偿制度。保险公司会根据被保险人在事故中所负责任的大小，赔偿应赔偿总金额的80% ~95%，其余为保险条款规定的免赔部分。

④常见责任免除

由于车辆本身质量问题造成的损失，保险公司不负责赔偿，常见的有发动机因其内部原因发生爆炸或爆裂、轮胎爆炸，由于本车电器、线路、供油系统等问题造成的火灾。

第一，车辆在淹没发动机排气管的水中起动或被水淹没后操作不当致使发动机损坏，保险公司不负责赔偿。

第二，在车损险部分，很多公司规定玻璃单独破碎属于除外责任，一旦出现玻璃破碎，保险公司不负责赔偿。但是如果加保了玻璃单独破碎险后，保险公司负责赔偿。

第三，车辆的自然磨损、锈蚀、故障造成的损失，保险公司不负责赔偿。

(2)第三者责任险

①第三者责任及其作用

被保险人允许的合格驾驶人员在使用保险车辆过程中发生意外事故，致使第三者遭受人身伤亡或财产的直接损毁，依照2004年5月1日起开始实施的《道路交通法》，应当由被保险人支付的赔偿金额，保险人依照保险合同的规定给予赔偿。

第三者责任险的主要的作用是在发生交通事故后便于相应的处理。在汽车数量猛增，交通事故频发的情况下，由于一些交通事故受害者得不到最低赔偿，继而影响了社会安定，成为严重的社会问题。解决交通事故损害的最有效对策就是建立机动车辆第三者责任保险制度，并通过立法使其由自愿保险转为法定强制保险。实行机动车第三者责任法定保障，既可使车辆所有人通过缴纳一定的保险金，把难以预料的道路交通事故损失化为固定支出，不影响正常的生产和生活，又可使事故受害人得到由保险公司支付的合理经济补偿，有助于及时妥善地解决由于交通事故引发的民事纠纷，达到稳定社会的目的。

我国规定未办理第三者责任险的机动车不得上牌照或年检。

②第三者责任险的投保额度

投保人可以自愿选择第三者责任险的投保额度，保险条款规定，汽车事故最高赔偿限额分为5个档次：5万元、10万元、20万元、50万元、100万元。实际赔付给第三者的赔偿数额，应由保险公司进行核定，被保险人不能自行承诺或支付赔偿金额。在发生第三者责任事故时，保险人按照出险地公安、交通部门出具的书面材料或法院赔偿裁决，经保险人核定后确定赔偿金额。

③车辆损失险与第三者责任险的区别

车辆损失险主要针对于投保车辆本身的损坏，而第三者责任险是针对使用保险车辆致使第三者遭受人身伤亡或财产损失。这两种险种有严格的区别，但均不包括驾驶员本身的保险。为了能够得到完整的经济赔偿，应尽可能将两种险种一并投保。

第三者责任险的保险车辆不受车型种类和已经使用年限的限制，即各种机动车辆或专业用途车辆均可投保，只要在报废期限内均可投保；第三者责任险的投保额度与车辆本身价值无关，即如果开的车实际价值只有1万元，也可以投保50万元的第三者责任险。

④可以按第三者责任处理的事故

保险车辆与未保险车辆相撞，致使未保险车辆上的驾驶员、乘客伤亡或车上装载的货物损坏,属第三者赔偿责任。如果相撞双方均属保险责任,那么双方的损失均按第三者责任险处理。保险车辆撞伤行人或撞毁第三者财产时,可以按第三者责任险处理。

保险车辆在装卸货物时发生事故,造成他人的人身伤亡或财产损失,不属于第三者责任。

(3)附加险

附加险险种较多,同主险相比,其实际意义一点也不逊色。

①与汽车损失险对应的附加险

A. 全车盗抢险

被保险车辆全车被盗窃、被抢夺,经公安刑侦部门立案证实,满三个月未查明下落,或保险车辆在被盗窃、被抢劫、被抢夺期间受到损坏,或车上零部件及附属设备丢失需要修复的合理费用,保险公司负责赔偿。赔偿后保险责任终止,该车辆权益归保险人所有。全车盗抢险是机动车辆的一个重要附加险种,其生效的一个重要前提是车辆须领取正式牌照。一般来说,保险公司保单中的特别约定档都对此加以约定:“上牌7天之内被保险人必须到保险公司办理批改手续、盗抢险批改后方可生效”。

B. 自然损失险

投保了本项保险的机动车辆在使用过程中,因本车电路、线路、供油系统发生故障及运载货物自身起火燃烧,造成保险车辆的损失,以及被保险人在发生保险事故时为减少保险车辆损失所支出的必要合理的施救费用,保险人在保险单该项目所载明的保险金额内,按保险车辆的实际损失计算赔偿;发生全部损失的按出险时保险车辆实际价值在保险单该项目所载明的保险金额内计算赔偿。

对下列原因造成的损失,保险人不负责赔偿:

a. 被保险人在使用保险车辆过程中,因人工直接供油、高温烘烤等违反车辆安全操作规则造成的损失;

b. 自燃仅造成电器、线路、供油系统的损失;

c. 运载货物自身的损失;

d. 被保险人的故意行为或违法行为造成保险车辆的损失。

C. 玻璃单独破碎险

玻璃破碎险是以保险车辆的玻璃作为保险标的一种附加保险。保险车辆行驶或停放过程中,因受本车所载货物或人员撞击、自身爆裂、车辆在行驶过程中受震破裂或他人的恶意行为、过失行为而致使车身前后挡风玻璃、车门窗玻璃单独破碎,由被保险人承担经济损失的,保险人负责赔偿。

D. 车辆停驶损失险

投保了本项保险的机动车辆在使用过程中,因遭受自然灾害或意外事故,造成车身损毁,致使车辆停驶造成的损失。保险公司按照与被保险人约定的赔偿天数和日赔偿额进行赔付。但车辆被扣押期间的损失及因车辆修理质量不合要求,返修期间的损失及被保险人及其驾驶员拖延车辆送修或修复时间的损失,保险公司不予赔偿。

E. 新增加设备损失险

投保了本项保险的机动车辆在使用过程中,因自然灾害或意外事故造成车上新增设备的直接损毁,保险公司在保险单该项目所载明的保险金额内,按实际损失计算赔偿。保险金额以新增加设备的实际价值确定。

②与第三者责任险相对应的附加险

A. 车上责任险(司乘意外伤害险)

车上责任险负责赔偿车辆发生意外事故,造成车上人员的人身伤亡(包括驾驶员和乘客)和所载货物的损失。保险公司在保险单所载明的该页赔偿限额内计算赔偿。

如果是私家车,而且主要是家人乘坐,若被保险人(驾驶人)和家人都已经投保过人寿保险中的意外伤害保险和意外医疗保险,就没有必要投保车上责任险了,因为意外伤害保险和意外医疗保险所提供的保障范围基本涵盖了车上责任险所能提供的保障。

B. 车载货物掉落责任险

投保了本项保险的机动车辆在使用中,所载货物从车上掉下致使第三者遭受人身伤亡或财产的直接损毁,依法应由被保险人承担经济赔偿责任,保险人负责赔偿。

③其他附加险

其他附加险主要是"不计免赔险",只有在同时投保了车辆损失险和第三者责任险的车辆,如发生保险责任范围内的事故,而造成车辆损失(不含盗抢)或第三者责任赔偿,由保险人依据《条款》赔偿规定的金额负责赔偿。当车辆损失险和第三者责任险中任一险别的保险责任终止时,本附加险的保险责任同时终止。

办理了本项特约保险的机动车辆在发生保险事故造成赔偿时,被保险人在符合赔偿规定内按基本险条款计算的免赔金额,由保险人负责赔偿,用户可以收到除盗抢险外其余各险种100%的赔偿。

5. 汽车保险的投保

(1)投保的基本概念

投保是投保人向保险公司表达缔结保险合同意愿的过程。为了达到投保的目的,投保人必须首先填写投保单,然后双方共同签订保险单,并由保险公司制作相应的保险证。如果得到保险单后要对保险合同进行修改,还要由投保人向保险公司提出申请,获得批单。

①投保单。指投保人向保险公司申请订立保险合同的一种书面凭证。投保单通常由保险公司提供,由投保人填写并签字或盖章后生效,保险公司根据投保人填写的投保单内容出具保险单正本。

②保险单。也叫保险单正本,简称保单,是保险公司与投保人订立保险合同的正式书面证明。保险单由保险公司出具,必须完整记载保险公司与被保险人的权利、义务及责任关系,保单上载有参加保险的种类、保险有效时间、保险金额、保险费、保险期限等保险合同的主要内容。它是被保险人向保险公司进行索赔的凭证,保险单是一种具有法律效力的文件。每张保险单都有单号,采用保险单号管理的核心是保险单的统一性和唯一性。统一性是指保险单号编制应当遵循一定的规律,包括年份识别码、顺序码、经营单位识别码等。唯一性是要求每一张保险单的号码均是唯一的,其承保的车辆也是唯一的,唯一性是进行规范和有效管理的前提条件。

③保险证。是由保险公司签发给投保人的、记载保险单正本中主要保险内容、供被保险人随身携带的卡片或简单的凭证。保险证也称小保单,是一种简化了的保险单,与保险单具有同等效力,其作用是替代保险单作为简单的证明凭证,便于被保险人或驾驶人员随身携带。

④批单。是为变更保险合同内容,保险公司出具给被保险人的补充性的书面证明,与保单具有同等的合同约束力。保险单的批改可以有两种方式,一是在原保险合同上进行批改,二是

另外出具批单并附贴在原保险合同上。实际使用中常用后一种方式，即出具批单的方式。批单的内容分为两部分，一是相对固定部分，主要是原保险单的主要内容；二是批改的内容。出具批单之后应加贴在原保险单正本、副本上，并加盖骑缝章，使其成为保险合同的一部分。保险单经过批改，应以批单所规定的内容为准。

(2)汽车保险投保险种的要求

①营业车辆

A. 不得承保不计免赔特约险；

B. 外地牌照车不保；

C. 使用年限达五年以上的车辆，或四年以上的出租汽车原则上不予承保；

D. 第三者责任险最高赔偿限额：客车 50 万元；出租车 20 万元；货车 20 万元。

②非营业车辆

不得承保土方车及环卫清运车。

③各类新车

A. 必须提供发动机号及车架号(VIN 号)才能承保，只提供一个要素时，不能承保全车盗抢险；

B. 承保全车盗抢险时，须在保单"特别约定"栏中加注："全车盗抢险保险责任从本车取得正式牌照号码后生效"；

C. 取得正式牌照号码后，必须在 48 小时内以批单的形式通知保险公司。

④有关验车承保的规定

A. 凡新车购置价(含购置费)超过 40 万元的进口车辆，在承保前应由投保人填写《机动车辆保险申报单》。

B. 对投保第三者责任险最高赔偿限额大于等于 100 万元的车辆，在承保前须填写"承保验车单"并拍照存档。

C. 续保日期与前一保险期限衔接，或中途投保车辆损失险或全车盗抢险的车辆，均须验车。检验时除了对被验车辆拍照外，还需填写《机动车辆保险申报单》，并附在投保单后面。

D. 验车人必须在"车辆检验情况"一栏中注明对车辆状况的评价，并对车况存在的问题作文字说明。

6. 汽车保险方案和投保注意事项

(1)保险方案的对比与分析

保险公司应该根据不同需求来设计险种，投保人可以根据自身驾驶经验、性别、经济收入和车辆性能来适当选取，保险方案不应千篇一律，而要量体裁衣。

(2)投保注意事项

第一，不要重复投保。按照《保险法》第四十条规定："重复保险的车辆——所有保险人赔偿金额的总和不得超过保险价值。"因此，即使投保人重复投保，也不会得到超价值赔款。

第二，不要超额投保或不足额投保。依据《保险法》第三十九条规定："保险金额不得超过保险价值，超过保险价值的，超过的部分无效。保险金额低于保险价值的，除合同另有约定外，保险人按照保险金额与保险价值的比例承担赔偿责任。"所以超额投保只会增加保费，却得不到赔偿，不足额投保可能得不到应有的赔偿。

第三，新车保险时最好直接从保险公司购买，尽量避免从汽车交易市场以及汽车经销商手中购买。因为从保险公司购买会得到专业人士合理化的建议,同时还能获得相关的保险知识和价格优惠。

第四,保险要保全。各险种都有各自的保险责任,假如车辆真的出事,保险公司只能依据当初订立的保险合同承担保险责任给予赔付,而车主的其他一些损失有可能就得不到赔偿。

第五,及时续保或提前续保。如果在保险合同到期后没有及时续保,万一车辆就在这几天出了事故,保险公司不予赔偿。为了万无一失,最好提前续保。

第六,要认真审阅保险单。当接到保险单时,一定要认真核对,看看单据第三联是否采用了白色无碳复写纸印刷并加印浅褐色防伪底纹,其左上角是否印有“中国保险监督管理委员会监制”字样,右上角是否,印有“限在××省(市、自治区)销售”的字样,如果没有可拒绝签单。还要注意核对保险单上的发动机号以及车架号(VIN 号)是否与所购置车辆一致。

第七,注意审核代理人真伪。投保时要选择国家批准的保险公司所属机构投保,不能只图省事随便找一家保险代理机构投保,更不能被所谓的“高返还”所引诱,为求小利而上假代理人的当。

第八,注意莫生“骗赔”心理。有极少数人,总想把保险当成发财的捷径,如有的先出险后投保,有的人为制造出险事故,有的伪造、涂改、添加修车、医疗等发票和证明,这些都属于骗赔,是触犯法律的行为。

7.汽车保险理赔

(1)理赔的概念和特点

汽车保险理赔是保险公司接到客户报案以后,根据保险条款的规定,向被保险人赔偿损失的过程。由于理赔过程一般是先由被保险人向保险公司提出理赔申请,然后才能开展理赔,所以保险理赔有时也叫索赔。

汽车保险理赔的特点是:

第一,被保险人的公众性,即被保险人是拥有汽车的单位或个人,他们具有公众性,第三者责任险的对象更具有公众性。由于我国汽车发展和普及的速度太快,汽车保险理赔方面的知识普受程度相对较低,公众对保险、交通事故处理、车辆维修等普遍不够了解,被保险人的公众性为理赔工作带来了一定的难度。

第二,汽车损失率相对较高,但损失幅度往往较小。我国汽车每年发生的恶性交通事故在总交通事故中所占比例相对较小,由于我国道路环境发展相对滞后,加之驾驶人员技术熟练度普遍偏低,导致交通事故发生频率较高,但大部分事故的损失幅度较小,使保险疲于应付。

第三,出险时间地点的不确定性。车辆发生事故的时间地点都不确定,要求保险公司有一个全天候的报案受理机制和庞大高效的检验网络来满足客户需求。

第四,理赔质量受修理厂约束。修理厂的价格、工期和质量直接影响到汽车的理赔服务。

(2)汽车保险理赔的基本程序

事故车辆必须同时具备以下四个条件才能赔偿:其一,属于投保车辆的损失;其二,属于保险责任范围内的损失;其三,不属于除外责任;其四,属于必要的合理费用。

另外,在出险时,保险车辆必须具备以下两个条件才能在获得理赔:①保险车辆须有公安交通管理部门核发的《机动车行驶证》和车牌号;②在规定期内经公安交通管理部门检验合格。

一般交通事故后,报案理赔的基本程序如图 12.1 所示:

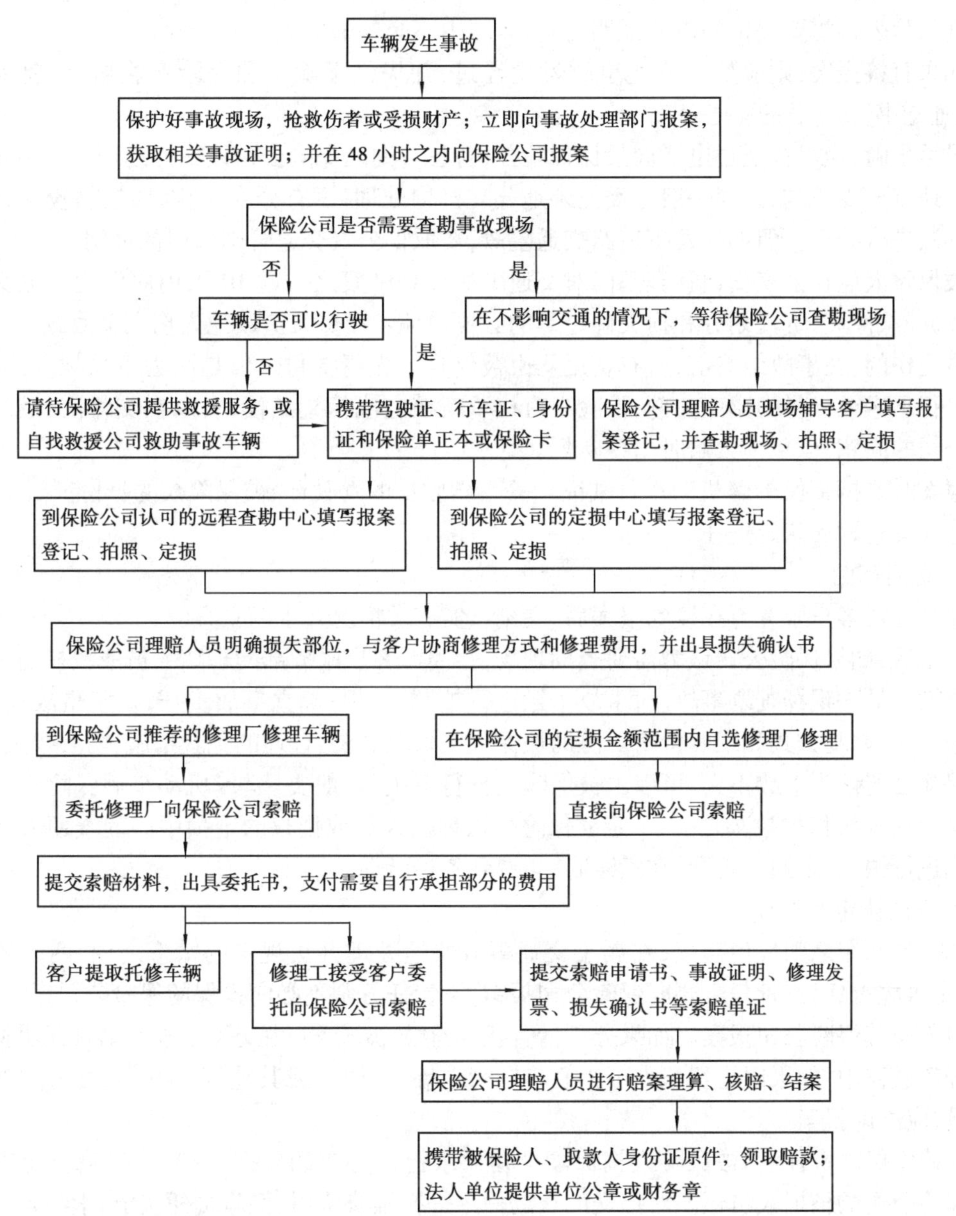

图 12.1　汽车保险理赔的基本流程

①报案

汽车发生交通事故后，除向公安交警部门报案外，还应按《机动车辆保险条款》的规定，在 48 小时内向投保的保险公司报案。向保险公司报案可以通过电话、传真、书面材料等方法，也可以直接到所投保的保险公司报案。

如果事故损失不大或来不及派人报案，一般可以先向保险公司电话报案，告知事故发生的经过和大概损失，让保险公司登记备案，事后到保险公司索赔时，再向保险公司补述事发经过，并填写《出险通知书》或《报案登记表》。电话报案一方面是告知保险公司车辆出险，另一方面是为了征求保险公司理赔人员意见，确认保险公司是否要查勘事故现场，如果不作现场查勘，应咨询保险公司需要提供的事故证明材料，以减少不必要的麻烦。

如果直接报案，则应如实陈述事故发生经过，并提供保险单和保险费收据，按要求填写《出险通知书》或《报案登记表》。

异地出险，应尽快通过电话向投保保险公司报案，询问保险公司该如何处理。如果投保公司在外地有分支机构，公司一般会委托外地分支机构处理；没有分支机构，要根据投保公司的处理办法进行处理。但如果发生道路交通事故，要取得公安交通管理部门的证明。

被保险人应在公安交通管理部门对交通事故处理结案之日起 10 天内向保险人提交能证明事故原因、性质、责任划分和损失确定等的必要单证。投保人造成他人伤亡事故或者本车车上人员受伤的，在事故结案前，所有费用均由被保险人先行支付。但是因为条款规定：对被保险人自行承诺或支付的赔偿金额，保险人有权重新核定或拒绝赔偿，所以在支付前，最好得到保险公司的同意，以免在索赔时出现麻烦。

报案时要携带保单、《机动车行驶证》、肇事驾驶员的驾驶证、被保险人的身份证。

②立案查勘和认定责任

A. 立案查勘

保险公司客户服务部在接到报案后，立刻核实有关情况并予以立案。

立案后，如果保险公司认为需要查勘现场，会委派客户服务部的理赔人员或授权的定损中心的查勘人员去现场查勘事故，对事故车辆进行拍照、定损；确立事故责任；核定事故损失；确定维修项目、修复方式和维修价格。协助被保险人采取必要、合理的施救措施，防止损失扩大。如果保险公司认为事故不大，可以由被保险人自行解决，一般要填写《机动车辆保险双方事故友好笔录》，在维修事故车之前，一定要保险公司理赔人员或授权的定损中心的查勘人员对事故车辆进行拍照、定损。否则，在索赔时，会遇到各种麻烦。

B. 责任认定和核损

如果是两车之间发生碰撞，在属于交通事故快速处理办法规定的情形之内，两方认真协商，确定事故责任，有责任方要向保险公司报案，没责任方则不必向投保的保险公司报案，但要协助对方向其保险公司报案。如果分不清责任，应该通知交警，由交警处理并出具证明材料。

开车过程中，如果因为驾车人不小心将车撞在墙上、树上或其他固定物上，责任方都在驾驶人员，应立即报案。

在确定保险责任后，被保险人按保险公司要求提供必要的单据，及时向保险公司申请索赔。保险公司的核损人员还要对提交的查勘信息进行维修费用、保险责任认定、索赔须知的完善审查。

索赔时要提供保险单正本、公安交通部门出具的事故责任认定书，事故调解书和伤残证明以及各种有关费用单据。

C. 可以理赔的费用

按照《道路交通事故处理办法》的规定可以负责赔偿的合理费用为：医疗费、误工费、护理费、就医交通费、住院伙食补助费、残疾者生活补助费、残疾用具费、丧葬费、死亡补偿费、被扶养人生活费等。申请以上各项费用，都要提供相应的证明。如涉及误工费，需提供伤者的工资证明；造成伤者残疾的，需要提供残疾鉴定等。但要注意的是，这些费用的总和不能超过赔偿限额。发生车辆自燃的，在申请车辆自燃险的时候还需再提供一份当地公安消防部门的火灾鉴定证明。

③修理事故车和领取赔款

A. 修理事故车

保险公司的理赔人员出具定损单后，被保险人可以在修理费用金额内，自己选择修理厂修理事故车，也可到保险公司推荐的二类以上修理厂修理。

B. 领取赔款

修好车，公安部门结案后，可以将所有索赔材料交给保险公司理算人员进行理赔。

理赔后，提交核赔进行审核，通过后可以支付赔款。

按照保险法的规定，在索赔单证提交齐全，双方达成赔偿协议以后，保险公司应该在 10 天内赔付。

领取赔款时，要携带被保险人身份证原件、领取赔款人的身份证原件、委托他人代领还要提供被保险人签署的领取赔款授权书。如果被保险人是单位，还要提供被保险人单位的公章或财务章，或者携带加盖被保险人单位公章的领取赔款授权书领款人身份证原件。

(3) 理赔相关注意事项

在理赔过程中，往往发生因单据不全或证据不足等原因引起的纠纷或延迟。以下注意事项能够帮助车辆使用者出险时减少差错，提高办事效率，对解决意外事件有一定帮助。

首先，当发生保险事故时，不论是否在车辆注册地，被保险人应立即通知事故当地的公安机关，并等候处理；同时通知保险公司。在道路上发生的交通事故，应通知交警部门；发生火灾事故，应通知公安消防部门；车辆丢失，应通知公安刑侦部门；发生其他保险事故，应首先通知保险公司。通知保险公司时，应将事故发生的真实情况详细说明，然后，与保险公司协商处理意见，在未征得保险公司同意前，被保险人千万不能自作主张，随意接受有关事故的任何处理意见。如果事故经公安部门确认属轻微事故，或经保险公司确认无法赶赴现场的，被保险人可以先行配合公安部门处理事故，并取得保险公司认可的事故证明后，再到保险公司办理索赔手续。假如用户的车和出租车碰撞了，计算出租车的损失时，交管局的“道路交通事故赔偿标准”里面有对营运性车辆的损失进行赔偿的专门规定。对医药费、营养费、护理费都有标准。如果事故车不能正常行驶，拨打 122 报警后，交通队出吊车和拖车的施救费，经保险公司事先同意的，可以得到赔偿。但为了降低费用，保险公司会派拖车、吊车到现场处理。

其次，在处理交通事故时，被保险人应先了解该事故所涉及各项费用内容、事故当地的赔偿标准、保险公司不负责赔偿的费用项目，以及最高赔偿的金额等情况，然后，征求保险公司对该事故的处理意见，并根据保险公司的意见与对方当事人协商处理。事故处理过程中，以及处理完毕后，应及时将处理结果通知保险公司。

第三，事故中，如果被保险人的车或对方车辆需要被保险人负责修理，被保险人应会同保险公司人员协商定损，即确定受损车辆需更换或修理的零配件名称、价格和工时费标准。定损完毕后，被保险人有权选择汽车修理厂维修受损车辆，任何人无权干涉。

第四，如果事故中有伤亡人员，被保险人有义务先救治伤员、处理死者后事。

第五，如果事故中有其他的财产损失，被保险人应会同保险公司人员，协商确定损失的数量、程度及金额。受损财产中尚有部分价值的一般归被保险人所有，并直接抵扣保险赔款。

第六，被保险人在事故处理完毕后，应及时向保险公司提交索赔单据。索赔单据包括索赔申请、事故证明、损失单据以及其他保险公司需要提交的单据等。被保险人提交的索赔单据必须真实、合法、有效,否则保险公司将不予赔偿。按保险条例,保险费是不能先行赔付的,尽管数额可能很小,也应该在出具发票和账单后才可以。

第七,待保险公司将被保险人的索赔案件处理完毕后,被保险人可以向保险公司领取赔款,并有权要求保险公司详细解释赔款的明细(包括赔款项目及金额)。全车盗抢险赔付后由保险公司追偿事故,被保险人应在领取赔款的同时签署权益转让书。

第八,如果被保险人对保险公司处理的索赔过程或处理结果不满意,可以向保险公司、中国保监会或其他监管机构投诉,或向人民法院提起诉讼。被保险人在投诉时应本着实事求是的原则,如实反映事故的真实情况,以便得到公正的解决。车险理赔虽然是保险公司履行保险合同义务的表现,但被保险人在索赔时仍应积极配合保险公司及时处理好该索赔案件。

(4)现代汽车保险理赔的新模式

随着汽车销售市场竞争的不断激烈,一些经销商为加强自身竞争力,将保险公司定损机构请进了4S店。这其实也是保险公司所期望的。因为这样可以缩减其自身的组织机构,驻外的定损员、理赔员,能够就近在经销商的4S店维修车间,与维修工人磋商损坏配件费用及维修方案等。最重要的是,可以基本保证经销商所售出的车辆会投保该驻派保险公司的保险。

在这样的理赔模式下,车主可以直接将出险车辆开到或用拖车拖到买车的地方,不必像以往那样,先到保险公司指定的定损中心定损,再与保险员一同前往汽车修理厂,这其中省了一个环节。而且,车主出险后可以将车弄到4S店,交清所有所需手续,便可以坐在休息区吸烟、喝茶、看报纸。那些定损、理赔等事项由4S店维修人员与保险公司定损员、理赔员进行协商,并很快能对损坏车辆进行维修。小额的维修不需要车主垫付维修费用,待车修好后只管开车回家便没事了,给车主带来极大方便。然而,方便也是有代价的。经由4S店进行车辆投保的保费要高于车主自己到保险公司投保的费用。

现在有40% ~50%的投保人采用委托理赔的方法,报案后把车、单证和委托索赔书一起交给保险公司推荐的修理厂,只需在家坐等通知把修好的车开回来。

12.3.2 汽车法律服务

汽车法律服务作为汽车服务的一种表现形式,随着我国汽车工业的发展、汽车市场的日渐成熟和汽车保有量的大幅增长,特别是加入WTO后,中国经济将在全方位加快与世界经济的整合,这些都将潜在地影响汽车法律环境的改变,导致汽车法律服务需求的增长,汽车法律服务的竞争力将加强,其国际化进程也将加快。这些都需要提供复杂交易和高科技含量的专业化法律服务;日益庞大的私人用车市场也对汽车法律服务提出了个性化和差异化服务的要求,同时汽车法律服务的内涵和市场需求,对建立和完善我国汽车法律服务体系,推进汽车法律服务全球化是十分必要的。

1.入世对汽车法律服务的影响

(1)在WTO体制下,汽车法律服务的执业环境得到改善

入世后,中国将按WTO的规则办事,同时强化国家的宏观管理职能,逐步减少国家的行政干预,以前惯有的部门审批、行业保护、部门垄断将逐步消失,市场参与者之间进行的是公平和平等的竞争。从社会管理方面看,随着依法治国基本方略的实施,各种社会关系、经济关系都将逐步实现法制化,国家依法行政、依法管理社会各项事务,所有宏观行为都将在法制的轨道上进行。从法律领域看,中国的立法、司法、执法体系将发生改变,在处处强调“按法律规则

办事”的 WTO 氛围下，市场主体进行经济活动必须受到法律规范的约束。

(2)汽车法律服务需求日益增长

入世后，大量国外资本和国外企业如汽车服务企业、汽车金融企业等进入中国市场，具有涉外性的争端等也将不断涌现，对高层次、高质量的汽车法律服务需求也越来越大，主要表现为：客户数量增加；传统业务量扩大；汽车法律服务品种多样化；反倾销、反补贴 WTO 争端等新型汽车法律服务领域不断出现。

(3)汽车法律服务的竞争力加强

国外法律服务业在进入中国市场带来竞争压力的同时，还带来国外律师业先进的做法和经验，如发展战略规划，内部管理制度、服务质量控制等，中国法律服务业在进行国际法律服务，开拓国际市场的时候，也在不断积累服务经验。

(4)汽车法律服务国际化进程加快

入世后，对外投资条件的放宽，将会有大量的汽车走出国门，拓展国外市场，参加国际竞争，汽车法律服务业也将随之进入国际市场，为这些企业服务。另外，国外法律服务业进入中国，也将提高中国法律服务业的国际意识，促使中国法律服务业提高服务质量、拓宽服务范围，并逐步走向世界，为世界经济全球化服务。同时，也对我国汽车法律服务带来了一定的冲击。加入 WTO 扩大了中国汽车法律服务市场，为中国的律师进军国际汽车法律服务市场提供了机遇，一方面，外国律师事务所在“市场准入”的前提下，大量进入中国，冲击中国的法律服务业，尤其是涉外法律服务较多的汽车法律服务业。另一方面，加入 WTO 会使中国法律服务工作者放眼世界，通过与外国律师的全球竞争，提高自身竞争力，从而也提高了中国汽车法律服务的整体服务水平。

2.汽车法律服务的特征

汽车法律服务作为法律服务中的一种专业服务，既具有法律服务的基本特征，同时又具有汽车的专业特性。汽车法律服务的特征有：

(1)专业性

汽车法律服务提供者一般需经专门法律职业考试才能取得进入市场的资格，同时，还必须具备一定的汽车专门知识。

(2)地域性

所提供的服务往往与服务提供者或接受者所在地的政治、经济、文化、法律制度及语言密切相关，不同国家的法律制度往往具有不同的社会性质，在法律属性、术语、结构、实施等方面也大相径庭，外国律师要提供涉及东道主或者第三国法律服务的业务相当困难。因此，外国律师主要以从事本国法律或国际法有关的业务为主。因此，汽车企业在进行跨国诉讼时，往往会聘请一个律师团，其中必定包括当地的律师。

(3)信任性

汽车法律服务的对象既有汽车生产企业，也有汽车贸易维修企业，同时也有汽车消费者，几乎涉及社会各个领域，服务提供者与委托人之间往往有直接且高度信任的关系。

(4)差异性

汽车法律服务内涵的多样性决定了汽车法律服务的差异性，另外，国际汽车法律服务的增加，各国之间汽车法律服务市场的需求差异也极大。

3. 现阶段我国的汽车法律服务集中的主要领域

(1)反倾销领域

由于我国劳动力成本的竞争优势,我国的许多行业曾经遭受过国外的倾销指控。我国汽车虽然竞争力还不强,但在个别领域也曾被提出倾销指控,如我国的汽车玻璃、摩托车等,我国的汽车法律服务工作者为此付出了大量的努力,并取得了一定的成果。另一方面,我国加入WTO后,有可能面临外国汽车的低价竞争,我国可以考虑利用反倾销手段对其加以限制,以保护本国汽车工业。在汽车工业上采用这一手段,从法律上是可行的。

(2)解决贸易争端领域

加入WTO后,我国现行的许多政策、法律、法规都与WTO的要求存在很大差距。在中国加入WTO后,尽管仍有一段过渡期,但要在这么短的时间内完成国内法律法规与WTO规则的协调工作是相当困难的。因此,在我国加入WTO后,在诸多方面与其他成员国发生了争端。尤其在汽车产业,由于汽车工业是我国的重点保护部门,而外国汽车厂家又对我国汽车市场垂涎已久,我国与他国发生贸易争端的可能性更大。一旦发生这种贸易争端,我们便可以利用WTO的贸易争端解决机制加以解决。WTO的贸易争端解决机制是一套很独特的争端解决机制,我国汽车法律服务工作者应当研究已经发生过的其他国家之间运用WTO贸易争端解决机制解决争端的案例,比如美国与日本之间的汽车贸易战。这对我国今后灵活运用这一机制保护自身利益至关重要。

(3)汽车消费领域

目前,我国在汽车消费领域普遍存在着“维权难”这种说法,一方面是由于以前,我国没有专门针对汽车这一特殊消费品的消费法律,消费者只能根据《中华人民共和国产品质量法》和《中华人民共和国消费者权益保护法》维护自己的权益,往往针对性不强,合法权益难以得到保护,但是随着《缺陷汽车产品召回管理规定》的出台,应该可以大大缓解这一问题。

另外,由于汽车消费者需求的差异性,汽车法律服务者有时会发现没有相应的国家法律作为法律活动的支撑,如2004年北京某消费者购买一微型车后,怀疑因车内空气污染导致感染疾病而死亡,这一典型安全事例虽然引发了关于进行车内空气污染立法的讨论,但消费者本身因为缺乏相应的法律支撑而败诉。汽车法律服务还在汽车金融保险领域、国内贸易争端、汽车人力资源的争夺等领域开展了大量的业务活动。随着汽车服务贸易的发展,汽车法律服务还将进一步发挥作用。

12.3.3 汽车用品市场

1. 汽车用品市场概述

汽车后市场是相对于汽车售前和售中市场而言的,是指汽车售出之后的维修、保养、服务和其所需汽车配件、汽车用品和材料的制造和供应,以及金融信贷(一般在售前、售中就开始)保险(一般从售中开始,售后开始)法律服务(伴随着整个营销过程)等配套的服务系统,其中汽车用品市场和汽车用品服务业是汽车后市场和售后服务的重要组成部分。

随着汽车科技的发展,以及汽车电子信息技术和新型材料的广泛应用,汽车用品品种、类别日益增多,加之汽车需求的人性化和个性化,极大地推动了汽车用品市场的发展,显现出巨大的市场潜力。

按照国际通行的说法，汽车后市场产生的利润相对前市场（主要是整车销售）应该是7∶3，整个汽车营销产生链上，后市场产生的利润至少超过前市场两倍以上，其中，相当大的利润取自于汽车用品市场。

2.汽车用品的概念和业务范围

（1）汽车用品按照汽车产品整体概念的五个层次归类，属于延伸产品层和潜在产品层。

所谓汽车用品是指汽车消费者在购买汽车产品获得形式产品和期望产品的价值的前提下，为满足消费者人性化和个性化服务的汽车用品，而经营此类产品的市场就是汽车用品市场，汽车用品市场提供给消费者的是多元的附加服务和利益。

（2）现阶段的汽车用品包括汽车美容用品、汽车养护用品、内饰用品、汽车电子产品（主要是安全、节能、环保产品）、汽车影音、隔热工程、汽车改装和车载导航等，呈品种类别不断涌现之势。

3.汽车用品市场的基本特征

（1）产品多样化。品种繁多，据不完全统计，现有汽车用品已达数十系列，数千品种，远远超过了单车汽车配件的品种数量。

（2）用途多样化。涉及节能、安全、环保美容、防盗、养护、娱乐等诸多方面，既有适应汽车生产企业的共性服务产品，又有能满足汽车拥有者的个性化产品。

（3）产品制造和材料使用多样化。有机加工产品、电子产品、机电一体化产品、新型材料产品、精细化工产品、石油化工产品、建材产品等。

（4）分销渠道多样化。配件商店、百货超市、连锁加盟店、品牌专营店、快修店都经营。

（5）产品质量，价格差异化程度高。同样功能的产品价格能相差几倍，使用寿命相差也很大。

（6）汽车用品，特别是机电一体化产品和新型产品更新换代快。

4.各类汽车用品现状

（1）汽车美容类

汽车美容，指对汽车的美化与维护，是汽车用品中发展史最长的一类产品，在西方几乎是与高档轿车的出现同时出现的，而直到上世纪90年代才在我国出现，随着我国汽车工业和汽车市场的快速发展以及汽车文化的日益深入，汽车美容已经被越来越多的人所接受并成为时尚。汽车美容既能保护汽车、装饰汽车还能美化环境，道路上行驶的各种车型的汽车，装饰着城市，形成一条条动感十足的亮丽的风景线。

汽车美容按作业性质的不同分为护理性美容和修复性美容。

护理性美容作业项目包括：新车开蜡、清洗、漆面研磨、漆面抛光、漆面还原、打蜡、内室护理。

修复性美容作业项目包括：漆膜病态处理、漆面划伤处理、漆面难点处理、汽车涂层局部修补、汽车涂层整体翻修。

美容产品以新技术、新工艺、新材料为主的专业化产品飞速崛起，如汽车漆面封釉产品，开发了先进的汽车漆面封釉技术，使汽车美容实现了从车身表面清洁到封釉美容的飞跃。耐高温不怕酸雨、抗紫外线、抗漆膜老化，使汽车漆面得到长久的保护。

(2)汽车装饰

包括:汽车太阳膜、防爆膜等装饰、汽车真皮坐椅装饰、汽车坐垫、汽车护理车套。汽车装饰特别是内饰用品、品种门类繁多,各种新型材质和色的汽车靠垫、坐垫及清洗技术层出不穷,不断技术升级。

(3)汽车化装用品

以汽车香水为代表,而CDL香水又是其典型代表,目前,很多业内企业一窝蜂去做水晶,造成该产品迅速出现供大于求的局面。

(4)汽车影音用品

汽车娱乐革命自20世纪80年代,像卡带机等中低端的产品逐渐被淘汰,CD开始向数字转变,本世纪起始,无线和机动数字多媒体、数字收音机、DVD以及其他数字内容迅速发展,咖啡和快餐店发展起来的Wi—Fi也开始进入轿车。在汽车电子用品领域,如MP3、MP4等。

但目前此类产品存在以下问题,一是同质化严重,国内很多生产企业在产品性能、外观价格等方面都比较接近,导致市场恶性竞争,产品获利能力大大降低;二是专车专用产品市场火爆,两极分化明显。

国内汽车影音市场,充满了机会,也充满了竞争,物竞天择,适者生存。

(5)汽车装修、改装和服务

近年来,由于私人轿车急剧增加,带动了汽车改装市场的繁荣,追求个性使亚文化群年轻的有车族成为改装一族。例如,对车面油漆按自己的喜好和审美观的不同进行了重新喷涂,有的甚至用玻璃钢重新打造了车体外壳,但同时也出现了随意改动整车结构,影响了原车的性能指标,造成了安全隐患。

(6)车载导航(GPS卫星导航)

汽车导航市场,国内外发展很快,具有庞大的市场空间,但生产企业出现一哄而起之势,竞争日趋激烈,而地图与导航硬件的匹配是导航发展的关键,国内车载GPS导航行业最具规模的生产企业现已形成具备GPS车载应用技术,嵌入式计算机硬软件技术,地理信息技术等强大研发能力,具有自主知识产权的车载GPS导航软硬件技术已经产业化。

(7)汽车防盗器

随着汽车保有量的迅速增加,消费者对汽车安全防范方面的要求也随之提高,防盗器的发展较快,目前市场上的防盗器有多种分类方法,一种分为专用防盗器,普通防盗器,还有的分为单向防盗器,双向可视防盗器,机械式防盗器,网络型防盗器,生物防盗器、GPS防盗器几种,现在已发展到数十品种,数千种型号;另一种分为定码和跳码两大类,常用定码防盗器有中一、贝奥斯、铁将军等,跳码防盗器有捍将、鹰卫士等。佐敦(香港)公司与中山市奇胜公司联合生产的汽车摩托车双向液晶显示防盗器、遥控自动繁荣昌盛降窗防盗器、房灯延时全功能防盗器等产品,是目前国内外比较先进的产品。

(8)汽车尾气净化装置

主要是专车专用的一元或三元的稀土催化尾气净化装置,其核心技术是附植不同配方稀土元素的陶瓷蜂窝载体,目前国内集中在十几个企业生产,同类车型产品价格差异不大,不同车型价格差别较大,但消费者反映的主要是净化效果和使用寿命问题,有的净化器可以有效减排五种排放因子,且对甲醛、未燃甲醇都有大幅减排效果,而有的只能减排CO、NOx、HC等三种常规排放因子。使用寿命在5~10万公里。

(9)汽车燃油消耗量节油装置

目前,国内外不同技术的节油器产品有十几种,分别采用了机电一体化、高效电喷、纳米技术等节油技术,但现状是市场混乱,真正节油性能好,使用寿命高的产品并不多,也远非广告宣传的节油率达15% ~20%,可靠性好的节油器也只有几个百分点的节油效果,但也不能排除新技术应用后适应提升节油率的发展前景。

目前市场上还能见到的汽车电子用品还有倒车雷达、胎压监测仪、行驶记录仪等。但消费群体尚少,正处于市场导入期。

5.汽车用品市场的培育发展

我国汽车用品市场起步晚,但发展快,但也存在着很多的问题,必须针对性地予以解决。

(1)树立服务意识和诚信意识

以服务于消费者为根本目的,生产企业、经销商和消费者建立起相互信任的关系,生产企业为分销渠道的经销商提供更多的技术、管理、营销服务,经销商对生产企业和终端消费者双向负责,行业协会要真正起到引导行业发展的作用,本着"以自律求联合,以服务保生存,以联合谋发展"的原则,自始至终把引导企业、行业、规范化发展,建立市场新秩序为目标,组织业内企业和专家的共同提出建议和发展汽车用品行业的基本框架,由此缩短由乱到治,由弯路到良性循环的过程。

发展我国具有国际竞争力的汽车用品和后市场服务体系,与政府的支持分不开,与法制支撑分不开。对于处于初级阶段的这一行业、政府主要部门要继续保证政策法律上的扶持和引导。

(2)由于汽车用品的大量新品面市,行业技术标准、行业准入的门槛和使用、管理的法规和制度相对滞后,需要尽快分门别类,对汽车后市场的产品和服务定出标准和规范,进一步加大对行业的规范力度,推进新型行业秩序的建立,创造一个公平竞争的市场环境,以便我国的汽车用品行业稳步、健康发展。

(3)坚持品牌战略,走自有品牌之路

汽车用品和后市场服务一是产品的品牌,二是服务的品牌,服务品牌尤为重要。品牌是有关生产企业、经营公司、汽车用品及服务等能与其他同类有明显差异的个性,这个个性表现为形象、信用、质量及档次,表现为市场竞争力,品牌的作用体现在消费者对某类汽车用品和服务期待什么,一听品牌,消费者就能判断出它的信用度。为此,企业要自主创新,促进自身双品牌建设(汽车用品与企业服务),以此提高在汽车后市场服务领域的市场竞争力。

(4)分销渠道建设是保障

在汽车用品后市场服务领域应积极推行现代流通方法如连锁、超市一条龙、加盟店、专门店、便利店等。汽车连锁服务体系是未来几年发展热点,连锁经营是规范中国汽车后市场服务的最佳方式,汽车用品服务业要做到低成本扩张,规模化经营,增加品牌优势,降低服务成本,就必须以发展"品牌+连锁经营"为主。有的地方,一批汽车装修、美容、汽车改装、汽车用品销售,装修统一、颜色醒目、标识新颖"一条龙"的连锁服务店,快修店已经悄然出现,如中囊汽修、爱义行、皇波萝、施耐普、百援等,类似这样的企业在后市场服务领域已经具备了一定品牌知名度。但目前我国的汽车后市场服务还处于初期探索阶段,发展很不平衡,网络建设的规范化程度,稳定性不高,连锁总部的管理、控制、支持、服务能力不强,连而不锁。

发展汽车后市场和汽车用品连锁服务体系应注意以下三个方面:

第一,扩张速度不宜过快,切忌不顾一切地抢占地盘,而其终端消费群尚没有得到细分,服务不到位只能适得其反;

第二,连锁总部必须增强实力,量入为出进行辐射和扩张;

第三,全方位的考察和选择加盟成员,要优先选择在当地信用度高的企业,互惠互利共担风险,实现双赢。

(5)国内汽车用品生产企业要走内外兼修之路,这是一种趋势。在国内做品牌,在国外做销售,积极主动参与国际市场竞争,汽车后市场企业大都是中小企业,在此方面更具优势。做好专业和特色服务就能够在国内市场上立足,在国际市场上发展。在这个过程中要把握以下几点:

第一,产品质量是一个永恒的主题,是赢得市场的核心标准。为什么两种同类的汽车用品价格相差几倍,而价高的产品更受市场和消费者的欢迎?为什么他们能攒更多的钱?为什么他们能打入国际市场?订单源源不断……最终还是质量问题!

第二,突出产品差异,走细分市场之路。

汽车用品市场上的品种类别就像受精后的鸡蛋一样,不断地产生分裂,随着时间的推移,产品的类别和品种会细分为更多、功能更细的品类,以汽车防盗器为例,短短的十几年时间,由几种型号发展到数千种型号,突开产品同质化的桎梏,以其"千品千面"的产品差异满足了细分市场中不同消费者的不同需要,赢得市场的同时,取得了良好的经济效益。

第三,注重专用车系列产品研发生产,做到专用车汽车用品和通用性汽车用品的兼收并蓄。

一方面,现在汽车种类繁多;另一方面企业都要考虑到产品的通用性问题。正是由于这种需求和供给的矛盾,产品的安装质量往往影响到汽车用品使用后出现纠纷,为减少安装质量在整个质量环节中的权重,研发生产专车专用汽车产品有着广阔的市场空间。

12.4 汽车售后服务新领域

汽车售后服务市场初售前阶段的汽车消费信贷服务、汽车租赁服务;售中阶段的汽车保险服务、汽车法律服务和售后的汽车配件供应,二手车交易服务和汽车后市场汽车节能、安全用品服务及汽车售后服务一些领域也孕育着巨大的潜在商机。本节主要介绍三个方面:汽车停车服务——经营性停车场;汽车文化服务——多元汽车文化市场;多项售后服务的平台——汽车俱乐部。

12.4.1 汽车停车服务——经营性停车场

随着我国汽车保有量的迅速增长,特别是轿车的大量增加,"停车难"的问题已成为影响城市交通及汽车发展的一大瓶颈,解决停车问题也是提高城市交通效率,推动汽车市场发展的重要环节。据有关部门的不完全统计,1997 年,我国城市每 4.84 辆机动车才有一个合法的停车位,即使在北京,2001 年停车泊位与汽车保有量之比也只达到 83.8∶100,远低于国际公认的 1.3∶1的合理比例。这一方面说明了我国停车设施落后于汽车市场的发展,同时也反映出我国发展经营性停车场具有广阔的市场前景。

1. 停车场与停车场分类

汽车停车场是指从事汽车保管、存放，并可进行加注、充气和清洁美容的作业场所。按照不同的分类标准具有不同的分类方法。

(1)按照停车场所处的位置分类

①路上停车场。城市道路的两侧或一侧，在不妨碍公共交通的前提下，划出若干段带状路面供车辆停泊的场所。

②路边停车场。指在道路用地(红线)以内划定的供车辆停放的场地。它包括公路路肩、城市道路行车带以外加宽部分、较宽的绿带内、人行道外绿地圈或利用高架路、立交桥下的空间停车。路边停车场设置简单，一般在统一规划下因地制宜地采用标志、标线划定出一定的范围即可，适宜供车辆临时停放。

③路外停车场。指在道路用地控制线以外专门投资兴建的停车场、停车库、停车楼和各类建筑附近的停车场以及各类专业性停车场。通常建在商业繁华地段、机场、火车站、码头、公共交通枢纽、文体活动中心和居住密度高的大型社区。一般投资较高，多设有完备的停车管理系统。

(2)按照停车场的服务对象分类

①社会公共停车场。指设在大型商业、文化娱乐等公共设施附近，面向社会开放，为各种出行者提供停车服务的停车场，多由政府统一规划和建设。

②配建停车场。又称建筑物附设停车设施，是新建面积在达到一定规模以上的建筑物(如住宅、办公楼、商业场所、餐饮娱乐场所、影院、医院、旅馆、学校等)依据相关条例在此建筑物或者其附属范围内必须建设的停车场，另外，如剧场、百货商店和其他特定用途的停车需求量较大的场所，即使面积未达到一定规模也要遵从有关条例，有义务附设停车设施。配建停车场主要为该建筑或设施的使用者及其相关的出行者提供停车服务，由政府颁布标准强制设立。

③专用停车场。指建在企业、机关、团体、政府部门等组织的内部，为内部车辆提供停车服务的停车场。

(3)按照停车场的建筑类型与位置分类

①地面停车场。即广场式停车场，是指位于地面上的停车场所，具有布局灵活、不拘形式、不拘规模、不拘场地、停车方便等优点，是最为常见的停车场。具体来讲又有单层和多层(停车楼)、室内和室外之分。单层停车场分为露天和室内两种。多层停车场也称多层车库、停车楼等，主要用于停放小型轻便汽车，用以解决城市用地紧张的问题。

②地下停车场。也称地下停车库，是指建筑在地下的具有一层或多层的停车场所，通常建在公园、道路、广场和建筑物的下面，具有能节省城市用地、设置位置很少受限制等优点。

(4)按使用车型分类

①机动车停车场。指用于机动车辆停放的停车场，包括中心商业区和出入口交通集散枢纽(如车站、码头、港口等)，公共活动中心(如宾馆饭店、医院、文体场馆、公园等)和公共交通回车场、终点站的机动车停放、维修场地等。

②非机动车停车场。指各类非机动车的停放处。通常非机动车停放场地比机动车停车场地要分散得多，设施要简单得多。

(5)按管理方式分类

①免费停车场。多见于地面，如住宅区或商业区的路上或路边停车场，大型公用设施和邮

电、商店、饭店宾馆,办公大楼等的配建停车场。多用于临时停车,所以一般停放时间较短,车位的周转率不至于过低。但是由于免费停车,可能因停车者的时间观念淡化而延长不必要的停车时间,降低车位的周转率。

②限时停车场。为了避免停车者不必要地延长占用停车设施的时间,限时停车场限制了车辆的停车时间,并且辅以适当的处罚措施,以提高停车场的车位周转率。限时停车场设置限时装置,由停车者自动启用,交通警察或值班人员经常来往监视。

③限时免费停车场。是在限时停车的基础上,辅以收费的管理措施。车主在限定时间内停车免费,超过限定时间,则需要支付一定的停车费用。这种停车场不仅能保持较高的利用率,也能保持较高的车位周转率。

④收费停车场。无论停车时间长短,均收取停车费。一般有计时收费和不计时收费两种收费方式。前者每车位的收费随停车时间长短变化;后者不论停车时间,每车收费标准相同。

2. 停车管理系统

经营性停车场的运营除了基本的场地设施以外,还需要一套高效的收费管理系统,以往主要靠人工进行停车位置调度、车辆识别、停车计时和收费等工作,由于当今大型停车场规模大,服务车辆繁杂,人工管理的效率和可靠性已难以满足其在管理上提出的要求,造成了"停车难,出车更难"的现象频频发生。因此智能停车场管理系统显现了广泛的应用前景。

智能停车场管理系统可分为半自动智能管理系统和全自动智能管理系统两种。所谓半自动停车场管理系统,是指由人工完成收费,操作,其他功能诸如车辆识别、车位显示车辆引导等都可在计算机控制下自动完成。全自动停车场管理系统则通过设立自动收费站,无须操作员即可完成收费管理工作,实现所有停车场管理功能的自动化。

(1)智能停车场管理系统的构成

智能停车场管理系统由计算机管理中心和车辆引导系统、挡车系统、车辆识别系统、车位显示系统、收费系统等几个子系统组成。

①车辆引导系统

车辆引导系统由条型 IED 显示屏、车辆引导控制器、灯光引导指示牌组成。

感应器将车辆信息传至管理中心的计算机,由计算机控制引导车辆前进的灯光引导信息,车辆通过感应器后,车前的引导灯光先亮,车后的引导灯再自动关断,这样引导车辆驶向空位。

②挡车器系统

挡车器由金属机箱、电动机、变速器、动态平衡器、控制器、横杆、防碰检测器等组成。

为了防止碰撞事故的发生,挡车器系统一般还具有防碰车保护装置,根据其工作原理分为红外防碰装置、气动防碰装置和电子控制防碰装置。

③车辆自动识别系统

车辆的自动识别装置是停车场智能管理系统的核心技术,一般采用卡片识别技术,包括司机手持的磁卡、条码卡、IC 卡、非接触型 RF 射频识别卡等。

④车位显示系统

汽车驶入停车场后,为了提高各车位的利用率,并使客户迅速停在合适的车位上,智能停车场管理系统一般设有车位显示系统,该系统由车位探测器、供电器、控制器、LED 显示板组成。车位探测器安装在车位上方,当有车辆进入时探测器发出有车信号,控制器将显示板上的代表该车位的 LED 发光二极管发出的绿色变为红色,显示该车位已被占用。LED 显示板一般安装在停车场的入口处，以方便进入停车场的驾驶员根据显示板所显示的车位情况选择停车位。

⑤收费系统

收费系统由计算机、读卡机、网络控制软件组成，主要用于对临时车辆的停放进行识别、记录和收费，并兼有长期停放车辆的识别功能。

⑥智能停车场管理系统的管理中心

智能停车场管理系统的管理中心由中央控制计算机和停车场管理系统软件组成，负责整个系统的协调与管理。既可以独立构成停车场管理系统，也可以与其他计算机网相联，组成更大的集散控制系统，通常具有以下五种功能：

A. 实时监控。实时监控是指每当读卡器探测到智能卡出现，立即向计算机报告，在计算机的屏幕上实时地显示各出入口驾驶员的卡号、状态、时间、日期、驾驶员信息。

B. IC 卡管理。IC 卡管理的主要功能是发行、查询、删除、修改智能卡信息，包括持卡人、卡号、身份证号码、性别、工作部门、车牌号等，可以根据用户的需求自动删除或人工删除到期的 IC 卡。

C. 设备管理。设备管理的功能是对出入口读卡器和控制器等硬件设备的参数和权限等进行设置。

D. 报表功能。生成报表，以进行统计和结算。

E. 软件设置。可对软件系统自身的参数和状态进行修改、设置和维护，包括：口令设置、修改软件参数、系统备份和修复、进入系统保护状态等。

(2)智能停车场的工作流程

停车场智能管理系统本质上是一种分布式的集散控制系统，其工作流程如下：

①待停车辆驶近入口，可看到停车场车位显示与信号标志，标志显示入口方向与停车场内空余车位情况，若停车场未满，允许车辆进入停车。

②驾车员在入口处购置停车票、卡或将专用停车卡在验读机上读卡，或使用核准的停车场出入感应卡感应，入口栏杆升起放行。车辆驶入后，栏杆自动放下，阻挡后续车辆进入。

③进入的车辆可由摄像机将车牌、颜色甚至车型等信息影像摄入并传送到系统控制中心加以处理和储存，形成进入车辆的车牌数据。“车牌数据”与停车凭证数据(凭证类型、编号、进场日期、时间)一齐存入管理系统计算机内。进场的车辆在停车引导灯的指导下，停到规定的位置。同时系统反馈该车位已被占用。车辆驶离时，汽车驶近出口处，出示停车凭证经验读机识别，此时出场车辆的停车编号、出场时间、出口车牌摄像识别器提供的车牌数据和验读机读出的数据一起送入管理系统，进行核对与计费计算，若需当场核收费用，由出口收费器(员)收取。

④手续完毕后，出口栏杆升起放行，车辆通过后栏杆落下，车场停车数据减一，入口指示信息标志中的停车状态刷新一次。

3. 停车场的管理

(1)经营性停车场的选址

选址是经营性停车场投资决策成功与否的最重要因素，它与城市规划中的停车场选址有一定的相似之处。但是，由于这一类停车场除了配合城市交通疏导之外，还要求投资收益的最大化，因此在选址时还应考虑如下因素：

①停车需求。这主要指备选地周边的交通流和相关机构可能为停车场所带来的停车客户的多少,以及周边其他停车设施的形式、数量可能会对投资造成的影响。一般而言,在人口密集的生活小区或商业区的繁华地段修建经营性停车场是比较可行的。

②步行距离。各国对停车设施规划中的停车后步行时间都曾做过研究,人们一般倾向于停车后有短距离的步行即可到达出行的目的地。对美国的调查表明,人们对停车后步行距离有一定的可容忍范围,一个停车点要保证 95% ~85% 的使用者在其可容忍的服务半径以内。在日本,停车后步行距离一般大约为 200 ~300 m,界限为 400 m 左右。我国政府规定,市中心区的停车场服务半径不应大于 500 m。

③交通方便性。指停车场所处的交通环境造成的汽车到达停车场的难易程度,主要与停车场周围的路网结构和交通疏导方案有关,交通越方便,停车场的吸引力就越大。

④连通街道的通行能力。指连接停车场与城市主干道的街道,其通行能力必须要适应停车场建成后所吸引的附加交通量,并能提供车辆一定的等候排队所需的空间。

⑤征地拆迁的难易及费用。指拟建设停车场土地上是否存在建筑物需要拆迁,以及拆迁所需的成本和时间,是否有难度较大的地上、地下管线改造,是否存在地质处理等。

⑥建设方案与城市总体规划的协调。指在停车场的使用寿命内及服务范围内将来可能发生的停车源的变化,主要考虑新建街道或交通干道出入口布局和现有街道的改造。

(2)停车场建设的审批

停车场建设的审批在我国一般由公安交通管理部门牵头会同规划部门、土地管理部门和消防部门共同负责,公安交管部门负责根据城市总体规划的要求协助规划局制订有关城市停车场建设的专业规划。停车场地必须是硬质铺装(含草地水泥砖)。场地内的停车泊位要以白线标划清晰,每个停车泊位的规格为不得少于 5 m 长、2.5 m 宽,场地内的通道宽度在 6 m 以上。泊位斜排时,通道宽度在 4.5 m 以上。与通道平行设置的泊位规格为 6 m 长、2.5 m 宽。停车场须配置必要的消防设备、照明设备,消防通道不得设置停车泊位。室内停车场出、入口的数量、坡道的坡度以及转弯半径必须与规划设计方案相等。

(3)停车场的收费

2000 年 9 月 1 日,国家有关部门根据《中华人民共和国价格法》等有关法律、法规规定,制订、颁布了《机动车停放服务收费管理办法》,规定县级以上地方人民政府价格主管部门负责机动车停放服务收费方面的管理工作。机动车停放服务收费实行“统一政策、分级管理”的原则。

(4)停车场的消防管理

1998 年 5 月 1 日。由公安部编定,建设部批准实施了《汽车库、修车库、停车场设计防火规范》,从消防安全的角度对停车场、停车库的设计、建设提出了具体要求,内容包括:专业术语、防火分类和耐火等级、平面布局和平面布置、防火分隔和建筑构造、安全疏散、消防给水和固定灭火系统、采暖通风和排烟以及电器等。

12.4.2 汽车文化服务——多元汽车文化市场

汽车文化是汽车发明和发展中所创造的物质财富和精神财富的积累。是目前我国最具生机、影响面最广的产业文化。汽车文化不但有助于汽车工业的发展,有助于社会整体的发展,同时汽车文化的市场潜力巨大,产生了促进社会事业发展的联动效应,主要表现在:汽车展览、汽车赛事、汽车广告、汽车旅游、汽车夜市、汽车影院、新闻媒体等方面。

1. 汽车展览

汽车展览不仅是汽车企业家、汽车专家及有关人士的经营理念、产品形象、人格魅力的展示舞台，而且还散发着浓浓的汽车文化信息。汽车展览经常召开多种形式的研讨会，研讨汽车产业、汽车市场、汽车技术、汽车创新、汽车安全、汽车与环境保护节能及替代能源等问题，为汽车行业的发展，为大众的汽车消费开拓着美好的未来。汽车展览会带来更多的概念车型、新车型、汽车展会风格和文化氛围，让人们感受到世界汽车工业跳动的脉搏。

法兰克福车展、巴黎车展、日内瓦车展、北美车展和东京车展是世界著名的五大汽车展，最短的也有50年以上的历史。我国的北京国际汽车展已举办了九届，规模、档次已与五大汽车展不分上下，大有后来居上之势。这些车展都对世界汽车的发展起到了推动和促进作用，对促进世界汽车技术交流和汽车工业发展有着不可磨灭的功绩。

2. 汽车广告

从市场营销的角度讲，汽车广告发挥了重要的促销功能，汽车文化对广告的发展起着不可估量的作用。日本丰田车的经典广告语："车到山前必有路，有路必有丰田车"影响了两代中国人。现在，汽车广告在城市里已经非常普遍。各式各样的广告充斥着公共汽车的里里外外，特别是当举办体育比赛、商贸洽谈会、文化节、艺术节、博览会时，汽车广告更是无所不在，十分抢眼。一些商家还将专用运输车和售后服务车作为流动的广告牌走街串巷。影响面大、视觉冲击力强、虎实效果双体的汽车广告已成为各种形式广告中必不可缺的一部分。进入21世纪，各大汽车公司兼并联合，实施全球营销战略，使得众多知名品牌涌入世界各地，给综合了视觉、听觉、平面、立体等各类效果的广告及整个广告业创造出更多的契机、掀起新一轮广告投放热潮。

3. 汽车旅游

汽车旅游是昔日老百姓不敢想的，而现在，即便是没有私家车的爱好者也能将其变为现实。20世纪90年代初，我国兴起学驾热，现在非专职驾驶员数以百万计。加之，我国汽车租赁业勃然兴起。这一切，终于使汽车爱好者走近了汽车，自己驾车旅游，说停就停，想走就走，这种满足个体需求，体现个性情趣的驾车旅游，与跟随旅游团体而失去个体自由是无法相比的。因此，汽车旅游，方兴未艾，正处于快速成长期。

4. 汽车夜市和汽车影院

人们可到夜市观摩、购车。夜市有许多介绍汽车知识的宣传资料，播放着"新车介绍"专题录像片，还设有大排档，让人们在观摩、购车的同时，还可以品尝一下各地的风味小吃。在露天电影已消失的今天，作为汽车文化独特景观的汽车影院却悄然问世。在这里，轿车的泊位就是影院的座位，泊位的设计不会挡住视线。打开汽车音响，透过前窗玻璃，就可悠然地欣赏电影。在汽车影院每一辆轿车都是一个贵宾包厢，不必担心来自周边的干扰，尽情地享受生活。

5. 新闻媒体

汽车文化已成为人们日常生活的重要组成部分，各种汽车杂志纷纷问世，大多数报纸开辟了有关汽车的专栏、专版、专刊，电视台、广播电台、汽车信息网站，许多省市设有交通广播台也纷纷举办汽车专题报道，新闻媒体对汽车文化的形成与发展功不可没。

21 世纪,汽车会真正成为国人生活的一部分,只有当我们与车同在,与车同行时,才可能创造出形式各异的汽车文化。归根结底,汽车文化是以汽车为载体,以文化为依托,两者相辅相成,缺一不可。

12.4.3 多功能售后服务的平台——汽车俱乐部

1. 汽车俱乐部的性质

汽车俱乐部是比较直接的汽车售后服务行业,服务行业最重要的就是管理,即在于如何保证为会员提供承诺性的服务。从世界汽车俱乐部的情况来看,它们不是以盈利为目的,或是干脆建成非盈利组织。不以盈利为目的并不是不可以盈利,而是要求所有利润必须返回俱乐部,不能向与俱乐部无关的行业投资。俱乐部的收入都是来自会员的会费,所在地每一项投入必须让会员得到实惠。基于这一点,带来了一系列运作上的概念,才能保证会员的利益。反过来,要保证会员的利益,就必须不以盈利为目的。各国的俱乐部运作时都尽量避免利益冲突。我国的汽车俱乐部,除汽车救援之外,还有一个综合服务网,包括与驾车相关的各服务行业,比如汽车维修、保险、加油站等等。汽车俱乐部与厂家签订协议,让它们成为指定服务点,这样,会员无论在哪里都可以享受优质优价的服务。其实,是俱乐部把客源带到那里的。例如对修理厂来说,俱乐部介绍会员就是介绍生意,会员可以享受打折优惠,而且出现问题后,会员也会投诉俱乐部而非修理厂。不以盈利为目的引申出来的内容还非常多,如汽车保险,为了保持公正,必须代理三家以上的保险公司的车险,以保证会员有公平自由选择的余地,也是保险经纪人的概念。用这种方式建立汽车俱乐部,实际上是推行了一种新的商业法则和服务方式,并且这种方式的确具有生命力。

2. 汽车俱乐部的产生和发展

汽车俱乐部是以会员制的形式,将社会上高度分散的汽车组织到一起,通过发挥规模效应和服务网络的优势,为会员提供单个车辆很难得到的服务,给会员带来诸多方便和实惠,而俱乐部本身也从会费中取得一定收益。随着会员人数的不断增多,俱乐部服务的范围也在不断扩大,汽车生产企业、金融、保险、房地产、IT 产业都开始与俱乐部发生联系。

汽车俱乐部已有百年以上的发展历史。

随着私人购车的比例大幅度增加,越来越多的私家车主不断地涌现。汽车的使用过程比较复杂,车主会遇到许多问题。如,有与车主本人相关的驾照年审、安全学习、转籍过户等;有与车相关的日常保养、维修、年检、事故处理,以及交纳养路费、车船税、办理车辆保险等;另外,车在路上行驶的时候,也会发生故障。上述的种种问题,无不困扰着车主。为了让广大车主摆脱这些烦恼,从而使得有车的生活真正变得轻松,服务于广大驾车人士的汽车俱乐部不断地涌现。

如今汽车俱乐部在发达国家早已盛行,并且形成一个非常大的行业。据统计,世界各国汽车俱乐部的会员总数至少 2 亿。俱乐部这个组织形式不仅创造了大量就业岗位,而且每年营业额也很可观,如澳大利亚悉尼俱乐部有会员 200 万,每年营业额达到了 40 亿。

3. 汽车俱乐部的服务项目

汽车俱乐部大致可划分为以下几种类型:救援型、租赁型、文化娱乐型、企业型、汽车品牌型、综合型。汽车俱乐部因为有着强大的市场作为发展经营基础,它的成长速度是惊人的,在

这里,汽车不仅仅是代步工具,它已成为会员联系的纽带。汽车俱乐部的主要服务项目有:

(1)汽车救援

汽车救援是俱乐部的一个服务项目。由于它收费低,反应速度快,救援质量好,得到了各界很高的评价。汽车救援保证在承诺时间内准时到达,做到急修手到病除,大修免费拖至特约维修站,并为会员提供备用车、备用油,如果因发生事故而要求救援,还将协助车主报警。

(2)金融服务

金融服务在国外的汽车俱乐部中是很大的一部分业务,从信用卡开始到汽车贷款等包括很多服务。国外的许多服务都是借助信用卡实现的,比如异地租车,有了信用卡,租车行就不用担心租车客户不付钱的问题,如果持卡人不向银行付钱,俱乐部也会采取一系列追索办法,化解风险。

(3)车辆保险

在车辆出险后,向保险公司索赔是一件耗费精力的事情。但如果是俱乐部的会员,就可以放心地把理赔的繁琐手续留给俱乐部,而且还会先期得到由俱乐部垫付的车辆保险理赔款。

(4)维修保养

为了维修出险车、故障车,汽车俱乐部拥有自己的维修、配件、美容服务网络。这些服务网点在服务质量和工期上均接受俱乐部严格的审查,配件费用和工时费用由俱乐部严格监督,会员可在这个网络里享受相当程度上的打折优惠。

(5)展销咨询

咨询是为消费者购车当“参谋”。一些汽车俱乐部举办诸如“双休日家用轿车展销及免费咨询活动”。活动期间,工作人员向用户免费发放各种宣传材料,介绍各种家用轿车的技术参数和性能,同时,还免费提供售车咨询及汽车维修咨询服务。

(6)汽车旅游

一些汽车俱乐部创造性地提出了“汽车旅游”的新概念,适时推出汽车旅游新产品,并为汽车旅行提供便利条件。

(7)赛事运动

例如从1995年卡丁车运动传入我国,已先后成立了一批卡丁车俱乐部。在不久的将来,卡丁车运动也会像现在的台球、保龄球一样,成为全国健身运动项目之一。

(8)连锁租赁

连锁租赁是汽车俱乐部推出的重要举措。如各家汽车俱乐部实现联网,就可以打破区域界限,使租车实现“一地入会,各地驾车”。租车时不要押金,不必办理繁琐手续,可在各地租车、驾车和还车。

总之,汽车俱乐部的服务项目里包含着会员的汽车全过程、全方位的服务,会员车辆的更新手续、年检、保养、装饰、维修、救援、理赔以及为会员提供应急车辆都是俱乐部的基本服务项目。

下面举例,以汽车俱乐部为主的北京金港汽车公园的服务项目(见下页)该俱乐部要以“全面支持汽车生活”为娱乐宗旨;以保姆式服务以及特色服务为宗旨;以联合经营共同成长为经营宗旨。

为广大汽车爱好者搭建一个融洽而稳定事实上的结交朋友交流体会旅游度假、体育休闲、提高安全驾驶、完善驾驶技能增进友谊、享受文化的平台,其服务项目有:

1)机场接送服务

2)汽车加油服务

金港汽车俱乐部会员在金港汽车公园内部加油站加油,将享受会员优惠。

3)赛道使用(在没有商业活动或赛事的情况下)会员优先使用。金港汽车俱乐部目前有六条国际赛道,其中三条为国际标准。

①F 赛道

②金港 4×4 越野赛道,全程 13 公里,现有:碎石路、跷跷板、硬石坡、侧斜坡、硬石山、单双连连桥、浮桥、深水区等 16 处障碍,已经多次成功地举办了系列重大赛事,这里是越野爱好者的一大乐园。

③儿童越野赛道是仿制了成人使用的 4×4 越野赛道建成,内部障碍基本按照成人赛道,使用由意大利生产的儿童越野车(充电)。所有驾驶的小朋友都会事先接受培训,并在大人的带领下驾驶,同时需佩戴安全头盔。

④儿童方程式赛,提供多款儿童方程式赛车。

⑤安全驾驶场。

⑥卡丁车赛场,是按照国家标准建造的全长 1.1 公里超级卡丁车赛道,可举办国际级别卡丁车赛事。

4)金港汽车电影院

有近 200 平方米的超大屏幕,目前堪称全国第一,您可以坐在您的汽车里观看电影,并通过调频收音机收听音效。

5)金港湖深水垂钓服务

6)汽车团购服务(汽车贸易与服务)

金港汽车公园与北京亚运村汽车交易市场合作经营的亚市金港分市场,目前有各种新款车型上市,现在已经建成和正在建设中的奔驰、宝马、丰田、奇瑞、中华、马自达、瑞丰等 12 家 4S 店,为俱乐部提供团购新车的优惠服务。同时俱乐部为您积极提供汽车消费指导和旧机动车评估咨询,会员内部车辆交换出让、收购等提供信息服务。免费为您提供汽车选购、保养、技术指导、新车试驾服务等。

7)车辆改装、保养、维修、装饰服务

金港汽车公园现有亚洲著名车队区氏威豪、台湾著名汽车改装、车驰极品、骏途汽车改装、鑫议谋汽车维修厂,车酷后市场服务、BSA 亚洲知名龙骨生产厂家的等国内汽车专业服务公司为您提供全方位的维修、改装、保养、装饰服务。

8)饮食文化服务

汽车餐厅总面积为 1 500 平方米,内含餐厅大厅,标准包间,并配备了设备完善的厨房,可现场制作各类中西自助餐,能够承接各类大型宴会以及产品展览。同时各种咖啡吧、饮食吧、特色小吃将于近期入驻金港,为广大会员提供饮食文化服务。

9)家居服务

北京伊力诺依投资有限公司是金港汽车俱乐部的联合服务项目,为会员提供家具、家居、设计、咨询服务。

10)专业培训服务等

作为汽车俱乐部,安全驾驶培训和专业车手技能培训是必不可少的培训服务项目之一。

思考题

1. 请你叙述汽车售后服务的职责和作用以及工作内容。
2. 汽车贷款有哪些途径？说出申请汽车贷款的过程。
3. 什么是汽车租赁？汽车租赁的类型有哪些？
4. 汽车保险的险种有哪些？投保汽车保险应注意哪些事项？
5. 谈谈你对汽车售后服务的新领域的了解。

第 13 章　汽车营销模式

学习要点

- 初步掌握系统了解现行的汽车市场营销模式。
- 系统了解正在培育成长中的新型汽车市场营销模式。
- 学会根据特定的市场环境和企业的自身条件、选择、组合、优化市场营销模式。

汽车市场营销模式对汽车企业开拓汽车市场、建立有效运营机制具有举足轻重的作用。随着汽车市场的不断发展,汽车市场营销模式发生了深刻变化,现行的营销模式受到了冲击,与国际接轨的现代营销模式被引入国内,进入市场并在培育发展中得到了创新,使我国汽车市场营销模式呈现出多元化特征。

汽车营销模式分为两类:一类是现行的汽车营销模式;一类是现代汽车营销模式。

13.1　我国现阶段实行的汽车市场营销模式

本节简要介绍当今比较通行的几种汽车市场营销模式,重点介绍特许经营的理念和规范标准。

13.1.1　代理制

代理制是营销领域中的虚拟经营模式,通过代理制借助中间商的分销系统来销售产品,这是一种已被证明且非常有效的分销网络模式。与汽车生产需要专业化分工协作一样,汽车的销售也要走专业化协作的道路。从对世界各大汽车公司销售渠道的分析中,可以看出代理商组成的销售网已成为各大汽车公司的重要销售渠道。

代理制的优点:

第一,可实现产销分工,调动生产厂家和销售代理商两方的积极性。产销分离,可以减轻企业的负担,降低企业的经营成本,分担企业的经营风险。

第二,销售专业化,有利于提高销售效率,符合市场经济体制的要求。

第三,销售专业化,可以使代理商集中精力做好销售工作,销售网点可以更多、更贴近用户,使销售活动更灵活主动,适应市场变化。

随着改革的深化,以及加入 WTO 后,国内外市场的接轨,代理制已经显示出它的专业化优势。一些有经营实力、有一定规模的销售网络主渠道为将来的批发代理奠定了基础。私有经销商的产生与发展,也将为零售代理创造条件。

我国汽车生产企业推行代理制可采用如下方式：一是产销双方协商签订特约经销性质的代理协议；二是由代理商全权代理一个地区的销售业务；三是把生产企业的部分经销站改造成代理商。

随着经销形势的不断发展，代理制的形式和内容将不断完善和丰富。

13.1.2　品牌专营

品牌汽车专营是指由汽车生产企业向经销商授权，只经营销售专一汽车品牌，向消费者提供全方位服务的汽车营销模式。

品牌专营模式是目前各大厂商发展的重点。这种专用模式适合于实力比较强的一些汽车生产厂家，他们生产的汽车产品系列全、款式多，可以在很大程度上满足不同消费者的需求，比如上海大众、广州本田、上海通用、一汽等国内厂家，目前已经开始构建自己的品牌营销模式。这些专卖店集整车销售、零配件供应、维修服务和信息反馈功能于一体，即“四位一体(4S)模式”。该模式从根本上体现了服务的专业化、方便化、优质化。

品牌专营模式有利于整顿混乱的营销局面，强化营销资质认定，规范了汽车交易行为。由于责任明确、产品售后服务更有保障，对于广大消费者来说利大于弊。这种销售队伍的优胜劣汰可以起到净化汽车流通市场的积极作用，有利于促进汽车工业的健康发展。

13.1.3　特许经营制

特许经营(Franchise)也成为经营模式特许(Business Format Franchise)或特许连锁(FranchiseChain)。特许经营是一种营销产品(服务、技术)的体系，是基于在法律和财务上分离和独立的当事人(特许人和受许人)之间紧密而持续的合作基础之上的营销产品(服务、技术)体系，依靠特许人授予单个受许人权利，并附以义务，以便其使用特许人的概念进行经营。此项权利经由直接或间接财务上的交流，许可受许人在双方制订的书面特许合同的框架之内，使用特许人的商号、商标或服务标记、经营诀窍、商业技术方法、持续体系及其他工业知识产权。

特许经营在本质上是一种连锁经营的市场销售分配方式，其基本特征如图 13.1 所示。

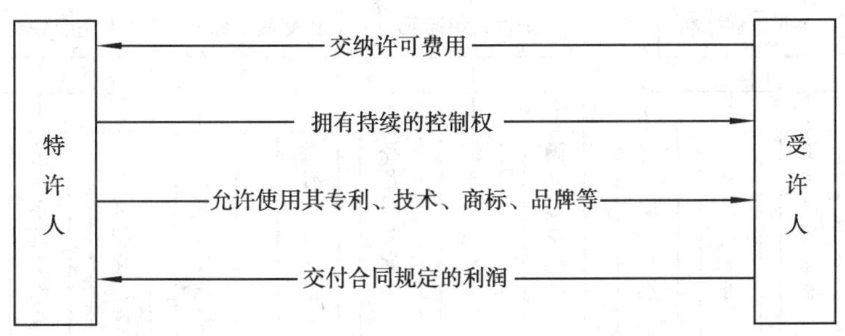

图 13.1　特许经营基本特征

目前国内汽车市场上，以“四位一体”为核心的特许经营模式以其自身的优势和与我国国情的良好匹配，赢得了国内汽车生产销售企业和用户的一致认可。图 13.2 的数据体现了其出众的认同度和强大的生命力。

特许经营体系主要有四方面的标准要求：

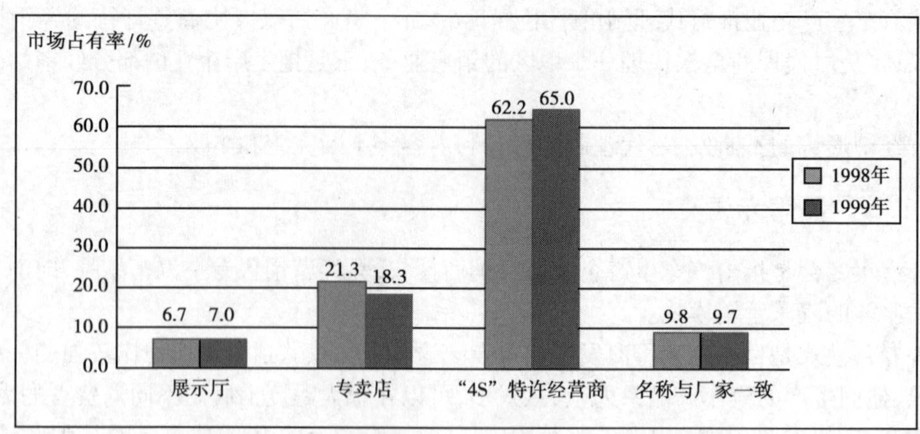

图 13.2　特许经营模式与其他经营模式的认同度比较

1. 特许经销商的资质标准

(1)依法成立的民事主体,具备独立承担民事责任的能力,并且是具有汽车经营权的企业法人。

(2)具有相当的汽车经销经验,从事汽车交易达一定年限,并具有良好的经营业绩。

(3)总注册资金不得少于人民币 150 万元。

(4)申请者必须持开户银行 AA 级以上的信誉证明。

(5)必须具备以实物或货币形式为所经销的商品作担保或抵押的能力。

2. 4S 标准

特许经营四位一体(4S)经营模式的标准如图 13.3 所示。

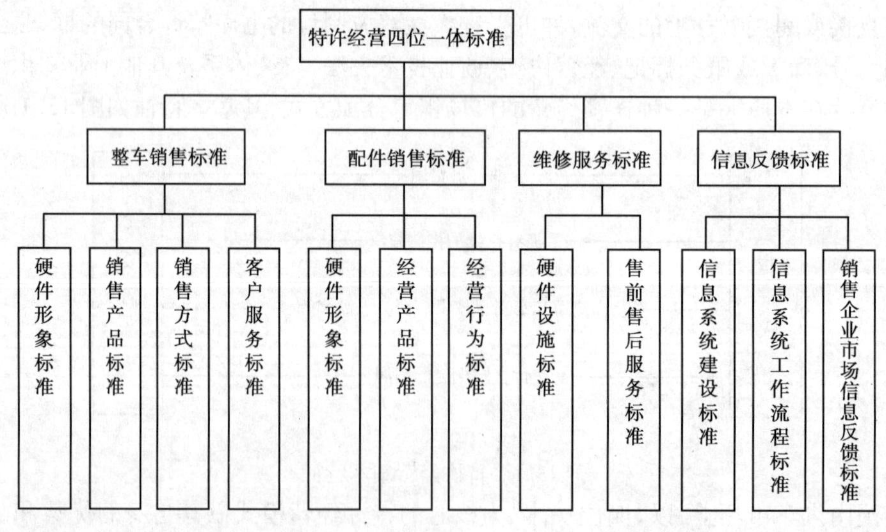

图 13.3　特许经营四位一体(4S)标准

3. 营销标准:"八大统一"

(1)统一收购。大宗汽车货源,均须由汽车贸易公司及各地的分销中心的相关部门统一收购,零散货源可由各地网点自行收购,并报总部备档。

(2)统一检测。对汽车的检测均由各地网点(含特许经销商网络和集团公司自有网络)按公司制订的相关标准统一检测。

(3)统一评估。聘请专家进行鉴定指导,开发汽车交易鉴定估价系统,在对汽车进行评估时均以此系统为标准。对不同品牌、不同车型、不同地区、不同使用年限、不同破损程度的汽车制订出符合实际的国家指导价格。

(4)统一价格。统一各地的汽车交易税费,在统一估价的基础上,做到在任何市场,任何经办人员对同一辆车的报价相同。

(5)统一广告。全国范围内的广告活动,由该汽车贸易公司市场部统一规划布置各网点执行,局限于某一区域的广告活动则由当地网点视活动大小报当地分销中心和集团公司总部批准执行。

(6)统一配送。各地流动的汽车资源,由公司统一组织配送。

(7)统一运行。全国的特许经营网点和公司自有网络的运行、日常行为参照公司制订的相关标准,出现突发事件视严重程度和情况紧急程度报各地分销中心和集团总部批示。

(8)统一促销。统一执行促销行为的办法和标准同“统一广告”。

4. 资金结算与财务管理标准

(1)资金结算标准

特许经销商在办理现款购车业务时,应以银行汇票或本票等形式将车款汇入汽车贸易公司或其地区分销中心指定的账号,关于各种车型的现金折扣和贴息罚息政策详见该汽车贸易公司财务部颁布的有关规定。

特许经销商在办理融资性销售业务时,包括买方信贷、分期付款和批量租赁业务,应按该汽车贸易公司所属的金融服务部的有关资金结算的规定执行。

(2)财务管理标准

①特许经销商企业内部应建立起规范的会计机构及良好的会计稽核制度。

②特许经销商应根据汽车贸易公司财务部提供的会计软件进行账务处理,按期提供汽车贸易公司需要的会计信息。

③特许商应定期编制各项财务报表,做好各项财务收支的计划、控制、分析和考核工作。

④特许经销商固定资产折旧使用快速折旧法,其折旧标准不受地方政府和母体公司会计制度的限制。

⑤特许经销商应积极开拓融资渠道。

13.1.4　连锁经营

连锁经营是流通产业结构的调整由许多中小企业通过组织上和经营上的联合而形成的经营网络。连锁店的经营业务在不同程度上受总店的控制。其主要特点一是经营理念的统一;二是经营管理的统一;三是企业识别系统及经营商标的统一;四是商品和服务的统一。其管理制度相当标准化,规模适当、数量较多、分布面广,能获得规模经营的各种利益。如通过统一的连锁形象能提高和扩大商店规模经营的声誉,通过大量采购能降低进货成本,市场信息比较充分,有利于随时了解消费者的需求变化,作出相应的变动。

连锁经营的王国美国,由于流通系统比较简单,其连锁经营型的分类也比较简单明了。美国的分类一般分为两大类:一种是“商品商标型连锁经营”,简称 P&T 型连锁;我国的所谓“供应连锁”即属于此种类型另一种是“经营模式型连锁经营”,简称 BF 连锁。占到全部连锁经营店的四分之三以上。

日本由于有它独特的流通体系,且比较复杂,因此,也有一套它自己的分类方式,一种叫正规连锁 RC/直营连锁;另一种叫自愿连锁 VC/自愿加盟;第三种特需连锁 FC/特需加盟。

在我国汽车市场与国际接轨,美日等发达国家的连锁模式已被引进结合中国的国情有所取舍,有所发展,主要有三种类型,即正规连锁、自由连锁和特许连锁。

正规连锁是指在由总部出资同一资本控制下的众多分散经营的店铺组合。其特点是所有的店铺都由其总部直接控制,实行统一采购、统一定价、统一核算、统一配送、统一外观形象,各门店实际上只具有销售的功能。自由连锁是指由许多独立经营的加盟店出资合同外观形象基本一样小店铺自愿联合、统购分销、相互协作约束力松散的连锁组织形式加盟店有较大自主权特需连锁是以总部为主加盟店为辅,由加盟店出资,但合同约束力强,加盟时间多为一年以上外观形象完全一样。

13.1.5　汽车城

汽车城即汽车交易市场,集纳众多的汽车经销商和汽车品牌于同一场地,形成集中的多样化交易场所。它不仅便于消费者购车时比较选择,而且具有服务快捷、管理规范的优点,是集咨询、选车、贷款、保险、上牌、售后服务于一体的汽车营销新模式。此外,汽车城内热烈的交易气氛和规模经营所营造的良好购车氛围,以及由此产生的示范效应,再加上与之毗邻的相关汽车服务市场的繁荣,都是汽车城有别于其他汽车营销模式的独特优势。

比如国内的亚运村汽车交易市场,上海国际汽车城等。国际著名的汽车城,如美国的底特律、日本丰田市、德国沃尔夫斯堡等,它们大多依托当地发达的汽车制造业,把汽车贸易、物流、服务多功能集于一体,并发挥起文化交流和产业集聚的效应,进行功能外延,成为集汽车贸易中心、博览中心、物流中心、研发中心、信息中心、服务中心和文化交流中心为一体的综合性汽车服务场所。

13.1.6　二手车市场

二手车泛指已在公安局车管部门上完牌照的机动车。二手车是汽车商品一个重要的组成部分,是汽车流通中的一个重要环节,二手车市场能够满足买卖双方的需要,方便交易并且为新车增加市场容量提供了支持条件,二手车市场的培育和发展影响着整个汽车行业的发展。因此,二手车市场有着广阔的发展潜力和前景。

二手车交易主要涉及车辆技术鉴定和整修、价值评估、交易服务等三个环节。

13.1.7　汽车超市

它与专卖店最大的不同之处在于:汽车超市是可以代理多家汽车品牌,可以提供多种品牌的选择和服务。

13.1.8　租赁业务

开展汽车租赁业务,对用户而言,可使用户在资金短缺的情况下,用少部分现钱而获得汽车的使用权。汽车投入使用后，用户用其营利所得利润和其他收入在几年内分期偿付租金，最终还可以少量投资得到汽车的产权，可以使用户避免货币贬值的风险；对运输经营者而言，租赁业务可使用户享受加速折旧、税前还贷、租金计入成本、绕过购车手续等优惠；对汽车生产厂家来说，可以拓宽销售渠道，增加汽车的生产。

13.2　强调要素整合与要素互动的“整合营销”

在残酷的市场竞争的形势下，国内外汽车生产厂家和经销商们为更大程度地扩大市场份额，不断探索适应市场环境发展变化的有效的营销模式。实践表明，良好的营销战略成为战胜对手，立足市场的有效保障。随着市场营销理论水平的不断提高和实践的不断深入，目前，国际市场上又出现了一些新的营销理念，并已在人们的营销活动中逐步得到体现。

在诸多的现代的营销理念中，最引人注意的是整合营销战略。整合营销的理念是使企业内外整个价值链上的所有要素链节的整合。有人称之为现代企业新市场战略或 21 世纪的营销革命。

对于整合营销的定义至今营销界还是仁者见仁，智者见智，各执一词，但它们的基本思想是一致的。即以消费者的需求为中心，提供产品或服务，同时为产品或服务提供者带来长远的经济效益，贯彻于其中的就是波特教授所说的产品/服务价值链。波特在《竞争优势》中指出：“每一个企业都是用来进行设计、生产、营销、交货以及对产品起辅助作用的各种活动的集合”，“一定水平的价值链是企业在一定产业内的各种活动的组合”。波特还列出了产品的价值系统。

13.2.1　从 4Ps 到 4Cs

1.4Ps 的提出

传统的 4P 市场营销组合策略即现在我国市场营销理论的基础是由美国密歇根州立大学迈卡锡教授提出的，即产品（Product）、价格（Price）、渠道（Place）和促销（Promotion）。这各种理论的经济学基础是厂商理论，它仍然是以企业利润最大化为中心开展营销活动的，而没有真正认识到顾客需求的满足是企业获取利润的唯一途径。它所指导的营销决策是一条单向的链，如图 13.4 所示。

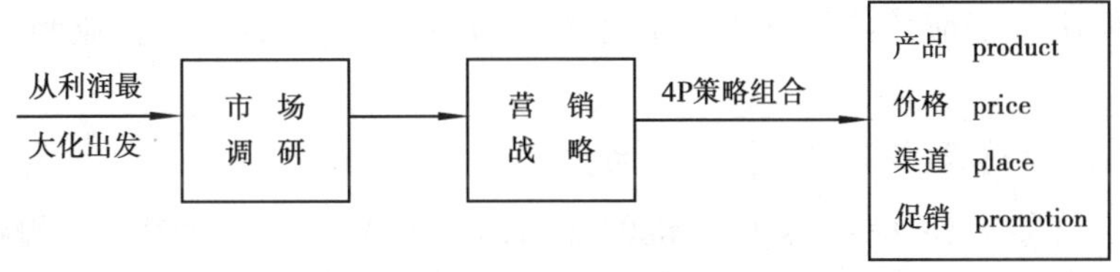

图 13.4　4P 营销策略组合链

2.4Cs 的提出

1990 年，美国学者劳特朋教授提出了与传统营销的 4Ps 相对应的 4Cs 理论，见图 13.5

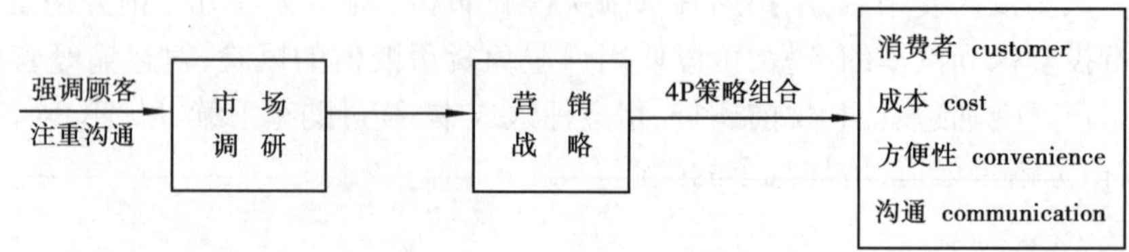

图 13.5 4C 营销策略组合链

所示：

4C 即消费者的需求与欲望（Consumer needs and wants）、消费者愿意付出的成本（Cost）、购买商品的便利（Convenience）、沟通（Communication）。

4Cs 理论指出：

——把产品先搁到一边，应着重研究消费者的需要与欲望，不要再卖你能制造的产品，而要卖消费者想买的产品。

——暂时忘掉定价策略，而是了解消费者要满足其需要与欲求所须付出的成本。

忘掉促销策略，应当思考如何给消费者方便以购得商品。最后应忘掉直接的促销手段，而是要与消费者进行双向的沟通。理论的提出引起了营销传播界及工商界的极大反响，它成为整合营销理论核心。

3.4Ps 理论的思考基础是以企业为中心、4Cs 理论的思考基础是以消费者为中心

4Ps 理论只适应于供不应求的卖方市场或竞争不太激烈的市场营销环境。在竞争激烈、产品供大于求、消费者个性化、媒体细化、信息膨胀、顾客挑剔等营销环境条件下，应该和必须把消费者直接作为市场营销的决策变量，由经营企业转化为经营消费者。

4Cs 理论，首先强调要注意消费者的需求与欲望。只有深刻探究和领会到消费者的真正需求与欲望，才能获得最终的成功。产品的品质、文化品位都取决于消费者的认知。真正的营销价值是顾客的理解，要为消费者提供合适的产品，必须调查消费者的内心世界。因此，只有充分与消费者进行沟通，了解其产品知识、品牌网络、产品的效用需求及其评价标准、消费者的个性品味等因素，才能找准顾客心理，获得消费者。企业产品策略只是企业向消费者传达利益的工具和载体，也就是满足顾客需求与欲望的形式。企业发展产品策略必须从消费者的需求与欲望出发，而不是从企业的研究与开发部门出发。现代整合营销理论模式的指导思想是最大程度地满足顾客需求，以达到开拓市场、增加利润的目的。整合营销理论的本质是顾客需求管理，即利用国际互联网对售前、售中及售后各环节进行跟踪，并满足顾客需求。从 4P 到 4C 的核心是每一个决策都应该给顾客带来价值的前提下寻找能实现的企业利益。如图 13.6 所示。

4.整合营销战略思想发展的三大动力

第一归因于信息技术的推动。计算机的普遍运用大大提高了营销信息的容量与利用效率，信息的筛选、集成与数据库的建设使营销的知识不断积累并成为企业知识体系中最能体现竞争能力的部分。企业之间电子数据交换（EDI）技术的发展和因特网的迅速推广运用，使营销信息与知识的获取与传递跨越了时空限制。在理论上可以实现对营销资源与策略在全球市场的重新布局与优化配置，并随着信息技术的进一步突破，在实践中这一可能也正在逐步转化为现实。

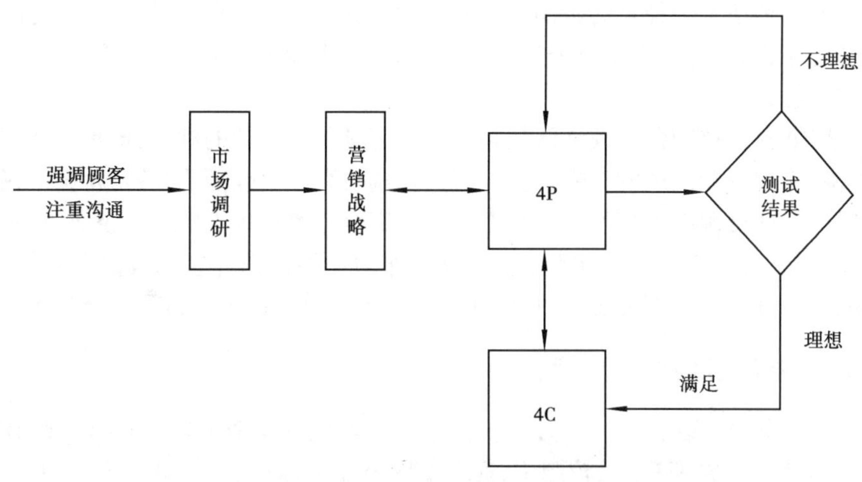

图 13.6　整合营销的本质

第二，国有企业探索摆脱市场萧条与竞争加剧困境的努力直接推动了营销创新。在产业结构调整与重新组合的过程中，加强了对企业营销功能的整合，在倡导营销哲学上以顾客为中心、以市场为导向，在营销策略与技术上寻求对市场需求变化的快速领先反应，由此不断尝试对传统框架的突破。

第三，现代营销思想的发展，蕴含于管理领域各学科的创新与进步的过程之中。20 世纪 80 年代，波特的竞争优势理论启发了企业对抗外部竞争的战略性思维。这一全新战略理论直接纠正了企业过度关注外部力量的竞争导向偏向，使企业在营销战略的重新设计上更加关注对内部营销资源的整合，以挖掘与跟踪需求动态来创造市场机会，以主动应对变化的策略来寻求竞争优势。此外，20 世纪 90 年代初兴起的公司再造理论（ERP）其出发点与归结点是企业要以顾客需求为中心来重新设计业务流程，以寻求快速反应于市场的竞争优势。

正是种种营销理论与实践的突破，使得整合营销的出现成为必然。而且其核心思想也在于真正重视消费者行为反应，与消费者建立良好的双向沟通。通过双向沟通，双方建立长久的"一对一"的营销关系，以满足消费者需要的价值为取向，确定企业高水平的营销策略，协调不同的传播手段，选择不同的传播工具，树立品牌竞争优势，提高消费者对品牌的忠诚度，达到提高市场占有率和市场份额的目的。我国经济发展很快，市场规模不断扩大，同样存在着产品、技术、制造、营销手段同质化的问题，而且比西方国家有过之而无不及，模仿现象严重。制造差异化，特别是创造营销和传播的差异化，赢得更多的消费者对企业来说就更显得重要和迫切。正因如此，整合营销及其理论能够在中国企业界里较快地得到应用。

13.2.2　整合营销战略的实施与应用层面

整合营销含义的演变过程表明，其创始者已经赋予了整合营销以新的内涵，结合整合营销理论的最新进展，可以将整合营销在企业中的实施与应用分为以下几个层面。

首先，整合营销既是一种新的营销思想和理念，更是一种管理思想和管理理念，是企业发展战略和经营战略的重要部分。

其次，整合营销又是一种管理体制和管理手段。作为一种管理体制，就是将整合从市场营销部门的行为提高到整个公司的行为，使其成为企业经营战略的基础。

最后,整合营销还是一种新的营销理念和营销模式。是在产品同质化和市场营销手段相互模仿、市场趋于饱和、消费者难以分辨优劣的背景下,企业实现差异化和赢得更多顾客的营销理念和营销模式。

在全员营销时代,整合营销战略既是企业开展市场营销活动的利器,也是企业管理中整合各种有效资源,实现企业发展的有效手段。通过长期研究和实践证明,整合营销不仅对于大企业,特别是对于那些资源有限、竞争力弱,而又处于完全竞争市场中的中小企业,也具有十分重要的应用价值。整合营销理论在这类企业中既可作为一种营销理念和营销手段,更可以用作一种管理理念、管理体制和管理手段,从而使发展了的整合营销可以得到更充分地实施。

13.2.3 整合市场营销的定义

整合营销一词的英文缩写为IMC,目前它的中文表达不完全一致,如混合营销沟通、整合营销传播、整合营销沟通等等,比较起来,采用"整合营销传播"这一术语似乎更好。在论述IMC定义时,广告主、广告公司、媒体机关、学术研究者等的观点及定义都不同,表13.1表示了从不同角度出发的IMC理论研究。

表13.1 IMC的各种观点列表

从广告主的角度看IMC	以广告、推销、公共关系等多种手段传播一贯的信息,整合传播战略,以便提高品牌和产品形象
从媒体机构上看IMC	大型的媒体公司在20世纪80年代吞并了别的媒体机构成为庞大的多媒体机构。所以不是个别的媒体实施运动,而是以多种媒体组成一个系统,给广告主提供更好的服务
从广告公司的角度看IMC	不仅是广告,而且灵活运用必要的推销、公共关系、包装等诸多传播方法,把它们整合起来,给广告主提供服务
从企业研究者或经营战略研究者的角度看IMC	使用资料库,以争取更多的消费者。从消费者立场出发进行企业活动,并构筑传播方式,以容易接受的方法提供消费者必要的信息。关注消费者的购买行为,实施能够促进与顾客良好关系的传播活动

13.2.4 整合营销的提出是在整合营销传播的基础上提出来的

1. 整合营销传播

美国广告协会和美国西北大学整合营销传播教授舒尔茨对整合营销传播的定义为:"这是一个营销传播计划概念,要求充分认识用来制订综合计划时所使用的各种附加价值的传播手段——如普通广告、直接反应广告、销售促进和公共关系,并将之结合,提供具有良好清晰度、连贯性的信息,使传播影响力最大化。"这一定义的关键在于使用各种促销形式使传播的影响力最大化。也有专家认为,整合营销传播需要有"大构想"去制订营销促销计划,协调各种传播机构,要求企业在了解包括促销的所有营销活动及如何与顾客沟通的基础上,制订整合营销传播策略。

2. 整合营销

在早期对整合营销传播界定的基础上,近年来舒尔茨又对整合营销的含义做了进一步的完善和发展,提出"整合营销就是一种适合于所有企业中信息传播及内部沟通的管理体制,而这种传播与沟通就是尽可能与其潜在的客户和其他一些公共群体(如雇员、立法者、媒体和金融团体)保持一种良好的、积极的关系”。整合营销既是一种营销手段、理念和营销模式,更是一种沟通手段和管理体制,对外具有有效管理的作用。因此,在整合营销被广泛应用于企业营销的基础上,舒尔茨又重点强调企业内部管理信息的整合和对外传播信息及渠道的整合,并认为这才是整合营销战略的发展趋势和基本的发展方向。

3. 整合营销战略

可以发现,整合营销战略应该是以由外而内的战略为基础,以整合企业内外部所有资源为手段,以消费者为核心而重组企业的管理行为和市场行为。这不仅要求企业要变单一分散传播手段为多种综合式的传播手段;坚持“一个观点,一种声音”的原则,要求与消费者及客户建立持久良好的关系,尤其是建立顾客品牌关系;同时要求企业每一位员工都参与到营销传播中来,并致力于价值链的建设,要求提高传播的效率,必须将传播信息转化为具体概念、影响和声音。只有以整合营销为基础重整企业的营销和整体管理战略,才能使企业各部门的每个职员和各职能部门都负起沟通的责任,使企业发出的所有信息都起到加强企业形象的作用,并最终实现塑造独特的企业形象,创造最大的品牌价值这一整合营销的终极目标。

整合营销传播理论一经产生就得到了广泛的应用。整合营销理论是在 1997 年前后开始传入我国的,并在中国一些大型企业得到市场实际的应用,对中国企业经营界、企业咨询界、广告界影响都极为深刻。整合营销传播战略的目的就是使企业所有的营销活动在市场上针对不同的消费者,进行“一对一”的传播,形成一个总体的、综合印象和情感认同。这种消费者细分是建立相对稳定、统一印象的过程,就是塑造品牌,即建立品牌影响力和提高品牌忠诚度的过程。整合营销战略抓住了这种“定制化营销”的趋势。

13.2.5　我国企业实施整合营销的必要性

1. 加入 WTO 后的需要

随着我国加入 WTO,我国的汽车生产企业面对的是世界级的对手——实力庞大的跨国公司。其优势在于营销管理规范,运作系统完善,市场控制能力一流,市场策划手法稳健。它们曾以传统的营销方式打入中国市场,获益良多。现在又实施客户关系管理,整合营销传播,顾客忠诚战略,更是如虎添翼。如果我们不做好准备,不强化自我营销能力,一旦大量跨国公司涌入,我国企业很可能将被挤到同质化的低利润市场,甚至有可能失去市场。

2. 吸引消费者的需要

当今信息时代,媒体众多,信息庞杂,消费者无所适从。其中企业和市场规模不断扩大,存在着产品、技术、营销手段同质化的问题,而且比西方国家有过之而无不及。在同一卖场,同类的产品摆上货架,售前、售中、售后服务大都如出一辙,消费者难分优劣。在这样的情况下,企业需要调整传播手段,强调差异化的传播,并对各种传播手段加以整合,使企业向消费者传递的信息和谐一致。创造营销和传播的差异化,可以赢得更多的消费者。

3. 培育品牌忠诚度的需要

全球经济趋向一体化,市场主动权向顾客转移,品牌和品牌营销重要性不断突出,使企业对市场营销传播的整合已不再是可选择性的,而是一条强制性的必走之路。今天这样一个注意力经济时代,被称为眼球经济的时代,忽视传播是难以建立品牌形象和企业形象的,更别说消费者对企业品牌的忠诚度。而中国目前企业品牌的感召力是有限的。

对于我国企业来说,整合营销传播有较强的适用性。中国企业目前要么是没有现成的成熟营销模式,要么属于改变现有营销模式所需付出的代价较低,这两种情况都适合推行整合营销传播。而且,中国文化的整体观较强,在整合方面更为自然,更为适合。

13.2.6 我国企业实施整合营销的途径

1. 树立整合营销观念

整合营销是一种新的营销方式,但它是整合基础上的营销。因此,企业应首先树立系统化、一体化的管理思想。站在消费者的角度,对企业内部的管理流程和外部的相关利益群体进行整合。

2. 构建立体传播体系

整合营销强调与顾客进行全面沟通,而不是单纯以促销手段吸引消费者的关注。它通过综合协调地使用各种传播方式,与消费者进行双向沟通,建立"一对一"的营销关系。

3. 人力资源的开发

整合营销传播把责任加到每一个人的肩上。它需要具有团队精神的人员,需要他们具有整体责任感,并善于承担新的责任。

13.2.7 整合营销下不同层次战略的联结

整合营销的目的在于创造顾客和企业的双赢模式。企业从4Cs出发,在顾客需求驱动下,按照消费者需求,开发和生产提供给消费者合适的产品,并以顾客愿意付出的成本控制产品成本和确定合适的价格,以满足顾客购物的便利性为先决条件进行产品的分销,并通过持续一致地与顾客保持双向沟通来发现顾客需求和实现顾客需求。

如何使顾客得到满足的同时,又使企业目标得到实现呢?这要求通过整合营销把企业战略、企业营销战略和营销沟通战略联结和协调起来,通过整合营销把顾客利益,顾客需求纳入到企业管理体系之中,把顾客需求和顾客利益转化为企业利益和企业目标。

1. 企业各层次战略必须协调一致

根据企业经营活动所涉及的范围及各种业务流程,可把企业分为三个层次:企业、营销和营销沟通,这三个层次之间是相互联系的。

企业战略是最高决策行为,但企业战略决策不可能在真空中进行,必须以战略业务单位为基础。

成长战略的目标是最大限度地扩大销售和提高市场份额,比较重要的战略组合要素是营销、研发和工程。维持战略的目标是尽量减少和避免销售额减少和市场份额下降,相应的战略组合要素是营销、工程和人事。收获战略的目标是利润最大化、相应战略组合要素是制造、人事和会计。创新战略的目标是市场领先,相应的战略组合要素是营销和研发。放弃战略的目标是现金流量最大化,相应战略要素是财务。

营销作为企业战略要素之一,必须与企业战略很好地联结起来。营销战略受企业战略目标的控制。营销是企业战略组合要素,同时营销也有自己的战略,营销战略可分为成本领先,标新立异和目标集中三种战略,它们可以单独使用,也可以结合起来使用。

2. 企业各层次战略必须与消费者需求、欲望和认知相一致

营销战略就是要考虑如何比竞争对手更好地满足顾客需要。企业把顾客的需要转化为企业生产的产品,产品只是满足顾客欲望和需求的载体。需要和欲望的满足是通过合适的产品利益来实现的。顾客需要衣服,就想购买皮尔·卡丹上装;需要食品,想得到一个汉堡包;需要被人尊重,就购买一辆梅塞迪斯轿车。因此,营销战略是通过向顾客提供产品,以特定产品利益来满足其特定需要而实现的。品牌与消费者关注的利益的有机结合是营销战略的核心问题。

沟通战略则是解决如何根据消费者认知状态和购买行为,把有关品牌和相关利益"塞进"消费者心里,形成品牌偏好。因此,沟通方式和沟通信息必须与消费者购买行为和消费者原有的知识和经验一致。

13.2.8 整合营销条件下的营销创新

1. 消费观念创新,确立感性营销观念

消费者感性要求的提出是市场发展的必然结果。这种趋向表现在商品上,要求借助于商品实现情感寄托、个性展示、感情交流的需要,它显示出市场的发展已进入一个新的阶段。面对感性消费时代的来临,企业必须更新营销观念,把重点从量的生产到质的生产最终转变到感性商品上来,使商品能够满足消费者的某种感情消费。感性营销是一种以市场需求为导向研究消费者心理活动及变化,从而进行抉择的市场营销观念。它是将传统的经营倒转过来,首先了解消费者的市场需求,然后确定满足需求的具体商品形式,最后生产产品并将其推向市场。

2. 产品价值创新,改变商品价值构成

价值创新的目的在于重新改变商品的价值构成,使其在较低成本的基础上满足消费者对于价值的期望,因此,价值创新既包括成本控制又包括创造产品之外的价值。在传统的营销过程中企业往往把商品生产的成本作为最主要的定价基础,消费者也把获得具体的商品作为度量价值的依据,在感性消费的条件下,通过整合营销传播,在企业与消费者沟通的基础上建立的商品的价值结构已发生了明显的变化,除了产品价值之外,商品的价值更多地表现在服务价值、人员价值、品牌价值上。

要实现价值创新,企业必须进行经营观念的调整,建立以客户为中心的经营策略,从而降低成本,使企业运行更符合市场法则,实现市场份额的扩大、利润的增长。

3. 配套服务创新,开创知识型服务

随着市场的发展,当今社会已经从工业经济时代进入服务经济时代,服务不仅是消费过程中不可缺少的内容,而且也将主导消费与市场营销的方向。目前对于售后维修服务业一般都比较重视。许多企业将其列为服务承诺制的主要内容,采取切实措施,取得很大成效,受到广大消费者的普遍欢迎。然而随着高科技进入千家万户,那种类似上门安装、送货到户、负责保修等服务形式已不能满足更多消费者的需要。广大消费者迫切需要厂家提供知识服务,尤其希望有专门的机构和人员开展便捷的技术指导。

4. 沟通方式创新,改善企业与消费者关系

在未来的营销背景条件下,企业与消费者之间的关系将决定营销的成败。当企业与消费

者处于一对一的状况下,传播将会是建立及维持关系不可缺少的要素。营销即是基于传播建立企业与消费者之间进行沟通的途径。如果企业与顾客没有达成双向的沟通,双方关系破裂,消费者就有可能拂袖而去;而一旦进行有效的沟通,使消费者对企业的品牌形成一定的品牌忠诚度,企业的产品就能顺畅而持续地销售出去,从而实现企业的营销目标。

5.经营战略创新,全方位实现顾客满意

随着全球市场信息化和一体化趋势的日益强劲,消费者需求、市场竞争、品质观念等发生着根本性的变化,由此一种全新的经营战略——顾客满意战略日益受到全球企业界和理论界的关注。在美国,从汽车业到银行、旅游等服务性行业等,现都开始发布顾客满意度排行榜。顾客满意营销战略的核心是提高顾客对本企业产品服务及形象的满意程度。这一经营观念有别于过去的顾客至上、顾客是上帝的观念。顾客满意战略中的顾客是一种广义的概念,其不仅包括终端消费者而且包括与企业合作的经销商乃至社会大众。因为任何消费者都是社会中的消费,社会群体中的任何一方的不满都可能对营销造成损害。

13.2.9 网络整合营销理论

在当前的后工业化社会中,第三产业中服务业的发展是经济主要的增长点,传统的以制造为主的正向服务型发展,后工业社会要求企业的发展必须以服务为主,必须以顾客为中心,为顾客提供适时、适地、适情的服务,最大程度上满足顾客需求。互联网络作为跨时空传输的“超导体”媒体,可以为顾客提供及时的服务,同时互联网络的交互性可以了解顾客需求并提供针对性的响应,因此可以说互联网络是消费者时代中最具魅力的营销工具。

互联网络对市场营销的作用,可以通过对4Ps(产品/服务、价格、分销、促销)结合发挥重要作用。利用互联网络,传统的4Ps营销组合可以更好地与以顾客为中心的4Cs(顾客、成本、方便、沟通)相结合。

1.产品和服务以顾客为中心

由于互联网络具有很好的互动性和引导性,用户通过互联网络在企业的引导下对产品或服务进行选择或提出具体要求,企业可以根据顾客的选择和要求及时进行生产并提供及时服务,使得顾客跨时空得到满足所要求的产品和服务;另一方面,企业还可以及时了解顾客需求,并根据顾客要求组织及时生产和销售,提高企业的生产效益和营销效率。

2.以顾客能接受的成本定价

传统的以生产成本为基准的定价在以市场为导向的营销中是必须摒弃的。新型的价格应是以顾客能接受的成本来定价,并依据该成本来组织生产和销售。企业以顾客为中心定价,必须测定市场中顾客的需求以及对价格认同的标准,否则以顾客接受成本来定价是空中楼阁。企业在互联网络上则可以很容易实现,顾客可以通过互联网络提出接受的成本,企业根据顾客的成本提供柔性的产品设计和生产方案供用户选择,直到顾客认同确认后再组织生产和销售,所有这一切都是顾客在公司的服务器程序的导引下完成的,并不需要专门的服务人员,因此成本也极其低廉。

3.产品的分销以方便顾客为主

网络营销是一对一的分销渠道,是跨时空进行销售的,顾客可以随时随地利用互联网络订货和购买产品。

4. 压迫式促销转向加强与顾客沟通和联系

互联网络上的营销是一对一和交互式的，顾客可以参与到公司的营销活动中来，因此互联网络更能加强与顾客的沟通和联系，更能了解顾客和需求，更易引起顾客的认同。

13.3　关系营销——企业与微观市场环境要素的互动

关系营销（Relationship Marketing），由美国市场营销学家杰克逊在 20 世纪 80 年代中期提出，是把营销活动看成是一个企业与消费者、供应商、分销商、竞争者、政府机构及其他公众发生互动作用的过程，其核心是建立和发展与这些公众的良好关系。企业与顾客之间的长期关系是关系营销的核心，是保持和发展这种关系营销的重要内容。

13.3.1　关系营销的概念和特征

1. 概念

所谓营销，是把营销活动看成是一个企业与消费者、供应商、分销商、竞争者、政府机构及其他公众发生互动作用的过程，其核心是建立和发展与这些公众的良好关系。

2. 本质特征

（1）双向沟通

在关系营销中，沟通应该是双向而非单向的。只有广泛的信息交流和信息共享，才可能使企业赢得各个利益相关者的支持与合作。

（2）合作

一般而言，关系有对立与合作两种基本状态。只有对立和合作才能实现协同，因此合作是“双赢”的基础。

（3）双赢

关系营销旨在通过合作增加关系各方的利益，而不是通过损害其中一方或多方的利益来增加其他各方的利益。

（4）亲密

关系能否得到稳定和发展，情感因素起着重要作用。因此关系营销不仅要实现物质利益的互惠，还必须让参与各方能从关系中获得情感的需求满足。

（5）控制

关系营销要求建立专门的部门，用以跟踪顾客、分销商、供应商及营销系统中其他参与者的态度，由此了解关系的动态变化，及时采取措施消除关系中的不稳定因素和不利于关系各方利益共同增长因素。此外，通过有效的信息反馈，也有利于企业及时改进产品和服务，更好地满足市场的需求。

13.3.2　关系营销的实施

1. 顾客关系营销的实施

这里的顾客泛指购买和使用本企业产品和服务的个人、机构，具体包括使用本企业产品和接受本企业服务的消费者、分销商、政府、社会团体等。

(1)设立顾客关系管理机构

建立专门从事顾客关系管理机构,选派业务能力强的人担任该部门总经理,下设若干客户经理。客户经理的职责是制订长期和年度的客户关系营销计划,制订沟通策略,定期提交报告,落实公司向客户提供的各项利益,处理可能发生的问题,维持同客户的良好业务关系。

(2)个人联系

个人联系即通过营销人员与顾客的密切交流,增进友情、强化关系。比如,有的市场营销经理经常邀请客户的主管经理参加各种娱乐活动,双方关系逐步密切。

(3)频繁营销

频繁营销规划也称为老主顾营销规划,指设计规划向经常购买或大量购买的顾客提供奖励。奖励的形式有折扣、赠送商品、奖品等。通过长期的、相互影响的、增加价值的关系,确定、保持和增加来自最佳顾客的产出。

(4)俱乐部营销规划

俱乐部营销规划指建立顾客俱乐部,吸收购买一定数量产品或支付会费的顾客成为会员。

(5)顾客化营销

顾客化营销也称为定制营销,是根据每个顾客的不同需求制造产品并开展相应的营销活动。其优越性是通过提供特色产品、优异质量和超值服务满足顾客需求,提高顾客忠诚度。

(6)数据库营销

顾客数据库指与顾客有关的各种数据资料。数据库营销指建立、维持和使用顾客数据库以进行交流和交易的过程。数据库营销是一种借助先进技术实现的"一对一"营销,可看作顾客化营销的特殊形式。数据库中的数据包括现实顾客和潜在顾客的一般信息、交易信息、促销信息、产品信息等。数据库维护是数据库营销的关键要素,企业必须经常检查数据的有效性并及时更新。

(7)退出管理

"退出"指顾客不再购买企业的产品或服务,终止与企业的业务关系。退出管理指分析顾客退出的原因,相应改进产品和服务以减少顾客退出。退出管理可按照以下步骤进行:

第一步,测定顾客流失率。

第二步,找出顾客流失的原因。按照退出的原因可将退出者分为:价格退出者、产品退出者、服务退出者、市场退出者、技术退出者、政治退出者。企业可绘制顾客流失率分布图,显示不同原因的退出比例。

第三步,测算流失顾客造成的公司利润损失。流失单个顾客造成的公司利润损失等于该顾客的终身价值,即终身持续购买为公司带来的利润。流失一群顾客造成的公司利润损失更应仔细计算。

第四步,确定降低流失率所需的费用。如果这笔费用低于所损失的利润,就值得支出。

第五步,制订留住顾客的措施。由于公司或竞争者的原因而造成的顾客退出,则应引起警惕,采取相应的措施扭转局面。

2. 内部关系营销的实施

企业的内部关系是指企业组织机构内部各组成元素之间的相互关系。内部市场营销是关系营销的重要组成部分,也是传统营销所忽视的部分。

(1)重视员工的关系

人乃企业之本,企业应切实关心员工的利益,培养员工的自豪感,增强企业的向心力和凝聚力。同时,员工是贯彻营销策略的最直接的一个环节。员工对公司、对营销策略的态度如何,直接关系到营销的成败。

(2)重视员工的利益

一方面必须关心员工的物质利益;另一方面,精神激励也是一个重要的内容,也就是说应关心、引导并充分满足员工的精神需求。

(3)重视员工的培育

企业应该在招聘时让员工清楚地知道自己在企业中的定位,同时也明白进入企业后的发展方向。具体的做法是可以设立事业发展辅导服务中心,专为员工提供各种有关事业发展的讲座、录像带和书籍及符合员工个人程度的软件。

(4)重视沟通

企业应通过各种方式,及时让员工了解企业的经营状况,并且把员工的意见与建议迅速地反馈给相应的部门,以作为决策的依据。为了培养忠诚的员工,企业要通过对员工实行教育,使他们了解企业的使命、价值观、经营管理思想与优良传统,认识企业的文化,从而增强员工的凝聚力与向心力。企业在制订政策、制度和管理措施时,应多方面采纳意见;实施时,企业应通过收集员工委员会或员工个人的反馈意见、与辞职员工的谈话来评估这些措施。

(5)让员工参与管理

参与管理指从企业计划的制订到方案的拟订执行,由员工与管理层共同参与。一方面为员工提供自我表现的机会,极大激发他们的创造力;另一方面,可以及早发现企业经营管理的意见分歧与执行障碍,从而提高企业的运作效率。

(6)重视部门间关系

一个部门和其他部门共同进行的活动很可能会影响企业的成本行为和经营差别化,从而带来竞争优势,因为:部门的整合可以节约成本;相互联系可以使相关部门的信息得以共享;提高活动的效率。

3.竞争者关系营销的实施

在现代市场条件下,企业与竞争者对手之间的关系不是一方吃掉另一方,而是寻求共同利益,形成相互适应、相互协调、共同发展的和谐关系。关系营销理论注重于同竞争对手建立良好关系,谋求共同发展。

(1)竞争者的关系协调

企业必须正确认识到与竞争者之间发生冲突和对抗情绪是不可避免的,搞自我封闭是行不通的,企业要想得到长足的发展,必须要加强与竞争者之间的沟通。

①公平竞争

公平竞争不仅是一个行业繁荣发展的基础,也是协调竞争者之间关系的基本规范。作为不同的利益主体,为了避免被行业淘汰,企业与竞争者之间极有可能发生激烈的冲突和严重的对抗情绪等,但这种矛盾只能通过增强自身实力来解决,通过正当的、合法的、道德的手段去参与竞争,赶超竞争对手,只有这样,自身才会获得长远的发展。

②互相学习

互通有无、互相支持、互相学习能提高自己的竞争实力。管理经验、营销方法、财务流程等都是学习的内容。学习竞争者的经验一般是有偿的,可以把自己的顾客介绍给对方,支持或援助竞争对手的某一事业或活动等。需要注意的是,在学习的同时,应该合理控制信息流动,保护自身的竞争优势,防止对方得到我方应予以保护的关键信息。

③相互沟通

现代企业之间要求得长足的发展,搞自我封闭是不行的,必须要加强与竞争者之间的沟通。这种沟通可以是正式的,也可以是非正式的。

(2)竞争中的合作关系

企业必须具有强烈的竞争意识,认清其所面临的竞争对手及竞争威胁,但同时也必须要认识到合作的必要性和合作的价值,研究不同的竞争者与本企业之间的各种关系,并努力创造条件,发展并建立与他们的各种合作关系,在竞争过程中合作。

①确立合作伙伴

合作的首要条件是真诚,双方要诚心相待,否则不但达不到合作的良好效果,反而削减双方的实力。其次应明确合作的原因与目的,这样在合作的过程中就能“采其长,补己短”最终实现企业的战略目标。除此之外,在合作时对对方要有尽可能详细的了解,如对方合作的目的、对方的资金状况、对方的信用记录等。

②合作的类型

按照合作的主体划分,有行业竞争性合作、地缘性合作和规模经济性合作。

行业竞争性合作指一个或两个以上同行业企业共同组建一个作业中心,担负某一功能环节,各企业共同负担成本和风险,共同分享利益。

这里的地缘性主要指“商业中心”。对处于商业中心内的商业企业而言,应该采取正确的地缘性竞争战略。首先,企业要充分认识商业区域竞争的客观性和意义;其次,处于同一个商业区域内的企业,应尽量采取错位竞争的策略;第三,同一中心内的企业要共同认识本区域所处的地理位置,分析商圈的大小,认清本区域的竞争优势和特点,协调行动,通过联合行动、互补经营等形式,形成区域的特色,扩大区域的功能和营销能力;第四,树立整个区域的整体形象。

规模经济是一个重要的经济概念,对商业企业同样具有重要意义。一个商业企业是否具备必要的经济规模,往往在很大的程度上影响其竞争力。为了形成必要的经济规模,求得规模效益,企业可以通过自我扩张的方式,也可以通过企业并购的资产重组方式。合作竞争还可以有其他的战略,比如规避风险性联合战略、互补性联合战略等。

③建立恰当的关系

由于联盟伙伴之间往往存在着既合作又竞争的双重关系,双方应对联合与合作的具体过程和结果进行谨慎细心的谈判,摒弃偏见,求大同,存小异,增强信任。

(3)合作中的竞争关系

合作关系是竞争者关系的重要组成部分,可以充分利用对方的优势弥补自己的短处,推动竞争双方的发展。但企业在合作过程中应意识到,合作并非是全部,合作中仍要加强自身的竞争实力。

在合作过程中,企业要清醒地认识所面临的竞争环境,认清所面对的各种不同的竞争力量及自身的竞争实力,合作中不失自主性。

在合作过程中,一方面对于协议所要求的内容要诚心地合作;另一方面企业要合理控制信息流动，保护自身的竞争优势，防止对方得到我方应予以保护的关键信息，作出有损我方的行为。

多数的联盟协议规定，参与联盟的企业不得与联盟涉及的领域发生直接的竞争，因此在签署这个协议时务必谨慎从事，因为双方企业的战略地位在将来可能会发生巨大变化，与联盟发生冲突是双方所不愿看见的。联盟双方所拥有的技术应当进行适当保护。

(4)供应商关系营销的实施

供应商是指那些向企业提供各类产品以供企业进行生产或者销售活动的各经济单位。供应商关系营销就是要在精心挑选供应商的基础上与供应商建立长期紧密合作和互惠互利的关系，在产品开发、产品质量、制造、后勤、营销等方面进行全面的沟通与合作。

①建立供应商关系

重点是如何物色供应商，企业可重点考察供应商的技术实力、生产规模、管理水平、人才优势、商业信誉、质量保证、价格让渡及企业文化，同时还要分析供应商在其所在的行业中的竞争地位、市场占有、发展战略等，并根据自己对原料或配件需求的特点来选择优秀的供应商。对同一类产品的供应商选择在数量上要合适。

②维持供应商关系

企业应有计划、有组织地制订和推行供应商关系政策，并详细确立与政策一致的供应商关系目标和计划方案，从内部开始做出改善供应商的努力。企业必须与供应商进行有效的双向沟通，相互交流，促进了解。可采取的方法有个别交流、互访活动、定期或不定期召开供应商会议等。

③与供应商共同发展

在正常情况下，企业能够从供应商那儿获得较多好处，但要考虑到，在非正常情况下，如过度的价格竞争，行业结构的改变等，供应商处在逆境之时，企业要尽可能给供应商以支持，如资金支持、技术援助等，帮助供应商渡过难关。

(5)关系营销实施的影响者

企业的影响者包括政府、企业所在地的社区及新闻媒体、公共事业等其他的一些公众团体，他们对企业的生存和发展有着重要的影响。

①实行 CI 战略，塑造企业形象

CI 战略是一项系统工程，它与企业的经营战略紧密相关，其核心组成部分是包括理念识别、行为识别和视觉识别三个子系统的企业识别系统。通过这一识别系统，将一个企业与其他企业区别开来，并培养起公众对该企业的信赖感和认同感，从而增强企业的竞争力，推动企业的发展。CI 战略是通过对企业的精神特征、行为表现、外部标识等，组成整体形象的诸多因素的具体设计，把企业的整体形象推向社会，并努力使公众认识、认可企业的整体形象。

②积极与政府部门沟通

首先，企业要了解各级政府部门机构设置，各部门机构的权力、职能、工作范围和运作程序，对企业业务主管部门的情况进行了重点了解和掌握，并与政府主管部门及其人员建立和保持良好的关系；其次，要及时了解国家的方针政策、法律法规，分析政策的变动原因和趋势，向企业提供领导有用的决策资料。同时，企业应积极参与政府管理部门的各项活动，听取政府对企业的评价和看法，并积极主动地向有关部门汇报，提出建设性意见，协助政府及时调整在政策制订和实行过程中的问题，达到相互了解，互相支持。

③做一个为社区公众所接受、爱戴的“好公民”

社区是否接受企业取决于企业是否给社区带来利益和企业与社区公众关系的和谐程度。因此企业应了解社区的政治、经济、文化各方面的情况，与社区团体建立和保持良好的关系，主动向社区公众通报企业的情况，并表达向社区的发展做出贡献的良好愿望；同时，要将这良好的愿望付诸行动。如维护和美化社区的环境，安置下岗人员就业，资助失学儿童，资助教育、文化、福利、体育等公益事业，维护社会治安，通过企业带动社区经济的发展。

13.3.3 网络关系营销理论

关系营销是1990年以来受到重视的营销理论，它主要包括两个基本点：首先，在宏观上认识到市场营销会对范围很广的一系列领域产生影响，包括顾客市场、劳动力市场、供应市场、内部市场、相关者市场，以及影响者市场（政府、金融市场）；在微观上，认识到企业与顾客的关系不断变化，市场营销的核心应从过去的简单的一次性交易关系转变到注重保持长期关系上来。企业是社会经济大系统中的一个子系统，企业的营销目标要受到众多外在因素的影响，企业的营销活动是一个与消费者、竞争者、供应商、分销商、政府机构和社会组织发生相互作用的过程，正确理解这些个人与组织的关系是企业营销的核心，也是企业成败的关键。

关系营销的核心是保持顾客，为顾客提供高度满意的产品和服务价值，通过加强与顾客的联系，提供有效的顾客服务，保持与顾客的长期关系。并在与顾客保持长期关系的基础上开展营销活动，实现企业的营销目标。实施关系营销并不是以损伤企业利益为代价的，根据研究，争取一个新顾客的营销费用是老顾客费用的5倍，因此加强与顾客的关系并建立顾客的忠诚度，可以为企业带来长远的利益，它提倡的是企业与顾客双赢的策略。互联网作为一种有效的双向沟通渠道，企业与顾客之间可以实现低费用成本的沟通和交流，它为企业与顾客建立长期关系提供有效的保障。这是因为，首先，利用互联网，企业可以直接接收顾客的订单，顾客可以直接提出自己的个性化的需求。企业根据顾客的个性化需求利用柔性化的生产技术最大限度满足顾客的需求，为顾客在消费产品和服务时创造更多的价值。企业也可以从顾客的需求中了解市场、细分市场和锁定市场，最大限度降低营销费用，提高对市场的反应速度。其次，利用互联网企业可以更好地为顾客提供服务和与顾客保持联系。互联网的不受时间和空间限制的特性能最大限度方便顾客与企业进行沟通，顾客可以借助互联网在最短时间内以简便方式获得企业的服务。同时，通过互联网交易，企业可以实现对整个从产品质量、服务质量到交易服务等过程的全程质量的控制。

另一方面，通过互联网企业还可以实现与企业相关的企业和组织建立关系，实现双赢发展。互联网作为最廉价的沟通渠道，它能以低廉成本帮助企业与企业的供应商、分销商等建立协作伙伴关系。如前面案例中的联想电脑公司，通过建立电子商务系统和管理信息系统实现与分销商的信息共享，降低库存成本和交易费用，同时密切双方的合作关系。有关网络关系理论的应用将在后面网络营销服务策略中进行详细介绍。

13.4　绿色营销和网络营销

13.4.1　绿色营销——追求最终社会效益为目标的营销

1.绿色营销的概念和特征

(1)概念

绿色营销是在绿色消费的驱动下产生的。所谓绿色消费,是指消费者意识到环境恶化已经影响其生活质量及生活方式,要求企业生产、销售对环境影响最小的绿色产品,以减少危害环境的消费。

绿色营销指的是企业在充分满足消费需求,争取适度利润和发展水平的同时,注重自然生态平衡,减少环境污染,保护和节约自然资源,维护人类社会长远利益及其长久发展。将环境保护视为企业生存与发展的条件和机会的一种新型营销观念及活动,它是指企业以环境保护观念作为其经营哲学思想,以绿色文化为其价值观念,以消费者的绿色消费为中心和出发点,力求满足消费者绿色消费需求的营销策略。

(2)特征

绿色营销是传统营销的延伸及发展,就营销过程而言,两者并无差异,都包括市场营销调研、目标市场选择、制订企业战略计划及营销计划、制订市场营销组合策略等。但如果对两者进行深入剖析,将会发现它们研究的焦点、输入的营销信息、目标顾客的需求,以及四大市场营销策略等方面,均显现出不同的特征。

绿色营销相对于传统营销而言,主要有以下几个方面的特征:

①营销的目标从最大限度地刺激消费转为追求可持续消费

绿色营销要求在可持续消费的前提下实施营销活动。

②营销服务的对象从消费者扩展到消费者和社会

在绿色营销中,企业在满足消费者需要的同时,其行为还必须符合环境保护的要求,符合社会合理、有序发展的要求。当消费者的需求与社会的需求相冲突时,企业的营销不能损害社会的利益,而应妥善处理好这一矛盾,协调好两者的关系。

③顾客的性质发生重大变化

传统营销仅仅把人看做是消费者,其研究的出发点是如何通过营销活动及时满足其消费需要;而绿色营销研究的是如何通过企业的营销活动满足人的物质和精神等多方面的需求,研究如何从毫无约束的消费物质资源转向保护自然资源。

④需要的含义大大发展

传统营销所指的需要是消费者一般的欲望或需要。而绿色营销认为,人的需要和欲望是多样性的,除传统营销所指的需求之外,还力求满足消费者环保需求、消费者绿色消费需求等更多方面的需求。

⑤对顾客满意(简称 CS)进行重新定义

传统营销所指的满意集中于产品和服务在被消费时得到满意,而绿色营销要求达到的满意,不仅在产品被消费时,而且还包括提供产品时和产品被消费后。

⑥企业文化发生本质变化

在传统营销条件下,企业文化在本质上是竞争文化。在绿色营销概念下,企业实施绿色文化,既要求企业更多地注意人的导向和价值,也应把竞争对手更多地看作伙伴,尤其是环境保护的合作伙伴。

⑦为整体营销管理增加了新的内容

整体营销管理指企业应以实现顾客满足为出发点,管理营销和整个企业。在绿色营销概念下,企业在整体营销中必须考虑绿色产品与包装、产品生产和营销过程中的污染和废弃物,考虑原料和能源的节约,考虑企业的外部环境及供应商的环境业绩对企业的影响,并以此实施企业的整体管理。

2. 绿色产品

(1)绿色需求的拉动

所谓绿色产品,狭义上是指不含任何化学添加剂的纯天然食品或天然植物制品。广义上说,是指生产使用及处理过程中符合环保要求,对环境无害或危害极小,且有利于资源再生和回收利用的产品,绿色环保清洁汽车就在其中。

人们对绿色产品需求的增加主要原因:一是可持续消费,这是人们对绿色产品需求的增长的原动力;二是由于环保意识的加强所导致的消费趋向;三是人类需求层次攀升的结果,珍惜生命、追求高质量的生活逐渐代替只求生存的消费目标;四是现代科技的快速发展和消费者购买能力的不断增强,使人类的追求与期望绿色消费成为可能。

(2)受到法律环境的约束

企业在其生产经营过程中,必然会受到当地政府及有关部门的政策、法律、条例的管制和约束,特别是受到环境标志制度的影响,使得企业不得不实行绿色营销。

环境标志也称为绿色标志、生态标志。它是由政府管理部门或民间组织按严格的程序和环境标准颁发给生产者,附印在产品包装上,以向消费者表明该产品或服务从研制开发到生产使用直至回收利用的整个过程均符合生态和环境保护要求。环境制度体现了一种正确的管理思想,是一种可持续发展的思维,同时也是一种有效的管理手段。

(3)绿色效益的驱使

随着人们对环境保护知识了解的越来越多,消费者逐步认识到绿色产品是一种属于优质的、短缺的商品。在经济条件许可的情况下,出于健康的考虑和环境保护的意识,绿色产品普遍地受到消费者的欢迎和青睐,其市场价格通常要高于一般商品的价格。

(4)提高企业形象和拓展市场的客观需要

近年来,许多国家特别是发达国家,为了保护本国市场、限制别国商品的进入,而构筑起一种新型的非关税壁垒——绿色壁垒。一些国家规定,对无环境标志(即绿色标志)的产品,在进口时要在质量和价格方面予以限制,甚至拒绝进口。

3. 绿色汽车——清洁替代燃料汽车

(1)绿色汽车的内涵

汽车作为特殊的商品,其销量、保有量的增长速度很快,而其对人类生存环境的污染也日益加剧。汽车排出的废气和噪声被一致认为是城市中的公害,它影响着人类的身体健康,污染着人类生存的环境,成为较严重的社会问题。美国最新研究表明:汽车排放管和工厂的烟囱一样，释放的有害气体已成为无形杀手，其危害程度大于车祸。

2001 年 6 月，一项对美国圣保罗、墨西哥城、圣地亚哥和纽约四城市的污染情况的研究报告，汽车车辆废气污染导致死亡的人数已经超过交通事故。该研究报告反映的情况，与世界卫生组织调研报告基本吻合。美国环保组织估计到 2020 年，全世界约有 800 万人死于空气污染，其中汽油和煤的燃烧，导致人们因为哮喘、心脏病、肝脏功能等失调而死亡的占绝大部分。

汽车排放的废气中的污染物主要包括一氧化碳、碳氢化合物、氮氧化合物、铅化合物等有害物质。据有关专家检测，一辆汽车在行驶过程中，平均每天约排放出的一氧化碳为 3 千克，碳氢化合物为 0.2 ~0.4 千克，氮氧化合物为 0.05 ~0.15 千克。当然由于发动机类型、排量、燃料、技术状态、运行时间、气候、道路条件等，上述数据可能会有所不同。"环保汽车"、"绿色汽车"的提出是社会进步的产物。汽车"零污染"倡导引发了一场新能源技术的竞争，也促进了汽车"无污染"法律的制定和贯彻。

(2)国外汽车厂商纷纷研制"绿色汽车"

作为绿色革命的战略手段，也为了汽车企业的生存和发展，近几年来世界各大汽车厂商争相研制无污染、低污染的"洁净汽车"，并纷纷制订出市场推广时间表。世界汽车厂商争相研制"洁净汽车"的原因主要有三方面：顺应环保的需要；解决石油资源不足；政策和技术的需求。不少国家已出台了限制汽车尾气排放的法规，而使用传统的燃油发动机汽车技术很难达到，这样新能源汽车，特别是燃料电池汽车越来越受到重视。

世界汽车业巨子美国通用公司及其在德国的子公司欧宝公司 2000 年推出了"氢动 1 号"燃料电池汽车，该汽车在悉尼奥运会上大放异彩；福特公司不久前将新研制的燃料电池汽车在欧盟总部布鲁塞尔炫耀了一番；戴姆勒-克莱斯勒公司以奔驰 A 系列为基础的最新燃料电池汽车"新能源 5 号"最近在柏林亮相，引起不小的轰动。

从目前发展的情况来看，具有发展前景并替代石油成为能源的技术有天然气、混合动力、醇醚燃料、液氢技术和燃料电池技术。通用公司的专家透露，到 2010 年通用公司的燃料电池汽车产量将占汽车总产量的 10%，2025 年这个比例将上升到 25%。天然液化石油气、醇醚燃料是不可再生资源，而且很难达到零排放标准，所以只能作为过渡燃料。混合动力汽车指的是在城市内使用电能，在郊外或高速公路使用柴油或汽油推动以解决交通的需要，显然也只能作为过渡产品。

现在汽车能源技术的革命有以下几种发展方案：宝马大力进军液氢技术，使用液氢直接替代汽油，不需对现有的汽车动"大手术"。以戴姆勒-克莱斯勒、福特和三菱为一方；通用、丰田另一方，结成两大汽车方阵展开了燃料电池汽车技术的开发竞争。其原理是氢气和氧气在燃料电池中发生电化学反应产生电能，推动汽车前进。前者(戴)采用的是通过车载反应器将甲醇转换成氢气的燃料电池汽车技术；后者(通)不加反应器，直接使用液氢或通过汽油重整制氢技术。

(3)我国的清洁环保汽车

①天然气汽车(CNG)液化石油气汽车(LPG)

液化石油气汽车和天然气汽车有时统称为天然气汽车。按天然气(或液化石油气)与汽车的匹配特点，天然气汽车可分为：天然气专用汽车、两用燃料汽车和双燃料汽车三类。

根据全国第二次油气资源评价资料，我国天然气总资源量为 38.04 万亿立方米，潜力虽大，但我国的国情是"缺油少气相对富煤"天然气资源主要用做民用燃料，一批有条件的大中城市正在积极推广使用液化石油气作动力燃料。

我国天然气汽车起步较晚,各地发展很不平衡,北京、上海多见液化汽车,哈尔滨、重庆以天然气汽车居多。

②醇醚燃料汽车

甲醇燃料汽车主要用煤基甲醇燃料原料丰富、工艺路线多样化、生产成本低,是我国替代燃料的最现实选择。M15 甲醇汽油不需要改动发动机,易于推广,M85 高比例甲醇汽车受加注站制约,现主要用于公交车,目前,山西、陕西等十一个省市正在试点推广。

乙醇燃料汽车主要是用粮制乙醇做燃料的 E10 乙醇汽油,在吉林、河南等7 个省市试点推广,乙醇燃料是可再生资源替代能源,但从我国的国情出发,宜发展非粮食制乙醇,同时研发低成本生产工艺。

二甲醚是用甲醇脱水生产的清洁燃料目前正在上海、山东等研发示范中。

③电动汽车

国家科技部已将电动汽车列为国家重大科技产业工程项目,由机械工业部承担概念车的研究攻关任务,广东省承担经济实用型改装车及试验示范区的任务。根据广东省电动汽车协调指导小组计划,率先在南澳岛、广州、深圳等地设立试验示范区。

④有轨电车

近年来,一度被冷落的有轨电车在国外正"卷土重来"。以欧美为中心,有 38 个国家、330 个城市在使用包括轻轨在内的有轨电车,而且大有发展之势。国外新兴的现代有轨电车已不再是人们记忆中的古老运输工具,由于广泛采用了新技术、新工艺、它具有许多独特优势。

首先,电力驱动,没有污染。运行时废气少,噪音小,因此被许多国家重视。

其次,运能大,车速快,且有较好的调节能力。有轨电车单向每小时最大载客能力不低于 1.2 万人次,介于公共汽车和地铁之间,同时还可以灵活挂接车厢,增加乘客,时速可达 25 ~ 35 公里,比汽车快 10 ~ 15 公里。

第三,投资少,乘坐舒适安全。有轨电车的总造价仅是地铁的 1/10,结合道路改造和利用,现有的电车供电设施投资会大大减少。由于在轨道交通系统中采用现代信号技术、控制技术和计算机管理技术,给车辆安全运行创造了条件。

⑤无铅汽油

国务院规定,我国在 2000 年已完全禁止生产、销售和使用含铅汽油。推广无铅汽油是大势所趋,但这只是降低汽车尾气排放的第一步。应当看到,真正要解决汽车排放的问题,关键还在汽车本身。纵观世界各国对汽车排放限制的标准,主要是尾气排放的一氧化碳、碳氢化合物、氮氧化物、燃料箱和加油过程中蒸发排放的碳氢化合物,以及含氟汽车空调冷冻剂,汽车的铅污染目前尚未列入限制项目。去掉汽油中的铅,目的是为了更好地使用催化手段来解决排气污染的问题。因此,使用无铅汽油,并不意味着排气污染的解决。要从根本上解决排气污染问题,应尽早地产生出符合我国国情的催化装置,以及开展燃油喷射电子化等一系列降低排放措施的综合应用。

4. 绿色营销的实施

汽车市场营销追求的绿色营销的实施是一个涉及面广的系统工程,需要政府、企业与消费者的协同作用,也需要广泛的国际性合作。

(1)政府、企业与个人的协同

①政府方面

首先,政府要树立替代能源战略,环境战略和可持续发展战略观念。可持续发展战略是指社会经济发展必须同自然环境及社会环境相联系,使经济建设与资源环境相协调,使人口增长与社会生产力发展相适应,以保证实现社会良性循环的发展。其次,政府要根据国情,参照国际惯例,不断完善绿色法规,对现行的环保法进行修改,制定保护自然环境的法律法规。最后,政府要制定绿色政策体系,诸如环境保护政策、绿色市场培育政策、清洁、替代能源政策、资金及税收支持政策、土地使用政策等。

②企业方面

首先,企业要树立绿色营销观念和绿色营销目标。其次,制订绿色营销战略。从全球绿色营销观念出发,协调环境、社会、企业的利益,制订出绿色营销战略。做到既有利于自然环境良性循环发展,又有利于满足消费者的现实及未来的绿色需求,从长远看,还要考虑企业合理的“绿色赢利”。最后,进行绿色营销策略整合,即考虑绿色消费者的需求与支付能力,从整体上设计与开发绿色产品,实施绿色产品定价、绿色产品广告宣传及绿色产品的分销。

③消费者方面

消费者要自觉树立环境观念及绿色消费观念,推动企业绿色营销的实施及促进政府绿色法规的制定、完善及执行。只有发挥政府、企业及消费者在发展绿色营销中的协调作用,才能促进我国企业绿色营销迅速、健康地发展。

(2)实行广泛的国际合作

由于自然环境的恶化是全球性的,如全球增温,出现温室效应,臭氧层受破坏,生物种类的灭绝,水源及空气污染等,因此,需要各国政府进行广泛合作,从全球及宏观方面保证企业绿色营销的开展。具体可从以下几方面着手:开展国际性合作;资讯和其他资源的整合;制定国际性立法来保护全球环境;教育人们为创造一个可持续发展的环境做出贡献;利用科技来解决全球环保问题。

13.4.2　汽车电子商务与网络营销

我国电子商务已进入实施阶段,利用好电子商务与网络营销模式会获得更大的商机。

1.电子商务和汽车电子商务的概念、分类和功能

(1)电子商务

电子商务是指从售前服务到售后服务等商品交易的各个环节全部实施电子化、自动化、网络化的商务活动。对电子商务通常的理解是:通过互联网上的虚拟商店从事在线商品或服务的商业活动。

从广义来看,电子商务是指基于互联网的一切与数字化处理有关的经济活动。其不仅是企业面对消费者市场和组织市场的在线商业活动,还包括企业与政府机关、金融业界、科研院校等领域的业务联系。

(2)汽车电子商务

网络营销作为Internet起步最早的成功的商业应用,得到蓬勃和革命性的发展。随着网络营销发展的深入,它不再仅仅是营销部门的市场经营活动方面的业务,它还需要其他相关业务部门的配合。因此,局限在营销部门在Internet上的商业应用已经不能适应Internet对企业整个经营管理模式和业务流程管理控制方面的挑战。电子商务是从企业全局角度出发,根据

市场需求来对企业业务进行系统规范的重新设计和构造，以适应网络知识经济时代的数字化管理和数字化经营需要。

(3)电子商务的层次与分类

①概念

电子商务是关于利用电子化手段从事的商业活动，它基于电子处理和信息技术，如文本、声音和图像等数据传输。主要是遵循 TCP/IP 协议，通信传输标准，遵循 Web 信息交换标准，提供安全保密技术。如果给出一个更简单系统的定义，电子商务是指系统化地利用电子工具，高效率、低成本地从事以商品交换为中心的各种活动的全过程。网络营销作为促成商品交换的市场交易实现的企业经营管理手段，它显然是企业电子商务活动中最基本、最重要的 Internet 的商业活动。

②层次

根据国际数据公司 IDC 的系统研究分析指出，电子商务的应用可以分为这样几个层次和类型：

第一个层次是面向市场的以市场交易为中心活动，它包括促成交易实现的各种商务活动，如网上展示、网上公关、网上洽谈等活动，其中网络营销是最重要的网上商务活动。

第二个层次是指如何利用 Internet 来重组企业内部经营管理活动，与企业开展的电子商务活动保持协调一致。

③分类

从不同商务群体角度可以将电子商务分成以下几类：

第一类：企业对消费者的电子商务。

第二类：企业对企业的电子商务。

其他类别还有 C2A、C2C 等电子商务模式。

(4)电子商务的功能

在信息时代电子商务显示出了强大的功能和明显的效益，正因如此，电子商务备受各行各业的重视，成为促进汽车工业发展和汽车消费的又一热点，各汽车企业应高度重视电子商务对本企业发展的推动作用。

①在企业采购中的功能

在组织市场上企业采购工作是一个复杂的多阶段过程。企业采购属于 B2B 电子商务模式，许多大中企业已经在专用网络上使用了电子数据交换来自动完成例行采购。

②在企业减少库存上的功能

企业与供应商之间传统的供应链动作效率很低，表现在每次供货量很大，每批供货间隔时间很长，其结果是企业的库存量很大，供应商对企业的商品需求不能做出快速的反应。

③在企业缩短生产周期方面的功能

市场竞争要求企业迅速地推出符合潮流的新产品来满足消费者的需求，这对汽车业界而言是极大的挑战。按传统的方式开发产品，周期约为 5 ~ 6 年，日本企业采用并行工程研发方式将研发、生产和营销人员组织在一起进行工作，使周期缩短到 3 ~ 4 年，这样企业从采用先进技术的新颖性到款式的时尚性都占有先机，具有很大的竞争力量。

④在企业更好地为客户服务方面的功能

许多企业利用互联网进行客户服务，在网上介绍产品、提供诸多有关产品的信息资料，进行交互式的咨询服务，在互联网上接受订单，并按协议或方便客户的方式进行付款和送货。销售服务部门建立客户管理系统，通过电话、Web站点、传真、E-mail等触发手段与客户进行交流，提供技术支持和售后服务。可以迅速地反馈客户在产品消费中的意见，能更好地使客户满意，节省大量的营销和服务费用。

⑤在企业降低产品价格方面的功能

通过互联网Web站点进行销售，新客户的增加，仅仅受到服务器容量的限制，其他附加费用很低。由于销售上升，企业通过信息网络系统及时进行采购和物资调配，缩短了生产周期，保证了向市场供货。电子商务的运作模式使企业在生产、营销服务上节省了可观的资金，降低了生产成本和营销成本，最终在产品价格竞争方面具有更大的空间。

⑥在企业寻求新的销售机会方面的功能

由于互联网在全球已进入普及阶段，各企业利用Web站点可以进入一个新的市场。Web商务的特点是具有多媒体功能和交互能力，其页面能够显示各种彩色并附有音响的动画图像，可以很好地宣传、介绍企业的产品，客户可以利用浏览访问，允许来访者输入数据进行信息交流。企业通过Web站点与销售商接触、树立品牌形象，与客户进行交流，实现信息管理和分发，提供顾客服务、技术支持和网上销售。因此可以比传统商店获得更多的商机。

对于汽车行业而言，中、小型的汽车零部件制造厂家通过电子商务可以获得许多新的销售机会。

⑦在消费者购买商品中的功能

传统的消费者购买行为是进商店，货比三家，然后才是付款提货。

网上购货开辟了一个不同的模式，网上浏览虚拟商场可以取得精练而有价值的信息，可以迅速地了解数十家商场的商品情况，包括款式、功能及价格等。通过交互信息可以定制、增加功能、砍价，可以有多种付款方式选择，可以选择送货上门或在附近提货，可以得到咨询等各项服务。

⑧对社会的功能

电子商务的发展将进一步促进市场的繁荣，使经济实现全球化。信息产业是形成知识经济时代的核心，电子商务的发展将直接或间接地推动知识经济走向新的高点。在电子商务的发展过程中会出现许多新的行业和服务中介机构，例如物流公司和配送中心，它们将起到重要的中介作用。

电子商务为政府行政管理带来了新的模式，在安全管理、税收管理、法律保证、知识产权保护、隐私保护等方面提出了挑战。电子商务将创造出更安全、更合理、更方便的社会服务体系，从而推动经济的发展，使人民生活更加便利。

2.汽车企业电子商务策略

(1)零部件企业发展电子商务的对策

信息技术的广泛应用和电子商务的发展可以为汽车企业拓展销售渠道、提高服务效率、降低采购营销成本、减少库存、优化库存结构，是汽车企业增强实力、融入经济全球化格局的必由之路。电子商务的应用将为我国汽车工业提供创新的机遇和无限的空间。

①建设网络基础设施

汽车零部件企业可利用电子商务网站来介绍自己的产品和服务，并在企业网站上发布企业的基本信息。还可以利用电子商务的交互性在自己的网站上建立诸如常见问题解答、聊天室等栏目,从而可方便汽车零部件企业与用户之间的相互交流,提升企业的服务质量。另外,还应积极地将自己的网站链接到其他门户网站或者著名的搜索引擎上,以提高访问量,这样可以最大限度地挖掘潜在用户。最终,汽车零部件企业可利用互联网的无时空限制使自己有更多的机会加入到世界汽车行业的全球采购网络中。

②建立企业核心业务管理(ERP)

汽车零部件企业应围绕着市场需求建立一个高效运作的后台——ERP 系统。通过 ERP 系统,可以将所有的部门和功能整合到一个应用软件系统中。通过共享的数据库,各部门之间可以很容易地共享信息,互相沟通。当从网上接到订单后,系统可以根据工厂产能和备料情况做好生产排程,并可立即告诉客户交货的时间和数量。利用 ERP 系统,汽车零部件企业可以保证及时供应高质量的零部件产品以及相应的服务,最终可以提升整个企业的运转效率,从而使得零部件企业与整车制造企业能够同步生产。

③建立客户关系管理(CRM)

目前,许多企业已经开始注意到必须以客户为中心开发产品和提供服务,才能获得更大的竞争优势。要想更好地为客户服务从而提升自己的竞争力就必须引入 CRM。通过 CRM,汽车零部件企业可以方便地寻找到新的客户,并为现有的老客户搞好服务,从而提升企业的价值。汽车零部件企业要想做好 CRM,应该按照以下流程运作:

第一步,搜集数据。利用高科技手段与多种渠道搜集客户资料并将它们整合成为单一的客户数据库。

第二步,分类与建立模式。借助分析工具与程序将搜集到的客户资料分成不同类型,并描述出每一类客户的行为模式。

第三步,进行活动测试。在企业根据上述模式设计出适合客户的服务与市场营销活动后,零部件企业可以通过客户中心或呼叫中心及时地反映出活动效果,这样会有助于企业实时调整进一步的营销活动。

第四步,实行绩效分析与考核。CRM 可通过各种市场活动、销售与客户资料建立起一套标准化的考核模式,零部件企业可利用此考核服务与市场营销活动的施行成效,并及时发现实施过程中出现错误的原因。

(2)整车制造企业发展电子商务的对策

汽车整车制造企业可利用电子商务的交互性与无时空限制来进行新产品的开发,利用互联网将广大的消费者引入产品的构思中来,从而改变我国汽车过分模仿国外产品而不具备自主知识产权的现状。整车制造企业利用电子商务进行网上新产品开发主要从以下几个步骤展开:

①产品的构思

汽车整车制造企业可利用 Microsoft 的 Asp 技术再加上 SQLSERVER 数据库在自己的网站上建立“新产品构思”的交互性栏目。“新产品构思”包括登录客户的姓名、电话、地址、新产品构思细节以及新产品构思效果图等内容。当用户将自己的构思内容填入网页表单中的相应空白处后,单击页面中的“提交”按钮便可将用户所填写内容通过互联网传递到企业的后台“新产品构思”数据库中。

②构思的筛选及概念的形成

企业内部的专家们可从“新产品构思”数据库中查看到不同用户提交的产品构思信息。

通过分析，筛选出符合本企业发展目标和长远利益并与企业资源相协调的产品构思。企业在筛选出构思的基础上对于产品的功能、形态、结构等进行详细的描述，使之在顾客心目中形成一种潜在的产品形象，即产品概念。

③新产品研制

汽车整车制造企业在新产品的研制过程中，可通过互联网与相应的汽车经销商和零部件供应商进行双向的沟通交流，通过相互合作可以最大限度地提高新产品开发的速度。

(3)售后市场发展电子商务的对策

随着我国汽车工业的蓬勃发展，汽车售后市场容量已经超过了整车销售的市场容量，汽车售后市场的服务水平的高低将直接影响到整个汽车销售市场的发展。因此，汽车售后连锁经营机构应重视电子商务的应用，具体做法体现在以下几个方面：

第一方面：连锁组织业务运营和信息交换。实施连锁组织内部的业务信息平台，通过广域的企业内部网和相应的信息系统为汽车售后连锁体系成员之间提供低成本、高效率、安全的业务往来，保障连锁体系低成本地跨地域扩张。

第二方面：组织内部管理。在汽车售后连锁网系统内的各组成部分中实行信息管理系统，从而起到强化内部管理、规范经营管理模式等作用。

第三方面：网上客户服务。可以利用互联网平台让客户从网上订购汽车用品、配件等，然后依托整个连锁体系开展对客户的直接销售和配送，并利用互联网延伸客户服务。

第四方面：网上采购。通过电子商务手段，及时收集市场、用户对产品的需求并进行分析汇总，做出采购决策，并在此基础上与汽配厂商、汽车用品厂家等供应商之间通过电子商务手段交付订单，处理订货信息。通过电子商务手段进行采购，能够大大缩短采购周期，降低采购价格。

3. 网络市场营销

网络营销的发展是伴随信息技术的发展而发展的，目前信息技术的发展，特别是通信技术的发展，促使互联网络形成辐射面更广、交互性更强的新型媒体，它不再局限于传统的广播电视等媒体的单向性传播，而且还可以与媒体的接受者进行实时的交互式沟通和联系。网络营销的效益是使用网络人数的平方，随着入网用户的指数倍增加，网络的效益也随之以更大的指数倍数增加。截至1999年底，全球网民预计可以达到2.59亿用户，美国就占有1.1亿，将近一半用户数，我国预计可以达到870万网民。随着入网费用下降，我国网民增长势头非常迅猛，差不多每半年就增加1倍，到2000年我国网民已突破1 000万，我国的网上市场已步入良性循环轨道，成为一个新兴的有魅力的潜力巨大的市场。因此，企业如何在如此潜力巨大市场上开展网络营销，占领新兴市场对企业来说既是机遇又是挑战，因为网络市场发展速度非常迅猛，机会稍纵即逝。

(1)网络营销的概念与特征

①概念

网络营销是企业营销实践与现代信息通讯技术、计算机网络技术相结合的产物，是指企业以电子信息技术为基础、以计算机网络为媒介和手段而进行的各种营销活动(包括网络调研、网络新产品开发、网络促销、网络分销、网络服务等)的总称。简单地说，网络营销就是以客户需求为中心的营销模式，是市场营销的网络化。网络营销可以使企业的营销活动始终和3个流动要素(信息流、资金流和物流)结合并流畅运行，形成企业生产经营的良性循环。

②特征

A. 市场全球化。Internet 在全球范围内的迅速崛起给企业带来新的商机，使企业商业活动向着区域化、全国化、国际化、全球化发展，使企业面临着一个更广阔、更具有选择性的全球市场。

B. 服务跨时空化。企业通过网络一天 24 小时，每周 7 天永不停止地为顾客服务。对于每一个顾客无论其规模大小，无论位于世界的哪一个角落，只要联网，都可享受到全方位的服务。

C. 价格公开化。顾客可通过网络对所需的商品进行全球性的比较和选择，这样将大大提高价格的透明度，使价格竞争更加剧烈。

D. 渠道直接化。由于厂商通过网络直接与顾客进行联系，商品可直接从厂商到顾客手中，大大缩短了商品流通过程，使销售渠道更加直接化，加速了商品流、资金流、信息流。因此大大降低了中间商的作用。

E. 产品个性化。传统的营销产品都是规模生产而满足顾客的一般需求，顾客的个别需求却往往得不到满足。网络营销能够对顾客的个别需求做出一对一的反应，生产出富有个性的产品以满足顾客的个别需求。

(2)网络营销的运作方式

网络营销作为在 Internet 上进行营销活动，它的基本营销目的和营销工具是一致的，不过在实施和操作过程中与传统方式有着很大区别。

①网上市场调查

网上市场调查主要利用 Internet 的交互式信息沟通渠道来实施调查活动。它包括直接在网上通过问卷进行调查，还可以通过网络来收集市场调查中需要的一些二手资料。利用网上调查工具，可以提高调查效率和调查效果。Internet 作为信息交流渠道，它成为信息海洋，因此在利用 Internet 进行市场调查时，重点是如何利用有效工具和手段实施调查和收集整理资料，获取信息不再是难事，关键是如何在信息海洋中获取想要的资料信息和分析出有用的信息。

②网上消费者行为分析

Internet 作为信息沟通工具，正成为许多兴趣、爱好趋同的群体聚集交流的地方，并且形成一个特征鲜明的网上虚拟社区，了解这些虚拟社区的群体特征和偏好是网上消费者行为分析的关键。

③网络营销策略制订

不同企业在市场中处于不同地位，在采取网络营销实现企业营销目标时，必须采取与企业相适应的营销策略，因为网络营销虽然是非常有效的营销工具，但企业实施网络营销时是需要进行投入的且有风险的。同时企业在制订网络营销策略时，还应该考虑到产品周期对网络营销策略制订的影响。

④网上产品和服务策略

网络作为信息有效的沟通渠道，它可以成为一些无形产品，如软件和远程服务的载体，改变了传统产品的营销策略，特别是渠道的选择。作为网上产品和服务营销，必须结合网络特点重新考虑产品的设计、开发、包装和品牌的传统产品策略，如传统的优势品牌在网上市场并不一定是优势品牌。

⑤网上价格营销策略

网络作为信息交流和传播工具，从诞生开始实行的是自由、平等和信息免费的策略，因此网上市场的价格策略大多采取免费或者低价策略。因此，制订网上价格营销策略时，必须考虑到 Internet 对企业定价影响和 Internet 本身独特的免费思想。

⑥网上渠道选择与直销

Internet 对企业营销渠道有很大的影响。前面案例介绍的 Dell 公司借助 Internet 的直接特性建立的网上直销模式获得巨大成功，改变了传统渠道中的多层次的选择和管理与控制问题，最大限度降低渠道中的营销费用。企业建设自己的网上直销渠道必须进行一定投入，同时还要改变传统的整个经营管理模式。

⑦网上促销与网络广告

Internet 作为一种双向沟通渠道，最大优势是可以实现沟通双方突破时空限制直接进行交流，而且简单、高效和费用低廉。因此，在网上开展促销活动是最有效的沟通渠道，但网上促销活动开展必须遵循网上一些信息交流与沟通规则，特别是遵守一些虚拟社区的礼仪。网络广告作为最重要的促销工具，主要仰赖 Internet 第四媒体的功能。网络广告作为在第四类媒体发布的广告，具有传统的报纸杂志、无线广播和电视等传统媒体发布广告无法比拟的优势，即网络广告具有交互性和直接性。

⑧网络营销管理与控制

网络营销作为在 Internet 上开展的营销活动，必将面临许多传统营销活动无法碰到的新问题，如网络产品质量保证问题、消费者隐私保护问题，以及信息安全与保护问题等。这些问题都是网络营销必须重视和进行有效控制问题，否则网络营销效果适得其反，甚至会产生很大的负面效应，这是由于网络信息传播速度非常快，并且网民对反感问题反应比较强烈而迅速。

4. 网络营销系统

(1)网络营销系统的组成

企业开展网络营销是一系统性工程，它需要企业调动人力、物力和财力进行系统的组织和开发。网络营销系统的组成主要包括基于 Intranet(企业内联网)的企业管理信息系统、网络营销站点和企业经营管理组织人员。网络营销作为电子商务中重要的组成部分，网络营销系统的建设和开发一般要纳入电子商务系统的整体建设，把网络营销系统作为电子商务系统中的有机组成部分。下面主要从整体电子商务系统的架构来讨论网络营销系统的组成。

①企业内部网络系统

计算机网络是通过一定的媒体如电线、光缆等将单个计算机按照一定的拓扑结构连接起来的，在网络管理软件的统一协调管理下，实现资源共享的网络系统。

根据网络覆盖范围，一般可分为局域网(LAN)和广域网(WAN)。由于不同计算机硬件不一样，为方便联网和信息共享，于是将 Internet 的联网技术应用到 LAN 中组建企业内联网(Intranet)，它的组网方式与 Internet 一样，但使用范围局限在企业内部。为方便企业与业务紧密的合作伙伴进行信息资源共享，在 Internet 上通过防火墙(Fire Wall)来控制不相关的人员和非法人员进入企业网络系统，只有那些经过授权的成员才可以进入网络，一般将这种网称为企业外联网(Extranet)。如果企业的信息可以对外界进行公开，那企业可以直接连接到 Internet 上，实现信息资源最大限度的开放和共享。

企业在组建网络营销系统时，应该考虑企业的营销目标是谁，如何与这些客户通过网络进行联系。一般说来可以分为三个层次：

第一层次，对于特别重要的战略合作伙伴关系，企业应允许他们进入企业的 Intranet 系统直接访问有关信息。

第二层次,对于与企业业务相关的合作企业,企业应该与他们共同建设 Extranet 实现企业之间的信息共享。

第三层次,是对普通的大众市场,可以直接连接到 Internet。由于 Internet 技术的开放、自由的特性,因此在 Internet 上很容易受到攻击,企业在建设网络营销系统时必须考虑到营销目标需要,以及如何保障企业网络营销系统安全。

②企业管理信息系统

一个功能完整的具有网络营销功能的电子商务系统,它的基础是企业内部信息化,即企业建设有内部管理信息系统。企业管理信息系统是一些相关部分的有机整体,在组织中发挥收集、处理、存储和传送信息,以及支持组织进行决策和控制。企业管理信息系统最基本的系统软件是数据库管理系统 DBMS(Database Management System),它负责收集、整理和存储与企业经营相关的一切数据资料。

根据具有不同功能组织,可以将信息系统划分为销售、制造、财务、会计和人力资源信息系统等。如果要使网络营销信息系统有效运转,营销部门的信息化是最基础的要求。一般为营销部门服务的营销管理信息系统主要功能包括:客户管理、订货管理、库存管理、往来账款管理、产品信息管理、销售人员管理以及市场有关信息的收集与处理。

根据组织内部不同组织层次,可划分为四种信息系统:操作层、知识层、管理层、策略层系统。

操作层系统支持日常管理人员对基本活动和交易进行跟踪和记录。

知识层系统用来支持知识和数据工作人员进行工作,帮助整理和提炼有用信息和知识,供上级进行管理和决策使用,解决主要结构化问题。

管理层系统设计用来为中层经理的监督、控制、决策以及管理活动提供服务,主要解决半结构化问题。

策略层主要是根据外部环境和企业内部制订和规划长期发展方向。

③网络营销站点

网络营销站点是在企业 Intranet 上建设的具有网络营销功能的,能连接到 Internet 上的站点。网络营销站点起着承上启下的作用,一方面它可以直接连接到 Internet 上,企业的顾客或者供应商可以直接通过网站了解企业信息,并直接通过网站与企业进行交易。另一方面,它将市场信息和企业内部管理信息系统连接在一起,它通过将市场需求信息传送到企业管理信息系统,让管理信息系统根据市场变化组织经营管理活动。它还可以将企业有关经营管理的信息在网站进行公布,使企业业务相关者和消费者可以直接了解企业经管情况。

④网络营销组织与管理人员

企业建设好网络营销系统后,企业的业务流程将根据市场需求变化进行重组。为适应业务流程变化,企业必须重新规划组织结构,重新设立岗位和培训有关业务人员。其中,有些机构和岗位需要削减,有些机构需要重新设立,如原来的客户服务中电话接线员就可以大大减少,因为客户可以直接通过企业网络营销系统获得帮助。

(2)网络营销系统功能

网络营销系统作为电子商务系统的有机组成部分,它包括以下功能:信息发布与沟通、电子单据的传输、网上支付与结算、货物配送以及完善网上售后服务。

①信息发布与沟通

主要是实现信息发布与顾客进行沟通功能。这也是大多数企业网络营销系统的初步形式，如网上产品目录与展示。由于信息是公开的，不涉及本质的交易，因此，安全性和可靠性要求也不高。

②电子单据的传输

为保证交易的合法性，电子单据的传输一般要求保密、安全、可靠，而且可以作为法律凭证。该功能属于实现市场交易的功能。

③网上支付与结算

货物配送属于市场交易完成阶段功能。企业一般都开设有银行账户，而且具有较好的信用，因此只要银行之间能实现网上清算，企业间电子商务活动的支付就非常容易，但这依赖网上银行的发展。货物配送是另外一个完成交易的关键，如何实时将货物送到指定的目的地，这是完成交易的最后环节。

④网上售后服务

由于产品使用过程中可能出现很多问题，如果不能解决好网上售后服务问题，就可能影响到电子商务活动的正常开展，因为客户可能转为寻求更可靠的传统方式。一般网上售后服务，主要提供技术资料和网上咨询等服务。

(3)网络营销系统开发方式

①购买通用商用系统

购买通用商用系统是实施的捷径。采用这种方式有以下优点：见效快、费用相对较低、系统质量较高、安全保密性较好、维护有保障。但是，商用系统也有其自身的局限性：第一，不能一步到位地满足企业管理的需求。企业在购买后，往往要针对自身的特点进行某些设定或是增补开发。第二，学习难度较大。第三，系统维护具有较强的依赖性。对于小型企业、事业单位以及业务比较规范而且特殊要求不多的大中型企业来说，通过购买商用系统的途径比较合适。

②自行开发

如果企业本身具有一定的技术能力，有一批开发信息系统所需要的复合型人才，往往希望自行开发系统。这种方式具有以下优点：针对性强，能够最好地满足单位管理的需要；便于维护，不需要依赖于他人；设计的系统易于使用。但采用这种方式也有其自身的缺陷：对单位的技术力量要求较高，系统的应变能力较弱。这种方式适于有比较稳定开发维护队伍的单位。

③委托开发

大多数单位不具备自行开发系统的能力，这时可以考虑委托外单位开发系统。这种方式的优点是：和自行开发系统一样，采用委托开发方式是针对本单位的业务特点和管理需求建立系统；可以弥补本单位技术力量不足的缺陷；由于是专用软件，比较容易为使用者接受。这种方式存在的缺陷是：开发费用较高；软件应变能力不强；维护费用高。这种方式比较适用于本单位开发力量不足而又希望使用专用系统的单位。

④合作开发

与外单位合作开发系统，同时具备上述第二点、第三点两种方式的优点。这种方式也存在开发费用高、软件应变能力较弱等缺陷，但从成本/效益的角度考虑，不失为一种较好地开发方式，在实际工作中得到普遍应用。

5. 企业网络营销站点

(1)企业网络营销站点类型

一般来讲，企业建立自己的网站总有其目的，根据侧重面的不同，可将企业网站分为五种类型：信息型、广告型、信息订阅型、在线销售型和技术支持服务型。这五种典型模式中的不同类型的站点，每一个都具有其独有的特性，也存在一定的差异，正是这些特性将它们与其他的类型区分开来。此外，许多站点对这五种典型网络营销模式中的几个进行了组合，形成了综合型站点。下面简要说明各类网站的基本特点。

①信息型站点

信息型站点（也称传单站点或是公告牌站点）的设计目的在于通过间接的途径获取经济效益，例如相关产品的销售和销售成本的降低。收益的根源在于通过网络建立起公众对其产品和服务的注意，从而增加现实当中的交易机会。与公路上的公告牌一样，这种站点的效果应当通过网民冲浪时的注目率以及他们受到的购买诱惑来衡量。

②广告型站点

网络电视、广播以及许多期刊性网站走的是广告模式的路子。所有的技术和信息内容编制所需的费用全都来源于广告收入。此时，消费者的注意力就成为网站价值的关键衡量标准。老练的广告商可以对一个网站进行评估并为其广告定价。

③信息订阅型站点

订购的费用可能按周、月或年来支付。最常使用的支付手段是信用卡，因为信用卡可以最方便地处理周期性电子事务。

④在线销售型站点

一个进行产品销售的网站实质上是一个电子版的产品目录。这些虚拟的店面通过精心编制的图片和文字来描述他们所提供的产品，进行促销活动，提供“网上购物车”系统以及在线交易系统。一旦产品被购买了，该网络企业就得安排产品销售的执行，包括运送和安装等。执行过程有时候是由网络企业来进行，有时候则是直接由生产商通过特定的配送机制来完成。

⑤售后服务型

互联网作为一种有效沟通渠道，许多企业都利用互联网提供技术支持服务与售后服务。特别对于一些 IT 类企业，经常需要对许多产品进行技术上说明，提供一些免费升级软件，利用互联网可以让客户自己在网站上寻求技术支持和售后服务。只有那些技术难度较大和专业知识要求较高的时候，才通过传统渠道进行解决。

(2)企业网络营销站点功能

一个结构完善的、设计合理的网络营销站点可以方便客户通过企业营销站点获取信息订购产品和寻求售后服务。在规划企业网络营销站点结构时，除具备一般站点应具有的站点结构位图（MAP）、站点导航、联系方式等基本功能外，还应该结合企业的网络营销目标进行综合设计。

①企业信息发布

这部分属于站点最基础的内容，它主要包括企业新闻、企业经营活动、重大事件信息发布，以及企业的概况和企业产品信息等。如金山网站中的栏目：产品介绍、公司简介、文摘报道、新闻、搜索等栏目。

②信息交流沟通

互联网最大的特点是可以进行双向沟通，一个友好的人性化网站一般都要提供顾客直接与企业进行沟通的渠道。如金山网站中的栏目：新闻组、论坛、注册和反馈，这些都是金山公司的用户或者业务伙伴与金山公司进行交流和沟通有效渠道，同时它们也是金山公司软件用户之间交流的虚拟社区。

③网上销售

利用互联网进行网上销售既可以减少交易费用，又可以直接与消费者进行沟通，有利于完善软件和产品功能。提供网上销售功能时，还要考虑提供功能类型，如果只是订货功能实现起来比较简单；如果是具有网上交易功能的，则网站还要提供网上支付功能。

④售后服务

售后服务是企业网站上经常提供的功能，设计时可以根据企业实际情况有选择性提供网上售后服务。

⑤个性化服务

为方便和吸引更多网民访问公司网站，更好为企业的顾客服务，还可以建设一些子站点为顾客提供更差异化的、满足顾客个性化需求的网站。如金山公司针对公司的产品文字处理软件、游戏软件、词霸等设有专门网站，同时为拓展新的业务，金山公司还建设了提供电脑咨询的金山卓越网站。

上述结构设置主要是针对生产类型企业，对于商贸型、服务型等其他类型企业的网络营销网还需要根据实际情况进行调整。

(3)企业网络营销站点规划

①企业网络营销站点规划步骤

企业建设网络营销系统是一项系统工程，它涉及企业管理各个层面，包括企业高层的战略决策方面、中层的业务管理和低层的业务执行。进行企业网络营销站点建设，要考虑的是结合企业业务管理和执行将它们整合在一起。

首先，考虑的问题是企业打算利用网站进行哪些活动，也就是考虑企业网站目标。常见的网站目标有：为用户提供良好的用户服务渠道；试图销售更多的产品和提供更多的服务；向有兴趣的来访者展示一些信息。

其次，在确定站点的目标后，在规划的初始阶段，就应该尝试划定你的访问者范围，分析时要考虑访问者。预期网站的主要目标受众在哪些地区，哪些人口结构；访问这些接入互联网的带宽有多大，能否快速访问到网站内容；谁会使用你的网络页面。

第三，确定网站提供信息和服务。在考虑站点的目标和服务对象后，根据访问者的需求规划站点的结构和设计信息内容，规划设计时应考虑：按照访问者习惯规划站点的结构；结合企业经营目标和访问者兴趣规划网站信息内容和服务；整合企业的形象规划设计站点主要风格。

第四，在分析站点的战略影响和规划好站点的经营目标和服务对象后，就要规划如何组织建设网站。规划建设网站时，应该考虑这样四方面问题：是建立自己的网站或网页空间，还是采取其他方式（如委托建设）；为网上营销方案预计投入多少资金；如何组织人员和有关部门参与网站建设；如何维护管理企业网络营销网站。

②企业网络营销站点内容规划

企业网络营销站点建设的目的有着很大不同，并非所有的企业都是直接靠网络营销站点去营利，绝大多数传统行业企业只是把网络营销站点当作一种宣传、广告、公关和销售补充工具而已。但也有一部分企业依靠建立网络营销站点，发展特殊网络营销营利业务。

合理安排网络营销站点的内容对企业至关重要。精心规划、及时更新的网络营销站点能让访问者忠诚地不断回访，提高站点知名度，使企业 Web 在整个营销体系中真正发挥作用。

③成本效益分析

企业网络营销站点的建设是一项长期发展计划，但如果投入成本过大而收益太小，势必影响它的持续发展，因此合理核算域名成本和收益，以保证成本收益为准则来支持结构合理的营销计划，避免提前过多浪费投入。站点的成本包括使用平台（主机服务器、网上服务器、连接硬件设备和支撑系统软件）和服务内容（创意及日常设计、应用软件设计、日常管理、内容版权等）。另一方面，应当加强对企业实施网络营销带来的效益进行核算，以确定企业下一步发展的目标，不至于因投资不够延误站点带来的商机。由于企业上网动机和目的不一样，很难制订出标准的测算方法，但企业可以根据上网前后对企业营销成本核算进行比较。

如果投资建立了一个十分吸引人的站点，但不对它进行及时更新，站点很快就会失去功效。因此，在核算站点的成本费用时，还要加入对网站进行维护的费用预算。

6. 两个网络营销理论

(1)网络直复营销理论

根据美国直复营销协会（ADMA）为直复营销下的定义，直复营销是一种为了在任何地方产生可度量的反应和（或）达成交易而使用一种或多种广告媒体的相互作用的市场营销体系。网络作为一种交互式的可以双向沟通的渠道和媒体，它可以很方便地为企业与顾客之间架起桥梁，顾客可以直接通过网络订货和付款，企业可以通过网络接收订单、安排生产，直接将产品送给顾客。基于互联网的直复营销将更加吻合直复营销的理念。这表现在以下四个方面：

①直复营销作为一种相互作用的体系，特别强调直复营销者与目标顾客之间的“双向信息交流”，以克服传统市场营销中的“单向信息交流”方式的营销者与顾客之间无法沟通的致命弱点。互联网作为开放、自由双向式的信息沟通网络，企业与顾客之间可以实现直接的、一对一的信息交流和直接沟通，企业可以根据目标顾客的需求进行生产和营销决策，在最大限度满足顾客需求的同时，提高营销决策的效率和效用。

②直复营销活动的关键是为每个目标顾客提供直接向营销人员反映的渠道，企业可以凭借顾客反映找出不足，为下一次直复营销活动做好准备。互联网的方便性、快捷性使得顾客可以方便地通过互联网直接向企业提出建议和购买需求，也可以直接通过互联网获取售后服务。企业也可以从顾客的建议、需求和要求的服务中，找出企业的不足，按照顾客的需求进行经营管理，减少营销费用。

③直复营销活动中，强调在任何时间、任何地点都可以实现企业与顾客的“信息双向交流”。互联网的全球性和持续性的特性，使得顾客可以在任何时间、任何地点直接向企业提出要求和反映问题，企业也可以利用互联网实现低成本的实现跨越空间和突破时间限制与顾客的双向交流。这是因为利用互联网可以全天候提供网上信息沟通交流工具，顾客可以根据自己的时间安排任意上网获取信息。

④直复营销活动最重要的特性是直复营销活动的效果是可测定的。互联网作为最直接的简单沟通工具，可以很方便地为企业与顾客进行交易时提供沟通支持和实现交易平台，通过数据库技术和网络控制技术，企业可以很方便地处理每一个顾客的订单和需求，而不用管顾客的规模大小、购买量的多少，这是因为互联网的沟通费用和信息处理成本非常低廉。因此，通过

互联网可以了解顾客需求,细分目标市场,提高营销效率和效用,实现以最低成本最大限度地满足顾客需求。

网络营销作为一种有效的直复营销策略,说明网络营销的可测试性、可度量性、可评价性和可控制性。因此,利用网络营销这一特性,可以大大改进营销决策的效率和营销执行的效用。有关网络直复营销理论的应用将在后面的网络营销渠道策略中进行详细介绍。

(2)网络营销理论

软营销理论是针对工业经济时代的以大规模生产为主要特征的"强势营销"提出的新理论,它强调企业进行市场营销活动的同时必须尊重消费者的感受和体验,让消费者能舒服地主动接收企业的营销活动。传统营销活动中最能体现强势营销特征的是两种促销手段:传统广告和人员推销。在传统广告中,消费者常常是被动地接收广告信息的"轰炸",它的目标是通过不断的信息灌输方式在消费者心中留下深刻的印象;在人员推销中,推销人员有时根本不考虑被推销对象是否愿意和需要,只是根据推销人员自己的判断强行展开推销活动。

在互联网上,由于信息交流是自由、平等、开放和交互式的,强调的是相互尊重和沟通,网上使用者比较注重个人体验和隐私保护。因此,企业采用传统的强势营销手段在互联网上开展营销活动必适得其反,如美国著名AOL公司曾经对其用户强行发送E-mail广告,结果招致用户的一致反对,许多用户约定同时给AOL公司服务器发送E-mail进行报复,结果使得AOL的E-mail邮件服务器处于瘫痪状态,最后不得不道歉平息众怒。网络软营销恰好是从消费者的体验和需求出发,采取拉式策略吸引消费者关注企业来达到营销效果。在互联网上开展网络营销活动,特别是促销活动一定要遵循一定的网络虚拟社区形成规则,有的也称为"网络礼仪(Netiquette)"。网络软营销就是在遵循网络礼仪规则的基础上巧妙运用达到一种微妙的营销效果。

13.5　面向国际市场的全球营销和不进行实物买卖的期货交易

13.5.1　全球营销的概念

1983年,西奥多·莱维特提出市场营销学发展史上又一个里程碑式的概念——"全球市场营销(Global Marketing)"。狭义的全球市场营销是指企业生产和销售某单一的产品或服务,在全球市场的范围内,制订出一个单一的标准化的营销策略,以同时满足全球范围内不同市场的需要,企业因此而获得其全球范围内的规模经济以提高产品或企业竞争力。制订全球营销策略的关键在于设计和发展适用于不同市场、不同地域的统一营销策略。

全球市场营销首先力图具有同样的鲜明的品牌、特征和价值观;使用同样的战略原则和市场定位,提供的产品或服务基本上相同;尽可能地使用相同的营销组合。其次产品在全球各地分布更为广泛,在某种程度上可称之为"无国籍"。最后,品牌具有较高的国际知名度,享有很高的国际信誉度。

跨国公司作为全球规模庞大的营利性组织,与一般的中小企业国际营销方面有明显的不同,而在其推行全球营销战略后,其特征更加显著。主要有以下几方面:以全球观为导向的整体营销;建立竞争对手之间的战略联盟体,从竞争营销走向共生营销,已成为跨国公司全球营销策略的主流;从“全球扩张”到“全球学习”;以品牌为中心的全球市场营销策划。

全球营销的具体内容将在本书第十四章专门论述。

13.5.2 期货交易——汽车商品交易所

汽车、汽车配件、汽车用品作为汽车市场和后市场商,由于产业市场的活动性,价格总是存在着波动,汽车市场上的经营者和消费者双方都面临着因价格的不利变化而遭受损失的问题,如卖出商品的卖方担心价格下跌;买进商品的买方担心价格上涨。经过长期的实践探索,找到了避免或减少交易风险的方法,即期货交易。

期货市场之所以能够产生、存在和发展,并不是为大部分人提供“冒险乐园”,而是因为它具有转移价格发现的经济功能。

就汽车行业而言,汽车商品交易所是买卖汽车商品的场所,但买卖双方不必把汽车实物带到交易所去,交易所内买卖的只是期货合约。

本节主要介绍几个相关的基础概念。

1. 现货交易

(1)含义

现货交易,买卖双方可以任何方式,在任何地点成交,只要能确保商品交割。

(2)特点

出售现货、及时交易、收取货款。

进行现货交易的市场即为现货市场,由拥有商品并准备马上交割的卖者和希望及时得到商品的买者为基本成员。如果交易是通过买卖双方谈判签约进行,合约中规定了在未来的某个时间,在指定地点以某种价格,交易某种数量的商品,仍属现货交易,或者称为现货远期交易。如买卖双方希望变更交易,则必须在相互协商、双方同意后才能修改或取消合同;否则,双方均应执行合同。

2. 期货交易

(1)含义

期货交易属于远期交货合同的一种交易,但买卖双方交易的只是一纸统一的“标准合同”,即“期货合约”。

(2)特点

在“标准合同”中虽写明某一数目的商品须在未来月份中交货,但期货交易成交后并没有真正移交商品的所有权,而且这种合同无须任何人同意,就可以自由买卖。因而,无论是否拥有某种商品,任何人都可以进行这种商品的期货交易。

两者的主要区别是现货交易必须有实物产品,而期货交易只是标准合同的期货合约交易、未见实物产品。

3. 期货合约

期货合约是商品交易所进行交易而制订的合同。

为便于交易,期货合约都是交易所按标准化制订的,每种商品的期货合约对该商品的等级、数量、交货期、交货地点,都有统一规定,只有价格是根据买卖的市场行情竞价得到的。

从理论上讲，一切成交的合约均要求合约卖出（买入）者在将来某个时间（以合约载明时间为准）必须出售（买入）合约中规定数量、种类和品质的商品，但在实践中，大多数合约均在期满立即对冲而了结履约义务。根据国外资料真正需要履约进行现货交割的合约很少，约只占期货合约的 1% ~2%。

4. 汽车商品交易所

汽车商品交易所并不是现货产品交易，只是期货合约的交易。

汽车商品交易所一般采用股份公司的组织形式，其机构一般由三大部分组成：理事会、会员委员会和票据交换（清算）所。理事会受政府主管部门管辖，行使制订政策、执行法规的权责。理事会下设各种职能部门，如核算调查部、统计部、报价部、研究部等各部，由总裁、副总裁领导，负责处理交易所的日常事务。

会员委员会由交易所的全体股东组成，下设仲裁、合约规范、交易厅经纪人资格、票据交换等委员会。交易所的会员（股东）与普通股份公司的股东不同，其权利不是领取股息，而是在交易所的交易大厅内为自己或为非会员单位或个人进行期货交易，这与证券（股票）交易所相同。也就是说，只有会员才能进入交易所交易大厅内从事交易活动，而非会员单位或个人只能雇请会员代理期货交易业务，并必须接受交易所严格的审查。能按时交纳额度较大的保证金和会费的企业才能获得会员资格。

5. 票据交换所

票据交换所是商品交易所的清算机构，由票据交换会员组成。其日常业务是在每个交易日结束时，对计算机记录下来的每笔交易业务进行清算，将账目从会员保证金账户上划入或划出。关于票据交换会员各国要求不一，有的国家要求只有合乎规定的交易所会员才有资格成为票据交换会员，有的国家则不那么严格。

为了维护交易的公正进行，商品交易所自身不允许参与买卖和价格决定，只能为会员提供便利的交易条件（设施），制订规章制度，以及搜集市场信息等，以便更好地为客户（买者或卖者）服务。对商品交易所来说，为确保交易的顺利进行，合理科学地制订规章制度是最重要的责任。

6. 规范交易的三种制度

（1）保证金制度

凡是商品交易所内买卖期货合约者，都必须取得交易所会员资格，按规定上交付保证金（存款保证金）。保证金的作用既不是部分货款的支付，也与商品交易总值无关，而是一种“诺言支付”或“履约信用”，除具有防止会员或经纪人违约的作用外，同时还是票据交换所每日结算的基础。

（2）无负债结算制度

这一制度就是根据每种期货在交易日的结算价格（一般交易日最后 10 秒内的最高和最低价的平均价格计算）与每笔交易达成的成交价格之差额，每天计算出各会员的“盈亏”，“亏损”的会员必须在下一个交易日之前补交保证金（差额保证金），从而作为“无负债”交易。这种“盈亏”并不是会员实际意义上的货币盈利或亏损，而只是表明每一会员对自己所买卖的期货合约期满后而又未对冲掉时的履约能力。由于实行了这一制度和拥有雄厚的资金，票据交易所才能成为每笔期货交易的“对方”，为每笔交易负责。如果客户希望退出期货市场，只需对冲掉手中的期货合约，提取自己的账面盈利和交付的保证金就行了。

(3)价格限制制度

各交易所对每种期货的价格涨落幅度都规定有“价限”，否则即停止交易（术语叫“停板”）。这一制度的实行使市场在受到某种力量推动，价格狂涨或暴跌时，不至于造成交易者蒙受过大的经济损失。

7.期货市场的两大功能

一是套期保值，二是价格发现。

(1)套期保值

套期保值是指利用期货合约作为将来在现货市场上买卖商品的临时替代物，对其现在拥有或将来商品的价格进行保险，即套期保值都有通过在现货市场和期货市场上同时实施相反的买卖行动，达到商品价格保险。套期保值者一般是生产、经销企业或消费者，这些人的共同特点是都面临着因商品价格的不利变动可能要蒙受损失，存在着风险。但这些人参与期货交易后，能够转移价格风险，是因为在期货市场上还存在着大量的投机者，他们参与期货交易的目的不是在于套期保值，而是相信自己可以正确地预测商品价格的未来走势，甘愿拿自己的资金冒险，依靠不断地买进卖出期货合约，希望从价格的经常变动中获取利益。他们一般不是真正的商品生产和经销者，多是“职业炒家”。投机者们输者承担了赢者的利润和套期保值者转移风险的责任。由此可见，期市上的套期保值者和投机者犹如一对孪生兄弟，谁也离不开谁。期货市场上如果没有套期保值者就不需要投机者来分担价格风险，期货市场也就失去了套期保值功能，甚至连存在的基础也没有了；反之，如果没有大量的投机者，那么就无人承担价格风险。此外，套期保值者的一项大宗买卖合约常常需要众多的投机者买进和卖出。正因为如此，我们不可对投机行为嗤之以鼻。

期货市场的交易者对某种期货商品的价格走势总是有的看涨、有的看跌。看涨者买进期货，在期货市场上占据“多头”位置；看跌者则卖出期货，占据“空头”位置。套期保值者同样有这两种类型，对于某种期货商品，看跌时则卖出期货，看涨时则买入期货，在期货市场期货交易者分别占据了空头和多头位置。

(2)价格发现

价格发现是指期货市场上供需双方通过公开讨价还价，通过激烈竞争，使商品价格水平不断更新，并且不断地向全世界传播，从而使该商品价格成为世界价格的过程。简单地说，价格发现就是发现竞争性价格、世界性价格的过程。

期货市场之所以具有价格发现这一经济功能，就是由于它把包括商品生产经营者和投机者在内的千百万买家和卖家联系在一起，让他们根据各自的生产成本、预期利润、供需信息和价格走势的预测，公开报出他们的理想价格，并随时加以广泛传播。这样，所有的商品生产经营者就可以根据期货市场，改善管理降低成本、提高经济效益，更好地安排好生产或经营计划。同时期货价格也是国际贸易的重要依据，是世界市场行情研究的重要对象。

思考题

1. 什么是四位一体(4S)？谈谈你对这种营销模式的了解和看法。
2. 何为整合营销、关系营销？二者有哪些特点？
3. 什么是绿色营销、绿色汽车？你对绿色汽车的了解有多少？
4. 什么是网络营销？它有何现实意义？

第 14 章　国际汽车市场与全球营销

学习要点

➢ 全面系统了解 WTO 的通用规则及我国入市后受到的影响。

➢ 用对比的方法，熟悉国际汽车市场的特点及与国内汽车市场的差异，并从中摸索规律。

➢ 全球营销与国内营销的不同，影响全球营销的因素，全球汽车市场一体化的开放型营销理念及全球营销策略的有效应用。

➢ 通过本章学习，树立汽车市场全球营销的基本理念。

14.1　WTO 通用规则及其对我国入世后汽车产业的影响

我国 1986 年 7 月提出“恢复我国在关贸总协定的缔约国地位”到 2000 年加入 WTO，历时 13 个年头。从“复关”到“入世”，漫漫谈判征程，历经艰辛，终于同各成员国达成了协议。那么什么是 WTO？中国加入 WTO 有什么好处？WTO 会对中国的汽车工业造成什么影响？我们如何应对？这都是我们应该积极考虑的问题。

WTO 对我国汽车工业的影响是全方位的。我国汽车工业不能把希望寄托在国家的保护上，保护的作用是有限的，而且要付出相当的代价。许多国外汽车厂商凭借他们丰富的国际贸易经验，早已熟练掌握避开关税壁垒的技巧，获取了丰厚利润。国际汽车市场是全球一体化的市场，因此，我们要加强对 WTO 有关协议的研究，利用其中对自己有利的规则，积极融合到国际汽车市场竞争的潮流中去。

14.1.1　WTO 通用规则

1. 关贸总协定(GATT)

关税与贸易总协定(General Agreement of Tariff & Trade)是一项有关关税和贸易的多边国际协定，也是一个调节缔约国之间经济贸易关系的国际组织。协定本身以及后来经谈判签订并作为补充的一系列个别协议结合在一起，形成了一整套调整国际经济和贸易关系的规则和程序，并且对其成员国之间的权利和义务作了具体的规定。其法律框架调节着现有 100 多个总协定缔约方和 20 多个适用关贸总协定的国家和地区之间的多边贸易关系。这些国家和地区分属于不同经济制度和发展水平，占世界国家总数三分之二以上，贸易量占世界贸易总量的 85% 以上。关贸总协定的常设机构在日内瓦，定期召开缔约国大会和部长会议，发起过多轮全球性的多边谈判，讨论和解决国际间在经贸交往中存在的问题。它虽不是联合国的专门机构，但它是在联合国召开的国际会议上所订立的协定基础上产生的，在工作过程中同联合国发生一定的联系。因此，将其称为“准国际贸易组织”毫不过分。目前，它也是世界上唯一的全球性国际贸易组织。

关贸总协定的宗旨，就是在世界各国的贸易和经济事业的关系上，通过相互削减关税和其他各种关税壁垒，取消国际贸易中的歧视待遇，以达到提高生活水平、保证充分就业、保证实际收入和有效需求的巨大持续增长、扩大世界资源的充分利用以及发展商品生产和交换的目的。

关贸总协定的作用，总的说来，是削减关税，消除其他各种贸易障碍，逐步实现贸易自由化。具体体现在以下几方面：

(1)通过每次多边贸易谈判，在互惠互利基础上削减关税；

(2)消除各种非关税壁垒；

(3)处理国际间经济贸易有关纠纷；

(4)增强贸易透明度；

(5)为各国在经济贸易上提供谈判和对话场所；

(6)促进国际服务贸易、知识产权和投资的发展。

2. 世界贸易组织(WTO)的基本原则

WTO(World Trade Organization)的基本原则是在继承 GATT 基本原则的基础上，进行必要的补充和修改而来的。它们源自于 1994 年的 GATT、服务贸易总协定以及历次多边贸易谈判所达成的一系列协议。这些协议的实体规则和程序规则构建了 WTO 的基本法律框架，它们是贸易自由化体系的核心。

WTO 的基本原则是由若干规则和一些规则的例外所构成的。如图 14.1 所示：

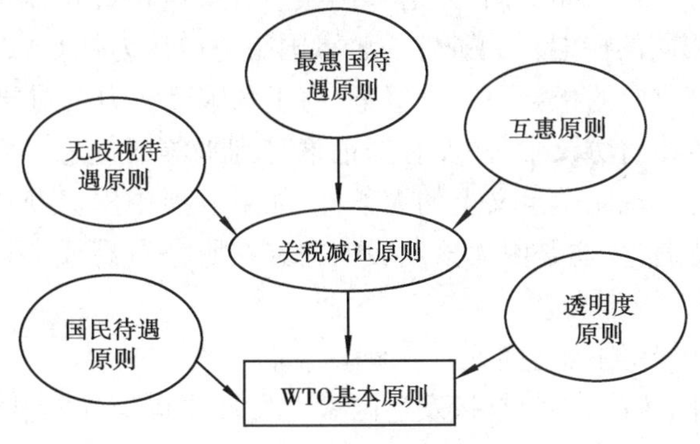

图 14.1　WTO 基本原则

(1)无歧视待遇原则

无歧视待遇原则又叫无差别待遇原则。是 WTO 最重要的基本原则。它规定一缔约方在实施某种限制或禁止措施时，不得对其他缔约方实施歧视待遇。无歧视待遇原则要求每个缔约方在任何贸易活动中，都要给予其他缔约方以平等待遇，使所有缔约方能在同样的条件下进行贸易。无歧视待遇原则充分体现了各国主权一律平等这一国际法基本原则。无歧视待遇原则在 WTO 中主要是通过最惠国待遇条款和国民待遇条款来实现的。

在 1994 年 GATT 中，规定了无歧视原则的例外情况，主要包括：反倾销税与反补贴税的征收；发达国家给予发展中国家的特惠待遇和发展中国家之间相互给予的特惠待遇；关税同盟和自由贸易区成员之间实施的优惠安排;根据国际收支条款和外汇安排条款所采取的相应措施;一般安全例外;政府为支持发展经济,对进口采取的紧急措施以及有关义务免除的规定等。

在《服务贸易总协定》中,其例外规定主要是该原则不适用国际司法协定或行政援助协定下所采取的措施。

(2)最惠国待遇原则

①最惠国待遇的含义是指缔约方一方现在和将来给予任何第三方的优惠,也给予所有缔约方。

在国际贸易中,最惠国待遇是指签订双边或多边贸易协议的一方在贸易、关税、航运、公民法律地位等方面,给予任何第三方的减让、特权、优惠或豁免时,缔约另一方或其他缔约方也可以得到相同的待遇。

订立最惠国待遇条款并非为了给予或取得特殊待遇、差别待遇,而是为了保障均等的贸易机会,保证双方或多方在平等的条件下开展自由竞争。

②最惠国待遇的形式实际运用时,可分为有条件的和无条件的两种形式。

有条件的最惠国待遇是指缔约方给予第三方的优惠必须在缔约方另一方具备相同的条件或提供同样的补偿时,才能享受这些待遇。譬如,A,B,C 三国共同签署某一协议,现 A 国决定给予 B 国一种特殊的优惠。假如 B 国实行的是市场经济制度,那么,C 国要获得同样的待遇,也必须实行市场经济制度。所以,有条件的最惠国待遇是要使给惠国获得补偿为前提的。在中美经济交往中,美国通过人权、知识产权保护、市场准入等方面给中国施压,以此为条件给予中国最惠国待遇就是一个例证。

无条件的最惠国待遇是指缔约方一方给予第三方的一切优惠应立即无条件地、无补偿地、自动地适用于缔约方另一方。如上例,无论 C 国实行什么样的经济制度,都可自动地、不付任何代价地获得与 B 国相同的待遇。无条件的最惠国待遇被认为是 GATT 和 WTO 的一块基石,是世界多边贸易体系最重要的指导原则。但是,由于各国经济力量对比的不同,发展中国家与发达国家签订的贸易条约与协议中,并没有真正享受到平等的优惠。发达国家给予发展中国家的最惠国待遇并没有体现完全意义上的无条件,如果发展中国家获得了发达国家给予的有关货物贸易的最惠国待遇,往往是因为该发展中国家在服务贸易或知识产权保护方面给予了发达国家最惠国待遇。

最惠国待遇的例外规定主要包括:

①特惠关税的例外。特惠关税是指发达国家对发展中国家实行普遍的关税优惠,即普惠制。特惠关税是非互惠性和非歧视性的,它可使发展中国家从发达国家获得特别优惠的关税待遇,扩大发展中国家的出口和工业化的发展。在 1994 年 GATT 第 1 条对此作了规定,即在优惠幅度受到合理约束的前提下,缔约方之间可以实行优惠关税。

②经济一体化安排的例外。在 1994 年 GATT 第 24 条规定,结成关税同盟的国家在关税方面的特殊待遇不能给予订立最惠国待遇条款的缔约方;形成自由贸易区的国家之间相互给予的特别优惠和豁免也不给予订立最惠国待遇条款的缔约方;此外,缔约方之间边境小额贸易的关税优惠也不能给予其他缔约方。

③“东京回合”通过的“授权条款”例外。该条款允许仅对发展中国家实行优惠以及发展中国家相互之间实行优惠,而不将优惠待遇扩大到发达国家。

此外,在 1994 年 GATT 中,还包括:一般例外;安全例外;缔约方的保持国际收支平衡而采取进口限制措施例外；发展中国家为保护国内产业而对某些产品采取政府援助或紧急措施例外；以及征收反倾销税和反补贴税例外等。

④在《服务贸易总协定》中，最惠国待遇原则的例外主要包括毗邻国家为了方便他们在双方毗邻边境地区交换限于当地生产和消费的服务所应提供或授予的利益。

⑤《知识产权协议》中，最惠国待遇原则的例外包括基于国际司法协助条约而作出的一般法律强制措施，基于 1971 年《伯尔尼公约》或《巴黎公约》所给予的待遇；该知识产权协议规定之外的有关唱片的表演者、制作者以及广播者的权利；在该协议生效前已生效的保护知识产权的国际公约所给予的优惠待遇。

根据这一原则，中国在加入 WTO 后，可以在同等条件下向国际市场输出中国汽车产品。

(3)国民待遇原则

①国民待遇的含义。国民待遇是指在贸易条约或协议中，缔约方之间相互保证给予对方的自然人（公民）、法人（企业）和商船在本国境内享有与本国自然人、法人和商船同等的待遇。通俗地说，就是把外国的商品当作本国商品对待，把外国企业当作本国企业对待。其目的是为了公平竞争，防止歧视性保护，实现贸易自由化。

②国民待遇原则的例外：

A. 在 1994 年 GATT 中，国民待遇原则的例外主要包括：一般例外；安全例外；政府采购命名和对国内生产者的补贴例外等。

B. 在《服务贸易总协定》中，国民待遇原则除了规定一般例外和安全例外以外，还规定了成员方在谈判承担义务时，可不按国民待遇的安排。这是因为国民待遇原则在服务贸易总协定中，只是成员方具体应承担的义务，而不是必须遵守的原则和义务。

C. 在《知识产权协议》中，国民待遇原则的例外主要包括有关保护知识产权公约中的例外以及司法和行政程序方面的例外等。

D. 在《与贸易有关的投资措施协议》中，国民待遇原则的例外除包括 1994 年 GATT 所规定的所有例外以外，还　　　　可以暂时自由地背离适用国民待遇原则和数量限制规定。

③地方保护协议　　　　相违背的。

入市前，我国普遍　　　　地域封锁问题，这是同国民待遇原则相违背的。例如，我国一些省市政府有　　　　政策来保护当地生产的轿车，导致异地生产的轿车在当地销售受阻。

此外，在投资贸易　　　　前外商投资的一些优惠政策和限制政策都是与国民待遇原则相违背的。

(4)互惠原则

在国际贸易中，互惠是指两国或多国之间在贸易利益或特权方面的相互或相应让予。最初的贸易互惠主要是关税方面的相互减让。随着国际交往的加深和贸易的发展，互惠原则已逐步扩大到了其他方面，如运输、非关税壁垒方面的削减和知识产权方面的相互保护等。

①互惠原则是 GATT 和 WTO 中最为重要的原则之一。一方面，它明确了各缔约方在贸易谈判中相互之间应采取的基本立场；另一方面，从 GATT 以往几轮的谈判来看，其作用也正是在互惠互利的基础上实现的。

②互惠的形式。互惠有双边互惠和多边互惠两种形式。双边互惠是指两个国家之间相互

给予对方关税减让或特权。多边互惠是将双边互惠原则放大适用到多国之间。GATT 和 WTO 通过缔约方以对等减让及其相互之间提供优惠的方式来保持贸易平衡,谋求贸易自由化的实现。

在 1994 年 GATT 中,互惠原则的例外情况主要包括:根据“免责条款”或第 28 条的有关规定,缔约方可以在一定条件下修改或撤回其已做出的减让,第 28 条还要求在关税减让谈判中适当考虑某些缔约方(包括发展中国家)的特殊需要;根据“授权条款”等规定,发达国家不能要求发展中国家做出与它们各自的发展、时政和贸易需求不相一致的互惠或贡献。

③在《服务贸易总协定》中规定的例外情况主要有:

A. 对服务贸易的补贴问题。要求发达国家在谈判时应确认补贴在发展中国家发展计划中的作用,并考虑发展中国家缔约方在该领域中的灵活性需要。

B. 服务贸易逐步自由化问题。对发展中国家少开放一些部门或放宽较少类型的交易或根据其发展情况逐步扩大市场准入的程度等方面应给予适当的灵活性,等等。

可以说,GATT 的主要目标之一,就是通过缔约方之间的相互让步和多边互惠,来维系它们之间的利益平衡,推动贸易自由化的进程。在互惠的基础上,缔约方之间达成了众多的协议,但从整体来看,这些协议给发达国家带来的利益和好处,要大于给发展中国家带来的利益和好处。“没有免费的午餐”、“不能免费乘车”已成为一些发达国家的口头禅。要谋求真正的利益均等,还需要各缔约方的共同努力。

(5)关税减让原则

①关税减让的含义

关税和非关税措施是国家管制进出口贸易的两种常用方式。与名目繁多的非关税措施相比,关税的最大优点是它具有公开性和可计量性,能够清楚地反映关税对国内产业的保护程度。因此,按 WTO 协定规定,关税是货物贸易中唯一合法的保护方式。

WTO 协定允许以关税作为保护手段。并不意味着各成员方可以随心所欲地使用关税保护手段,相反,不断地降低关税是 GATT 和 WTO 一贯倡导的原则,也是其最基本和最重要的原则之一。上述的无歧视原则、最惠国待遇原则、互惠原则以及透明度原则和贸易自由化,都是通过多边关税减让这一载体来执行的。

②关税减让的例外

关税减让原则主要有 7 个方面的例外:

A. 贸易谈判中产生的例外。在前 5 轮多边贸易谈判中,普遍采用的是有选择的逐项产品对产品的谈判。这使部分产品的关税受制于关税减让原则,其余产品就成了关税减让原则的例外。自第 6 轮多边贸易谈判,开始使用公式减税法后,仍有部分产品长期处于这一原则及其相应规则之外。

B. 敏感产品或部门(如纺织品、鞋类)和部分农产品对关税减让的逃避,也成了关税减让的“人为”例外。尽管“乌拉圭回合”已最终解决了这一问题,但仍有一个“过渡期”问题。

C. 由 GATT 中“免费条款”产生的例外。当缔约方在遭到某些特殊情况时,可引用 GATT 中的“免费条款”,取消它已做出的关税减让。

D. 由于发达国家在 GATT 中的利益之争导致的例外。如美国与欧共体在“狄龙回合”中,双方仅对个别产品(汽车和酒)削减了关税,而使大部分产品成为关税减让原则的例外。

E. 由于缔约方在经济贸易和关税等方面的差距而导致对公式减让规定的例外。提出例外请求的缔约方越多,公式所涉及的产品就越少,而作为例外的产品则越多。

F.发展中国家根据GATT第4部分(贸易和发展)提出的非对等和更加优惠的待遇,其中包括关税减让,成为合理、合法的例外。

G.据GATT第28条规定,自1958年起,缔约方每隔3年可对减让表中商品的约束关税提出修改或撤销,但必须同有关缔约方协商,达成协议后即可实施。

根据中美达成的协议,一方面中国将在2006年前将汽车进口关税降低到25%。根据最惠国待遇原则,这一减让也适用于其他成员国。另一方面,关税减让是对等的,中国也将从其他成员国的关税减让和市场开放中得到实惠。例如,中国汽车企业可以更便宜地从外国进口零部件,中国轿车生产所需配套产品对国际市场的依赖程度很高,平均每年进口的汽车零部件达20~30亿美元。降低所需投入品的进口关税,取消进口许可证和配额,有利于中国轿车企业降低成本,提高产品竞争力。

(6)取消数量限制原则

①取消数量限制的含义

在名目繁多的非关税壁垒中,数量限制最为普通。它简单易行、效果明显,是一种被政府惯用的行政手段,常被用来限制进出口,从而阻碍国际贸易的正常进行。

GATT和WTO都是以倡导贸易自由化为己任。主张除关税可以作为保护手段存在外,任何非关税壁垒都必须废除。因此,GATT自创始之日起即提出一般地取消数量限制原则。

GATT第11条规定:任何缔约方除征收捐税或其他费用外,不得设立或维持配额、进出口许可证或其他措施以限制或禁止其他缔约方领土的产品的输入,或向其他缔约方输出或销售出口产品。这里所说的即为一般数量限制的取消。

②数量限制的形式主要有:

A.配额。即在特定时期内对某种产品的进口规定最高限额。配额可以是季节性的,也可以是针对特定国家的或全球性的。

B.进口许可。主要分为两类:一种是有条件的进口许可;另一种是任意进口许可,即按主管当局的意见颁发许可证,这类许可也在数量限制范围之内。

C.自动出口约束。在进口方面临进口压力并决定采取单边限制的严厉威胁下,出口方不得不与进口方通过谈判达成自动出口约束协议,即在一定时期内规定出口最高限额。

D.禁止。这是在特定条件下所采用的限制。可以是全面禁止,也可以根据主管当局的规定或建议而有例外。

根据上述规定,中国在加入WTO后,仍可采取配额和进口许可证等限制性措施,但必须符合"非歧视性原则"和"透明度原则",并有时间上的限制。根据中美达成的协议,中国的汽车配额已在2005年前逐步取消,在这期间,基本水平的配额将为60亿美元,以后将每年增长15%,之后逐步取消。因此中国的轿车企业有了一段缓冲期。另外,《中外合作经营企业实施条例》中规定:合资企业合同应写明原材料购买和产品销售方式,产品在中国境内和境外销售的比例。此外还有进口用汇限制等。上述限制规定属于明令禁止的限制性投资措施,中国加入WTO后,已经调整。

③在无歧视待遇原则和最惠国待遇原则基础上取消数量改制的实施方式。在GATT第13条还规定:若确有必要实施数量限制,应在非歧视、最惠国待遇原则基础上实施。也就是说,除非对所有第三国的相同产品的输入或对相同产品向所有第三国的输出同样予以禁止或

限制外,任何缔约方不得限制或禁止另一缔约方领土的产品的输入,也不得禁止或限制产品向另一缔约方领土输出。其实施方式有三种:

第一,保证透明度的前提下实行全球配额,即按进口商申请的先后顺序发放相应的额度,直到总额度发放完毕为止。

第二,如需实行国别配额,则应由进口缔约方和出口缔约方共同商定。

第三,在配额制无法实施时,可以采用许可证制度,但不得在许可证中规定产品的进口来源。

除按规定可以在非歧视原则基础上实施的数量限制外,其余数量限制都属于取消之列。

(7)透明度原则

贸易自由化和稳定性是 GATT 和 WTO 的主要宗旨,实现这一宗旨有赖于增强贸易规章和政策措施的透明度。因此,GATT 订立之初为各缔约方的贸易法律、规章、政策、决策和裁决规定了必须公开的透明度原则。其目的在于防止缔约方之间进行不公平的贸易。

GATT 所要求的透明度是有一定范围的。在 GATT 和 WTO 的有关协议中均规定:不要求缔约方公布那些会妨碍法令的执行,会违反公共利益,或会损害企业正当商业利益的秘密资料。

加入 WTO 后,我国有关部门必须及时公布汽车产业方面的有关法规、条例及相关的地方性政策。一些地方政府采取的地方保护政策有许多都是不透明的。从这方面来讲,提高透明度不仅仅是 WTO 其他成员国的要求,更是我国轿车工业长期发展的法律保障。

上述例外情况的规定,反应了 GATT 和 WTO 灵活务实的特点。

中国加入 WTO 的主要贸易条款及影响见表 14.1。

表 14.1　中国加入 WTO 的主要贸易条款及影响

序号	影响因素	谈判内容	影　响
1	关税	中国将于 2006 年 7 月 1 日,把整车关税降至 25%;汽车零件关税将于 2006 年 7 月 1 日减至平均 10%	入世后的关税大幅削减,将直接冲击我国国产汽车价格,冲击国产汽车销量,对汽车销售利润空间带来巨大影响
2	配额和许可证	汽车配额将在 2005 年前逐步取消,在这期间,基本水平的配额将为 60 亿美元,以后将每年增长 15%,直到取消为止	配额及进出口限制性措施的逐步放宽,允许更多境外的整车及零部件进入我国市场,直接冲击国产汽车品种和国内销售渠道
3	投资管理措施	在开放服务贸易的日程方面规定第一年允许外方与中方合资,第二年允许外方控股,第三年允许外方独资	入世之后,投资限制将全面放开,境外汽车商将挟巨资投入中国的汽车销售、服务领域。应对不好,国内汽车的市场、渠道、网络都有有可能被外资占领甚至全部控制,而这恰恰是汽车产业的咽喉和命脉所在
4	进口权	我国首次向境外公司提供贸易权(进出口权),贸易权将在三年之内逐步实施。放开进口权、放开数量限制、放开进口车型管制	这就意味着随着外资贸易公司的建立,国门洞开,外国进口汽车将可以更加便利、快捷地进入中国市场,冲击中国汽车行业的各个领域

续表

序号	影响因素	谈判内容	影　响
5	分销权	在汽车服务贸易方面,中国将给予全面的贸易权和分销权;不通过中间商直接进口和出口的权利和市场营销的权利,批发和零售、售后服务、修理、维护保养、运输——与分销有关的整个服务领域	加入WTO,将意味着3~4年内,从运输环节→仓储环节→批发零售环节→(吸引顾客购买的)促销环节→产品的售后服务等汽车销售的所有环节中,外资公司都将可以自行操作。外资将冲击整个汽车销售流通业
6	汽车贷款融资	中国已承诺在五年内使境外银行获得充分的市场准入。在准入后,中国同意允许非银行的金融机构提供汽车贷款融资	中国信用体系落后,汽车财务公司本身弱小。如果汽车消费信贷的服务跟不上,可能会导致我们丢失大量的市场份额

14.2　国际汽车市场

14.2.1　国内外汽车营销市场的差异

国际市场营销与国内市场营销都是以商品交换为媒介的市场营销活动,两者在本质上是一致的。企业无论面向国内市场还是国际市场,都要进行相似的营销活动。如市场环境分析、市场调查与预测,消费者行为研究,目标市场及战略规划,市场营销组合策略等。但是,国际市场营销远不同于国内市场营销,它面临的是世界市场,要求在更为复杂的环境下进行经营活动,难度更大,风险更多。两者比较,其差别主要表现在以下几个方面:

1. 市场环境结构不同

国内市场营销在一国范围内进行,其面临的市场环境由本国的政治、经济、文化、法律等环境所构成。而国际市场营销的活动范围在一国以上,产品要跨国界,市场、产品、销售等具有国际性,所面临的市场环境更复杂。一方面,任何出口商品的企业,都要受到整个国际市场环境的影响;另一方面,企业进入哪一个国家的市场,还要受到该国家海关的管理和经济贸易政策等市场环境的限制。因此,国际市场营销活动面临的是一个双层或多层的市场结构。

2. 入市的方式不同

国内营销,企业一般主要是利用本国资源在国内进行生产,产品在国内市场销售。国际市场营销(即全球营销),则利用本国或其他国家资源进行生产,产品在国际市场销售。由于世界各国政治、经济、文化和法律制度有差异,使得每个国家的市场各具特色。因此,从事国际市场营销活动的企业,必须根据目标市场的具体情况,采取不同的营销方式。如在本国生产,产品销往国外;或是在国外生产,并在该国销售;或是在A国生产,产品销往B国。

3. 市场营销方案不同

企业在国内市场经营,针对不同地区或不同的目标市场采取不同的营销策略,但整体营销方案是一致的。而国际市场是由不同国别市场共同组成,各国市场之间的营销环境差异很大,因此,必须根据不同国别的市场制订不同的营销方案。

4. 对营销人员的素质要求不同

国际市场营销成功的关键,往往取决于企业营销人员能否适应变化莫测的国际市场环境。因此,准备进入国际市场的企业,必须注意选拔和培训国际营销人员,这些人员应掌握搜集和分析国际市场情报的方法,了解当代国际市场运行规律和发展动向,能够灵活地运用国际产品策略,价格策略,促销策略等,熟悉国际商业业务和经销渠道等。一般还要求国际营销人员具有一定的外语水平和运用计算机的能力等。

14.2.2 国际汽车市场的特点

汽车是一种国际化产品,我国汽车工业的发展离不开国际汽车市场。我们必须在理解WTO规则的基础上,深入分析国际汽车市场,为民族汽车工业的发展找到出路。

国际汽车市场即世界各国和各地区之间汽车产品的交易市场,并通过国际贸易法把各国国内市场连接起来的整体,还包括国际汽车工业之间在金融、投资、技术等方面的合作与贸易等。

国际汽车市场经过二战后几十年的发展,到20世纪80年代末,其规模已经达到50年代初期水平的5倍,全球汽车年产销量2005年已达6 653万辆。其中位居前十位国家的产量占到全球产量的四分之三,详情见表14.2。

表14.2　中国加入WTO的主要贸易条款及影响

序号	国家	汽车产量	占世界总产量比例/%	累计比例/%
1	美国	1 192.1	17.9	17.9
2	日本	1 080.0	16.2	34.1
3	德国	575.9	8.7	42.8
4	中国	570.8	8.6	51.4
5	韩国	369.5	5.6	57.0
6	法国	320.3	4.8	61.8
7	西班牙	275.2	4.1	65.9
8	加拿大	268.7	4.0	69.9
9	巴西	242.8	3.6	73.5
10	英国	180.3	2.7	76.2
合计		5 075.6	76.2	76.2

2005年除表14.2外,年汽车产量过百万辆的国家还有:墨西哥(167)、印度(164.2)、俄罗斯(135.3)、泰国(112.3,第一次)、意大利(103.9)。五国合计:687.7万辆,占世界总产量的10.3%~10.5%,2005年世界汽车总销量6 392.3万辆,产销率96.1%,其中前十四个国家的销量占到世界总产量的五分之四,详情见表14.3。前15国合计:5 758.3万辆,占世界总产量

的 86.6%。

表 14.3　前十四个国家的汽车销量情况

序号	国家	汽车销量	占世界总产量比例/%	累计比例/%
1	美国	1 744.2	27.3	27.3
2	日本	585.2	9.2	36.7
3	中国	361.7	9.0	45.7
4	德国	576.2	5.7	51.4
5	英国	282.9	4.4	55.8
6	法国	254.8	4.0	59.8
7	意大利	248.0	3.9	63.7
8	西班牙	195.9	3.1	66.8
9	巴西	171.5	2.7	69.5
10	加拿大	163.1	2.6	72.1
11	印度	144.0	2.3	74.4
12	俄罗斯	135.5	2.1	76.5
13	墨西哥	116.4	1.8	78.3
14	韩国	114.2	1.8	80.0
合计		5 093.6	80.0	80.0

与此同时世界汽车保有量增长了十几倍,目前已近 6 亿辆。国际汽车市场则表现出以下特点:

①轿车市场占据国际汽车市场的主导地位。从其资料表明,轿车一直占据国际汽车市场 72% ~73% 的份额,商用汽车不足 35%。部分国家如法国、德国、意大利等,其汽车市场轿车份额非常高,甚至维持在 90% 以上。美国市场的轿车的份额的 60% 以上,日本、韩国及南美各国大体同国际水平相当。相比较而言,中国在 2001 年的轿车份额仅占汽车市场的 30% 左右,而短短的几年后,2005 年也占到 60% 以上,迅速缩小了与世界的差距。

②国际汽车市场在多个层次上表现出三足鼎立集中度迅速上升之势。当前,从地区范围看,国际汽车市场主要集中在欧洲、北美和亚洲三个地区,国际汽车市场表现出三地区的鼎立之势。这三地区容纳了全球汽车市场的 70%。其次,从各国汽车产销情况看,20 世纪 80 年代以来,世界汽车市场一直呈现出美国、日本和德国三国鼎立之势。2006 年这种三国鼎立之势已经打破,我国已超过了德国。它们的汽车生产和销售方面基本保持同步,美国、日本和德国分居世界前三位。三国的汽车产销量一直维持在全球汽车总产销量的 60%。第三,从各公司的产销量看,通用、福特、丰田三大汽车公司在国际汽车市场上呈现三厂家鼎立之势。20 世纪 80 年代以来,三公司一直雄居世界汽车公司前三位。三公司规模上,福特大体相当通用的 2/3,丰田已逼近福特,销量已超过福特,各公司历年汽车产销量均在 775 万辆以上,值得注意的是,在世界三大汽车公司中,虽然美国占了两家,日本只有一家,但日本汽车公司的总体规模

较美国三大汽车公司总体规模稍大。近年来,总销量排在前 10 家的公司依次是通用、丰田(含大发、日野)、福特(含马自达、沃尔沃轿车)、戴克(含三菱)、雷诺·日产(含大宇五十铃)、大众、现代(含起亚)、本田、PSA 标致·雪铁龙、菲亚特(含依维柯),前 10 家的汽车销售量占到世界总销量的 82.9%。

③世界汽车出口格局开始改变。自 20 世纪 80 年代以来,汽车年出口量超过 20 万辆的国家有十个,它们是日本、法国、德国、韩国、加拿大、西班牙、美国、英国。而意大利和瑞典被发展中国家墨西哥和巴西取代。其中韩国在 2001 年 1 月起排第四位,而日、法、德三国始终居前三位,年出口量均在四百万辆以上,尤其是日本的汽车出口长期高达 500 万辆以上。

据统计,世界最大的汽车进口国是美国,其次为欧盟。在世界汽车进出口贸易中,日本和韩国是最典型的大出小进(韩国几乎不进口)的国家,美国是典型的小出大进的国家,欧盟介于二者之间,可谓大出大进。自 20 世纪 80 年代中期以来,美国对日本的商品贸易逆差在 500 亿美元以上,其中汽车贸易逆差占了一半以上。美日间围绕以汽车贸易不平衡为主要内容的贸易摩擦此起彼伏,摩擦持续不断。

④竞争、兼并强强联合,跨国重组的纷争局面日趋明显。世界汽车厂家为了提高自身的竞争地位和为了进入对方市场,提高占有率,以竞争为目的的联合有增无减,一些经营不善的厂家被迫兼并。企业部分或全部合并;双方创办合资企业,合资企业可以设在合资方的所在国,也可以设在第三国;对业务伙伴进行战略投资,这种合作形式有利于打入对方市场;联合开发项目;相关行业之间的联合和兼并,这种方式有利于利用对方汽车零部件和相关行业的优势;进口投资,这种方式有利于绕开贸易壁垒和政府障碍。

近年来,世界汽车工业重大并购联合事件如下:

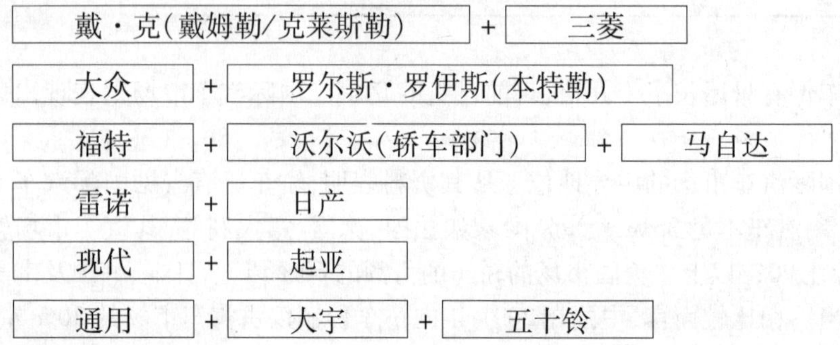

⑤全球汽车生产大国在国际汽车市场上的地位正在缓慢下降,而一些发展中国家的地位正稳步提高。从国际汽车市场供给结构方面看,20 世纪 80 年代世界七大汽车生产国(美国、日本、德国、法国、英国、意大利和西班牙)的产量占全球汽车产量的份额尽管高达 80% 以上,但这个份额却在缓慢下降,而亚洲国家(日本除外)所占比例却不断上升。据统计,2000 年世界汽车生产国的总生产能力已超过 6 000 万辆,七个主要汽车生产国所占全球汽车产量的份额已下降至不足 75%,而发展中国家如东南亚、南美、东欧等地区的份额保持上升。统计资料表明,20 世纪 80 年代几个主要汽车生产国在全球新增汽车产量中占 86%,而在同期新增需求量中仅占 37%,90 年代新增加需求销量的一半以上的份额为中国、东盟和亚洲新兴工业化国家、地区及拉美地区占有。到 2000 年七个主要汽车生产国年需求总量的比例下降至 60% ~ 65%。与 20 世纪 80 年代末相比,这个比例下降幅度达 7 ~ 12 个百分点。因此,世界汽车需求增长的焦点肯定会转向发展中国家。所以从汽车生产和需求两方面看,发展中国家在国际汽

车市场上的地位将稳步提高。

⑥主要汽车生产国的汽车市场呈现出明显的买方市场特征，市场趋于饱和，将以更新需求为主，保有量的增长潜力已经很小。如美国已达 1.7 人保有一辆汽车，而在发展中国家，尤其在经济保持较快增长的亚洲、拉美、欧洲、东欧各国，汽车市场仍以新增需求为主，保有量的增长潜力很大，汽车市场正在迅速扩大。但是在非洲，除南非和东北非地区等少数国家外，绝大部分国家因经济落后，虽然汽车的使用会逐渐扩大，这一地区的汽车市场仍然很小。以上情况表明，国际汽车市场规模目前的区域结构极不平衡，相差悬殊。

这里要说明的是，由于目前汽车的全球普及程度仅为每十人二辆，比普及程度较高的西方发达国家尚有很大差距。这一事实表明，从长远看，国际汽车市场的总体规模将增加，汽车厂家完全可以在国际汽车市场上，尤其是在经济迅速增长的国家的汽车市场上先找到挖掘需求潜力的机会。但是，由于发达国家汽车市场的新增需求潜力逐渐减少，不少发展中国家处于保护本国汽车工业的目的也不会完全开放国内汽车市场，而经济落后国家的汽车市场又十分狭小，因而对从事国际市场营销的各个汽车厂家来说，未来向汽车厂家提供的营销机会，在数量上也不会大幅度增加，汽车厂家的竞争将更趋激烈。对西方发达国家的汽车厂家而言，汽车生产能力相对过剩，结构性需求相对不足的矛盾仍将继续存在，但各汽车厂家仍继续坚定地走质量内涵再生产的发展道路。综上所述，国际汽车市场错综复杂，竞争激烈，与国内汽车市场有着明显不同的特点。

14.2.3　国际汽车市场营销环境

与国内汽车市场营销环境比较，国际汽车市场营销环境更为复杂。国际环境、文化传统、宗教信仰、政治制度、法律体系、技术标准、经济水平、道路条件、城市建设等各异，在国际市场上从事汽车营销会遇到各种意想不到的困难。

企业要想及时掌握国际汽车市场行情的变化，必须要加强信息的收集、沟通和传递，因而必须建立灵活的，运转敏捷、协调的国际汽车市场营销体系，而这一体系的建立并非一朝一夕的事情。从事国际市场营销的汽车厂商必须充分认识上述特点，分析国际汽车市场营销环境，制订相应的营销战略策略。

国际市场营销环境是一个不可控因素，包括经济、社会文化、政治、法律四个方面。

1. 国际贸易体系

企业要把汽车产品销往世界其他国家或地区的市场，首先就会碰到各种关税和非关税贸易壁垒，诸如进口配额，进口限制，外汇管制，歧视性技术标准，再其次是反倾销限制。对于国际贸易体系一般应分成三个类型，区别对待。一是 WTO 成员国之间；二是与非 WTO 成员国之间；三是对区域自由贸易区国家与我国之间的互惠条款承诺。

2. 经济环境

经济环境因素主要包括经济制度、经济发展水平、经济特征三个因素。

(1)经济制度

世界各国的经济制度可划分为社会主义经济制度和资本主义经济制度两大类。如果根据财产所有权来划分，还可以分为公有制经济和私有制经济。当前世界各国经济制度的一个新特点，是私有制主导的经济中也会有公有经济的存在，公有制经济也并存私有经济成分，二者相融、相补、相促共存。

(2)经济发展水平

一个国家经济发展水平不同,国民收入高低不同,地区汽车产品的需求会有很大差异,从而对全球营销的各个方面都会带来影响。对经济发展水平的分析,是认识经济环境的一个重要方面,其分析方法主要有经济发展阶段分析法和技术经济结构分析法两种,下面分别进行介绍。

①经济发展阶段分析法。一个国家所处的发展阶段不同,居民收入高低就不同,消费者对产品的需求也不同,从而直接或间接地影响国际市场营销。

划分经济发展阶段最盛行的方法是罗斯托(W·W· Rostow)的"经济成长阶段论"。他将世界各国的经济发展状况划分为下列五阶段:第一阶段:传统社会;第二阶段:起飞前的准备阶段;第三阶段:起飞阶段;第四阶段:迈向成熟阶段;第五阶段:大量消费阶段。大致说来,凡处于前三个阶段的国家可称为发展中国家,处于后两个阶段的国家可视为经济发达国家。由于存在收入和技术上的差距,某些较高级的消费品和工业品在发达国家市场上已大量推销,而在发展中国家的市场可能仍处于初期推销阶段。以消费品市场来说,经济发展阶段较高的国家,在市场营销方面强调商品的款式、性能及特色,质量竞争高于价格竞争,而在经济发展阶段较低的国家则比较侧重于产品的功能及实用性,竞争中价格因素是主要因素。

②技术经济结构分析法。又称工业结构类型分析法。按此方法,可将世界各国分为以下四种类型:

第一类:农业自给型国家。这种类型国家的人民绝大部分从事农业劳动,从事制造业或其他产业的人数较少,国民文化素质较低,进出口额很小。往往采取易货贸易形式进口一部分工业品,其国际营销领域很有限。这类国家往往对资本输入有兴趣。

第二类:原料出口型国家。这类国家经济落后,工业很不发达。但往往拥有某种重要的资源输出,而拥有大量外汇收入,故其进口能力较强。如以石油输出为主的中东阿拉伯国家。

第三类:处于工业化进程中国家。这类国家已经或正在建立一定技术规模的新兴工业,但结构脆弱,还没有完全建成强大的工业体系。在资金、技术、设备、人才等方面有很大的吸收和消化能力。大部分第三世界国家皆属此类。

第四类:工业化国家。这类国家大多是工业品、新技术和资金的出口国。进口能力很强,其原材料、机械零件的市场潜力较大。

(3)市场规模

①人口。人口因素是构成市场规模的重要因素,主要包括总人口、人口增长率、人口的年龄和性别结构、人口分布等。在一定条件下,一个国家的总人口越多,市场规模越大,通过总人口可以推算出某些消费市场的规模;了解人口增长率可以大体了解市场的变化趋势;人口的年龄和性别不同,对商品的需求和态度也就不同,例如可根据年龄结构不同划分儿童用品市场、成人用品市场、老人用品市场等;人口的地理分布也是国际市场营销的一个重要因素。人们居住在气候不同的地区,对消费品的需求有较大的差别,居住在农村和居住在城市对产品的需求和消费行为也不同。

②收入。收入情况是衡量市场规模及其质量的重要指标。收入越高,购买力越强。对各国收入的分析,通常采用的指标有:国民生产总值(GDP)、国民收入、个人收入、个人可支配收入和个人自由支配收入。

(4)经济特征

经济特征是认识经济环境的又一重要方面,主要包括自然条件、消费模式和经济基础结构三大因素。

自然条件。一个国家的自然条件是指自然界的实际状况和潜在的财富(如矿藏、水利资源),以及土地面积、地形、地貌和气候等。这些因素会影响到产品的设计要求和包装、运费等。

经济基础结构。经济基础结构是指一个国家的能源、动力、交通运输、通讯设施、商业、金融机构、贸易和企业状况等。一般说来,一个国家的基础设施好,有利于提高投资效益,使这个国家的营销活动更顺畅,因此,市场的吸引力就越大。

3. 社会文化环境

社会文化环境是一个社会的民族特征、风俗、习惯、语言、意识、道德观、价值观、教育水平、社会结构等的总和。不同国度的人民,受到不同的价值观、文化与风俗的影响,对同一产品会持不同的态度。如吸尘器在英国,法国及荷兰的拥有量很高,而意大利的洗衣机和洗碗机拥有量很高。

各国社会文化之间的差异很大,且错综复杂。与国际市场营销紧密相关的因素主要包括:

(1)教育水平。人们的受教育程度不同,对商品的需求,对商品的鉴别接受能力也不同,接受文字宣传的能力也有区别。

(2)语言。语言在国际市场营销中具有特殊的作用,商品名称、通讯联系、洽谈合同、广告宣传等都离不开语言。在语言使用时,尤其应注意各国语言的区别,以免引起不必要的误会,给营销工作带来不利。例如,美国生产的一种家用小轿车,取名叫“Nova”,可在西班牙语中是“开不动”的意思,英语中“百事可乐使你恢复活力”的广告语,在德文中含有从坟墓中活着出来的意思。

(3)宗教。据粗略统计,全世界信奉天主教、基督教的人约 12 亿,大多分布在西方;信奉伊斯兰教的人约 7 亿,主要分布在亚洲和非洲;信奉佛教的人有 3 亿,主要分布在东南亚和日本。不同宗教有不同的活动方式和戒律,从而影响着人们的购买动机和消费水平。国际营销人员应了解目标市场的宗教背景、禁忌等,避免不必要的损失。我国某企业曾向伊朗出口皮球,因用皮不当而遭到退货,造成巨大损失。

(4)风俗习惯。风俗习惯是人们自发形成的习惯性的行为模式,是一定社会中大多数人共同遵守的行为规范。风俗习惯遍及社会生活的各个方面,包括消费习俗、婚丧习俗、节日习俗、经商习俗等,不了解有关国家、民族的风俗习惯,要顺利地开展国际营销工作是很困难的。例如,各种颜色在不同的国家有不同的理解:在中国,红色代表喜庆,白色代表丧事;在泰国,黄色代表吉祥;在罗马尼亚,绿色代表疾病;在荷兰,蓝色是女权的象征;在瑞典,蓝色则是男权的象征。

(5)价值观念。价值观念是指人们对于事物的评价标准和崇尚风气。包括时间观念、财富观念、对待生活和风险的态度等。不同的人们,其价值观念也会不同,对商品的要求及购买动机也不同。如发达国家工作和生活节奏快,因此,时间观念很强;而经济不发达国家则不然。

4. 政治环境

政治与经济是密切相关,任何独立主权国家都有权决定是否允许别人在自己的政治疆域内进行贸易活动以及如何进行贸易活动。因此,企业在进入国际市场之前,首先要分析国际市场的政治环境因素。

国际市场的政治环境因素包括许多因素,主要有以下几种:

(1)对国际贸易和外国投资的态度。世界各国对国际贸易和外国投资的态度,由于自身的利益考虑而差异很大,或是欢迎和鼓励,或是限制和反对。其态度如何,对国际市场营销活动影响甚大。

(2)政府政策的稳定性。目标市场国家政府政策的稳定性对国际市场活动的开展是非常重要的。在考虑政府政策稳定性时,不仅要考虑当前的政治气氛,还要考虑将来的稳定程度。影响政策稳定性的因素很多,主要有政府更迭、政体改变、社会动荡、治安混乱、爆发战争、国家之间关系的重大变化等。在研究国家政治稳定性的问题上,我国过去不甚重视,造成了重大的经济损失。20 世纪 60 年代,原苏联一夜之间与我国反目,撕毁合同,撤走专家,停止贸易,使经济陷入混乱,这是我国应吸取的教训。

(3)政治干预。企业在进行国际市场营销活动中,总是伴随着政治干预的风险。政治干预是指一个国家政府迫使外国公司的经营、政策和策略发生变化所采取的有关决策。干预的范围包括从某种类型的控制到完全占有或吞并外国企业。主要形式有:征用、国有化、进口限制、外汇控制、市场控制、税收控制、价格控制和雇工问题等。

5. 法律环境

法律环境是国际市场营销环境中一个十分重要而又复杂的因素,法律环境主要指东道国法律属于何种体系,世界上大多数国家的法律体系大致可分为英、美、法系和大陆法系。由国际营销企业母国法律、国际经济法律和市场营销目标国(东道国)法律相互作用而形成国际市场营销环境。

(1)母国法律。各个国家出于自身的政治利益或经济利益,对本国企业参与国际经济贸易活动,都要制订出明确的法律规定加以规范。母国法律对国际市场营销活动的影响,主要可以归纳为以下四个方面:进口立法管制、出口立法管制、技术进出口贸易立法管制和投资立法管制。

当今世界各国一般对进口管制较严,"限进促出"是各国对外贸易管制的一个基本出发点。各国通过国内立法,采取各种关税和非关税手段,限制或鼓励某种产品进入本国市场。

①出口立法管制主要可分为市场、产品和价格三个方面。市场管制主要是限制产品出口的目标市场,产品管制是管制那些被认为具有战略性或敏感性的产品出口,或是国家稀有资源和产品的出口,以及对出口产品本身的规定;价格管制是指对出口产品定价的约束。

②技术引进的立法管制,主要是为了引进先进适用技术。技术输出的立法管制主要是管制技术输出的方向和技术本身的性质。如许多发达国家禁止向社会主义国家输出先进技术,禁止出口那些所谓对本国经济和安全有影响的技术。

③对投资的立法管制,主要是资本输入和资本输出的法律制度。

(2)国际经济法律。目前在世界上对于国际市场营销活动影响较大的国际经济法,主要有以下几个方面的立法:

①保护消费者利益的立法。如《关于人身伤亡产品责任欧洲公约》、《关于适用于产品责任的法律公约》等。

②保护生产制造者和销售者的立法。这类立法又称工业产权法,主要包括专利法和商标

法。如《保护工业产权的巴黎公约》、《专利合作条约》、《商品注册条约》等。

③保护公平竞争立法。这类立法又称国际反托拉斯法、限制性商业惯例或保护竞争法。如《关于控制限制性商业行为多边协议的一套公平原则和规则》、《国际技术转让行动守则》等。

④调整国际间经济贸易行为的立法。最有影响的立法有:《关税与贸易总协定》、《联合国国际货物买卖公约》、《国际贸易条件解释通则》、《解决国家与他国民间投资争议公约》等。

(3)东道国法律。影响国际市场营销活动最经常、最直接的因素是东道国有关外国企业在该国活动的法律规范。企业在规划汽车全球营销方案时,必须仔细慎重地分析东道国的法律环境。例如法国政府有一项特别的法令,禁止上门推销方式。英国政府禁止烟、酒类商品在电视上做广告。比利时对药品除了制订最高限价外,还分别规定批发商和零售商的毛利率分别是12.5%和30%。

影响国际汽车市场营销的东道国法律包括东道国的法律制度、进出口管理方式、外汇管理制度、与关税及贸易等有关的各种法律和规定等。在保护主义盛行的当今,从事国际汽车市场营销的企业还应重视研究包括反倾销法、卫生安全法、环境保护法等大量名目繁多的非关税壁垒。

14.2.4　国际汽车市场的发展趋势

21世纪初期,国际汽车市场呈现以下发展趋势:

1.地区新需求结构将发生变化

研究表明,21世纪初,世界汽车市场的发展仍然呈现稳定增长态势。但各地区增长率差异较大,汽车工业发达国家维持低速增长,而发展中国家尤其经济迅速增长的发展中国家和地区,汽车市场的增长率则高得多。北美市场中,美国、加拿大两国的新增汽车需求将主要集中在小型商用汽车方面,高级轿车需求将保持增长,相比而言,墨西哥市场新增需求的潜力较大;欧盟市场内,德、法、英、意及西班牙等国的汽车需求量占该地区市场的90%,除西班牙以外,欧共体各国的新增需求将减缓。随着欧元的推行使用,以及欧盟会议对欧盟汽车宪法案的通过,欧盟的统一汽车大市场已经完全形成,一方面可以在欧盟内部开展更自由的贸易,另一方面欧盟还可以以一个经济实体的姿态与日、美抗衡;更新需求比新的需求更重要,日本市场将变得同美国市场一样易受经济波动的影响;东欧和俄罗斯市场,由于这一地区经济上处于恢复时期,人均国民生产总值和人们的购买力近期内不会有很大上升,预计汽车需求增长不会太快,另外这一地区经济转型较快,市场开放度较大,有可能成为欧盟和日本销售二手车的理想市场;其他地区市场,澳洲经济发展已具备一定水平,由于人口较少,经济增长和汽车需求都不会有太大增长。在非洲,汽车普及时代较远,需求量也很少。而亚洲拉美国家因经济增长快速,汽车需求将保持快速增长,将占全球新增需求的六成以上。总之,世界汽车市场及其供给结构将会进一步加快变化,新兴汽车市场的地位将不断提高。

2.汽车工业的对比优势将发生转化,进一步向低成本地区转移

这一发展趋势体现在:发展中国家在国际汽车市场上的竞争优势日益提高,如韩国的劳动力成本只有美国的一半,产品的国产化率高达90%以上,生产效率高;马来西亚的劳动力成本只有美国的十分之一,其产品虽然在技术的竞争力尚有待提高,但该国在未来小型汽车市场上

的竞争力将不断提高,生产将越来越具有竞争力;墨西哥在未来时期,肯定会由于生产规模的扩大而受益,该国的汽车生产效率同发达国家的差距将明显缩小。这三个国家生产将越来越具有竞争力。欧美国家的汽车生产自20世纪80年代开始转移,这一趋势今后仍将存在,主要转移地区是墨西哥、中国、西班牙等,同时日本也在向东南亚转移。具体地讲,美国公司将加速向墨西哥转移,转移产品的重点是小型轿车、铸件以及技术成熟的零部件;德国大众公司也将提高其在墨西哥的汽车生产能力;欧洲其他厂家也将加快向西班牙转移;日本汽车厂家在小型汽车方面,既面临发展中国家的竞争,又面临欧美厂家移植厂的竞争,因而极有可能在东南亚开辟低成本生产基地。值得提出的是,西班牙因为生产成本正逐步上升,而面临被亚洲国家取代的可能。欧盟、拉美、土耳其和大洋洲地区,由于未来经济的发展,汽车需求不断增长,因而成为新的战役基地的可能性也将增大。

3. 发展中国家和地区汽车工业产业政策将各有千秋

就未来一定时期而言,发展中国家和地区的汽车工业政策仍是保护本国和地区的汽车工业和汽车市场,不可能迅速实现汽车贸易的完全自由化。但各地情况不一,因而发展中国家和地区汽车工业产业政策各有差异,大致有以下四类:

(1)开放汽车进口,向世界标准靠拢,提高汽车工业竞争力。例如韩国、中国台湾地区和欧洲。亚洲新兴工业国家和地区,除了对日本汽车关税较高外,对欧美汽车的关税只有10%到30%,国内汽车生产在成本、价格方面与欧美汽车差距很大,即使降低关税也不可能对其民族汽车工业产生强烈冲击。澳洲由于本地区生产的汽车价格过高,令消费者不满,政府将会大量进口,以提高当地汽车工业的竞争力。

(2)随着本国经济和汽车工业的发展,逐步放开汽车进口。例如巴西、泰国、印尼、马来西亚等。这些国家和地区在短期内会对进口汽车进行限制,但长期政策是在不伤害本国汽车工业的前提下开放国内汽车市场。

(3)继续执行从紧的汽车进口政策,保护和培育民族汽车工业。例如菲律宾、南非、埃及、印度及中国等。这些国家的汽车工业要么是比较弱小,要么是大而不强,在民族汽车工业的发展过程中,政府肯定会给予一定保护。

(4)放弃本国汽车工业,依靠地区间的汽车贸易满足本国需要。例如在秘鲁,中美洲及其他一些小国,其特点是国家小,没有汽车生产基础,且它们发展汽车工业的必要性和可能性都不大。

4. 世界汽车市场的竞争将出现新格局

就企业而言,当前世界汽车工业的竞争主要是在以下四种企业集团之间展开:

(1)美国企业集团。该集团的国际化程度较高,可以说是真正的世界性汽车企业,它们在世界传统汽车大市场上(欧洲和北美市场)具有很强的竞争力。该集团包括三个企业,即通用、福特、戴姆勒/克莱斯勒。这一企业集团由于其规模巨大、实力雄厚,在目前竞争中处于强势地位,在21世纪里也肯定能保持其市场份额。

(2)欧洲企业集团。这是就机构设置和销售市场而言,重点是在欧洲。这一类企业有:大众、宝马、雷诺、标致/雪铁龙(PSA)、菲亚特和沃尔沃。这种企业的情况各不相同,大众公司的发展势头较为强盛,而有些公司近几年的经营不太顺畅,起伏较大,在市场竞争中深感力不从心,在21世纪将发生不同程度的分化,重组和联合。

(3)日本企业集团。除丰田、日产外，这种企业多数是以日本本土和亚洲为主要销售市场。由于受东南亚金融危机的影响和企业自身存在的问题，一些公司的经营比较困难，企业的竞争力下降，正处于分化和剧烈动荡之中。今后日本汽车企业的数量将逐步减少，弱小的公司或被本国或被欧美的强者兼并或联合。

(4)韩国企业集团。与前三个企业集团相比，这些企业面临许多困难和问题。这些企业今后将与国际上实力强大的或发展潜力巨大的汽车集团建立更为密切的合资合作关系。

据美国一家研究机构的预测，在 2010 年内，世界各大汽车企业经过资产重组和联合兼并后，很可能只剩下六大整车厂和 16 家大型汽车零部件企业。六个整车厂是通用、福特、丰田、大众、戴姆勒/克莱斯勒、本田。

14.3　全球市场营销

14.3.1　全球营销的概念、范围和意义

1. 概念

全球市场营销理论的出现，仅有二十多年。1983 年西奥多·莱维特指出市场营销学发展史上又一个里程碑式的概念——全球市场营销(简称全球营销)。

全球市场营销可以分别从狭义和广义两个角度理解。狭义的全球市场营销是指企业生产和销售某单一的产品或服务，在全球市场的范围内，制订出一个单一的标准化的营销策略，以同时满足全球范围内不同市场的需要，企业因此而获得其全球范围内的规模经济以提高产品或企业竞争力。广义的全球市场营销是指企业的一切营销活动均以全世界市场为目标进行的营销。

2. 范围

目前，世界经济环境发生了深刻的变化，产业、市场、消费者、竞争日趋全球化，这些外因促成了全球营销的产生与发展。与此同时，跨国公司为了主动适应和利用环境的变化，为了加强竞争力以主宰全球市场，在观念上、行为上也一步步走向全球化。

(1)产业的全球化

随着科技的进步与发展，世界经济逐步向一体化方向发展。产业的全球化也成为一种必然趋势，其中，汽车产业极具典型性。

(2)市场的全球化

市场经济体制已为世界上各主要国家所接受，市场开放程度不断加大，各国政府对外国产品进口及外国直接投资的限制逐渐放宽。国际金融市场全球化，各国货币先后可自由兑换，区域经济一体化。此外，随着世界贸易组织及其他国际组织成员国的不断增加，越来越多的国家的经济政策将受到国际法规与条约的约束。

(3)消费对象的全球化

世界各国消费者的需求日益趋同。国际商务旅行和旅游度假也日益增多，旅行者希望在世界各地都能买到他们熟悉的值得信赖的品牌的产品，享受到标准化服务。

(4)竞争的全球化

产业、市场、顾客的全球化使企业面临的不是要不要全球经营的问题,而是如何适应全球经营以及如何实施全球经营的问题。企业必须面临全球竞争,并以较低的成本以其他明显的优势才能够生存下去,否则在竞争中势必会处于劣势,甚至威胁到自身的生存。

3. 意义

第二次世界大战以后,由于国际政治经济环境的巨大变化。特别是在科技革命的有力推动下,国际分工不断深化和细化,国际物资和技术交流不断扩大,使得当代国际市场发生了显著的变化。各国企业纷纷把经营目标转向国际市场,在国际市场上寻求新的营销机会和生存发展环境。开展全球市场营销的主要意义在于:

(1)产品在本国市场生命已处于或接近衰退期,但在某些国家却处于增长期。将产品引入国际市场,即延长了产品的生命周期,特别是产品的成熟期。例如,早期许多发展中国家引进的汽车车型品种及生产线就是日本和欧美等汽车工业发达国家已淘汰或将近淘汰的车型品种及生产线。

(2)企业进行全球市场营销取得成功后,往往能不断降低产品成本,在国外市场可以获得更高的利润。

(3)扩大产品的销售量,可扩大企业的规模经济效益。

(4)市场的多样化往往比产品的多样化更具有抢占市场先机和维持竞争优势的主动权。

(5)任何一个国家的国内市场再大也不过国际市场,国际市场的潜力很大。

14.3.2 汽车全球营销的特点

汽车全球营销是我国汽车企业跨国从事市场营销活动,是国内汽车市场营销活动在国际市场上的延伸。如前所述,国际汽车市场有其规律和特色,这就决定了汽车全球营销所具有的以下特点:

第一,国际汽车市场情况复杂,竞争激烈。以发达国家为主的欧美市场和以发展中国家为主的亚非拉市场的差异性较大,各大洲区域市场(例亚洲的东南亚、东亚、中亚、中东)及区内各个国家的汽车市场发育程度也不平衡。

第二,现阶段跨国大汽车公司实力都在我国各个汽车企业之上,且国际汽车市场的总体供应能力已大于国际市场汽车的需求能力。

第三,国外汽车厂商大都有丰富的国际市场营销经验,国际汽车市场基本上已被他们瓜分完毕。

第四,潜在市场增长缓慢。这都为我国汽车工业企业参与国际竞争增添了困难。

14.3.3 全球市场营销的营销组合方式

1. 标准化市场营销组合

标准化市场营销组合就是在世界范围内,销售大致相同的产品并使用相同的营销方法。

企业在全球性的营销活动中通过标准化产品引导消费需求,可以进一步取得竞争优势。通过产品标准化,企业可以在全球营销活动中降低成本,使企业统一协调其营销活动。

2. 适应性市场营销组合

适应性市场营销组合就是企业根据不同目标市场调整其市场营销组合要素。

产品标准化是全球营销的重要手段,但是全球营销并不等于标准化。企业只对核心产品及其生产技术实行标准化,而不是对产品全部标准化。例如,对欧美市场的汽车档次,对亚非拉市场的汽车档次和对国内市场销售的汽车,其生产标准就会有区别,进入欧美汽车市场和亚非拉汽车市场的产品比国内市场标准要体现明显差异性品种、性能、质量、价格、用途特点,适应当地消费者的购买心理和使用习惯,才能真正能满足不同国家、不同目标市场,不同消费者的需求。

14.3.4　全球市场营销的进入方式

当企业已做出进入国际市场的决策,并选定了目标市场时,企业所面临的问题就是如何进入这些市场。可供选择的进入市场方式有多种多样,从全球营销角度来看,把各种进入国际市场的方式归纳为三种:出口营销,契约性进入方式,国际投资。

1. 出口营销

企业产品出口方式有两种:一种是间接出口,一种是直接出口。

(1)间接出口

间接出口是指企业产品通过国内的出口贸易公司向国际市场进行销售的活动。生产企业不直接参与国际市场的交易活动,不必需要专门的外贸人员和设置专门机构,因而投资少,外贸风险小。但间接出口无法控制和了解国际市场营销活动,不易及时把握产品出口的机遇。因而,企业在国外市场选择和市场营销策略等方面的决策权是有限的。

(2)直接出口

直接出口是指企业将产品直接销售给国外进口商或经销商的活动。采用这种方式,有关市场调研、实体分配、出口程序、定价等出口业务工作,均要由生产企业来完成、企业可以选择国际目标市场,及时获得国际市场信息,具有把握国际市场营销的主动权。但直接出口需专业外贸人员和设置专门的外贸机构,投资大,工作量大,并且伴随着外贸风险。

企业是采用间接出口方式还是直接出口方式,要视具体情况来定,一般来说,汽车零部件、小企业多采用间接出口方式,汽车整车大企业和大型零部件企业多采用直接出口方式,有时这两种方式可以并用,这方面,要视企业自身条件和目标市场的情况,灵活运用。

2. 契约性进入方式

以契约性方式进入国际市场有多种途径,如补偿贸易、技术贸易、加工装配贸易、合作生产、合作经营等。下面简要介绍三种契约性进入方式的内容。

(1)补偿贸易。国际补偿贸易是 20 世纪 80 年代,当时正值我国改革开放初期发展起来的一种新兴贸易形式。其基本内容是买方以贷款形式购进成套设备或技术、专利等进行项目建设,待项目竣工投产后,以该项目的产品或双方商定的其他产品(包括劳务)清偿贷款。这是一种把产品出口、技术进口和引进外资结合起来的贸易形式。

补偿贸易中偿付设备价款的形式,是双方最为关心的问题,往往是谈判中争议的焦点。因补偿贸易是一种灵活的贸易方式,所以其补偿形式也比较灵活,并无统一要求,须根据需要以及双方的意向具体商订。按当前国际上举办的补偿贸易通常使用的偿付形式大体上有以下几种:

①产品返销。购进技术或设备的一方,用该技术、设备投产后生产的产品来支付技术、设

备的贷款。这是当前国际上通常采用的补偿贸易形式。

②回购。指购进技术和设备的一方,不是用该技术和设备生产的产品直接偿付贷款,而是用双方商订的其他产品或劳务来偿还贷款。采用这种方式、要签订书面协议,明确信贷安排,偿还的商品及方式等。

③混合补偿。指购买技术、设备一方应支付的贷款,一部分用该技术和设备投产后生产的产品抵偿,另一部分则用其他间接产品抵偿。

④第三国补偿贸易。由于出口技术、设备方国家限制直接产品返销本国市场,或因出口方缺乏返销产品的销售渠道,或因返销产品在出口方国家市场没有竞争能力,因此,返销产品只能在第三国寻找易于销售的市场,从而构成提供设备、技术的出口方,提供补偿产品的进口方和经销返销产品的第三方的三角贸易关系,称为第三国贸易。

采取补偿贸易方式,对于引进方来说,可以引进先进适用的技术和设备;可以利用外资,而且不用现汇偿付;可以扩大产品的外销渠道,有利于扩大出口。对于出口方来说,可以克服国际贸易中外地人现汇短缺的障碍,向进口方销售自己的产品;通过向资源丰富的国家提供先进的技术和设备。使出口方能够以稳定的合同关系获得原料来源;把耗用劳动量大而技术要求又不高的生产工序迁往劳动力充裕的国家,可以保持自己产品在成本方面的优势。

(2)技术贸易(许可证贸易)。技术贸易指国内公司将其可用的无形资产转让给外国企业,以取得技术提成费或其他形式的报酬。

①技术贸易是一种有偿技术转让,包括专利权、商标使用权和技术诀窍的买卖等,设备作为技术贸易中的“硬件”,也往往随着使用技术转移。

对于技术输入方来说,技术引进可以利用现成的研究成果,不必重复别国企业已经做过的技术开发工作,从而缩短了掌握运用该项技术的时间,节省费用开支,达到提高经济效益的目的。对于技术输出方来说,通过技术贸易,可以跨越关税壁垒;不必进行直接投资就可以打入国外市场而获得外汇;向国外输出技术,有利于建立自己的技术派系,提高产品的竞争能力。

②技术贸易的制约因素,主要有:技术输出方必须具备和拥有可供出售的工业产权和技术;技术输出方对技术输入方的生产和营销难以严格控制。一旦被对方掌握并泄露给其他企业,可能为自己培养竞争对手;技术输出方所获的利润较少,因为许可证的有效期一般为5~10年,而使用费率一般仅占销售收入的3%~5%。

必须强调的是,如果我们不搞技术输出。技术输入方可以从其他国家购买技术,投产后同样会给我们的产品出口造成一定的威胁。所以,在全球营销中,要善于抓住有利时机,搞好技术出口工作。更重要的是利用技术出口带来的经济效益,努力增加投入,这样就可促使并推动我们继续提高自己的技术水平,加快产品更新换代的速度,长期保持技术领先和稳定的市场地位。

③特许专营是许可证贸易的形式之一,它强调的是许可人对受许人的控制。企业在较长的规定期限内向国外法人转让企业工业产权及整个经营体系,授权对方在一定地区以企业的名义经营被特许的业务。以这种方式进入国际市场,要求特许人要向受许人提供一套标准的产品、系统、管理服务、广告支持;而受许人应提供资本、管理人员和当地的市场知识,两者结合,既能灵活适应各地市场,又能使特许人进行合理的控制。特许专营的优点是投资少、风险小、经营方式标准化而又有特色;技能集中,经营分散,能控制受许人在合同期内的经营。缺点是特许人利润有限;可能会培养新的竞争者。

(3)加工装配贸易。加工装配包括来料加工、来样加工和来件装配三种形式。

①来料加工。来料加工由国外委托方式提供全部或部分原材料、辅料及包装物,必要时还提供某些加工设备、仪器、工具等,由承接方按委托方要求的质量、规格、款式及商标进行加工,成品交委托方自行销售,承接方按合同规定收取加工费。

②来样加工。来样加工是指国外委托方提供样品和图样,承接方提供全部原材料和辅料,并收取成品出口的全部货价。

③来件装配。来件装配是指国外委托方提供装配线、技术和有关仪器、零部件或元器件,由承接方按其要求装配成成品,交国外委托方自行销售,外国委托方按合同付给承接方一定的装配费用。

对加工方来说,加工装配贸易是引进外资和技术的一种方式,可以利用本国的生产资源和潜力,扩大出口,增加外汇收入;可以扩大劳动就业,缓解资金不足和原料短缺所造成的矛盾,可以学习国外先进技术和管理经验;可以增强本国产品在国际市场的适应性。另外,采取这种方式出口商品,销售一般都由委托方承担,经营风险小。

对国外委托方来说,通过委托发展中国家进行加工装配所付出的成本,要比在本国生产低,这样增强了其产品在本国或他国销售的竞争力。

3. 国际投资

(1)国际投资的含义

由上述可知,出口进入方式是企业产品向海外市场的流通,契约进入方式是把生产基地转向国外并进行技术、管理和工业产权的转让。当一个企业想在国外目标市场全面发挥其竞争优势,并有效地加以控制时,采用上面两种进入方式便显得不足了,企业开拓国外市场的更高阶段是将技术、管理、资本、生产、销售、财务等全面投入目标市场,将生产企业直接建于目标国,在当地完成产品制造,并在当地进行销售或向其他外国市场辐射,这就是国际投资。另外,国际投资还包括企业向国外进行金融投资等间接投资方式。

(2)投资方式

在传统的制造企业的国际投资中,以在国外建立设厂为主要投资方式。投资方式有合资经营和独资经营两种形式。

①合资经营。合资经营是指建立在股权形式上,中外双方对某个企业共同投资、共同管理、共担风险、共负盈亏的一种经营方式。投资各方除以流动资金作为投资股本外,也可以器材设备、生产原材料、场地使用权、厂房、基础设施、劳务、工业产权、技术等项目折价作为股本,并按股份的份额比例分红或分摊经营亏损。

合资经营企业有自己独特的优点:合资经营双方利益紧密结合,投资稳定可靠;合资企业一般引进适用技术,可以迅速产生经济效益;可以节省资金与外汇,利用外商的销售网,扩大国际市场;可以密切东道国与国际间的经济联系。

②独资经营。独资经营是指企业在国外单独投资建立企业,独立经营,自担风险,自负盈亏的一种经营方式。独资经营是全球营销企业进入外国市场的最佳方式。从理论上讲,独资经营企业是指外国企业具有 100% 的产权,实际上,全球营销的产权一般不可能占总产权的 95% 以上。形成独资经营企业的主要标准不是所有权的全部占有,而是经营控制权的全部占有。

兴建海外独资企业可以独享利润;可以获得更多的全球营销经验和市场经营的控制力;可

能按全球性的营运观点，将独资子公司纳入总公司的全球营销系统中。但是，独资方式也存在一些弱点：投入资金和管理资源多；风险大；同所在国当地政府打交道、建立和谐的公共关系有种种阻力等。

以下是日本某跨国公司在国外投资设厂采取的“经营资源当地化战略”：

——人员当地化

随着跨国公司的增加，日本向外派遣物管理人员逐渐缺乏，为保证日本式决策得以顺利彻底贯彻，日立、松下、本田等公司都将选用、培养当地人员列入中、长期计划中，并定期将当地人员送往日本的经营进修所或工厂进修，或由母公司派遣专职人员，向他们灌输日本式经营的观念，介绍日本式经营的特色和传授具体的管理、生产方法。

——资源当地化

根据跨国公司的经营惯例，子公司生产产品时，原材料和零部件的当地调配率不得少于50%，否则将被视为“变相出口”而被迫停止生产。对此，日本跨国公司主要采取如下措施：一是母公司以承包形式携同与其关系密切的本国零部件生产厂家一起在国外设点生产；二是主要部件生产由海外子公司承担，而其他零件由本国专业厂在同一地域生产；三是依靠当地零部件生产厂家，协助它们搞好质量管理并设法使成本降低。

——资金当地化

子公司在需要进行生产投资时，主要依靠自有资金或当地资本。例如 1983 年末，本田在其 793 亿日元海外投资中，母公司的拨款不超过 13%，而其余的 87% 都由子公司解决。

近年来，随着制造企业的规模不断扩大，许多大型企业集团手中掌握了大批的流动资金，为了获得更多的收益，这些企业集团纷纷进入国际金融市场寻找投资机会。它们通过国际资本市场买进好的有发展前途的企业，卖出它认为与自己的经营方向无关或已经进入低发展阶段的企业来达到公司整体盈利的目的。此时，虽然这种公司也在生产产品，也有属于自己的品牌，但从某种意义上来讲，它更像是一个专业投资公司而不是制造企业。现在通过金融市场进行国际投资活动也日益成为制造企业的另一种主要国际投资方式。

跨国企业的无国界经营观点促使世界经济经济一体化的趋势不断加强，各个国家国内市场和国际市场日益融合，形成了企业间相互依赖，谁也不能垄断，只能共存的态势。另一方面电子商务和网络营销的发展和其他经济领域的广泛应用，为世界经济一体化提供了物质技术基础。世界经济一体化的发展趋势同样为全球企业的诞生提供了宏观环境。现代跨国企业更注重在全球范围内实现资源的最佳配置。为此，跨国企业对自身进行了大的改造，并逐渐向“以全球为市场，以全球为厂家，以各国为车间”的全球企业转变。

全球企业是在跨国企业的基础上发展起来的，但它与跨国企业有很大的区别：一是全球企业把研究部门设在注册国以外地区，与当地的合营企业共享科技成果，以利于提高生产效率和产品质量。而跨国企业的设计、科研以及技术密集部分等关键部门则留在本土，海外子公司不过是总公司的延伸和附属品。二是企业所拥有的范围的经济性。也就是说在一种产品的生产过程中产生出的其他产品的共同经营资源和剩余的生产要素（比如信息、专利等），可以不花任何成本地把这些要素应用到其余所有的网点上。为企业带来经济上的效益。三是全球企业间实行强强联手的战略。例如，日本三菱公司为美国克莱斯勒公司生产道奇小型车，而克莱斯勒公司已拥有三菱公司 11% 的股份。美国通用汽车公司和日本丰田汽车公司在美国合作兴办了新联合汽车公司。这家公司的建立既有利于通用公司从丰田公司那里学到许多先进的生产管理技术和经验，又有利于丰田公司在美国汽车巨子的帮助下以较小的代价进入美国汽车市场。

企业在从事以上不同的国际经济活动时，目的不同、承担的风险不同，所要考虑的因素也不同。国际贸易主要考虑市场变化和消费者特征，而国际技术转让则较为注重对国际法律环境、政治环境和技术环境的了解。进行国际投资活动时，企业更需要全面地对国际政治、经济、法律、文化等多种营销环境加以考察。

14.4　全球营销的营销策略

14.4.1　全球营销战略

国际汽车市场营销环境不同，企业从事全球营销的方式也不同，在不同的营销环境的方式下，应采取不同的全球营销战略。

1. 全球营销战略包含的内容

企业的全球营销战略包括四个主要方面：确定全球营销任务、全球市场细分策略、竞争定位、营销组合策略。

(1)全球营销任务。全球营销任务的内容是确定主要目标市场，市场细分原则及各个市场的竞争定位。全球营销对于企业获取其全球性战略目标有着重要的作用。

(2)全球市场细分。在全球市场细分策略方面，有三种战略可供选择。第一，全球性市场细分战略。此战略重在找出不同国家的消费者在需求上的共性，如人口统计指标、购买习惯和偏好等，而不重视国界、文化差异性。第二，国别性市场细分战略。此战略强调不同国家之间文化品位上的差异性，市场细分主要以地理位置和国籍为基准。第三，混合型市场细分战略。大体上是前两种战略的结合型战略。

(3)竞争定位。除了确定出市场细分策略外，企业还要确定其在每一个市场上的竞争地位。四种主要的竞争定位策略是：市场领导者、市场挑战者、市场追随者和小市场份额占有者。如果公司在所有的外国市场采取同样的竞争定位策略，则称之为全球性竞争定位策略；反之，如果公司在不同市场采取不同的竞争定位，则称之为混合型竞争策略。

(4)营销组合策略

2. 全球营销战略(见图 14.2)

14.4.2　全球营销战略的营销组合策略

全球营销的营销组合策略包括国际产品策略、国际市场定价策略、国际销售渠道策略和国际促销策略四种。其中产品策略是核心，若无客户满意的产品，即使价格再低，销售渠道再短，广告做得再好，促销手段用得再多，也难以打开局面。所以价格、分销、促销等三种策略都要以产品策略为基础。

国际市场的营销环境是不可控制的因素，而营销策略是可以控制的，利用得好，对开拓国际市场具有重要的作用。反之，只能事倍功半，甚至功亏一篑。

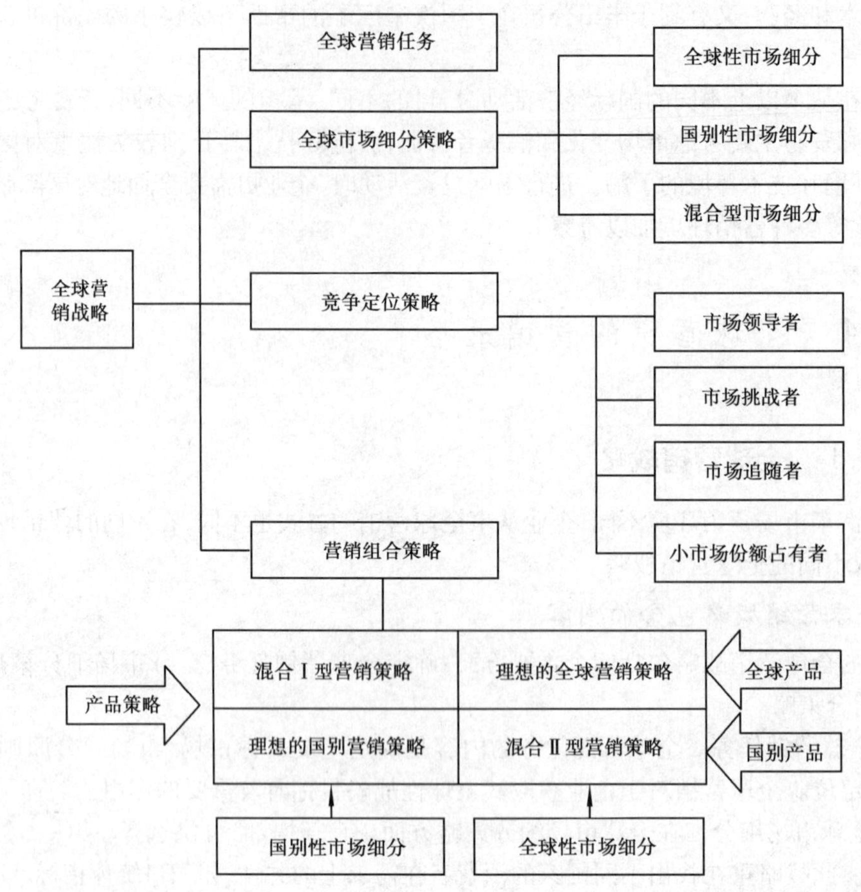

图 14.2　全球营销战略体系框图

1. 国际产品策略

(1)产品的适应性。根据产品整体的概念,可把产品分成三个层次:产品的核心、产品的形式和产品的延伸。三者相互依赖,相互影响,紧密配合,使消费者的需求和欲望得到最大满足。

产品整体概念是市场经营思想的重大发展。整体的概念是以消费者需求为中心的,也就是说衡量一个产品的价值,是由消费者决定的,而不是由生产者决定的。传统的生产观念把产品仅理解为实体的或物质的产品,这是对产品的一种狭义理解,有些出口企业的产品在国外之所以不受欢迎,一个重要的原因就是对产品的概念理解得过于狭窄,没有把国外顾客需要的全部内容包括在所提供的产品之内。比如,顾客在购买汽车的同时,还希望得到保证汽车正常使用的服务,因而特别重视厂家是否提供优良的售后服务、维修和担保等。

国际市场营销的中心环节是增强产品的适应性,从产品整体理念来看,产品的适应性主要包括:

①核心产品的适应性。为了使出口产品适销对路,企业往往要对国内生产的产品作某种程度的修改。

②品牌、商品和包装的适应性。对品牌与商标必须根据目标市场国家特定的语言与文化

及法律适用性作认真检查，注意不违背当地的社会文化和风俗习惯。另外，对商品包装应根据产品性质、装箱形式、气候条件、运输方式加以改进。

③有效的服务。这是顾客在使用过程中希望获得的产品以外的有效利益。如货物运送或储存，安装调试，维修和提供配件，咨询服务，技术培训，准时交货等。

(2)出口产品策略。出口企业根据市场需求的变化和企业的经营方向与目标，确定产品的经营范围和品种，并经常注意扶持有发展前途的现有产品，研究开发适销的新产品和淘汰过时的产品，以适应国际市场的变化与竞争。这就是出口产品策略。任何一个出口企业一般总把国内原有产品对外出口作为起点，然后逐步过渡到完全为适应国外市场需求而生产出口产品。

可供选择的出口产品策略大体包括五种：

第一种，用国内产品直接出口并使用与国内相同的广告促销形式。

若经调研确认国外市场对该产品的使用状况同国内一样，即可选择此种策略。其优点：其一，可以节省成本和费用；其二，采用统一的广告宣传方式，有助于为产品在国际上树立统一形象。日用消费品及具有强烈特色的产品均可采用此种策略。

第二种，出口国内原样产品，但广告促销形式随市场而异。

这种策略一般适用于两种情况。其一，当产品用途不同而使用方式相同时，产品可保持不变，广告促销形式则需要改变；其二，由于各国的语言文字和风俗习惯不同，广告促销形式则要有所不同。

第三种，部分改变现有产品以适应国际市场的需要，但促销形式不变。

有些产品在国内外市场上的用途相同，但使用条件不尽相同，则需稍加改变促销形式。

第四种，为适应海外市场需要，对现有产品与促销形式均需加以改变。

实质上，这是第二种策略和第三种策略的合并使用。

第五种，仿制与创新。

当现有产品作部分改变仍不能适应国际市场的需要时，必须专门为国外市场设计新产品；同时，促销形式亦应随之改变。

(3)产品组合策略。企业经营的产品数目较多，在决策其产品组合策略时，应把产品划分为产品项目、产品线和产品组合三个层次。

产品组合是指一个企业所经营的全部产品的组合方式。它包括产品线的宽度，深度和关联性三个因素。对企业本身来说，扩大产品线的宽度有利于发挥企业的潜力，开拓新市场；加深产品线的深度，可以占领比同类产品更多的细分市场，迎合更广泛的消费者的不同需求；增加产品线的关联性，则可增强企业的市场地位，发挥企业的优势。因此，扩大产品线的宽度，延伸其深度，以及增强其相互关联性都有可能产生促进销售、增加利润的效果。

从事国际营销的企业，从产品组合的宽度、深度和关联性考虑，可形成多种产品组合策略。归纳起来大体有以下六种：

第一种，全线全面策略，即推出所有产品线进入国际所有市场(多品多地)。采用这种策略的企业须具有相当实力，产品组合深度广。

第二种，市场专门化策略，即“一品多地”让所有产品线进入国际某一市场。如工程专用车生产厂家将所有产品投标国际大型工程项目。

第三种，产品专门化策略，即“一品多地”用单一产品线供给海外所有市场。

第四种,有限产品线专门化策略。即"一品多地"对某特定市场提供单一产品线中一部分特殊品目。

第五种,特殊产品专门化策略,亦称为专技策略。即利用企业专长生产的具有特性的某些品种规格产品推销给海外某特定市场。

第六种,特殊情况专门化策略。即以特别设计的产品进入特定的市场达到特别的全球营销目的。

(4)新产品开发策略。当今世界是科学技术空前发展的时代,技术更新速度加快,产品生命周期缩短,提高技术水平、努力开发研制新产品是国际营销企业生死攸关的大事。著名管理学家杜拉克认为:"任何企业只有两个——仅仅是两个——基本功能,就是贯彻销售观点和创新。因为它能创造顾客。"现代企业通常把新产品和贯彻销售观点放在同等重要的地位。

企业进行新产品开发,必须采取正确的新产品开发策略。为了制订正确的开发策略,还必须了解产品发展的历史和趋势,借鉴竞争对手的经营目标、战略和产品,满足顾客不断变化的需求。可供选择的新产品开发策略大体有以下六种:

第一种,挖掘顾客需求策略。

企业应善于了解顾客眼前的现实需求,更要重视挖掘那些市场上还没有、甚至顾客尚未想到的潜在需求。国外资料表明,顾客需求中潜在的需求约占三分之二以上。

第二种,挖掘产品功能策略。也就是赋予旧产品以新的功能和多种用途。

第三种,提高产品竞争力策略。

产品的竞争力取决于产品的质量、功能、成本以及能否满足市场的需求。提高产品竞争力可分别采取抢先策略、紧跟策略和低成本策略。

第四种,降低风险策略。

新产品开发存在着风险,全新产品和高科技新产品的开发风险更大,在国际市场上这种风险表现得更普遍。企业在做出决策时应慎重。

第五种,共同开发策略。

企业可以同国内或目标市场国其他企业联合,也可以与科研单位或高校联合,共同开发新产品,这样,既可以集中技术力量,发挥各自优势,又可以分散风险。

第六种,新产品扩展策略。

企业可以对原有产品进行改进、改型、增加功能和提高产品质量与特性,来提高产品的使用价值,也可以围绕现有产品进行扩展。还可以生产经营具有完全不同性质的产品种类和品种以扩大生产和市场范围,充分发挥企业的资源潜力和特长。

除了上述产品策略外,国际产品策略还包括品牌策略、包装策略、担保及售后服务策略等。

在竞争激烈的世界市场面前,日本企业的"灵活生产体系"战略极为成功。所谓"灵活生产体系",是指各大公司改变大批量生产同一型号或几种型号产品的做法,根据市场需求,在同一条生产线上生产批量小、型号或品种多的"系列产品家族"。这样,可以大幅度降低成本,大幅度提高短期和长期利润。"灵活生产体系"由于能在极短时间内(有的生产线甚至能在一两分钟内)生产出不同型号的新产品,所以能在很短时间内生产出满足不同消费者需求的产品,因而实施这一"新战略"能最大限度地占领世界市场。实际上,这种"灵活生产体系"即是我们现在经常谈到的"柔性制造系统"。

丰田汽车公司从20世纪80年代中期开始安装"灵活生产线",目前可以生产出20种不同型号的汽车。在同一条“灵活生产线”上，一分钟可更换一种车型，生产线上作业不间断。由于实施“灵活生产体系”战略。丰田公司的生产效率由 25% 提高到近一倍。

日产汽车公司 1989 年开始安装“高技术智能车身装配体系”，并提出了更加明确的口号——日产公司的任何人可以在任何时间、任何地点生产出任何批量和任何型号的日产牌汽车，简称“五任何”战略。本田、雅马哈摩托车等也在如法炮制，本田公司因此而增加 113 个新型号，雅马哈增加 37 个新品种。

2. 国际市场定价策略

国际市场价格主要是指某种商品在国际市场上，在一定时期内，客观形成的具有代表性的成交价格。这种具有代表性的成交价格一般是指国际市场主要交易中心所形成的大宗商品交易的价格。有些是指大量进口或出口某种商品的国家（地区）的商品进出口价格、某些商品的拍卖价格、投标价格。

国际市场商品价格是国际市场商品价值的货币表现。在国际市场上，不同的商品、不同的交易方式、不同的国家市场、商品价格也不同。国际市场价格的构成比国内市场价格复杂得多，一般来说，价格是按成本加成制订的，但在国际市场上价格还受关税、通货膨胀状况，汇率浮动、航运费、国际市场供求状况等因素影响。

在出口工作中，我们既不能以国内市场的价格作为商品的定价依据，也不能按换汇成本进行定价，而应以国际市场价格作为定价依据。这就要求出口企业迅速地、准确地获得国际市场价格信息，通过国际市场行情调研，把国际市场的价格信息及时反馈到企业，作为组织开发产品、择优经营和合理定价的依据。

在全球营销中，国际产品定价不仅要确定国际市场价格，而且还要重视定价策略的研究，采用灵活的定价策略，制订出既能占领国际市场，又能获得较大利润的市场价格。常见的定价策略有以下四种：

第一种，新产品定价策略。

在产品最初投入市场时，若暂无竞争对手，为在短期内获取较多的利润，可制订较高的价格，以后随着产品批量的扩大，成本的降低和竞争对手的增加而逐步降低价格。若为迅速打开或占领市场，并有效地排斥竞争对手，使自己长期占领市场，可制订较低的价格。

第二种，折让定价策略。

希望在价格上得到满足是全世界所有消费者秉之不拒的普遍追求。折让定价策略是指对商品标价进行折扣，以增加销售量的策略。例如，对大量购买的中间商和消费者，可给予一定的折扣；在赊销的情况下，为鼓励对方提前付款，可给一定的折扣；对于具有明显的淡旺季差别的汽车用品，在进入销售淡季时，可给予一定的折扣。

第三种，单一与可变定价策略。

单一价格是指同一品种、同一质量的商品，对所有的购买者都采用统一的价格。可变价格是指对购买商品品种数量相同的不同顾客采用不同的价格。

第四种，心理定价策略。

指利用不同国家，不同细分市场消费者购买汽车商品的心理特点，迎合其某些心理需要而采取相应的定价策略。

3. 国际分销渠道策略

（1）国际分销渠道的概念

国际分销渠道是指从事全球营销企业的产品从生产厂家转移到消费者手中所经过的流通线路及相应设置的分销机构。它包括三个环节:第一环节是出口国的分销渠道,包括企业本身;第二环节是进口国国内的分销渠道;第三环节是两国贸易双方之间的渠道,即国外市场上的进出口中间商。如图 14.3 所示。

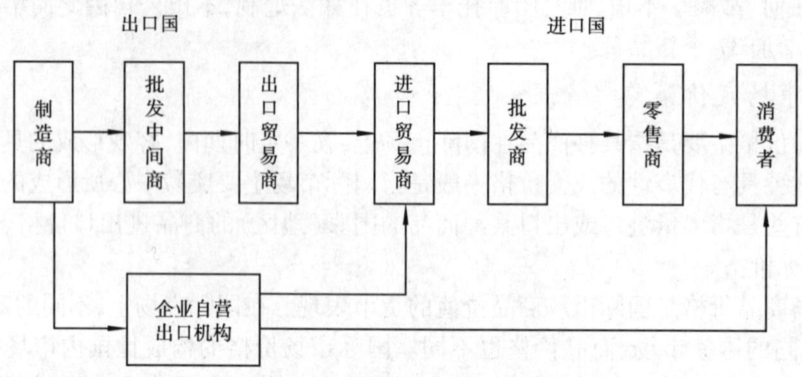

图 14.3　国际市场分销渠道框图

分销渠道是供需双方的桥梁,在全球营销中更具有重要作用。在现代国际贸易中,生产厂家和贸易商认为分销渠道是产品的生命线。从一定角度上说,谁控制了销售渠道,谁就能占领和控制国外市场。

(2)国际分销渠道的模式

企业采用不同的出口方式,使用不同类型的中间商,就会构成多种类型的国际市场销售渠道。从图 14.4 可以看出分销渠道有七种基本模式,概括起来为:

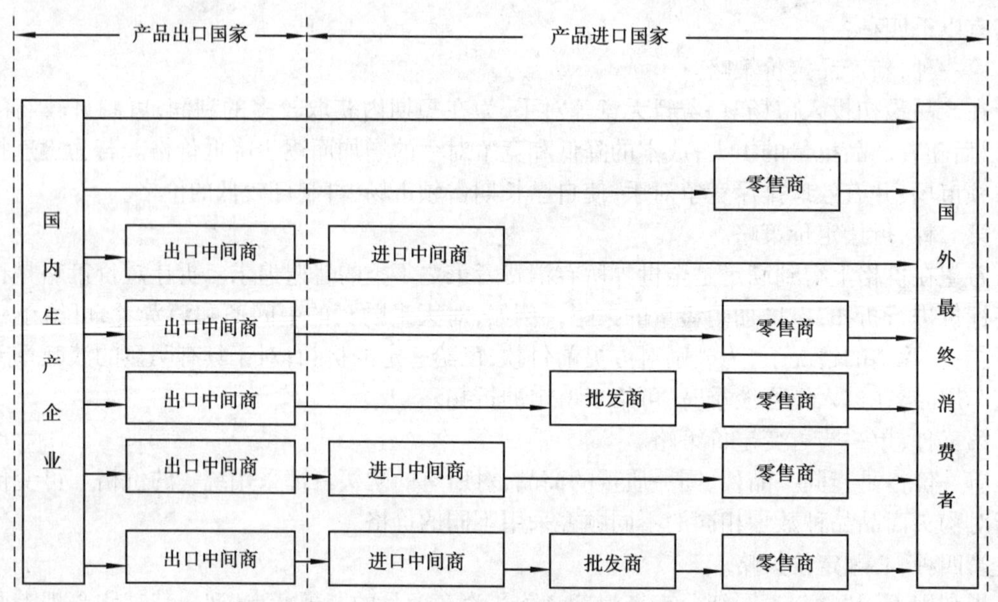

图 14.4　国际分销渠道的基本模式

①如第一种模式,出口企业——国外消费者。这种销售渠道层次少,称为短渠道。产销双方直接见面,省去许多中间环节,减少了费用,价格较低,对双方有利。适用于专用车、配套用

汽车零部件在国内外企业间交易。如果外销企业直接接受外国消费者订货,然后将产品发运给订货者,也属此种类型。

②如第二种模式,出口企业——国外销售渠道——国外消费者。出口企业可将商品售给外国的中间商或经销批发商或零售商等,通过它们将商品销售给国外消费者。价格低,销售面广的汽车用品宜于采用此种类型。

③如第三至第七种模式,出口企业——国内销售渠道——国外销售渠道。第七种模式层次多,称为长渠道。当企业资金少,力量薄弱或控制出口的商品,可将商品委托或出售给国内的出口商,让其到国外市场去推销。目前我国很多外销企业采用此种渠道。

选择国际市场中间商是重要决策。由于国际市场环境复杂,国际市场的销售大多数需要经过中间商进行。国际分销渠道所要研究的问题,从很大程度上讲,就是如何选择中间商,把产品从生产企业便捷有效地转移到他国消费者手中去的问题。分析国际市场中间商的关键性因素包括:中间商的可用性;中间商的服务成本费用;中间商履行职责的能力与效率;国内生产企业对国外中间商活动的可控程度等。

4.国际促销策略

(1)国际促销的概念

企业要做好全球营销,不仅要研究产品、价格和分销渠道策略,而且要研究促销策略,以便产品更有效地打入国际市场或继续占领市场。全球营销中的促销是指卖方与买方之间的信息传达。一方面,出口企业通过经常性的销售调研,搞清国外目标顾客的需求特点,变化趋势,发现潜在需求,才得以提供适销对路的产品和服务;另一方面,企业也应该向国外目标消费者和公众提供满意的信息服务,让目标市场的消费者和公众了解自己的企业状况和发展,让他们熟悉自己的产品,并留下深刻的印象。

(2)促销组合策略

同国内市场营销一样,各种促销手段如人员推销、营业推广、广告和公共关系等的有机配合称为促销组合。每一种促销形式都有其优势和劣势,广告宣传面广,但只是单向传播,对于促成实际成交的效果常常不理想;人员推销方法直接,利于深入了解客户及双向信息交流并有利于促成交易,但出国推销的费用高;营业推广吸引力强,但时效短并有可能使消费者产生疑虑;公关影响大,信任程度高,但见效慢,不易控制。有效的促销组合可以使各种促销手段所起的作用相辅相成、优势补充、互相协调,达到促销的最大效力而不造成浪费。促销策略,实际上就是促销组合策略,重在策划组合方案,并在国际市场营销实践中进行检验,修正和优化。

常见的有两种策略:

①推式策略。是指企业采用人员推销和营业推广、将产品从企业推向进口商、批发商,批发商又积极地将产品推向零售商,最后由零售商销售给消费者。

②拉式策略。是指企业借助大量广告和公共关系(如宣传报道等),首先培养最终消费者对企业的信任和产品的需求,以便促使其纷纷向零售商要求购买该产品,于是拉动整个分销物流系统,零售商踊跃向批发商求购,而批发商又会积极向生产企业购进该产品,我国许多汽车零部件产品大多采用拉式策略,山西省成套的汽车铸件产品能够销往五大洲,众多著名汽车和发动机厂家也正是靠这种方式发展起来的。

(3)促销组合策略的选择

制订有效的促销组合,必须考虑以下几点因素:

①促销目的

若企业促销目的是在某一市场迅速增加销售量,扩大出口,增加创汇,促销组合应侧重于广告并配合营业推广和人员推销;若企业促销目的是要在将来某一时期内在市场中树立形象,为今后占领市场创造条件,促销组合可侧重使用公共关系的宣传报道,开创良好的营销环境进行建立广泛的业务联系,并配合广告促销。

②出口产品的类型

世界上不断推出的新型汽车用品一般为消费者常用,技术性问题少,宜采取广告、公关、营业推广等多种措施并用立体推进。

③出口产品所处的生命周期

企业应根据产品所处的生命周期的不同阶段的不同要求,制订相应的促销方案。如某国别市场的投入期,应以广告和人员推销为主以提高产品的知名度。在成熟期,则以广告,同时辅以适当的营业推广手段。

④市场特点

对于分布广泛、潜在数量很大的消费者,则采用广告和文字宣传为主;对于相对集中、数量有限的产品买主或经销商,可以人员推销为主,辅以广告等促销形式;对于批发商和零售商则宜以人员推销为主,并配合营业推广等。

⑤充分了解各国文化教育的差异和各国政府法规的限制,尽量避免出现国际市场物流过程中的“红灯”现象。

思考题

1. WTO 的基本规则有哪些?
2. 国际汽车市场的发展特点是什么?
3. 影响全球市场营销环境的因素有哪些?
4. 针对国际汽车市场的特点,我国汽车企业应采取什么全球营销策略?
5. 简要分析国内外汽车营销市场的差异及竞争对策。

参考文献

[1] 李维谔,张国方.汽车市场营销理论与实践[M].北京:人民交通出版社,1997.

[2] 肖国普.现代汽车营销[M].上海:同济大学出版社,2002.

[3] 李怀斌.市场营销学简明教程[M].北京:经济科学出版社,2003.

[4] 刘霞,李小黎.营销其实很容易[M].北京:中国纺织出版社,2002.

[5] 陈宝玉,李颖,郑予捷.市场营销导论[M].北京:清华大学出版社 北京交通大学出版社,2006.

[6] 吴霖生.汽车商品学[M].上海:上海大学出版社,2005.

[7] 李志强,张红.汽车营销实务[M].北京:清华大学出版社,2005.

[8] 密西克.汽车售后服务管理[M].北京:机械工业出版社,2006.

[9] 韩肃,苗钟颖.连锁经营管理[M].哈尔滨:哈尔滨工业大学出版社,2004.

[10] 裘瑜,吴霖生.汽车营销实务[M].上海:上海交通大学出版社,2002.

[11] 国家统计局.2006 中国统计摘要[M].北京:中国统计出版社,2006.

[12] 许高珍,段秀峰,段素果,武喜科.市场经济与经营管理小百科[M].北京:中国经济出版社,1993.

[13] 曹红兵.汽车及配件营销[M].北京:电子工业出版社,2005.

[14] 陈永革.汽车市场营销[M].北京:高等教育出版社,2003.

[15] 吴文彩.汽车营销[M].北京:北京邮电大学出版社,2006.

[16] 中国汽车技术研究中心 中国汽车工业协会.中国汽车工业年签(1998—2006)[M].北京:机械工业出版社,1998—2006.

参考文献

[illegible]